"十三五"国家重点出版物出版规划项目

经济科学译丛

经济政策

理论与实践 / 第四版

Economic Policy

Theory and Practice
Fourth Edition

Agnès Bénassy-Quéré

阿格尼丝·贝纳西–奎里

Benoît Cœuré

贝努瓦·科尔 / 著

Pierre Jacquet

皮埃尔·雅克

Jean Pisani-Ferry

让·皮萨尼–费里

徐奇渊 杨盼盼 徐建炜 / 译

中国人民大学出版社
·北京·

自新中国成立尤其是改革开放 40 多年来，中国经济的发展创造了人类经济史上不曾有过的奇迹。中国由传统落后的农业国变成世界第一大工业国、第二大经济体，中华民族伟大复兴目标的实现将是人类文明史上由盛而衰再由衰而盛的旷世奇迹之一。新的理论来自新的社会经济现象，显然，中国的发展奇迹已经不能用现有理论很好地加以解释，这为创新中国经济学理论、构建具有中国特色的经济学创造了一次难得的机遇，为当代学人带来了从事哲学社会科学研究的丰沃土壤与最佳原料，为我们提供了观察和分析这一伟大"试验田"的难得机会，更为进一步繁荣我国哲学社会科学创造了绝佳的历史机遇，从而必将有助于我们建构中国特色哲学社会科学自主知识体系，彰显中国之路、中国之治、中国之理。

中国经济学理论的创新需要坚持兼容并蓄、开放包容、相互借鉴的原则。纵观人类历史的漫长进程，各民族创造了具有自身特点和标识的文明，这些文明共同构成了人类文明绚丽多彩的百花园。各种文明是各民族历史探索和开拓的丰厚积累，深入了解和把握各种文明的悠久历史和丰富内容，让一切文明的精华造福当今、造福人类，也是今天各民族生存和发展的深层指引。

"经济科学译丛"于 1995 年春由中国人民大学出版社发起筹备，其入选书目是国内较早引进的国外经济类教材。本套丛书一经推出就立即受到了国内经济学界和读者们的一致好评和普遍欢迎，并持续畅销多年。许多著名经济学家都对本套丛书给予了很高的评价，认为"经济科学译丛"的出版为国内关于经济理论和经济政策的讨论打下了共同研究的基础。近三十年来，"经济科学译丛"共出版了百余种全球范围内经典的经济学图书，为我国经济学教育事业的发展和学术研究的繁荣做出了积极的贡献。近年来，随着我国经济学教育事业的快速发展，国内经济学类引进版图书的品种越来越多，出版和更新的周期也在明显加快。为此，本套丛书也适时更新版本，增加新的内容，以顺应经济学教育发展的大趋势。

"经济科学译丛"的入选书目都是世界知名出版机构畅销全球的权威经济学教材，被世界各国和地区的著名大学普遍选用，很多都一版再版，盛行不衰，是紧扣时代脉搏、论述精辟、视野开阔、资料丰富的经典之作。本套丛书的作者皆为经济学界享有盛誉的著名教授，他们对西方经济学的前沿课题都有透彻的把握和理解，在各自的研究领域都做出了突出的贡献。本套丛书的译者大多是国内著名经济学者和优秀中青年学术骨干，他们不仅在长期的教学研究和社会实践中积累了丰富的经验，而且具有较高的翻译水平。

本套丛书从筹备至今，已经过去近三十年，在此，对曾经对本套丛书做出贡献的单位和个人表示衷心感谢：中国留美经济学会的许多学者参与了原著的推荐工作；北京大学、中国人民大学、复旦大学以及中国社会科学院的许多专家教授参与了翻译工作；前任策划编辑梁晶女士为本套丛书的出版做出了重要贡献。

愿本套丛书为中国经济学教育事业的发展继续做出应有的贡献。

中国人民大学出版社

爱因斯坦在谈到物理学理论的发展时指出：理论物理学的完整体系是由概念和被认为对这些概念是有效的基本原理（亦称基本假设、基本公设、基本定律等），以及用逻辑推理得出的结论这三者所构成。其实，成熟学科的结构都大体如此。而教科书则是一个成熟学科体系的概要，要掌握某个学科体系，自然要从教科书入手。对于经济学领域的工作者来说，经济学教科书的重要性是毋庸置疑的。我个人的体会是：在从事学术研究的不同阶段，重温旧教科书，学习新教科书，对不同版本的教科书进行比较，是一个需要持续终生的过程。

20 世纪 60 年代，中国老一代经济学家在商务印书馆的组织下翻译了大量西方古典名著。其中包括亚当·斯密的《国民财富的性质和原因的研究》、大卫·李嘉图的《政治经济学及赋税原理》、庞巴维克的《资本实证论》、凯恩斯的《就业、利息和货币通论》等。在我的记忆中，当时能够看到且可以勉强称为西方经济学教科书的大概只有一本马歇尔的《经济学原理》。

马克思对他从生产力和生产关系相互作用的规律出发，"阐明支配着一定社会有机体的产生、生存、发展和死亡以及为另一更高的有机体所代替的特殊规律"的评价十分欣赏，对他"没有为未来的食堂开出调味单"的批评则嗤之以鼻。[①] "文化大革命"期间的思想青年把经济现象看作哲学和历史规律的一种表现形式，因而把理解经济现象看作实现"由自在到自为"转变的必要条件。对于他们来说，学习经济学仅仅是为了满足思辨的需要，同改造经济现实并无关系。

"文化大革命"后期，中国经济陷入崩溃的边缘，改革开放的社会变革呼之欲出，人们对经济理论的兴趣已经不再基于哲学思辨和上升到"自由王国"的愿望，经济体制改革和经济管理（国家和企业层面的管理）开始成为经济学工作者主要的关注对象。部分思想青年也告别了"冥思的武断"，开始学习旨在"为未来的食堂开出调味单"的西方经济学。在这个时期，高鸿业先生翻译的萨缪尔森《经济学》（第十版）的出版使中国青年首次接触到标准西方经济学教科书。[②] 1980 年以降，包括各细分领域、深浅程度不同、各有特色的西方经济学教科书陆续在国内翻译出

[①] 马克思. 资本论：第一卷. 北京：人民出版社，2004：21、19.

[②] 在"文化大革命"期间，可以在北京图书馆借阅一些西方经济学教科书，包括台湾学者所著的所谓"总体经济学"（即宏观经济学）。1980 年我在东四某新华书店买到了一本影印的萨缪尔森的《经济学》（第十一版）。

版，使越来越多的青年教师和学者得以比较系统地了解和掌握西方经济学。就宏观经济学而言，流传较广的教科书还包括雷诺兹的《宏观经济学：分析和政策》，多恩布什、费希尔和斯塔兹的《宏观经济学》，曼昆的《宏观经济学》，巴罗的《宏观经济学：现代观点》，威廉森的《宏观经济学》，琼斯的《宏观经济学》，米什金的《宏观经济学：政策与实践》，亚伯、伯南克和克劳肖的《宏观经济学》，克鲁格曼和韦尔斯的《宏观经济学》，罗默的《高级宏观经济学》等。在这些教科书中，我个人受益最多的中级教程是多恩布什、费希尔和斯塔兹的《宏观经济学》。[①]

既然我们已经翻译了大量西方经济学教科书了，徐奇渊等翻译的《经济政策：理论与实践》有何特别之处呢？首先，该书的四位作者：阿格尼丝·贝纳西-奎里（Agnès Bénassy-Quéré）、贝努瓦·科尔（Benoît Cœuré）、皮埃尔·雅克（Pierre Jacquet）和让·皮萨尼-费里（Jean Pisani-Ferry）都是享誉国际的顶尖法国经济学家。更重要的是，他们不仅长期任职于法国的著名高校和研究机构，而且都长期参与政府经济决策。例如，阿格尼丝·贝纳西-奎里目前是法国中央银行副行长，过去曾经相继担任过法国财政部首席经济学家和法国总理经济分析委员会主席（实际上是法国总理顾问）。让·皮萨尼-费里曾任法国财政部长顾问和法国总理经济分析委员会主席，法国总理政策计划委员会召集人（commissioner-general），以及欧洲重要的经济智库布鲁盖尔（Bruegel）研究所的所长。他们的权威性毋庸置疑。我个人与他们相识也有20余年。其次，国内出版的西方经济学教科书主要是标准的经济理论教科书，而以经济政策为主要内容的经济学教科书则非常少见。随着社会主义市场经济体制建设的逐步完善和经济开放度的逐步加深，中国对宏观经济调控精准性的要求日益提高。我们不仅需要了解相关的一般理论，而且需要了解许多细节。对于经济政策制定和研究工作者来说更是如此。《经济政策：理论与实践》一书正好满足了我们的这一需要。布兰查德在该书的推荐序三中提到，他和斯坦利·费希尔的教材侧重介绍模型和逻辑本身，而不是其具体应用。诚如斯言："没有事实作为基础的理论，将会过于简单，而且毫无用武之地。"

我以为，通过40余年的研究和消化，对于中国经济政策的决策者和经济智囊来说，更重要的不是如何进一步跟踪西方的新潮理论，建立复杂甚至华而不实的数学模型，而是具体、深入地了解西方政府是如何根据本国国情制定经济政策的，我们应该从中汲取什么经验教训。

在某种意义上，《经济政策：理论与实践》为我们提供了这样一本政策手册。正如作者告诉我们的：学习这本书对读者要求不高。他们以事实作为出发点，只有在需要的时候才引入理论，并且把公式都放在了延伸阅读中。对于实务工作者和观察家们，这本书有助于其理解现实中的政策问题以及相关的讨论，对于比较熟悉模型理论的研究生，也可以从本书中学到如何将最前沿的研究成果与具体的政策发展联系在一起。顺便指出，本书的作者中有几位拥有数学学位。

[①] 我看的是1981年美国经济学家多玛送给我的英文版，我没有读过中译本。

　　我感觉该书的一个重要特点是：力图把清晰的理论表述、严格的数学推导、丰富的历史经验和最新的政策实践结合起来，以满足各种不同类型读者的需要。

　　《经济政策：理论与实践》一书提出了一系列对中国非常重要的有关宏观经济政策的信息和观点。以财政政策为例：

- 时至 2000 年，政策制定者的共识是：积极的财政政策并没有多大空间。但几年之后，全球金融危机使财政政策再次成为决策者关注的焦点，几乎所有最大的发达和发展中经济体都执行了重大的财政刺激政策。在随后的几年中，在需求低迷、通货紧缩压力上升和接近零利息率的背景下，财政政策的有效性重新得到积极评价。

- 赤字融资的方式包括债券融资、向银行和国际货币基金组织（International Monetary Fund，IMF）等国际组织借款（或拖欠供应商货款和公职人员工资支付形成隐形债务）和向中央银行借款（"货币创造"）。根据 IMF，中位数国家的债券融资占融资总额的 68%、借款占 22.5%、应付款占 8.4%。

- 应该将总债务同扣除政府资产后的净债务区分开来。如果不做此区分，债务的严重性会被夸大。

- 政府债务并不需要全部偿还，因为它可以从一代传到下一代。不仅如此，真正重要的不是名义债务水平/GDP 而是债务/GDP，因为后者构成了广义税基。相同的负债率对于经济增速和通货膨胀率不同的国家的影响也是不同的。高实际增长和高通胀可以减轻债务负担，使债务变得更可持续。只要名义 GDP 增速大于名义利息率，债务就是可持续的。

- 中央银行持有政府债券（央行资产），作为货币（央行负债）的对应物。中央银行为了给商业银行提供流动性，会从商业银行购买政府债券。但这一机制与财政赤字的直接货币化不同，因为中央银行并非根据政府的指令购买债券，所购买国债的数量完全出自货币政策考虑，而同财政政策无关。

- 《马斯特里赫特条约》规定了（财政）赤字率不能超过 3%、政府债务/GDP 不能超过 60%。在该条约签订的 1992 年，制定者假设欧洲国家的年度平均名义 GDP 增速为 5%（实际 GDP 增速为 3%，通货膨胀率为 2%）。如果赤字率为 3%，名义 GDP 增速为 5%，则可证明政府债务/GDP 的极限值为 60%。三者的关系为 3%＝5%×60%。其中赤字率上限 3% 称为债务-稳定赤字（debt-stabilizing deficit）。在假定名义 GDP 增速为 5% 的条件下，如果财政赤字/GDP 超过 3%，政府债务/GDP 最终就会超过 60%；反之亦然。可见，财政赤字率不超过 3% 和政府债务/GDP 不超过 60% 的财政规则是假定 GDP 名义增速为 5% 情况下的同一枚硬币的两面。制定这个规则是为了保证政府债务长期可控。但我们必须认识到，把 3% 和 60% 作为上限的前提是：名义 GDP 增速不超过 5%。如果一国名义 GDP 增速超过 5%，3% 的上限是可以上调的。

- 货币政策的支持将能加强财政政策的有效性。如果充分宽松的货币政策能够在财政扩张情况下使利息率保持不变，财政扩张将能取得财政乘数最大化的结果。

- 财政政策空间取决于实际利息率和经济增长率之差。两者之差越大，财政政策空间越小。反之亦然。

- 所谓财政规则是指一些以法律形式规定的中央和地方政府必须遵循的有关预算的数量指标。例如，中央政府一般公共预算/GDP、国债/GDP 等指标。制定财政规则很大程度上是为了抑制各级政府的短期行为。但是，这些规则的成功是有限的，以至欧洲理事会前主席普罗迪称《欧洲财政公约》（European Fiscal Pack）是"愚蠢的"。

《经济政策：理论与实践》对于货币政策的讨论也十分具有参考价值。其中包括：

- 货币政策的主要目标是保持宏观经济稳定，但也在一定意义上具有资源配置和收入分配的功能。例如，降息导致存款者收入的减少，却有利于借款者。

- 货币政策主要做两件事：确定央行流动性（central bank liquidity）的价格和数量。所谓央行流动性是指央行创造的基础货币（准备金＋流通中的货币）。中央银行可以通过创造和消灭流动性以确保支付系统的平稳运行和流动性价格的稳定。中央银行也可以改变流动性价格，从而影响整个利息率体系和金融资产价格。欧洲中央银行改变银行间拆借市场流动性的操作称为再融资操作（refinancing operations）。美联储的公开市场操作（Open Market Operations, OMOs）主要是通过买卖（outright purchase）或回购（repos）证券（国债或其他资产）来影响联邦基金利息率。同美联储的公开市场操作不同，欧洲中央银行主要是通过中央银行短期贷款的拍卖来控制流动性的价格（利息率）和数量。2008 年之后，欧洲中央银行采取了给定利息率不限量拍卖的形式为商业银行提供流动性。

- 特别值得指出的是，在全球金融危机爆发之前很久，大多数西方中央银行就已把通货膨胀率作为货币政策的唯一最终目标（美国还考虑就业）。传统教科书告诉我们，西方发达国家中央银行是通过调控货币供应量和市场基准利息率两个货币政策中间目标以实现货币政策最终目标的。但它们实际早就不再把广义货币供应量增速作为货币政策的中间目标，不再把广义货币的增速同名义 GDP 增速相联系。[①]

- 货币供应在很大程度上是内生的。影响货币创造的主要驱动力是商业银行基于盈利动机的贷款行为。在通货紧缩时期，由于缺乏可以盈利的投资项目，即便中央银行通过公开市场操作不受限制地为银行间拆借市场提供流动性，

---

① 在过去 10 多年中，认为央行"货币超发"的声音不绝于耳。这种舆论完全是建立在某些早已过时的货币主义理念基础之上的。《经济政策：理论与实践》指出：传统观念中的货币和物价之间的关系已经失效。以我的愚见，货币是否"超发"，至少在短期，只能看通货膨胀率是否超出了可以接受的水平。中国通胀率自 2012 年以来一直维持在极低水平，生产者价格指数（producer price index，PPI）在过去 10 年中的大部分时间都是负增长，在这种情况下，如何能说央行是货币"超发"呢？如果在过去 10 年，央行的货币供应量低于其实际发行量，中国经济增速会是什么样子呢？货币数量说依然有一定的现实性，但它不能作为中国央行确定货币政策中间目标的依据。学界也不应该根据货币数量说中的一些过于简单化的说法来判断中央银行是否存在货币"超发"。

即便中央银行大幅度降低准备金率，甚至取消法定准备金要求，商业银行也不会明显增加贷款。事实上，商业银行会把中央银行通过公开市场操作创造的准备金转化为超额准备金。例如，尽管 2020 年 3 月后，美国已经取消了准备金要求，但 2021 年 9 月存款机构的储备货币（Reserves of Depository Institutions）仍超过 4 万亿美元，占银行总资产的 19%。[①]

- 西方中央银行货币政策的唯一中间目标是货币市场基准利息率，在美国是联邦基金利息率，在欧元区是欧元隔夜拆借平均利率（Euro Over-Night Index Average，EONIA）。

- 全球金融危机爆发之后，发达国家相继实施了零利息率。《经济政策：理论与实践》指出，这种情况的出现在将来可能会更为频繁，因为在将来，"自然利息率"可能将处于极低水平。所谓自然利息率是指同充分就业产出水平相一致的使储蓄和投资实现平衡的利息率水平。一些西方经济学家认为，由于技术进步和人口老龄化等原因，在 20 世纪 90 年代和 21 世纪初，发达国家的自然利息率一直在下降，现在已经接近零的水平。

- 正统理论认为，中央银行只能在二级市场购买国债，且购买的目的必须是执行特定货币政策。《经济政策：理论与实践》的观点则是：市场对高负债政府的信心可能是建立在中央银行将充当"挡球网"的能力和意愿基础之上的。换言之，在国债销售不畅、国债收益率急剧上升、经济面临衰退的极端情况下，必须让市场相信，中央银行将会出手购买国债。事实上，在欧洲主权债务危机最为严重的时刻，正是因为欧洲中央银行发出将会买入全部剩余国债的明确信号，欧洲才最终得以避免一场后果不堪设想的严重灾难。

- 长期以来，中央银行都在纠结是否应该把资产价格作为货币政策的中间目标；纠结货币政策应该致力于资产泡沫崩溃后的经济重振，还是在事前通过提高利息率刺破资产泡沫。

- 高杠杆率和资产价格长期高于其经济价值是所有金融危机的共同特征。金融危机的前奏往往是金融中介机构的扩表，而为房地产或金融资产投资提供融资的债务的增加使扩表得以持续。房地产和金融资产投资需求的增加导致房地产和金融资产价格上升，进而导致抵押品价格的上升。后者反过来又使债务得以进一步增加。这一正反馈过程往往伴随着信贷标准的下降。由于资产价格和未来现金流脱节，市场情绪会突然发生转变，投资者开始出售资产，资产泡沫崩溃。

- 一种观点认为，货币政策只有利息率这一种政策工具，因而不应该让货币政策再承担维持广义金融稳定的目标。不仅如此，金融不稳定往往源于某一特定部门，特别是房地产部门。稳定特定部门的资产价格需要使用专门的政策

---

① FRED, ECONOMIC DATA, ST. LOUIS FED, Reserves of Depository Institutions：total/total assets, all banks，https://fred.stlouisfed.org/graph/? g=wVqP.

工具、需要多部门的协调。大多数宏观审慎政策是针对银行个体的，因而需要同银行监管机构协调。宏观审慎政策就其性质而言是逆周期的。但面对系统性风险，银行监管机构会本能地要求银行增加资本金和流动资金，而这些要求却是顺周期的。

- 宏观审慎政策工具箱中包括的工具可以分为三大类：针对银行资产方的工具（如按揭抵押贷款/房地产价值比和债务/收入比的最高限等）、针对银行负债方的资本金和流动性工具（"资本缓冲"和"流动性缓冲"）、针对发展中国家的资本流动管理指标。此外，税收和非金融的监管措施也是宏观审慎政策工具箱中的重要工具。

- 总体而言，大多数中央银行现在的共识是：应该事前预防资产泡沫，但是用于预防资产泡沫的政策工具应该是宏观审慎政策工具而不是货币政策工具。为了避免运用宏观审慎政策工具引起的"逆周期"和"顺周期"之间的矛盾，一种可能的解决办法是：设计不受不同周期阶段影响（through the cycle）的审慎工具，以避免经济形势好时积累风险，经济形势不好时使情况变得更糟。

应该指出，可能是因为出版时间的关系，《经济政策：理论与实践》对一些操作性细节的描述可能已经过时。例如，该书对美联储的公开市场操作与欧洲中央银行的再融资操作做了详细的对比。但其对美联储公开市场操作的描述只适用于 2020 年 3 月之前。美联储在 2020 年 3 月废除了准备金要求（法定准备金率为零）。联邦基金利息率（市场基准利息率）不再是联储通过公开市场操作而主要是通过调整准备金利息率（IORB）来决定的。关于美联储货币政策的最新变化，可参看缪延亮的《信心的博弈：现代中央银行与宏观经济》。

除财政政策和货币政策外，《经济政策：理论与实践》对宏观经济学所涉及的其他领域都有详尽的讨论。这里不再一一赘述。

不难猜想，大学经济系的老师们肯定会为高年级学生和研究生开出一份详尽的书单。我以为，在这份书单中应该加上这本《经济政策：理论与实践》。我相信，从事宏观经济理论研究的学者和政府研究部门的智囊们也会从仔细阅读这本"经济政策手册"中获益。

翻译是一项非常辛苦的工作，"投入"与"产出"的比例是十分不对称的。没有对翻译事业的热爱、没有奉献精神、没有专业精神，经济学者，特别是青年经济学者是不会献身于翻译工作的。徐奇渊团队为本书的翻译投入了巨大努力。他们的敬业精神值得高度赞扬。

祝贺《经济政策：理论与实践》（第四版）中译本的出版。

余永定

中国社会科学院研究员、学部委员

凯恩斯曾经说过："要是经济学家能像牙医那样，做个既谦虚又有能力的人，那就太好了。"可惜，很多经济学家并没有这样的自知之明。不要只是批评经济学家。赫伯特·斯坦（Herbert Stein）曾经担任过尼克松和福特两位美国总统的经济顾问委员会主席。他说："经济学家虽然并不十分了解经济，但政治家和其他人则知道的更少。"可惜，很多政策决策者也没有这样的自知之明。不要只是批评经济学家和政策决策者。全球金融危机爆发之后，英国女王问了一个很天真的问题。她问经济学家："你们怎么没能预测出金融危机呢？"作为一个经济学者，我经常遇到的最尴尬的问题就是："你知道股票什么时候会涨吗？你知道房价什么时候会跌吗？"我要是能知道，还做什么经济学家！有一次我看到一则消息，意大利一个城市的议会打算惩罚地质学家，因为他们没有预测出地震。这让我由衷地表示同情。经济体系、地质系统、生态系统都是复杂体系，而复杂体系从本质上讲是无法预测的。但是很多围观的群众并没有这样的基本概念。

全球金融危机之后，宏观经济学和金融学暴露出极大的缺陷，遗憾的是，大部分经济学家选择了沉默，或许是在无比的困惑中集体失语。不过，经济学还是有希望的。20世纪30年代大萧条之后，出现了凯恩斯革命。20世纪70年代之后出现了滞胀，凯恩斯主义失灵了，于是，又出现了理性预期革命。如今，我们遭遇了全球金融危机，经济学能否再度浴火重生、凤凰涅槃？

如果宏观经济学出现一次新的革命，一定是对多变的现实世界有了更为透彻的理解，对经济政策的失误有了更为深刻的反思。因此，从关注现实、关注政策入手，或许是宏观经济学者另辟蹊径的机会。一个值得忧虑的现象是，宏观经济学在过去30多年的发展中，变得越来越脱离现实。我遇到过一位研究宏观经济学的老师，讲起宏观经济学头头是道，但问他关于中国经济的任何事情，他都会说："抱歉，我不了解，我只是研究宏观经济学的。"在大学本科生的经济学教材中，还能看到对政策问题的讨论，到了研究生阶段，几乎很少提到现实世界中的政策。这正是我想要向大家推荐四位法国经济学家合著的《经济政策：理论与实践》这本书的原因。

这本书的四位作者分别是阿格尼丝·贝纳西-奎里、贝努瓦·科尔、皮埃尔·雅克和让·皮萨尼-费里。阿格尼丝·贝纳西-奎里是一位女经济学家，曾任法国智库 CEPII 的所长，亦为巴黎第一大学的经济学教授，主要研究国际货币体系和欧洲宏观经济。贝努瓦·科尔曾在巴黎综合理工学院任教，后任法国财政部外汇与经济政策部、多边事务与发展部主任，现任欧洲中央银行的执行董事。皮埃尔·雅克现任全球发展网络（GDN）的主席，曾任法国国际关系研究所的副所长、法国发展署的首席经济学家。让·皮萨尼-费里曾任欧洲重要的经济智库布鲁盖尔研究所的所长，在他的领导下，布鲁盖尔研究所在全球经济政策类智库排名中位居第一，他现在是法国总理的经济顾问。

这四位作者都有丰富的政策研究经验，他们合著的这本书为学习宏观经济学的学生，尤其是研究生们提供了难得的帮助，可以帮助学生们跨越理论和现实之间的鸿沟，了解到理论的力量和不足、现实的鲜活和复杂。

对范围更广泛的读者而言，此书的意义在于提供一种实事求是、心平气和的态度，去把握市场和政府之间的关系。借用著名经济学家阿维纳什·迪克西特（Avinash Dixit）的话说，传统教科书上的政府是全知、全能、仁慈的政府，但政府其实并非全知、并非全能、也不仁慈。

全知，是指政府知道一切经济主体的所有信息。在这样的假设下，政府干预一定是有效的。比如，有很多人会刻录盗版的光盘，这会侵犯创作者的利益。但是，也有很多人刻录光盘只不过是为了在开车的时候自己听听音乐。如果政府能够准确地知道是谁在刻录盗版，比如说，可能是 15～25 岁之间的年轻人居多，那么，政府就可以专门针对这批年轻人征税，这就会使得社会福利最大化。可惜，政府无法准确地知道所有的信息。这不仅仅是因为统计数据不准确、统计方法不先进，而且是因为很多信息是在特定的情景下产生的，既难以觉察又瞬息万变。这就是哈耶克强烈地反对计划体制的最主要原因之一。

全能，是指政府可以如其所愿地实现政策目标。在这样的假设下，政府干预也一定是有效的。问题在于，政府追求的政策并非单一的。想要 GDP 增长率，就可能会破坏绿水青山，想要减少收入不平等，就有可能会影响经济效率。政府不得不在多个互相冲突的目标之间作出选择。而且，政府的政策工具也是有限的。经济学中的"丁伯根法则"讲到，如果政府有 n 个政策目标，至少要有 n 个政策工具。如果政策工具的数量少于政策目标，就不可避免地会出现顾此失彼的局面。在全球金融危机之后，我们发现，政府的政策工具变得越来越少。传统的货币政策已经面目全非，单靠加息、降息再也指挥不动经济活动，更何况各国都面临结构调整，只用传统的宏观政策工具，如何实现结构改革的宏大抱负？

仁慈，是指政府没有私心，唯一关心的是如何使社会福利最大化。在这样的假设下，政府干预也一定是有效的。问题在于，政治有不同的体制，政府有不同的部门，官员有自己的私利。并非说官员一定会有腐败的问题，即使官员们个个廉洁守法、夙夜在公，他们的行为也不可避免地会有偏差。部门有部门的利益，铁道部会觉得修高铁比较重要，教育部肯定觉得教育是百年大计，国家体育总局会觉得在奥运会上拿金牌、为国争光比较重要。腐败的危害可以清清楚楚地看到，但官僚主义、本位主义这些毛病，大家可能最后都见怪不怪了。

不过，话又说回来，市场同样并非全知、并非全能、也不仁慈。

信息不对称告诉我们，市场主体之间的信息是不可能完全一样的。每一个消费者都知道，买家没有卖家精明。逆向选择和道德风险无处不在。所谓"逆向选择"，是次货会冒充正品。如果一个二手车商人向你热心地推销一辆汽车，你该不该相信他呢？如果你是二手车商人，你会不会想方设法把问题最多、最不好脱手的车先推销出去呢？所谓"道德风险"，是指事先的承诺到了事后就不再兑现。上这个当的人太多了。结婚之后和结婚之前，怎么人就变了个样呢？实习阶段的表现和转正之后的表现，怎么会相差这么大呢？

市场也不是全能的。有很多市场是空缺的。比如，一个人在读大学阶段并没有收入，但需要交学费，按说大学生可以在这个时候贷款，毕业之后拿自己的收入偿还，但大学生没有抵押和担保，他们如何才能贷到款？小企业面临着同样的困境。全球气候异常也是我们必须面对的严峻挑战，我们这一代人总得对子孙后代有个交代吧。但哪里有一个市场机制，可以让我们的后代和我们这一代进行交易？企业污染环境带来的负外部性，也是经济学里市场失灵的一个典型案例。

市场更不是仁慈的。市场不负责温情和关怀，市场经济从来就没有一颗仁爱的心。哪怕一人独占全球的财富，其他人无立锥之地，也不是市场经济操心的事情。市场经济既不善良，也不邪恶，它只是冷冰冰地计算，它只知道追求效率，它甚至不会考虑到这种短视而极端的行为是否会葬送自己。它就像亚马孙的热带雨林，或是波涛汹涌的大海，你只能去适应它，却无法改变它。

我们必须学会接纳并非全知、并非全能、也不仁慈的市场，同时还要认识到，政府也是一样：并非全知、并非全能、也不仁慈。

在经济学的争论中，必须小心谨慎，细心体察不同的辩论者说的是否为同一件事情。曾经在世界银行工作过的经济学家拉维·坎伯（Ravi Kanbur）以全球化为议题讨论过，支持者和反对者的分歧究竟在哪里。他谈到，支持者强调的是总量，反对者则关注分配。支持者认为全球化对大多数人的利益是有好处的，反对者则认为受损者没有得到应有的关心。支持者强调的是中期，他们看到的是在5～10年的时间内全球化能够带来的好处，反对者则担心短期内的调整成本，他们也更关心长期内的历史巨变。支持者相信市场竞争能解决一切问题，而反对者则更强调市场竞争的不足之处。

认识到这些分歧，有助于达成共识，到最后我们会意识到：所有的经济学问题，其实只有一个答案，那就是"it depends"。

何　帆

　　我也很想写这样一本书，其实一直以来就有这个打算。之所以有这种想法，是因为我有一种内疚的心理。长期以来，我和斯坦利·费希尔（Stanley Fischer）一起编写的研究生教材可能向读者传递了一种错误的信息。那本书侧重介绍了模型和逻辑本身，而不是其具体应用。这么做的理由非常充分，即我们希望首先展示宏观经济理论的知识结构。但事实上，我们那本书缺少严肃的经验分析，这传递了另一个信息：理论在很大程度上可以脱离实践和事实。这种观点是错误的：没有事实作为基础的理论，将会过于简单，而且毫无用武之地。所以我也想写这样一本书，我想和学生们分享我在理论、现实与政策之间穿梭游走的兴奋体验。至少在美国，在本科生教材中这样做是一种传统。这些教材中有很多关于政策争论的讨论，比如关于政策选择对经济的影响。我觉得与研究生一起讨论这些问题会更有趣，因为他们掌握了更多的理论和计量经济学工具。

　　本书的四位作者，阿格尼丝·贝纳西-奎里、贝努瓦·科尔、皮埃尔·雅克和让·皮萨尼-费里，他们已经快我一步做成了这件事。我也非常乐见其成，因为他们完成的工作已经超出了我想做的。

　　为了让读者了解他们取得的成果，在此仅举一例，像《欧洲稳定与增长公约》（European Stability and Growth Pact，SGP），其打算对财政框架的建立或改革问题提出一整套明智的建议，则需要综合考虑以下所有这些因素。

　　（1）你需要了解"可持续性"在理论和实践中各有什么确切含义，不遵循可持续性原则的代价是什么，如何评估可持续性。具体来说，一国的债务/GDP，多少才算是太高？太高了又会怎么样？一国的财政状况会多快达到这个门槛？又会以何种速度摆脱这种状态？

　　（2）你需要了解赤字和债务对产出及其结构的长期影响。中长期来看，赤字和债务如何影响产出？两者又如何影响利率、净外债头寸和资本存量？未来的消费会因此损失多少？哪代人获益，哪代人遭受损失？

　　（3）你需要了解赤字的短期影响，以及逆周期财政政策如何在短期内发挥作用。具体来说，减税、增支都会导致赤字，那么两者是否会对经济产生相同的影响？预期效应有多重要？如果预期未来会有巨额赤字，这是否会导致当期消费、投资以及产出的下降？如果会这样，什么情况下更有可能发生？

　　（4）你需要了解政策灵活性下降的宏观经济成本。限制赤字和债务，这与财政政策对宏观冲击作出适度的反应是否一致？如何解释欧元区国家在最初 10 年中的持续分化？这些分化是否可以避免？此外，财政政策是否（以及在多大程度上）是应对国家层面冲击的正确工具？财政政策是否可以（应该）在一定程度上弥补独立货币政策的缺失？最后还需要弄清楚，在战胜了新的大衰退并拯救了本国银行之后，政府手里还剩下多少政策空间。

（5）你需要考虑如何在实践中定义规则，债务应该如何定义，如何处理由社会保障和其他对子孙后代的承诺所带来的隐性负债。如果规则是根据赤字和债务来定义的，那么对于当前的问题来说，这两个概念本身最合适的定义是什么？规则应该如何处理私有化的收益问题？规则应该适用于总债务还是净债务？政府预算应该在经常账户、政府资本账户之间进行区分吗？赤字规则应该只适用于政府经常账户吗？规则应该直接由政治家来实施，还是需要建立独立的委员会？

（6）你需要考虑政治经济问题。规则是用于保护人民不受政府的伤害，还是用来保护政府不受自己的伤害？一个国家的政府如何能够操纵或扭曲特定的规则？如何对行为不端的政府实施惩罚？这些惩罚措施在事前是否可信？如G20框架这样的国际协调机制是一种优势，还是分散弱化了各国政府的职责？

要回答这些问题，你需要很多概念性工具。其中包括世代交叠的动态一般均衡模型、仔细处理预期的短期波动模型，对于规则分析还要考虑政治经济学模型，以及有助于你思考特定规则设计的代理模型。在每一种情况下，我们都可以基于理论的指导，结合实际情况从而确定哪种理论解释更为恰当。当然，这并不容易做到。一般来说，老师可以在课堂上将理论工具传授给学生，但没有动机讲授这些理论工具的实际应用，同时也缺少实践训练。至于怎么应用这些理论工具，就看你自己了。而这本书则不同，它为你提供了理论工具，鼓励你使用工具，并向你展示如何使用这些工具。

最后但同样重要的是，这本书向读者缜密、全面地讲述了全球金融危机及其之后的大衰退，这也是第一本这样做的教科书。对于这次危机和衰退，经济学家面临着很多理解上的难题，比如：对危机原因的反思；危机还揭示了传统方法存在的缺陷，这也可能意味着过去对理论的过度迷信；为了更好地理解危机、避免其再次发生，还需要更好的理论框架——尽管面临这么多难题，但作者们并没有回避这些复杂问题，也没有像克鲁格曼那样全盘否定、说经济学家们是对事实犯了"美丽的错误"。相反，作者们展示了如何在历史背景下运用现有的各种理论，使之融会贯通、推陈出新，从而更好地理解危机。这才是我们该走的正路。

简言之，这本书将把你训练成优秀的宏观经济学家——同时也是优秀的经济学家。本书会给你灌输正确的理念，教给你正确的方法：建立坚实的理论基础，并使用理论来观察现实数据，然后在两者之间来回切换，直到形成统一的逻辑。在读这本书的时候，我再次感受到了研究宏观经济学所带来的那种兴奋。希望我的这种兴奋能够感染大家，祝大家品读愉快。

奥利维尔·布兰查德（Olivier Blanchard）
彼得森国际经济研究所弗雷德·伯格斯坦高级研究员

如果你渴望了解是什么因素（或应该由什么因素）塑造了经济政策，那么这本书正适合你。这本书包含了：从历史上得到的主要典型事实；帮助我们理解这些事实并分析政策影响的经济理论；围绕政策选择的争论；推动政策决策的规则和制度；最后同样重要的是，经验、理论和制度的相互作用方式。

该书的第一版（法语版）出版于 2004 年。本书是英文版的第二版。同时，该书还出版了意大利语和中文译本，并于 2017 年底出版了第四版法语版（与英文版第二版并行编写）。本书每一版与上一版相比都做了较大改动。该书最初源自一个研讨会，该研讨会旨在为学生的理论框架与经济政策制定之间架起一座桥梁，这些学生中的许多人计划将经济政策制定作为一种职业方向。第二版英文版也延续了同样的方法。新版不仅比前一版更深刻、更精确、更全面，而且还结合了针对过去 15 年中出现的重大经济政策挑战而产生的新的见解和新的实际对策。这本书还重新审视了对许多问题的看待方式和解决方法。

2008 年之后世界遭受了金融危机以及大衰退（Great Recession，首字母大写以体现其造成的创伤）。在此之前，长期以来经济专业人士一直认为金融系统堪称完美，但金融危机和大衰退促使他们对金融业进行了反思；欧元区经济还经历了一次濒死体验：通胀几乎消失，而被遗忘的通缩担忧重新浮现；公共债务也出现了飙升；曾被认为是只有发展中国家才会发生的主权债务违约风险也已经波及发达国家；新兴市场国家开始步入人口老龄化；收入不平等问题日益突出，先是出现在政治争论中，然后逐渐出现在政策制定的讨论中；劳动的本质也发生了结构性变化。新的问题推动了新的研究，同时也呼唤我们基于理论和实践经验给出新的回答。

这个新版本充分考虑到了这些新变化。它向读者提供了最新的经济政策领域的概览，包括对经济政策的讨论、设计和实施。所有章节都经过了仔细的审读，部分章节完全重写了。新版还增加了一章关于金融稳定的内容。我们相信，这是一本与众不同的书。

研究与实践之间的互动

本书的内容是理论与实践的结合。实际上两者之间经常出现脱节，这对于好的政策和好的研究都是有害的。我们认为，实践和理论之间的融会贯通可以启示实践，并帮助构建更好的理论。

我们四人都是老师，都注重理论研究和政策建议的结合，而且都身体力行做过这方面的工作：我们做过政府顾问、专家，咨询机构成员或主席，高级官员、中央银行家，智库研究员，以及国家、欧洲地区或国际层面上的时政评论员。我们曾在不同国家从事过经济政策制定的实践——这改变了我们理解、教授和使用经济理论的方式。

我们从经验事实中了解到，理论研究可能成为其自身内在逻辑的受害者，还可能会忽视重要的（有时甚至是至关重要的）观点。我们还认识到，对历史教训的无知和对理论进展的忽视都可能会使政策无效，甚至有害。

全球金融危机将对政策制定和经济理论产生长期影响。在这轮危机之前和危机期间产生作用的机制，其中一些已经在危机爆发后得到了关注并且被识别出来，而另一些则刚被更新或者刚被发现。首先，为了对抗金融混乱、振兴经济、设计新的危机预防机制，经济学家挖掘了深埋在经济教科书故纸堆中的知识，从经济史中汲取教训。他们努力避免重蹈历史覆辙，一些曾经被视为纯粹空想的模型也重新发挥了作用。其次，经济学家还开展了新的研究。其中一些非常理论化，其旨在确定金融脆弱性的来源和扩散渠道，并更新风险管理方法；另一些则是经验性的，其旨在深化我们对经济政策影响的理解，或者探索以前被忽视的角度，例如收入不平等或系统性风险。在本书中，我们对这类研究做了概述，并讨论了其对经济政策的贡献。特别是第 4～6 章专门讨论了财政政策、货币政策和金融稳定。

在欧洲，这场危机暴露了经济学思考和政策制定两者互动中存在的重要缺陷。超主权货币的创造是前所未有的雄心壮志（或者说是一场实验）。我们遇到的许多陷阱原本是可以预见的，或者至少部分可以预见。货币区内的异质性、调整机制对非对称冲击的应对不足、自我强化的价格分化，以及对财政责任的激励不足，这些都是众所周知的问题。学界从一开始就已经识别出了这些问题，并且从历史经验也可以推断出这些问题的重要性。还有其他一些挑战，比如银行风险未实现集中管理、缺乏对于政府的最后贷款人等问题，有一些学者提出了这方面的问题，但尚未得到全面的研究。如果研究者和决策者之间有更深入、更真诚的对话，原本就可以帮助预测和预防欧元区危机。然而不幸的是，欧元推出之后，政策层面开始出现了自满情绪。而且在很长一段时间里，决策者似乎对于证明其政策合理性的研究更有兴趣，而不是那些质疑他们政策的分析。只有当欧元面临致命威胁时，才会有真正的对话。

经济学家的责任

理论和政策的互动关系越密切，经济学家的责任就越重。不过这时候经济学家就会面临诚信、思想开放和辩论能力等有关问题。

让我们面对现实：这场危机让人们对经济学界产生了怀疑。经济学家被指责为盲目、自满，甚至被利益集团俘获了。他们被指责为思想上因循守旧、过度信任市场机制、与金融圈走得太近，以及屈从于强权。在欧元区危机之后，人们指责经济学家对货币一体化得出了有偏的结论（低估成本、高估收益）。批评者认为经济学家极度短视，这导致其只对金钱性质的社交活动有兴趣，从而更关注财富的积累而非分配，同时还忽视了增长和塑造经济制度的政治力量可能造成的损害。经济学家有时被指责过度专注于专业的、"精美的"模型，而忽视了对复杂现实的理解——正如保罗·克鲁格曼（Paul Krugman）所言，这是错误地把美等同于真理。

至于职业操守，我们应该承认职业经济学家在向别人说教激励的重要性时，长期以来却对自身的利益冲突视而不见。除了不可忽视的金钱问题，经济学家必须意识到，与任何专业选民（包括政治家和技术官僚）走得太近，都可能会削弱他们的批判意识。危机过后，经济学家的职业道德受到了质疑。这已经推动了更多的信息披露（例如在专业期刊上），这方面还需要进一步加强努力。我们必须确保潜在利益冲突具有充分的透明度。

关于对智力缺陷的批评，这倒是一种先入为主的误解。经济理论并不一定是自由市场、小政府、最小化再分配心态的鼓吹者——有些人认为这是自由主义圈子的想法。实际上，最近几位诺贝尔经济学奖得主都致力于研究不平等、贫困和政府干预，或是研究经济主体的有限理性。诚然，经济学家认为市场是资源配置的有效方式，但他们同样关注市场失灵及其不平等的分配效应，他们设计了工具来识别和纠正这些问题。

如果公共辩论的参与者能更好地（同时也更有见解地）运用经济分析，民主制度就会受益。经济学家不是空谈家：他们把越来越多的时间投入实证研究和实验中，同时挖掘迅速扩大的数据资源。与几十年前不同的是，如今发表在顶尖经济学期刊上的大部分研究都是实证研究。不过理论研究仍然至关重要，尤其是对于确定政策的关键参数和指导超越纯粹统计规律表面的实证分析。

一些经济学家可能更多地把自己视为市场效率、经济开放、价格稳定或增长（包括否定单纯增长目标）的倡导者，而非科学家或工程师。当面对政治家、社会活动家或其他领域的专家时，一些谨慎和观点中立的研究人员也可能会倾向于过度简化他们的观点，并夸大自己的社会角色。而政策制定者经常根据自己的偏见使用研究结果，过度地强调证明其政策的正确性。2005年前后，研究金融或欧元的学者过于乐观，而那些发出警告的人则基本上被忽视了。在这种情况下，与其说研究者是罪魁祸首，不如说是研究与政策之间的关系出了问题。当然经济学家也有部分责任。经济学也不应该对其方法论感到傲慢和过度自信，当谈到个人的短视和明显的非理性时，经济学家常常借用埃莉诺·奥斯特罗姆（Elinor Ostrom）或理查德·塞勒（Richard Thaler）（两位诺贝尔经济学奖得主）的观点，他们致力于理解非货币互动、非金钱激励和集体行动。他们强调，效用、跨期最大化或社会福利等概念为他们提供了所有必要工具，以建立一种多视角的公共行动方法，而不仅是基于简单的增长信仰。这些都是对的，但也容易产生误导。经济学家应该对其他社会科学的发现持有更加开放的态度。经济学的学科优势并非来自乔治·斯蒂格勒（George Stigler）曾经称颂的"经济学帝国主义"的固有优越性，而是来自这个学科严谨的分析和有意义的实证研究两方面的结合，这才是经济学家所能发展的专业能力。经济学家应该听从凯恩斯的建议，以牙科医生的谦卑和能力为榜样。

独特的结构

经济学教科书通常涵盖特定领域的经济理论，如宏观经济学、微观经济学、金融学、国际贸易等，并用真实故事来说明理论结果。但这些教科书对经济政策工具和决策过程的描述往往是简单和抽象的：比如假定决策者应不受限制地选择利率或公共支出水平，而在现实中这些决策涉及复杂的过程。

相反，许多关于经济政策的优秀文章更关心的是描述新思想和新制度的兴衰变化，而不是讨论其理论基础。这些文章内容丰富，但有些令人失望。本书旨在填补这一空白。本书将介绍用于解决现实政策问题的主要分析工具——理论工具和实证工具；我们解释了这些工具如何用于权衡政策利弊并指导决策者的选择；我们还讨论了理论上的不确定性、盲点和争论，这些就要求经济学家在形成政策建议时要保持谦逊和谨慎，这也使得经济学家的工作如此具有挑战性和回报。我们希望这本书将为读者提供必要的工具，来理解和参与可能出现的政策争论。

本书共有九章。前三章阐述了制定经济政策的整体框架。第 1 章描述了本书后续内容中使用的方法论基础和工具箱要件。第 2 章提出了一些警示：它概括介绍了政府干预的局限性，以及可能导致政府干预陷入次优结果的政治经济原因。第 3 章介绍了主权国家内部和跨国层面决策机制的多元性。第 4～9 章涵盖了经济政策的六个领域：财政政策（第 4 章）、货币政策（第 5 章）、金融稳定（第 6 章）、国际金融一体化和外汇政策（第 7 章）、税收政策（第 8 章）和增长政策（第 9 章）。第 6 章是全新的，在此要感谢劳伦斯·布恩（Laurence Boone）、洛伦佐·卡皮耶洛（Lorenzo Cappiello）、安妮·勒·洛里尔（Anne Le Lorier）和彼得·普雷特（Peter Praet）的评论，第 6 章的内容从他们的评论中获益良多。这六章中的每一章都以类似的结构呈现：第一节概述了从近期的经济史中得出的典型事实，第二节介绍了政策制定者应该掌握（或至少需要了解）的理论模型，第三节介绍了主要的政策选择。这六章之间有很多交叉引用，但各章都以一种可以独立阅读的方式来完成写作。

本书肯定无法包罗万象。我们从广义上涵盖了宏观经济学，重点依次放在了货币、财政预算、金融、汇率、税收和增长等方面。对于竞争政策、社会保障、劳工政策、国际贸易或气候变化等其他重要经济政策领域，我们选择不涉及，或者只涉及其中的边缘问题。本书也没有安排专门的章节来关注国际经济政策、区域（尤其是欧洲）一体化，或地方政府管理等话题。第 3 章总结了经济理论对不同政府层级的政策工具的看法和全球治理困难的看法；然而在各个政策领域，有些政策工具是全球层面的，有些是国际区域性的，有些是国家层面的，有些则是地方性的，因此本书在六个专题章节中都将这些视角结合起来。

经济学家经常被指责使用专业术语来保护自己，以免被难堪的问题所困扰。为帮助读者克服语义障碍，我们在书中对所有关键概念至少给出了一次定义。书末的关键词提供了所有关键概念的完整列表。

此外，我们将大部分数学分析内容放在了技术性的延伸阅读当中。我们既不认为数学是经济科学的目的，也不认为数学是划清真理和意识形态之间界限的工具。正如保罗·罗默（Paul Romer）曾经指出的，数学其实可以用来支持意识形态。所以本书中提到的一些重要的理论文章并没有展示任何相关的方程式。然而数学可以通过一致和严谨的方式，基于一组假设推导出结论，在这方面，数学的作用独一无二。同时数学也是统计工具的基础，其使得我们能够用现实世界的数据来验证假设。不过作为一种语言形式，数学更适合揭示严密推理的流程，而不是解释推理并呈现其结论。本书提供了如何使用数学工具的例子，但我们也会以更加文学化的方式使推理更加明确。

本书的写法从根本上依赖于大量丰富的事实，所以每章都有很多图表作为"辅助阅读"。本书还包含了理论性延伸阅读和描述性延伸阅读。此外，本书还有大量的参考文献，以便读者可以深入研究相关领域的任何问题。

结　论

感谢所有鼓励我们并帮助我们，使这一共同努力的事业最终得以实现的人们。学生对我们帮助良多，他们提出的问题和批评极大地提高了本书的相关性、准确性和可读性。我们也感谢同事和朋友们，他们对之前的版本提出了意见。撰写经济政策的教科书需要我们孜孜不倦地更新数据和案例。在这一版中，我们得到了保罗·贝伦贝格-戈斯勒（Paul Berenberg-Gossler）、普拉纳夫·加尔（Pranav Garg）和阿梅丽·舒里希-雷（Amélie Schurich-Rey）特别有效的帮助。如果没有他们，本书就不会如此契合当下的各种关切。

2018 年 3 月
于巴黎、佛罗伦萨、法兰克福、新德里

第1章　概　述

　　许多实践者自以为不受任何学理之影响，却往往当了某个已故经济学家之奴隶。狂人执政，自以为得天启示，实则其狂想之来，乃得自若干年以前的某个学人。我很确信，既得利益之势力，未免被人过分夸大，实在远不如思想之逐渐侵蚀力之大。这当然不是在即刻，而是在经过一段时间以后；理由是，在经济学以及政治哲学这方面，一个人到了 25 岁或 30 岁以后，很少再会接受新说，故公务员、政客甚至鼓动家应用于当前时局之种种理论往往不是最近的。然而早些晚些，不论是好是坏，危险的倒不是既得利益，而是思想。*

——约翰·梅纳德·凯恩斯（John Maynard Keynes，1936）

　　凯恩斯在《就业、利息和货币通论》中的最后这几句话是对经济学家的神化，这也被经济学家们看作是对其社会角色的认可。但这些话也说明了理论与经济政策之间关系的复杂性。这些论述意味着，经济学家的意见既不能被视为是决策的附庸，也不能被认为是决策的主宰者。经济学家的专业理论确实会产生影响，但其影响方式是间接的，而且存在时间滞后。①

　　经济学家有时自诩能够决定决策者的选择，对此凯恩斯（1931，Part V，chapt. 2，最后一句）超脱地讽刺道：

　　如果经济学家能像牙医那样，做个既谦虚又有能力的人，那就太好了。

——约翰·梅纳德·凯恩斯（John Maynard Keynes，1931）

　　经济学思想和政治意图之间的相互作用，被称为政治经济学。② 这种权力与知

---

　　* 该段译文来自：凯恩斯. 就业、利息和货币通论. 新 1 版. 徐毓丹译. 北京：商务印书馆，1963。——译者注

　　① 凯恩斯自己也未能逃脱这一规律，他的主要建议在第二次世界大战后才得以实施。

　　② 这一表述的意思已经时过境迁。在历史意义上（例如，让-雅克·卢梭［Jean-Jacques Rousseau，1755］在狄德罗和达朗贝尔主编的《百科全书》的"政治经济学"条目中使用的意义），"政治经济学"相当于"一般经济学"，而不是"家庭经济学"。让-巴蒂斯特·萨伊（Jean-Baptiste Say）、亚当·斯密（Adam Smith）、大卫·李嘉图（David Ricardo）和卡尔·马克思（Carl Marx）等经济学家都以这种方式来使用这一表述。直到 20 世纪末期，一些国家仍然使用这个意思。在英语中，政治经济学（political economy）已经被经济学（economics）代替。20 世纪 60 年代，先是在美国，后来在欧洲，这个词开始有了不同的含义。其背景是一系列的研究开始系统地探讨政策决策的政治决定因素。这种研究方法最初被称为"新政治经济学"，但后来仍旧被称为政治经济学，我们沿用了这一用法。

识的相互作用并不仅仅局限于经济领域。在很多领域，公共决策或多或少地依赖于科学或技术知识，这些领域都会存在这种互动。不过，这种互动在社会科学领域更为普遍，而且以经济学尤为突出，其他的学科，像地质学、生物学，这方面的特征则不太明显。基于此，对这种互动关系的分析将会贯穿全书。

本章将就经济政策分析的主题进行介绍，并展开初步讨论。第 1.1 节将讨论经济学分析政策时所采用的各种方法。第 1.2 节将从微观和宏观角度，同时讨论对于政府干预的支持和反对观点。第 1.3 节将聚焦于对经济政策的评估，而且还将涉及评估的标准和具体评估手段。

1.1 经济政策入门

1.1.1 经济学家和女王：三种可选的方法

对于政策，经济学家有不同的研究视角：他可以只研究公共政策对经济的影响（实证经济学）；也可以根据已有的专业知识提出建议，并影响决策（规范经济学）；或者将经济政策作为研究主题，并研究政策本身的决定因素（政治经济学）。这三种研究角度在当今的经济学体系中并存。

（a）实证经济学（positive economics）

在实证经济学中，经济学家基于旁观者的角度，研究公共政策通过哪些途径来影响个人行为，以及结果是什么。他会分析各种政策，比如紧缩的货币政策、公共支出的增加、税制改革或是新的劳动力市场管制。在实证经济学的视角下，政策选择被视为是完全外生的。也就是说，经济决策能够影响模型中的各种经济变量，如价格、产出、就业等等，而经济政策本身并不是由模型内生决定的。

因此，在实证经济学视角下，即便研究不同的经济现象，经济政策的研究也可以采用相同的理念和方法。比如，研究中央银行贷款利率的提高对非金融部门的影响，和研究银行贷款风险溢价的外生性提高对私人部门的影响，这两者在研究方法上几乎没有差异。类似地，也可以在同一理论框架下、使用同一方法来讨论上调最低工资或提高工会议价谈判能力的影响。

（b）规范经济学（normative economics）

第二种角度是规范经济学。这时候经济学家以顾问的姿态出现，确切的说是作为仁君或决策者的顾问，他要判断哪套方案能够最好地达成明确的政策目标。比如，减少失业、改善生活水平、保护环境这类政策目标。这时候，决策者充当了社会计划者的角色，而经济学家则是工程师。经济学家要告诉决策者，如何选择合适的方法来达成既定目标。经济学家的头脑中当然不乏各种建议，而且他们也用不着在决策者要求的时候才发表观点。同时，他们总是会对社会的偏好做出或明或暗的假设，而且这些假设也并非仅仅来自经济学理论。

为了评价各种政策的效果，规范经济学需要基于实证经济学的分析。而且还需要一个度量标准，从而对可选的政策方案进行比较。假定政府想减少失业，现有两个备选方案都可以实现目标，但是，第一个方案要以降低劳动者的平均收入为代价，第二个方案则以扩大收入差距为代价。要想做出选择，就要将上述政策的社会成本与减少失业带来的社会收益进行评估。这意味着我们要在下述三个方面之间弄清楚两两之间的偏好顺序是什么，即：失业率、平均收入、收入差距。建立这种排序在理念和实践上都有相当的难度。

此外，规范经济学通常还意味着放弃最优（first-best）方案，考虑次优（second-best）方案。这里所谓的最优方案，是在没有信息约束、制度约束或是政治约束的理想条件下才能实现的方案。而次优方案则是考虑了这些约束条件的选择。[①]

以碳排放政策为例。很多政府在这方面做出了承诺以控制全球变暖。相应的最优方案是设立全球碳排放税，从而鼓励企业使用低碳能源。然而，碳排放税会对有势力的特殊利益集团造成损害，比如汽车制造商、石油企业。同时，碳排放税还需要国际协调和共同执行。再者，发展中国家还认为碳排放税在公平问题上存在争议。因此，2015年12月在巴黎达成的气候协定最终允许参与国可以自由选择其减排手段。

一些政府考虑让现有政策"更环保"，比如对公开招标范围进行限制，只对符合碳排放标准的企业开放。然而这种次优方案会带来意想不到的重大影响。这将导致隐含的碳价格在不同经济体之间出现差异，从而导致扭曲。此外，如果供应商之间的竞争受限，最终可能是纳税人来承担政策成本，而不是企业的所有者来承担这些成本。但事实上改变企业所有者的行为才更有意义。

参与公共决策的经济学家会遇到许多这类约束。他们面对的问题往往不是"如何减少失业"，而是"考虑到政府部门、国会的多数党和反对派，各种利益相关者的观点，从他们这些主要参与者的立场甚至偏见出发，哪个方案最划算？而且这个方案与政府的整体政策思路以及政府对公众的承诺是一致的？"显然，第二个问题的答案是第一个问题答案非常弱化的版本，但重要的经济政策通常就是这样制定出来的。可以理解的是，经济学家可能并不想参与这样的决策过程。但是赫伯特·斯坦并不这么认为。他曾是时任美国总统理查德·尼克松（Richard Nixon）和杰拉德·福特（Gerald Ford）的经济顾问委员会主席。他曾经说过，经济学家虽然并不十分了解经济，但政治家和其他决策者甚至知道的更少（Stein，1986）。因此，让经济学家退出政策讨论、回到象牙塔，这并不是好事。

但是，次优选择也存在重要的问题。从福利角度看，次优选择状态实际上可能还不如初始状态。贸易政策中就有一个关于次优选择的典型案例：区域贸易自由化将使得贸易从全球范围的高效率生产者向区域内缺乏效率的生产者转移，与统一关税的状态相比，这将造成资源配置的恶化。[②] 看似是向正确的方向前进了一小步，实际在福利上却适得其反。

除了前述令人不安的结论，现代公共经济学还强调了一个同样棘手的问题，即在政策制定者、执行部门以及政策效果的承受者之间存在信息不对称。与苏联中央计划经济相同，经济政策的传统方法假定：政策制定者拥有完全的信息（一般认为决策者比私人部门掌握更多信息），并对其政策决定可以进行完美的控制。可现实却并非如此，决策者既不完全了解实际情况，也无法完全控制政策的执行。以负责一个特定部门的监管者为例，比如电信行业的监管者，主要从他负责监管的公司那

---

① 这一术语来自福利经济学，本章第1.2.2节会有介绍。
② 这一贸易政策理论的经典结论最早是由雅各布·维纳（Jacob Viner，1950）提出的。然而，在肯普和沃恩（Kemp and Wan，1976）之后的许多研究发现，如果优惠贸易安排有助于多边自由化，那么它们实际上仍可改善福利。

里获得有关成本、投资收益、需求弹性的信息。但对于受到监管的经营者而言，这些信息具有战略性价值。他们有充分的理由不完全公开所有信息，或者提供有偏差的信息。因此在与这些公司打交道时，即使监管者可以通过观察市场价格、交易数量来补充更多的信息，但他们仍在信息方面处于劣势。

同样地，负责政策执行的各个部门也不是完美的信息传递者，他们在自下而上、自上而下的双向信息传递过程中都存在一些问题。例如，即使教育部系统的教师对班级情况了如指掌，主管的教育部长也不一定能掌握完整准确的信息，这显然会影响其决策质量。反过来，那些对教育政策持有自己见解的教师可能认为教育部长的政策存在问题，这也会影响到政策的实施和效果。

2001 年诺贝尔经济学奖得主乔治·阿克洛夫（George Akerlof）、迈克尔·斯宾塞（Michael Spence）和约瑟夫·斯蒂格利茨（Joseph Stiglitz），他们首先在研究中强调了信息不对称在私人部门交易中的重要性，而让-雅克·拉丰（Jean-Jacques Laffont）[①]和让·梯若尔（Jean Tirole）则首先指出信息不对称在公共经济学中存在重要影响。他们发起的契约设计的研究，旨在激励市场主体提供更多的信息，而不是选择隐瞒（从而使决策者做出合适的决策）。这些契约是机制设计的例子，这意味着设计最佳的机构或程序来实现理想的社会结果。机制设计涉及的问题涵盖了公共资产的拍卖、公共决策的投票程序、限制私人行为的法规，或政府与私人承包商之间的合同等。所有这些机制的设计都应该使政府克服缺乏信息的问题，从而实现预期结果。[②] 正如诺贝尔奖得主埃里克·马斯金（Eric Maskin）所解释的那样，这一结果的关键是激励相容（incentive compatibility）：

> 在事前，机制设计者通常并不知道哪些结果是最优的，他们必须对规则进行精心设计，而不是简单地通过法令来规定得到某个结果；特别是政策机制必须在执行过程中能够产生所需要的信息。但是掌握关键信息的个人（例如存在公共产品情况下的个人，或者是资产销售案例中的买家）往往有其自己的目的，因此其可能没有动机来展示他们所知道的信息，这一事实使得问题更加严重。因此，这些机制必须与激励相容。（Eric Maskin，2007，p. 3）

（c）政治经济学

政治经济学方法与实证经济学相似，或者被看作是实证经济学的延伸。政治经济学方法避免直接给政策开出药方，而是采用一个局外人的角度来进行分析。但是，政治经济学并不把决策者的行为设定为外生，而是将决策者的行为和私人部门进行相同的处理，都将其行为视为内生（内生于自身的经济逻辑）。在政治经济学框架当中，政府角色不再是以全局利益的名义进行监督，也不再是引导私人经济运行的救世主。这时候，政府是一个由政治家或政客操作的机器（也就是说，那些政治家或政客都是理性人，他们的行为都遵循着特定的目标，受到特定条件的限制）。研究政治驱动行为的最简单模型往往是基于简化的假设，即设定政治家的唯一目标就是继续执政，因此会最大化连任的概率。然而更精巧的模型

---

① 2004 年英年早逝的法国经济学家让-雅克·拉丰率先将信息不对称引入公共经济学，并将其应用于有效监管政策的设计。让·梯若尔是拉丰的继承者，也是图卢兹经济学院的教授，在 2014 年获得诺贝尔经济学奖。

② 有关招标机制和 3G 电话牌照分配的更多信息，参见 Klemperer（2004）。关于宏观经济政策中激励相容契约的讨论，可参见 Cœuré（2012）。

还需要考虑履行竞选承诺（这在政治家当选后将会成为一种约束条件），同时模型还要考虑党派偏好、特殊利益集团影响。特殊利益集团的作用可能涉及政治家对某个社会团体维持长期关系的考虑。在极端情况下模型甚至还要考虑行贿、受贿行为。政治经济学方法还试图描述政府内部的技术官僚和公共机构（中央银行、独立机构、国际组织）管理人员的行为，并确定这些机构内部和外部的治理、职责如何影响其经济表现。

对于分析美国枪支管制政策，政治经济学方法显然至关重要。同时在贸易政策等领域，也需要用到政治经济学来解释，为什么贸易保护政策因行业而异，以及不同国家的劳动力市场也存在不同政策，这方面的政治经济学分析也有助于理解各国的就业表现差异。

政治经济学并不排斥规范性的判断，但确实其应用范围也有限制。现代政治经济学的创始人之一詹姆斯·布坎南（James Buchanan）认为，这种判断只有在适用于决定经济政策的框架（通常称为政策机制，policy regime）时才是合法有效的。比如宪法，或者更广泛地来看，所有与经济政策制定相关联的法规、程序和制度，都是政策制度。关于经济政策制度和经济政策的区别，我们可以借用罗伯特·卢卡斯（Robert Lucas）（参见 Lucas，1976）的介绍来说明：经济政策制度的选择涉及规范经济学的考虑，但实际经济政策的决定则是在政策制度框架下的政治运行结果。可见经济政策是一个内生结果，因此我们对其进行规范性判断是没有意义的。根据布坎南的说法："经济研究的对象是'经济'，从定义上讲它是一个社会组织（social organization），独立进行选择的个体之间的互动构成了这个社会组织……在此，不存在一个人或单独的选举者是以这个经济或政体的效用最大化为目标的。政策结果中出现的问题，实际上就是决策过程中出现的问题，这就是全貌"（Buchanan，1975，pp. 225-226）。经济学家的任务就是研究决策过程是如何运行的，以及研究为政策制定者提供激励机制。经济学家要讨论的是：这些激励措施是否会产生政治偏见，或是否有助于使政策的结果符合公众利益。这方面的研究并非用于给高层直接提供政策建议。

20 世纪最后几十年，政治经济学方法因两个伴生的发展而得到强化。第一个是 20 世纪 70 年代发展起来的理性预期理论[①]（主要来自罗伯特·卢卡斯），该理论强调私人部门不是像机器那样对刺激做出机械反应，而是会运用理性对决策做出预测。与之相关的例子是汇率危机，正如本书第 7 章讨论的，要理解汇率危机，必须要考虑个人投机者与政府的博弈和互动。这种危机的发生往往是因为个人投机者知道（或者至少猜到）决策者的偏好和约束条件，进而可以评估货币贬值的可能性。尽管和政治经济学研究方法没有直接联系，但理性预期理论仍然对国家主导并引领私人经济发展的观点提出了挑战。这导致了在经济学模型当中将政策决策设定为内生而不是外生行为。

第二个关于政策行为研究的进展是由于对政府干预在宏观经济管理、就业、发展领域失败行为的反思，这些也促进了相关研究。尽管其中一些失败可以归咎于纯

---

① 经济主体使用了关于经济运行和他们决策相关变量的全部可用信息，并形成了他可能做到的最好的预测——如果是这样，我们就说预期是理性的。在模型的框架中，对一个变量的理性预期是指这种预测的基础是模型中外生变量的全部可得信息。我们将在第 2 章更详细地讨论这些争议的本质。

粹的决策错误、知识不足或仅仅是运气不好，但是对于其他的失败，我们需要一些理论解释，为什么有一些国家始终不能从过去的错误、国际经验中吸取教训？为什么一些法规明明导致了与既定政策目标相悖的结果，但这些法规却仍然保留了？为什么在 2009 年全球危机之后，一部分发达国家更快恢复到了充分就业？如果这仅仅是个确定合适的政策和制度的问题，那么借鉴学习就能够起作用。比如不太成功的政府可以向成功的政府学习，即便是缓慢的学习也有用。但是仍然有些国家还是没有这么做，因此还是需要从政治经济学的角度来寻找解释。

关于产品、资本和劳动力市场法规的制度选择涉及以下考虑：偏好（preferences）和权衡（比如效率与公平的权衡）；经济利益（interests），比如既得利益者和新进入者的经济利益也并不一致；以及对经济如何运作的表述（representation），不同主体对此可能有不同看法。① 因此，从认知角度来说，确定这些分歧的来源并理解这些分歧的性质是很重要的。从政策角度识别和考虑决策的约束条件（知识环境、政策环境），这与确定政策的最优解决方案一样重要。这时候，无论从实证角度（理解经济政策为何不能实现其目标）还是规范角度（评估各种改革战略的成功概率），政治经济学都是至关重要的。

实证经济学、规范经济学、政治经济学这三种研究方法共存，而且现代经济政策研究方法也吸收借鉴了所有的上述三种方法。其中，实证经济学对于理解决策的可能影响是必需的，规范经济学则为决策提供了理论基础，能帮助应对决策中的权衡问题。然而这两种方法都面临局限性，政治经济学对两者越来越多地提供了补充视角。

阿维纳什·迪克西特（Avinash Dixit，1996）曾经指出，传统的经济政策研究方法把最终的决策者看作是一个无所不知、无所不能而且是仁慈的独裁者。但是信息不完全理论告诉我们，他并非无所不知。次优选择理论说明，他也不是无所不能的。政治经济学则告诉我们，他甚至并不总是仁慈的。当然，这些并不能成为政策虚无主义（policy nihilism）的论据，这些理论的目的只是批判对于政策的幼稚认识。

本章的其余部分将集中讨论传统的政策研究方法，其局限性将在第 2 章进行讨论。

1.1.2 政策制定者在做什么？

经济政策制定者的主要工作可分成六类：

（1）制定规则并实施。市场结构和产权并不是事先给定的。它们是基于利益集团之间的权力关系所形成的社会、历史结果，如果不加以控制，它们将充满滥用和欺诈。经济立法为私人主体的决策提供了规则框架。政策实施的内容包括：产权保护、竞争政策，劳动法以及对银行和保险等受管制市场的监督。经济法规立法越来越具有国际性特点（通过国际条约和协议），特别是在欧盟〔European Union（EU），但不仅限于欧盟〕。

（2）征收税收和确定支出。在欧洲大陆国家，政府支出占国内生产总值（GDP）的一半，在美国和日本，政府支出占 GDP 的三分之一。预算决策通过税

---

① 我们将在第 2 章更详细地讨论这些争议的本质。

收、社会保险影响家庭和企业的收入与决策行为；它们通过基础设施、研究、教育支出影响生产率和长期增长；通过改变支出或总税收［包括负税收（negative taxation），如补贴］来影响总需求。

（3）发行和管理货币。货币及汇率制度的选择是政府最重要的单项决策之一。制定和实施货币政策是中央银行的职能，其通常是独立的政府部门，具体职责包括确定利率水平、保持币值稳定、确保银行体系即便面临危机也不至于缺乏流动性（第 5 章）。

（4）提供产品和服务。和第二次世界大战刚结束之后的 10 年相比，如今政府在这方面的责任小了很多。但是大多数政府仍然提供医疗或教育服务，还有一些政府仍然拥有国有企业，特别是在运输、能源等部门。

（5）解决问题或假装在解决问题。部长们总有一系列的问题要解决，从金融市场的混乱到工资协商、公司并购以及工厂的倒闭和迁移。很多问题是部长们也难以解决的，但他们仍然试图去影响私人决策——或至少假装这么做。

（6）进行国际协商。本国政府与外国政府共同协商贸易自由化、全球规则和目标的界定（如可持续发展目标）。他们还参与全球及区域机构［如联合国（United Nations，UN）、国际货币基金组织（IMF）、世界银行（World Bank，WB）、世界贸易组织（World Trade Organization，WTO）、欧盟］的治理，他们也参加非正式的论坛（如 G7、G20、OECD 和地区峰会）以便讨论全球性问题，例如税收合规、金融稳定、发展问题、全球变暖等等，在此基础上为今后的正式谈判设定方向。国际协商占据了国家元首和政府首脑、央行行长和财政部长议程的很大一部分。

事实上，各国对经济政策争论的内容差异很大。在美国，大部分政策讨论围绕美联储的利率政策，国会上对总统税收和预算案的讨论，以及能源安全、贸易和投资协议、社会保障或医疗改革等有限范围的具体问题展开。在西欧，所谓的结构改革处于经济政策的核心位置，即劳动力市场体制、商品市场的竞争性、福利政策、养老金的改革。近年来，欧元区改革和对危机国家的援助一直是欧洲议程的首要内容。在整个 21 世纪头十年和 21 世纪 10 年代，东欧和其他转型经济体的经济政策一直侧重于引入市场和国有企业私有化。在印度，主要的政策问题还包括市场自由化、普惠金融和减贫。最后，像阿根廷、巴西、土耳其和其他一些国家，在很长一段时间内经济政策的目标都是控制通货膨胀、分配信贷、预防或应对金融危机。

在不同时期经济政策的含义也有所不同。2007—2008 年全球金融危机爆发前，没有政策制定者会想到要设计并实施大规模的银行救助、大规模的财政刺激或者是央行大幅度扩张资产负债表。而在危机结束后，无论是在金融危机发生的地方还是在全球范围内，各国政府都开始重视金融部门本身的改革。

因此，泛泛地谈论"经济政策"可能会被认为有些自以为是。但在不同的背景、领域、体制和时间视角下，经济政策的制定仍然有许多共性，可以放在简单、统一的框架中去理解。

（a）经济政策简述

首先要区分目标、工具和制度。

• 经济政策的目标（objectives）有很多（有时是相互矛盾的）：提高人们的生

活水平、促进可持续增长、实现充分就业、维持物价稳定、实现收入的公平分配、减少贫困等等。有时官方文件会明确指出政策目标。如 1978 年美国的《充分就业与平衡增长法案》（Full Employment and Balanced Growth Act of 1978），又称为《汉弗莱-霍金斯法案》（Humphrey-Hawkins Act），要求联邦政府"促进**充分就业和生产**（full employment and production）、增加实际收入，实现平衡的增长、平衡财政预算、适当的生产率增长、关注国家优先事务、改善贸易平衡……以及**合理的物价稳定**（reasonable price stability）……"。再如，《欧盟条约》[①] 第 3 条指出，欧盟要"在经济平衡增长、物价稳定、高度竞争的社会市场经济的基础上，为可持续发展而努力，以充分就业、社会进步、更好地保护和改善环境质量为目标"。从上述罗列的目标清单中，我们能够迅速、清楚地看到，经济政策目标不止一个，而且往往野心过大，没有考虑同时实现这些目标的困难，有时候甚至是不可能实现的目标。

• 如前所述，工具（instruments）也有很多种。传统工具是货币政策（设定官方利率）和财政政策（选择公共支出和税收水平）。经济政策有时只是这两种工具的组合。但除了这两种工具，它可以而且必须依赖于一系列的微观经济工具：结构性税收政策、补贴、社会保障转移支付、私有化、竞争政策、贸易政策等。

• 最后，制度（institutions）直接影响市场均衡和政策工具的有效性。经济史学家和诺贝尔奖得主道格拉斯·诺思（Douglass North, 1993）指出："制度是人为设计的约束机制，用来组织人类的互动行为。制度由以下三个部分组成：正式约束（规则、法律、宪法）、非正式约束（行为规范、习俗、自我施加的行为准则），以及两者在执行过程中的特征。它们共同定义了社会的激励机制，尤其是在经济领域。"产品、劳动力、资本市场的组织（如破产法、劳动合同法、收购法）或经济政策决策机制（如预算流程、中央银行法则、汇率制度、竞争规则等）的长期特征被称为制度。其外延还包括一些非公共机构，如工会虽然是私人协会，但也会影响劳动力市场的运行。

在这一框架下，制度代表了一种社会资本。制度不是永恒的，可以发生演进、改革或消失。但是制度也具有一定的持续性，可以作为大多数决策的传统分析依据——直到一场深刻的经济危机促使人们重新思考制度问题。

（b）经济政策是一连串的权衡

假设一个政府对 n 个不同的经济变量都设定了目标，如失业率、通货膨胀率、经常账户余额（在这里 $n=3$），而且对每个变量都有具体的目标。例如，政府希望将失业率控制在劳动力数量的 5% 左右，将通货膨胀率控制在每年 2% 左右，以及

---

① 通常被称为《罗马条约》（Treaty of Rome）、《马斯特里赫特条约》（Maastricht Treaty）或《里斯本条约》（Lisbon Treaty）。1957 年在罗马签订了《建立欧洲经济共同体条约》，后经多次修订。最重大的修订是 1991 年在马斯特里赫特为筹备经济和货币联盟做准备；2001 年在尼斯为扩大欧盟而进行的修订；以及 2021 年在里斯本任命了欧盟理事会的常任主席，并赋予欧盟议会更多的权力。在下文中，我们称之为《欧盟条约》（EU Treaty），在具体提及其经济和货币条款时，有时我们也称之为《马斯特里赫特条约》。需要说明的是，《欧盟条约》实际上由两个不同的文件组成，即《欧洲联盟条约》（Treaty on the European Union）和《欧洲联盟运行条约》（Treaty on the Functioning of the European Union）。后者包括了具体的经济和货币政策条款。2010—2012 年，为了应对欧元危机又增加了两项新条约：第一项条约创建了欧洲稳定机制（European Stability Mechanism, ESM）——欧元区的金融救助机构；第二项是《稳定、协调和治理条约》（Treaty on Stability, Coordination and Governance, TSCG），加强了财政纪律和治理条款。

经常账户保持平衡。政府的偏好可以用损失函数（loss function）来表示，该效用函数取决于每个目标变量实际值与期望值之间的差异。

现在假定政府有 p 个独立的政策工具，也就是说政府可以直接调控 p 个变量（如财政余额、短期利率，在这里 $p=2$）。这时候，经济政策就是设定这 p 个政策变量，从而使得损失函数最小化。

若 $p=n$，政策目标和政策工具的数量相等，所以这 n 个政策目标都可以实现（当目标、工具是相互独立的，并且满足某些假设时，见延伸阅读 1.1）。但在上面的例子中 $p<n$，因此 n 个目标不能同时实现，这意味着我们需要在不同目标间进行取舍。比如政府要想把失业率降到接近 5% 的水平，同时通胀率要保持在接近 2% 的水平，就需要承受经常账户赤字。更一般地说，如果要实现 n 个独立的政策目标，政府至少需要相同数量的政策工具，这就是丁伯根法则（Tinbergen rule）[①]。

延伸阅读 1.1	政策权衡和结构改革

假设政府有 n 个目标变量 Y_1, Y_2, $\cdots$, Y_n，用向量 $\mathbf{Y}=(Y_1, Y_2, \cdots, Y_n)$ 来表示，n 对应于不同的目标。政府的偏好可以用损失函数 L 表示，福利损失用目标变量的实际值 Y_i 和期望值 $\tilde{Y}_i$ 之差来度量：

$$L(Y_1-\tilde{Y}_1, Y_2-\tilde{Y}_2, \cdots, Y_n-\tilde{Y}_n) \tag{B1.1.1}$$

假设 L 是连续可微的凸函数，且 $L(0, 0, \cdots, 0)=0$。再假设政府的 p 个政策工具可以用 p 维向量 $\mathbf{X}=(X_1, X_2, \cdots, X_p)$ 来表示。用 I 代表制度特征，我们可以假设存在一个以制度为条件的函数 H，它将经济状态 $\mathbf{Y}$ 与工具向量 $\mathbf{X}$ 联系起来描述为：

$$\mathbf{Y}=H_I(\mathbf{X}) \tag{B1.1.2}$$

经济政策就是在式（B1.1.2）的约束条件下选择 $\mathbf{X}$ 向量，从而使 L 最小化。

如果 $n=p$，那么通常可以求得式（B1.1.2）的逆函数（假设独立的目标和工具向量），从而找到使得 $\mathbf{Y}$ 恰好达到目标值的向量 $\mathbf{X}$。

如果 $n>p$，情况就不同了，这时政府需要做出权衡（仍然假设 n 个目标变量是独立的）。换句话说，这个方程就是要选择 $(X_1, X_2, \cdots, X_p)$ 的值；这时，由于目标变量存在高度分歧，在边际上改进任何一个目标都要以其他目标的福利损失为代价。从形式化的角度来说，可以表述为下式：

$$\mathrm{d}L = \sum_{i=1}^n \frac{\partial L}{\partial Y_i}\mathrm{d}Y_i = 0 \tag{B1.1.3}$$

即对任意的政策目标变量组合 (i, j)，

$$\frac{\mathrm{d}Y_i}{\mathrm{d}Y_j} = -\frac{\partial L/\partial Y_j}{\partial L/\partial Y_i} \tag{B1.1.4}$$

[①] 以简·丁伯根（Jan Tinbergen）的名字命名，这位荷兰的经济学家凭借其关于经济政策的著述（Tinbergen, 1952），于 1969 年获得第一届诺贝尔经济学奖。

任意两个政策目标的边际替代率（marginal rate of substitution）就等于损失函数分别对这两个目标求偏导之比，然后再取倒数。这个公式与消费者最大化问题形式上一致，它意味着在损失函数取得最小值的时候，任何一个目标的改进都会造成损失函数中另一个目标的恶化，这种恶化与前者是反比例的关系。考虑一个简化的例子：有两个目标 Y_1 和 Y_2，同时只有一个政策工具 $\mathbf{X}$，$\mathbf{X}$ 可以通过式（B1.1.2）被替换，从而可以给出 Y_1 和 Y_2 之间基于制度 I 这个条件的关系是：

$$g_I(Y_1, Y_2) = 0 \tag{B1.1.5}$$

其关系如图 B1.1.1 所示。政府可以按照 $g_I(Y_1, Y_2)$ 曲线放弃 Y_2 来实现 Y_1（反之亦然），也可以将制度框架从 I 改变为 J，以改善权衡取舍（在这种情况下，曲线向右上方移动）。

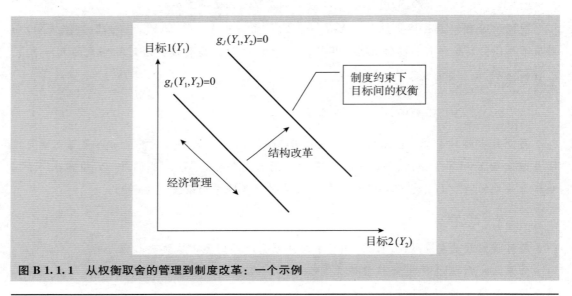

图 B1.1.1　从权衡取舍的管理到制度改革：一个示例

丁伯根法则的一个直接含义是：当一个独立的中央银行以物价稳定为唯一目标时，这个目标是能够实现的，因为央行能够充分运用一种工具（官方利率，假设它能有效地影响物价）。该理论在 20 世纪 90 年代得到了成功应用，很多国家的中央银行实现了独立，通胀率相应出现了大幅下降（参见第 5 章）。

但是，政府通常会有很多目标，而政策工具总是有限的。因此，权衡取舍成为政府日常工作的一部分。这些权衡都取决于他们的偏好（比如，为了将失业率降低一个百分点，政府愿意承受多大程度的工资不平等），当然也取决于制度（例如，工资是与工会协商得到的还是由企业设定的）。

在这种情况下关于政策药方的意见分歧，既可能是实证角度的，也可能是规范角度的：其中实证角度的政策分歧是因为对经济运行状况（约束条件）持有不同观点；而规范角度的政策分歧是由于损失函数体现出的不同偏好所造成的。

这种权衡取舍的想法在 20 世纪 60 年代得到广泛使用。比如 A. W. 菲利普斯

（A. W. Philips，1958）的研究证明了 1861—1957 年英国失业率和名义工资增长率之间存在负相关。这条向下倾斜的菲利普斯曲线（Phillips curve）引出了失业率和通货膨胀率之间权衡取舍的想法：根据菲利普斯的研究结果，失业率每下降 1 个百分点，就要以通胀率上升 0.8 个百分点为代价。20 世纪 70 年代通货膨胀率和失业率同时出现上升，所以对菲利普斯这种过于简单的表述提出了挑战。然而，只要独立的政策工具数量小于独立的政策目标数量，就有必要对政策的权衡取舍进行管理。

（c）改变制度：结构改革（structural reform）

上面提到的权衡取舍关系一般都是双向可逆的：央行根据经济形势提高或降低利率，议会增加或减少税收等等。但是从 20 世纪 80 年代和 90 年代开始，欧洲在增长和就业方面持续存在的问题凸显了这种经济管理方式的局限性。一个很好的例子就是就业和生产率之间明显的权衡关系：一些欧洲国家就业人口较少，但是劳动生产率处于高水平；其他国家在就业方面表现好得多，但代价是生产率较低。总的来说，欧洲国家面临的权衡问题，如图 1.1 中斜率为负的 AA 曲线所示：沿着 AA 曲线，政府通过税率、公共支出等政策工具，试图改变国家在 AA 曲线上的位置，这可以被定性为经济管理（economic management）。

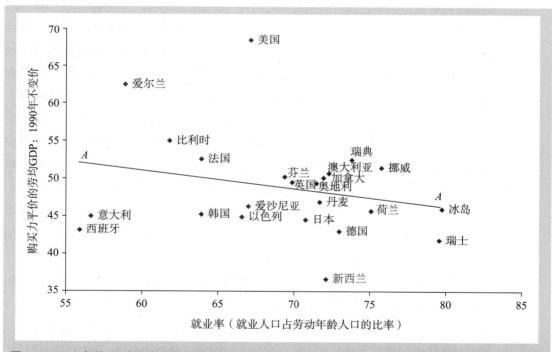

图 1.1　2012 年就业-生产率替代曲线

资料来源：作者使用经济合作与发展组织（Organisation for Economic Cooperation and Development，OECD）的数据计算。

但是，以降低人均收入来换取更多的就业，这种权衡并不令人满意。在低就业情况下，经济政策的真正目标应该是同时达到更高的就业率和更高的生产率。因此，正确的答案是推动 AA 曲线向外移动，从而同时提高就业率和生产率。这就需要重塑制度。例如，使劳动力有更强的激励保持工作或开始从事工作，增加对教育的投资，培育创新环境等。

总体而言，结构性改革旨在通过改变制度来改善经济政策权衡。国际货币基金组织（IMF，2004）将其定义为："从广义上讲，结构改革是采取措施改变制度框架和约束条件，这些制度框架和约束条件管理着市场的行为及其效果。"而经济合作与发展组织（简称"经合组织"）则关注结构改革"通过提高生产率和劳动力参与率来改善长期物质生活水平"的能力。对政策权衡取舍与制度改革的数学解释详见延伸阅读 1.1。

人们通常把结构性政策等同于供给方面的政策，但这是不准确的。让中央银行具备独立性，选择新的货币制度，或者采用新的财政政策框架，这都是真正的结构改革，因为它们通过使权衡曲线向外移动，从而改善不同目标间现有的取舍关系（见第4 章和第 5 章）。相反，税率的改变主要是供给面的政策，但并不具有结构改革的特点。

不过，自 20 世纪 80 年代以来，发达经济体实施的很多结构改革都具有供给侧的特点。通过取消信贷控制、取消许多存款规定、使资本流动自由化，这些对资本市场进行的全面改革，在微观和宏观层面都产生了重大影响，既有积极的一面（改善了企业和家庭获得融资的渠道），也有消极的一面（导致过度承担风险，并引发了 2007—2008 年的全球金融危机）。20 世纪 70 年代，美国开始放松对商品市场的管制，增加了市场竞争，促进了创新，从而提高了生产率，尤其是在运输、电信和能源行业。20 世纪 80 年代中期开始，欧盟逐步引入了单一市场（single market）①，这个单一市场包括商品和部分服务，这与美国放松管制有相似的政策目标。对于发展中国家和新兴市场国家，以及自 2010 年以来遭受全球金融危机冲击的欧元区国家，标准的理念一直是结构调整（structural adjustment）——由国际货币基金组织和世界银行提出的一揽子改革方案［在欧洲即由欧盟委员会（European Commission，EC）、欧洲中央银行（European Central Bank，ECB，简称"欧洲央行"）和国际货币基金组织组成的三驾马车］。这些结构调整政策在需要金融援助的国家得到强制执行，这些政策也包含了结构改革的一些特征。

一般认为，结构改革会在短期产生负作用，长期才产生积极效果。最常提到的就是 20 世纪末，中东欧、苏联这些由中央计划经济转向市场经济的例子。图 1.2强调了转型的 GDP 成本：通常要经过几年时间经济才能恢复到转型前的水平。此外，一些转型后最成功的国家，比如波罗的海国家，最初的 GDP 下降却最为明显。

对于结构性改革在短期内对产出的影响是负面还是正面，目前尚未达成共识，这在很大程度上取决于改革的性质。一方面，旨在提高生产率的改革对成本和价格

---

① 单一市场不仅取消了关税，而且产品和生产要素（资本和劳动力）流动也没有障碍，此外，跨境提供服务也没有障碍。

施加了下行压力，推高了实际利率（real interest rate，名义利率和通货膨胀率之差），从而抑制了总需求。结构改革还可能造成焦虑，这将催生预防性储蓄和观望态度。另一方面，如果个人和企业基于永久收入来决定支出，那么预期的生产率增长就会提振消费和投资。除非该国采取的是固定汇率制度或者是货币联盟的成员，并且利率已经处于下限、不能进一步下调（Eggertsson，Ferrero，and Raffo，2014），前一种负面影响可以通过更具扩张性的货币政策来抵消。一些实证研究发现，即使在短期后一种积极影响也占主导地位（Bouis et al.，2012），但对这个问题仍然存在争议。

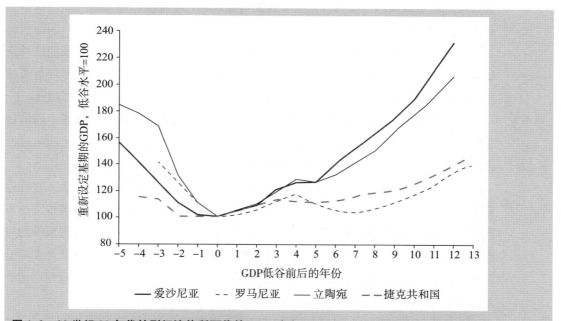

图 1.2　20 世纪 90 年代转型经济体所面临的 GDP 冲击

注：20 世纪 90 年代向市场经济过渡对国内生产总值的影响。实际 GDP，低谷水平＝100。x 轴表示实际 GDP 达到低谷时 0 年之前或之后的年份。

资料来源：作者使用格罗宁根增长与发展中心（Groningen Growth and Development Center）的全球经济数据库计算。

这种跨期效应会引发政治经济学问题。对于一个面临换届改选的民主政府来说，如果采取的政策措施会马上招致选民反对，显现成效却要到任期结束之后，这种改革就是失败的。如何克服这种政治经济约束（比如，如何对既得利益者面临的损失进行补偿）是需要研究的一个主要问题。

1.2　为什么要进行政策干预？如何干预？

在了解了政策制定者的职责和经济政策的运作方式之后，让我们思考一个更根本性的问题：为什么需要进行公共政策的干预？政策干预的目的是什么？对于这些问题，经济理论提供了有用而精确的回答。

1.2.1 经济政策的三个功能

马斯格雷夫和马斯格雷夫（Musgrave and Musgrave，1989）区分了财政的三个基本功能，更广义地说，这也是经济政策的三个基本功能：

- 配置政策（allocation policies）旨在在不同用途之间优化资源配置。包括以下目的的干预政策：影响生产要素（资本、非熟练和熟练劳动力、技术、土地等）的数量、质量及其部门或地区分布。提供基础设施、环境保护等公共产品的政策也包括在这一类中。
- 稳定政策（stabilization policies）是为了应对宏观经济冲击。宏观经济冲击使得经济偏离内部均衡（其定义为物价稳定下的充分就业）。这就要求制定旨在使经济更接近均衡状态的政策——我们通常将其归为货币政策和财政政策的功能。
- 再分配政策（redistribution policies）。该功能着眼于不同个体或者不同地区之间包括以纠正初次收入分配为目标的政策。实现这一目标的关键手段包括累进税政策、社会转移支付以及确保获得教育和医疗的机会。

再分配政策与配置政策或稳定政策的角度显然不同，因为再分配强调收入在社会范围内的分配。而配置政策和稳定政策看起来是追求类似的目标。当然两者也存在不同之处，两者分别着眼于长期经济增长和短期围绕趋势的波动，其中：配置政策的目标是提高潜在产出（potential output）或者潜在GDP（potential GDP），也就是在不引发通胀的情况下最大化产出水平。而稳定政策的目的则在于让实际产出和潜在产出的差值最小化，即产出缺口（output gap）的最小化（见图1.3和延伸阅读1.2）。

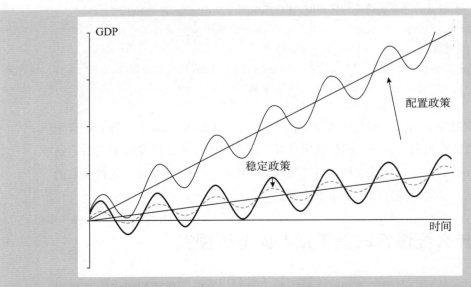

图 1.3 稳定政策和配置政策

延伸阅读 1.2 | **总供给、总需求和产出缺口**

在供给视角的简单模型中，潜在产出的决定因素是生产要素（主要指劳动供给和资本存量），以及影响生产效率的因素。标准表述为：

$$Y_t = F_t(K_t, N_t) \tag{B1.2.1}$$

式中，Y 代表产出，K 代表资本存量，N 代表就业水平，F 是生产函数。K 和 N 随时间变化，F 也是如此，因为技术进步会使相同数量的要素投入生产出更多的产品（这种简单的表述没有考虑劳动力的质量）。

短期内，K 可被视作外生，所以 $K_t = \overline{K}_t$。我们将 $\overline{N}_t$ 定义为失业率达到内部均衡失业率（equilibrium rate of unemployment）$\overline{u}_t$ 时的就业水平。由于在任何时间点上总有一部分劳动力在找工作，所以 $\overline{u}_t$ 不可能为 0。均衡失业率 $\overline{u}_t$ 取决于该国劳动力市场制度的效率。所以，若 $\overline{L}_t$ 为劳动力数量，则

$$\overline{N}_t = (1 - \overline{u}_t)\overline{L}_t \tag{B1.2.2}$$

因此，潜在产出可定义为：

$$\overline{Y}_t = F_t(\overline{K}_t, \overline{N}_t) \tag{B1.2.3}$$

潜在产出在短期内是外生的，但在长期内，随着资本存量调整发生变化，潜在产出也是内生的。

因此，产出缺口可定义为需求决定的产出水平 Y_t 与供给决定的潜在产出 $\overline{Y}_t$ 之间的差异。它通常以潜在产出的百分比来衡量：

$$产出缺口_t = \frac{Y_t}{\overline{Y}_t} - 1 \tag{B1.2.4}$$

产出缺口为负表明产出低于潜在水平，这意味着经济处于非均衡（或非自愿）失业状态。产出缺口为正则表明产出高于潜在水平。如果将资本存量和可用劳动力看作是一种物理约束，这看起来或许有些奇怪。毕竟有一些方法可以调整供给面以适应更高的需求水平。例如，对于过度需求的典型反应是延长工作时间，或者是把认为过时但没有丢弃的旧设备继续投入使用；或是在正常情况下几乎无法参与竞争的低效率生产商也会加入进来——这些方法都可以增加供给。但是，上述方法的成本往往较高，也就是说产出的边际成本会上升，因此导致总体价格水平上升。

产出缺口是一个简单的概念，但在实践中难以衡量。因为资本存量 $\overline{K}_t$、均衡失业率 $\overline{u}_t$、生产函数 F 都是不可观察的（若资本存量可通过调查得到，则生产函数有可能被观测到。但在实践中，资本存量的测量通常基于历史投资以及假定年折旧率来进行估计）。不同国际机构（例如国际货币基金组织、经济合作与发展组织和欧盟委员会）使用的测量方法差异很大，并且经常修正。此外，科伊比恩等（Coibion et al.，2017）的研究表明，潜在产出的估计对经济周期很敏感，其不仅对供给冲击做出反应，而且对于只会暂时影响产出的需求冲击也会做出反应。由于上述困难，有时会使用纯统计手段从实际产出中推导出潜在产出（对实际时间序列进行滤波后再估计其趋势）。但这种方法忽略了一个事实，即潜在产出是一个基于价格水平决定的经济学概念。例如，能源价格上涨会使一些能源密集型生产技术无利可图，从而会导致潜在产出下降。

通过比较全球金融危机后的美国和欧元区，可以看出衡量潜在 GDP 的难度。在美国，危机似乎降低了潜在 GDP 水平，但没有降低其增长率［见图 B1.2.1（a）］。在欧元区，潜在产出水平和增长率似乎都有所下降［见图 B1.2.1（b）］。然而在 2009 年很难预测到这种分化。

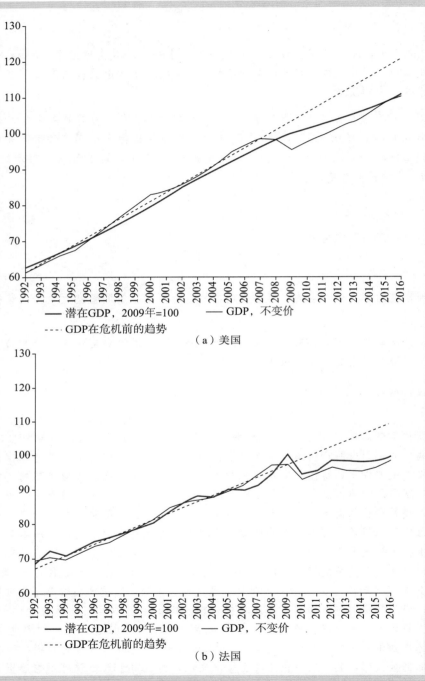

图 B1.2.1　1992—2016 年美国和欧元区潜在和实际 GDP，2009 年＝100
　　注：危机前的趋势是 1992—2007 年之间的趋势。
　　资料来源：IMF，World Economic Outlook Database，April 2017；以及作者的计算。

对政策三个基本功能的区分在政策讨论中经常用得到；它使政策分析具有一定的学理视角，并澄清了决策的目标。本书后面的章节将分别阐述这三个功能，第4～7章主要讨论稳定性政策，第8～9章主要讨论配置政策，第8章同时还有再分配政策的内容。然而正如我们将看到的，这三个功能之间存在很多互相干扰的情况。这使得经济政策选择不像这里的简单描述所表现的那么清晰明确。

1.2.2　为什么要干预？

对于经济学家来说，进行政策干预需要理由。因为福利经济学第一定理（first theorem of welfare economics）证明了任何竞争均衡都是帕累托最优（Pareto optimum）。换句话说，就是在不减少一个经济个体福利的情况下，已经无法改善另一个经济个体的福利。福利经济学第二定理（second theorem of welfare economics）进一步指出，在完全竞争的市场条件下，政府要做的事情就是进行初始的一次性转移支付（lump-sum transfers，指不依赖于接受者财富或收入状况的转移支付），从而改变初始分配，在此基础上的竞争均衡可以实现相应的帕累托最优均衡。

福利经济学第一、第二定理都是非常强大的理论，但也存在明显的局限性。说它们强大是因为，如果政策干预只能通过恶化其他主体的福利来改善一些人的命运，这就对此种干预立即提出了道德质疑及其可接受性的问题。说它们具有局限性则有三方面的原因。其一，帕累托标准对经济主体间的收入和财富的分配没有做任何解释。然而，减少富人的收入来改善穷人的收入，这在社会意义上可能是可取的。第二，帕累托最优成立的条件十分严格：肯尼斯·阿罗（Kenneth Arrow）和杰拉德·德布鲁（Arrow and Debreu，1954）证明了，福利经济学第一定理建立在一组非常苛刻的假设之上。尤其是要达到真正的竞争均衡需要有严格意义上的竞争市场，而且这个市场需要一系列的完备条件，比如所有商品在所有时间都能进行交易，还有完全信息（perfect information）。第三，实施一次性转移支付在政治上具有挑战性，这在现实世界中几乎不存在（见第8章）。如果这些假设条件中的任何一个不成立，就有理由进行公共政策干预（见延伸阅读1.3）。

事实上，福利经济学第一、第二定理通常被认为是自由放任主义（laissez-faire）的理论基础，但也同样可以为公共干预提供论据（见斯蒂格利茨1991年所发表论文的讨论）。这些争论往往需要具体到经济政策的三种功能：配置、稳定和再分配。

（a）配置

当国家干预能够修正市场失灵时，政策干预就是合理的（即与市场结果相比，政府干预可能提高资源配置效率）。造成市场失灵最常见的原因是垄断、外部性[①]、

---

① 外部性，也称外部效应或溢出效应，是一种生产、消费行为对不参与这种生产、消费决策的主体带来的（积极或消极）影响。例如，机动车运输可能通过道路堵塞、噪音和污染产生负外部性。再如，基于网络的一些社交软件具有正外部性，像 Twitter 或 Facebook，它们对任何用户的有用性都会随着连接用户数量的增加而增加。

市场主体之间的信息不对称、市场不完备，或者市场主体的短视等等。微观经济学和公共经济学对这些都有深入的理论研究。传统意义上，这些市场失灵的论据为管制政策、纠正性税收、特定商品和服务的公共供给，以及公共补贴等干预方式提供了有力的辩护（见延伸阅读 1.3）。

延伸阅读 1.3　　　　　　　　　　　**公共干预的微观经济学论据**

只要福利经济学第一定理的假设有一条不成立，公共干预就有了微观上的理由。

不完全竞争

基本原理： 企业利润最大化意味着边际成本（多生产一个产品的成本）等于边际收入（多销售一个产品的收入）。在完全竞争条件下，边际收入是产品的市场价格，利润最大化的同时会使社会福利达到最优。如果一家企业拥有垄断地位，或更一般地，拥有一定的市场势力[①]（market power），它将会考虑其产品的需求弹性（小于无穷大）以及其边际收入小于市场价格的事实。这是因为当需求具有弹性时，销售额外一单位产品意味着降低之前所有产品的价格。与完全竞争的结果相比，这将导致企业减少销售量并提高价格，从而损害消费者福利。

政策干预可以是为了恢复完全竞争环境（例如，阻止将会或可能会导致市场势力过大的并购行为）。然而，消除垄断并不总是可取的：当生产涉及高固定成本，或者存在规模报酬递增[②]（returns to scale）时，大企业甚至垄断厂商都会比小企业更有效率。这就是所谓的自然垄断（natural monopoly）。举例来说，单一主体经营铁路网就比多个经营主体更加有效，但这也意味着要对这个单一主体的行为进行管理，或使其面临潜在的竞争（通过订立固定期限合同），以避免其滥用垄断力量。

结论： 上述角度为反垄断政策提供了主要理由，反垄断政策的目的就是防止企业获得或滥用支配地位。在保护消费者的名义下，负责保护消费者的机构，例如美国的联邦贸易委员会（Federal Trade Commission）、德国的联邦卡特尔局（Bundeskartellamt）、欧盟委员会有权阻止可能形成垄断的并购，或对于利用市场支配地位的企业处以罚款。例如，欧盟委员会（负责跨境并购政策）经常阻止并购操作（2011 年奥林匹亚航空-爱琴海航空，2012 年德意志交易所-泛欧交易所，2013 年 UPS-TNT 两家快递公司，以及 2013 年瑞安航空-爱尔兰航空），这些并购操作被看作是对市场竞争的潜在威胁。此外，该机构还对阻碍市场竞争的企业处以了罚款。2004年，微软（Microsoft）因滥用其在欧盟市场的支配力量被罚款 4.97 亿欧元。而且，在这个视角下竞争政策还有更广泛的应用，例如，如果雇主在当地雇用非熟练工时拥有近似垄断的地位（即买方垄断），竞争政策就为设定最低工资提供了依据。

经济活动外部性

基本原理： 如果存在外部性，那么个人的资源使用成本或企业生产活动的利润就会与社

---

① 市场势力，是指生产者的定价高于边际生产成本（竞争市场上的均衡价格将等于边际生产成本）的可能性。当存在不完全竞争，或者对该厂商产品的需求弹性有限时，就会出现市场势力。

② 规模报酬衡量的是当所有生产要素（资本、劳动力等）数量增加 K 倍时，对应产量增加的倍数。如果产量增长超过 K 倍，则是规模报酬递增；小于 K 倍则是规模报酬递减；等于 K 倍则是规模报酬不变。

会成本或者社会收益产生不一致。例如，一家企业消耗清洁水之类的自然资源，或者其生产技术造成了环境污染，当它计算自身利润最大化时并不会考虑相应的社会成本。该企业往往会过度消耗自然资源、过度生产。当外部性为正时，情况则恰好相反（即，生产活动会带来一定的正外部性，但这种影响不可在市场交易）。例如，一家研发密集型企业在某地区建厂，会促进当地供应商和分包商的发展，为熟练劳动力创造流动性更强的就业市场，同时还会加强与大学的联系，这就给其他企业带来了积极影响。然而，企业在决定开设新工厂时不会考虑这些正外部性，这导致新设工厂的数量只能达到次优结果。而大型金融机构的违约则会带来极大的负外部性，这也解释了为什么在金融危机中需要对银行进行救助。因为银行违约会造成其他金融机构破产，并引发连锁反应。

结论： 环境经济学在很大程度上依赖于这个角度的论据，这其中既涉及对本地环境破坏（水和空气的污染、垃圾等）的研究，也涉及对全球污染（温室效应）的研究。最优的应对政策（不一定是最常见的政策）通常包括：向产生负外部效应的经济主体征税（即所谓的污染者付费原则），以及补贴那些产生正外部效应的主体（地方政府通常对来自外地的投资提供补贴或者给予免税）。这些政策可以使外部效应"内部化"。该理论还有更广泛的应用：裁员的企业给社会带来了负外部效应，社会需要承担失业保险的成本，而雇佣员工的企业则产生了正外部效应。鉴于此，就有理由将公司支付的失业保险金作为其雇佣及解雇行为的一个函数，美国就是这样做的。奥利弗·布兰查德和让·梯若尔（Blanchard and Tirole，2008）建议将这种经验评级（或奖惩制度）推广到欧洲。至于重要金融机构的债务违约风险，2008年雷曼兄弟破产以及随后几个月美国和欧洲银行的一系列救助行动都凸显了国家干预的重要性。

信息不完全

基本原理： 竞争均衡的最优性质建立在完全信息假设的基础上。如果信息本身具有策略属性，并且如果主体利用信息来获取利润，那么市场结果就不一定会是帕累托最优的。2001年，乔治·阿克洛夫和约瑟夫·斯蒂格利茨凭借其对不完全信息经济学的贡献而荣获诺贝尔经济学奖，这一理论的意义得到了承认，其对不完全信息经济学的发展做出了贡献。例如，斯蒂格利茨和维斯（Stiglitz and Weiss，1981）指出，当债权人（如银行）掌握贷款风险的信息少于债务人（比如企业）时，它就无法精确计算与实际风险对应的贷款利率。因此，它可能会选择一个对优质借款人来说过高的价格，而这样就只会吸引到风险最高的借款人。为了防止这种被称为逆向选择（adverse selection）[①]的问题，对债权人来说，最优选择是进行信贷配给，但从社会角度来说，这会导致低效率（参见第5章）。

结论： 不完全的信息无处不在，它也影响着决策者，而决策者很少享有无可争议的信息优势。这对政府干预所造成的影响将在第2章中进行讨论。当然，政策可以促进和市场有关

---

① 如果信息不对称将市场中最有效率的买方和卖方都赶跑了，这时就发生了逆向选择。阿克洛夫（Akerlof，1970）描述的二手汽车市场就是一个典型的例子：只有卖家知道他们所售车辆的质量。汽车销售的价格与平均质量水平相对应，因此高质量汽车的卖家发现价格过低，不愿出售汽车。结果是平均质量的下降，继而价格也下降。最终，只有柠檬产品（劣质品）在市场上出售。这样的逆向选择显然不是最优的，这种问题在保险行业很常见。

信息的传播，要么以加总统计的形式，要么通过标准化的企业层面的信息披露。例如，会计和财务报告标准旨在确保金融市场从可比的、没有扭曲的信息中获益。政府还可以提供公共保险（如劳工保险或健康保险），作为克服逆向选择的一种方式。

市场不完备

基本原理： 竞争市场均衡能否达到最优水平还取决于以下条件：与其相关的所有领域中，进行必要交易的各个市场环节是否存在。如果缺乏相应的市场，就无法保证帕累托最优。例如，如果没有抵押品作为贷款的担保，申请教育贷款就会变得困难。同样，专业领域的选择也几乎是不可逆的，这一事实也会让教育贷款变得困难。年轻人几乎没有借贷市场来为自身的人力资本进行投资，这往往限制了他们接受高等教育的机会。在缺乏政策干预的情况下，人力资本的私人投资因此也是次优的，这将不利于经济增长。

结论： 这一论点为政府介入市场缺失的领域提供了依据。在前面的例子中，它从经济效率动机角度说明了向学生提供助学金和奖学金或确保政府提供教育服务的必要性。然而，政府也可以致力于培育新市场，例如，为学生贷款提供担保（Chapman，2006；Shiller，2003）。在另一个领域，政府贷款机构推出了通胀指数债券，为私人机构提供了一种对冲其固定收益储蓄以抵御未来通胀风险的方法。

（b）稳定

以配置名义进行的政策干预旨在改进长期均衡水平；而以稳定名义进行的政策干预则旨在限制短期内经济对均衡水平的偏离。后者的动机仍是追求效率，但重要的不是针对均衡本身可能出现的低效，而是针对没有达到均衡所造成的效率损失。

凯恩斯为这种干预给出了两种理由。第一种是他所谓的"动物精神"（animal spirit），即在自发预期（spontaneous expectations）的影响下，私人行为的不稳定性会导致过度乐观，继而也会导致过度悲观：

> 除了投机造成的不稳定之外，还有一种原因是人性的特点，即我们的大部分积极活动依赖于自发的乐观情绪，而不是依赖于道德、享乐主义或经济上的数学预期。很多时候，我们决定去做一些积极的事情，而其全部后果只有在一段时间后才能显现。在此情况下，做出决策只能是动物精神的结果。这更多地是一种心血来潮的冲动而付诸行动；而不是把好处的多少进行加权平均并乘以概率，然后计算得出结果。（Keynes，1936，chapt. 12，part 7）

第二种理由，凯恩斯认为工资和价格的名义刚性（nominal rigidities）[①] 阻碍了市场机制的自我修正。特别是名义工资刚性意味着实际工资（real wage）（即：名

---

① 刚性是指价格和工资不能根据经济条件的变化进行调整。经济学家通常对名义刚性和实际刚性（real rigidities）进行区分。名义刚性产生于名义价格黏性。例如，失业率发生变化时，在职员工的工资不会改变，或者在需求下降时，公司不会调整它们的价目表。实际刚性具有相同的性质，但影响的是实际工资、实际利率等变量。例如，名义工资可能会随着物价改变而变动，但它们的比例（实际工资）不会受到影响。名义刚性有时也意味着实际刚性，但是在没有名义刚性的情况下也可能存在实际刚性。

义工资除以衡量劳动力实际成本的物价水平）在衰退期并不会下降，从而阻碍了经济恢复到充分就业状态。

在凯恩斯眼中，私人部门的不稳定性与市场自我修复机制的无效性相结合，这就为逆周期（counter-cyclical）的货币政策和财政政策提供了理论依据，从而实现了平滑经济波动、防止经济萧条。正如图 1.3 描绘的，这种稳定政策不同于配置政策，后者旨在提高经济效率，从而提高经济的长期增速。

稳定政策的论点一经提出，即在理论、经验研究方面都引发了争论，尤其是在 20 世纪 70 年代到 80 年代后期货币主义的强势回归。然而，经济波动在现实中还是真实存在着，事实表明，在维持理性行为假设的情况下对经济波动进行解释是一种挑战。20 世纪 80 年代发展起来的真实经济周期（real business cycles）理论进行了逻辑一致性的理论尝试，该理论试图解释生产技术受到冲击（或生产率受到冲击）而产生的波动，并描述了具有最大化行为特征的市场主体对经济波动做出的理性反应。这种方法不需要采用非理性行为或者名义刚性假设。尽管有大量的文献使用了这种方法，但它从经验角度对短期波动的解释仍然充满争议。[①]

凯恩斯提出的两种理由中的第一种——经济主体由"动物精神"所驱动，而不是冷静、理性的计算驱动——从他提出之日起到现在，都仍然与基本的经济学假设相矛盾。尽管金融市场的风险溢价确实会随时间变化，尽管最近实验经济学的发展也表明，背离理性行为的情况经常发生，但是动物精神假设仍然与经济学专业的方法论基础格格不入，经济学专业一直在努力为看似非理性的行为（如金融市场泡沫，见第 6 章）提供合理的解释。然而，正如研究危机的学者所强调的那样，比如金德尔伯格（Kindleberger，1978）和明斯基（Minsky，1992），以及 2007—2009 年的观察，这些研究都表明，"动物精神"至少在金融恐慌情况下是有意义的。

理论上来看，基于名义刚性的论证更接近主流经济学。不过其前提是需要说明这种刚性存在的原因，及其如何影响了经济活动。正如第 5 章所阐述的那样，长期以来对这些问题的标准回答，其论据还是有些特殊性。比如，经济主体签署的合同内容涉及名义刚性。就像工资合同规定了名义报酬，并且只能在间隔一段时间后才可以重新谈判。直到 20 世纪 80 年代，凯恩斯主义经济学家才为名义刚性找到了具有说服力的一般性的微观经济学解释，他们指出：在应对某个冲击的过程中，微观经济主体通过改变价格所获得的收益，可能远远小于相应的宏观经济收益。

现代的标准方法是基于一个简单的总供求框架，这个框架一方面描述了潜在产

---

① 真实经济周期理论由基德兰德和普雷斯科特（Kydland and Prescott，1982）首次提出。加利和拉巴纳尔（Gali and Rabanal，2004）就这种方法应用于美国的例子提出了质疑。

出与产品价格之间的关系，另一方面描述了总需求与产品价格的关系。从短期来看，正如总供给曲线所描述的那样，总供给随着产品价格变化而同向变化，因为在名义刚性的情况下，价格水平的上升会降低实际工资，从而使生产更为有利可图。从长期来看，总供给则是固定的，因为失业率处于均衡水平，所以供给曲线是垂直的。总需求方面，由于价格上涨产生的财富效应，总需求会与价格变化显示出反向关系，因为价格上涨降低了名义资产的实际价值，从而减少了消费。图 1.4 中的总供给和总需求曲线描述了这两种关系（正式推导见延伸阅读 1.4）。

在此背景下，我们要清楚地做出两点区分。首先是由于产品价格变化而引起的供给量和需求量的变化（图 1.4 中，沿着供给曲线和需求曲线上的点移动），以及外生经济扰动引起的供给量和需求量变化（供给曲线和需求曲线本身的移动）这两者之间的区别。其次是供给冲击和需求冲击之间的区别。供给冲击（supply shocks）和需求冲击（demand shocks）已经成为每个宏观经济政策制定者的分析工具：

• 供给冲击是一种外生调整，这种调整使得潜在产出与产品价格之间的关系会发生变化。例如，给定任意的工资和产品价格，石油价格上涨的冲击会降低潜在产出水平。因为它提高了成本并降低了企业利润：此时供给曲线向左平移。

• 需求冲击则是另一种外生调整。这种调整使得产品需求和产品价格之间的关系发生了变化。例如，家庭财富的减少会导致消费水平下降：此时需求曲线向左平移。

上述两类冲击都可能造成产出减少或增加，但解决问题的政策手段是不同的，因此区分这两类冲击十分重要。

正向需求冲击使总需求曲线右移，从图 1.4 中可见，在短期内这会使初始均衡从 E 点移动到 A' 点，新的均衡具有更高的产出和价格水平。而正向供给冲击也使得总供给曲线右移，同样使得产出上升，但是短期内价格却更低（均衡点为 B' 点）。因此，区分需求和供应冲击的一个简单标准是：它们会导致相反的价格变化，而对产出会产生同向的影响。

在长期，总供给曲线是一条垂线，因为当失业率处于均衡水平时，资本能够完全调整。在这种情况下，对正向需求冲击的论证过程同上，不同的是均衡点从 E 点移动到了 A'' 点，正向需求冲击仅带来了价格上涨。对于供给冲击，从定性的角度来说和短期结果有些相似，均衡点从 E 点移动到了 B'' 点。

结论是：需求冲击要么不影响产出，要么使产出、价格同向变化；而供给冲击则使价格、产出反向变化。

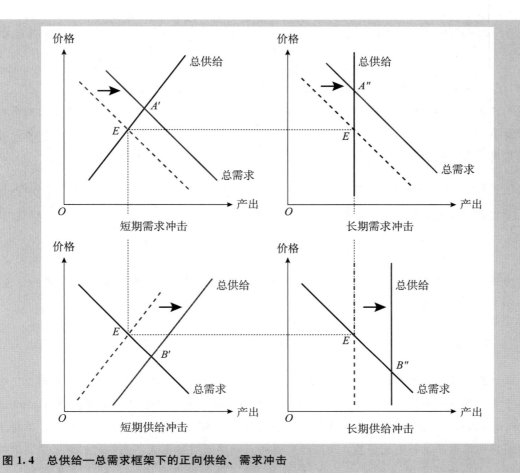

图1.4 总供给—总需求框架下的正向供给、需求冲击

　　这个框架有助于解释稳定政策的作用和局限。财政或货币刺激会影响需求曲线，因此可以抵消需求冲击。这也是发达经济体政府应对2009年经济衰退背后的基本逻辑：随着信心下降和家庭财富减少，宏观经济政策就需要通过降低利率和直接向家庭提供转移支付来刺激私人需求。然而，财政或货币刺激并不影响总供给曲线，因此两者都不能有效地应对供给冲击。如果石油的相对价格上涨导致了供给曲线左移（这将使其他产品盈利下降，因此减少供应），此时推动总需求曲线右移必将导致价格水平的进一步上升，从长期来看这是完全无效的。因此，需求政策应对供给冲击是无效的，供给冲击还需要以供给政策来应对。

延伸阅读 1.4 总供给和总需求

　　考虑一个封闭经济，有一个代表性的家庭，有一家用同质劳动力生产单一消费品的企业。自然地可以假设，家庭消费与其所拥有的实际财富水平正相关。实际财富则与价格水平负相关，这是因为一些资产是以名义价格来衡量的，比如现金、银行存款和债券。由此：

$$C=C\left(Y,\frac{\Omega}{P}\right) \quad \text{其中,} \frac{\partial C}{\partial Y}>0, \frac{\partial C}{\partial\left(\frac{\Omega}{P}\right)}>0, \text{因此,} \frac{dC}{dP}<0 \tag{B1.4.1}$$

式中，C 为家庭消费，Y 为家庭收入，Ω 为家庭财富，P 为物价水平。

构造供给曲线稍微复杂一些。首先，假定劳动力是唯一的生产要素，生产中使用的劳动力数量 N 受到总可用劳动力 L 的约束。另外，假定劳动力的边际生产率递减。因为雇主刚开始雇用的员工一般是训练最好、生产率最高的员工。我们进一步设定产出为

$$Y=AN^{\alpha}, 0<\alpha<1, A>0 \tag{B1.4.2}$$

潜在产出为

$$\overline{Y}=A\overline{N}^{\alpha} \tag{B1.4.3}$$

假定工资水平由两个因素决定：（1）价格水平，（2）就业人数除以劳动力总数的比值。设定 P_{-1} 为前一时期的价格水平：

$$W=\omega P^{\theta}P_{-1}^{1-\theta}\left(\frac{N}{L}\right)^{\gamma}, \text{其中,} 0\leqslant\theta\leqslant1, \gamma\geqslant0 \text{ 和 } \omega>0 \tag{B1.4.4}$$

从短期来看，如果 $\theta<1$，那么工资水平 W 并不会完全与价格水平挂钩。这是因为工资取决于合同的事前约定，而合同重新谈判时间存在间隔。由此存在名义工资刚性（nominal wage rigidity），此时，价格水平的上涨意味着实际工资 W/P 的下降。但从长期看，工资水平将根据价格水平进行充分调整，而实际工资将只取决于实际因素。此外，工资水平还取决于劳动力市场的供求紧张程度（用 N/L 来衡量），因为就业率的上升提高了雇员的议价能力。

供给由企业的利润最大化行为决定。相应的一阶条件是：

$$\frac{\partial Y}{\partial N}=A\alpha N^{\alpha-1}=\frac{W}{P} \tag{B1.4.5}$$

将式（B1.4.4）和式（B1.4.5）联立，得到：

$$A\alpha N^{\alpha-1}=\omega\left(\frac{P_{-1}}{P}\right)^{1-\theta}\left(\frac{N}{L}\right)^{\gamma} \tag{B1.4.6}$$

上式给出了就业和价格之间的关系，以及产出和价格之间的关系。

在长期中 $P=P_{-1}$，$N=L$，解上面的方程就意味着 $Y=\overline{Y}$ 以及 $\frac{W}{P}=\omega$。此时，供给曲线是一条垂线。

然而，从短期看，P_{-1} 是给定的，于是解的形式变为：

$$Y=HP^{\sigma} \tag{B1.4.7}$$

这里 H 是一个正的常数，而且

$$\sigma = \frac{\alpha(1-\theta)}{1+\gamma-\alpha} > 0$$

产出随价格变化而同向变动，因为价格水平的上升只有一部分转化为工资水平的上涨，从而降低了实际工资。因此供给曲线是向上倾斜的，而供给的价格弹性与 θ（工资对价格水平的指数化参数）呈负相关，与 γ（工资对就业紧张状况的反应程度）也呈负相关。

如图 1.4 所示，需求政策的有效性取决于短期供给曲线的斜率。在一个经济体中，如果名义刚性普遍存在，而工资对劳动力市场供求关系的反应程度较低，则其短期供给曲线可能几乎是平坦的，这将使得需求政策非常有效。然而，如果工资极易根据价格发生变动，而且同时工资也会快速对失业状况做出调整，则短期供给曲线的斜率将会接近垂直，这会使需求政策接近无效。因此，适当的政策应对不仅取决于对冲击性质的识别，还取决于这个经济体的现实情况。

然而在现实生活中，政策制定者通常无法识别冲击的性质，也无法评估供给和需求曲线的斜率。例如，他们观察到物价上涨了，但是并不知道这是对投入品价格（如石油）波动的正常反应，还是市场主体行为变化的结果（如价格预期或指数化机制变化的结果）。我们将在第 2 章回到这个识别问题。

奥利维尔·布兰查德和柯成兴（Olivier Blanchard and Danny Quah，1989）提出了一种经验研究方法，根据数量和价格受到的不同影响来识别供需冲击，如图 1.4 所示。然而，就像任何计量经济学的估计一样，他们必须假设私人主体的行为随着时间的推移能够保持稳定。更一般地来看，政府和央行如何有效地进行逆周期调控，这仍然是专家们讨论的问题。我们将在第 4 章和第 5 章回到这个关键问题。

（c）再分配

至于再分配，政策干预的核心论据是：即使是帕累托最优，市场决定的收入分配也不一定符合社会目标，不一定确保社会公平。这时候干预的主要动机源自纯粹的公平性考虑；这与配置政策、稳定政策的干预不同，这两者的干预动机是由于市场运行本身缺乏效率。

一般来说，规范经济学范式需要思考通过什么方法来改善公平。关于哪些标准可以用来比较政策干预前后的两种收入分配，这是本章下一节的讨论内容。首先需要明确的是，公平的"改善"是否可以在不改变效率的情况下发生，或是与效率的下降有权衡替代关系，甚至是可以推动效率提升。

有时候公平问题可以与效率问题完全分开考虑。如果政府能够在不影响经济激励的情况下，通过一次性转移支付来改变收入分配，就属于这种情况。贸易政策就是很好的例子：贸易理论的一个经典结论是，在相当一般的假设下（尽管前面提到了优惠贸易协定的缺点），自由贸易提高了总体效率，并为所有参与国带来收益。但是同样，贸易理论也表明，在此过程中也存在输家。例如，如果一个资本充裕的国家对资本短缺的国家开放自由贸易，则该国资本将受益、劳动力将面临损失。不过自由贸易带来的总体收益更多，政府可以将总收益在资本和劳动力之间重新分配，从而确保自由贸易与贸易保护相比仍然是一种帕累托改进（这是对福利经济学第二定理的应用）。

但是在现实生活中，一次性转移支付几乎不可能实施。仍以贸易为例，为了决定对谁征税、对谁进行再分配，政府需要对贸易自由化的影响有充分的事前（ex ante）信息。此外，政府还需要适当的政策工具来实施再分配。具体可以通过对收入、利润或者消费进行征税，而且还可以通过一些手段进行再分配，比如针对特定人群的救助计划，或者对申请救助者进行情况调查，采用基于经济调查的转移支付（means-tested transfers）。但是这些税收和转移支付会改变经济激励，从而影响市场均衡。这时候公平问题就无法与效率问题分开考虑了。

这就是为什么再分配往往会涉及公平和效率的权衡：收入再分配越多，效率损失就越大，因为税收和转移支付都会减少生产要素（劳动力和资本）的供给。凯恩斯主义经济学家亚瑟·奥肯（Arthur Okun）曾经说过，公平和效率是经济政策最重要的权衡（Okun，1975）。

然而，在某些情况下，再分配也可能会提高效率。例如，确保穷人获得教育、医疗保健的公共政策往往可以提高劳动生产率从而提高效率，因此这种公共政策的合理性已经超越了公平性的考虑。

1.3 对经济政策的评估

1.3.1 决策的评价标准

为了评估经济政策，特别是比较不同的备选方案，我们需要精确的标准。但是效率、稳定和公平是否可以用单一的标准来衡量？这在理论上存在可能，但在实践中，经济政策选择通常意味着不同目标之间的权衡取舍。

（a）单一目标？

经济政策最宽泛的目标是个人或家庭（政治经济学角度称其为选民）的满意度，经济学家则称之为效用（utility）。在初级教科书中，消费者效用取决于有限的商品范围，但是这并不排斥对其进行扩展。显然，家庭效用的决定因素包括商品和服务的消费、闲暇时间（也可以表示为劳动供给数量）和环境质量。当然，还可以纳入其他因素，比如商品和服务的多样性、利他主义或道德因素（例如，人们会在意商品是否系由童工生产）。家庭作为劳动力的提供者，其效用的最大化也包括其作为生产者的角色。

对于家庭 i 在 t 期的效用，其效用函数的一般形式是：

$$U_t^i = U(C_{i1}^t, C_{i2}^t, \cdots, C_{in}^t; N_i^t; E_i^t; \Xi_i^t) \tag{1.1}$$

式中，$C_{ik}^t (k=1，\cdots，n)$ 表示家庭 i 在 t 期消费商品 k 的数量；N_i^t 表示 t 期家庭 i 的劳动供给；E_i^t 是一个向量，由代表工作条件（工作强度、痛苦程度等）的变量组成；Ξ_i^t 也是向量，由代表环境质量的变量构成。

仅考虑即期效用（instantaneous utility）还不行。如果只考虑即期效用，人们没有理由进行投资（因为投资增加了未来可供消费的商品和服务数量，但是减少了当期消费）；同样人们也没有任何理由来阻止全球变暖。所以需要用跨期方法分析。这就需要定义一个贴现率（discount rate）ρ①，以便对各期效用进行加总（假设家庭有稳定的偏好）：

$$U_i = \sum_{t=0}^{\infty} \frac{U_i^t}{(1+\rho)^t} \tag{1.2}$$

因此，消费者 i 的跨期效用（intertemporal utility）U_i，是把未来各期效用以 ρ 进行贴现后得到的现值（present value）。将家庭设定为在无限期生活，这样可以简单地体现父母关心后代的福利。这个式子是非常简化的，比如，它完全忽略了未来的不确定性，也没有考虑到一些决策可能具有不可逆性。尽管如此，这个式子考虑了未来各期的效用，可以大大降低简单效用函数中的当期享乐主义特征。比如，U_i 纳入了未来商品和服务的可得性。这种标准可以基于长期收益和短期成本来评估结构性改革的必要性，从而在当期消费和未来消费间做出权衡取舍，或对自然资源保护行为进行跨期权衡，而自然资源在未来的可得性可以基于子孙后代的效用进行评估。同样的方法还可以用于评估那些导致经济出现长期失衡政策的效用成本。

贴现率 ρ 的选择也至关重要。高贴现率代表了对即期消费的偏好，低贴现率则表示更为后代福利着想。这个角度的分析不仅对评估环境问题很重要，而且对影响储蓄的经济政策，如税收、养老金政策也很重要。不过，这种跨期效用函数仍是一个特定家庭或单个家庭（假设具有代表性）的效用函数。进一步的研究则需要将异质性个体的效用进行加总。这其中充满了困难：所有个体效用加总的权重必须相等吗？能否通过减少一些人的福利来增加另一些人的福利？这些问题长期以来一直困扰着规范经济学。

帕累托标准（Pareto criterion），即如果一项政策的实施至少提高了一个人的福利，与此同时不减少其他任何人的效用，那么这项政策就改善了现状。但这种评判标准只能用于比较有限的情形。图 1.5 借用了阿特金森与斯蒂格利茨（Atkinson and Stiglitz，1980）的研究对此进行了解释。假设有个体 1 和 2，X 轴和 Y 轴分别表示其效用情况，且假设曲线 AF 的轨迹给出了两个人效用的所有可能组

---

① 贴现率可以看作这样一种利率：对一个经济人来说，他持有 1 美元有两种选择：一种选择是今天就把 1 美元花掉，获得当期效用；另一种选择是将其以一定的利率进行投资，并在到期时获得回报。这两种选择对经济人是无差异的。也就是说，对于这个经济人，1 年以后获得 1 美元与今天马上得到 $1/(1+\rho)$ 美元是无差异的。$1/(1+\rho)$ 被称为贴现因子（discount factor）。

合。依据帕累托标准，AC 区间上的所有情况中，C 是最优点，而在 EF 区间上，E 是最优点。这是因为，向右上方移动的时候，两人的福利同时得到了改善。

然而，我们无法用帕累托标准评判 EC 上面的点。外推到 m 个家庭，这时候政策选择就需要一个社会福利函数（social welfare function）：$\Gamma(U_1, U_2, \cdots, U_m)$，下脚标 1，$\cdots$，$m$ 代表个人或家庭（或者更加现实地代表家庭组的分类，比如根据收入水平将家庭十等分）。这样就可以对两种收入分配方案进行比较并做出决策。最常用的福利函数是：

"边沁主义"（Benthamian）函数：$\Gamma = U_1 + U_2 + \cdots + U_m$

和

"罗尔斯主义"（Rawlsian）函数：$\Gamma = \min(U_1, U_2, \cdots, U_m)$

第一个函数以 18 世纪哲学及经济学家杰里米·边沁（Jeremy Bentham）[1] 的名字命名。它假设效用在个人之间的分配情况并不重要，只有个人效用的总和才是重要的。对于两个家庭的情况，在图 1.5 中按这个方法应选择 D 点，因为它对应于加总效用的最大值（D 点是曲线 AF 上斜率为 -1 的点）。尽管这时候个体间的效用分布显然是不平等的，从 45°线能看出这一点，但 D 点仍是最优选择。[2]

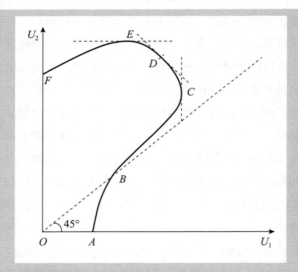

图 1.5　个人效用与社会选择的图示

资料来源：Atkinson and Stiglitz (1980).

---

[1] 杰里米·边沁（Jeremy Bentham，1748—1832 年），功利主义的创始人。

[2] 然而必须指出的是，这个社会福利函数要排除极端的收入分配。因为收入的边际效用是递减的：1 美元给了穷人，他的效用会增加更多；而从富人那里取走 1 美元，则减少的效用较小。

那些重视社会公平的人则需要一个更加公平的标准。严格的平均主义者会选择 B 点（即为 AF 轨迹和 $45°$ 线的交点）。但是根据帕累托标准，B 点并不是最优点。从 B 点出发，两个人的效用可以实现同时增加。如果仅仅为了避免分配不均，就要放弃两者效用不同程度的改进，是否应该这样做？约翰·罗尔斯（John Rawls）[1] 首先提出了一个更令人满意的标准，即弱势群体利益最大化（maximin）原则。按照该原则，U_1 为弱势的一方，应该最大化其效用，所以以 C 点为最优点。

因此可以给经济政策指定单一目标，并将政府干预的三种动机（配置、稳定和再分配）纳入其中。然而，这需要设定一个通用的效用函数，从而可以对效用进行跨时期、跨家庭的加总。这意味着，对所有可能发生的情况都需要事先决定，而且还要对同代人之间以及代际的公平进行权衡取舍。整个社会准备在当期付出多大代价（不平等在当期的加剧），以换取子孙后代的福利改进？对于这样的社会效用函数，任何一个社会都不太可能达成共识。

（b）配置、稳定和再分配的具体标准

在实践中，我们需要用到配置、稳定和再分配这三方面各自不同的工具来对政策进行评估。前文所述的社会福利函数通常应用于评估配置政策，且通常采用简化形式。

为了评估配置效果，局部均衡（partial equilibrium）分析是最简单的方法。它仅考虑政策产生直接影响的部门，而忽略了部门间的相互作用。从需求端部门之间的相互依赖关系来看，这种部门间的相互作用源于经济主体的预算约束；从供给端来看，这种相互作用则源于生产要素供给的有限性。比如，降低间接税率对特定商品或服务的影响，局部均衡分析就仅限于对该种产品市场的影响，而忽视了消费者对其他产品会相应地减少支出，还忽略了劳动力、资本两者伴随需求变化而进行的重新配置。局部均衡分析有时是可以接受的，但前提是该部门与整体经济相比规模很小。

局部均衡分析简单易行，这种方法只需要知道所观察商品的供给价格弹性和需求价格弹性，然后使用一些大家熟知的工具进行分析，如消费者和生产者剩余（surplus，效用变化的近似值）。比如，对苹果消费征税会损害消费者和农民，而政府则受益于税收增加。然而由于税收扭曲了行为，政府的收益小于家庭和农民的损失总和。因此标准的经济理论推断，社会净损失相当于三类主体的净剩余之和（其和为负）（见延伸阅读 1.5）。然而，只有当该部门很小时，这种分析才有效，因为它忽略了对其他市场的溢出效应和其他一般均衡效应（比如消费者用梨代替苹果，或政府财政状况改善对经济的影响）。

---

[1] 　约翰·罗尔斯（John Rawls，1921—2002 年），美国哲学家，在 1971 年的著作《正义的原理》（*A Theory of Justice*）中提出了这个观点。

延伸阅读 1.5 　　　　　　　　　　　衡量税收的无谓损失

假设苹果的供给和需求都是价格的线性函数，如图 B1.5.1 所示。在不征税的情况下，均衡数量和价格是 Q_0 和 P_0。现在引入税收，每单位苹果缴纳 t 美元，这会使消费者价格上升至 P_1^D，生产者价格下降至 P_1^S，产量减少到 Q_1。

税收的引入如何改变剩余？在图 B1.5.1 中，消费者剩余通过需求曲线和 $P=P_0$ 之间的面积来衡量：需求曲线上 $P>P_0$ 的任何点 (P, Q) 都存在消费者剩余，因为消费者支付 P_0，而她原本愿意支付的是价格 P，所以消费者剩余是相应的整体面积。而征税的结果是，这一剩余从 $A+B+C$ 缩小到 A（字母表示图中相应的面积）。生产者剩余是通过收入 $P_0 \times Q_0$ 与生产成本之间的差来衡量的，生产成本是供给曲线下方的面积。征税使生产者剩余从 $D+E+F$ 缩小到 F。政府剩余是税收收入 $t \times Q_1 = B+D$。社会剩余的变化是所有三个组成部分总和的变化 $(A+F+B+D)-(A+B+C+D+E+F)=-(C+E)$。

基于加州大学洛杉矶分校教授阿诺德·哈伯格（Arnold Harberger）的研究，社会制度变化的三角形被称为哈伯格三角（Harberger triangle）。它的面积衡量了税收的无谓损失。我们将在第 8 章讨论这些问题。

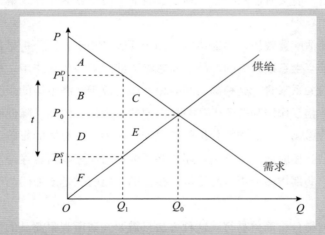

图 B1.5.1　局部均衡框架下，消费税对福利的影响

当局部均衡分析不适用时，就必须使用一般均衡（general equilibrium）方法。该方法将部门间的互动影响纳入分析，在该分析框架下，所有市场将同时实现供求平衡。一般均衡只能通过模拟方法进行分析，例如可计算一般均衡（the computable general equilibrium, CGE）模型。其可应用于对复杂贸易、结构改革或一揽子税收政策影响的评估（见延伸阅读 1.6）。

延伸阅读 1.6 　　　　　　　　　　　四类政策评估和模拟模型

可计算一般均衡（CGE）模型

CGE 模型基于具有广泛代表性的经济主体，其中包括在多个市场中相互作用的各类行为主体。这类模型需要对家庭、企业的经济决策进行详细描述，其决策分析中纳入了预算约束和其他会计恒等式，而且往往还包括了投入产出系数。经济主体行为都是最优化的结果。相应的参数不是基于时间序列数据估计的（这是宏观计量模型的做法），而是通过校准（calibrated）得到的——也就是说，参数值以先验信息（例如基于已有研究）为基础进行选择，并通过对参数进行调整使得模型可以重现给定的初始状态。有时这种方法比计量经济学方法更加可行，因为后者会因为参数数量太多、可得数据太少而无法估计。

如今 CGE 模型得到了广泛应用。有的决策会对多个市场或多类经济主体的行为同时产生影响，一旦需要评估这类决策的中期影响时就需要使用 CGE 模型。一些多边贸易谈判是在世界贸易组织（WTO）或区域范围的框架［例如 GTAP 全球贸易分析项目（Global Trade Analysis Project），更多信息请参见网址 www. gtap. agecon. purdue. edu］下进行的，CGE 模型就是对贸易政策结果进行评估的标准方法。CGE 也是评估环境政策经济效果的首选方法，比如，对那些旨在减少温室气体排放的政策进行评估。该方法在其他领域的应用还包括发展经济学（尤其对那些经历过重大改革的国家，用过去经济主体行为数据的时间序列进行估计并不可靠，或者说缺乏延续性）和经济史（CGE 技术可以评估事件和决策所产生的影响）。CGE 模型的优点在于其全面性、内在一致性以及基于最优化行为的分析。

与早期模型不同，现在使用的 CGE 模型通常是动态的，允许不完全竞争和缺乏市场出清，比如存在失业。而且还可以对模型进行细分，从而考虑部门间或不同类别家庭间的异质性。此类模型的缺点在于：不能充分反映政策的短期效果，而且模型的经验研究基础薄弱。[a]
目前一些主要国际机构，例如 OECD 和世界银行已经开发了 CGE 模型，或者使用了一些学术研究机构开发的 CGE 模型。

宏观经济模型：从凯恩斯主义到 DSGE 模型

第一代宏观经济模型，如 20 世纪 50 年代由荷兰的简·丁伯根和宾夕法尼亚大学的劳伦斯·克莱恩（Lawrence Klein）开发的模型，起初它是从凯恩斯理论发展而来的，其目的是为凯恩斯理论提供形式化和量化的表述。之后随着宏观经济理论和经验研究技术的发展而演变。这类模型被用于预测和政策模拟。

宏观经济模型的主要变量（如消费、投资、就业、价格、对外贸易）都来自国民收入核算账户；相应的经济行为由结构方程式确定。方程的参数一般用计量经济学方法来估计[b]，或者通过校准得到。

最初的宏观经济模型本质上是经验主义的，后来逐渐引入了更多的理论，部分地这也是为了回应一系列的学术批评（见第 2 章）。一些批评指出，这类模型对私人部门行为的假定十分幼稚。为了回应批评，模型构建者对变量在未来的取值引入了与模型一致的预期方式（model-consistent expectations），从而放弃了最初（隐含的）假设，即模型构建者比经济主体更了解经济行为。然而，他们的模型被批评为建立在特殊假设的基础上，缺乏理论基础，以及会受到卢卡斯批判（Lucas critique）的影响。后者认为，模型中的结构参数试图描述经济行为，但实际上这种行为本身就会受到模型要研究的系统性政策变化的影响（见第 2 章）。为了回应这些批评，模型构建者逐渐在估计式中加入了明确的微观基础，并采用更严格的估计方法。与此同时还发展了多国模型，以便为研究国家间的互相依赖关系提供分析框架。

尽管受到了严厉批判，但这类宏观经济模型仍在使用，因为它们为评估冲击或政策决策的影响提供了现成的工具。例如，该方法被广泛应用于政府部门、国际机构（OECD、IMF、欧盟委员会）和预测机构［英国国家经济社会研究院（NIESR）等］。

动态随机一般均衡（dynamic stochastic general equilibrium，DSGE）是新一代宏观经济模型，该模型在 20 世纪 90 年代和 21 世纪初得到发展，其建立在 20 世纪 80 年代真实商业周期理论的基础上，并且明确引入了凯恩斯主义传统中的名义刚性。因此，消费者最大化跨期效用，生产者最大化跨期利润，但黏性价格使得市场无法实现出清。

DSGE 模型将 CGE 和宏观经济模型进行了结合。DSGE 既包括"深层参数"（deep parameters）（类似于一般均衡模型，利用先验信息对参数值进行校准或估计），也包括标准的估计参数。DSGE 模型已经被国际货币基金组织等机构和大多数央行采用（Smets and Wouters，2003，在欧洲央行的案例中），以取代传统的凯恩斯主义宏观计量模型。然而在全球金融危机之后，这类模型遭到了批评，因为其对金融中介和金融市场的描述过于简单。经济学家又做了一些改进，通过加入金融摩擦来完善模型。[c]

统计模型（VAR 和因子模型）

CGE 模型和宏观计量模型的特征之一是关于经济主体行为的先验假设。而统计模型则摒弃了这种假设。这类模型是在 20 世纪 80 年代发展起来的，以回应人们对宏观计量模型的不满（详见 Sims，1980）。这类模型通过同时估计多个方程来进行经验分析，以确定内生变量之间的相互依赖关系。向量自回归模型［vector auto regressive（VAR）models］使用了自回归形式的设定，这意味着每个变量都依赖于其自身的历史数据以及其他变量的历史数据：

$$\mathbf{Y}_t = \sum_{k=1}^{K} \mathbf{A}_k \mathbf{Y}_{t-k} + \varepsilon_t \tag{B1.6.1}$$

式中，$\mathbf{Y}$ 是包含 n 个变量的向量，$\mathbf{A}_k$ 是 (n, n) 待估计系数矩阵，ε_t 是误差项。例如，要对货币政策效果进行评估，可以同时估计 GDP、通货膨胀、短期利率对它们自身以及对货币政策历史数据的依赖关系，从而进行分析。与传统模型不同，VAR 并不是从对 $\mathbf{A}_k$ 系数值的先验限制开始的。这意味着，对冲击的系统性政策反应（例如央行如何应对通胀率上升）可以用与描述私人行为类似的方法进行估计。VAR 的优点在于体现了私人部门和决策者之间的相互作用。

传统模型和 VAR 两种方法也可以兼容：VAR 模型可以通过对系数施加约束来进行估计，这被称为结构 VAR（structural VARs，或 SVAR）。如果这些约束纯粹基于理论逻辑，那么就不会受到卢卡斯批判的影响。例如我们可以假定，货币冲击并不会对产量和价格产生长期影响（见第 5 章）。VAR 和结构 VAR 常常用于评估宏观经济冲击和政策变化的影响，比如汇率冲击和货币政策决策。在这种分析场景中，出现了统计模型替代大型宏观计量模型的趋势。然而，这类模型的特点是非常笼统、概括，这使其难以被运用到更细致的政策分析中。

统计模型的另一个例子是因子模型（factor models）。其假设大量短期经济指标的联合动态变化受到少数几个潜在隐藏变量的驱动，其被称为因子。例如，短期经济指标包括工业产出、价格，以及家庭和企业调查数据，这些数据通常都按月更新。萨金特和西姆斯（Sargent and Sims，1977）发现：其实只需要两个动态因子就可以解释失业率、批发价格的通胀、工业生产增长、就业增长等许多经济变量80%以上的变化。央行和研究机构使用这些模型进行预测，以更好地预测景气的转折点。

微观模拟和基于代理人的模型

对于税收或社会政策的评估，需要使用比 CGE 模型中的粗略分类（例如农村-城市这样的分类）更详细的方法来识别家庭之间的异质性。这就是微观模拟模型（microsimulation models）的目标，它是通过对家庭或个人进行大量分类实现的。

这类模型需要以大规模的微观个体数据库为基础。这类数据库能够提供成千上万人的具体信息。这类模型的方程通常结合了最优化（比如劳动供给的决策）、校准（比如，失去手头工作的可能性，或者失业的时候得到一份新工作的可能性，由这些可能性导致个人就业状态发生变化），以及计量经济学的估计（比如决定个人工资水平的工资估计方程，可依据个人的年龄、性别和人力资本等进行估计）。

微观模拟模型的优点是：可以分析政策改变带来的分配效应。然而，该模型无法提供政策的宏观经济效果评价。这类模型广泛应用于评估税收和社会福利立法改变带来的影响。例如，埃塞克斯大学建立的欧洲 EUROMOD 模型，伦敦财政研究所（Institute for Fiscal Studies，IFS）设计的 TAXBEN 模型，后者的网站还提供了模型的简化版本。

基于代理人的模型（agent-based models，ABM）和微观模拟模型的一个共同特征就是微观颗粒度：模型中都有大量的家庭或企业。除了微观模拟模型外，ABM 也为每个代理人赋予了简单的行为规则，其中包括与其他代理人的互动和学习行为。这使代理人能够复制金融市场典型的羊群效应和恐慌情形。ABM 已经在社会学中得到了应用，最近在经济学和金融学中得到了应用［参见格纳科普洛斯等（Geanakoplos et al.，2012）关于住房市场的应用］。

a. 关于 CGE 建模的早期研究，参见 Shoven and Whalley（1984）。迪克森和约根森（Dixon and Jorgenson，2013）还给出了一个比较新的例子。

b. 在最简单的形式中，计量经济学将因变量与观察到的解释变量联系起来建立方程、估计解释变量对应的参数，并使得因变量的估计值与实际值的偏差最小。一种流行技术是普通最小二乘法（ordinary least squares，OLS）估计，它需要在样本期间找到参数的估计值，以使估计值与实际值偏差的平方之和最小。

c. 参见斯梅特斯等（Smets et al.，2010）对欧洲央行 DSGE 模型的研究，以及科克拉科塔（Kocherlakota，2010）在全球金融危机期间对 DSGE 模型的讨论。格特勒和卡拉迪（Gertler and Karadi，2011）提出了具有开创性的 DSGE 与金融摩擦。

稳定政策的有效性通常是根据（1.2）式这类跨期效用函数来进行评估的。这依赖于一个假设，即单个主体的效用足以代表偏离均衡的社会成本。然而衡量失业的福利损失是一个重要的困难：在微观经济视角下，自愿失业会增加个人效用，因为微观主体更看重闲暇，但是很难断言失业的增加会提高效用。另一个困难是衡量

通胀成本，其在短期和长期差异很大。[1]

另外，对稳定政策的分析通常依赖于具体的宏观经济损失函数，例如：

$$L_t = E_t \left[\sum_{s=0}^{T} (1+\rho)^{-s} \sum_{i=1}^{N} \alpha_i (y_{t+s}^i - \widetilde{y}^i)^2 \right] \tag{1.3}$$

式中，$E_t(X)$ 代表变量 X 在 t 期的数学期望值；y^i 是经济政策目标变量的实际值（增长、通胀和财政余额等），$\widetilde{y}^i$ 是其政策目标值；α_i 是赋予目标变量 i 的权重；ρ 是贴现因子。政府或货币当局的目标是最小化损失函数。另一种表述更接近政策辩论的现实，这些辩论关注的是就业、增长或赤字，而不是它们对福利的影响。

实践中，政策制定者不会使用这些函数（大多数财政部长看到这些函数会感到惊讶），但这个式子是对现实比较合理的近似。决策制定过程确实会考虑到权衡取舍，比如在减少财政赤字和促进 GDP 增长之间，或在支持消费和促进投资之间。在 20 世纪六七十年代，通胀与增长之间的权衡是关键问题。经济理论为了避免再次面对这类问题而进行了反思，并对推动体制结构的改变产生了很大影响，最终将制定货币政策的责任交给了独立的中央银行（见第 5 章）。这种做法得到了决策模型的支持。所以在某种程度上，作为模拟方程的政策函数，实际上也可能对经济政策产生一定的反向作用。

对稳定政策进行分析时，通常基于同一个效用函数［公式（1.2）］或损失函数［公式（1.3）］，从而比较政策对给定冲击的反应。其中给定的冲击是外生事件，如世界经济增长下行，或投资者风险偏好的变动。损失函数的分析使我们有可能确定，在应对私人投资的负面冲击时，是应该增加公共投资、减少公司税，还是说降低利率更为可取。当然，结果取决于宏观经济模型和损失函数的设定。

社会福利函数几乎从未被用于支持关于再分配政策的具体决策。关于经济政策对再分配影响的讨论，几乎总是依赖于对不平等指标的分析。比如，最富有和最贫穷的 10% 人口的收入分布情况，或者像洛伦兹曲线（Lorenz curve）、基尼系数（Gini coefficient）这样的总量指标（见延伸阅读 1.7）。因为在政策讨论和公开辩论中，收入指标比效用更容易被接受。但我们也必须认识到，仅仅根据收入水平进行比较也可能存在误导（比如，给定相同的收入分配计划，提高社会住房补贴就可以改善收入最低十分之一人口的效用；而增加对高等教育的公共投资则更可能提升收入最高十分之一人口的效用）。

---

[1] 在理性预期的新古典主义框架中，通胀的福利成本仅来自个人持有现金的成本（通胀意味着对持有现金的惩罚，这意味着行为主体必须更频繁地去银行存取现金，从而需要更大的银行和更多的人力等等）和改变价格标签的成本（即，从而传播价格不断变化的信息）。这两类成本分别被称为鞋底成本（指消费者需要更频繁地去银行而导致的鞋底磨损）和菜单成本。参见帕克（Pakko，1998）对鞋底成本的评论。在短期内通货膨胀将影响个人福利，因为许多合同（如雇佣合同或储蓄产品）没有被指数化。

延伸阅读 1.7　　　　　　　　　　　　　　　　不平等的测度

　　不平等是多维度的，不存在任何单一指标可以概括个人或家庭之间收入和财富的整体分配状况。衡量收入（或财富）不平等的一个简单而有力的指标是五分位比率（quintile ratio），其定义为收入最高 20％ 人口与收入最低 20％ 人口的收入（或财富）之比。根据《联合国人类发展报告》（United Nations' Human Development Report），2013 年的收入五分位数比率从斯洛伐克的 3.6 到洪都拉斯的 29.7 不等，英国为 7.2。在公开辩论中人们经常使用这种衡量标准。然而这种方法仅使用两个极端组别的收入差距来概括整体分布，但是忽视了其余 60％ 人口的情况。

　　洛伦兹曲线对整体收入分布给出了图形描述。按照收入水平递增排序，人口分位数对应于 X 轴上的数值，与人口比例相应的累计收入占比则对应于 Y 轴上的数值。曲线上的 (x, y) 点表示，最贫穷的 x％ 的人口占有 y 这个比例的总收入。45° 线对应于收入完全平均分配的情况。洛伦兹曲线与 45° 线的距离越大，表示不平等现象越严重。图 B1.7.1 给出了美国家庭税前收入在 1980 年、1990 年、2000 年和 2010 年的洛伦兹曲线分布。显然收入差距扩大了。

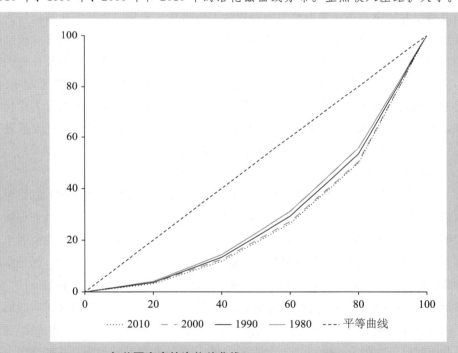

图 B1.7.1　1980—2010 年美国家庭的洛伦兹曲线

　　资料来源：美国普查局，http://www.census.gov/hhes/www/income/data/ historical/inequality/IE‑1.pdf，访问时间：2015 年 8 月 4 日。

　　基尼系数则提供了一个合成数值来测算收入差距。基尼系数即洛伦兹曲线和 45° 线之间区域面积的两倍。这个区域的面积在 0（完全平均分配）到 0.5（最大不均等）之间，因此，基尼系数在 0 到 1 之间变化。正式的表达是：如果 x_i（$i = 1, \cdots, n$）是人口分位数的分界线，y_i 对应每一个分位数人口组的收入占总收入的比例。则基尼系数就是：

$$G = 1 - \sum_{i=1}^{n} (x_i - x_{i-1})(y_{i-1} - y_i) \tag{B7.1.1}$$

根据《人类发展报告》，2013 年斯堪的纳维亚国家和一些前苏联国家的基尼系数最低，其中最低的瑞典只有 0.25。南美洲和非洲国家的这一系数最高，塞舌尔高达 0.66。此外德国为 0.28，美国为 0.41。

这些指标试图概括整体的收入分布情况。巴黎经济学院（Paris School of Economics）的托马斯·皮凯蒂（Thomas Piketty）率先开展了一项研究，其依赖于对极高收入组（前 1% 或前千分之一）在国民收入中所占份额的分析。该研究表明，20 世纪 80 年代以来美国和英国最高收入人群所占的收入份额显著上升，而在欧洲大陆却没有观察到同样的现象。参见 Atkinson and Piketty（2007）。关于美国的情况，可参见 Piketty and Saez（2003）。

1.3.2 实验和事后评估

无论使用哪个标准，基于模型做政策评估都属于事前性质，因为这种评估是将当前情况与给定政策的预期结果进行比较。即使是在事后，对某项政策执行之后的效果与假定该政策没有得到执行的情况进行对比，也还是基于先验估计或校准模型的参数而进行的评估。因此，基于模型的政策评估不能考虑或评估与改革有关的行为变化。实际上只要是基于模型的政策评估，无论是事前还是事后并无本质区别，其差异只是报告的结论会有所不同。因此，它无法评估与改革相关的行为变化（例如，在养老金改革之后有关主体的行为就会发生变化）。所以有必要对改革进行试验（在推广实施之前），同时进行真正的事后评估。

（a）评估的陷阱

成功的政策评估需要若干制度上的先决条件，例如确保评估人员的独立性及其获取数据的机会，允许对假设和结果进行公开讨论等等。但评估本身也面临着分析方法的陷阱。第一个陷阱与反向因果关系（reverse causality）有关：例如，观察到个人健康支出与健康状况之间存在负相关，这并不意味着医疗服务对健康有害，而是意味着健康状况较差的个人消费了更多的医疗服务。第二个陷阱与发生率（incidence）有关。政策的最终受益人不一定是目标受益人。当我们在第 8 章讨论税收政策时，我们会看到许多这样的例子。第三个陷阱与遗漏变量（omitted variables）（或伪相关性）有关。回到医疗服务的例子，我们可以观察到，高收入者享有更好的健康，并在健康上花费更多。这可能被误认为是健康支出与健康状况之间存在直接因果关系，而事实上这两者都与收入有关。统计技术可以帮助避免这类问题。关键是要弄清楚，如果没有出台政策会发生什么——这就是反事实（counterfactual）[①] 分析方法。

（b）利用实验的方法

如果改革内容包含结构性特征，并期望不只是以复制经验的方式来改变经济行

---

① 见经济分析委员会（2013）。

为时，事前评估就无法适用。此时就必须进行真正的事后评估。20 世纪 90 年代，在生命科学领域标准实践的基础上，相应的研究方法在其他学科也发展起来了，尤其是在社会政策领域。这种研究方法通常依赖于自然实验（natural experiments）。自然实验使得对比以下两组主体的行为差异成为可能：其一，受到政策变化影响的个体行为；其二，那些本来境况相似，但是没有受到政策变化影响的个体行为。例如基于经济调查的转移支付的情况下，第一组人群的收入恰好低于阈值，而第二组人群的收入恰好高于阈值，这两组人群在所有其他方面都非常相似，因此可以对这两组人群的行为差异进行比较。这种比较可以精确测量出这个转移支付政策可能带来的效果（见延伸阅读 1.8）。在一些国家，政策制定者也会采用控制实验（controlled experiments）来评估政策变化的潜在影响。例如加拿大就使用了该方法，在引入就业补贴前对这一政策的就业影响进行了评估。[①] 麻省理工学院经济学家埃丝特·迪弗洛（Esther Duflo）凭借她对随机控制试验（randomized control trials，RCT）或随机试验（randomized experiments）的研究而荣获了 2010 年克拉克奖。在随机控制试验中，需要评价的政策是随机安排的，所以处理组与对照组之间不存在选择性偏误。

自然和控制实验的应用领域广泛，涉及范围包括税收、社会转移支付，甚至包括教育、惩罚犯罪。虽然实验是研究中的标准做法，但是政策制定者对实验的利用仍然存在较大差异。

延伸阅读 1.8	通过自然实验评估公共政策

如果要了解税收变化对劳动力供给的影响，传统的评估手段就是对时间序列数据使用计量经济学分析。但使用这种方法充满困难，比如对劳动力供给的识别，再如缺乏相关税收调整的经验。此外，税收调整可能只会对某个特定类型的劳动力产生影响，而总体的估计无法对某个特定人群的政策效果进行评估。

如果能像生命科学那样，利用实验室的技术进行对照控制实验，那么问题就迎刃而解了。这就需要选择一组个体对他们实施税收调整，同时再选择一组与实验组有可比性的人群，并保持税收政策不变，然后对比这两组人群的行为。这样的实验就可以显示出税收政策的纯粹影响。

这类随机分组的实验方法在某些国家得到了推广，比如美国、加拿大、荷兰。在改革政策广泛实施之前，这种实验方法可用于评估政策的效果。然而在其他国家比如法国，由于法律上的困难，控制实验的实践长期受阻。

另一种替代选择是利用自然实验。例如同一国家内的两个辖区，它们以前有相似的立法，而后开始执行不同的政策。这就与控制实验的情况相似，可以将行为结果进行对比，从

[①] 具体而言，将样本人群随机分为两组。对第一组提供就业补贴，而第二组作为对照控制组。比较这两组的就业行为，就可以研究这一政策的效果，参见 Michalopoulos（2002）。

而对政策效果进行评估。甚至当两个辖区未曾执行过相同的政策时，这种方法也仍然适用。对于引入新政策的效果评估，可以对两组观察对象的变化进行比较［这个方法被称为双重差分法（difference in differences method）］。即使在立法统一的中央政权之下，一些事件也可以被视为自然实验。比如，以色列公立学校规定，当班级人数达到 40 人，就必须拆分成两个班。这个规定导致了班级规模的外生变化，乔舒亚·安格里斯特和维克托·列维（Joshua Angrist and Victor Lavy，1999）利用这个规定，将这种外生变化应用于研究班级规模对学生成绩的影响。自然实验也被广泛应用于发展经济学（Banerjee and Duflo，2011）。

詹姆斯·赫克曼（James Heckman，2000）开创性地推动了计量经济学方法在自然实验分析中的应用。这种计量经济学方法旨在消除目标群体与控制群体之间的异质性和选择偏误的影响。20 世纪 90 年代，这种方法的推广引发了社会政策评估领域的重大进展。

（c）实践中的评估标准

在实践中，政策评估往往依赖于粗略的标准，比如基于政策对 GDP（即经济体一年中产出的全部增加值）、对失业或对不同收入群体影响的粗略评估。有些标准缺乏严格的经济学基础。尤其是根据 GDP 进行评估，在其他条件相同的情况下，国防支出或安全设备支出的增加会提高 GDP，但其并不能提升福利（与受到威胁之前的情况做比较）。在充分就业情况下，工作时间减少（相当于闲暇时间增长）可能会增加福利，但是会减少 GDP。从失业率来看，即使其下降也不必然提升福利。例如，如果通过强行缩短找工作时间实现失业率的下降，就可能会导致劳动力供求匹配的恶化。在这种情况下更多人就业了，但其中更多的人并不快乐，而且生产率也会较低。如果他们能够多花几个星期来找到合适的工作，情况就会不同。因此上述情形的就业增加并不能被认为是一种改善。现在已经有了一些更好的标准，可以更好地衡量福利和幸福（见延伸阅读 1.9）。2009 年，由诺贝尔经济学奖得主约瑟夫·斯蒂格利茨、森和菲托西（Stiglitz, Sen, and Fitoussi，2009）主持的国际委员会论述了 GDP 的种种缺陷并提出了制定指标的建议，以更好地解释个人之间的福利差异以及可持续性问题（Stiglitz et al.，2009）。

人类发展指数（Human Development Index，HDI，见延伸阅读 1.9）的一个难点是如何汇总不同的项目，如人均国内生产总值和预期寿命。弗勒里贝和高尔利尔（Fleurbaey and Gaulier，2009）提供了另一种方法，他们评估了公民为改善一定的生活质量而隐性体现出来的支付意愿（与通用的标准相比），然后根据相应金额来修正人均国民总收入。这样就得到了某种生活水平的收入等价，然后再对各国进行比较。这种方法只能适用于生活水平相近的国家，因为它依赖于边际效应。

延伸阅读 1.9   **经济发展和人类发展**

经济学家和哲学家阿马蒂亚·森（Amartya Sen，1999）指出，非洲裔美国人的预期寿命低于印度喀拉拉邦的居民。这说明用金钱收入作为生活条件的指标多么具有误导性。

由于人均 GDP 指标存在缺陷，后来出现了一些新的综合指标，例如联合国开发计划署 (the United Nations Development Program，UNDP) 人类发展报告办公室开发了人类发展指数 (HDI)。该指标体系考虑到了健康、教育和社会标准 (营养、预期寿命、医疗保障的可得性等)。尽管起初的时候这些指标相当粗糙，但现在这种方法已日趋成熟。这在很大程度上要归功于森的研究。20 世纪 90 年代末，这个方法激发了国际社会对千年发展目标 (the Millenium Development Goals) 的定义讨论和对其的接纳程度。这个发展目标设定了一系列具体的、可测量的社会目标，并于 2015 年重新定义为 17 项可持续发展目标 (Sustainable Development Goals)。人类发展指数是一个综合指数，其计算涉及出生时的预期寿命、知识 (根据成人识字率与小学、中学和大学总入学率的加权平均值计算) 和以购买力平价[a] 计算的人均国民总收入 (Gross National Income，GNI) (详细说明见联合国开发计划署《2006 年人类发展报告》的技术说明第 1 部分)。

如图 B1.9.1 所示，总体人类发展指数与人均 GDP 衡量的经济发展水平密切相关。然而也存在明显的例外：能源和初级产品生产国，如海湾国家或赤道几内亚，这类国家的人类发展指数排名低于其人均 GDP 排名。这表明社会不平等程度较高，卫生和教育等公共产品供给不足。相反，另一些国家，如格鲁吉亚、斯里兰卡或萨摩亚的表现，在人类发展方面的排名比其国民收入的表现要好 25 个位次以上。

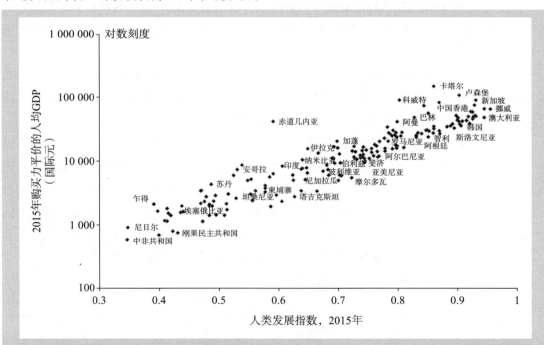

图 B1.9.1 人均 GDP 和人类发展指数：2015 年

注：2015 年购买力平价的人均 GDP (当年国际元，对数刻度)。

资料来源：UNDP, Human Development Report 2016.

a. 购买力平价 (PPP) 使得我们可以在相同物价水平下比较不同国家和地区的人均 GDP (见第 7 章和第 9 章)。

1.3.3　政策的副作用

至此我们已经分别讨论了经济政策的三大功能：资源配置、稳定和再分配。现实中，一项经济政策的决策往往会产生多个方面的影响。例如降低个人所得税的措施会产生永久的配置效应（增加劳动供给），暂时的稳定效应（增加了个人收入，从而增加了他们对商品的需求），以及持久性的再分配效应（提高了最高收入人群的相对收入）。

有时候，我们为了达到某个方面的积极效果而需要采取一项政策，然而这项政策会在其他方面产生不利影响，这时候就涉及权衡取舍：

- 再分配政策通常会对资源配置带来扭曲。基于经济调查的转移支付（如最低收入政策），有助于实现收入再分配的目标，但是这会导致懒惰陷阱（inactivity traps）[①] 并减少劳动供给。

- 贸易开放一般是为了追求资源配置效应（比如从专业分工以及相应的生产率效应中受益，从外国直接投资带来的技术外溢中受益），但也会对收入分配产生影响，因为与发展中国家的贸易会导致发达国家非技术就业岗位的重新配置。技术进步也有类似问题。

- 降低通胀（稳定政策）会对收入分配（再分配）产生不利影响，因为它会惩罚债务方。如果反通胀的紧缩性政策导致的失业一直持续下去，也会对资源配置产生影响。

不过有时候，出于某个目的而采取的政策也可能会对其他方面产生积极影响。比如，为了改善非技术工人收入而采取的再分配政策（对工人实行税收减免），同时也可以增加劳动力供给，并产生积极的配置效应。

最后，政策效果是正是负并不总是一目了然。不平等和经济增长之间的联系就是一个例子（Ostry et al.，2014）。收入不平等有时被认为与经济增长正相关，因为不平等使得一部分人可以储蓄并积累资本，或者因为创新活动获得的经济租能够使创新者本人受益。中国过去不平等的演化发展说明了这种关系。然而，也有人认为不平等将损害增长，因为这使得贫困群体无法获得教育和医疗，这会增加社会和政治动荡。拉丁美洲就是典型的例子，我们将在第 9 章讨论这些问题。

表 1.1 总结了其中的一些相互依赖关系。

表 1.1　三个政策的直接和间接效果

	资源配置	稳定	再分配
削减收入所得税	＋（劳动力供给增加）	＋（商品需求增加）	－（不平等上升）

---

① 懒惰陷阱的出现是这样一种情况：受助者依赖于国家救助，或者是根据收入调查结果测试而得到收入（比如失业补贴、福利转移支付）之后，再回去工作的动机可能会减弱或消失。因为失去社会救济的成本使得从事一项工作的货币收入太低，无法弥补闲暇时间的减少。

续表

	资源配置	稳定	再分配
增加政府支出	＋/－（取决于支出内容，及其对私人消费挤出的可能性）	＋**（基于假设）**	＋/－（取决于支出内容）
增加社会转移支付	－（懒惰陷阱的风险）	＋（商品需求增加）	＋**（不平等现象减少）**

　　注：直接效应由黑体标出。
　　　　假定初始状态处于凯恩斯主义的失业状态。

结　论

　　正如比尔·克林顿（Bill Clinton）在 1992 年竞选时提出的著名格言（"笨蛋！关键是经济！"）所概括的那样，竞选活动通常在很大程度上是围绕经济问题展开的。为什么理智的人们会对经济政策产生分歧呢？

　　本章提供了一些答案，或者至少是一些提示。第一，政治家们首先可能是在追求不同的社会福利函数：比如他们可能对理想的收入分配状态持有相反的观点。第二，面对权衡取舍时，他们可能有不同的反应，特别是在公平和效率之间权衡时。第三，对于未来福利的贴现，不同人的贴现值也是不同的，也就是说他们可能有不同的时间偏好。真实的政策偏好、权衡取舍的侧重以及时间偏好，这三个维度对解释左翼和右翼政党之间的纷争大有帮助。

　　为什么像国际机构这样的中立机构也会经常遭到非政府组织尖锐的反对？其原因和上面的情况类似。1989 年彼得森研究所的约翰·威廉姆森（John Williamson）创造了"华盛顿共识"这个术语，用以代表一套政策框架。讽刺的是，这套政策框架据说"几乎所有华盛顿的人都会同意，这是拉丁美洲几乎所有地方都需要的"[1]。结果，该政策框架中的一系列观点很快就遭到了强烈反对。

　　拉维·坎伯是一位在世界银行工作的发展经济学家。他的一项研究（Ravi Kanbur，2001）阐明了国际经济政策选择中存在分歧的本质。他认为在以下三个层面可能会发生分歧：加总层面的不同、时间跨度的考虑以及对市场结构、市场势力的假设。这尤其适用于理解全球化的支持者和反对者之间的辩论，具体地：

　　• 加总层面：支持者强调贸易开放带来总体福利的增加，因为收入再分配可以通过财政转移支付来纠正。然而反对者怀疑这种矫正政策是否会真正得到执行，并且担心全球化的好处只是使少数人而非大多数人受益。

　　• 时间跨度：支持者使用 5～10 年的中期跨度，他们忽略了短期和更长时期。反对者则坚持考虑短期调整成本（尤其对最贫穷的群体，这与加总层面有关）和长期可持续性。

---

　　[1]　参见约翰·威廉姆森（John Williamson，2004）对华盛顿共识的历史的描述。

  • 市场结构：支持者通常认为市场是竞争性的，通过价格调整可实现出清。反对者则强调市场不完善的一面，并指出没有政府干预的市场开放会对收入产生负面冲击。

  本章没有对第三个因素进行展开，但在第 2 章会进行介绍，即经济结构和经济运转中的问题，以及由此导致的政策分歧。尽管经济学科的发展缩小了传统争论的范围，但是新的争议也出现了。

  不过最后仍然值得重新强调的是，政治家们仍然可以自由地忽略经济学家认为正确的东西——或者忽视它的政治重要性——而且他们经常利用这种自由。例如，大多数经济学家认为拖延解决财政赤字问题会增加国债发行，并最终提高长期利率，但是据说乔治·W. 布什（George W. Bush）领导下的美国副总统迪克·切尼（Dick Cheney）打断了这个讨论，他说道："赤字无关紧要，里根已经证明了这一点"（Suskind，2004，p. 261）。

参考文献

Akerlof, G. A. (1970), "The Market for 'Lemons': Quality Uncertainty and the Market Mechanism," *Quarterly Journal of Economics*, 84 (3), pp. 488 – 500.

Angrist, J., and V. Lavy (1999), "Using Maimonides' Rule to Estimate the Effect of Class Size on Student Achievement," *Quarterly Journal of Economics*, 114 (2), pp. 533 – 74.

Arrow, K., and G. Debreu (1954), "Existence of an Equilibrium for a Competitive Economy," *Econometrica*, 22 (3), pp. 265 – 90.

Atkinson, A., and T. Piketty (2007), *Top Incomes over the Twentieth Century*, Oxford University Press.

Atkinson, A., and J. Stiglitz (1980), *Lectures on Public Economics*, McGraw Hill.

Banerjee, A., and E. Duflo (2011), *Poor Economics: A Radical Rethinking of the Way to Fight Global Poverty*. Public Affairs.

Blanchard, O., and D. Quah (1989), "The Dynamic Effects of Aggregate Demand and Supply Disturbances," *American Economic Review*, 79 (4), pp. 655 – 73.

Blanchard, O., and J. Tirole (2008), "The Joint Design of Unemployment Insurance and Employment Protection: A First Pass," *Journal of the European Economic Association*, 6 (1), pp. 45 – 77.

Bouis, R., O. Causa, L. Demmou, R. Duval, and A. Zdzienicka (2012), "The Short-Term Effects of Structural Reforms: An Empirical Analysis," OECD Economics Department Working Papers, No. 949, OECD Publishing.

Buchanan, J. (1975), "A Contractarian Paradigm for Applying Economic Policy," *American Economic Review*, 65 (2), pp. 225 – 30.

Chapman, B. (2006), "Income Contingent Loans for Higher Education: International Reforms," in Hanushek, E., and F. Welch, eds., *Handbook of the Economics of Education*, Elsevier/North-Holland, volume 2, chapter 25, pp. 1435 – 98.

Coibion, O., Y. Gorodnichenko, and M. Ulate (2017), "The Cyclical Sensitivity in Estimates of Potential Output," *NBER Working Paper* 23580, Cambridge, MA: National Bureau of Economic Research.

Cœuré, B. (2012), "Central Banking, Insurance and Incentive," speech at the ECB Conference on Debt, Growth and Macroeconomic Policies, Frankfurt, December 6.

Conseil d'Analyse Economique (2013), "Public Policy Evaluation," *Les notes du conseil d'analyse économique*, No. 1, February.

Dixit, A. (1996), *The Making of Economic Policy*, MIT Press.

Dixon, P. B., and D. W. Jorgenson (2013), eds., *Handbook of Computable General Equilibrium Modeling*, Elsevier.

Eggertsson, G., A. Ferrero, and A. Raffo (2014), "Can Structural Reforms Help Europe?," *Journal of Monetary Economics*, 61, pp. 2 – 22.

Fleurbaey, M., and G. Gaulier (2009), "International Comparisons of Living Standards by Equivalent Incomes," *Scandinavian Journal of Economics*, 111 (3), pp. 597 – 624.

Galí, J., and P. Rabanal (2004), "Technology Shocks and Aggregate Fluctuations: How Well Does the RBS Model Fit Postwar US Data?," *NBER Working Papers* 10636, National Bureau of Economic Research, Inc.

Geanakoplos, J., R. Axtell, D. Farmer, P. Howitt, B. Conlee, J. Goldstein, M. Hendrey, N. Palmer, and C. Yang (2012), "Getting at Systemic Risk via an Agent-Based Model of the Housing Market," *American Economic Review: Papers and Proceedings*, 102 (3), pp. 53 – 58.

Gertler, M., and P. Karadi (2011), "A Model of Unconventional Monetary Policy," *Journal of Monetary Economics*, 58, pp. 17 – 34.

Heckman, J. (2000), "Microdata, Heterogeneity, and the Evaluation of Public Policy," Nobel conference [www.nobel.se].

International Monetary Fund (2004), "GEM: A New International Macroeconomic Model," *IMF Occasional Paper* No. 239.

Kanbur, R. (2001), "Economic Policy, Distribution and Poverty: The Nature of Disagreements," *World Development*, 29 (6), pp. 1083 – 94.

Kemp, M., and H. Wan (1976), "An Elementary Proposition Concerning the Formation of Customs Unions," *Journal of International Economics*, 6, pp. 95 – 97.

Keynes, J. M. (1931), *Essays in Persuasion*, Harcourt, Brace and Company [www.uqac.ca/].

Keynes, J. M. (1936), *The General Theory of Employment, Interest and Money*, Macmillan Cambridge University Press.

Kindelberger, C. (1978), *Manias, Panics and Crashes: A History of Financial Crises*, Wiley.

Klemperer, P. (2004), *Auctions: Theory and Practice*, Princeton University Press.

Kocherlakota, N. (2010), "Modern Macroeconomic Models as Tools for Economic Policy," *Banking and Policy Issues Magazine*. Federal Reserve Bank of Minneapolis.

Kydland, F. E., and E. C. Prescott (1982), "Time to Build and Aggregate Fluctuations," *Econometrica*, 50 (6), pp. 1345 – 70.

Lucas, R. (1976), "Econometric Policy Evaluation: A Critique," *Carnegie-Rochester Conference Series on Public Policy*, 1, pp. 19 – 46.

Maskin, E. (2007), "Mechanism Design: How to Implement Social Goals," Nobel Prize Lecture, December 8.

Michalopoulos, Ch., D. Tattrie, C. Miller, P. K. Robins, P. Morris, D. Gyarmati, C. Redcross, K. Foley, and R. Ford (2002), "Making Work Pay: Final Report on the Self-Sufficiency Project for Long-Term Welfare Recipients," http://www. mdrc. org/publications/46/abstract. html.

Minsky, H. (1992), "The Financial Instability Hypothesis," *Jerome Levy Economics Institute Working Paper* No. 74, May, http://papers. ssrn. com/sol3/papers. cfm? abstract _ id=161024.

Musgrave, R., and P. Musgrave (1989), *Public Finance in Theory and Practice*, McGraw Hill.

North, D. (1993), "Economic Performance Through Time," Nobel Prize lecture, December 9, http://www. nobelprize. org.

Okun, A. (1975), *Equality and Efficiency: The Big Trade-off*, Brookings Institution, New ed., 2015.

Ostry, J. D., A. Berg, and C. G. Tsangarides (2014), "Redistribution, Inequality and Growth," *IMF Staff Discussion Note* SDN/14/02.

Pakko, M. R. (1998), "Shoe-Leather Costs of Inflation and Policy Credibility," *Federal Reserve Bank of St Louis Review*, November/December.

Phillips, A. W. (1958), "The Relation Between Unemployment and the Rate of Change of Money Wage Rates in the United Kingdom: 1861 – 1957," *Economica*, 25 (100), pp. 283 – 99.

Piketty, T., and E. Saez (2003), "Income Inequality in the United States, 1913 – 1998," *Quarterly Journal of Economics*, 118 (1), pp. 1 – 39, updated tables available on http://elsa. berkeley. edu/~saez/.

Rawls, J. (1971), *A Theory of Justice*, Belknap Press of Harvard University Press.

Rousseau, J. J. (1755), "Economie," in D. Diderot and J. le Rond d'Alembert, *Encyclopédie*, vol. 5, pp. 337 – 49. English translation: http://quod. lib. umich. edu/d/

did/, Scholarly Publishing Office of the University of Michigan Library, 2009.

Sargent, T. J., and C. A. Sims (1977), "Business Cycle Modeling Without Pretending to Have Too Much A-Priori Economic Theory," in C. Sims et al. (eds.), *New Methods in Business Cycle Research: Proceedings From a Conference*, Federal Reserve Bank of Minneapolis, pp. 45 – 109.

Sen, A. (1999), *Development as Freedom*, Oxford University Press.

Shiller, R. J. (2003), *The New Financial Order: Risk in the 21st Century*, Princeton University Press.

Shoven, J. B., and J. Whalley (1984), "Applied General Equilibrium Models of Taxation and International Trade: An Introduction and Survey," *Journal of Economic Literature*, 22, pp. 1007 – 51.

Sims, C. (1980), "Macroeconomics and Reality," *Econometrica*, 48, pp. 1 – 48.

Smets, F., K. Christoffel, G. Coenen, R. Motto, and M. Rostagno (2010), "DSGE Models and Their Use at the ECB," *SERIEs, Journal of the Spanish Economic Association*, 1 (1 – 2), pp. 51 – 65.

Smets, F., and R. Wouters (2003), "An Estimated Dynamic Stochastic General Equilibrium Model of the Euro Area," *Journal of the European Economic Association*, 1 (5), pp. 1123 – 75.

Stein, H. (1986), *Washington Bedtime Stories*, Free Press.

Stiglitz, J. (1991), "The Invisible Hand and Modern Welfare Economics," *National Bureau of Economic Research*, *Working Paper* No. 3641.

Stiglitz, J., A. Sen, and J. P. Fitoussi (2009), "Report of the Commission on the Measurement of Economic Performance and Social Progress," http://www. ofce. sciences-po. fr/pdf/documents/rapport. pdf.

Stiglitz, J., and A. Weiss (1981), "Credit Rationing in Markets with Imperfect Information," *American Economic Review*, 71 (3), pp. 393 – 410.

Suskind, Ron (2004), *The Price of Loyalty: George W. Bush, the White House, and the Education of Paul O'Neill*, New York: Simon & Schuster.

Tinbergen, J. (1952), *On the Theory of Economic Policy*, North-Holland.

United Nations Development Program (2006), *Human Development Report*, United Nations.

Viner, J. (1950), *The Customs Union Issue*, New York, Carnegie Endowment for International Peace.

Williamson, J. (2004), "A Short History of the Washington Consensus," paper prepared for the Fundación CIDOB conference "From the Washington Consensus Toward a New Global Governance," Barcelona, Spain, September 24 – 25.

第2章 经济政策的局限

在第1章中，我们把经济政策当作工程科学进行讨论。单一的决策者无所不知、无所不能、心地善良，他在给定社会偏好的前提下，准确估算相关参数，依据最优化行为结果进行决策。而本章将对这些假设提出挑战。

20世纪70年代以来，经济学家已经系统地探究了传统经济决策方法的不足，指出了理论和经验研究的严重缺陷，并探究去除这些缺陷以后，传统决策还有多少能发挥作用。阿维纳什·迪克西特（Avinash Dixit，1996）和让-雅克·拉丰（Jean-Jacques Laffont，2000c）对此有过很相似的表述：经济学在过去40年的发展可被解读为将无所不知、无所不能、心地善良的决策者请下神坛的过程。

20世纪70年代以来的经济学研究考虑了不完全信息背景下决策者如何与其他参与者互动。决策者需要充分意识到其他参与者都是有想法的个体，他们能够对决策者并非总是善意的政策进行预期，并在此基础上做出决策。当然，经济政策还是会影响经济参与者，但不能再把参与者们当成是预设程序的机器人，这对于经济政策的实施和政策设计同样重要。这种对经济主体的假定深深影响到了经济学理论，进而也影响了经济政策的实践。

本章探讨了传统经济政策面临的五个主要局限，以及可能解决这些问题的工具。第一，认知的局限：政府对经济结构和未来风险的概率分布了解有限。第二，微观个体的局限：企业和家庭不像放大镜下的蚂蚁，他们有自己的策略，并对经济政策做出反应和预测。第三，信心的局限：政策制定者可能不能取信于民，让公众相信他们会按照承诺去执行，而这会影响私人行为。第四，信息的局限：政策制定者可能对经济结构有充分的了解，但缺乏获得私人信息的机会，而私人行为者则可能战略性地利用这些信息。第五，善意的限度：政策制定者可能并不总是追求公众利益。

2.1 认知的局限

第1章一个隐含的重要假设是：政府对微观个体偏好和经济结构拥有完全信

息。政府和私人设法获取并充分利用这些信息，这是一个很自然的假设，但是存在局限性。为了说明这一点，我们将探讨四种并不互斥的情况：

- 经济学家和决策者使用的模型参数是不确定的。
- 决策者通常只是基于期望回报做决定，很少考虑风险的整体分布。
- 风险分布通常不可知，在某些情况下传统的概率统计方法对判断风险无能为力。

- 当决策是不可逆的，环境也是不确定的时候，最好是在行动前先等待。也就是说，在经济决策中存在"审慎原则"（如果不作为会立即产生不可逆转的后果时，同样的原则也可以反过来证明迅速行动是合理的）。

2.1.1　模型和参数的不确定性

我们从对一个经济体的简单描述开始：

$$Y_t = H(X_t, Y_{t-1}, Y_{t-2} \cdots, \boldsymbol{\theta}, \varepsilon_t) \tag{2.1}$$

式中，$\boldsymbol{X}$、$\boldsymbol{Y}$、$\boldsymbol{\theta}$、$\boldsymbol{\varepsilon}$ 为多维向量，分别代表政府政策措施、政策目标、参数和不受政府控制的随机冲击。例如，X_t 可以代表 t 时期的税率和公共开支，Y_t 代表家庭消费，而 $\boldsymbol{\theta}$ 则表示消费相对于收入、财富和利率的弹性，H 是连接所有变量的数量关系和行为关系，而 ε_t 是一个随机变量，其数值直到 t 期才可知。除了不可预知的冲击外，t 期的经济水平依赖于其过去的变化和现期政府行为。但是，后者的影响依赖于 $\boldsymbol{\theta}$ 的大小，而 $\boldsymbol{\theta}$ 是不能直接观察到的。$\boldsymbol{\theta}$ 的不确定性有两种来源：

- 一是来源于理论经济学家和计量经济学家的选择导致的模型不确定性（model uncertainty）。这里的问题可以是：利率是否应该包括在消费函数中？或者消费、投资和出口函数是否为线性？其实给定理论假设，模型构造者仍有很多选择。有时政策制定者可能并没有意识到，他们看到的分析和政策建议严重依赖于经济学家的模型选择。

- 二是对于一个给定的模型，计量经济学家可得的样本数据有限，从而存在参数不确定性（parameter uncertainty）。政策分析可用的数值并不是 θ 的实际值，而是使用了（或简单或复杂的）计量技术，从单个或时间序列样本中得到的估计值 $\hat{\theta}$（见延伸阅读 2.1）。作为结果的使用者，政策制定者通常并不会意识到估计值 $\hat{\theta}$ 的不确定程度。例如，如果凯恩斯乘数（Keynesian multiplier，即一项公共支出增加所带来的产出上升）被认为大于 1，那么面对衰退时，政府将自然会选择增加财政支出的产出刺激政策。计量经济学的证据确实表明，该乘数的点估计值平均接近于 1，但从估计的整体分布来看，该乘数甚至可能小于 0（见第 4 章）。

延伸阅读 2.1	计量模型中的参数不确定性

简单假定经济按照公式（2.1）的线性化方式运行：

$$Y_t = \theta' X_t + \varepsilon_t \tag{B2.1.1}$$

如果 $\mathbf{Y}$ 包含 n 个变量，$\mathbf{X}$ 中有 m 个外生变量，θ 是 $m \times n$ 的参数矩阵，根据时期 t（1 到 T 时期）的 X 和 Y 的观测值估计得出。θ' 是 θ 的转置矩阵。我们使用普通最小二乘法（OLS），通过最小化残差平方和估计出 θ 为：

$$\hat{\theta} = (\Xi'\Xi)^{-1} \Xi'\Psi \tag{B2.1.2}$$

式中，Ψ 是由 Y_t 观测值构成的 $T \times n$ 矩阵，Ξ 是由 X_t 观测值构成的 $T \times m$ 矩阵。Ξ' 是 Ξ 的转置矩阵。因为 X、Y 是随机变量，$\hat{\theta}$ 也是随机的，且仅渐近收敛于 θ 的真实值（即当有非常大数量的样本时收敛）。当样本的观测不仅仅局限于时间维度，还包含多个观测目标时，同样的道理也是适用的。

$\hat{\theta}$ 的方差-协方差矩阵可以被记为 Ψ 和 Ξ 的函数。比如，如果 Y 只包含一个变量（如 GDP），X 中的 m 个变量是确定的，随机冲击 ε 的方差是常数 σ^2，$\hat{\theta}$ 的方差将是如下 $m \times m$ 矩阵：

$$\mathrm{Var}\hat{\theta} = \sigma^2 (\Xi'\Xi)^{-1} \tag{B2.1.3}$$

更一般地，我们可以计算出 $\hat{\theta}$ 的任何良态函数（well-behaved function）$\mathbf{g}$ 的方差的一阶近似。给定 $\dfrac{\partial \mathbf{g}}{\partial \theta} = \left(\dfrac{\partial \mathbf{g}}{\partial \theta_1}, \ldots, \dfrac{\partial \mathbf{g}}{\partial \theta_m} \right)'$，

$$\mathrm{Var}g(\hat{\theta}) = \sigma^2 \frac{\partial \mathbf{g}}{\partial \theta} (\Xi'\Xi)^{-1} \frac{\partial g}{\partial \theta} \tag{B2.1.4}$$

这使得我们可以为 $g(\hat{\theta})$ 设定置信区间（confidence interval，即给定置信水平的取值范围）。例如，假定 X 中第一个变量为政府支出的对数，Y 中第一个变量为 GDP 的对数。$\hat{\theta}$ 左上方的元素就是凯恩斯乘数的点估计值，它衡量单位变动的政府开支对 GDP 的影响。假定这一估计等于 1，在 90% 的置信水平下置信区间为 [0, 2]，在 95% 的置信水平下置信区间为 [-0.5, 2.5]。这意味着，乘数在 0 和 2 之间取值的概率为 90%，在 -0.5 和 2.5 之间取值的概率为 95%。给定置信水平的置信区间越大（如 95%），点估计值取 1 的可信度就越低。在这个例子中，在 95% 的置信水平下，我们不能确定乘数是正还是负，也就是说，我们不能确定财政支出的上升将带来经济扩张还是收缩。

2.1.2 管理风险

在很多情况下，私人部门在决策中往往比公共部门更充分地考虑风险分布问

题。营销部推广新产品和信贷部发放贷款时，部门负责人不会仅凭期望收益率做出决策。他们还会考虑产品失败或贷款违约的可能性，所以他们会采取设立准备金、要求抵押等方式降低风险带来的潜在损失。评估风险损失的常用指标是在险成本（cost at risk，CaR），它度量给定置信水平下的可能损失。例如，某投资项目的单位回报随机且服从均值为 1、标准差为 2 的正态分布[1]，则 100 万欧元投资的期望回报是 100 万欧元，且该项投资有 10% 的可能损失超过 155 万欧元，30% 的可能损失超过 5 万欧元。这是由投资回报的累积分布得到的，见图 2.1。

同样的方法也适用于资本市场，以评估给定期限内单一金融资产或资产组合的最大可能损失，即在险价值（value at risk，VaR）。VaR 是金融机构现代风险管理的基石，计算它需要所有标的资产回报的联合分布（见第 6 章）。

冯·诺依曼和摩根斯坦（von Neumann and Morgenstern，1944）将丹尼尔·伯努利（Daniel Bernoulli，1738）的开创性成果进行了规范化表述之后，经济学家建模时普遍假定代表性个体了解不同经济状态发生的概率，以概率对应每种状态的效用进行加权平均，并最大化期望效用（expected utility）——即在不同状态下基于概率加权的效用之和。风险厌恶（risk aversion）用于刻画这一框架下的风险态度，与效用函数的二阶导数密切相关（见延伸阅读 2.2）。

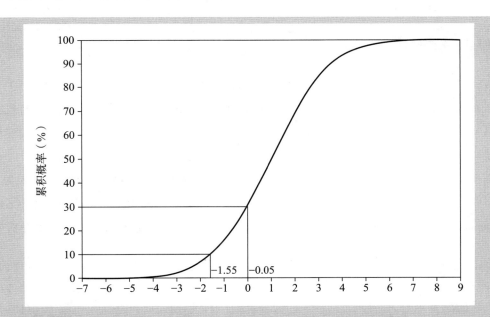

图 2.1　在险成本

注：该图展示了基于正态分布 N(1，2) 的价值 100 万美元投资收益的累积概率分布，有 30% 的可能性投资回报低于 -5 万美元。

---

[1]　在本章随后部分将讨论冲击是正态分布这一假定。

延伸阅读 2.2	风险厌恶

消费理论的标准假定是：个人或代表性家庭的效用随着收入的增加而增加，但边际效用随着收入的增加而下降。将此写成数学形式且假定没有储蓄：$U'(Y)>0$，$U''(Y)<0$，其中 Y 表示收入，U 表示效用。

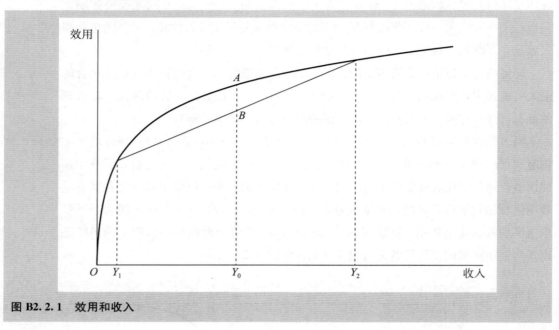

图 B2.2.1　效用和收入

假设家庭有两个选择：得到收入 Y_0 或各有 0.5 的概率得到 Y_1 或 Y_2，且 $Y_0=(Y_1+Y_2)/2$。很显然两个选择的期望收入相同，但由于效用是收入的凹函数，因此第一个选择（图 B2.2.1 中的 A 点）的效用比第二个选择（图 B2.2.1 中的 B 点）高。相对于不确定性，家庭更偏好确定性，这就是风险厌恶。

直观上看，风险厌恶依赖于描述收入和效用关系曲线的凹性 $[U''(Y)]$。常用的风险厌恶有两类：一类是绝对风险厌恶（absolute risk aversion，ARA），另一类是相对风险厌恶（relative risk aversion，RRA），也被称为阿罗-普拉特系数（Arrow-Pratt coefficient）。其定义式分别为：

$$ARA = -\frac{U''(Y)}{U'(Y)} \tag{B2.2.1}$$

$$RRA = -\frac{YU''(Y)}{U'(Y)} \tag{B2.2.2}$$

效用函数中一般使用的是常数绝对风险厌恶（constant absolute risk aversion，CARA）或者常数相对风险厌恶（constant relative risk aversion，CRRA）。例如，对数效用函数 $[U(Y)=\log Y]$ 的相对风险厌恶恒等于 1。一个更一般的效用函数形式是：

$$U(Y) = -\frac{Y^{1-\alpha}}{\alpha-1} \tag{B2.2.3}$$

式中，$\alpha \neq 1$。在这里，相对风险厌恶是常数且等于 α。风险厌恶是消费和储蓄理论的基本概念之一，在金融学中也有广泛应用。

经济模型一般假定企业是风险中性的（因为它们通过金融市场规避风险），而个人被认为是风险厌恶的（因为他们获得保险的机会较少）。然后假定企业最大化未来期望利润的净现值，个人则最大化未来消费的期望效用的净现值。效用函数是消费的凹函数，这意味着如果未来期望消费不变但消费的不确定性增加，那么个人福利会下降。

政府则较少考虑风险，而更多基于预期结果做决定。但类似卡特里娜飓风（2005 年 8 月）和雷曼兄弟破产（2008 年 10 月）这样的灾害性事件都促使政府在进行自身决策或监管私人部门时开始考虑风险。银行监管机构通过模拟"极端但合理的情况"进行压力测试（stress tests），而不是根据预期结果来衡量银行资本充足率，这已成为一种普遍做法（见第 6 章）。

然而压力测试在金融领域之外仍然不常见，在处理风险时，政策制定者有时甚至忽略预期结果（见延伸阅读 2.3）。

行为经济学的最新研究则向预期效用的分析范式发起了挑战。实验表明，个人不遵守理性的决策行为，他们经常依赖经验法则而不是复杂评估，他们试图避免损失——有时甚至通过冒险的方式——他们的选择取决于初始条件和决策框架［有关综述可参见丹尼尔·卡尼曼（Daniel Kahneman）的诺贝尔奖颁奖晚宴演讲稿，2002］。行为经济学影响了公共政策，例如，通过建议以最有可能影响［或劝说（nudge）］人们决策的方式传达政策建议。[①] 代表性研究包括 Thaler and Sunstein（2008）和 Kahneman（2011）。

<table>
<tr><td>延伸阅读 2.3</td><td>公共健康与风险</td></tr>
</table>

戈利尔（Gollier，2001）给出了一个例子：2000 年，法国政府不得不在两项新的强制检测项目中做出选择，一项是检测艾滋病毒和丙型肝炎，另一项是在 50 岁以上妇女中检测乳腺癌。独立研究指出，为前一种感染患者延长一年寿命的成本为 900 万欧元，而后者的成本仅为 1 500 欧元。然而，由于公众对传染性疾病更加敏感，法国政府希望表明它在尽力防止血液污染，因此，尽管存在可得的成本-收益分析，它还是选择了前者。

2.1.3 极端或不可量化的风险

大部分经济模型假设冲击服从正态分布（normally distributed），即风险的分

---

① 英国政府于 2010 年成立了一个"行为洞察部门"，以帮助在政策制定中实施劝说的方法。在 2010 年 2 月的一次 Ted Talk 中，英国首相戴维·卡梅伦（David Cameron）说道："让某人削减电费的最好方法是向他们展示他们自己的支出，展示邻居的支出，再展示一个有节能意识的邻居的支出。"尽管如此，大多数经济学家仍然认为，让人们减少电力消耗的最好方法是提高电价。

布具有著名的"钟形曲线"特征，均值和标准差是给定的。然而有些情况下这一假设并不成立，比如冲击分布是非对称的，即中值不等于均值；或者其分布具有肥尾性（fat tails），这意味着相对于正态分布，极端事件将有更大可能发生。当一个分布的峰度（kurtosis）k 大于正态分布的峰度时，该分布被称为厚尾分布或尖峰态分布（leptokurtic）。[①] 正如数学家贝努瓦·曼德尔布罗特（Benoit Mandelbrot）等人的研究中指出的，如果股票收益服从正态分布并具有对应的均值和标准差，正态分布中极端事件发生的概率是每 30 万年一次，而在 1916—2003 年间，道琼斯工业平均指数（一个广泛使用的美国股票指数）单日波幅超过 7% 的就有 48 天（Mandelbrot and Hudson，2004）。这一观察结果否定了股票收益服从正态分布的标准假设。

当非线性机制在经济运行中发挥作用时，极端事件将更加重要。例如，一次大规模的经济衰退能使经济陷入通货紧缩状态，在这种状态下，传统货币政策工具失效。持续的经济衰退将进一步延长失业的持续时间，失业者逐步丧失工作技能，甚至在经济好转时也难以回到就业市场。相反地，极高的通货膨胀会迫使政府出台工资指数化计划，而该政策一旦开始就很难被废止。由此得出的结论是：央行可以容忍通货膨胀率在围绕目标值的一定范围内波动，但是它们必须对极端风险保持警惕（Svensson，2004）。换言之，它们必须特别关注那些概率小、破坏性大的尾部风险（tail risk）。

艾滋病或埃博拉病毒的流行都是极端风险的例证，政府很难及时应对并优化相关措施，这类例子很多。为优化政策制定，听取独立专家的见解并充分考虑各类风险是非常重要的。[②]

计算战争、自然灾难或政治更迭这类极端事件的概率非常困难。例如，在海洋物理学中，模型难以量化全球变暖导致墨西哥湾洋流逆转的可能性，而这一事件对大西洋两岸都有深远影响。1921 年，弗兰克·奈特（Frank Knight）将风险（risk）和不确定性（uncertainty）区分开来，风险可以用概率测度来描述，但不确定性则不可以。关于奈特不确定性（Knightian uncertainty），美国前国防部长唐纳德·拉姆斯菲尔德（Donald Rumsfeld）提供了一个流行的命名方式，他把风险和不确定性分别称为"已知的未知"和"未知的未知"。在不确定性下传统的经济模型将陷入无效，因为这些模型依赖于期望效用。奈特不确定性已经被运用到金融资产定价（Epstein and Wang，1995）和博弈论中，但是大部分经济政策分析依然没有将风险和不确定性区分开来。

---

① 峰度的定义式及其度量为：$k = \dfrac{\mu^4}{\sigma^4}$，其中 $\mu^4 = E(X - EX)^4$ 是变量的四阶矩，$\sigma^4 = [E(X - EX)^2]^2$ 是变量方差的平方。经过推导可得，对于正态分布，$k = 3$。

② 有关极端事件的经济学分析，可参见 Posner（2004）。

2.1.4 等待的期权价值

在不确定环境下制定政策的传统方式还面临着最后一个批评，就是政策制定过于关注细节而忽略了选择时机。这里涉及的关键概念是不可逆性（irreversibility）。如果所有的政策制定都是可增的（incremental）与可逆的（reversible），那么经济政策便是状态依存的：它可以在任何时点做出调整，以适应当前的经济状态。然而，在一个决策进程不可逆的世界中，最优选择可能是等到相关成本与收益的信息明朗之后再做决策。

在不确定性的环境下进行投资往往会造成这样一个结果：既然投资不可逆而推迟投资通常可逆，理性的选择就是比较今天投资与未来任何一个时点投资的价值（Arrow，1968；McDonald and Siegel，1986）。这个原则意味着，只有在收益超过成本一定程度之后，才会在今天执行投资决策，而这种做法的程度是投资回报方差的增函数。换言之，推迟投资是有价值的，这一价值就如同金融市场的期权一样，所以又被称为期权价值（option value）（Dixit and Pindyck，1994）。

这一概念应用范围广泛，且可以应用于不确定性环境下不可逆性、固定成本或离散选择（对应连续选择）的各项决策中，基础设施投资就是一个直观的例子。同样的，宏观经济决策也适用这一期权理念，比如在考虑加入某个货币联盟时。例如，瑞典在一开始决定不加入欧盟，但仍然保留未来加入的选择。在撰写本书时，这仍然是瑞典的官方立场。

克劳德·亨利（Claude Henry，1974）曾指出，这一方法在评估对环境造成不可逆破坏的投资时尤其重要，如在森林里修路、掩埋核废弃物或者在保护区开采原油。当不作为也将带来不可逆的后果时，这一选择将更复杂，例如应对气候变化。控制二氧化碳排放需要巨大的投资，且面临不确定的收益和确定的机会成本，等待似乎成为合理的政策选择。然而，碳排放年复一年增加了大气层的二氧化碳浓度（二氧化碳消散得很慢），科学家普遍认为，持续的高浓度可能引发大规模非线性事件，这种情况下的不作为可能是触发气候动态变化的分岔点，使情形突然恶化。不作为增加了维持未来稳定的成本，不作为本身也将带来成本。决策者必须在投资不可逆和环境不可逆两者间进行权衡（Ha-Duong，1998）。

面对这一困境，我们可以为类似环境问题的经济政策决策制定一个预防性原则（precautionary principles）[1]。但是原则的推行存在两种困难：第一，收益和成本的衡量标准难以统一，例如消费增加的收益与环境或人受到损害的损失难以比较；第二，尤其是在超长期内，没有相应时间长度的市场利率作为未来成本、收益的贴现率。这

---

[1] 在里约热内卢联合国环境与发展大会上预防性原则被引入。《里约环境与发展宣言》第15条原则"在存在严重和不可逆转损害威胁的情况下，不得以缺乏充分的科学确定性为由推迟采取具有成本-收益的措施来防止环境恶化"。预防性原则被写入欧盟的《里斯本条约》中。

一问题在理论上的一般处理方式是：假定长期贴现率依赖于效用函数的形式。[①]

如何在投资不可逆和环境不可逆中进行权衡，这是气候变化政策争论的核心。受英国政府资助的《斯特恩报告》（the Stem Report）（Stern，2007）认为，尽管旨在遏制气候变化的政策有较高成本，但政府不应等待，因为不作为将在未来带来巨大的经济成本。报告估计，采取行动减少温室气体排放所造成的福利损失现值大约使得世界 GDP 永久地减少 1 个百分点，而不作为则将导致 GDP 永久地减少 5～20 个百分点。但是其批评者称，报告并没有准确地对未来成本进行贴现（Nordhaus，2007；Weitzman，2007），其低估了技术进步和创新带来的减排成本下降。前一个批评引出了对代际福利进行比较面临困难（见延伸阅读 2.4）；后一个批评建立在关于等待的期权价值的讨论基础上。

延伸阅读 2.4   **气候变化和贴现率**

评估延缓气候变化政策的效果，这涉及长达 50 年以上的成本和收益测算，从而使得评估结果严重依赖于计算现值所使用的贴现率。如果贴现率是 1%，50 年后支付的 1 美元现值是 60 美分，但如果贴现率是 4%，那么现值只有 14 美分。这意味着在第一种情况下，最优化的决策者愿意支付 60 美分以阻止 50 年后的 1 美元损失，在第二种情况下则只愿支付 14 美分。

在存在不确定性和重大损失可能性的情形下，如何进行贴现是一个理论挑战（Gollier，2003）。格斯奈里（Guesnerie，2003）认为，当代人对子孙后代负有责任这一观点可以反映在模型中，在该模型中，私人消费中的标准商品、环境商品仅具有部分可替代性，这将使得选择的贴现率接近于 0。与该理念一致的是，《斯特恩报告》也反映出这种哲学情怀，即：所有世代的福利都应该同样重要，没有理由认为后代的福利水平应当比我们的低。所以在计算未来所有世代福利的现值时，该报告使用了一个接近于 0 的贴现率 ρ（技术上，斯特恩使用 $\rho = 0.1\%$，以考虑人类灭亡的可能性[*]），从而需要最大化的福利函数形式为：

$$W = \sum_{t=0}^{\infty} \frac{U(C_t)}{(1+\rho)^t} \tag{B2.4.1}$$

式中，$t = 0, 1, 2, \cdots$ 表示世代，C_t 是第 t 代的消费，$U(C_t)$ 是相应消费水平的效用。式（B2.4.1）可以很容易地写为连续时间的形式：

$$W = \int_0^{\infty} U(C_t) e^{-\rho t} dt \tag{B2.4.2}$$

但是，即使 $\rho = 0$，跨期福利最大化也不意味着所有世代的消费都是相同的。由于技术进

[①]   具体来说，预防性原则依赖于审慎（效用函数的三阶导数）和绝对风险厌恶之间的关系（Gollier et al.，2000；Gollier，2002）。

[*]   如果人类灭绝的风险较高，则更倾向于采用接近于零甚至为负的时间贴现率来强调对未来世代和遥远未来的关注，从而更多地投资于防止潜在灾难性的后果和维持可持续发展。相反，如果假设人类不会灭绝，则可能会使用较高的贴现率，更多地偏重于当前世代的利益。——译者注

步，后代将能实现更高的消费水平。因为收入和消费的边际效用是递减的，稍微牺牲一些未来消费换作当前消费是可取的。具体而言，在确定当前消费规模以降低气候变化的负面影响时，也应充分考虑技术进步因素对后代的积极作用。

因而在跨期最优化时，对未来消费贴现率的选取一般比纯粹的时间贴现率 ρ 更高。未来消费贴现率 r 等于未来效用贴现率 ρ 加上技术进步率 g 与消费边际效用对消费弹性 α 的乘积，公式写为：

$$r = \rho + g\alpha \tag{B2.4.3}$$

这是拉姆齐方程（Ramsey equation），以弗兰克·拉姆齐（Frank Ramsey）的名字命名，他是 20 世纪早期的经济学家，其使用数学形式刻画了最优增长条件（见第 10 章）。

斯特恩令 $\rho = 0.1\%$，$g = 1.3\%$，$\alpha = 1$（对应对数效用函数），这就得到了 $r = 1.4\%$，比通常使用的较短期限的贴现率（通常约为 2%）低得多。

参数的选择引发了众多争议。诺德豪斯（Nordhaus，2007）称，若使用市场利率或其他跨期社会福利函数（如最大化最低收入者福利的罗尔斯效用函数，或最大化高风险时期最低消费的效用函数，见第 1 章）中隐含的贴现率，那么其结果将大相径庭。

作为回应，斯特恩（Stern，2008）批评了上述做法实质上是"在明显非边际的情形下不合理地使用边际的方法"，并指出批评者提出的解决方案（继续投资并把获得的收益用于以后解决环境问题）忽视了潜在的不可逆性，以及存在多种消费品的情形下，环境产品价格将快速上涨，这时原来基于标准的单个消费品的测算将变得不完整。

2.1.5　政策含义

不确定性和风险有很强的潜在政策含义。由于选取了不正确的参数或没有充分考虑风险和不确定性，政府在制定政策时犯了很多错误。思考政策时越来越需要关注这些问题。

财政政策的制定提供了一个典型范例，我们可以看到，即使在最简单的不确定性背景下，政策制定也会出现失误。1981 年，里根总统颁布了一项财政刺激计划，旨在通过对美国经济产生积极影响来实现财政自我融资（2017 年，特朗普总统下了一个类似的赌注）。21 世纪第二个十年初，欧元区国家进行了严厉的财政调整，但同时也低估了这些调整对产出的综合影响（见第 4 章）。

中央银行也要处理不确定性——而且它们越来越将自身置于不确定性的决策框架中。在美国，美联储日益关注尾部风险，并由此调整了政策立场。美联储前官员、学者弗雷德里克·米什金（Frederic Mishkin）认为，基于线性模型和二次损失函数（第 1 章有详细介绍）的传统政策分析"可能仅能对正常环境下的货币政策予以合理近似"，但若存在尾部风险，"最优货币政策也将是非线性的，并需要关注风险管理"（Mishkin，2008）。2008 年初美联储的大规模量化宽松正是体现了这种理念。

2.2 代表性个体的局限

尽管 20 世纪 60 年代凯恩斯主义炙手可热，但在 20 世纪最后 30 年关于政府干预的原理、方法及其局限的争论日益激烈。在 20 世纪 70 年代，对政策目标和方法的一系列尖锐批评引发了这场争论。这些批评主要来自那些反对政府干预的经济学家，他们发现，宏观经济政策无法实现产出和价格稳定，尤其是在第一次石油冲击后。为此，他们展开了一项具有深远意义的工程，目的在于揭示传统方法的不一致性，并修正了前面式（2.1）中总结的机械方法。

2.2.1 理性预期

约翰·穆斯（John Muth）首次挑战了传统的范式。他在 1961 年《计量经济学》（Econometrica）杂志上的一篇技术论文中引入了理性预期（rational expectations）的概念。在以前的模型中，家庭和企业经营者对未来经济变量走势的预期往往被忽略了，即便考虑也是由近期的趋势外推得到。例如，与消费、储蓄或工资相关的未来通胀预期，其被假定为依赖于过去数月或数年的通胀观测值。穆斯认为这种假设意味着代理人在做决策时不使用所有可得信息，因而是非理性的。理性代理人会避免浪费信息，他们会形成理智的预测，这些预测"本质上与相关经济理论的预测一致"（Muth，1961，p. 316）。预测误差仅仅来自那些现有理论框架内无法预测的事件（见延伸阅读 2.5）。

穆斯的论文对经济政策的所有领域都有着深远的影响。比如，准备进行工资谈判的工人，如果预期消费价格指数未来将上升，他们将要求更高的工资以弥补未来购买力的损失。当然，他们不能预测石油冲击或货币贬值。但是，如果他们知道政策可能产生通胀效应，他们将运用这个信息并将其纳入未来通胀预期，进而将未来的通胀预期提前。

其结果是，如果政府愿意评估其政策影响，就必须考虑微观个体对政策的预期反应。经济政策的制定不再是工程技术，而是战略交锋的艺术，难度非常大。

延伸阅读 2.5　　　　　　　　　　　　　　　**将预期模型化**

在 t 时刻对变量 Z 在 $t+1$ 期的预期 $Z^a_{t,t+1}$ 可被写为其现值、过去值以及其他相关变量 X 的函数：

$$Z^a_{t,t+1} = G(Z_t, Z_{t-1}, Z_{t-2}, \cdots, X_t, X_{t-1}, X_{t-2}, \cdots) \tag{B2.5.1}$$

这种表述涵盖了若干可能的情况。比如可以假设个人预期变量可能回复到长期均衡，或者相反，预期对过去变化的反应是放大的。

一种方便的设定形式是适应性预期（adaptive expectation），它逐步纳入了新的信息：

$$Z_{t,t+1}^a = (1-\lambda)Z_{t-1,t}^a + \lambda Z_t, \ 0 < \lambda < 1 \tag{B2.5.2}$$

如果 $\lambda = 1$，那么适应性预期就简化为静态预期（static expectation），或幼稚预期（naïve expectation），其中 Z 的期望值等于其最近观测值 Z_t：$Z_{t,t+1}^a = Z_t$。

Z 的理性预期则是一个不同的概念，其可以写成：

$$Z_{t,t+1}^a = E(Z_{t+1} \mid I_t) \tag{B2.5.3}$$

式中，$E(\cdot)$ 是期望值运算符，I_t 代表在 t 期可得的所有信息，即经济代理人在决策时了解的所有相关变量。

这与前面公式的不同在于，微观个体做决策时不仅可以利用 Z 的现值和过去值，也可以利用影响 Z 的变量。例如浮动汇率制下，汇率贬值将引发本国通胀，因而可以将汇率视为影响未来通胀的先行指标。或者他们可能会预测，通胀上升可能会引发央行政策利率的上升。

在理性预期下，预测误差（即预测值与实际值之间的差异）是随机的。给定所有可得的信息，理性预期是基于这些信息可以得到的最佳期望值，所以预测误差是不能被预测的。外汇市场乃至金融市场都是如此：一个人不能通过对汇率走势做出准确预测而盈利，因为市场参与者形成的理性预期已经包含了汇率决定因素的所有可得信息。

一个特殊情形是 Z 服从随机游走（random walk）时，也就是说，Z 可以写成其最新值和均值为零、方差不变的随机冲击（白噪声，white noise）之和。我们有：

$$Z_{t,t+1} = Z_t + \varepsilon_{t+1} \tag{B2.5.4}$$

由于 $E(\varepsilon_{t+1} \mid I_t) = 0$，故而 $E(Z_{t+1} \mid I_t) = Z_t$：这时 Z_t 的理性预期值等价于其幼稚预期值。简单地说，这意味着给定可得信息，Z 的最佳预测值是其上一期观测值。

（a）预期是理性的吗？

理性预期假设一经提出就受到怀疑。确实，即使假设完全理性，普通的经济主体要完全了解经济运行并正确预期所有变量的假设，这太极端了。它忽视了一个简单事实：收集和处理这些信息需要人力资本并付出相应的成本。家庭拥有足够的经济知识、信息和计算技能来预期任何经济政策对失业、通胀或财政赤字的影响，这显然不现实。

然而假设个人完全不使用任何信息，这就走向了另一个极端，也同样缺乏说服力。而且理性预期假设并不需要他们知道经济的所有法则，而只需行动符合这些法则。微观主体类似于罗伯特·穆西尔（Robert Musil）在小说《没有个性的人》（*The Man Without Qualities*）中描写的一个人物：实业家安海姆，他并不了解台球规则，但他知道怎么玩：

> 如果从理论上表述它们，我得知道数学法则和硬物相撞的机理，还得利用弹性法则。我还得知道材料和温度的关联性。我得用最精确的方法来控制我的

运动姿势……我还得快速地把这些组合在一起……我得用这些我完全没有的能力才能打台球。我确信，用这种方式，你足以成为一名数学家，你也可以倾尽一生努力打出一记好球。别跟你的脑子过不去！就直接走向台球桌，心里哼个小曲，头上戴着帽子，根本不为测算这幅情景而烦扰。用我的球杆去撞球，问题就在一眨眼间解决了！

——穆西尔（Musil，1930，1979）

同样地，21 世纪初津巴布韦的雇员忧虑地关注汇率引发的通货膨胀（在通胀非常高的时期），他们不需要明白为什么贬值将引发通胀，他们只需从经验中知道这将发生就可以了。家庭通常不会花太多时间研究经济政策，但在成本很高时，例如面对恶性通胀（见延伸阅读 2.6），或者在预期重大经济政策改变时——如迅速的财政紧缩或主要税种改革，他们将不得不研究经济政策。2015 年的希腊也是如此，当时希腊家庭焦虑地猜测，如果希腊退出欧元区，他们的银行存款将价值多少。

对于另一些微观主体，理性预期假设是自然而然的。在金融市场中进行操作的银行和资管经理，他们对经济研究特别是预测利率和汇率等投入了大量资源。美联储和欧洲央行（ECB）进行观察的投资者，他们的工作内容就是估计央行的下一步决策，从而获得丰厚的报酬，远期利率（在期货市场上观测）也确实精准地追踪了货币政策的决策。

从方法论的角度看，理性预期仅仅对模型建立者设定了一致性约束：不能假设个人会做出违背模型的决策。符合适应性预期的个人（见延伸阅读 2.5），也可以通过积累经济运行知识，从而向理性预期不断接近（收敛）。[1]

| 延伸阅读 2.6 | 发挥作用的理性预期：保加利亚的货币局制度 |

1997 年春，保加利亚的月通货膨胀率达到 40%，该国处于恶性通胀边缘，而其货币列弗的币值正经历自由落体般的贬值。4 月 19 日，反对派赢得选举。新政府通过引入货币局制度（一种固定汇率制，见第 7 章）将列弗与德国马克挂钩。7 月 1 日货币局制度被成功引入，通胀开始下降。

6 月，货币改革之前，民意调查者询问保加利亚公民：建立货币局是否会影响未来的通货膨胀率？平均来说，他们的答案是：如果货币局建立，则年通货膨胀率为 25%，没有建立则为 50%。货币改革前景对预期产生了重要影响。

在保加利亚的例子中，两种情况有利于这种预期形成：高通胀意味着个人的任何错误预期都可能导致巨大的经济成本；在引入货币局之前，已经进行了全国性的政治辩论，这使所有人都意识到了事情的重要性。

资料来源：Carlson and Valev（2001）.

---

[1] 贝叶斯微积分被用于对这种学习过程进行建模，参见 Evans and Honkapohja（2001）。

综上所述，理性预期应被视为一个参照情形，经济学家认为有必要时可对其进行扩展。一种扩展方式是：微观个体可得的信息及资源具有异质性。另一种扩展方式是：从人们形成判断的过程出发对预期进行建模。

2.2.2 卢卡斯批判

更进一步的推理来自芝加哥经济学家和后来的诺贝尔奖获得者罗伯特·卢卡斯，他在 1976 年的论文中指出，使用延伸阅读 2.1 中所示的宏观计量模型来测算政策变化的系统影响是不正确的（Lucas，1976）。这是由于模型参数估计是以特定政策机制为基础的，其以一套规则和相应的系统性政策反应为特征。政策反应被纳入，并反映到了微观主体的预期和行为当中（见延伸阅读 2.7），但如果政策机制改变，或者发生了边际的、暂时的政策冲击（如利率或税率的小幅上升），我们就不能假设这种行为反应仍然是不变的。

卢卡斯批判对经济政策产生了相当大的影响，从根基上动摇了一个占主导地位的、迅速发展的方法论。经济政策不能再停留在对经济主体行为过于肤浅的描述上。

延伸阅读 2.7 **卢卡斯批判**

让我们回到延伸阅读 2.1 提出的标准表达式：

$$\mathbf{Y}_t = H(\mathbf{X}_t, \boldsymbol{\theta}, \boldsymbol{\varepsilon}_t) \tag{B2.7.1}$$

式中，$\mathbf{Y}_t$ 是 t 时期各类经济变量的向量，$\mathbf{X}_t$ 是各类政策变量的向量，$\boldsymbol{\varepsilon}_t$ 是随机冲击的向量。该模型是基于时间序列的历史数据进行估计的。进行政策评估时，政策（$X_1 \cdots X_T$）的次序可以变动。例如，将公共支出的次序提前，可以用于模拟财政扩张的影响。

在其论文中，卢卡斯（Lucas，1976）指出，这种研究范式有意义的条件是：方程 H 和参数向量 $\boldsymbol{\theta}$ 不随时间变化，且对政策序列 $\mathbf{X}_t$ 没有系统依赖。然而，微观主体的行为决策依赖于其对未来的预期。H 只有在政策变化不影响这些预期时才是稳定的。事实上这很难实现，特别是在政策机制发生变化（例如财政规则发生变化）时不可能实现，或者市场预期对新政策做出反应（例如私人部门预期公共支出上升后未来税收会增加）时可能就不成立了。

卢卡斯批判并不是针对模型的选择，即被选的模型和"真实的"未知的经济运行之间的差别。它的深刻之处在于，它基于经济政策和微观主体行为之间的相互作用。

之后的研究者尝试解决卢卡斯批判。首先，计量经济学家尽最大的努力建立基于微观基础的模型（micro-founded model），即私人行为（消费、投资）依赖于理性预期的最优化。在这些模型中，时间偏好参数或替代弹性等决定微观主体对政策变化长期反应的"核心"参数都基于校准得出。否则如果是直接估计得出，那么参数就独立于政策影响了。其次，克里斯多夫·西姆斯（Christopher Sims）推动了测度变量之间关系的无约束、纯经验的方法（Sims，1980）。这带来了向量自回归模型（VAR）的发展。第 1 章延伸阅读 1.6 介绍了宏观计量建模的最新趋势。

2.2.3　政策含义

卢卡斯批判有助于让政府和央行意识到，对政策进行量化评估的方法具有缺陷。更广义地说，这有助于削弱 20 世纪 70 年代盛行的技术官僚的决策方式。然而，不应该将其解读为对所有实证评估方法的否定。宏观计量模型仍然适用于研究没有永久性变化，或者在过去观察到的政策变化范围内的决策的影响。例如，这适用于公共支出、税率或利率的小规模变化。卢卡斯批判意味着，为了评估政策机制变化的影响，应该使用其他工具，如向量自回归模型或基于微观基础的模型。在实践中，政策制定者经常依赖于一系列模型来评估给定政策的影响。

除了政策评估之外，模型也是帮助经济学家对信念进行构建、组织和规范的工具。模型有助于确定政策建议中作为依据的关键性假设，并为一般均衡政策分析提供基本框架。模型还推动着建立新的数据集，并就合适的数据概念达成一致。艾森豪威尔将军曾说过："在为战斗做准备的过程中，我总是发现计划虽然无用，但计划的过程必不可少。"在经济政策中，模型有时也是无用的，但建模过程也是必不可少的。

2.3　信心的局限

正如上文所述，理性预期使微观主体的表现及其与经济政策的相互作用更为复杂。然而，其影响不仅带来了建模方面的技术性困难，还可能直接损害政策干预的有效性。

2.3.1　可信度

通胀预期是理解这一问题的经典范例。假设失业是由实际劳动成本过高引起的，而且工资谈判只是偶尔进行、工资存在刚性。如果工人预期物价上涨 2%，他们就希望进行谈判，使工资也得到相应的提高，而政府可能想使通胀暂时达到 4%，这样便可使实际工资（即名义工资除以物价水平）降低。在没有需求约束的情形下，由于商品价格的增速超过了单位劳动成本的增速，这一举措将创造更多就业，同时降低失业率。然而，如果个人已预期到政府的计划，他们就会要求 4% 的工资增长率来维持现有购买力水平。那么结果是政策导致了一个更高的通胀水平，即所谓的通胀偏向（inflation bias），同时实际工资水平不变。此时政府和微观主体之间的策略互动是无效的。

这个问题的关键并不是政府代表特殊利益集团，或者是选举周期和党派政治。而是政府打着公共利益的旗号误导私人。通过公布通胀率为 2%，而后使其维持在 4% 的水平，政策制定者的目标是降低失业率。然而这个看似善意的谎言会弄巧成拙，政府想操控微观主体，但实际上却成为市场预期的牺牲品。

罗伯特·巴罗（Robert Barro）和大卫·戈登（David Gordon）于 1983 年提出了这一理论（该模型在第 5 章详述），因为其清晰易懂的特性，该理论对 20 世纪 80 年代和 90 年代的货币政策产生了重大影响。该理论表明，当预期是理性的时候，一个寻求社会福利最优化的政府不一定会选择最好的政策。同样的推理可以应用到汇率政策分析（政府放弃承诺，突然大规模使本国货币贬值）或政府债务管理（政府发行长期固定利率债券，然后再通过通胀来赖账）。这也可以扩展到税收理论，政府宣布取消对固定资产征税，以鼓励本国投资，然后再收回它的承诺，因为从社会最优视角来看，通过对资本征税来为公共产品提供资金，这是最优的。但是如果企业预期到政府的这种行为，它们将不会进行任何投资。

所有这些例子的问题都源于政府干预缺乏可信度（credibility）。换言之，政府没有成功地使微观主体相信政府会按照承诺办事。相反，一个可靠的政策才是最有效的，因为它不仅直接影响个体行为，更会影响他们的预期。正因为如此，情况也变得更加微妙了。正如第 5 章所述，这一点对货币政策的意义尤为重要，货币政策的有效性很大程度上建立在预期管理的基础上（参见 Woodford，2001）。可信的中央银行才能帮助经济更好地应对石油或稀缺资源价格上涨引发的通胀冲击，因为人们相信这些冲击不会引致持久的高通胀。正因为其可信性，中央银行才能避免此类价格冲击引发一般价格水平的全面上涨，进而避免危及国家中期发展目标，这会使货币政策更为有效（见延伸阅读 2.8）。在极端情况下，引导预期是央行发挥作用的唯一途径。这证实了凯恩斯（Keynes，1936）的直觉，即"信心状态"（state of confidence）是经济体面对波动时保持稳定的关键因素。

学术上的可信度概念在政策讨论中引发了广泛关注。出于可信度的目的，很多国家保持了对中央银行的独立性，并授权其专注于对抗通胀。然而政治领导者并没有完全践行其可信度。未兑现的承诺会削弱人们对经济政策的信心，并阻碍其有效性，比如 1996 年，德国总理赫尔穆特·科尔（Helmut Kohl）高调承诺到 2000 年使失业率减半（然而实际上失业率仅从 8.5％ 下降到 7.2％）。还有法国总统奥朗德（Hollande），他在 2012 年当选后未能兑现扭转失业变化趋势的承诺，为此还付出了高昂的政治代价。

延伸阅读 2.8　　可信的负责任行为、可信的不负责任行为

衡量中央银行可信度的关键指标是其管理通胀预期的能力。如果央行反通胀的态度可信，诸如价格冲击及其传递等短期现象就不会影响长期价格预期。这不仅有利于阻止通胀螺旋式上升，而且使央行在利率管理上享有更多自由空间，因此，几乎所有央行都非常重视维持自身的可信度。

中央银行是否可信可以从调查数据中找到答案。许多中央银行都开展对专业通胀预测者的问卷调查，例如图 B2.8.1 中欧洲央行的调查报告。该图很清楚地表明，从 1999 年到 2016 年，尽管通胀的实际值和预期值存在短期波动，但五年期通胀期望值一直保持着与欧洲央行

目标（"低于但接近2%"）相当的水平。

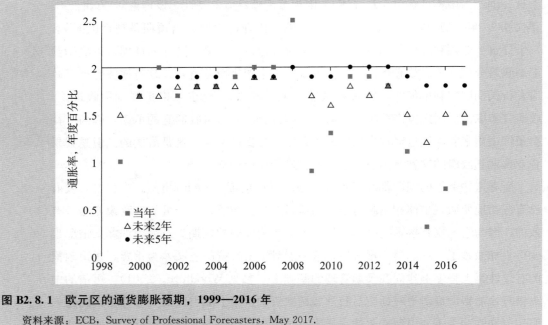

图 B2.8.1　欧元区的通货膨胀预期，1999—2016 年

资料来源：ECB，Survey of Professional Forecasters，May 2017.

有时（但实际上很少）可信的不负责任（credibly irresponsible）也很重要。在 20 世纪 90 年代末日本面临着通缩危机，总体物价水平不断下降，尽管名义利率水平已接近于零，但实际利率为正。传统的货币政策无效，一个通缩螺旋已经隐约可见。

1998 年，保罗·克鲁格曼（Paul Krugman）认为，如果央行能够推动产生积极的通胀预期，预期的实际利率（即名义利率减去预期通胀率）将会下降，从而刺激投资并消除通缩风险（Krugman，1998）。他建议日本银行采取"可信的不负责任的承诺"，实施通胀政策。克鲁格曼突破传统的建议最初引起了日本当局极大的争议，但是他们最终还是采纳了这一建议。

21 世纪头十年间，几家央行坚定地承诺利用所有可用的传统和非传统政策工具来避免通货紧缩并实现其通胀目标。

2.3.2　道德风险

我们已经知道，在理性预期背景下，政府试图误导微观主体的政策是无效的，但是政府试图帮助微观个体的做法后果也一样非常严重。道德风险（moral hazard）是保险理论中众所周知的问题。保险降低了未来灾害的预期成本，但却引致了过多的冒险行为。经济政策就经常提供保险：直接的方式是，银行面临流动性短缺时，央行会提供帮助，政府也会救助即将破产的企业；也有一些间接的方式是采取政策避免经济衰退。在预防过度冒险行为和帮助无辜受害者之间确实存在着矛盾。

道德风险并没有什么理论上的新奇之处。为洪涝受害者提供补偿，这会鼓励人们在洪涝多发区建房。即使洪涝灾害发生的事后，政府有充分的理由帮助无家可归者，但是事前政府不应该提供免费的保险。政府要么禁止在容易发生洪涝灾害的地区建房，要么让那些坚持住在容易发生洪涝地区的人们自担风险。同样地，中央银行也需要保持一定的政策模糊性，避免明确承诺是否以及如何为危机中的银行提供流动性支持（见第 5 章）。

　　1998 年的俄罗斯金融危机是一个很好的例子。在危机爆发前，尽管俄罗斯的财政预算已经处于困境中，但是其债券收益率相对于美国债券的风险溢价仍然较低。这是因为投资者普遍预期国际货币基金组织会帮助俄罗斯偿还债务（国际货币基金组织曾在 1994 年和 1997 年对墨西哥和亚洲国家进行过大规模援助）。这就是道德风险的典型实例。但是国际货币基金组织最终决定不再向已经规划好的救助项目中注入新的资金。1998 年 8 月 17 日，俄罗斯政府宣布卢布贬值并且中止债务偿还。俄罗斯及其他新兴市场经济体的国债风险溢价均出现了快速上涨。当时在短短数周内，巴西与美国的国债利差从 7.5％ 蹿升至 17％，而此时巴西经济状况并无任何实质性变化。由此可见，国际货币基金组织对俄罗斯的决策有信号作用。

　　道德风险带来的困境往往会导致决策者的行为具有不一致性。2008 年 9 月 14 日，美国财政部拒绝救助雷曼兄弟而令其破产，然而仅在五天之后，当金融系统面临着崩溃的巨大风险时，美国财政部长亨利·保尔森（Henry Paulson）提出对银行和其他金融机构问题资产的大规模购买计划。2008 年 10 月，七国集团财政部长和行长承诺不会让任何系统重要性的金融机构倒闭。一年之后，他们再次改变了立场，授权金融稳定委员会（Financial Stability Board）从根本上调整复苏和处置政策，以便使系统性银行不再是"大而不能倒"（见第 6 章）。

2.3.3　时间不一致性

　　缺乏可信性和道德风险都是导致时间不一致性（time inconsistency）的例子。在这两个例子中，各个时期单独的最优化决策并不能组成最优政策路径。换言之，事前最优和事后最优并不一致。在通胀倾向的例子中，公布较低的通胀是事前最优，而应对通胀冲击则是事后最优。在洪涝灾害的例子中，事前最优是宣布受害者将不会得到补偿，但使灾害影响最小化则是事后最优政策。在 2008 年华尔街的例子中，拒绝援助任何银行①是事前最优，而向银行系统提供流动性资产、防范大规模银行恐慌、避免对经济造成毁灭性影响则是事后最优。

　　1997 年，芬恩·基德兰德（Finn Kydland）和爱德华·普雷斯科特（Edward Prescott）在一篇著名的论文中提出了时间不一致性所造成的无效率。他们认为除

---

　　①　在这个讨论中，我们先忽视保险方案的集聚效益。为了鼓励冒险行为而引进保险计划可能是有好处的。例如，为创新企业设立担保基金，为出口企业提供信用担保等。

了在特殊情况下，最优政策并不会随着时间的推移而保持一致（见延伸阅读 2.9）。

延伸阅读 2.9　　　　　　基德兰德和普雷斯科特的时间不一致性理论

假设有两个时期：$t=1$ 和 $t=2$，经济政策需要选定政策工具 X_t 变量。目标变量 Y_t 的价值主要取决于两个时期的政策（变量 Y_1 不仅取决于 X_1 也取决于 X_2，后者反映了预期的影响）：

$$Y_1=G(X_1,X_2) \text{ 和 } Y_2=H(X_1,X_2) \tag{B2.9.1}$$

政策制定者的目标是使 $U(Y_1,Y_2,X_1,X_2)$ 最大化。在第 2 期，他会作如下选择：

- 事后最优化（*ex post* optimization）：给定 X_1 和 Y_1，选择 X_2 使 U 最大化。即：

$$\frac{\partial U}{\partial Y_2}\frac{\partial Y_2}{\partial X_2}+\frac{\partial U}{\partial X_2}=0 \tag{B2.9.2}$$

- 事前最优化（*ex ante* optimization）：给定 X_1，但是考虑到微观主体会预期到 X_2，这将会影响到 Y_1，所以需要事前考虑到 X_2 的变化，从而使 U 最大化，这意味着：

$$\frac{\partial U}{\partial Y_2}\frac{\partial Y_2}{\partial X_2}+\frac{\partial U}{\partial X_2}+\frac{\partial Y_1}{\partial X_2}\left[\frac{\partial U}{\partial Y_1}+\frac{\partial U}{\partial Y_2}\frac{\partial Y_2}{\partial Y_1}\right]=0 \tag{B2.9.3}$$

从上式中可以看出，只有当第 2 期的决策不影响第 1 期的目标变量时，事前最优和事后最优才会保持一致$\left(\frac{\partial Y_1}{\partial X_2}=0\right)$，这种情况仅在个体预期是后向的（backward-looking），或者 Y_1 的变化不影响效用时才会发生。然而，在一般情况下，这两种假设都是不可能的，因此政府会倾向于在第 1 期中根据式（B2.9.3）宣布 X_2，但在第 2 期根据式（B2.9.2）再次最优化 X_2。

关于应对时间不一致性，基德兰德和普雷斯科特的建议是：摒弃相机抉择的政策（discretionary policy），决策者不应自由决定每个时间点上实施的政策。依据他们的观点，经济政策应该遵循固定政策规则（policy rules），即政策制定者应留有很少的自由裁量权，而且经济政策应该系统评估不同时间阶段政策规则的影响，而非割裂地评估单个决策。他们将经济政策提升到政策规则的层面，同时摒弃相机抉择，这种观点具有极大的影响力。

2.3.4　政策启示

上述基于可信性和道德风险的批判强调，政策选择的跨期特征以及看似最优的短期决策恰恰可能带来长期风险。这引起了对相机抉择以及提倡给政策制定者留出更多空间等传统做法的质疑。

20 世纪 70 年代这一突破性的观点得到了认可，它改变了之后若干重要政策的发展轨迹。第一，美国率先采纳基于政策规则的决策。1979 年，美联储宣布采取货币主义策略，即在事前宣布其货币数量目标。这一做法在 1987 年被抛弃了，因为当时通胀压力已渐趋缓，而且货币总量对货币政策的指引作用很差（见第 5 章）。

但是该方法在财政预算领域越来越受到欢迎（见第 4 章）。

第二，20 世纪 80 年代出现了赋予央行独立性以保证更强的可信度的趋势。事实证明，这种做法获得了成功，这种成功足以启发我们将这种独立机构的模板用于弥补自由裁量权和基于规则的财政政策制定权所造成的缺陷。怀普洛兹（Wyplosz，2005）建议将财政政策的选择（尽管不是具体的支出和税收决定）委托给独立的预算委员会。虽然没有一个国家完全采纳这一建议，但许多国家已经成立了预算委员会来监督财政政策的执行（见第 4 章）。最后，中央银行自身也在目标和政策制定过程中提高了透明度，从而使社会公众相信它们言行一致。我们将在接下来的章节中讨论这些技术措施。

2.4　信息的局限

在前面几节中我们指出，政府面临着难以完全认知经济结构的约束，但是我们仍然可以假设，政府能够得到一切可用的信息。然而正如第 1 章所阐述的，微观主体对自有信息的策略性使用也使得决策者存在局限性。直到 20 世纪末，经济理论才开始系统地研究信息不对称，而在此前很长一段时间，微观个体与政府行为之间的信息不对称影响是被低估的。约瑟夫·斯蒂格利茨（Stiglitz，2000）认为，"信息是不完全的，获得信息是有成本的，信息存在严重的不对称性，并且信息不对称性的程度是由企业和个人的行为决定的，认识到这些问题可能是 20 世纪经济学领域最重要的创新"。这对经济政策同样意义重大。

这类问题并非政府部门所特有，而是普遍存在于市场经济中：例如，在生产者和消费者之间或借款人和贷款人之间的关系中（Stiglitz and Weiss，1981）。

2.4.1　委托-代理关系

不对称信息对于委托人（principal）（例如公司的股东或者内部控制人）和一个或多个代理人（agents）（例如企业家和员工）之间的契约关系尤为重要。委托人将任务委托给代理人，但他对于代理人的能力和表现并不完全了解，这通常会导致次优情况出现（Laffont and Martimort，2002）——关于这个问题，亚当·斯密在地主和佃农的关系中也有所涉及。

在政策制定和执行的不同层次中都有代理问题（agency problems）：首先，在选民和负责政策设计的政府部长之间；其次，在部长和负责政策执行的行政机构之间；最后，在行政机构和微观主体之间。因此，现代经济政策理论大量使用了所谓的契约理论（contract theory）。[1] 在传统经济分析范式中，政府官员拥有获得精准

---

[1]　参见霍姆斯特罗姆和梯若尔（Holmström and Tirole，1989）的综述以及萨拉尼（Salanie，1997）的教科书。拉丰和马蒂摩特（Laffont and Martimort，2002）提供了一个更广泛的激励理论研究参考。

信息的完美行政工具，并且确保官僚机构自上而下传递政策意图时滴水不漏，这是类似于苏联的"国家计划委员会"（中央计划委员会）的模式，该机构决定着 3 亿居民的经济运行的最细微环节。现实当中，关于信息完全的假设无法实现的讨论首次出现在 20 世纪 30—40 年代，当时有一场自由主义者和计划主义者的辩论：中央决策者不可能获得所有必要信息，这成为反对计划主义的一个强有力的理论论据，弗里德里希·哈耶克（Friedrich Hayek）将这一点放在他对中央计划主义批判的核心位置（Hayek，1994）。

经济学家们研究信息的不完全性和政府机构及单个官僚的战略性行为，这使得他们开始对政府的概念有了新认识。当行政官员或市场主体拥有独占信息，并刻意利用这一信息时，中央决策者的地位就会被削弱，他们的决策也会是次优的。在向莫斯科政府报告时，苏联的企业会系统性地高报它们对投入（稀缺资源和设备）的需求，低报自己的生产力，以便更容易地完成生产目标。国家计划委员会难以像企业经理一样获得足够多的信息，并且无法检查、也无法处罚这些行为。同样的问题出现在很多领域。电信业的监管者可能承担着控制价格的责任，但是企业比调控者更加了解技术和消费的模式。当政府与私人企业签订自来水供应合同时，也就授予它们在水网技术和自来水消费情况等方面拥有了更多排他性的信息。卫生部长不支持医疗过度消费，但是医生才最了解病人的情况。

2.4.2 最优合同设计

代理人问题的解决方法是签订某种委托-代理合同，将代理人的利益与委托人连在一起，并且激励代理人分享他所掌握的信息。在利益驱使下，企业中的个人会尽力将其所拥有的信息优势转换成其自身的收益。相应地，政府也可以设计合同来激励企业透露其所掌握的信息。政府采购合同的设计，这一投标机制的例子就需要揭示和获取私人信息。一个成功的合同需要在保证技术过硬（避免降低服务质量）和避免技术过于超前（以至超出预算）之间找到平衡点。这一目标的实现通常有赖于将部分营业收入分给经营者。延伸阅读 2.10 给出了一个最优采购合同的例子。公司的报价可以被理解为提供给企业的（连续的）"合同菜单"：效益好的企业愿意承担大部分成本，因为成本较低；而效益差的企业则希望由发包方承担更多的成本。通过观察一个给定的合同，就可以知道企业关于其成本结构的私人信息。这就是自我选择（self-selection）的一个实例。

解决信息不对称的另一种方法是，将任务委托给可以获得相关信息的代理人。学徒制就是一个例子。政府不知道经济发展需要哪些技能，就将设计学徒制的任务委托给社会合作方，自己只保留监督职能。

延伸阅读 2.10　　　　　**信息不对称条件下的最优政府采购合同**

该模型的灵感来自拉丰和梯若尔（Laffont and Tirole，1986）与拉丰（Laffont，

2006b）。我们考虑政府向私人承包商进行采购，后者的运营成本不可观察。我们的目标是设计一种合同，从而允许高成本的公司也参与竞标，但在成本较低的情况下，公司也会尽可能争取获得利润。

成本结构

政府将与单一的、风险中性的经营者签订合同，由经营者来承担一项可以创造社会剩余的项目。经营者的运营成本是：

$$C = \beta - e \tag{B2.10.1}$$

式中，β 是反映企业技术特点的外生因素。e 衡量了企业降低成本的努力程度。在运营成本之外，存在一个上游成本 $\Psi(e)$，且 $\Psi(0)=0$，$\Psi'>0$，$\Psi''>0$，$\Psi'''>0$，这用于衡量通过重组、培训和知识管理等方式实现 e 的成本。政府可在事后（如公司审计时）观察到运营成本 C，但是却无法观察到其组成部分 β 和 e，更不可能观察到上游成本 $\Psi(e)$。企业被返还运营成本 C，并获得固定金额的资助 t，以鼓励其达到努力程度 e。政府转移支付资金主要来源于税收收入，对于纳税人而言，因为政府自身的管理成本和由纳税引起的扭曲效应，纳税人还存在额外的机会成本。$\lambda > 1$ 代表每一单位政府补贴的"生产成本"。而政府的问题是如何将固定金额 t 与可观察的成本 C 联系起来。

剩余分析

企业剩余为 $S^f = t - \Psi(e)$，政府剩余为 $S^E = -(1+\lambda)(C+t)$。$\sum$ 代表其他主体（外生性）的剩余。因此，由该项目产生的社会总剩余为：

$$W = \sum + S^f + S^E = \sum - (1+\lambda)[C + \phi(e)] - \lambda S^f \tag{B2.10.2}$$

政府和企业之间的合约可以概括为 $t(C)$：给定 $t(C)$，企业为了最大化其剩余 S^f 会选择适当的努力水平 e。

不完全信息下的最优契约

在完全信息下，政府可以事前观察到 β 和 e。同时政府也可以将社会效用 W 最大化，并获得企业的租金。然而，在一般情况下，政府可以观察到总成本 C，但不能得到努力水平 e，而努力水平本身主要取决于企业的特点 β。假设 β 在 $\underline{\beta}$ 和 $\overline{\beta}$ 之间，概率密度为 f，分布函数为 F：

$$F(x) = P(\beta < x) = \int_{\underline{\beta}}^{x} f(u) \, du \tag{B2.10.3}$$

$e(\beta)$ 和 $C(\beta)$ 取决于 β 的实际值和函数 Ψ 的性质。合约 $t(C)$ 必须满足两个约束条件：其一，激励约束（incentive constraint）$S^f(\beta) = \max_C \{t(C) - \Psi(e(\beta))\}$；已知 $t(C)$，企业为了最大化其剩余会选择努力水平（进而决定 C）。其二，由最大化理论也就是包络定理（envelope theorem）得出 $S^{f'}(\beta) = -\Psi'(e(\beta)) < 0$。引入更高努力水平 e 的合约会使 $S^f(\beta)$ 曲线更加陡峭，低成本企业的收入会进一步上升。政府面临一个权衡选择，即设计适当的激励和限制经营者获得过高的租金。

参与者约束（participation constraint）是：$\forall \beta \in [\underline{\beta}, \overline{\beta}]$，$S^f(\beta) \geqslant 0$，这意味着企业必须盈利。由于 S^f 是关于 β 的减函数，并且公共支出存在机会成本，因此 β 达到最高值时 $S^f(\overline{\beta}) = 0$。

从这两个约束条件可以得出企业剩余和它努力程度的关系：

$$S^f(\beta) = \int_{\underline{\beta}}^{\overline{\beta}} \Psi'(e(x)) \mathrm{d}x \tag{B2.10.4}$$

对于政府，它最大化期望的社会总剩余为：

$$\max EW(\beta) = \int_{\underline{\beta}}^{\overline{\beta}} \left\{ \sum - (1+\lambda)[C(\beta) + \Psi(e(\beta))] - \lambda S^f(\beta) \right\} f(\beta) \mathrm{d}\beta \tag{B2.10.5}$$

一阶条件为：

$$\Psi'(e(\beta)) = 1 - \frac{\lambda}{1+\lambda} \frac{F(\beta)}{f(\beta)} \Psi''(e(\beta)) \tag{B2.10.6}$$

进而可以推导出努力程度函数 $e(\beta)$，该函数是 β 和 $t(C)$ 的减函数。模型的闭合解取决于 Ψ 函数的形状和分布 f 的形状。在任何情况下最优合约 $t(C)$ 都是凸的，且关于 C 递减（见图 B2.10.1）。

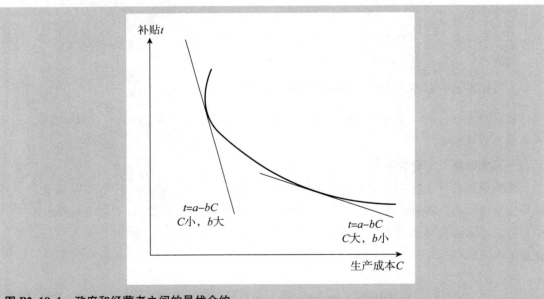

图 B2.10.1 政府和经营者之间的最优合约

资料来源：基于 Laffont 和 Tirole(1986)。

对这个结果有一种直观的解释。在每一个成本水平 C 点附近，$t(C)$ 都近似于递减的线性合约函数 $t = a - bC$。其中斜率 b 代表由企业支付的成本比例。由于 $t(C)$ 是凸的，成本 C 越高，b 越小。效率低的企业希望大部分成本由政府承担。而高效的企业则准备好承担成本中的大部分，因为它们知道成本很低。

2.4.3　政策启示

该方法在公共管理方面有广泛的启发性，如基础设施维护、垃圾处理或者自来水供应等公共服务，通过公私合营建设医院、学校或者监狱，或者对如铁路基础设施等自然垄断部门的管制。

同样的方法也可以应用到政府内部。激励合约可以促进公共部门的雇员更好地实现政府目标，而不是仅将赌注压在公职人员的自觉奉献上。比如，如果更高效工作节省了成本，由此获得的部分收益可以重新分配给相应的部门或个人。另一个著名但极少被使用的建议是：提供给中央银行家的沃尔什合约（Walsh contract）（Walsh，1995），其使工资与实际通胀和目标通胀之间的差异负向关联（见第 5 章）。

2.5　善意的局限

到目前为止，我们都没有质疑政府的执政目标，一般认为其目标是服务于一般公共利益，我们对其在第 1 章使用了社会福利函数来进行定义。之前的观点强调，当微观主体的行为存在策略性，或者面临不确定性时，政府采取有效行动的能力是有限的。

不过，关于政府为公众利益服务的意愿和能力的批评，实际上越来越深入且有不同角度。在早期观察的基础上，现代研究开始同时质疑政府具有完全信息且是善意的这种过于天真的看法，而这种看法是规范经济学的根基，甚至是一些国家提供公众服务的理论支柱。著名的法国中央集权系统就是这样的例子。正如让-雅克·拉丰（Jean-Jacques Laffont，2000a）曾经评论说："官方的行政系统……依赖于政治权力和民主生活的理想化观点，且依赖于一般性的假设，该假设认为所有的政客、管理机构和政府官员及其他同类人员都是善意的。"[1] 关于政客们的行为可以描述为社会福利函数的最大化（正如我们在第 1 章中所做的那样），这一界定可以追溯到 18 世纪法国哲学家让-雅克·卢梭（Jean-Jacques Rousseau）。在卢梭看来，政府是"无摩擦机构"，不过是"执行人民意志的工具"而已（不过拉丰认为这种界定并不一定成立）。今天的代议制政府将政策执行委托给民选官员，然后再委托给官僚们，事实上这与卢梭的理想是背离的。[2]

2.5.1　为什么政客会背离公众利益？

除了前面几节讨论过的信息约束，还有五个主要因素导致卢梭的理想不能成立，这五个因素之间并不互斥。

---

① Laffont（2000a，pp. 118 - 124），原作者翻译。
② Rosanvallon（2000，pp. 12 - 23）.

第一，在政治上负责任的政府容易缺乏可信度，或者陷入时间不一致性。民意调查、短期任期约束，以及担心失去议会中的多数席位，这些都会威胁到政府，使其面临声誉受损。因此从跨期视角来看，它们可能采取并非最优的政策。

第二，政府受到利益集团施加的压力。在多数国家，农业部长是政府与农民通话的渠道，因此农业部长是农民在政府的代表。他对总理或总统提出的建议，多数更倾向于保护农业部门利益。同样地，劳动部长会对工会的观点更加敏感，国防部长对军队的观点更敏感。

这里的根本问题在于，民众表现出多样化的偏好。每个人都希望利用政治系统使集体决策尽可能反映其自身利益。不仅仅是通过得到多数票，通过游说（lobbying）政治家与公职人员也能达到这一目的。通过游说对政策讨论产生影响，这在多数国家被认为是合法的。而游说则经常受到利益集团（interests groups），如工会、消费者或环境保护协会、行业代表、社会团体等的影响。游说活动还越来越多地使用社交网络。

政府资金流向特定利益集团［美式英语俗称为政治分肥（pork barrel）[1]］，这等同于为少部分人的利益向全部纳税人征税。政治分肥政策在任何国家都是政府预算的重要方面，正如它在欧洲结构基金分配上发挥的作用，该基金为地方的基础设施建设项目提供资金。政治分肥主要通过竞选资金、媒体压力、灌输、行贿等工具来实现。但是从更广义的视角来看，它也可以被理解为一种政治过程，在此过程中，政府在不同利益集团之间进行必要的、有可能改善福利的权衡。

在经济学家了解并且对利益集团进行模型分析前，社会学家和政治学者早就知道了利益集团的作用。直到20世纪70年代初，乔治·斯蒂格勒（George Stigler，1971）才谈到监管者被其负责监管的利益相关者所俘获，即监管俘获（regulatory capture）。从那以后，公共经济学开始注重对这类风险进行更好的鉴别，并重新定义政府职责和道德标准（例如在官员加入私人部门之前的强制过渡期），从而使其与公众利益一致。[2]

第三，政府受到再选举的影响和激励。如果认为政府受到外界影响的时期是从当选那天到下次竞选开始这段时间，这种看法就过于天真了。政府可能采取投机方式，在民调之前通过减税（冒着不得不在以后加税的风险）、提高公共支出或是推迟争议决策来获得连任。这种行为带来了政治商业周期（political business cycle）[3]。例如，六年期的法国市长选举周期会对地方投资产生周期性影响，通常是

---

① 这一术语首次出现在美国内战之前，当时奴隶获得咸肉作为奖赏。

② 承认来自利益团体压力的存在并不是否认公务人员对大众利益的奉献。这只是承认，在其个人利益与职业职责冲突时作出的决策将是无效率的。

③ 政治商业周期的引入来自威廉·诺德豪斯（William Nordhaus，1975）。实证研究趋于证实这种周期的存在，例如 Persson and Tabellini（2001）。

在市长选举前两年加速，并在选举后一年减速（见图 2.2）。①

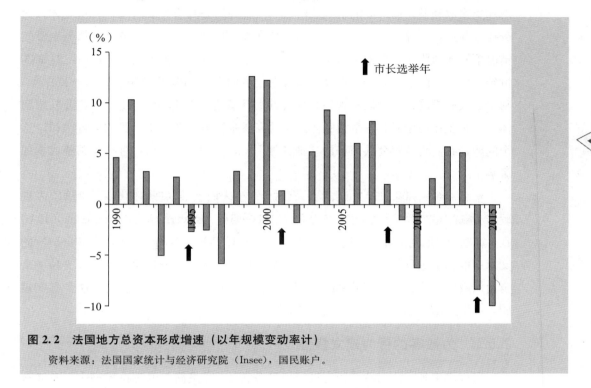

图 2.2　法国地方总资本形成增速（以年规模变动率计）

　　资料来源：法国国家统计与经济研究院（Insee），国民账户。

　　简单的政治商业周期模型依赖于一个假设，即选民没有足够的信息掌握政治家们的战略。但是，由于未来一代人并不参与现在的选举投票，所以类似的偏误在公共债务、退休、环境问题中也可能出现。

　　第四，政府有党派（partisan）之分，他们的行动并不是基于公众利益，而是基于自身偏见或满足支持者的利益。这样行为的一个原因是，政客们受到两方面伦理标准的影响，马克斯·韦伯（Max Weber，1919/1978）称之为"责任伦理"（ethics of responsibility）和"信念伦理"（ethics of conviction），他们不仅要对广大的居民负责，还要对他们的支持者以及与他们具有共同信念的人负责。

　　党派竞争恶化了这一问题。假设有两个相互竞争的政治团体，一个想增加国防开支，另一个想增加保障住房的投资。一旦政府更替，其优先支持领域就会改变，执政党如果意识到自己难以连任，就会有强烈的激励对其偏好的领域进行过度投资，同时通过留下高额公众债务来限制继任者的支出能力。一个国家分化得越厉害，政党间权力更迭越频繁，公众债务就越高。问题在于每个阵营都认为其政策与公众利益相符。在这种情况下，理念的分化将导致过度公共支出和负债。经验证实，公共债务和政局的不稳定呈正相关关系（Persson and Tabellini，1999，2000）。

　　第五，区域、种族、社会团体之间的差异也可能导致无效率支出。在这种情况

———————————

　　①　市政投资占法国地方投资的 58%。

下（经常发生在新成立的国家，但也可能出现在发达国家），每个派系都试图从政府那里索取利益，而对应的宏观经济成本（更高的公共债务或通胀）将由全体人民分摊。在这种情况下，理论研究表明，公共支出将过高，公共债务（在债务融资的情况下）或通胀（在债务货币化的情况下）也将会过高。历史上不乏其例，例如 20 世纪 70—80 年代社群之间的紧张局势对比利时公共债务的影响；2000—2001 年，阿根廷政府没能让各地区实现稳健的公共财政管理；20 世纪 90 年代初，苏联刚解体、卢布还在使用时，各个独联体国家的高通胀行为。在第 4 章我们会再次讨论这个问题，我们将考察公共债务的"消耗战"（wars of attrition）对财政调整成本的影响。

信息不对称和党派行为的结合，有时会产生表面上难以理解的结果。例如，左翼政府实施右翼政策，反之亦然。库基尔曼和托马西尼（Cukierman and Tommasini，1998）在一篇题为《尼克松何时去中国?》（When Does It Take a Nixon to Go to China?）的文章中解释了这种行为的合理性：不完全掌握信息的保守派选民，其不会支持一个自由派政府承认社会主义中国，但这一倡议来自一位保守派的总统，这个事实表明，此举是出于国家利益而非党派偏好。

2.5.2 为政客的行为建立模型

可以用多种方法对政客行为进行模型分析。[①] 在最简单的理论模型中，政客自身没有偏好，他们唯一的目标是掌权。一旦当选，他们就寻求获得连任。

如果政客们的行为仅受到选举的激励，选举者又具有完全信息，那么政治激励型政府做出的决策就会和社会福利最大化的目标相一致，即与第 1 章提到的善意君主的目标一致。实际上，这并不符合事实。

原因如下：多数投票法则使得中间选民（median voter）占据有利地位（见延伸阅读 2.11）。举例来说，如果左翼党派和右翼党派在政府转移支付水平上意见不一致，选民们最终将选择转移支付水平的中位数（即一半选民希望转移支付水平再低些、另一半则希望再高些的水平）。这在民主情况下是符合逻辑的结果。然而，除非在特殊假设下，这与第 1 章提出的社会选择目标中的任何一个情况都不一致。"边沁主义"的选择将选择分配支出，以使平均福利最大化，而"罗尔斯主义"的选择将把转移支付集中在最贫穷的人身上。

延伸阅读 2.11	中间选民

中间选民模型是由布莱克（Black，1948）提出的，其建立在霍特林竞争模型（Hotelling，1929）的基础上。假设：选民们的选择可以在一维空间的直线上，从左到右表示出来；政府通过简单多数原则被选举出来。进一步假设：候选人的观点可以在同一坐标中表示。选

[①] 参见皮尔森和塔贝里尼（Persson and Tabellini，1999，2001）的综述。

民将会投票给最接近自己观点的候选人：举例来说，选民 V_1 到 V_4 会投票给候选人 C_1，而选民 V_5 到 V_9 则会选择 C_2（见图 B2.11.1）。

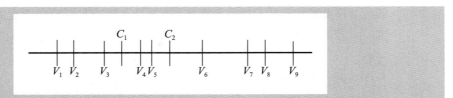

图 B2.11.1 中间选民

如果只有两个政党竞争，分别来自左翼、右翼，每个政党都能获得较为极端的选民。举例来说，选民 V_1 因为没有别的选择不得不投票给 C_1，尽管 C_1 对他来说过于靠近中间。显然，这意味着这两个政党都有动力让它们的方案更靠近中间投票者的选择，从而尽可能获得更多选民的支持来争取上台。这使得两个政党更趋向于靠近选民 V_5 的偏好。这会带来两个重要的结果：

- 获胜政党的方案与中间选民的偏好一致。
- 哪一方赢得选举都无关紧要，因为它们最终将选择同一组政策。

这就是中间选民模型，它类似于霍特林模型中垄断厂商对产品多样化的影响（微观经济学中，学生熟悉的一个著名案例是海滩上的冰激凌小贩）。但是其与经验事实的相关性也并非必然。例如，根据皮尤研究中心（Pew Research Center）的调查数据[1]，1994 年美国民主党的中间选民仅比共和党的中间选民略微偏左，这可以被视为争夺中间选民的竞争结果。但是在 2014 年差异显著扩大：92% 的共和党人比民主党中间派更偏右，94% 的民主党人比共和党中间派更偏左。党派分化导致了严重的极化政治格局。

该模型中显然有一些简化的假设。但是，它仍然反映了多数人决策的重要特征并且得到了广泛应用。

这一模型还适用于分析联合领导机构的决策过程，其所有决策也需要投票。这类机构包括国际货币基金组织（IMF）、欧盟和欧洲央行货币政策委员会（Monetary Policy Committees）。IMF 的执行董事们代表不同国家，其投票权重取决于该国在 IMF 中所占的份额。欧盟部长理事会的成员投票权也有不同权重，这是建立欧盟基本规则的条约——《建立欧洲共同体条约》（Treaty Establishing the European Community）——所规定的。

欧洲央行是一个很好的例子。欧洲央行的管理委员会由两部分人组成：一是欧洲央行执行委员会的 6 名成员，二是欧元区成员国的央行行长。假设每个国家的央行行长都倾向于支持根据本国通胀率而制定的利率水平[2]，多数国家最终将会选择

---

[1] http://www.people-press.org/2014/06/12/political-polarization-in-the-american-public/.
[2] 这被欧洲央行法规所禁止，但很难想象行长们不考虑他们自己国家公民的偏好。

中间利率。"边沁主义"则会选择与平均通胀率相对应的平均利率（这是执行委员会成员期望作出的选择，其符合欧洲央行的授权），而"罗尔斯主义"会倾向于选择能够降低通胀最严重国家通胀水平的利率。这三种选择所确定的利率水平都不相同。尽管美联储地区代表的人数相对较少，但造成美联储决策困难的原因也与之类似。

当存在多重选择时，情况可能更糟。社会选择理论（theory of social choice）告诉我们，在这种情况下，个人多种偏好的加总可能会导致无法作出选择。尽管每个选民对候选者的偏好都是明确的，但有可能出现大多数人认为 A 优于 B，同时大多数人又认为 B 优于 C，而且大多数人还认为 C 优于 A：这就是孔多塞悖论（Condorcet paradox）（Condorcet，1784）。肯尼斯·阿罗对这种现象进行了形式化的分析，并得出了阿罗定理（Arrow theorem）。其表明，在存在三个以上决策标准时，只有一种投票机制可以使其中两个决策标准的相对排序不受另一个决策投票的排序的影响，这一机制就是独裁。

更一般地，对政治决策过程进行实证分析，这要求我们理解为何政策呈现出这样的结果，以及其为何偏离了最优结果。一个很好的例子是议会关于公众支出及税收的决策。这类决策本质上是政治性的决策，是由不同地区、不同社会群体、不同部门的各种偏好进行加总的结果。通过仔细分析这类决策可以发现，财政预算的决策与社会最优选择相去甚远（见延伸阅读 2.12）。最近的一项重要研究致力于理解政治制度如何影响预算结果。例如，采取按一定比例通过的选举办法，还是按照简单多数进行表决，这会影响到预算结果；或者是议程设定的权利在政府和议会之间的不同分配，也会影响到预算结果。

延伸阅读 2.12   **公共支出的政治经济学**

公共支出水平需要经过一定的政治程序才能确定，也就是议会对预算进行投票。由于居民的社会地位和对各党派的偏好不同，他们对预算水平和结构持不同意见。

为此，皮尔森（Persson，1998）引入了一个模型，其中，个人 j 的效用 u^{ji} 取决于他的私人消费 c^{ji} 和对某种公共产品的消费 g^i，i 表示个人隶属于的某一类型群体（我们可以考虑地区、年龄群组或部门；至少有三个群体）。其个人效用可以表示为：

$$u^{ji} = c^{ji} + \alpha^{ji} H(g^i) \qquad j \in [0,1]; \ i = 1, \cdots, K \tag{B2.12.1}$$

式中，α^{ji} 是第 i 组的个人 j 赋予该公共产品的外生权重。所有的个人都有相同的收入 y。同时，为了对公共产品提供融资，每个特定群体 i 需要缴纳一次性税收 t^i，纳税之后个人收入剩余的部分都用于消费：

$$c^{ji} = c^i = y - t^i \tag{B2.12.2}$$

首先，假设征税和公共产品提供服务都在特定群体范围内完成，并在群体内部决定（比如，在当地征税并用于当地基础设施的建设）。这时假设 α^j 在每个群体中平均都等于 1，则各个群体的公共产品供给水平完全相同，由预算约束和利润最大化可以得到：

$$t^i = g^i = H_g^{-1}(1) \quad i=1,\cdots,K \tag{B2.12.3}$$

式中，H_g 表示 H 对 g 的导数。

或者，假设公共产品仍然提供给特定群体，但其融资压力平均地落在了所有群体的人身上，而决策是集中进行的。在这种情况下，由于需要为其他群体的公共产品提供资金而不能从中获益，因此存在负外部性：

$$c^{ji} = c = y - t = \frac{1}{K}\sum_{i=1}^{K} g^i \quad j=1,\cdots,n;\ i=1,\cdots,K \tag{B2.12.4}$$

如果这些群体中的一个子集以某种方式得以操纵决策，他就可以使决策朝着有利于自己的方向扭曲，从而导致在某些公共产品上过度支出。这与我们熟悉的政治分肥一致。

一个有趣的问题是：多数人通过的支出决定会如何影响最终结果？现在假设由议会进行决策，议会（比如美国参议院）中有各个团体的代表（在这里是各地方代表），并且不同群体的偏好是不同的。每个代表都试图最大化其选区的效用，即：

$$u^l = y - \frac{1}{K}\sum_{i=1}^{K} g^i + \alpha^l H(g^l) \tag{B2.12.5}$$

最后假设：其中某个代表有制定议程的权利（也就是说，他能够将预算提交给议会的其他成员进行投票），如果投票没有通过，那么税收和公共支出会被设定为零。如果预算能够使结果比不通过时的情况有所改善，其他议会代表就会选择投票通过该预算。这时候议程制定者知道，他需要召集至少一半的议员来支持这项预算，他会依据式（B2.12.5）最大化这部分议员的效用，并且他把目标设定为在此约束下的利益最大化。结果是政府对议程制定者所在选区的支出过多，对联盟参与者所在选区的支出处于中间水平，而对其他地方的支出则为零。假设议程设置者用最小的成本建立联盟，那么联盟中的议员 α^j 都是最大的，这样收买他们的成本最低。

这样的结果造成了社会效率低下，因为政府对于议程制定者所在选区的支出过高，对不参与该联盟的少数代表所在选区的支出太少。当然这个模型过于简化，它没有考虑党派偏好，对于决策过程的假定也很粗略。尽管如此，它仍然抓住了这一问题的核心。

2.5.3 政策含义

我们需要把各种政治因素纳入考虑，但这并不会使我们全盘否定经济政策。它仅仅使我们明白政治制度对经济结果是有影响的，因此它应当被纳入施政框架中，以确保治理过程符合公众利益。从这个角度来看，政治经济学方法有助于设计和选择有利于社会利益的政治制度。20 世纪 80—90 年代中央银行制度设计的变革，其在一定程度上也可以复制到财政部门或监管机构。

此外，政府公职人员自身对公众利益的看法也可能存在偏差，决策者不能忽视这一问题。与政客不同，公职人员并不存在连任激励，他们只考虑自身的事业发展。除非他们的职责是明确且可测的，否则他们的动机会和选民的倾向不一致。他们也有可能受到未来在私人部门就业或是贿赂的诱惑。大多数国家都制定了道德准则，要求公职人员在处理与私人部门关系时遵循道德规范。在低收入国家，由于公职人员的收入过低，他们腐败的可能性更高。政府制度的结构和政治决策过程的结构是腐败的重要决定因素（Shleifer and Vishny，1993）。

2.6 政策应对

现在我们已经清楚了经济决策的种种限制，以及设计合适的制度来解决这些问题的必要性，接下来我们考察经济政策在实践中是如何制定的。

20 世纪最后的 25 年里出现了两种主要的政府治理方式：一种是建立和发展具有独立决策或独立监督权力的专业机构；另一种是更多依靠制定规则来约束决策部门的行为。

2.6.1 委托独立机构

独立机构代表议会或政府行事决策的方式由来已久［参见塔克（Tucker）在 2018 年的完整讨论］。英格兰银行创建于 1694 年（尽管它在三个世纪后才独立），美国州际商务委员会（the US Interstate Commerce Commission）诞生于 1887 年，证券交易委员会（the Securities and Exchange Commission，SEC）于 1934 年在罗斯福的领导下成立，德国的德意志联邦银行于 1957 年成立，德国联邦反垄断局（Bundeskartellamt）于 1958 年成立。然而，对独立机构授予充分的权力却到 20 世纪最后 25 年才明显加快，特别是在欧洲，新兴市场国家则更晚一些。[①] 委托独立机构管辖已成为中央银行业、金融服务业、竞争政策监管、行业监管和药品监管的主导模式。

委托独立机构不仅存在于一国内部，欧盟也有许多类似的机构（如欧洲央行和包含维护市场竞争功能的欧盟委员会），还有各国监管者自己发起成立的制定国际标准的委员会［如巴塞尔银行监管委员会（the Basel Committee for Banking Supervision，BCBS），见第 6 章］。国际上还出现了一些私人部门的监管机构，如制定国际会计准则的国际会计准则委员会（the International Accounting Standards Board），以及协调域名和 IP 地址分配的非营利机构——互联网名称与数字地址分配机构（the Internet Corporation for Assigned Names and Numbers，ICANN）。

---

① 在美国，这些机构存在了很长时间，但其作用难以扩展。

独立机构的激增遭到了左翼和右翼政客的批评。这引发了两个重要问题：

一是要使特定领域的公共决策避免受到政治直接的影响。在民主政治中，这些机构在立法者的授权下运行，而立法者既保留界定和监督这些机构的责任，也保留撤销对其委托的选择。然而，这些独立机构的具体工作似乎超出了立法者的控制。

二是如果政策工具分散于多个独立机构，在这样的体系下，如何实施经济政策？这些独立机构可能缺乏互相协调。例如在美国，监管金融业的责任分散在美联储、联邦存款保险公司（the Federal Deposit Insurance Corporation，FDIC）、货币监理署（the Office of the Comptroller of the Currency，OCC）、美国证券交易委员会（SEC）、商品期货交易委员会（the Commodity Futures Trade Commission，CFTC）以及美国各州的保险监管机构。银行业受到美联储、联邦存款保险公司和货币监理署监管，而金融市场由美国证券交易委员会和商品期货交易委员会监管。2007—2008 年的全球金融危机扩大了美联储的职权范围，并成立了一个由财政部长担任主席的金融稳定监督委员会（Financial Stability Oversight Committee）。这本身就是委托独立机构引发协调困难的一个例子。

在民主政治中，什么时候一项决策应该分派给技术官僚机构，而不是分派给对议会负责的政府？政治学对这些问题的兴趣由来已久，但直到 20 世纪 90 年代，这些问题才在经济理论中得到了系统的分析。与直觉不同的是，经济理论并不建议全面地把各种责任都交给非选举机构，原则上也不建议限制民主发挥作用的范围。美联储前副主席和普林斯顿大学教授艾伦·布林德（Alan Blinder）认为，政府"太过政治化了"[1]，但他的前同事、克林顿总统的经济顾问委员会主席约瑟夫·斯蒂格利茨则认为，技术官僚机构还不够政治化。[2] 一个人既可能对前者提到的现象感到遗憾，同时也可能会赞同后者的观点。2014 年，让-克洛德·容克（Jean-Claude Juncker）被任命为欧盟委员会主席时承诺，要让这个典型的官僚机构变得"更政治化"。[3] 非选举机构容易面临与政府机构相似的缺陷：行为僵化、对社会不断变化的偏好不敏感、无法在不同目标之间进行权衡，以及在处理分配层面问题时缺乏合法性。正如阿莱西纳和塔贝里尼（Alesina and Tabellini，2007）所述，外交政策同样受制于可信度和时间不一致性问题，但没有人建议将这项工作委托给一个独立机

---

① 艾伦·布林德曾连任克林顿总统时期经济顾问委员会成员，后成为美联储副主席。"……白宫生活充满着活力，使人愉悦，而且肯定高度政治化。政治讨论可能有好的出发点（'哪种选择对美国大众最好？'），但辩论很快转到漫无边际的问题上，诸如相关的国会下属委员会主席是否会支持这项政策？哪些利益群体将支持或反对？这个'信息'应该如何拟定？在皮奥瑞亚会产生怎样的结果？"他随后说到，在美联储，发生的是正好相反的事情（Blinder，1997，p. 117）。

② "正如我们所说，如果存在替代的经济政策，而且这些替代政策对不同群体的影响不同，那么，谁作决定、怎么作决定便非常重要。例如在失业和通货膨胀中进行选择，如果工人更关心失业，而金融市场更关心通货膨胀带来的名义资产侵蚀，那么工人和金融市场将从不同的角度看待这种权衡；把货币政策委托给被金融利益控制的独立中央银行，或者授权中央银行只关注通货膨胀，那么结果将符合金融利益，而不是工人的利益。"（Stiglitz，2003，p. 27）

③ "委员会不是一个由执行另一个机构指令的公职人员组成的技术委员会。委员会是政治性的。"（Juncker，2014，p. 15）

构，很明显外交政策的目标和行动需要不断重新评估，其无法在一致和稳定的委托授权范围内进行决策。

因此，政治决策和技术官僚决策是两种不完美的治理方法。人们需要标准来指导决策，从而将具体责任分配给技术官僚机构——当然，这是在立法者的定义和监督下进行的。将技术官僚和政治家的行为进行模型化（Alesina and Tabellini，2007；Maskin and Tirole，2004），可以得出一些一般性的结论（见延伸阅读2.13）。在下述情况下，由技术官僚决策似乎更可取：

(1) 问题非常技术化；

(2) 社会偏好稳定，政策效果的标准定义明确；

(3) 决策及其效果不容易被投票人观察到；

(4) 决策对时间不一致性高度敏感；

(5) 决策对同代人的收入分配影响有限；

(6) 决策显著影响代际收入分配；

(7) 决策不涉及在不相容目标间的权衡；

(8) 决策会给可能参与政治游说的团体带来好处（或成本）。

当然，没有哪个领域的经济政策完全符合这八条标准，但这些标准提供了一个有用的分析框架。例如，货币政策符合大多数标准，但不符合第（7）条（至少在短期，提高利率将降低通胀，同时增加失业），也不符合第（5）条（利率下降将把利息收入从食利者再分配到负债家庭和企业手里，同时使金融财富价值膨胀，见第6章）。不过，在中央银行的法规当中，这些目标的权重可以一劳永逸地加以规定。至于财政政策，其并不满足第（2）、（3）、（5）、（7）条标准，这也正是财政政策目前仍被保留在政治决策范畴的重要原因。

> **延伸阅读 2. 13**　　　　　　　　　　技术官僚还是政治家：谁说了算？
>
> 埃里克·马斯金、让·梯若尔（Eric Maskin and Jean Tirole，2004）和阿尔贝托·阿莱西纳、古多·塔贝里尼（Alberto Alesina and Guido Tabellini，2007）分别从两个不同角度研究了在信息不对称的情形下，如何在独立机构或政府这两种治理机制之间进行选择。在设定了激励机制后，选择"技术官僚"还是订立"政治"契约，这依赖于技术官僚和政治家的绩效表现。
>
> 在马斯金和梯若尔看来，问题在于选民能否获得经济政策的关键信息。他们使用了一个两期模型。在每一期都有两种可能的政策，其中一种对应社会最优状态。选民起初不确定哪一种是更好的政策。然而在初始期结束时，他们可以以 q 的概率确定哪种政策更好（但他们仍处于概率为 $1-q$ 的不确定状态）。
>
> 选民将在技术官僚（"裁判"）和被选举的官员（"政治家"）之间选出一位政策制定者，该政策制定者了解不同政策的可能结果，但他们也追求自身的偏好，这种偏好可能与选民的偏好不同。例如，选民并不知道应该优先考虑刺激增长还是对抗通胀。他们可以授权他

人制定决策，但是与他们自己的偏好相比，他们的授权可能过于严格或过于宽松。

• 一旦被提名，技术官僚就会选择他认为好的政策，而不会考虑选民的偏好。

• 政治家在第 1 期期末寻求连任，这可能会激励他试图蛊惑选民：如果选民对好的政策有错误的认识，政治家可能会决定采取错误的政策，以取悦选民并确保其连任。但他可能也会揣测，选民终将明白什么是好的政策，并嘉奖他直面公众反对意见的勇气。

马斯金和梯若尔发现，一方面，当选民发现好政策的概率 q 非常低时，选择技术官僚比政治家更好。在这种情况下，政治家不太可能因为采取好政策而得到奖赏，从而决定将错就错。而另一方面，如果选民可以及时获得信息，那么委托政治家比委托技术官僚更好（技术官僚的风险是：他服从自己的偏好，但这可能与社会最优化目标有差异）。

这个模型的含义是：如果选民不了解情况或难以获取信息（例如，当问题过于技术性，或者对选民来说为了获得信息而进行投资的动力不足时），那么就应该选择委托技术官僚。

阿莱西纳和塔贝里尼则强调了动机因素。对他们来说，授权给技术官僚或政治家，这是一个主权国家的人们选择订立的两种不同形式的契约。他们因此沿用拉丰-梯若尔的方法（见延伸阅读 2.10）。两种情况中的才能、努力和产出在一个关系式中表述出来：

$$Y = \theta + e + \varepsilon \tag{B2.13.1}$$

式中，Y 代表产出，θ 代表才能，e 代表努力，ε 代表误差项（假定为白噪声）。由于才能和努力都不能被直接观测，因此问题变为：应选择技术官僚还是政治家，从而能够对其努力程度产生最大的激励？

技术专家通过最大化自己的效用函数来确定努力水平 e，效用函数是回报 $R^T(e)$ 和努力成本 $\psi(e)$ 的差。给定期望产出 Y，他的回报是其才能被公众感知的期望值：

$$R^T(e) = E[E(\theta|Y)] = E[(EY - e^a - \varepsilon)|Y] \tag{B2.13.2}$$

式中，e^a 是公众方面感知到的努力程度（均衡状态下 $e^a = e$）。政治家以同样的方式来选择努力程度，不过他的回报是再次当选，这依赖于结果 Y 超过临界值 W 的概率。

$$R^P(e) = \Pr[Y \geqslant W] = 1 - \Pr[\theta \leqslant W - e - \varepsilon] \tag{B2.13.3}$$

这两种契约都将带来一定程度的努力，这种努力来源于委托-代理关系下的最优化行为。两种情况下的一阶条件分别得到了两者的最优努力水平。σ_θ^2 表示公众感知决策者（可能是技术官僚，也可能是政客）才能时的方差，而 σ_ε^2 表示白噪声的方差，由此可得到：

技术专家：

$$\frac{\partial \Psi(e)}{\partial e} = \frac{\sigma_\theta^2}{\sigma_\theta^2 + \sigma_\varepsilon^2} \tag{B2.13.4}$$

政客：

$$\frac{\partial \Psi(e)}{\partial e} = \frac{1}{\sqrt{\sigma_\theta^2 + \sigma_\varepsilon^2}\sqrt{\pi}} \tag{B2.13.5}$$

式中，努力的边际成本是努力的增函数 $[\partial \Psi(e)/\partial e > 0, \partial^2 \Psi(e)/\partial^2 e > 0]$。主要结论是：

- 两种情况中，噪声的存在都会降低努力水平：ε 的方差越高，努力和绩效之间的关系越不明显，努力得到的激励就越弱。从这一角度看，两种契约难分高下。

- 才能的标准差提高了技术官僚的努力水平，但减少了政治家的努力水平：当才能不确定时，技术官僚的表现更好，因为其证明自身能力的激励更强烈。这意味着，能力越不可观测，就越应该将工作委托给技术官僚。

当选民的偏好存在不确定性时，同样的模型也适用于研究：一个涉及两个目标权衡的任务（或是必须分配努力的两个备选任务）应该委托给谁？在此情况下，一方面，技术官僚的努力程度选择是事先确定的，且保持不变，因为这是显示其能力的最佳手段。另一方面，政治家则表现出灵活性，并能适应选民偏好的变化。因此，政治契约更具适应性。

同样地，在存在时间不一致性的情况下，技术官僚的契约更可取；而在有必要对失败者给予补偿时，政治家的契约则更好。

除了传统观点和对政府局限性的认知以外，将某些决策领域分派给独立机构的发展趋势还有以下原因：

- 一些决策的技术复杂性日益上升，例如行业监管或金融监管领域，以及严重依赖于科学专家的公共决策领域（如风险防范）。

- 某些决策具有法律性质，例如，并购限制、竞争监管，或公共卫生标准的实施。

- 保护决策不受相互冲突目标之间权衡的影响的愿望。例如，公共健康和安全因素如果受到经济或金融的影响而被削弱，这是公众舆论所不能接受的；同样，正如许多国家所做的那样，尽管通胀和失业之间存在短期权衡，但长期而言，两者之间并不存在权衡，这正是维护货币政策独立性的观点。

- 对跨期问题的关切日益重要。在生产率增长放缓和人口下降的背景下，增长前景对未来购买力的预期影响更小，而通胀对未来购买力的预期影响更大。在此情况下，央行的独立性是对储户的一种保证，以使他们积累的财富不会因为通胀而被剥夺。

- 缺少全球政府的全球经济一体化。在缺乏事前政治合法性的情况下，国际治理倾向于依靠技术官僚机构，以便通过这些机构的有效运作来创造事后的合法性。

话虽如此，但政治治理和技术官僚治理之间的界限并不像看起来那么明确，确实存在中间模式。例如，获选官员会选择政策目标并将执行责任分派给业务独立的技术官僚机构。英国财政大臣和英格兰银行行长在货币政策上的关系就是一个例子（见第 5 章）。

无论如何，独立性并不会使政治变得无关紧要：独立机构在如何履行职责方面仍然对议会负有正式的责任，并通过沟通对广大公众负责。议会可以废除赋予机构独立性的法律，即便议会没有这么做，其限制能力也确实存在：近几十年来，社会对问责制和透明度的需求逐步上升，这迫使独立机构将其政策规则和运作框架进一步正式化和规范化，公开内部讨论过程，并报告其与利益集团的联系。

2.6.2　政策规则

关于公共政策，长期以来一直都面临的争论是：政府决策应该遵守既定规则，还是应该根据具体情况、以结果为导向，从而不断优化政策？规则是对决策者和其他经济主体开出的处方，这些规则是稳定的，这会使得决策方式保持稳定，从而使私人行为可预期。但规则局限性在于其僵化的特点，如果遇到前所未有的情况，这时候政策可能会做出不当反应。欧盟委员会前主席罗马诺·普罗迪（Romano Prodi）有句名言，即欧洲财政协定是"愚蠢的"。的确，大多数规则缺乏精密设计，在这方面甚至不及一些动物的行为（Haldane and Madouros，2012）。

在金融监管领域，规则的作用备受关注。2001 年安然事件丑闻之后，以规则为基础的监管和以原则为基础的监管，这两种监管模式之间出现了纠结的权衡。在2007—2008 年全球金融危机之后，这种纠结的权衡再次出现。规则往往很复杂，因此很难监测其执行情况，更何况这些规则还存在可被利用的漏洞。相反，以原则为基础的监管模式（其以风险为重点）允许决策者有更多的自由裁量权，这可能不如规则监管模式透明，但在一个强大的独立监管机构的监管之下，这种监管模式可以产生更符合社会目标的政策效果。

这个争论在宏观经济政策领域，特别是货币政策领域，却又是另一番景象。规则治理源于两类文献的讨论，即经济政策评估（见第 2.1.2 节）和时间不一致性（见第2.1.3 节）的文献。罗伯特·卢卡斯对传统政策评估持批判态度，他提倡比较的对象应该是政策规则而不是政策行为。他认为，只有规则的结果才能进行严格的比较（Lucas，1976）。而芬恩·基德兰德和爱德华·普雷斯科特也更偏好规则，而非相机抉择，他们有另一个论据："在当前形势下作出的最优决策……要么导致一致但次优的计划，要么导致经济不稳定性"（Kydland and Prescott，1977，p. 487）。

规则首先在货币政策领域进行了尝试，但收效甚微。20 世纪 70 年代末到 80 年代初，美联储曾短暂地接受了基于规则的政策，并采取了一项基于货币总量目标的策略。英国也实施了类似的规则。然而，这两项尝试在几年后都停止了。[①] 20 世纪 90年代，越来越多的中央银行采取明确的通胀目标（inflation-targeting）策略（见第 5章），这时候基于规则的政策模式得以复兴。然而，如今的规则并没有早期货币主义著作中所设想的那么严格，它们的目标是将中期的纪律与一定程度的相机抉择相结合。这是通过制定明确的政策战略来实现的，除非意外事件导致政策被迫与规则相背

---

① 德国央行，即德意志联邦银行，在欧元区形成之前官方宣布其遵循特定货币政策目标，但实际上被普遍认为遵循更务实的策略（Bernanke and Mihov，1997）。

离，否则就要遵循这一规则。如果出现了背离，决策者需要解释为什么选择这样做。在第 2.1.1 节定义的不确定性存在的情况下，决策者需要保持政策的灵活性，这种政策模式将具有优势。英国央行行长默文·金（King，2004）曾说过："理想的政策框架是，一般来说我们应当实施当前认为最优的货币政策，只有当我们集体改变对该策略的看法时，才会偏离原来的规则。"这种方法通常被称为有约束的相机抉择（constrained discretion），这种做法为美联储在内的政策机构提供了参考。[①]

在财政预算领域，规则是晚些时候才引入的。但现在许多国家，特别是欧洲国家，已经制定了预算规则，如欧盟层面的《稳定与增长公约》（Stability and Growth Pact，SGP），还有在一些欧洲国家通过的平衡预算修正案。其目标是确保政府在中期实施负责任的财政行为，例如，避免积累过度债务或过度抬升赤字，同时为短期稳定政策留出一定空间。然而，这些规则只取得了有限的成功，正如我们将在第 4 章看到的那样。

另外，规则还存在于汇率政策中，如货币局制度和爬行盯住汇率制度（见第 7 章）。20 世纪 80 年代和 90 年代，这些规则得到了广泛应用以稳定价格预期。这种规则向市场发出了明确的政治信号，以表明政府致力于稳定价格的承诺。然而，对于货币联盟之外的国家以及不可能加入货币联盟的国家来说，其汇率制度已经在朝着提高灵活性的方向发展。

结 论

从第二次世界大战结束到 20 世纪 70 年代初，有几十年的好时光。当时，经济政策被视为致力于公共利益，其概念简单、实施起来也相当容易。当这个好时光在 20 世纪 80 年代结束时，政策制定者和经济学家都被赶出了伊甸园。从那以后，他们一直生活在一个更加不完美的世界里。

我们要承认标准模式的局限性，但是我们既不应该为此而低估政策的作用，也不应该为此而过度相信市场的自我调节能力。

参考文献

Alesina，A.，and G. Tabellini（2007），"Bureaucrats or Politicians? Part Ⅰ：A Single Policy Task，" *The American Economic Review*，97（1），pp. 169 - 79.

Arrow，K.（1951），*Social Choice and Individual Values*，Wiley.

Arrow，K.（1968），"Optimal Capital Policy with Irreversible Investment，" in Wolfe，J. N.，ed.，*Value，Capital and Growth：Papers in Honor of Sir John*

---

① 需要注意的是，默文·金谈及的是策略而非单个决定——否则这里实质上就是时间不一致性。

Hicks，Edinburgh University Press，pp. 1 - 19.

Barro，R.，and D. Gordon (1983)，"A Positive Theory of Monetary Policy in a Natural Rate Model," *Journal of Political Economy*，91，pp. 589 - 610.

Bernanke，B.，and I. Mihov (1997)，"What Does the Bundesbank Target?" *European Economic Review*，41 (6)，pp. 1025 - 54.

Bernoulli，D. (1738)，*Specimen theoriae novae de mensura sortis*，Commentarii Academiae Scientiarum Imperialis Petropolitanae. Translated，Bernoulli，D. (1954)，"Exposition of a New Theory on the Measurement of Risk," *Econometrica*，22，pp. 23 - 36.

Black，D. (1948)，"On the Rationale of Group Decision-Making," *Journal of Political Economy*，56 (1)，pp. 23 - 34.

Blinder，A. (1997)，"Is Government Too Political?" *Foreign Affairs*，November-December，p. 126.

Carlson，J.，and N. Valev (2001)，"Credibility of a New Monetary Regime：The Currency Board in Bulgaria," *Journal of Monetary Economics*，47，pp. 581 - 94.

Condorcet，J. A. N. Caritat de (1784/1994)，"Assurances (maritimes)," in *Arithmétique politique - textes rares ou inédits (1767—1789)*，Paris，Ined，pp. 485 - 94.

Cukierman，A.，and M. Tommasini (1998)，"Why Does It Take a Nixon to Go to China?" *The American Economic Review*，88 (1)，pp. 180 - 97.

Dixit，A. (1996)，*The Making of Economic Policy：Munich Lectures*，MIT Press.

Dixit，A.，and R. Pindyck (1994)，*Investment under Uncertainty*，Princeton University Press.

Epstein，L.，and T. Wang (1995)，"Intertemporal Asset Pricing Under Knightian Uncertainty," *Econometrica*，62，pp. 283 - 322.

Evans，G.，and S. Honkapohja (2001)，*Learning and Expectations in Macroeconomics*，Princeton University Press.

Gollier，C. (2001)，"Economie du principe deprécaution," in Ewald，F.，C. Gollier，and N. de Sadeleer，eds.，*Le principe de précaution*，*Que Sais-Je* No. 3596，Presses Universitaires de France，pp. 104 - 126.

Gollier，C. (2002)，"Time Horizon and the Discount Rate," *Journal of Economic Theory*，107，pp. 463 - 73.

Gollier，C. (2013)，*Pricing the Planet's Future：The Economics of Discounting in an Uncertain World*，Princeton University Press.

Gollier，C.，B. Julien，and N. Treich (2000)，"Scientific Progress and Irreversibility: An Economic Interpretation of the 'Precaution Principle', " *Journal of Public Economics*, 75, pp. 229 – 53.

Guesnerie, R. (2003), *Kyoto et l'économie de l'effet de serre*, La Documentation française.

Ha-Duong, M. (1998), "Quasi-Option Value and Climate Policy Choices," *Energy Economics*, 20, pp. 599 – 620.

Haldane, A. , and V. Madouros (2012), "The Dog and the Frisbee," in *Proceedings of the Jackson Hole Symposium*, Federal Reserve Bank of Kansas City, pp. 109 – 59.

Hayek, F. (1944), *The Road to Serfdom*, Routledge.

Henry, C. (1974), "Investment Decisions Under Uncertainty: The Irreversibility Effect," *The American Economic Review*, 64, pp. 1006 – 12.

Holmström, B. , and J. Tirole (1989), "The Theory of the Firm," in Schmalensee, R. , and R. Willig, eds. , *Handbook of Industrial Organization*, vol. 1, Elsevier/North- Holland, pp. 63 – 133.

Hotelling, H. (1929), "Stability in Competition," *The Economic Journal*, 39, pp. 41 – 57.

Juncker, J. C. (2014), "Setting Europe in Motion," opening statement in the European Parliament Plenary Session, Strasbourg, 15 July.

Kahneman, D. (2002), "Maps of Bounded Rationality: A Perspective on Intuitive Judgment and Choice," Nobel Prize Lecture, 8 December.

Kahneman, D. (2011), *Thinking*, *Fast and Slow*, Farrar, Strauss and Giroux.

Keynes, J. M. (1936), *The General Theory of Employment*, *Interest and Money*. Reprinted in *The Collected Writings of John Maynard Keynes*, vol. Ⅶ, 1972, Macmillan.

King, M. (2004), "The Institutions of Monetary Policy," *The American Economic Review*, 94, pp. 1 – 13.

Knight, F. (1921), *Risk*, *Uncertainty and Profit*, Hart, Schaffner & Marx.

Krugman, P. (1998), "Japan's Trap," available at http://web. mit. edu/krugman/www/japtrap. html.

Kydland, F. , and E. Prescott (1977), "Rules Rather than Discretion: The Inconsistency of Optimal Plans," *Journal of Political Economy*, 85, pp. 473 – 91.

Laffont, J. -J. (2000a), "Étapes vers un État moderne: une analyse économique," in *État et gestion publique*, Rapport no. 24 du Conseil d'analyse économique, La Documentation française.

Laffont, J.-J. (2000b), *Competition in Telecommunications*, MIT Press.

Laffont, J.-J. (2000c), *Incentives and Political Economy*, Clarendon Lectures, Oxford University Press.

Laffont, J.-J., and D. Martimort (2002), *The Theory of Incentives: The Principal-Agent Model*, Princeton University Press.

Laffont, J.-J., and J. Tirole (1986), "Using Cost Observations to Regulate Firms," *Journal of Political Economy*, 94, pp. 614 – 41.

Lucas, R. (1976), "Econometric Policy Evaluation: A Critique," in Brunner, K., and A. Meltzer, eds., *The Phillips Curve and Labor Markets*, Carnegie-Rochester Conference Series on Public Policy, vol. 1, pp. 19 – 46.

Mandelbrot, B., and R. L. Hudson (2004), *The (Mis) Behavior of Markets: A Fractal View of Risk, Ruin and Reward*, Basic Books.

Maskin, E., and J. Tirole (2004), "The Politician and the Judge: Accountability in Government," *The American Economic Review*, 94, pp. 1034 – 54.

McDonald, R., and D. Siegel (1986), "The Value of Waiting to Invest," *The Quarterly Journal of Economics*, 101, pp. 707 – 28.

Mishkin, F. (2008), "Monetary Policy Flexibility, Risk Management, and Financial Disruptions," speech at the Federal Reserve Bank of New York, 11 January.

Musil, R. (1930), *The Man Without Qualities*, translated by E. Wilkins and E. Kaiser, Minerva, 1979.

Muth, J. (1961), "Rational Expectations and the Theory of the Price Movements," *Econometrica*, 29, pp. 315 – 35.

Nordhaus, W. (1975), "The Political Business Cycle," *The Review of Economic Studies*, 42, pp. 169 – 90.

Nordhaus, W. (2007), "A Review of the Stern Review on the Economics of Climate Change," *Journal of Economic Literature*, XⅠV, pp. 686 – 702.

Persson, T. (1998), "Economic Policy and Special Interest Politics," *The Economic Journal*, 108, pp. 310 – 27.

Persson, T., and G. Tabellini (1999), "Political Economics and Macroeconomic Policy," in Taylor, J., and M. Woodford, eds., *Handbook of Macroeconomics*, Elsevier/ North Holland, chapter 22, pp. 1397 – 1482.

Persson, T., and G. Tabellini (2000), *Political Economics: Explaining Economic Policy*, MIT Press.

Persson, T., and G. Tabellini (2001), "Political Institutions and Policy Outcomes: What are the Stylized Facts," *CEPR Discussion Paper*, No. 2872.

Posner, R. (2004), *Catastrophe: Risk and Response*, Oxford University

Press.

Rosanvallon, P. (2000), *La démocratie inachevée, Histoire de la souveraineté du peuple en France*, Gallimard.

Salanié, B. (1997), *The Economics of Contracts: A Primer*, MIT Press.

Shleifer, A., and R. Vishny (1993), "Corruption," *Quarterly Journal of Economics*, 108, pp. 599 – 617.

Sims, C. (1980), "Macroeconomics and Reality," *Econometrica*, 48, pp. 1 – 48.

Smith, A. (1776), *An Inquiry into the Nature and Causes of the Wealth of Nations*, Methuen & Co.

Stern, N. (2007), *The Economics of Climate Change*, Cambridge University Press.

Stern, N. (2008), "The Economics of Climate Change," Richard Ely lecture, *The American Economic Review*, 98, pp. 1 – 37.

Stigler, G. (1971), "The Economic Theory of Regulation," *Bell Journal of Economics and Management Science*, 2, pp. 3 – 21.

Stiglitz, J. (2000), "The Contributions of the Economics of Information to Twentieth Century Economics," *Quarterly Journal of Economics*, 115, pp. 1441 – 78.

Stiglitz, J. (2003), "Whither Reform? Towards a New Agenda for Latin America," *CEPAL Review*, 80, pp. 7 – 38.

Stiglitz, J., and A. Weiss (1981), "Credit Rationing in Markets with Imperfect Information," *The American Economic Review*, 71 (3), pp. 393 – 410.

Svensson, L. (2004), "Optimal Policy with Low-Probability Extreme Events," *NBER Working Paper*, No. 10196.

Thaler, R., and C. Sunstein (2008), *Nudge: Improving Decisions About Health, Wealth, and Happiness*, Yale University Press.

Tucker, P. (2018), *Unelected Power*, Princeton University Press.

Von Neumann, J., and O. Morgenstern (1944), *The Theory of Games and Economic Behavior*, Princeton University Press.

Walsh, C. (1995), "Optimal Contracts for Central Bankers," *The American Economic Review*, 85 (1), pp. 150 – 67.

Weber, M. (1919/1978), "Politics as a Vocation," in *Max Weber: Selections in Translation*. Cambridge University Press, chapter 10, pp. 212 – 25.

Weitzman, M. (2007), "A Review of the Stern Review on the Economics of Climate Change," *Journal of Economic Literature*, Xl V, pp. 686 – 702.

Woodford, M. (2001), "Monetary Policy in the Information Economy," in Hakkio, C., ed., *Economic Policy for the Information Economy*, Federal Reserve

Bank of Kansas City，pp. 297 – 370.

Wyplosz，C.（2005），"Fiscal Policy：Institutions vs. Rules," *National Institute Economic Review*，191，January.

2

第3章 相互依存和政策协调

到目前为止，我们一直假设政策制定的责任只分配给一级政府，且决策者对影响他们国家的决策负有全部责任。我们还假设该国与世界其他地区的互动很少，在分析中可以忽略不计。然而在过去几十年，经济政策深受三个长期趋势的影响：全球化背景下国际相互依存在加深；政策职责被分配给了超国家实体——无论是在区域层面（最明显的是在欧洲，但也包括其他地区）还是全球层面；越来越多的权力被下放至国家内部的地区或城市。这些转变使得中央政府模型作为单一、独立的决策者变得有些跟不上现实。

这就提出了两个重要的政策问题：

• 首先，国家之间存在显著的横向相互依存（horizontal interdependence）关系，在此背景下，单个决策者应该如何行事？政府和央行等政策机构对本国公民负责，而不是对其他国家的公民负责，因此不能简单地选择全球视角下的最优决策。然而，忽视相互依存关系、忽视一国政策的溢出效应（spillovers）可能导致不理想的次优结果，即使从严格自私的政策角度来看也是如此。例如在发生全球危机的情况下，一些国家不愿通过提升公共支出来刺激经济，因为它们预计其他国家会这样做：它们更愿意在不增加自己公共债务的同时享受对邻国更高的出口。相反，一国可能希望通过贬值来刺激经济，但其他国家也会采取同样的行动作为回应，由于所有国家的汇率不可能同时实现贬值，所以在这场零和博弈中没有赢家。因此问题是：如何在尊重各国政治授权和民主问责制的前提下进行国际协调，从而实现最优政策结果？[①]

• 其次，应该如何构建不同层级——比如地方、区域、国家、欧洲*和全球层级——政府之间的纵向相互依存（vertical interdependence），从而优化政策结果？具体而言，决策权应该下放给更低层级的政府还是集中到更高层级的政府？这是一个体制设计和激励机制的问题，可能会对政策效力产生潜在的重大影响。

---

① 政治学家倾向于强调协调（coordination）和合作（cooperation）之间的区别。在这里，我们忽略了这种差异。

* 因作者们来自欧洲，所以在区域层级选取欧洲为例，也可以指其他区域。——译者注

在本章中，我们首先讨论相互依存是否必须（而且能够）通过国际协调来管理（第 3.1 节），然后讨论联邦和国际联盟的经济学分析（第 3.2 节）。

3.1 相互依存、溢出和协调

3.1.1 相互依存的加深

国家间的相互依存关系并不等同于开放程度，尽管这两个概念是相关的。

（a）经济开放度

经济开放度（economic openness）是指国内微观主体的状况及其决策受到外国经济发展影响的程度。衡量它的一个标准（尽管并不完美）是与外国有关的流量在总流量中所占的份额（例如，进口和出口占 GDP 的比例）或与外国相关的存量在总存量中所占的份额（例如，海外财富在总财富中的占比）。经济开放度包括国际贸易、资本流动、移民和其他形式的交流，比如数据流动。

贸易开放度（trade openness）可以通过国际贸易与 GDP 的比值来衡量。一般计算为 $(X+M)/(2\text{GDP})$，其中 X 和 M 分别代表出口和进口，GDP 是国内生产总值，所有变量都用同一种货币表示（例如以美元现值表示）。

同样，金融开放度（financial openness）可以通过跨境资产 A 和负债 L 的存量除以国内生产总值来反映：$(A+L)/(2\text{GDP})$。[1]

图 3.1 比较了发达国家以及新兴市场国家几十年来贸易和金融开放度的演变。从 20 世纪 60 年代到 21 世纪 10 年代，这两组国家的平均贸易开放度扩大了三倍。无论是在全球范围内还是在西欧等国，以进出口占 GDP 之比衡量的贸易开放度水平已大大超过了 1913 年全球化第一轮浪潮结束时达到的水平。[2] 这种贸易的很大一部分是在全球价值链（global value chain）当中进行的——来自不同国家的一系列产品和服务供应商参与最终产品生产：2009 年，根据经济合作与发展组织（OECD，2013）的数据，对一个典型发达国家来说，大约有四分之一的出口是第三国用于生产出口商品的中间产品，而其四分之一的进口则是本国用于生产出口的产品。

从 20 世纪 60 年代中期到 21 世纪头十年中期，G7 国家出口（或进口）占 GDP 之比从 13％上升到 25％，随后趋于稳定。在一些国家，如中国和前苏联，从封闭经济到开放经济的转变是巨大的：1970 年中国制造业的对外贸易占其 GDP 的 1％，到 2005 年这一比例达到了 25％。

全球金融危机后，在贸易保护主义未明显抬头的情况下，世界贸易增长相对于全球 GDP 增长有所放缓。贸易对 GDP 弹性下降的部分原因是周期性因素，至少在

---

[1] 第 7 章将进一步讨论金融开放度的测算。

[2] 详见 https://ourworldindata.org/international-trade。

2018 年美国总统对钢铁进口征收关税的初期、贸易摩擦开始前是如此，但也有部分结构性原因，如全球价值链的构建告一段落（Hoekman，2015）。尽管如此，贸易开放度仍然很高。

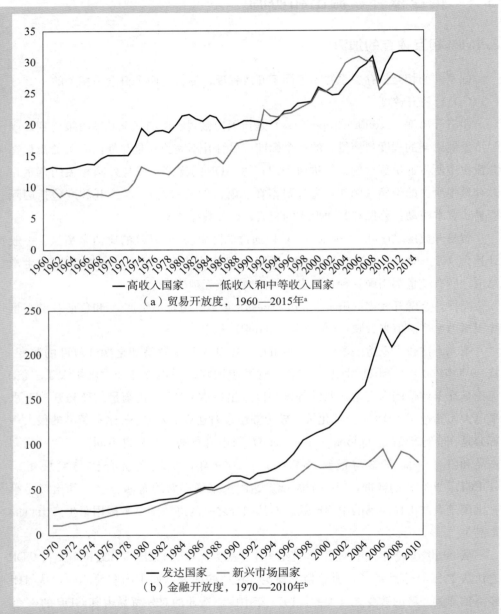

（a）贸易开放度，1960—2015年[a]

（b）金融开放度，1970—2010年[b]

图 3.1　贸易和金融开放度（占 GDP 的百分比）

注：a. 贸易开放度用（$X+M$）/（2GDP）计算，其中，X 和 M 分别代表出口和进口，GDP 是名义 GDP。

b. 金融开放度用（$A+L$）/（2GDP）计算，其中，A 和 L 分别代表海外资产和负债，GDP 是名义 GDP。

资料来源：World Bank 和 External Wealth of Nations Database（参见 Lane and Milesi-Ferretti，2007）。

关于金融开放度，其在 20 世纪 90 年代中期之前温和上升。但随着资本流动自由化，金融开放度在发达经济体呈现爆发式上升，而在新兴市场国家仍然只是温和增长。2007 年，就在全球金融危机爆发前，金融开放度似乎又有所提高。

劳动力流动的情况则有所不同。根据国际劳工组织（ILO，2015）的数据，2013 年全球有 1.5 亿移民劳工[①]，而全球劳动力总数为 33.38 亿，因此只有 4.5% 的劳动力是移民。尽管这一比例是一个显著存在的数值，但远低于上文提到的贸易和金融开放度。不过劳动力迁移还呈现出地理空间上集中的特征。例如，2014 年美国的移民劳工占全部劳动力的近 17%，而 1980 年这一比例为 7%。[②] 根据 ILO 的数据，在中东阿拉伯国家，2013 年移民劳工的比例高达 35.6%。在欧洲，2015 年欧洲邻国的战争和政治动荡导致了人口流入急剧上升，但在此之前（2008—2009 年全球金融危机后），欧洲的移民劳工流量就已经有了显著上升。

（b）相互依存性

贸易开放、金融开放和移民使得各国相互依赖。例如，一个国家的财政扩张将促进邻国的出口，而一国利率的下调可能通过资本流动对其他国家产生或正或负的外部性（见第 7 章）。

然而，假设全球经济已经完全一体化是错误的。研究一致认为，边界效应（border effect）广泛存在：跨国之间的劳动力市场、产品和资本市场一体化程度远远没有国内那么高。这个效应首次出现于美国和加拿大之间的贸易研究中。尽管北美自由贸易协定（North American Free Trade Agreement，NAFTA）旨在实现国际一体化，但麦克拉姆（McCallum，1995）的研究发现，加拿大两个相邻省份之间的贸易额是加拿大一个省和相邻的美国一个州之间贸易额的 22 倍。近期的研究证实了早期的发现，同时还提出了显著的边界效应。[③] 即使在欧盟内部，其所有关税都已经取消且所有贸易行政障碍都被视为非法的情况下，同属一个国家的两个城市的贸易额仍是分属于不同国家的两个城市贸易额的 10 倍（Mayer and Zignago，2005）。结果是，消除所有关税和监管的贸易壁垒不足以实现无摩擦的贸易，因为信息和法律壁垒形成了无形但强大的障碍（Chaney，2014）。

资本流动也受到本土偏好（home bias）的强烈影响：一国国内资产在投资组合中所占的份额，通常远远高于该国这类资产在全球所占的份额。例如，库尔达西尔和雷伊（Coeurdacier and Rey，2013）计算出，2008 年 77% 的美国股票投资组合投资于国内股票市场，而美国股票仅占世界股票资产总额的 33%。有趣的是，单个欧元区国家的本土偏好较低，但澳大利亚、日本、加拿大和新兴市场国家的本土偏好较高。尽管本土偏好自 20 世纪 80 年代后期以来有所下降，但其仍然是一个普遍

[①]　移民劳工是出生在与其目前居住国不同的国家的工人。

[②]　参见 http://www.migrationpolicy.org/programs/data-hub/us-immigration-trends#labor。

[③]　代表性文献是 Anderson and van Wincoop（2003），他们建立了一个理论上一致的模型解释了部分边界效应，但其比率仍大于 10，伊（Yi，2010）建立了一个基于多阶段和序贯生产的模型，能够解释八分之三的依据经验测量的边界效应。

现象。

反过来看，传统的贸易和资本开放的测度可能无法充分反映相互联系（inter-connectedness）程度。例如，比利时、马来西亚或新加坡等一些国家显示出非常高的贸易开放度（有时甚至超过 100％），因为贸易是以总值为基础记录的，而 GDP 是增加值的总和（因此中间消耗品被抵消了）。所以进出口活动夸大了分子，但没有同样改变分母。根据经合组织（OECD）-世界贸易组织（WTO）2011 年的估计[1]，马来西亚出口总值的 41％ 来自进口附加值（其包含在出口产品中）。因此，以 2011 年的增加值衡量，出口占 GDP 的比重为 $0.59 \times 85\% = 50\%$，而不是标准算法的 85％。

同样，金融开放度也可能无法准确反映相互联系的程度。例如，美元作为美国以外银行的主要融资货币，其引发了与美国货币政策密切相关的全球信贷周期（Rey，2013，以及第 7 章的讨论）。由于部分美元流动性并不来自美国（它们可能来自其他金融中心），传统金融开放度的衡量标准将低估美国对全球金融的影响。对金融开放度的静态衡量也忽略了金融开放所造成的脆弱性。例如，一个国家可能会因为另一个国家正在经历金融危机而面临资本流动的突发逆转，这是因为国际投资者的风险厌恶情绪上升。

最后，即使没有任何跨国贸易、资本或劳动力流动，也可能存在相互依存关系。最有说服力的例子是气候变化：即使是完全封闭的经济也会推动温室气体排放。另一个例子是互联网引发的思想交流，这种交流不一定要采取专利交易或人才流动的方式。

相互依存需要国家间的合作，其原因有二。第一，提供全球公共产品（global public goods）。第二，当一国决策对其邻国或贸易金融伙伴产生重大影响时，政策结果需要进行优化。

3.1.2　全球公共产品

如今，气候和生物多样性的保护以及国际金融的稳定，都被视为全球公共产品——这一概念是公共产品概念的现代延伸，这些公共产品也进入标准的消费者效用函数当中。

要理解什么是公共产品（public goods），首先要了解消费商品和服务的两个重要属性：排他性（excludability）和竞争性（rivalry）。排他性意味着消费品专属于某些个人或家庭，这包括标准的私人消费产品，如衣服、食物、汽车，不包括洁净的空气、免费的电视节目、安全和金融稳定（这些商品和服务被认为是非排他性的）。竞争性意味着一个人对某一物品的消费会减少该物品对其他人的可用性，比如湖里的鱼，但公共照明或街道安全就并非如此（这些被认为是非竞争性的）。公

---

[1]　参见 TiVA 数据库，可从 OECD. Stat 获取。

共产品是一种商品或服务，其消费具有非排他性和非竞争性。

这两个属性是相互独立的，其不同组合有四种情况（见表 3.1）。有趣的是，随着时间的推移，有些商品和服务的分类会发生改变。比如，共享经济的兴起使得住房和汽车等耐用品的排他性出现了下降趋势；反过来，付费频道的崛起和免费电视的消失，则是向排他性质的转变。

表 3.1　排他性、竞争性和公共产品的定义

	排他性	非排他性
竞争性	私人产品，如鞋子	公共资源，如湖里的渔业资源
非竞争性	俱乐部产品，如注册了专利的发明	公共产品，如公共照明，洁净的空气

纯私人产品消费的社会价值等于个人价值（只有自己才在乎鞋子舒服与否）。[1]但非竞争性产品却并非如此，因为它们的消费在不减少对自身价值的前提下，对别人也会有价值，这意味着生产动力不足、供给可能偏低。如果我打扫了屋前的卫生，那么邻居也会受益，这将诱使我坐等邻居先这样做。排他性可以解决这个问题（通过申请一项发明专利，这样就可以获得产权，并可对他人使用这项发明收费[2]），但是并非所有物品都有排他性。对于那些既不具有竞争性又不具有排他性的公共产品来说，没有什么简单的方法能确保充足的供给。在缺少政府干预或其他制度安排的情况下，理论表明，公共产品的产出是次优的。[3]

该分类方法被用来构建关于全球治理问题的讨论框架。气候保护、不可再生自然资源的可持续管理和金融稳定等等，这些通常被视为全球公共产品。

在实践中，该领域的国际合作存在三大困难：第一，如何就什么是全球公共产品达成一致？第二，以何种适当的工具或规则来提供全球公共产品？这是一个效率问题。第三，从公平角度来看，谁来为它提供资金？

全球变暖就是一个很好的例子，在这三个层面都存在分歧。强有力的科学证据表明，全球变暖是一个事实，它与人为的二氧化碳排放相关，但这一证据仍存在争议，包括特朗普总统在任时期的美国政府在内都认为这个结论有争议。在工具方面，大多数经济学家主张通过征税，或者通过全球排放许可市场引入全球碳价格（例如，参见 Gollier and Tirole，2016），但许多政府立马拒绝，认为这是对其国家主权的侵犯；其他国家，如美国，相比于欧洲，倾向于将重点放在对新能源、清洁技术以及碳存储等技术的研究上，即使在缺乏价格信号的情况下也是这种想法；最后，新兴市场国家认为，在存量上它们并没有释放大量的温室气体。（这个说法是真实的，尽管在流量上它们确实释放了很多。）因此，在目前的经济发展阶段，新

---

[1]　除非我使用我的鞋子产生灰尘或垃圾，这将对其他消费者产生负面影响，请参见下一节的国际溢出效应。

[2]　有关知识产权的更多信息，请见第 8 章。

[3]　参见 Elinor Ostrom（1990），她因致力于公共池塘问题的自主治理多样化方面的工作获得了 2009 年诺贝尔经济学奖。

兴市场国家认为它们不应该被要求控制碳排放（Bhagwati，2010）。2015 年 12 月在巴黎达成的全球协议——后来被美国总统特朗普否定——表明第一个困难是可以克服的，另外两个困难也取得了进展。但是要想采取有效的集体行动仍然存在严重障碍。

全球发展也可能面临类似的问题。不能帮助贫穷国家减贫，这最终会降低全人类的福利——不论是因为无私，还是因为其不利于全球经济繁荣并导致恐怖主义、犯罪、疾病传播和大量移民。因此，发展可以被视为一种全球公共产品。但是，海外发展援助（overseas development assistance，ODA）对于援助者和受援助者而言也还是有其双边的视角。

各国正在通过多种途径合作，以实现全球公共产品的设计和提供。一种特别行之有效的方法是一劳永逸地就共同规则达成一致，并通过共同机制来贯彻实施。国际贸易就是这种基于规则协调（rules-based coordination）（但其越来越受到特朗普总统领导时期美国政府的质疑）的例子：世界贸易组织所有 164 个成员签署了大约 60 项多边协定，并同意在出现贸易纠纷时遵守世界贸易组织的决议。

次优的国际合作形式依赖于软性而非硬性的法律条文。2015 年关于气候变化的巴黎协定依赖于参与国的自愿承诺。这些承诺既不充分（即使全面实施也不足以将气温上升控制在 2℃ 以下），也没有约束力（没有强制执行机制）。然而，该协议包括审查条款，其发起人希望气候行动协调将逐步实现其目标和影响力。

银行监管方面的协作也是通过共同规则（即涵盖了资本和流动性要求的巴塞尔比率）进行的，然而，这些规则在转化为国家立法之前，并不具有法律效力（见第 6 章）。IMF 和世界银行发布的标准和准则，或 OECD 的税基侵蚀和利润转移（BEPS）税收准则也是如此。在这些情况下，协作的开展基本上依赖于透明度，以及由此产生的同行压力、私人利益和公众舆论驱动。

同样地，透明度也被用作推动各方提供特定全球公共产品的一种方式，比如政府对流动税基征税的能力。OECD 的 BEPS 倡议对跨国公司提出了分国家逐个报告的要求。BEPS 税收准则不具有约束力，但在 2016 年 2 月得到了二十国集团的认可。

这意味着全球治理并没有一个固定的模式，而是各种方法和制度安排的组合。

3.1.3 国际溢出效应

国际政策协调的第二个动机来自经济政策的国际溢出效应，这种双边或区域的溢出效应是经济上的相互依存造成的。有三个例子提供了解释：

• 2008 年 9 月，爱尔兰政府决定将银行存款担保的门槛从 2 万欧元提高到 10 万欧元，欧洲伙伴国很快跟进，因为它们担心将自己的担保保持在较低水平会导致储户将其账户转移到爱尔兰；

• 2015 年夏天，德国决定向来自中东的难民敞开大门，这对邻国奥地利产生了重大影响，因为人口的流入主要是通过该国领土；

• 2015 年 12 月，美联储提高政策利率的决定（甚至在此之前，对该政策的预期）导致了新兴市场国家的资本净外流，使其脆弱的货币发生了贬值（见第 5 章）。

这三个例子表明，决策可能严重影响伙伴国家。然而，对本国负责的决策者通常不会考虑溢出效应，除非正式或非正式的协调促使他们改变做法。

"囚徒困境"的例子很好地阐述了上述独立决策的陷阱与加强合作的必要性。在这个例子中，两个嫌疑人作出不合作的决定，将会使他们的境况变得更糟（见延伸阅读 3.1）。尽管这是一个假设的例子，但它却说明了一种博弈结构，这种博弈结构可以由多种相互依存的关系产生。

许多事例表明，相互依存会带来国际协调方面的问题。在公共卫生、能源安全、环境保护、金融稳定和税收等领域，都可以找到这方面的例子。这类问题在宏观经济政策领域也很普遍，人们多次试图通过国际对话（通过 G7 和 G20）和制度化合作来解决这些问题，无论是在多边层面（通过 IMF）还是在区域层面［例如，欧元区财长会议（欧元集团）或东亚地区的东盟与中日韩（10＋3）宏观经济研究办公室（AMRO）[①]］。

延伸阅读 3.1　　　　"囚徒困境"以及独立决策的缺陷

兰德公司（Rand Corporation）的塔克（Tucker）在 1950 年首次阐述了囚徒困境（prisoner's dilemma）理论（Tucker，1950，1980）。

犯罪事件发生后，有两个嫌疑人（囚徒）被关进监狱等待审判。但两人均不承认自己有罪。在缺乏强有力证据的情况下，法官制定了一个规则：如果其中一个嫌疑人辩解自己无罪并揭发另外一人的罪责，这个人将被无罪释放，而被揭发者将被判 10 年；如果两个嫌疑人互相指控，他们将被认为是共同有罪并被判刑，不过鉴于他们与法官合作的意愿，所以将得到奖励，法官会判两人各 5 年刑期；但是，如果两个嫌疑人都坚持自己的清白、也不指控对方，他们都将被判 1 年。

现在每个嫌疑人的命运不仅由自己的选择决定，还取决于另外一个嫌疑人的选择，这给问题提供了博弈结构。表 B3.1.1 的 2×2 矩阵给出了两个嫌疑人不同选择的收益矩阵（x，y），其中 x 表示第一个嫌疑人的收益，y 代表第二个嫌疑人的收益。

表 B3.1.1　囚徒困境的决策矩阵

		囚徒 2	
		背叛同伙	与同伙合作
囚徒 1	背叛同伙	（−5，−5）	（0，−10）
	与同伙合作	（−10，0）	（−1，−1）

---

① ASEAN＋3 由东南亚国家联盟（东盟）、中国、日本和韩国于 1997 年成立。

囚徒 1 为了找到自己的最佳决策，应依据对方可能的选择来决定自己的最优策略。如果对方选择不合作（结果第 1 列），囚徒 1 会选择不合作（因为 $-5 > -10$）；如果对方选择合作（结果第 2 列），囚徒 1 仍会选择不合作（因为 $0 > -1$）。所以每个人的最优策略都将是不合作，即揭发对方。因而，最终两个嫌疑人被各判 5 年。这种结果称为非合作均衡（noncooperative equilibrium）或纳什均衡（Nash equilibrium，以 1994 年获得诺贝尔奖的约翰·纳什命名）。

这个均衡并不是最优的：因为如果两个嫌疑人能够互相沟通并达成一致，他们可以选择合作，都不揭发对方，每人各判 1 年，从而使双方的境况都得到好转［即合作均衡（cooperative equilibrium）］。

这个模型表明，在相互依存的情况下，理性但分散的决策可能并不是最优的。它还表明，尽管合作是有益的，但它可能难以维持，因为一旦一方确信另一方会合作，他就有背叛的动机。合作均衡是不稳定的，而非合作均衡则是稳定的。

由于其简洁性，该模型已被广泛应用于分析各种国际政策协调问题。然而，这一模型本身并不意味着正式合作总是必要的。研究表明（Axelrod，1984），在无限期重复博弈的情况下，会形成一个稳定的合作解决方案，如果博弈一方背叛，那么在接下来的博弈中另一方也会不合作（这是以牙还牙策略）。

更加正式地，政策协调的收益可以说明如下。假设有两个对称的国家[①]：本国和外国（外国用星号表示）。由于双方互相依赖，政策结果 $\mathbf{Y}$ 和 $\mathbf{Y}^*$ 不仅取决于本国的政策 x 和 x^*，也取决于另外一国的决策。所以，

$$\mathbf{Y} = H(x, x^*) \quad \text{和} \quad \mathbf{Y}^* = H^*(x^*, x) \tag{B3.1.1}$$

其中，$\mathbf{Y}$ 和 $\mathbf{Y}^*$ 是 n 维向量，x 和 x^* 是标量（每个国家拥有多项政策工具也不会影响这里的分析结果）。每个国家的政策制定者旨在最大化其社会福利方程 $U(Y)$。基于式（B3.1.1），$U(Y)$ 可以写为 $V(x, x^*)$。独立决策时，两国决策者在 x^* 给定的前提下使 V 最大化：

$$\max_x V(x, x^*) \quad \text{和} \quad \max_{x^*} V^*(x^*, x) \tag{B3.1.2}$$

一阶条件为：

$$\frac{\partial V(x, x^*)}{\partial x} = 0 \quad \text{和} \quad \frac{\partial V^*(x^*, x)}{\partial x^*} = 0 \tag{B3.1.3}$$

这意味着，每个国家的最优决策也取决于其他国家的决策。从式（B3.1.3）可以得到两个决策反应函数（reaction function），每个函数代表一个国家对另一国政策的最优反应：

$$x = F(x^*) \quad \text{和} \quad x^* = F^*(x) \tag{B3.1.4}$$

两者的交叉点就是非合作博弈的纳什均衡。为了使这个均衡是帕累托最优的，它必须是下面这个方程的解：

---

① 信息对称的假设只是为了简化问题，排除这个假设也不影响结果。

$$\max_{x^*} V^*(x^*,x),\ s.t.\ V^*(x^*,x)\geqslant V_0^* \tag{B3.1.5}$$

V_0^* 是给定的外国效用水平。对应的拉格朗日方程为：

$$L=V(x,x^*)+\lambda\left[V^*(x^*,x)-V_0^*\right] \tag{B3.1.6}$$

所以最大化要求：

$$\frac{\partial V}{\partial x}=\lambda\frac{\partial V^*}{\partial x}\quad\text{和}\quad\frac{\partial V}{\partial x^*}=-\lambda\frac{\partial V^*}{\partial x^*} \tag{B3.1.7}$$

这个结果和前面的式（B3.1.3）不同，这里最大化的不是 V，而是 $V+\lambda V^*$。也就是说，独立决策没有实现最优。

经济史记录了货币和汇率政策产生重要溢出效应的几个案例。20 世纪 30 年代，一些国家的紧缩性财政政策和货币政策相互强化，使得危机更加严重。2010—2012 年期间，欧元区也发生了类似的协调失败，当时几个成员国同时削减了财政赤字，这对整个欧元区的 GDP 产生了负面影响，从而使财政调整在一定程度上面临无效。

协调失败也会影响汇率政策。在 21 世纪 10 年代，巴西等新兴市场国家指责美国通过扩张性的非常规货币政策发起了一场"货币战争"（见第 7 章）。

两国模型描述了政策协调的经济学。一个简单的例子是：两个国家之间采用了固定汇率制度（或货币联盟），这两国受到了共同冲击，并试图通过实施紧缩性财政政策来降低冲击对外部平衡造成的不利影响（见延伸阅读 3.2）。由于是共同冲击，且两国的反应方式相同，这种尝试必然是徒劳的。这时，实施紧缩政策的唯一效果将是降低产出，而不是改善外部平衡。这就像囚徒困境一样，两国都因追求狭隘的国家利益而蒙受更大损失。

| 延伸阅读 3.2 | 简化的协调模型 |

一个最简单的协调模型是对称的两国模型，两国之间采用了固定汇率，两国之外的世界（其他国家）经济具有外生性。两国都有一种政策工具，即财政政策。带星号的变量代表外国，不带星号的变量表示本国。每个国家的财政扩张都会影响另一国，因此，如果 Y 代表产出（用实际产出和充分就业产出之间的缺口来衡量），g 代表财政政策工具，则有如下等式：

$$Y=\phi g+\Psi g^*-u\quad\text{和}\quad Y^*=\phi g^*+\Psi g-u \tag{B3.2.1}$$

式中，ϕ，$\Psi>0$，u 代表对称的外部冲击。我们假设两国政府都关心各自的外部均衡 b，其满足：

$$b=\rho(g^*-g)-u\quad\text{和}\quad b^*=\rho(g-g^*)-u \tag{B3.2.2}$$

式中，$\rho>0$，且取决于进出口产品的需求弹性。如果外部需求下降（$u>0$），两国都面临收入和外部均衡恶化。因此两国都希望另一国财政扩张，从而可以促进本国出口。在这一想法落空的情况下，它将考虑动用财政政策以使损失函数最小化：$L = \omega y^2 + b^2$（对称地，$L^* = \omega^* y^{*2} + b^{*2}$），其中 ω、$\omega^* > 0$ 分别代表损失函数中本国和外国收入相对于外部均衡的权重。

当两国都采取独立决策时，本国的最优政策如下：

$$g = \frac{(\rho - \omega\phi\Psi)g^* + (\omega\phi - \rho)u}{\omega\phi^2 + \rho^2} \tag{B3.2.3}$$

相应地，可得到 g^* 的对称结果。

两国对于外需下降（$u > 0$）的反应取决于损失方程中内部和外部目标的相对权重（如果 $\omega < \rho/\phi$，政府将会紧缩财政以应对冲击，从而恢复外部均衡）。但是这种反应也取决于其他国家采用的政策：反应函数给出了考虑其他国家政策的最优政策选择方程。

这个模型是完全对称的，所以两个国家将会采取相同的政策，$g = g^*$，因此纳什均衡时：

$$g = g^* = \frac{\omega\phi - \rho}{\omega\phi(\phi + \Psi)} \tag{B3.2.4}$$

$$y = y^* = -\frac{\rho u}{\omega\phi} \tag{B3.2.5}$$

$$b = -u \tag{B3.2.6}$$

$$L = \left(1 + \frac{\rho^2}{\omega\phi^2}\right)u^2 \tag{B3.2.7}$$

当双方共同合作以求最小化两者的损失方程时，两国会认识到：试图依靠紧缩财政政策来应对外部冲击是无效的，此时最优的政策选择为：

$$g = g^* = 0, \quad y = y^* = 0, \quad \text{同时损失为} \quad L = L^* = (1 + \omega)u^2 \tag{B3.2.8}$$

如果 $\rho > \omega\phi$（即财政政策对外部平衡的影响足够大），合作使得每个政府的境况都变好。在此情况下，缺乏协调会导致过度紧缩的财政政策，从而在没有改善外部平衡的情况下减少产出。

这个推导过程比模型本身具有更广泛的意义。经过必要的修正，该模型还可适用于分析财政政策的负外部性（可能出现在货币联盟中），也可适用于分析货币政策的外部性（浮动汇率制下），以及结构、金融或税收政策。我们将在接下来的章节中回到这个问题。

3.1.4 国际协调面临的问题

关于国际协调，囚徒困境很有说服力。然而仍有现实理由反对协调政策，至少在缺乏能够管理相互依存关系的共同机构时的情况下是这样。一些研究者甚至认为，简单的理论具有误导性，国际协调实际上可能被证明是有害的。

第一，政策溢出效应可能并不总是很大。例如人们普遍认为，在正常时期，货币联盟成员国的财政扩张将对其他成员国产生模糊的影响，这对其出口有积极影响，但对其投资有消极影响（由于更高的利率），两者方向相反。然而，当货币政策受到约束，或当几个国家同时进行强有力的财政扩张时，财政溢出效应就不再是模糊的，实际上可能很大（见第 4 章）。这表明在某些情况下（尽管不是所有情况）可能还是需要协调。

第二，政府和其他国家公共机构只对其本国公民负责。因此，它们很难偏离由国家利益决定的政策选择。美国的货币政策可能会影响其他国家的增长和通胀，但美联储法案只考虑美国的经济目标。尽管政策协调的博弈论研究表明，合作均衡优于纳什均衡，而且所有国家最终都会从中受益，但是许多政策决定仍然是在给定他国政策的情况下作出的。

第三，即使达成了联合行动的协议，政府或其他政策参与者也可能欺骗、不执行协调政策。这种单方面偏离合作均衡的做法（假设伙伴国坚持合作协调）通常会产生一阶收益，因此似乎难以避免。当有关其他参与者的政策信息不完全时，这个问题就尤其重要。在欧洲的"软协调"进程中，尽管有广泛的监督机构，但仍然产生了许多财政承诺、改革承诺没有得到实际履行的例子。

第四，规模很重要。美国政策对较小新兴经济体的溢出效应可能很大，但反之则不适用。德国和较小欧元区成员国之间的情况也是如此。在这种情况下，小国希望大国考虑到它们的命运，但无法提供对等的承诺。

第五，关于经济传导机制的假设，不同国家的政府可能基于明显不同的模型来论证。例如，各国对于如何估计货币政策和财政政策的预期影响上可能存在分歧：一个政府可能认为是紧缩性的政策，但在另一个政府看来却是扩张性政策。欧洲再次提供了一个合适的例子，因为人们对财政赤字和债务影响的态度大相径庭。现实当中经济运行机制面临的不确定性也会不可避免地使协调变得复杂。此外，这种分歧会导致协调政策产生适得其反的效果（Frankel and Rockett，1988）[1]。

第六，协调可以被看作是一种共谋，其可能阻碍了适当政策的推出。马丁·费尔德斯坦（Feldstein，1988）很早就提出，不充分协调的经济政策所产生的结果，还不如不协调但是经过深思熟虑的单边政策。肯尼斯·罗格夫（Rogoff，1984）对这一论点进行了正式的表述，他的研究表明，协调合作削弱了中央银行对于稳定通胀的承诺。

第七，最后但同样重要的是，部分参与者（例如，只有少数国家的参与，或是只有政府而没有中央银行的参与）之间的协调会恶化而不是改善政策结果（这也是在第 1 章讨论的次优解的一个例子）。例如，在货币联盟中，如果各国财政预算部门的协调中没有中央银行的参与，实际上可能导致较差的结果。

正是这些论点让两位著名的国际经济学者茅瑞斯·奥伯斯法尔德（Maurice Obstfeld）和肯尼斯·罗格夫（Kenneth Rogoff）在 2002 年得出结论："即使在一

---

① 弗兰克尔和罗基特（Frankel and Rockett，1988）基于不同经济模型的差异表明，在不同模型基础上进行协调的政策参与者可能得到较差的结果。然而，他们的结果对参数变化不稳健。

个经济高度一体化的世界里，缺乏协调可能并不总是一个大问题……国内货币政策机构的持续改进，加上世界资本市场的进一步扩大，可能会使［部分协调］方案变得多余，甚至适得其反。"（Obstfeld and Rogoff，2002，p. 528）

已经有实证研究评估了经济政策协调的具体收益。第一篇也是至今被引次数最多的文献是奥迪兹和萨克斯（Oudiz and Sachs，1984）的文章，他们观察政府过去的行为以评估其目标函数，其结论是：对于主要国家来说，协调的回报大约是 GDP 的 0.5％，这些回报甚至难以抵消政府为了争取协调而面临的国内限制。

这些结果可能会有争议，因为这些研究都是在全球贸易和金融相互依存的程度远远低于今天的时候测算出来的。除了第 3.1 节提到的单个国家的贸易和金融开放度显著提高之外，贸易和金融的相互依存性在区域和全球网络中也得到了更充分的体现，其中一些国家成为全球节点，而另一些国家则扮演区域看门人的角色（IMF，2012）。这些特征突出了国际金融的相互依存具有全球性和不对称性。全球相互依存的高度不对称特征在 2008 年和 2011 年尤为明显，当时美国和欧洲金融市场受到流动性严重枯竭的影响。在此情况下，美联储在美国财政部的支持下将美元互换额度扩大到了选定的伙伴国央行，从而使各国能够向自己的银行提供美元流动性（见第 6 章）。更一般地说，在发生严重危机的情况下，国际合作往往被认为是必要的，而在正常情况下，定期交流信息就可以了。然而在经济繁荣的时候，风险往往会积累，所以这也要求在繁荣时期进行监管的协调。

在全球层面，系统性的国际协调从未持续很长时间，多半是一次性集体行动。值得一提的是，1978 年在波恩峰会上达成了关于通胀的协调政策，1985 年 10 月的《广场协议》（Plaza Agreement）则提出了扩大美元贬值幅度的政策，1987 年 1 月的《卢浮宫协议》（Louvre Agreements）提出了稳定汇率的举措。更近的一次是2008—2009 年，二十国集团[①]设计了一项协调一致的刺激计划，首次使得新兴市场国家和发达国家携手，共同抵御全球经济面临失控的萧条风险。随后 G20 还采取了进一步的举措，旨在监测、协调货币和财政政策正常化的步伐，但这些举措收效甚微。

这些例子没有明确地说明协调的好处。德国在 1978 年波恩峰会参与的协调政策，甚至导致了德国通胀重现和经常账户恶化，这使得德国对国际协调产生了持久的不信任。2009 年的刺激计划更为成功（也是因为当时的环境是通缩），但是随后关于政策正常化步伐也很快出现了争议。

在技术层面，特别是在中央银行之间，协调明显更加成功。无论是 1987 年 10 月股市崩盘、"9·11" 事件、2007 年 8—12 月的流动性危机时期，还是 2008 年秋

---

① 主要的机构和非正式的协调论坛见第 3.2 节。

雷曼兄弟破产的冲击，都是美国和欧洲货币当局紧密且成功协调的结果。

3.1.5　全球机构与治理

国际协调的体制结构显示出高度的稳定性。甚至在二战结束前，两个全球性机构——国际货币基金组织（IMF）和世界银行就已经成立了，从而配合商品市场的重新开放，以及在国际收支困难的情况下提供财政援助，并引导资本流向战后重建和发展。这些机构至今仍然主导着相应领域的国际协调。在贸易领域的对应机构是世贸组织（WTO），其于 1995 年成立，但关税与贸易总协定（General Agreement on Tariffs and Trade，GATT）秘书处自 1948 年就已存在了。[①] 世贸组织的成立特别增加了一个争端解决机构，这大大加强了 GATT 解决成员间争端的架构。其他主要机构包括成立于 1919 年的国际劳工组织（International Labor Organization，ILO），其可以制定标准并组织磋商，但效力要有限得多；OECD 于 1961 年接替了成立于 1947 年的欧洲经济合作组织（Organization for European Economic Cooperation，OEEC），OEEC 是基于美国对欧洲援助的马歇尔计划成立的。还有特定行业的国际组织，例如卫生、航空运输、电信，以及（尽管是碎片化地存在着的）环境等领域的行业组织。

由于主要金融交易市场和银行遍布全球，金融监管一直是国际协调的重点领域。国际清算银行（Bank for International Settlements，BIS）成立于 1930 年，是在解决战争赔款的背景下成立的，现已成为各国央行的全球论坛。银行监管是巴塞尔银行监管委员会的职责范围。该委员会是 BIS 的一个专门委员会，一直是建立最低资本充足率标准体系的工作平台。还有金融稳定委员会（FSB），其为 2007—2008 年全球金融危机的产物，有助于为金融市场和金融机构制定国际规则（见第 6 章）。

全球治理（global governance）作为一个逐渐广泛使用的概念，是在缺少世界政府或全球政府情况下的一个替代品。它基于上述这些专门领域的国际机构组织起来，并辅以两个非正式的国家集团：1975 年创建的七国集团（G7）[②] 和 1999 年新兴市场危机后诞生的二十国集团（G20）[③]。在 2007—2008 年全球金融危机之后，G20 在加强国际合作方面的作用显著上升（2009 年 9 月匹兹堡金融峰会公报认定它是国际经济合作的"首要论坛"）。然而后来它的有效性很快下降了。

国际机构的治理借鉴了独立权威模型：每个机构都有明确的主管领域，在这一领域根据明确的任务规定行事（见表 3.2）。其合法性更多地来自专业化及其完成任

---

　　① 1948 年的《哈瓦那宪章》设想建立一个国际贸易组织，但未能得到美国国会的批准。

　　② G7 最初是在 1975 年作为 G6 创建的，其中包括美国、日本、德国、英国、法国和意大利。加拿大于 1976 年加入，俄罗斯于 1998 年加入（直到其成员国地位于 2014 年被暂停）。欧盟也参加 G7/G8 的峰会。

　　③ G20 包括 G7 国家加上阿根廷、澳大利亚、巴西、中国、印度、印度尼西亚、韩国、墨西哥、俄罗斯、沙特阿拉伯、南非、土耳其和欧盟。

务的能力，而不是形成决策的过程（换句话说，它更多地取决于结果的合法性，而不是程序的合法性）。

表 3.2 主要国际机构的职责范围、规则和手段

领域（机构名称、创建时间）	投票机制	制度的力量	法律手段	提供融资的能力
贸易［关税与贸易总协定（GATT），1947 年＋世界贸易组织（WTO），1995 年］	一成员一票，简单多数或特定多数，基于实践达成共识	弱，除了贸易争端解决领域	仲裁与争端解决（通过争端解决机构）	不涉及
国际货币合作［国际货币基金组织（IMF），1945 年］	加权投票，简单多数或特定多数，基于实践达成共识	强有力的制度一致性，加上 G7/G20 的强力支持	制定标准的权力有限，对接受 IMF 援助的国家有间接权力	主要面向需要援助的国家，不面向国际收支盈余国家
发展融资（世界银行，1945 年）	类似 IMF，在发展中国家发挥更重要的作用	与 IMF 相同	几乎没有	2007—2008 年全球金融危机之前，随着各国可以在金融市场上获得融资，其作用下降，但危机之后又显著增强
中央银行合作，［国际清算银行（BIS），1930 年］	加权投票	通过中央银行体现	间接	间接
金融稳定性［金融稳定委员会（FSB），2009 年］	基于共识决定	不具有法律约束力，但有影响力	无	无
劳动力［国际劳工组织（ILO），1919 年］	政府、雇主、雇员之间平等全体大会：一国一票 董事会：为大国提供常任席位	弱	弱（协议标准的执行取决于会员国的良好意愿）	弱

资料来源：作者整理。

这种治理体系可能是唯一可行的方案，因为没有一个全球政治权威机构具有作出决策和强制执行决策的合法性：用第 1 章的话说，在没有世界代表性个体的情况下，就不会有世界社会福利函数。世界层面唯一合法（legitimate）的审议机构是联合国大会，但其会员国数目众多、规模大小不一，这使其在处理全球经济问题方面相当无效。尽管如此，继 2000—2015 年的千年发展目标之后，2015 年 9 月联合国又一致通过了 17 项可持续发展目标，联合国已成为一个有能力制定全球共同目标并通过各个附属机构监测执行情况的实体。

全球机构总体稳定，但也不应掩盖其所面临的挑战。一个重要的因素是区域主义的兴起，最明显的是在贸易领域，多边谈判停滞不前，而区域协定却在膨胀。同时区域主义也涉及金融合作。欧盟是迄今为止层次最高的区域协议，除此之外，亚洲货币和金融合作的兴起也是一个值得关注的发展。2015 年是一个重要的里程碑，在中国的倡议下亚洲基础设施投资银行（Asian Infrastructure Investment Bank，AIIB）成立了，这是一家总部设在北京的区域性开发银行。

国际组织的政策本身面临一些争论，此外，现有国际机构的影响力没有反映出国际问题的优先级，这一点也遭到了批评。IMF 和世界银行的权力，以及 WTO 专门小组在解决成员之间的争端时对制定国际贸易法作出的贡献，这都是国际组织有效性的标志。然而，这些优势也凸显了世界治理体系在环境、公共卫生、劳工、税收和数据等方面的相对低效，它们仍然依赖于成员的政治承诺。

3.2　联邦和国际联盟

世界上有近 30 个国家（占世界人口 40%）被正式归类为联邦制（或邦联制），其中很大一部分政策决定是由国家下一级做出的。[①] 这些国家通常是大国，如巴西、澳大利亚、德国、印度和美国，但也有像比利时和瑞士这样规模小一些的国家，其权力更为分散。最新近成立的联邦是尼泊尔，其新宪法于 2018 年 1 月生效。

即使在单一制国家，一些决策也会分权给地方政府。总体而言，在 OECD 当中，政府总支出的约 30% 发生在区域或地方层面，而中央政府约占 50%（其余为社会保障）。[②] 权力下放程度因国而异。

自 20 世纪 80 年代以来，权力向地方转移取得了显著进展，甚至在英国（1998 年将立法和行政权下放给了苏格兰）与法国（自 20 世纪 80 年代以来，改革步伐较小但方向明确）等单一制的国家也存在这种趋势。

联邦制也在超国家层面发挥了作用。尽管欧盟预算被限制在 GDP 的 1% 左右，但欧盟的成员国奉行的就是专家所说的"政府间的联邦制"（intergovernmental federalism），也就是欧盟委员会前主席雅克·德洛尔（Jacques Delors）所称的"民族国家联邦"。在欧盟，一些经济政策的权限已经上交给了欧盟，比如贸易政策、竞争政策，或者欧元区成员国的货币政策。类似地，尽管没有那么雄心勃勃，但其他地区的国家也在尝试建立国际联盟。

因此，对于世界上很大一部分人口来说，其政府都是多层级的。在此背景下，关于政策权限在各层级之间分配的辩论，往往比关于实质内容的辩论更为激烈。欧

---

① 联邦和邦联之间的区别并不明确。邦联通常是由条约建立的，而且更加分散。最终的权力在于参与国家，重要的决定需要参与国家的一致同意。根据这种区别，瑞士邦联实际上是一个联邦。

② OECD 国家的未加权平均值。见第 4 章的图 4.1。

洲税收、社会政策或财政政策的支持者和反对者不断被卷入争论。加泰罗尼亚和西班牙政府之间、魁北克和加拿大政府之间的激烈争议一直都在持续。最后但同样重要的是，英国脱欧（英国决定离开欧盟）引发了关于脱欧协议和未来可能合作形式等棘手话题的争论。

联邦制的经济理论（economic theory of federalism）有助于澄清这些问题的讨论，并有助于提出在联邦或国际联盟内分配政策权限的标准。

3.2.1 联邦和国际联盟的经济学

"财政联邦主义"（fiscal federalism）的理论既不受限于联邦问题研究的范畴（它处理的是行政和政治实体间权力的"垂直"分布），也不受限于财政问题——实际上它涉及所有政策，其目的首先是确定在哪一个层面上作出决策。

基本的规则是财政等价（fiscal equivalence）（Olson，1969），即公共政策的行政组织和融资来源应与其地理影响区域一致。这个观点可以追溯到亚当·斯密，他认为：

> 让地方得益的支出（例如，某个市或区域的警察）应该由当地税收来支付，而不应当对社会的总体收入产生负担。由全社会来承担只对社会某一部分人有好处的支出，这是不公平的。
>
> ——亚当·斯密（A. Smith，1776，book 5，chap. 1）

用更为现代的语言来说，权限的分配应该量身定制，从而处理正外部性（externalities），比如一个地方政府提供的商品（比如说娱乐基础设施）同时也有利于其他地区。同样，这也适用于"内部性"，即政策影响范围集中在比行政管理范围更小的区域（例如，国家对地方性交通运输系统提供融资）。

这种公共支出和受益者之间的匹配规则，其本身并不涉及集权或分权偏向。相反，它意味着过度集权和过度分权一样无效，并证明了多层级（可能重叠）政府共存是合理的，以便使政策的管理与政策效果的空间分布相匹配。例如，河流污染的责任应由所有流域中的地方来解决，不论它们来自哪个国家。在实践中这一规则常常没有得到遵守。地方政府经常提高本地税收来为基础设施建设或社会服务融资（例如，新建体育设施），这一举措可能惠及相邻地区的居民。同样，国家层面的支出也可能惠及邻国，例如法国的公路运输基础设施使得前往南欧海滩的北欧居民受益。

在将外部性内部化的同时，要设计一种保持偏好多样性的财政体系，这会引发复杂的问题。在瑞士，各级政府都有特定的权限，并独立设定支出和税收水平。如果一个州的居民使用了邻近城市的基础设施，则该州需要对邻州支付横向补贴。此外，转移支付还发生在各州内部和各州之间。这一方法导致了复杂性，然而它设立了一个重要准则。

关于集权和分权之间的选择，经济动机只是部分的决策依据。从历史上看，中央集权经常被用来统一由不同文化实体组成的国家，而不考虑偏好的异质性。但是它们仍然提供了重要的启示。奥茨分权理论（Oates，1972）主张，在不存在外部性和规模经济的情况下，分权总是更加可取。这是因为不同地区消费篮子中给予公共产品和私人产品的权重可能不同，地方性决策会更好地满足纳税人的偏好。在没有外部性的情况下，一个地方提供的公共产品不会影响邻近地区的福利。同时，如果没有规模经济，中央政府也不能更有效地提供公共产品。在这些情况下，尽可能分权是更优的选择。

对于一些特定的商品，其收益可能不局限于某一特定地区，或者其存在规模报酬递增，这时候集权就会带来收益。例如，国防、科研与环境政策就都是这种情况。

如果同时存在地区间的异质性偏好和地区间外溢性，这时权限的分配就涉及权衡，最优水平有赖于外部性大小和偏好差异程度。这个权衡正是阿莱西纳等（Alesina et al.，2005）确立的国际联盟理论的核心。他们的模型（见延伸阅读3.3）表明，那些存在异质性偏好的群体（例如在公共产品的性质和数量上存在偏好的群体）仍然能够从集体行动中获益，这是因为高效率带来的福利收益超过了失去分权自治而带来的福利成本。国防再次成为这一观点的简单例证：很少有国家能够负担得起将其军事力量投送到海外地区的成本。然而，如果一国加入了致力于国际安全的合作组织，其就能从每个联盟成员的支出中获益。当然，它们还需要权衡这种额外收益与额外成本，也就是必须要与合作国在国防政策的优先性和实用性上达成一致。

延伸阅读 3.3　　　　　　　　**阿莱西纳、安杰洛尼和埃特罗构建的国际联盟理论模型**

为什么需要建立国际联盟？阿莱西纳、安杰洛尼和埃特罗（Alesina，Angeloni，and Etro，2005）的研究认为：这是对偏好异质性和正外部性之间权衡的一个结果。

假设联盟由 N 个规模相当的国家组成，这些国家可能合作也可能不合作，如果合作，它们将共同提供一种非竞争性但有排他性的俱乐部产品（club goods），从而使所有参与合作的国家受益（见表3.1）。每个国家可以分别独立提供这种产品，但它无法获得合作产生的正外部性收益。国防或能源基础设施都是这类俱乐部产品的例子。

参加联盟存在成本，因为这 N 个国家事实上存在不同的偏好：一些国家更偏好消费少量俱乐部产品，而将更多的可支配收入用于私人产品的消费。然而当它们决定加入联盟时，就只能服从投票得出的集体选择。它们最终是否加入联盟，这面临着权衡。

不加入联盟的"孤立"国家 i（$i=1, \cdots, N$）的效用函数如下所示：

$$U_i = Y_i - G_i + \alpha_i H(G_i) \tag{B3.3.1}$$

对于加入联盟的国家，则其效用函数如下：

$$U_i = Y_i - G_i + \alpha_i H\left(G_i + \beta \sum_{j \neq i} G_j\right) \tag{B3.3.2}$$

式中，Y_i 代表 i 国的收入，G_i 代表由 i 国提供的那部分俱乐部产品，它由本国税收承担，因此，$Y_i - G_i$ 就是可以用于私人产品消费的可支配收入，而 $\sum G_j$ 是联盟中其他国家提供的俱乐部产品之和。α_i 表示每个国家在俱乐部产品和私人产品之间的偏好权重。β（取值在 0 到 1 之间）表示其他国家提供俱乐部产品时带来的外部性。H 是单调递增的凹函数（$H' > 0$，$H'' < 0$），这意味着提供越多的俱乐部产品，微观经济主体就会获得越高的效用水平，但同时边际效用递减。

当每个国家自行选择提供多少俱乐部产品时，它忽略了这一俱乐部产品会给别国带来的正外部性，因此俱乐部产品的产量将低于存在"中央计划者"情形时的最优水平。这是典型的协调失灵。当 N 个国家加入联盟后，俱乐部产品的产出水平将依据简单多数原则投票得出，从而反映中位数国家（偏好 α_m 在分布中处于中间位置）的偏好。此时，为每个联盟成员提供俱乐部产品的最优解 $\widetilde{G}_N$ 如下：

$$\alpha_m H'(\widetilde{G}_N) = \frac{1}{1 + \beta(N-1)} \tag{B3.3.3}$$

由于 H' 是一个递减函数（H 本身是凹函数），所以最优的俱乐部产品生产水平为下列因素的增函数：

- 成员的数量 N；
- 外部性影响 β；
- 中位数国家对于俱乐部产品的偏好 α_m。

这是一个标准的中位数投票模型的应用（见延伸阅读 2.11）：重要的不是平均偏好，而是"作出"决定的投票者的偏好。显然，这个结果取决于投票规则（简单多数、限定多数、全体一致）。在全体一致规则中（这是欧盟修改条约或确定预算时的规则），最终起关键作用的是最不赞成俱乐部产品国家的偏好。

现在我们假定：联盟由 1 到 M 国（$M < N$）组成，这些国家具有连续的偏好，这样（不失一般性）就有 $1 \leqslant \cdots \leqslant k \cdots \leqslant M$，$\alpha_1 \leqslant \cdots \leqslant \alpha_k \cdots \leqslant \alpha_M$，且当 $j > M$ 时，$\alpha_j \notin [\alpha_1, \alpha_M]$。加入这个联盟后，新成员将从以前享受不到的外部效应中获益，对于那些已经是联盟中一员的国家而言，新成员的到来也会带来正外部性，因为新成员将支付 $\widetilde{G}_{M+1}$ 用于俱乐部产品的生产，但是它也通过改变中位数选民从而改变了内部均衡。

三种有趣的情况出现了：

- 新加入成员对于俱乐部产品的偏好即便较低（即 α 比较小），如果外部性收益大于成本，俱乐部产品的总体产出水平仍将增加至 $\widetilde{G}$。
- 如果联盟扩大的过程使得政治平衡偏离了成员国的偏好，则现任成员国（甚至可能是大多数成员国）可能会在联盟扩张的过程中遭受损失。

• 如果 M 个偏好关系相邻的国家已经组成了联盟,那么剩下的 $N-M$ 个国家会发现其再加入联盟可能不会获益,因为它们的偏好差异较大,为了接受联盟俱乐部产品安排导致的损失将远大于从联盟中获得的外部性收益。

这种表述为思考具体的欧盟问题提供了一个有用的分析框架。贸易政策就是一个很好的例子,因为欧盟委员会根据(成员国贸易部长)理事会以特定多数给予的授权,代表所有成员国与第三国谈判。由于欧盟国家联合在一起体量明显上升,所以提高了对贸易伙伴国讨价还价的能力,这对所有成员国都有利。这就是规模经济效应。但由于欧盟各国贸易政策偏好也是出了名的多样化,这也改变了政治平衡。出于这个原因,更多保护主义新成员国的加入可能会导致现有自由贸易立场成员国的损失(反之亦然)。

同样的模型还表明,如果一国的偏好严重偏离中等偏好,那么在国际联盟内,其可能会(或认为自己)情况比较糟糕——这一结果为理解英国脱欧提供了启示。英国决定退出欧盟(在 2016 年 6 月 23 日公投之后)以及随后关于欧盟与英国未来关系的讨论,可以根据这一模型进行解释。

对于负外部性,也可以得出同样的结果。例如,假设 A 国居民对收入不平等高度厌恶,然而 B 国居民对此厌恶程度较低。于是 A 国会进行更多的收入再分配,这可能导致 B 国低收入的人群移民到 A 国。由于预算限制,A 国可能不得不限制再分配。这种"逐底竞争"可能导致政府偏离居民的偏好,从而减弱了分权带来的好处,我们将在第 8 章讨论"逐底竞争"。

在欧盟关于税收协调的辩论中,支持者认为,征税的分散决策和企业税基流动转移的做法相结合,将税收负担转移到了较难流动的中产阶级身上,这就与居民的偏好产生了偏离(这一点实际上得到了数据支持,见 Egger, Nigai, and Strecker, 2016)。反对者声称,税收协调是对国家主权的侵犯,最终将导致税收权力转移到非法的超国家权力机构。

赞成分权的一个政治论据是:分权为防止中央政府没收私人财产提供了一种保证。[①] 根据这一观点,中央政府只应具有基本的经济功能,而其他会产生明显分配效应的政策应当分权给地方政府来处理。各级政府管辖区域之间的竞争将确保它们不会侵吞私人财产。因此,国家内部的联邦制抵消了国家像利维坦一样行事的倾向,这也是对所谓民主体系缺陷的一种补救措施。实际上,正如蒂伯特(Tiebout)1956 年提出的著名论断,公民可以"用脚投票"迫使官员尊重他们的偏好。包括美国在内的一些联邦国家普遍持有这种观点,其认为分权应成为首选,虽然理论上会认为偏好异质性越大才越需要分权,但是这种观点认为对于分权的坚持甚至应该独立于这种考虑。

---

① 参见 Brennan and Buchanan(1980)或 Weingast(1995)。

3.2.2 欧盟

（a）欧盟指南

欧盟（European Union）[1] 的前身是欧洲共同体。1957 年，六个国家（比利时、法国、德国、意大利、卢森堡和荷兰）成立了欧洲共同体，这些成员国此前在欧洲煤钢共同体（European Coal and Steel Community）框架下成功地实现了由敌对转向合作。截至 2013 年，成员国数量已逐步增加到 28 个，随着英国在 2019 年的离开，成员国数目降至 27 个。

欧洲共同体最初建立的时候只是一个关税联盟，在少数领域还有一些共同政策。但其从一开始就具有复杂的制度和法律体系。随着时间的推移，欧盟逐渐在广泛的政策领域获得了更大的权限，并已经演变为单一市场（见延伸阅读 3.4）。在 21 世纪头十年早期，欧盟曾尝试制定宪法，但是这在法国和荷兰的全民公投中遭到否决。尽管如此，流产宪法中的大部分条款都被写进了新条约《里斯本条约》，该条约经所有成员国批准后于 2009 年 12 月 1 日开始生效。

| 延伸阅读 3.4 | 各种类型的经济联盟 |

在自由贸易区（free trade area，简称"自贸区"），各成员国间的制成品贸易是免税的，但对于区外的第三国则维持着贸易的管控。例如 1992 年以来，美国、加拿大和墨西哥在北美自由贸易协定（NAFTA）的基础上建立了联系，但其对于从第三国进口的商品征收更高的关税。自贸区的管理是复杂的，因为这些关税差异会刺激欺骗行为。所以必须建立原产地规则（rules of origin），详细规定某个产品被认定为实际原产于区内某国的条件。

在关税同盟（customs union）中，所有从世界其他地方进口的商品，无论其入境国和目的地是哪里，都要缴纳相同的关税。例如，一台韩国产的电视机，无论是从安特卫普还是巴塞罗那进口，也不论是在布拉格还是罗马销售，都要缴纳相同的关税。关税同盟的管理比较简单，但它要求成员国实行共同的对外关税，就像欧洲人在 1957 年签订的《罗马条约》规定的那样。然而，关税同盟并不一定需要取消内部边界管控：直到 1992 年建成单一市场之前，欧洲内部国家间的进口仍受到海关管制，以便检查进口的商品是否符合本国立法。

单一市场消除了商品、服务、人员和资本自由流动的障碍，所以其要求协调各国的规则，特别是关于技术或卫生标准的规则，因为这些规则的国别差异会妨碍货物和服务的跨境流动，并阻碍成员国通过共同规则或相互承认的国家规则。在欧盟内部，单一市场规则已于 1992 年生效。然而，服务业的自由流动很难实施。即使在没有歧视的情况下，地方法规也倾向于阻止服务业的外国供应商进入当地市场。

货币联盟（monetary union）的内容包括：采用一种共同货币，实行统一的货币政策，

---

[1] 欧盟最初被称为"欧洲共同体"。1993 年，由于《马斯特里赫特条约》在最初的经济层面上增加了政治和外交政策方面，它被重新命名为"欧洲联盟"。在这里，我们指"联盟"，只有在指过去时才使用"共同体"。

拥有一个共同的中央银行。它还需要在其他几个政策领域进行政策协调，尤其是财政政策。这就是经济与货币联盟（Economic and Monetary Union，EMU）的含义，在欧洲人的语境中，EMU 指的是条约中有关单一市场、单一财政和单一经济政策协调，以及单一货币的条款。欧洲货币联盟（European Monetary Union）成立于 1999 年，当时只有 12 个成员国。到 2018 年，这一数字增加到了 19 个，但对于波兰和匈牙利等较大的中欧和东欧国家来说，加入欧元区仍然是一个遥远的愿景。

为了应对 2010—2012 年的欧元区危机，欧洲货币联盟加强了经济、财政和金融监督程序；还成立了金融救助机构——欧洲稳定机制（ESM）；并建立了由统一的银行监管和处置机制组成的银行业联盟（banking union）（见第 6 章）。

欧盟对分权的偏好体现为以下原则：除非因为确有必要采取联合行动而支持中央集权，一般情况下都尽可能将政策权限分配给各国政府［特别参见延伸阅读 3.5 中的辅助原则（subsidiarity principle）］。然而，这些原则的构想并没有澄清权责的划分。20 世纪 90 年代以来，欧盟形成了新的政府间合作形式，成员国加强了协调程序，而成员国的自主权受到了更多限制。

财政联邦主义理论的大多数问题都与欧洲一体化的研究有关：

• 即使欧盟是一个政治架构，但是在决定欧盟应该怎么做的时候，经济效率的论点在欧盟内部决策中的分量往往比在单个成员国内部决策中更重要。

• 即使在某些领域（例如物价稳定）的国别偏好差异已明显缩小，但差异仍然明显，欧盟扩大会放大这种偏好差异。这就要求在一些偏好差距大的领域（如社会保障）进行分权，而在有相似偏好的领域则可以加强合作。[①]

| 延伸阅读 3.5 | 欧盟原则 |

欧共体并非源于一个经济项目，而是源于一种政治雄心，即"在长期处于流血冲突中的民族之间，通过建立一个经济共同体而创造一个更广泛、更深度融合的共同体，并为此奠定扎实的基础"（出自 1951 年《欧洲煤钢共同体条约》）。欧共体一体化的方式致力于为进一步、更紧密的一体化铺平道路。根据《欧盟条约》：

• 一体化进程"创造了一个有史以来最紧密的欧洲人联盟"（《欧盟条约》第一条）。

• 欧盟的既成法规（acquis communautaire）使得权力向中央层面转移变得不可逆转，并会对所有新成员都有约束力。

• 如果"为实现两部条约所确定的某一目标"需要由联盟采取行动，联盟可以获得新的权力。如果"两部条约并未赋予联盟必要的权力，欧盟理事会可根据欧盟委员会的提案并征得欧洲议会同意后，经由一致决定采取适当措施"（《欧洲联盟运行条约》第 352 条）。

---

① 加强合作使至少由九个成员国组成的小组能够在欧盟非专属权限框架内合作，并通过欧盟机构实现目标。这一条款最初以略有不同的形式引入《马斯特里赫特条约》，然而其只被使用过两次——用于便利跨境离婚和用于欧洲专利。

与宪法模式不同，欧洲的做法并不是在一开始就将所有权限分配完毕，而是依赖于小步推进的实用主义、强大的锁定和一体化机制。

1993 年的《马斯特里赫特条约》开始挑战这种逻辑，以避免过度集权，所以《欧盟条约》至少包括三条原则，其旨在避免过度的中央集权：授权原则（principle of conferral）规定"欧盟只应在成员国赋予的权限范围内行动，并实现条约中的目标"（第 5-2 条）；辅助原则规定，"在不属于其专属权限的领域，欧盟只有在成员国不能充分实现拟议行动的目标时，才应采取行动"（第 5-3 条）；相称性原则（principle of proportionality）规定，"欧盟行动的内容和形式不得超越实现条约目标所必需的范围"（第 5-4 条）。

因此，为了证明将权力转移给欧盟是合理的，仅仅证明分权不是最优状态是不够的，还必须证明集权是必要的。不过，如果只是为了要集中权力而对其进行论证，这似乎又背离了建立共同体的原则。

（b）欧盟的权限

在欧盟当前的治理结构中，欧盟的五类权限（competences）非常突出[1]：

- "专属"权限。在一些领域"只有欧盟能够立法"，并且"只有得到欧盟授权或为了执行联盟法规"时，各成员国才可以采取立法。这主要涵盖了贸易政策、竞争政策，以及欧元区成员国的货币政策。

- "共享"权限。在同一个领域当中，欧盟和成员国都有各自的权限，但主动权在欧盟手中。成员国应在欧盟没有权限的范围内行使权限。这主要涉及内部市场管理、区域环境政策、共同农业政策、消费者保护、运输和能源。

- 协调各成员国的经济和就业政策。

- 制定和实施共同的外交和安全政策。

- 支持、协调或补充成员国在卫生、工业、文化或教育等领域的行动。

上述列举内容有两个突出特点：首先，欧盟具有真正的联邦性质，其在某些领域的权限高于成员国；其次，欧洲决策系统具有复杂性，五类权限并存，并且不总是那么容易区分。

不过，从经济（和非法律）的角度看，还是可以对主要权限的分配给出一个简化表（见表 3.3）。[2]

表 3.3 是一种简化形式，但它的优点是揭示了欧盟一体化的经济逻辑。它表明，欧盟在劳动力和商品市场以及财政稳定职能方面不如美国集中，但在对外贸易谈判或气候政策方面和美国的集权程度相当，在国家援助或间接税方面比美国更加集权。这种特殊的权限分配建立在以下几个假设基础之上：

---

① 如《欧盟条约》第 2 条至第 6 条所列的欧盟职能。

② 这里借鉴了前央行行长和财政部长托马索·帕多阿·斯基奥帕（Tommaso Padoa-Schioppa）分享的见解。

表 3.3　欧盟内部权限分配概要

	成员国	欧盟
资源配置		
劳动力市场	××	×
商品市场	×	××
服务市场	××	×
金融市场	×	××
基础设施，科研，教育	××	×
农业支持	×	××
对外贸易制度	—	×××
气候	×	××
稳定		
货币和汇率政策（欧元区）	—	×××
金融稳定	×	××
财政政策	××	×
再分配		
个人之间	×××	—
区域间	××	×
国家间（联盟内）	—	×××

注：×在每一行的总和为 3，××表示共享权限的主动权在谁手中，×××表示专属权限。

（1）单一市场的一体化产生了巨大的经济效益。这证明消除欧盟成员国之间商品、服务和资本流动的监管障碍是合理的。在 2014 年英国对权限分配展开调查之际，这一假设面临反思和审视。在此背景下，多数研究的结论是：单一市场成员国的地位有助于大幅提高生产率、产出和收入（Emmerson et al.，2016）。

（2）商品和资本在欧盟各国之间流动，但是劳动力则缺乏流动性。这就有理由将商品、服务、资本市场的监管权限分配给欧盟，并维持各成员国对劳动力市场监管和个人之间再分配政策的主要责任。劳动力缺乏流动性，这有悖于欧洲单一市场的雄心（《欧盟条约》第 39 条规定，在欧盟内部"应保障劳动力自由流动"），但长期以来这仍是一个现实问题。劳动力流动性在 21 世纪头 20 年有所增加，但仍然有限：2015 年，外国公民占欧盟劳动力的 7.3%，其中一半来自欧盟内部的其他成员国。大量移民进入英国，据称这是英国脱欧的动机之一，但其 2015 年外国劳工的比例仅为 6.6%，而瑞士（不是欧盟成员国，但属于欧洲自由贸易区）为 18.5%，见图 3.2。

（3）单一市场的管理是欧盟的责任，但各成员国仍在竞争其他领域的资源配置政策。一方面，欧盟的权限很大程度上来自对单一市场的管理，比如在国际贸易或竞争领域——在后一个领域，欧盟委员会被赋予了双重角色，即控制企业集中度和监督国家对企业的救助政策。另一方面，成员国在其他的资源配置政策领域负有主要责任，尤其是在对长期增长起决定作用的领域（基础设施建设、研究与创新、教育）。在这些领域，欧盟主要通过预算来发挥其支持作用。

3

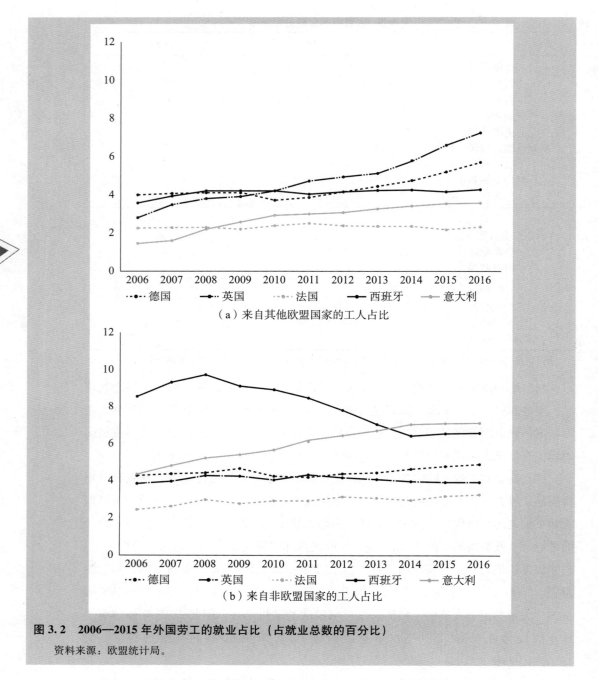

图 3.2　2006—2015 年外国劳工的就业占比（占就业总数的百分比）

资料来源：欧盟统计局。

　　（4）单一市场需要单一货币。虽然货币联盟在一定程度上实现了政治目标，但其经济合理性还是源自以下三者的不相容性，即商品、服务和资本在单一市场内的充分流动，汇率稳定以及独立的货币政策（Padoa-Schioppa，1987）。这就是所谓的"国际货币三元悖论"（见第 7 章），在单一市场下解决方案有两种：要么结束固定汇率安排，要么走向货币联盟。当时，人们认为汇率灵活性与商品自由流动的市场是不相容的。

（5）单一货币并不一定意味着欧盟要建立联邦层面的预算，但需要对各国财政政策进行联合监管。这一点仍然备受争议，它涉及两个独立的问题。第一个问题是：是否必须控制成员国的财政政策，以防止不可持续的财政行为危及货币稳定？这种风险正是签署《稳定与增长公约》的原因，该公约的目的就是确保各成员国财政政策避免"过度赤字"（第4章）。第二个问题是：是否需要联邦层面的预算？因为成员国缺乏货币政策自主权而失去了稳定政策工具。在20世纪70年代，欧洲的流行观点是：在货币联盟的情况下，欧盟将需要实施占GDP 5％的联邦预算（Mc-Dougall，1977）。但事实上，欧元的创立最终没有增加欧盟的预算。目前欧盟预算仅占GDP的1％，而且这也并不是为了实现宏观经济稳定而设计的。这就把宏观稳定的责任推给了成员国的财政政策，并造成了在经济与货币联盟（EMU）中反复出现的纪律与稳定之间的目标冲突。我们将在第4章和第5章再次讨论这些问题。

（6）欧盟不干预个人层面的再分配，而是发挥区域间和国家间的再分配作用。在欧盟成立之初，欧盟除了根据《共同农业政策》对农民进行再分配之外，几乎没有扮演过其他再分配的角色。在1970年和1980年，用于区域发展的支出仅占欧盟预算的3％和10％。在20世纪80年代，欧盟扩大到了次发达国家（西班牙、葡萄牙、希腊、爱尔兰），还有关于单一市场可能会导致经济活动集中于最繁荣地区的担忧，这些导致了区域政策的重大发展并促成了结构基金（structural funds）和凝聚力基金（cohesion funds）的创建。不过，尽管新老成员国间收入差距显著，但欧盟东扩并没有带来结构性支出的进一步增加，再分配主要还是通过改进现有计划来实现的。

欧盟模式在全球范围内独一无二。虽然确实存在数百个国际区域联盟，但其中绝大部分充其量只是自由贸易区。包含美国、加拿大和墨西哥的北美自由贸易协定没有任何超主权机构，也没有共同预算。然而总体上，欧盟的融合程度仍低于任何现有的联邦国家，如瑞士、美国或者加拿大。这些联邦同样基于单一市场和单一货币，但它们还有共同的劳动力市场，更重要的是，它们还有对维持经济稳定和再分配发挥重要作用的财政预算（占GDP的比重在10％～25％之间）。

（c）欧盟的未来

欧盟的历史有相当大的路径依赖性，这部分是因为初始目标没有（也不可能）一开始就明确。欧洲模式的成形始于一系列大胆举措，伴随着危机，最终是政治妥协，其间偶尔还会得到经济分析和建议的支持。

1957年，共同市场在整合了关税同盟和共同行业政策之后建立起来了，它是成员国尝试建立欧洲防御共同体失败之后的产物。单一市场的建立是自由市场主义者和联邦主义者相互妥协的政治结果，前者认为市场一体化是商品、服务和资本市场自由化的一种方式，后者认为同样的自由化是促进欧洲一体化的一种方式。[①] 与

---

① 或者，更直白地说，是坚定支持自由化和国家主权的英国首相玛格丽特·撒切尔（Margaret Thatcher）和法国前左翼部长、坚定的联邦主义者、欧盟委员会主席雅克·德洛尔之间的妥协。

此同时，从经济视角来看，建立统一市场也是增进福利并促进增长的手段，而单一市场则是对这种分析的强有力回应。

单一货币也是法国和德国之间政治妥协的结果，法国将其视为摆脱德国央行主导的一种方式，并将其视为获得全球的欧洲影响力的潜在工具，德国则可以通过欧洲货币联盟输出自己的经济政策。两国的斡旋者分别是弗朗索瓦·密特朗（François Mitterrand）和赫尔穆特·科尔（Pisani-Ferry，2013；James，2014）。欧元区的设计很大程度上借鉴了可信度理论和中央银行独立性理论（参见第 5 章）。然而，为构建欧元区而选择的标准却在很大程度上忽视了最优货币区理论（这可能导致一些国家被排除在外）和美国的经验（其货币统一耗时几十年，而且涉及财政转移，参见 Frieden，2016）。

最后，2004 年和 2007 年欧盟两次扩大，这被视为苏联解体的（滞后）后果，是欧洲重新融合的标志性事件。新的成员国通过锚定新制度，促进了贸易和直接投资的发展，所以融入欧盟在新成员国成功的经济转型中发挥了重要作用。一个很好的例子是波兰和乌克兰之间的比较，这两个前苏联集团成员在 1990 年的人均国内生产总值相似（见图 3.3）。但只有波兰在经历了漫长的法律程序后于 2004 年加入了欧盟。到 2014 年按购买力平价计算，波兰的人均国内生产总值几乎是乌克兰的三倍。[1]

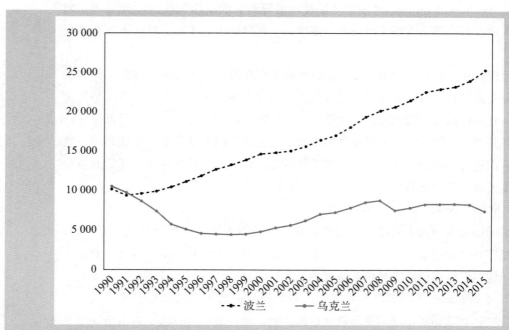

图 3.3　波兰和乌克兰：按 2011 年不变价美元计算的人均 GDP（购买力平价口径）

资料来源：世界银行。

---

[1]　购买力平价是一种通过考虑生活成本差异比较不同国家收入的方法，见第 7 章。有关波兰在欧盟成员国身份的反事实分析，参见 Campos，Coricelli，and Moretti（2014）。

　　欧盟模式现在站稳脚跟了吗？法国和荷兰选民在 2005 年否决了欧盟的立宪，之后是欧元区危机（2010—2012 年）接踵而至，然后是英国的脱欧公投。至少从 2011 年到 2015 年，希腊对于其欧元区国家的身份充满了反复的焦虑和怀疑，对于是否保留欧元区成员国的身份一直悬而未决。换句话说，欧盟几乎一直生活在危机模式中。然而与此同时，自 2010 年以来，欧元区政策体系扩展了几项重大内容，欧元区成员国也逐渐扩大到了 19 个。

　　关于欧盟的未来，在经济学家中引发了大量争论，激烈程度完全不亚于政治学家、政治家和公众当中的争论。一些学者（Alesina and Wacziarg，1999）从联邦制理论的研究出发认为，欧洲走得太远了，已经干预了一些本应专属于成员国的政策领域。另一些学者则相反，其呼吁更深层次的经济一体化，以确保欧洲货币联盟更好地运作（Van Rompuy et al.，2012；Juncker et al.，2015）和/或建立一个更民主的政治联盟，配备更强大、更合法的政治机构（Habermas，2015）。

　　反对联邦制度者希望权力下放，而支持联邦制度者希望赋予联邦新的权限。首先，我们可以从偏好多样性和规模经济潜力之间的平衡来解读这种争论。前者希望决策能更好地适应成员国的异质性，而后者则希望决策集中以便充分利用规模经济。值得注意的是，两者都可能是对的，无论与更分散还是更集中的解决方案相比，现有的权限分配都可能导致更低效的结果。

　　此外，还有一场关于欧盟决策的民主合法性的辩论。用德国政治哲学家尤尔根·哈贝马斯（Jürgen Habermas，2015）的话来说，"欧盟的存在要归功于政治精英的努力，他们能够寄希望于获得基本置身事外的民众的支持，只要这些民众认为欧盟也符合他们的经济利益。……欧盟通过其产生的结果而不是通过满足公民的政治意愿来使自己合法化。"在他看来，这种基于结果的合法性（output legitimacy）而非程序的合法性（process legitimacy）的一体化模式已经达到了极限，欧盟现在必须为自己建立一种更民主、更负责任的治理体系。反对者则认为，民众对欧洲议会发生的事情并不感兴趣，欧盟的合法性将继续依赖于它产生的经济结果。

　　这些争辩既重要又有些令人沮丧。与联邦制理论的建议相反，欧盟系统的特点是国家和联盟权限的重叠。因此，在法律文书和实践过程中，我们应当相当重视协调（成员国之间，以及成员国与欧盟之间）。在欧盟被赋予了责任，但没有相应文书规定的所有领域，都会出现协调问题。除了众所周知的财政政策（见第 4 章），这还涉及结构性政策、气候变化政策的很大一部分，以及越来越多的传统上属于国家决策的领域，如移民。这种责任的交叉重叠以及由此引发的协调问题，实际上并不是欧盟所特有的，但与联邦制国家的情况相比，这些问题在欧盟尤为尖锐。

参考文献

3

Alesina，A.，I. Angeloni，and F. Etro（2005），"International Unions," *American Economic Review*，95（3），pp. 602 – 15.

Alesina，A.，and R. Wacziarg（1999），"Is Europe Going too Far?" *Carnegie-Rochester Conference Series on Public Policies*，51，pp. 1 – 42.

Anderson，J. E.，and E. van Wincoop（2003），"Gravity with Gravitas：A Solution to the Border Puzzle," *American Economic Review*，93（1），pp. 170 – 92.

Axelrod，R.（1984），*The Evolution of Cooperation*，Basic Books.

Bhagwati，J.（2010），"A New Approach to Tackling Climate Change," *Financial Times*，22 February. Online at https：//www. ft. com/content/c9ee09b0-1fe7-11df-8deb-00144feab49a.

Brennan，G.，and J. M. Buchanan（1980），*The Power to Tax：Analytic Foundations of a Fiscal Constitution*，Cambridge University Press.

Campos，N. F.，Coricelli，F.，and L. Moretti（2014），"Economic Growth and Political Integration：Estimating the Benefits from Membership in the European Union Using the Synthetic Counterfactuals Method," *CEPR Discussion Paper* 9968.

Chaney，T.（2014），"The Network Structure of International Trade," *American Economic Review*，104（11），pp. 3600 – 3634.

Coeurdacier，N.，and H. Rey（2013），"Home Bias in Open Economy Financial Macroeconomics," *Journal of Economic Literature*，51（1），pp. 63 – 115.

Egger，P.，S. Nigai，and N. Strecker（2016），"The Taxing Deed of Globalization," *CEPR Discussion Paper* 11259，May.

Emmerson，C.，Johnson，P.，Mitchell，I.，and D. Phillips（2016），*Brexit and the UK's Public Finances*，Institute for Fiscal Studies Report，May.

Feldstein，M.（1988），"Distinguished Lecture on Economics in Government：Thinking About International Economic Coordination," *The Journal of Economic Perspectives*，2（2），pp. 3 – 13.

Frankel，J.，and K. Rocket（1988），"International Macroeconomic Policy Coordination when Policy Makers Do Not Agree on the True Model," *American Economic Review*，78，pp. 318 – 40.

Frieden，J.（2016），"Lessons for the Euro from Early American Monetary and Financial History," Bruegel Essays and Lecture Series.

Gollier，C.，and J. Tirole（2016），"Negotiating Effective Institutions Against Climate Change," *Economics of Energy & Environmental Policy*，4（2），pp. 5 – 27.

Habermas, J. (2015), *The Lure of Technocracy*, Polity Press.

Hoekman, B. (2015), *The Global Trade Slowdown: A New Normal?* Vox-EU eBook.

International Labor Organization (2015), *ILO Global Estimates on Migrant Workers*, December.

International Monetary Fund (2012), *Enhancing Surveillance: Interconnectedness and Clusters*, March.

James, H. (2014), *Making the European Monetary Union*, Harvard University Press.

Juncker, J. C. , et al. (2015), *Completing Europe's Economic and Monetary Union* (the Five Presidents' Report), European Commission, June.

Lane, P. , and G. M. Milesi Ferretti (2007), "The External Wealth of Nations Mark II ," *Journal of International Economics*, 73, pp. 223 – 50.

Mayer, T. , and S. Zignago (2005), "Market Access in Global and Regional Trade," *CEPII Working Paper*, 2005 – 02.

McCallum, J. (1995), "National Borders Matter: Canada – US Regional Trade Patterns," *American Economic Review*, 85, pp. 615 – 23.

McDougall, D. (1977), *The Role of Public Finance in European Integration*, mimeo, the European Commission.

Oates, W. (1972), *Fiscal Federalism*, Harcourt Brace Jovanovich.

Obstfeld, M. , and K. Rogoff (2002), "Global Implications of Self-Oriented National Monetary Rules," *Quarterly Journal of Economics*, 117, pp. 503 – 36.

OECD (2013), *Interconnected Economies: Benefitting from Global Value Chains*, May.

Olson, M. (1969), "The Principle of Fiscal Equivalence: The Division of Responsibilities Among Different Levels of Government," *American Economic Review*, 59, pp. 479 – 87.

Ostrom, E. (1990), *Governing the Commons: The Evolution of Institutions for Collective Action*, Cambridge University Press.

Oudiz, G. , and J. Sachs (1984), "Macroeconomic Policy Coordination Among the Industrial Countries," *Brookings Papers on Economic Activity*, 1, pp. 1 – 64.

Padoa-Schioppa, T. (1987), *Efficiency, Stability, Equity*, Oxford University Press.

Pisani-Ferry, J. (2013), *The Euro Crisis and Its Aftermath*, Oxford University Press.

Rey, H. (2013), "Dilemma not Trilemma: The Global Financial Cycle and

Monetary Policy Independence," *Proceedings of the Federal Reserve of Kansas City 2013 Economic Symposium*, pp. 285 – 333.

Rogoff, K. (1984), "Can International Monetary Policy Coordination be Counterproductive?" *Journal of International Economics*, 18, pp. 199 – 217.

Smith, Adam (1776), *An Inquiry into the Nature and Causes of the Wealth of Nations*. London: W. Strahan (1st ed.). (Multiple reeditions under the abbreviated title *The Wealth of Nations* in recent re-editions).

Tiebout, C. (1956), "A Pure Theory of Local Expenditures," *Journal of Political Economy*, 64, pp. 416 – 24.

Tucker, A. (1950/1980), "A Two-Person Dilemma," conference given at Stanford University, later published as "On Jargon: The Prisoner's Dilemma," *UMAP Journal* (1), p. 101.

Van Rompuy, H., et al. (2012), *Towards a Genuine European Economic and Monetary Union* (the Four Presidents' Report), European Commission, December.

Weingast, B. (1995), "The Economic Role of Political Institutions: Market-preserving Federalism and Economic Development," *Journal of Law, Economics, and Organization*, 11, pp. 1 – 31.

Yi, K. M. (2010), "Can Multi-Stage Production Explain the Home Bias in Trade," *American Economic Review*, 100, pp. 364 – 93.

第4章　财政政策

政府预算同时履行着第1章所分析的资源配置、再分配和稳定这三大职能：政府建设基础设施、投资研究和提供教育等公共服务；政府征收累进税，提供与收入相关的转移支付；政府让预算余额随周期波动，以平复经济波动。

虽然这些职能错综复杂、相互交织，但如今的财政政策（fiscal policy）［在欧洲也称为预算政策（budgetary policy）］主要是关于稳定职能。它包括一系列有关税收和公共支出的决议或规则，这些决定旨在影响总需求和引导经济走向平衡。这些决定可能是调整支出或者税收，对这种情况，我们称之为相机抉择的财政政策（discretionary fiscal policy）；或者是让财政收支根据增长和通胀情形而自动演变，对这种情况，我们称之为自动稳定器（automatic stabilizers）。

财政政策是一个相对新鲜的事物。在19世纪和20世纪初，政府的主要经济角色是建设和维护道路以及其他基础设施，并提供教育和邮政服务（法律和秩序，或者国防，但一般不认为这是主要的经济职能）。因此，在当时资源配置的功能是首要的。

再分配职能在某种程度上一直是财政政策的一个方面，因为关于税负分担的争议从征税伊始就开始了。社会政策也很早就出现了——在罗马，面包消费在公元前140年就开始得到补贴。但直到19世纪后期，随着累进所得税的引入（1842年在英国、1862年在美国）和社会保险的建立（1889年在德国），再分配制度才开始初现雏形。

到了20世纪，人们才认识到政府对预算的管理可以稳定经济。也就是说，它可以帮助失业率维持在均衡水平附近，避免通缩或者通胀压力的积累。对于财政政策的这种新的认识，在很大程度上要归功于约翰·梅纳德·凯恩斯和保罗·萨缪尔森（Paul Samuelson）等学者。在一个高度形式化的宏观经济学世界中，财政决策者处理预算的方式与货币决策者处理利率的方式相同，两者共同行动使得低失业率和稳定的价格成为可能。

　　然而，稳定的实现不仅仅是决策本身的结果。政府对宏观经济作用的提升，也同样要归功于公共支出占 GDP 比重的长期持续上升。这源于养老保险、医疗保险，以及社会福利和公共教育项目的普及。例如在美国，政府总支出占 GDP 的比重在第一次世界大战前为 2%，第二次世界大战前夕上升到 10%，20 世纪 50 年代为 20%，70 年代为 30%。后来一直在 30%～40% 之间波动，到 2007—2008 年后的经济萧条时期突破了 40% 的大关。在欧洲，该比例的初始水平更高（第一次世界大战前，法国和英国约为 10%，德国约为 20%），并在之后上升到更高水平（约占 GDP 的 45%～55%）。① 总之，在半个世纪的时间里，政府已经从无关紧要的宏观经济参与角色转变成为总需求的主要贡献者。

　　关于稳定政策，从来没有达成过共识。尤其在第二次世界大战后的德国，人们几乎总是对它持有怀疑态度。即使在美国或英国，这些对于财政政策的稳定功能接受度更高的国家，20 世纪后期，理论和实证研究都开始对积极财政政策的有效性产生了怀疑。20 世纪 70 年代，石油危机首次暴露了财政刺激政策的无效性。随后在 20 世纪 80 年代，一些理论挑战也开始出现（或者说是旧挑战的重现）。20 世纪 90 年代，出现了一些国家扩张性财政政策的失败和无痛的财政巩固的案例，这使人们开始重新评估财政刺激对经济增长的作用。到了 2000 年，人们对财政激进主义的信心已经破灭：政策制定者形成的共识是：除了提供自动稳定机制（例如在经济低迷时期保持稳定的支出）之外，积极的财政政策并没有太多空间。

　　数年之后，全球金融危机使得财政政策再次成为人们关注的焦点。2009—2010 年，为了应对经济下滑，几乎所有最大的发达国家和新兴市场国家都采取了重大刺激措施，这有效遏制了全球衰退。在接下来的几年里，在需求低迷、通缩压力和接近零利率的背景下，财政政策的有效性得到了积极的重新评估。在这种情况下，其被认为是更有效和更必要的。

　　然而就在 2010 年，从爱尔兰和希腊开始，几个主权债务国在债务市场上出现了借贷困难，因为市场担忧其偿债能力。这实际上是一个古老的问题，在发达国家这已经不再被认为是一个问题（尽管在新兴市场国家还不是这样）。但这引发了新一轮讨论，即当公共债务达到高水平时，财政扩张是否仍然有效。

　　因此，关于财政政策的共识已经随着时间的推移而改变，并将继续演变。还应该注意的是，大多数经济体的开放、金融市场的发展或不同货币制度安排等结构性变化，这些也改变了财政政策的作用机制和政策进行权衡的背景，并证明了财政决策过程的演变具有其合理性。

---

① 本段数据来自国际货币基金组织的现代公共财政历史数据库。参见 Mauro et al.（2013）。

4.1 问题

4.1.1 概念

（a）预算、盈余、赤字

公共预算（public budget）是指详细说明一定时期内（通常是一年）政府收入和支出的来源与数量的文件。收入包括直接和间接税、社会保险缴纳、公共资产收入、公共服务收入，以及可能的公共资产处置等。支出主要用于核心国家功能（如警察、司法、外交政策和国防）、提供公共服务（教育、医疗保健）、对经济和社会的间接或直接支持（基础设施、研究）、社会转移支付和公共债务利息。

预算由不同的政府实体自行制定，如中央政府、公共机构、州和地方政府。政府各部门的预算编制做法大体相似。为了进行国际比较和全面监测，统计学家将各个细分账户汇总到了一般政府（general government）账户。

虽然总的趋势是走向财政分权，但各国的财政分权程度仍然差异较大（见图4.1）。2016 年，英国和德国的中央政府支出分别占总支出的 91％ 和 28％。此外，社会保险（social insurance）可以是中央政府（或部分州和地方政府）财政的组成部分，也可以通过特定缴款渠道来另外安排。①

常规的预算类别包括资本支出（capital expenditures）（基础设施投资，自从近年修订国民账户核算体系以来，还包括了研发支出投资）和经常性支出（current expenditures）（所有其他项目）。公共债务的利息支出取决于债务规模和长期利率，这两个变量至少在短期内是政府无法控制的。因此，评估支出演变的一个有用概念是基本支出（primary expenditures，除公共债务利息以外的所有支出）。国际货币基金组织附条件的资金援助磋商，一般也会规定基本支出的目标。

各国政府的核算规则各不相同，但欧盟已经建立了一个统一的财政账户体系。现在，所有账户都是以权责发生制（accrual basis）而非收付实现制（cash basis）记录的（这意味着交易是在创造经济价值或产生债务关系时记录，而不是在付款时记录）。同时，这个账户体系还区分了特殊支出或一次性支出（one-off expenditures）与重复性支出（recurring expenditures）。

预算草案的编制、讨论，以及在议会通过，这都是实施财政政策的重要步骤。不同国家的组织、程序和时间安排千差万别。一个典型的流程是：编制经济和政府收入预测；政府各部门分别编制本部门预算草案；内阁讨论并对预算进行整合；在议会讨论和最终投票。整个过程至少需要 6 个月（见延伸阅读 4.1 中的美国联邦预算流程）。

---

① 在欧洲，提供失业、健康和养老保险的集体计划通常都被归为社会保障（social security），而在美国，社会保障仅指养老保险。

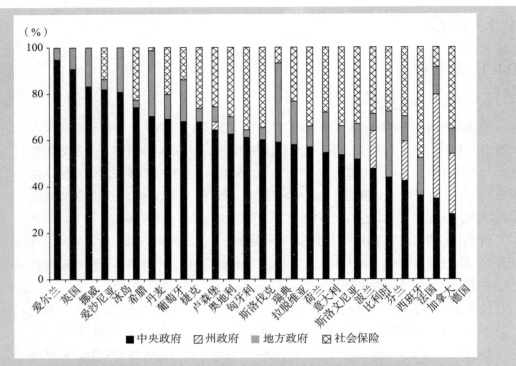

图 4.1　2016 年各级政府支出分布（占政府一般支出总额的百分比）

资料来源：OECD *Government at a Glance* statistics，2017.

财政（或预算）余额（fiscal or budgetary balance），也被称为政府净借贷（net government lending），是政府收入和支出的差额。财政收支余额为正表示财政（或预算）盈余（fiscal or budget surplus），为负表示财政（或预算）赤字（fiscal or budget deficit）。和基本支出概念相应的概念是基本收支余额（primary balance），我们将在后面再次讨论这个概念，因为它有助于确定公共债务的动态变化：

$$财政收支余额(净借款) = 基本收支余额 - 债务利息支付$$

延伸阅读 4.1　　　　　　　　　　　　　　　**美国的联邦预算流程**

美国的联邦预算流程[①]始于每年 2 月的第一个星期一，总统向国会提交预算案；到 4 月初，参众两院的预算委员会（可能参考或者不参考总统的提案）将其决议草案提交给议会，并待其通过；如果两院之间存在分歧，则交由一个会议委员会来解决。

接下来的阶段需要区分强制性支出和自主性支出（mandatory and discretionary spending）。前者是指不受制于当前国会批准的支出（例如，可能由过去颁布的法律而确认的支出，法语称为 services votés）。而自主性支出则要求必须由国会通过"拨款法案"（appropriation

———————————————

① 参见 www.cbpp.org/research/policy-basics-introduction-to-the-federal-budget-process，以及 http://budget.house.gov/budgetprocess/budgettimetable.htm。

bill）。两院并行处理 12 类支出，每一类支出都分配给了不同的小组委员会。之后在两院分别通过法案，并在会议上解决分歧。这些拨款法案预计最迟将于 10 月 1 日由总统签署成为法律。否则，国会将通过一项延期决议，即在短期内为政府提供资金，以避免政府关门（2013年就发生了这种情况）。

与此同时，强制性支出由授权委员会（authorizing committee）进行审查，授权委员会还负责确定是否需要额外财政收入来为其提供资金。预算委员会（budget committee）将授权计划合并为一个综合方案，提交议会投票，然后提交总统签署。

因此，议会流程总共需要 8 个月，如果不能在 10 月 1 日前结束，往往需要更长时间。

图 4.2 显示了 1960 年以来意大利财政余额和基本收支余额的演变，意大利在四分之一个世纪的时间里一直面临着公共债务的困境，其公共债务占 GDP 的比例在 100% 甚至更高的水平。很明显，在 20 世纪 60 年代和 70 年代初，这两个概念之间的差异（对应于净利息支付，在图上用灰色条形图表示）是微不足道的，当时公共债务比率和利率都很低。但随着高利率环境和经常性赤字导致的公共债务增加，这一差距变得越来越重要。基本余额仅在 20 世纪 90 年代呈现盈余，这得益于财政整顿和更强劲的宏观经济环境。基本余额的峰值出现在 1997 年，当时意大利为达到加入欧元区的条件将赤字降至 GDP 的 3%。有趣的是，利息支付在 20 世纪 90 年代后半期也显著减少，这也是因为利率和债务水平都有所下降。

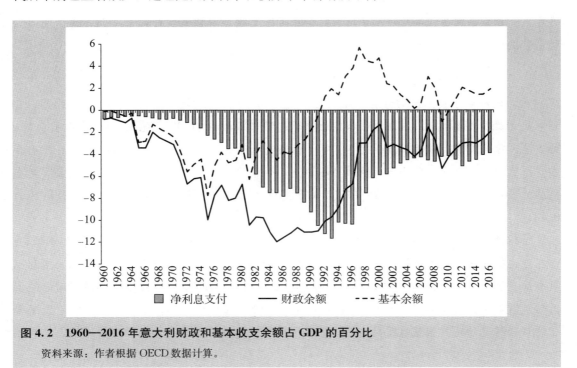

图 4.2　1960—2016 年意大利财政和基本收支余额占 GDP 的百分比

资料来源：作者根据 OECD 数据计算。

当经济繁荣时财政余额会改善，而经济增长放缓时则会恶化。这是因为大多数税基与经济活动的变动方向一致（例如，增值税取决于家庭消费，企业所得税收入取决于企业利润），而公共支出没有相应的变化。有些支出项目，例如失业救济金或转移支付等特定项目，其在经济繁荣时期还会出现下降。财政收支的这种自发变动，也就是自动稳定器功能，其对于总需求和私人部门的净收入具有稳定作用。因此，政府规模较大的国家往往表现出更大的总体宏观经济稳定性。[①]

为了刻画财政政策的变化，就需要计算经过周期性调整的财政余额（cyclically adjusted balance），该计算需要衡量达到潜在产出水平时的财政余额（见延伸阅读4.2），以此为基准进行比较分析。通常认为，经过周期性调整的财政余额，其动态变化衡量了财政冲击（fiscal impulse）或财政政策立场（fiscal stance），这不同于自动稳定器所引起的变化，它反映了相机抉择的财政政策。

延伸阅读 4.2　　　　　　　　　　　结构性赤字的计算

结构性（经过周期性调整）的财政余额是假设 GDP 处于其潜在水平时所对应的财政余额。计算的第一步是估计产出缺口，也就是产出与其潜在水平的百分比差异（见第 1 章）。然后，估算财政余额占 GDP 的比重 s 对产出变动的平均敏感度。取 y 为产出的对数，$\bar{y}$ 为潜在产出的对数，则该敏感度为：

$$\varepsilon = \frac{\mathrm{d}s}{\mathrm{d}(y-\bar{y})} > 0 \tag{B4.2.1}$$

式中，d 是微分算子。最后一步是用财政余额占比 s 减去周期性成分 $\varepsilon(y-\bar{y})$，得到经周期性调整的财政余额，或结构性余额 s^*：

$$s^* = s - \varepsilon(y-\bar{y}) \tag{B4.2.2}$$

s^* 的大小取决于潜在产出的计算方法，且受到周围不确定性的影响（见第 1 章）。此外，它还取决于灵敏度参数 ε 的准确性和稳定性。莫瑞等（Mourre et al.，2013）回顾了欧盟测量 ε 的方法。他们发现，欧盟（或欧元区）的 ε 值略高于 0.5，这意味着如果 GDP 对潜在产出存在 1 个百分点的偏离，就会导致财政余额偏离 0.5 个百分点。由于政府规模以及收入和支出结构的差异，有些国家的这一数值较高（丹麦为 0.65），而另一些国家则较低（西班牙为 0.43）。

结构性余额这个指标也有其自身的缺点，这些缺点在 2018 年后的动荡环境下十分明显：潜在产出概念本身颇具争议、并不稳健，其估计值会随着时间的推移而变化，并且其本身也具有周期敏感性（Coibion, Gorodnichenko, and Ulate，2017）；对实际增速和潜在增速的实时估计常面临重大调整（Tereanu, Tuladhar, and Simone，2014）；税收收入相对于税基变化的弹性随着时间的推移也不稳定，这导致了敏感性参数的不稳定。由于这些原因，结构性

----

① 这一发现在控制了估计中的偏差后成立，正如罗德里克（Rodrik，1998）所说，因为面临更多总体波动风险的国家（由于其地理或部门专业化）可能对更大的政府产生内生偏好。参见 Galí（1994）、Fatás and Mihov（2001）以及 Debrun, Pisani Ferry, and Sapir（2010）。

余额的事后估计可能与实时估计有显著差异。

另一个问题是：经过周期性调整的基本余额（cyclically adjusted primary balance，CAPB）的变化是否正确地衡量了财政立场？尽管它经常被用于衡量财政立场，但相应的年度估计（基于数据，根据敏感度测算得出结论）可能与政府收支决策的加总结果相去甚远（基于现实）。基于罗默和罗默（Romer and Romer，2010）的方法，研究人员建立了基于单个决策估计的加总时间序列［IMF（Devries et al.，2011）］。由于它根据实际的财政举措而不是事后分析，这种叙述性方法（narrative approach）更适合衡量相机抉择的财政政策。

然而，用后一种方法来评估财政立场也并非没有缺陷。它需要精确测算各项财政措施的成本：例如，评估税收改革对预算的影响。对于新的立法，这种估计可能并不准确，要么因为估算错误本身，要么是因为政府有动机低估新立法的预算成本。

因此，财政余额的演变可以分解为周期性成分和相机抉择成分，后者等于经过周期性调整的余额变化。

$$财政余额（净借出）＝周期性余额＋经过周期性调整的财政余额$$

经过周期性调整的财政余额也可称为结构性余额（structural balance）。然而在欧盟财政体系中，这两个概念略有不同：结构性余额剔除了一次性收入或支出，如资产出售或银行资本重组的收益：

$$结构性余额 ＝ 经过周期性调整的财政余额 － 一次性净收入$$

同样的分解也适用于基本余额，可将其分解为周期性和结构性的基本余额，后者也称为经过周期性调整的基本余额（CAPB）：

$$基本余额 ＝ 周期性基本余额＋CAPB$$

将基本预算余额分解为结构性余额和周期性基本余额，在此基础上的分析表明：后者是造成短期波动的主要原因（见图 4.3）。然而从长期来看，结构性余额的变化才是关键。

结构性赤字是 IMF、OECD 和欧盟委员会等国际组织用来监测各国财政状况和制定政策建议的主要依据。然而，它无法直接观测，而且其测量存在许多技术困难。使用这一指标还有两个重要缺陷：第一，可能没有准确地衡量产出缺口；第二，政府支出和收入对经济活动的敏感性可能不稳定（见延伸阅读 4.2）。

因此，各机构对结构余额的估计各不相同，而且在修订后结果往往可能有大的变化。一个典型案例是 2007 年的爱尔兰：欧盟委员会最初评估该国的结构性盈余处于安全范围内，但随后的修订导致了评估结果的逆转（见图 4.4）。

另一个问题是，经过周期性调整的余额的年度动态变化，从理论上来说应该代表了财政政策的相机抉择行为，但是它常常与基于实际财政收支的估计不一致，甚至差异很大（见延伸阅读 4.3）。因此，结构余额确实是政策讨论中的重要概念，但如果将其估计值作为决策依据则很不可靠。这个概念被用于预算监督令人担忧，也可能引起争议。

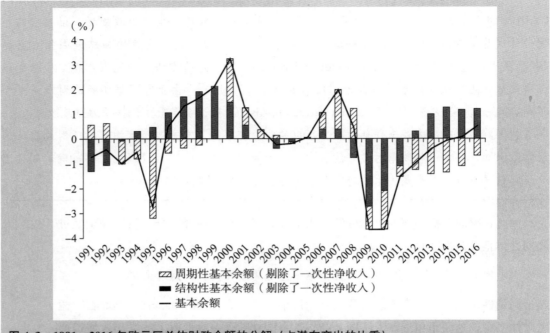

图 4.3　1991—2016 年欧元区总体财政余额的分解（占潜在产出的比重）

　资料来源：作者根据 OECD, *Economic Outlook* 中的数据计算。

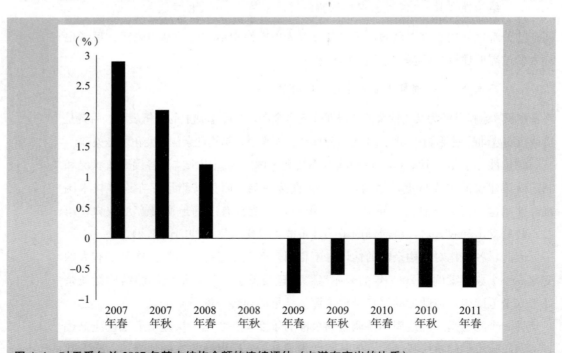

图 4.4　对于爱尔兰 2007 年基本结构余额的连续评估（占潜在产出的比重）

　资料来源：作者根据欧盟委员会的经济预测计算。

在 2005—2015 年的 10 年里，欧盟逐渐加强了对结构性余额指标的重视（见延伸阅读 4.3），2013 年《经济货币联盟稳定、协调与治理条约》（Treaty on Stability，Coordination and Governance，TSCG）〔也称为财政契约（fiscal compact）〕要求签署国在中期内将结构性赤字控制在 GDP 的 0.5％以下，并要求在国家法律中设定这一目标（德国早在 2009 年就出台了这样的宪法规定，将结构性赤字限制在 GDP 的 0.35％）。事实证明，基于这种无法观察到的数据来对财政状况进行微观管理，实在是令人困惑。自 21 世纪 10 年代中期以来，欧盟内部对于这种做法是否明智的质疑越来越多。

（b）公共债务

收入、支出和余额是流量（flow）概念，它们对应于一段时期。政府资产和负债是跨期转移的存量（stock）概念，其在每年年初的价值等于上一年年底的价值，对于私人资产和负债或股本而言也是如此（见第 1 章）。例如，公共债务或政府债务（public or government debt）——1 月 1 日政府的债务总和等于前一年 12 月 31 日的债务总和。从一年末到下一年末，财政赤字会增加债务，而盈余可以用来偿还债务或购买金融资产。

延伸阅读 4.3   **经过周期性调整的赤字在欧盟的应用**

建立欧洲货币联盟的《马斯特里赫特条约》和作为制定财政监督运作框架的二级立法《稳定与增长公约》（SGP）的最初版本，两者都没有为周期性调整政策留出空间。后来，2005 年的 SGP 改革，以及在欧元区危机之后发生的政策调整，都对这一框架进行了修正，从而更加重视周期性调整的变量。此后，对于判断一国财政赤字是否过度只剩下 3％这个门槛值。

到 2017 年，欧盟主要使用以下两个指标：

1. 结构性余额

结构性余额是 SGP 的"预防功能"（preventive arm）下，制定一国中期目标的主要指标，同时也用于决定 SGP 的"纠正功能"（corrective arm）下，赤字过高的国家应进行财政调整方案的主要指标（Mourre et al.，2013）。

2. 相机抉择的财政努力（the discretionary fiscal effort）

经过周期性调整的余额或结构性赤字的变化，这些指标为财政立场提供了不算精确的衡量标准。在对实际行为进行分析的基础上，欧盟委员会建立了一个新的自下而上的指标，可称为相机抉择的财政努力。收入方面，新指标考虑了个人税收决策对财政预算的影响；支出方面，该指标则考虑了潜在产出增长和公共支出增长之间的差异。结构性赤字衡量了财政政策的结果，而新指标则可以表明为了减少结构性赤字而采取的措施是否充分（Carnot and de Castro，2015）。相机抉择的财政努力被应用到了 SGP 的"纠正功能"当中，以监督各国的财政政策。

公共债务的积累是因为财政赤字必须通过债券市场借款，或从国际组织贷款来获得融资。[①] 在一个简化设定中，政府通过发行一种债券来获取融资，则财政赤字和公共债务之间的关系是：

t 期末债务＝t－1 期末债务＋t 期财政赤字

正式地，用 D 代表赤字，B 代表债务：

$$B_t = B_{t-1} + D_t \tag{4.1}$$

因此，只要有赤字，债务就会增加。在这种典型的存量-流量关系中，债务是以名义价值来衡量的（不考虑市场估值的变化），并且假定政府不会出售资产来为赤字融资，也不会借钱来投资金融资产。然而，从会计角度来看，这些方面都应该要考虑。尤其应将总债务（gross debt）与扣除政府资产后的债务区分开，后者被称为净债务（net debt）：例如，2015 年日本政府债务总额占 GDP 的 234％，这一数字有误导性，它忽略了其中很大一部分债务仍由政府机构持有；对应的净债务占 GDP 的比例为 126％，这个数仍然很高，但没那么可怕了。[②] 然而，债务总额的概念使用更为广泛，因为政府资产可能缺乏流动性［见第 4.1.1（d）节］。

将前面的等式改写，以便区分基本赤字和未偿债务利息：

t 期末债务＝t－1 期末债务＋t－1 期末债务利息支付＋t 期基本赤字

更正式的，用 P 代表基本盈余（基本赤字的负值），i 代表债务利息：

$$B_t = (1+i)B_{t-1} - P_t \tag{4.2}$$

如果存量债务利息支付超过基本盈余，则债务增加。因此，对于重债国而言，基本余额是一个关键目标变量。

在此，债务代表政府或公共部门的负债。与赤字一样，也可以考虑其他范围，从仅限于中央政府的财政功能，到更广泛的公共部门，包括政府机构、社会保险机构、地方政府，以及受益于政府担保的公共实体。定义的范围不同，结果也会差异很大：例如，根据不同的定义范围，2010 年底加拿大公共债务占 GDP 的比例从 39％到 67％不等。

旧的到期债务需要在当年以新的利率进行置换，同时还要发行额外债务弥补赤字。全年债务发行总额（即到期债务和赤字总和）称为总融资需求（gross financing need）。这一需求越大，进入市场获得融资就越困难。如果一个国家失去市场融资能力，就得被迫依赖 IMF 和/或欧洲稳定机制（ESM）这类官方救助，救助规模将由总融资需求决定，这凸显了这一概念在救助计划设计中的核心作用（IMF，2013）：

---

① 为赤字融资存在其他方式。例如，贫穷的发展中国家也可以通过接受援助来为其赤字融资。还有一种可能性是政府从中央银行获得贷款，这将在下文和第 5 章中讨论。

② 资料来源：OECD，2017 年政府概览数据。

t 期总融资需求＝t 期到期债务＋t 期赤字

需要注意，公共债务［当借款人是中央政府时，也称为主权债务（sovereign debt）］不应与外债（external debt）混淆。外债是指国内所有部门对世界其他地区的负债。当然，这两个概念有重叠的地方：政府借贷往往会导致对世界其他地区的外债积累。但有一些国家，例如意大利，同时拥有高政府债务和低外债。

在实践中，有几种方式为赤字融资，其对应于相应类型的金融负债工具。其中大部分是债券（长期和短期债券），债权人基于合同按期获得本金和利息支付（见延伸阅读 4.4）。但政府也可以从银行或 IMF 等国际组织获得贷款，或者是形成隐性债务：在债务承压时，政府经常推迟支付供应商货款，甚至是公职人员的工资和养老金。根据 IMF 对 61 个国家样本的研究，中位数国家债券融资占债务总额的 68％，贷款占 22.5％，应付款项占 8.4％（Dipelsman，Dziobek，and Gutiérrez-Mangas，2012）。

另一种替代方案是政府通过央行为其融资（这相当于货币创造）。赤字货币化（monetization of the deficit）的另一面是货币供给增加。这种做法起源于国王通过印钞为支出提供资金［可称为铸币税（seigniorage），见第 5 章］，过去这种做法十分普遍，特别是为战争筹措资金。赤字货币化相当于让财政需求而非经济需求决定货币创造的速度，如果持续下去，将会成为通胀的重要来源，这点已经一再被证明。恶性通胀与赤字货币化存在系统的联系。

延伸阅读 4.4　　　　　　　　　　**政府债务的市场**

发达国家政府通过发行证券融资。一年内发行的规模必须能够支付当年的赤字和到期债务。发债任务通常由财政部或者独立机构（如债务管理办公室）负责。债务证券可以是短期的［国库券（treasury bills），例如期限为 3 个月或者 1 年］，也可以是长期的［政府债券（government bonds），期限可长达 50 年］。债券支付的利率通常是固定的。但在某些情况下也可以调整：特别地，一些国家发行与通胀挂钩的（其回报率以通胀为指标）债券。

发达国家的公债借贷期限通常在 5～10 年，但在美国要更短一些，而在英国则更长。发达国家政府通常以本币借款，而新兴市场经济国家常以美元借款，偶尔也以欧元借款，这是因为其国内金融市场不成熟。用外币借款可能会更便宜（利率低），但也存在汇率风险，因为一旦本币贬值，债务就会更重。这时，中央银行实际上也不可能充当政府的最后贷款人（lender of last resort，LOLR）（中央银行只借出自己的货币），因此其还款风险也更大。

政府债券由投资银行承销交易，最终由资产管理公司、养老基金（管理家庭储蓄）、保险公司、中央银行和主权财富基金等机构投资者购买。

通常认为，政府比私人机构具备更强的偿付能力。因此，政府为其债务支付的利率被视为无风险利率（risk-free interest rate），并充当该国所有金融证券定价的基准利率。但是，每个政府并不相同，借贷成本取决于其信用质量（credit quality），也就是投资者认为政府将来有能力全额清偿到期债务的概率。投资者通常依赖于评级机构（rating agencies）的评估，这些机构会独立评估借款人的信用状况。[1] 政府的借款利率取决于评级的风险溢价（risk premium），以补偿债券持有人所承担的风险。

中央银行持有的国债通常与基础货币相对应：央行从银行买入政府证券（或者将其作为回购协议的抵押品，见第5章），同时释放流动性。这个机制不同于直接的赤字货币化，因为中央银行买卖这些证券不受政府控制，交易量也由货币政策而非财政政策决定。

（c）公共债务的动态变化

大多数政府都有巨额的公共债务，很少会持有大量的净金融资产，除了持有外汇储备作为保险以避免资本外流的国家（见第7章），或者打算把收益分给未来几代人的产油国或初级品生产国。[2]

政府负债的动机有好有坏。债务可能是自动稳定器或相机抉择的结果（但这不会带来债务长期增长，因为经济繁荣时期与衰退时期会相互抵消）。而对于一个必须进行战争、抵御灾难或进行大规模公共投资的国家来说，财政借款就是将这个负担分散到未来几代人身上的一种方式。在战争状态下，当代人需要付出鲜血来保卫国家免受侵略者攻击，如果还要让其承担相应的财政负担，这在道德上也会是有争议的。同样，也需要通过债务融资为应对气候变化提供部分资金：这也是让子孙后代为了从改善气候变化中受益而买单的一种方式。但频繁、大量为当前支出进行债务融资就非常有争议。其本质上是让后代人为当代人的消费买单，这种行为是代际不公平的。

不同于居民部门，公共部门不会死亡，债务可以代代相传，所以实际上并不需要偿还全部债务。此外，对债务进行评估时必须将其与国民收入进行比较。重要的不是债务名义规模，而是其GDP占比，因为GDP可以大致衡量税基。

在一个名义GDP快速增长的国家和一个名义GDP停滞不前的国家，相同债务积累的结果完全不同。实际增长和通货膨胀带来了名义GDP的膨胀，从而减轻了债务负担，这使赤字更加可持续。这可以通过2007—2014年间的美国与法国、意大利、希腊三个欧洲国家的比较来说明（见图4.5）。虽然美国名义债务的增长高于三个欧洲国家（包括希腊！），但这在很大程度上被名义GDP的增长所抵消。相比之下，意大利的名义GDP几乎没有增长，而希腊的名义GDP大幅下降，以至这方面因素对负债的负面影响几乎是2012年债务重组的正面影响的两倍。

---

[1] 评级市场由三家机构主导：标准普尔（Standard and Poor's），穆迪（Moody's）和惠誉（Fitch Ratings）。
[2] 有几个国家为此成立了主权财富基金（sovereign wealth funds）。例如新加坡［新加坡政府投资公司（Goverment of Singapore Investment Corp，GIC）］和挪威（石油收入投资于挪威政府养老基金）。详情见延伸阅读4.16。

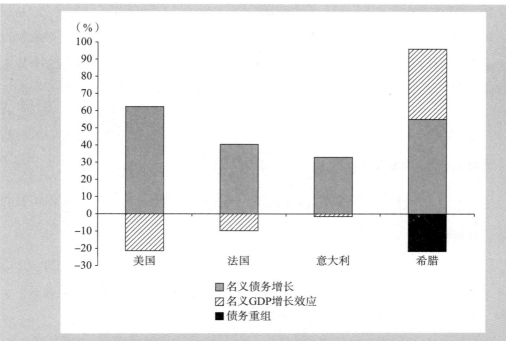

图 4.5　2007—2014 年对公共债务比率变化的贡献（占 GDP 初始值的百分比）

注：该图将债务占 GDP 比率的变化分解为三种效应：（a）由于累积赤字导致名义债务增加而产生的分子效应，（b）名义 GDP 增长导致的分母效应，以及（c）对希腊而言，2012 年债务重组对 2014 年债务存量的影响。

资料来源：作者根据 IMF，*World Economic Outlook* 中的数据数据计算。

正如在延伸阅读 4.5 中详细解释的，公共债务比率的动态变化是债务积累和名义 GDP 增长之间的一场赛马：如果财政赤字保持在被称为债务稳定赤字（debt-stabilizing deficit）的阈值以下，该阈值等于债务比率乘以名义增长率，那么债务比率就会下降；如果高于这个阈值，债务比率就会上升。这为我们揭示了《马斯特里赫特条约》规定债务限额（占 GDP 的 60%）和赤字约束（占 GDP 的 3%）的来历。当时（1992 年）假设各国将以 5% 的速度实现增长（3% 的实际增长和 2% 的通货膨胀），这意味着 3%（＝5%×60%）就是相应的债务稳定赤字。

然而，财政赤字率并不是评估债务可持续性的最佳变量，因为它部分取决于公共债务存量的利息支付，而这在很大程度上超出了现任政府的控制范围。因此，最好关注基本余额口径的债务稳定条件。

延伸阅读 4.5　　　　　　　　　　**公共债务的动态变化**

用 Δ 和 B 分别表示上年末以欧元计价的基本财政赤字和公共债务规模，i 表示名义利率。在给定公共赤字水平时，财政的现金收入或支出（如资产出售和购买）也可能会影响到公共债务，为了简化分析，我们假定这些财政现金收支可以忽略。再假设债务以面值而非当前的市场价值核算，从而不考虑估值效应。虽然这些都是常用假设，但有时候很可能面临大的问题，比如：新兴市场国家的部分公共债务以美元标价，而汇率变动会影响到债务的变化（见第 7 章）。

以下标-1表示上一期的值，债务的动态变化可以写成：

$$B=(1+i)B_{-1}+\Delta \tag{B4.5.1}$$

我们用小写字母表示相应变量占名义GDP的比率，n表示GDP名义增长率（实际增长率＋通货膨胀率），g为实际增长率，π为通货膨胀率，r为实际利率，则有：

$$n=g+\pi \tag{B4.5.2}$$

和 $\qquad i=r+\pi \tag{B4.5.3}$

债务的动态变化可以表示成：

$$b=\frac{1+i}{1+n}b_{-1}+\delta\cong(1+i-n)b_{-1}+\delta=(1+r-g)b_{-1}+\delta \tag{B4.5.4}$$

或者，等价于

$$b-b_{-1}\cong(i-n)b_{-1}+\delta \tag{B4.5.5}$$

如果名义利率高于名义GDP增长率，并且没有足够的基本盈余进行对冲，则债务比率就会增加。式（B4.5.5）也蕴含了稳定债务比率的基本赤字：

$$\tilde{\delta}=(n-i)b \tag{B4.5.6}$$

如果一个国家的名义增速超过其名义利率，就可以在不增加债务与GDP的比率的情况下继续用基本赤字来举债。

在其他条件不变的情况下，基本赤字和未偿公共债务存量的利息支出都会使债务比率增加，而基本盈余和正的名义GDP增长会使债务比率降低。当名义GDP增速高于名义利率时（或者等价地，当实际GDP增速高于实际利率时），稳定的债务比率与持续的基本赤字可以并存。相反，当利率高于增长率时，必须有基本盈余来稳定债务与GDP的比率，利率和增长率之间的（正向）差值越大，就需要有越大的基本盈余。[1]

债务动态方程有助于理解，为什么在20世纪80年代后半叶，公共债务成为发达国家的一个问题：原来各国政府债务和赤字都较小，这样的状态持续了20年之后，到了20世纪80年代后期，通货紧缩、增长放缓和实际利率上升的共同作用使得公共债务问题突然浮出了水面。同样，尽管利率创下历史新低，但21世纪10年代中期的无增长、无通胀环境也导致公共债务成为一个令人担忧的严重问题。

经过调整之后，这里的方法也可以用于评估发展中国家和新兴市场国家的债务状况，这些国家往往不得不以外币借款。新兴市场国家融资的这种"原罪"[2]增加了汇率风险的维度，因此，新兴市场国家的债务限额往往被认为应当远低于以本币借款的国家。

---

[1] 正如以下部分所讨论的，不能认为利率独立于债务水平。例如，2009年希腊的巨额基础赤字（占GDP的8%）引发了风险溢价上升，从而恶化了公共财政前景。

[2] "原罪"（original sin）的概念由艾肯格林、豪斯曼和潘尼扎（Eichengreen, Hausman, and Panizza, 2005）提出。

（d）负债的阴影

政府账目通常远不如私人企业的账目那样全面和复杂。资产很少记录，部分负债未记录，不同类型的债务证券之间甚至常常未作区分。

资产也确实很难估值，因为很多都缺乏流动性。例如，日本政府可以出售其持有的日本邮政（Japan Post）的股份，但是要出售其在京都的金阁寺就比较困难了。在希腊，21 世纪 10 年代债务危机期间，尽管有人建议将该国的岛屿出售给富有的买家，但希腊国家的资产私有化收入表现仍然十分惨淡。因此，净债务比率只能反映财政状况的部分情况，且往往会展现出过度乐观的一面。

负债端的记录则相对准确。在欧盟，债务定义已经标准化，所谓的马斯特里赫特公共债务定义（Maastricht definition of public debt）不仅包括债券和贷款，还包括或有债务（contingent liabilities），例如向国有企业提供的担保。金融债务通常以名义价值记录。但是与私人企业不同，政府不会将其资产和负债按市值来计价，尽管事实上这些债务仍在交易，而且其价值也取决于利率和预期的破产概率。

除了金融债务，政府还负责支付公务员和其他有权接受转移支付的个人的养老金等款项。在发生重大灾难或系统性银行倒闭时，政府也要充当保险人的角色。这些承诺形成了所谓的表外负债（off balance sheet liabilities）。

表外负债可以分为四种，取决于它们是（i）契约性（contractual）还是隐性（implicit），以及（ii）确定性（certain）还是或有性（contingent）（见表 4.1）。例如，公务员的养老金既是确定的又是契约性的。银行救助既非契约性也非确定的，但它们还是导致了巨大的公共财政成本：20 世纪 80 年代的阿根廷、90 年代末的韩国和 21 世纪 10 年代的爱尔兰的财政成本都达到了 GDP 的 30%～60%（Laeven and Valencia，2012）。

表 4.1　表外负债的例子

	确定性	或有性
契约性	公务员的现收现付制养老金	信用担保
隐性	老年人抚养费用	银行救助 自然灾害

资料来源：改编自 Polackova（1999）。

一些国家会提供全面的财政报告，从而向公众披露更完整的财政状况，包括政府资产和负债以及一些表外资产负债价值等内容。不过，政府还不能完全效仿私人部门的财务报告，这有几点原因。首先，政府不会在一夜之间完全关门。因此，政府的资产负债表是应该按市场价格还是历史价格来评估，这一点尚不清楚。其次，政府的许多资产都是无形的，且难以评估。最后，也是最重要的一点，政府可以修改法规，模糊政府"负债"的概念。例如，现收现付制的养老金体系改革往往等价于对过去隐性负债的合法违约。然而，这些表外负债对于评估财政的可持续性至关重要（见第 4.2节）。例如在美国，加入养老金条款使联邦政府的总负债增加了近 50%。

4.1.2 历史教训

（a）公共支出：百年视角

如前所述，政府作为一个经济主体，其重要性的崛起是 20 世纪下半叶人类社会的重大变化。图 4.6 给出了自 19 世纪末以来美国联邦支出的演变，显示了与战时国防相关的暂时性支出激增，以及非国防支出持续增长的两个阶段：20 世纪 30 年代末罗斯福总统的"新政"和 20 世纪 60 年代约翰逊总统的"伟大社会"。

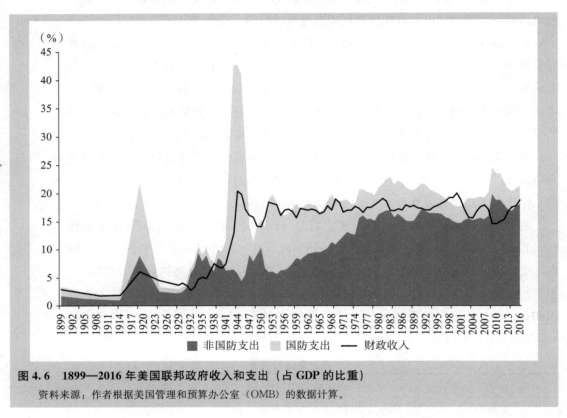

图 4.6　1899—2016 年美国联邦政府收入和支出（占 GDP 的比重）
资料来源：作者根据美国管理和预算办公室（OMB）的数据计算。

尽管在不同时间，而且表现程度也不同，但类似的趋势也可以在大多数其他经济体中观察到［见图 4.7（a）和图 4.7（b）］。20 世纪初，欧洲政府支出占比已经高于美国，尤其是德国总理俾斯麦引入了社会保障系统以削弱社会主义运动。但欧洲各国也存在差异，西班牙政府支出的上升在 1975 年向民主过渡后才开始。尽管欧洲政府支出占 GDP 的比率明显高于世界其他地方，但它已经稳定下来（瑞典的这一比率甚至在 20 世纪 90 年代初的金融危机后有所下降）。新兴市场国家的政府支出占比较低，但也有明显的上升趋势。

公共支出的大部分增长源于社会支出——养老金、医疗保健、收入支持和失业保险。对个人的转移支付和公共卫生服务的供给已经大幅增加。与此同时，大多数政府已撤出了制造业、电信、邮政服务、交通运输、金融服务业（除了 2007—2008 年全球金融危机时期对困难银行采取的临时国有化之外）。总体而言，从 1988 年到

2014 年，全球私有化收入接近 3 万亿美元。[①] 国家补贴总体上也在减少，尽管在能源和农业领域的补贴仍然很高。

从上述观察中可以看出来，英国首相玛格丽特·撒切尔和美国总统罗纳德·里

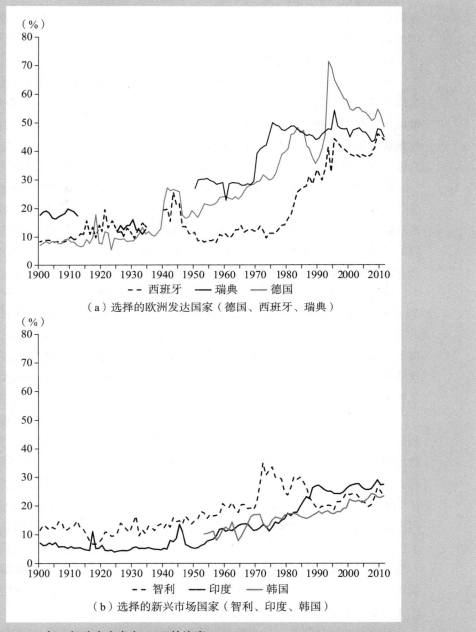

（a）选择的欧洲发达国家（德国、西班牙、瑞典）

（b）选择的新兴市场国家（智利、印度、韩国）

图 4.7　1900—2011 年一般政府支出占 GDP 的比率

资料来源：作者根据 IMF, *Public Finances in Modern History Dataset* 计算，参见 Mauro et al.（2013）。

---

① 资料来源：2013—2014 年私有化晴雨表，毕马威会计师事务所和 ENI-Enrico Mattei 基金会。

根在 20 世纪 80 年代初发起的保守主义革命并没有成功缩小政府规模，而是重新定义了政府的职责范围：对发达国家与大部分新兴市场国家来说，如今的政府不再是制造商、银行家和风险投资家，而是经济游戏规则的执行者、公共服务的提供者和社会保险者。然而，这一变化不适用于俄罗斯或海湾地区国家，这些国家的国有企业仍是强大的经济参与者。在经济实力正在发生转移的全球变局中，国家资本主义仍然是一股强大的力量。

（b）实践中的财政政策

在缺少充足财政预算的情形下，财政政策无从谈起。但反之并不成立：高额的政府预算与克制的财政激进主义（fiscal activism）可以并存。财政稳定政策是 20 世纪下半叶的产物。20 世纪 60 年代初，在美国总统约翰·肯尼迪的领导下，这一政策成为官方政策，其影响力逐渐延伸至欧洲（尽管德国在 1970 年左右只是短暂支持过这一政策）。到了 20 世纪 70 年代末，这种政策已经成为争论的焦点：它与同一时期的政策激进主义一样名誉扫地，后者在石油危机之下不仅没能恢复高增长，还进一步导致了高通胀；财政稳定政策还被指责过度关注需求，而实际上经济困难主要来自供给；其有效性也受到质疑，因为预算批准必须经过漫长的议会程序；它也被批政策灵活性远不如货币政策，因为货币政策利率的改变只需要央行作出决定；从政治经济学的角度看，它还为政府不负责任的赤字行为找到了冠冕堂皇的理由。

斯坦福大学教授（也是乔治·W. 布什总统的前经济顾问）约翰·泰勒（John Taylor，2000）在世纪之交撰文评估提到，"经验证据表明，货币政策对实体经济的反应越来越迅速，这表明财政政策反应迟钝一些也是可以接受的"（p.35），而且似乎"最好让财政政策主要通过自动稳定器发挥逆周期调节作用"（p.34）。尽管有这些批评，但美国总统从未完全放弃财政政策。财政政策变得越来越无法依靠的最主要原因，还是国会在联邦支出和税收问题上的政治僵局。

在欧洲，财政政策的命运本应更加有利，因为在固定汇率制度（直到 1998 年）和货币联盟（从 1999 年开始）框架下，货币政策无法在国家层面作为稳定工具。这本应导致各国政府更多依赖财政政策。但在石油危机冲击后，财政政策的失效、高水平公共债务和不利的理论风向（doctrinal climate）使得各国反而趋于谨慎。当 20 世纪 80 年代末就货币联盟进行谈判时，德国更关注防止过度赤字和赤字货币化，而不是确保有足够的财政稳定空间。其观点占了上风，并且在《欧盟条约》中引入了对财政激进主义的重要约束。大多数小国政府对财政刺激也没什么兴趣，因为在小型开放经济体中，刺激计划的成本最终导致了更高的公共债务和本国纳税人更大的负担，实际上更大需求带来的大部分收益都会归属于其邻国。最终结果是：欧洲比美国更不愿意接受财政激进主义。

日本是一个长期支持财政刺激政策的国家。20 世纪 90 年代，日本政府推出了一系列刺激计划以应对金融危机的影响、提振经济。之所以需要一系列的财政刺激，部分原因是私人经济受到危机的严重影响，银行资本重组是经济重获动力的条件，部分原因则是因为行动犹豫不决，这导致政策结果令人失望（见延伸阅读 4.6）。

然而，财政政策从未从政策工具箱中移除。2007—2008 年全球金融危机爆发时，G20①迅速表示支持 IMF 提出的协调刺激方案。2009 年 4 月在伦敦，G20 领导人承诺"采取必要的持续的财政政策，以恢复经济增长。"② 数据表明，他们确实做到了。2009 年，协同参与财政刺激的国家空前广泛，新兴市场国家和发达国家都参与其中（见图 4.8）。然而到了 2011 年，他们的立场开始出现分歧，美国和中国的财政政策仍保持宽松，但欧洲则早早开始了紧缩。

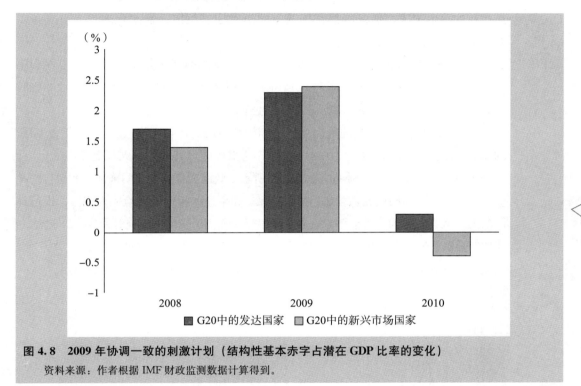

图 4.8　2009 年协调一致的刺激计划（结构性基本赤字占潜在 GDP 比率的变化）
资料来源：作者根据 IMF 财政监测数据计算得到。

延伸阅读 4.6　　　　　　　　**20 世纪 90 年代日本的财政政策**

在 20 世纪 90 年代，日本政府反复尝试改善 GDP 增长和通胀水平，具体是通过两项重要的财政刺激计划：一轮实施于 1992 年 8 月—1995 年 9 月，另一轮实施于 1998 年 4 月—2000 年 10 月。在第一轮，财政力度（以经过周期性调整的余额变化来衡量）平均每年占 GDP 的 1.5%，而第二轮财政力度相对小一些，持续时间也更短。两轮扩张都侧重于公共投资，主要是基础设施项目，而其余的大部分用于购买土地以及金融和住房贷款。第一轮刺激计划还包括大幅减税，期望之后通过提高增值税来补偿所得税的减少。在 20 世纪 90 年代，日本政府债务占 GDP 的比率翻了一番，经过周期性调整的余额占潜在 GDP 的比率从 2% 降至－6%。

尽管产生了一些积极的短期宏观经济影响，但 20 世纪 90 年代的财政刺激政策未能使日本经济恢复此前的增长（Bayoumi，2001）。部分失败可归因于当局无法控制的因素（亚洲金融危机和人口老龄化）。但"失去的十年"也与政府未能迅速清理银行业积弊有关，由此产

---

① 二十国集团（G20）包括全球最大的经济体。为应对危机，它于 2008 年起每年举办国家元首和政府首脑级别会议，每年召开会议。

② 见二十国集团领导人峰会公报：www.g20.utoronto.ca/summits/2009london.html。

生的"僵尸银行"无法提供信贷来刺激私人投资。

（c）主权债务、偿债能力和债务危机

从历史上看，主权债务往往是战争的后果。图4.9描绘的自1800年以来美国和英国债务演变的路径（这两个国家都有连续的时间序列数据）生动地说明了这一点：在这两个国家，债务峰值都与战争时点对应（英国：拿破仑战争、一战和二战；美国：内战、一战和二战）。

当然，战争不是政府产生债务的唯一原因。和平时期债务也会增加，具体有三种原因：

• 长期的财政赤字超过了稳定债务率对应的水平（见延伸阅读4.5）。例如，意大利（见图4.2）、比利时和法国在20世纪最后几十年的情况就是如此。

• 导致政府收入骤减的重大衰退。例如在西班牙，政府收入从2007年占GDP的40.9％突然下降到2009年的34.8％。[1] 这很快导致其债务率大幅上升。

• 或有债务成为实际债务。如表4.1所示，政府为存款人（明确地）和银行的某些其他债权人（明确地或隐含地）提供担保。如果这些担保的风险成为现实，银行部门的损失就会转化为公共债务。这通常在银行业危机引发深度衰退时发生。21世纪10年代的爱尔兰是个典型例子，其说明了庞大的银行业对公共财政的潜在威胁：2007年，其债务占GDP的比率为24％，2012年则达到122％，五年内增加了98个百分点。[2]

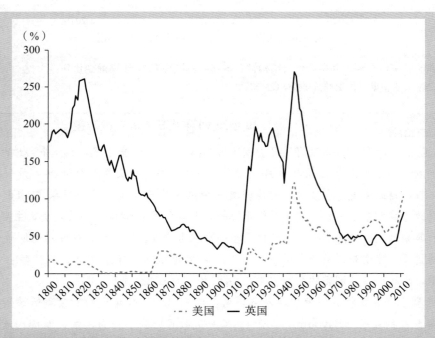

图4.9 美国和英国公共债务总额占GDP的比率：1800—2011年

资料来源：IMF历史公共财政数据集，参见 Mauro et al.（2013）。

---

①② 资料来源：欧盟委员会，AMECO数据库。

图 4.9 似乎表明，公共债务可以在没有产生太大危害的情况下达到 GDP 的数倍：虽然主权债务率两次超过 GDP 的 250%，但英国一直履行着财政承诺。美国也是如此，其债务占比在 1946 年达到过 121% 的峰值。[③] 然而，卡门·莱因哈特和肯尼斯·罗格夫（Carmen Reinhart and Kenneth Rogoff，2014）的综合研究表明，这两国的情况可能是例外：债务违约（debt default），即无法按期偿还债务（见延伸阅读 4.7），其实在历史上很常见。自 1800 年以来，已经出现了几波与战争和经济危机有关的主权债务违约。在 20 世纪下半叶，发达国家一直很好地履行了偿债义务，但新兴市场国家则经历了多次债务危机，最终导致了债务重组（debt restructuring）或至少是债务延期（debt rescheduling）（见延伸阅读 4.7）。总体而言，每年违约的国家比例往往超过三分之一（见图 4.10）。

延伸阅读 4.7 　　　　　　　　　**债务违约、债务重组和债务延期**

借款人一旦没有履行债务合同中规定的财务承诺，就会导致对其私人债权人违约（default）。它可能因为没有按时偿还本金或没有支付利息而违约。违约是一种信用事件（credit event）（债务偿还中的一种事件），其可能产生两种后果：首先，评级机构会将同一借款人发行的所有可交易债务证券的评级下调至 D（违约），并且这类债券也不再被中央银行接受作为向商业银行提供流动性的抵押品（见第 5 章）；其次，在国际掉期和衍生工具协会（International Swaps and Derivatives Association，ISDA）作出决定后，违约将触发信用违约掉期（credit default swaps，CDS）等衍生品合同的执行，这些合同为违约风险提供了保险。由于这些原因，违约不可避免地变为较大的金融冲击。

这些规定适用于与私人债权人的关系。而拖欠 IMF 等官方债权人的还款不会对市场产生直接影响。例如，希腊在 2015 年 7 月拖欠了 IMF 的一笔款项，但希腊主权债券没有降级为 D。

主权借款人可以与债权人对债务进行重新谈判，以重新安排还款时间、降低利率或直接减记部分本金，而不是违约。与官方债权人的谈判在巴黎俱乐部（Paris Club）内部进行（或者欧元区层面在欧元区财政部长集团内部）。就银行贷款而言，它们是在主要国际银行协会——国际金融协会（Institute of International Finance，IIF）的支持下进行。与债券持有人的谈判更难组织，因为他们更加分散。借款人通常有责任与其债权人进行谈判，并确保有足够比例的债权人参与。然而，与大多数债券持有人达成的协议可能会在法庭上受到少数拒不合作的债权人（holdout creditors）的质疑（见第 4.3.2 节）。因此，债券合同越来越多地包含集体行动条款（collective action clauses，CAC），明确大多数债券持有人的决定也适用于所有债券持有人。

从经济角度来看，一个重要的衡量标准是重新谈判是否会导致未来偿付（本金和利息）的净现值下降。如果利率降低或借款人获得宽限期，同时不减少本金偿还，这被称为债务减免（debt relief）（希腊在 21 世纪 10 年代受益于 ESM 提供的官方贷款减免，见延伸阅读 4.8）。重新谈判如果导致了在未来债务现值不变的情况下推迟还款，这通常被称为债务延期。如果现值降低，则被称为债务重组。

---

③　然而英国在 14 世纪就出现过违约，美国的个别州在 19 世纪也有违约。

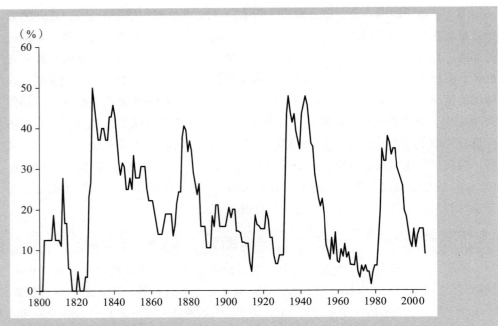

图 4.10　1800—2006 年债务违约国家的百分比

注：由于缺乏关于国内违约的系统数据，只记录了外债违约的情况。

资料来源：Reinhart and Rogoff（2014）.

这些事实给我们提出了三个问题：第一，美国、英国和其他一些国家是如何成功降低其债务水平的？第二，一些国家为何以及如何进入了破产状态？第三，其后果是什么？

正如延伸阅读 4.5 的式（B4.5.5）所展示的那样，一个国家有几种方法摆脱过高的债务：

（a）通过实现持续的基本盈余来改善财政；

（b）借助通胀使未偿还的名义债务贬值；

（c）通过高增长摆脱债务；

（d）通过人为保持长期低利率限制利息支出；

（e）最后的违约。

第二次世界大战后的美国和英国基本上依赖于（b）、（c）和（d）的组合。在相当高的名义增长之下，通过央行政策维持较低的债券利率有助于实现较低的债务负担。

回答第二个问题的要求更高。相对来说，要判断一个家庭或者私人企业是否资不抵债很容易，但要判断政府的偿付能力却十分困难。和家庭不同的是，政府认为自己可以永远存续，所以它们的债务从来不需要清偿。[①] 更准确地说，政府可以借

---

　　① 政府破产的情况确实存在，但遗留债务在此后被转嫁到新建立的国家。例如，在 1993 年 1 月 1 日，捷克斯洛伐克的债务被分割到捷克共和国和斯洛伐克。还有一些国家政府拒绝偿还遗留的债务，因为它们认为这在政治上是非法的，例如俄国革命之后。这一行为事实上是以一种惩罚的形式将此前专政者遗留的债务认定为恶债（odious debt），这意味着后继政府有权拒绝偿还其前任的债务（Kremer and Jayachandran，2002）。但由于政体的转变通常无法预见，所以难以将其纳入事前的可持续性分析中。

新债还旧债，因为我们不难想象，未来世世代代的人们仍然会愿意购买新的政府债券。

那么，政府借贷能力是无限的吗？对这个问题的回答涉及政府的偿付能力（solvency），即自身所拥有的、可以用来兑现承诺的资金来源。表面看来，政府维持自身债务的能力似乎是无限的，因为它可以选择提高税收，或者在中央银行并不独立的情况下，选择将债务货币化（这也相当于税收，因为随之而来的通胀会降低货币余额和固定收益债券的实际价值，如标准债券）。然而，公民为政府买单的意愿在政治上存在一定限度。从法国大革命前的旧制度危机到 21 世纪 10 年代的希腊危机，众多历史事件证明，如果民众不愿意再削减自己的收入来补偿政府，政府就会破产。IMF 的高级官员约翰·博尔曼（John Boorman）使用了下面的话来形容：

> 从抽象意义来说，债务几乎可以永远维持下去，因为政府既可以借助提高税收，也可以通过将国内生产转向出口进而增加收入和外汇来满足维持债务的需要。但是，如果政府为此所采取的政策超越了政治、社会或者道德的极限，这些举措就将难以为继。（J. Boorman，2002，p. 3）

确定这些政治、社会和道德的极限是一项大胆的工作。21 世纪 10 年代的希腊债务事件传奇生动地说明了这项工作的难度和不确定性：希腊是否有能力偿还债务是国际机构内部和国际机构之间持续争论的问题（见延伸阅读 4.8）。在 2015 年 1 月由亚历克斯·齐普拉斯领导的左翼联盟赢得大选后，这个问题在政治层面变得更加突出，因为这一变化标志着希腊公民对财政调整的容忍度严重下降。

偿付能力刻画了在特定时刻，政府能够通过提高税收、出售资产和发行新债来履行其所有财务义务的能力。如果存在一些资源但无法立即调动（例如，国有企业由于缺乏买家而无法立即出售），或者资源可用但可能在短时间内枯竭（外国银行提供的短期信贷），这时候就会有发生流动性危机（liquidity crisis）的风险，即政府无法按期偿还其债务。最后，如果根据目前的经济政策和现有的预测，预计公共债务将导致资不抵债，那么公共财政就是不可持续的（unsustainable）。因此，即便没有立即出现偿付能力问题，财政政策也可能是不可持续的，则财政政策在未来将不得不面临调整。

公共财政的可持续性对于货币联盟来说尤为重要，因为其中央银行是独立的，且没有作为主权国家最后贷款人的职能。这个问题在欧元区是一个漫长而有争议的讨论。我们将在第 4.3 节再次讨论这个问题。

延伸阅读 4.8　　　　　　　　　　　**希腊债务传奇**

21 世纪头十年，希腊出现了非常庞大的赤字，而且还有部分是隐性的。2009 年其赤字达到 GDP 的 15.5%，公共债务占 GDP 的比率达到 127%。为此希腊进行了极大规模的财政调整，据 IMF 估计，2009—2013 年期间财政调整幅度占潜在 GDP 的 19%（IMF，

2017）；2012 年希腊政府与私人债权人进行了大幅削减债务的谈判；而且欧元区合作伙伴国还对希腊提供了有利的借贷条件。尽管进行了诸多努力，但是仍然存在赤字，同时名义GDP 显著收缩。结果希腊公共债务在 2014 年底达到了 GDP 的 177%。之后 IMF 的评估称，除非能够维持超过 3.5% 的基本盈余，否则希腊债务是不可持续的，但 3.5% 的基本盈余在政治上是不现实的。另外，欧元区债权人——也是 ESM 成员国（ESM 是 2012 年设立的向陷入危机的国家提供有条件财政援助的融资工具）愿意提供有利的融资条件，但不愿免除名义债务。尤其是德国，其坚持认为免除债务是非法的，因为《欧洲条约》第 125条［即"不纾困条款"（no bail-out clause）］规定，"共同体不对任何成员国的中央政府……承担责任。"以净现值计算，希腊确实受益于其官方债务负担的大幅减轻，但直至撰写本书时，在名义上并没有债务减免。

政府和私人借款者的另一个不同之处与破产的后果有关。当一家公司破产时，竞争对手会将其收购，或者进行清算，在这种情况下，其资产会被债权人扣押。一个家庭也同样可能失去它的资产（例如房产）。但是，政府债务没有抵押品。如果政府出现违约，不管是国内还是国外的债权人都无法得到任何资产补偿（除非国外债权人入侵这个国家）。[1] 因此，负债国对其债权人的态度取决于其偿债意愿（willingness to pay）和偿债能力（ability to pay）。违约可以是不偿还债权人的理性结果［这种情况被称为策略性违约（strategic default）］。

这就引出了第三个问题：策略性违约的好处和成本是什么？收益来自免除的债务和相应的利息负担，而成本主要是声誉：国家可能会被切断与金融市场的联系，或者至少为未来的借款支付更高的风险溢价，因为市场会为将来的再次违约风险进行定价（见延伸阅读 4.9）。一个过度负债的国家面临着一个选择：要么努力履行其义务，要么与债权人协商债务减免。在第一种情况下，它保持了自己的声誉，但在成功地使其债务比率走上令人信服的下降道路之前，它很可能面临高昂的借贷成本；在第二种情况下，其偿付能力将得到提高，但可能会遭受持久的声誉损害。

延伸阅读 4.9　　　　　　　风险溢价和公共债务的估值

主权债务的市场估值随着时间和发行人的变化而不同，主要有两个原因。

首先，固定利率政府债券在二级市场上的价值，取决于其利率与可比资产（相同期限和风险的资产）当前利率的相对水平。由于利率是连续变化的，所以不同利率的债券在市场上共存。市场参与者的套利导致这些债券的预期回报通过其价值的变化实现均衡。例如，假设政府发行债券的利率为 1%，如果市场上还存在同一政府发行的另一种利率为 2% 的债券，那么没人会买第一种债券，除非第二种债券因为估值上升而使回报率下降到相同水平。这一机制在债券市场上持续发挥作用。

---

[1]　更确切地说，它们冻结政府的部分国外资产，但这一般只是负债的一小部分。

其次，相同期限的债券风险并不相同。更高风险的债券必须具有更高的利率。例如，假设政府发行 100 美元的一年期票据，无风险利率为 i。如果政府完全违约的概率为 π，则偿还票面价值为 100 的本金的预期值 $E(P)$ 为[①]：

$$E(P)=(1-\pi)\times 100+\pi\times 0 \tag{B4.9.1}$$

为了承担这种风险，贷款人将需要获得额外的回报，也就是风险溢价 ρ，这样：

$$(1-\pi i)(1+i)(1+\rho)=1+i \tag{B4.9.2}$$

因此，与违约概率 π 相对应的风险溢价为：

$$\rho=\frac{\pi}{1-\pi} \tag{B4.9.3}$$

它是违约概率 π 的递增函数。由于对债务可持续性的判断从根本上取决于对国内纳税人履行主权债务意愿的评估，因此，金融市场设想的违约概率相当不稳定。这可能会产生自我实现的危机：如果市场突然上调违约概率，就会增加风险溢价，从而提高新借款的利率，并使债务不可持续。

仔细分析 20 世纪的债务重组事件，可以得到两个重要结论。首先，声誉损失是有限的：市场倾向于原谅债务重组。更确切地说，它们并没有惩罚重新谈判或重组本身：在与债权人达成协议后，违约的政府会重新获得市场准入，不过，未来的债券利差确实与重组规模相关（Cruces and Trebesch，2013）。其次，重大债务减免对经济增长有积极作用，尤其是在伴随着债务本金的降低，而不仅仅是现值减少的情况下（Reinhart and Trebesch，2016）。其结果是，当一个国家与不可持续的债务作斗争时，债务重组可能是可取的。然而同样是违约，谈判过程本身很重要——市场会惩罚单方面违约。如果是单方面违约，则后续基本赤字水平必须大幅改善，因为违约国家将无法在信贷事件后的短期内为其基本赤字融资。此外，其负面影响还将取决于违约对国内金融部门造成的损害（因为国内银行可能持有大量国内主权债券），以及债务在国内家庭中的分布。

如果市场怀疑一国政府没有偿债能力或没有偿债意愿，那么该国政府就会面临更高的利率，因此存在一个政府债务的恶性循环风险：如延伸阅读 4.5 所述，利率越高，稳定债务所需的基本盈余就越高，因此国内纳税人继续进行财政调整的意愿就越低。这种恶性循环是 2010—2012 年欧洲债务危机的核心（见图 4.11）：爱尔兰相对于德国的利差（interest-rate spreads）从可以忽略不计的水平上涨到了超过 8 个百分点，西班牙也上涨到超过 5 个百分点。这些国家都没有违约，但爱尔兰和葡萄牙（以及为银行救援融资的西班牙）被迫向 IMF 和 ESM 申请救助。

① 为了简单起见，我们假设在发生违约的情况下，贷款人不能收回任何款项。计算可以很容易地将部分补偿的概率考虑在内。

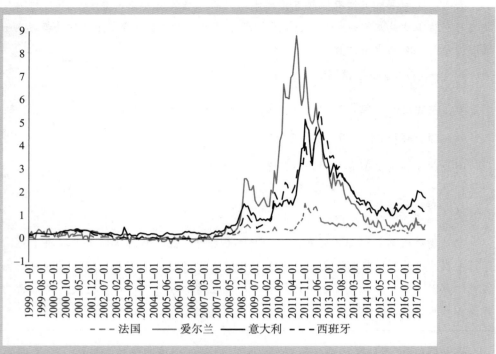

图 4. 11 1999—2017 年部分欧元区国家相对于德国政府债券的利差（10 年期利差，以百分点表示）

资料来源：OECD.

这些事实表明，市场对违约的预期和实际借贷条件之间存在相互作用，这是主权债务危机的核心。我们在下一节将继续讨论这个问题，并了解如何更准确地定义偿付能力。

4.2 理论

4.2.1 需求面的效应

（a）基本工具箱

自 1936 年出版以来，约翰·梅纳德·凯恩斯的《就业、利息和货币通论》为分析财政政策对总需求的影响提供了一个基本的概念框架。在此，我们首先简要概述凯恩斯理论及其受到的主要批评。

正如第 1 章中所提及的，标准的凯恩斯理论假设短期内价格黏性，商品和服务的供给是有弹性的，宏观经济均衡产出由总需求水平决定。总需求不足将导致经济的非充分就业和资本利用不足。宏观政策（财政政策和货币政策）的基本作用是保证总需求水平能使经济保持或接近充分就业水平，所以在面对负向冲击时，可以通过增加公共支出或者减税来实现稳定。

该框架基于两个关键假设：（1）由于价格黏性，无法通过价格变动自发实现宏观经济平衡；（2）李嘉图等价不成立，公共部门支出增长会对私人部门支出带来拉动效应。在基本模型中，名义刚性和收入需求关系只是简单的假设。外生因素将引起总需求上升（总需求冲击），导致产出水平上升。产出变化与最初总需求变化之比，我们称为凯恩斯乘数（见延伸阅读 4.10）。

延伸阅读 4.10　　　　　　　　凯恩斯乘数入门

假定家庭消费水平 C 是当期收入 Y 的线性函数：

$$C=aY+b \quad a,b>0 \tag{B4.10.1}$$

参数 a 是边际消费倾向（marginal propensity to consume），意思是可支配收入每增加 1 欧元，代表性家庭消费 a、储蓄 $(1-a)$。我们假定 $a=0.8$，所以家庭每增加一单位收入则会将其中的 80% 用作消费，并且企业归家庭所有，所以企业利润也被看作是家庭收入。

假定供给完全有弹性，产出水平将完全满足总需求水平而且保持价格不变。产品市场均衡可写为：

$$Y=C+\overline{I}+\overline{G} \tag{B4.10.2}$$

式中，$\overline{I}$ 是总投资，$\overline{G}$ 是政府需求。假定两者都是外生的。

假定政府增加 1 单位公共支出（并且假定税收不变），这会使产出增加，然后收入分配给了家庭（1 欧元）。在这新增的 1 单位收入中，80 分将用于消费并将提高产出水平，然后再次增加可支配收入，如此循环。在这一过程最后，产出水平的总增量是：

$$1+a+a^2+a^3+\cdots=1+0.8+0.8^2+0.8^3+\cdots$$
$$=1/(1-a)=1/(1-0.8)=5$$

直接求解（B4.10.1）和（B4.10.2）这两个方程也可以得到相同的结果，我们有：

$$\Delta Y=\frac{\Delta\overline{G}}{1-a} \tag{B4.10.3}$$

在上面的例子中，乘数很大，财政政策极为有效。然而有很多因素可能会使乘数降低。

（1）并不是所有新增收入都会给消费者。其中一部分会被政府以税收的形式拿走。所以等式（B4.10.1）应被重新写为 $C=a(1-t)Y+b$，其中 t 是税率，此时乘数变成 $1/[1-a(1-t)]$。

（2）在开放经济中，可支配收入增加 1 欧元将导致家庭对国内产品和进口产品的消费同时增加，企业进口更多中间产品。假定边际进口倾向为 m（意思是每增加 1 单位收入将导致 m 单位的进口产品），凯恩斯乘数变成 $1/[1-a(1-t)+m]$。

（3）完全价格黏性的假设是不现实的。如果价格随之上调，则增加的需求量中有一部分将不能导致产品消费量的增加，而是导致价格上升。随着时间的推移，价格会逐渐调整，所以长期情况下价格弹性更加适用。

（4）为了应对总需求的增加，中央银行可能提高利率。这样投资需求（来自企业）就会减少，因为厂商会将项目投资的收益率与融资成本或金融投资收益相比较。挤出效应（crowding-out effect）表明：部分公共需求的增长会导致厂商的私人投资减少（因为公共需求导致利率上升，从而挤出私人投资）。相反，中央银行在公共支出削减时会降低利率，这也部分抵消了公共支出下降的负面影响——除非因为已经达到"零利率下限"而没有降低政策利率的空间（见第 5 章）。

上述所有因素都削弱了扩张性财政政策对总需求和国民收入的影响。

凯恩斯主义的理论框架可以通过第 1 章提出的"总供给—总需求"（AS-AD）模型进行表述。价格黏性假设意味着总供给（AS）曲线向上倾斜但在短期内不是垂直的。在基准模型中，AS 的斜率很低，产量可以在价格不发生大变化的情形下增加。总需求曲线向下倾斜，这是由于通胀通过财富效应或者中央银行加息途径，会对商品和服务需求产生负面影响。财政扩张（公共支出增加或外生减税）会使需求曲线向右移动，从而导致产出增加。如果供给曲线斜率较低，则变化主要发生在产出水平上（在图 4.12 中由 E_1 点移动至 E_2 点）。

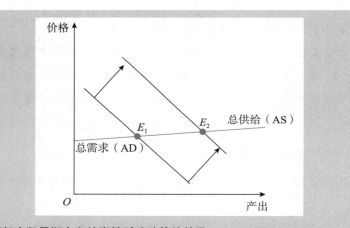

图 4.12　AS-AD 框架中凯恩斯主义扩张性财政政策的效果

我们假设 AD 曲线充分反映经济的需求面。希克斯（Hicks，1937）和汉森（Hansen，1953）对凯恩斯通论的 IS-LM 模型（IS-LM model）进行了形式化，我们可以在此基础上推导出 AD 曲线。一直以来该模型得到了广泛应用，它由两条关于产出和利率关系的曲线组成：IS 曲线描述的是产品市场均衡，LM 曲线描述的是货币市场均衡，两者都以给定价格水平为前提（见图 4.13）：

• IS 曲线描述了能够使产品市场达到均衡的产出和利率的组合。它是向下倾斜的，因为高利率会导致对产品的需求下降。

• 给定货币供给，LM 曲线描述的是能够使货币市场达到均衡的产出和利率的组合。给定货币供给，产出和利率的正相关关系由货币需求决定，货币需求函数是产出的增函数（产出增加要求更多货币参与交换），是利率的减函数（当利率提高时，私人代理人更偏向于持有生息资产而不是现金）。

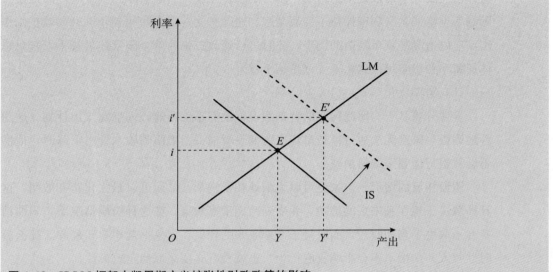

图 4.13　IS-LM 框架中凯恩斯主义扩张性财政政策的影响

在 IS-LM 模型中，财政扩张表现为 IS 曲线向右移动（对商品的额外需求使得在给定利率下的产出上升了）。此时财政扩张提高了利率，减少了私人需求中对利率敏感的部分：公共需求部分挤出（crowding-out）了私人需求。

正如第 5 章将要说明的，现代分析中对利率的形成分析，不再将央行稳定货币供应量的假设作为出发点。相反，利率应根据经济发展来定，以确保中期价格稳定（或更一般的宏观经济稳定）。换言之，现在大多数中央银行并不遵循货币供给量规则，而是遵循利率规则。这导致了对 IS-LM 框架的一些重新表述，结果是用利率反应函数代替了 LM 曲线（Romer，2000；Bofinger，Mayer，and Wollmerhäuser，2002）。这种重新表述得到了利率依赖于产出水平的表达，如同 LM 曲线一样。

由于货币政策和财政政策在一定程度上是可替代的，凯恩斯的研究方法自然会使人们考虑政策组合（policy mix），即货币政策和财政政策的组合。财政政策受到货币政策支持时确实会更加有效。极端情况下，宽松的货币政策在应对财政扩张时能够保持利率不变，从而使乘数效应最大化。这可能导致政府对中央银行施加压力，使其最大限度地支持财政扩张，并可能让货币政策服从于财政主导（fiscal dominance）（我们将在第 5 章进一步解释这一概念）。然而，如果中央银行是独立机构，当它预期经济有潜在通货膨胀时，就不会采取这一迎合财政政策的宽松货币政策。这时候如图 4.13 所示，LM 曲线没有向右移动，所以利率上升了。

还有一些情况也会使得中央银行不对财政扩张作出反应。例如，货币政策可能已经触及"零利率下限"（zero lower bound，ZLB）（见第 5 章），即政策利率保持在零或者接近零的水平，而经济形势要求其设定在一个明显负值水平。在这种情况下，货币政策不会对财政扩张作出反应，因此处于不受财政主导的完全宽松状态。这种情况放大了财政政策的影响，因为财政扩张没有引起实际利率上升，而是使实际利率下降（名义利率保持不变而通胀加速）。[①] 另一种利率可能不会对财政扩张作出反应的情况是货币联盟的例子，此时进行财政扩张的单个国家体量较小，其对总体通胀率的影响可以忽略不计（见第7章）。

（b）跨期优化

上述分析基于对家庭行为的特别假设：他们基于当前收入确定支出计划。这隐含地假设，家庭无法通过信贷市场来跨期平滑消费：当面临收入暂时下降时，他们不会从银行借款来维持消费。

假设相反的情形——家庭可以无限地获得贷款，从而可以最大化跨期效用，这具体取决于现在和未来的消费，并受到跨期预算约束。在这种极端情况下，当前消费并不取决于当期收入，而取决于未来收入的现值。如果贴现率等于利率，那么暂时性收入冲击根本不会影响家庭行为，也就没有必要采取稳定政策。

更进一步，在这种情况下，财政稳定政策甚至面临无效，因为通过暂时降低税收来支持当前收入（将被未来更高的税收抵消）对消费没有影响。原因是，由于国家的跨期预算约束要求其在未来提高税收以偿还公共债务，所以临时减税只是提高了家庭当前的可支配收入，但没有提高他们的跨期可支配收入，因此消费不会改变（见延伸阅读4.11）。同理，在公共支出增加的情况下，家庭会降低当期消费，因为预期的未来税收会减少他们的跨期收入。若假设他们的贴现率等于利率，私人消费的下降就正好抵消了公共支出的增加，因此总需求不会改变。公共支出完全挤出了私人支出，产出不会受影响。

这种财政政策的中性被称为李嘉图等价（Ricardian equivalence，见延伸阅读4.11），其源自大卫·李嘉图对支付战争费用的可选方案的经典讨论（Ricardo，1820）。这一概念的直觉可以在更早的著述中找到；比如米拉波（Mirabeau，1787）对法国国王路易十六政策的批评。罗伯特·巴罗（Barro，1974）首次正式对李嘉图等价作了表述。

延伸阅读 4.11　　　　　　　　　　　　　　**李嘉图等价**

让我们考虑一个无限寿命的个人，其可在给定利率 r 下自由借贷。其在 t 期获得收入 Y_t，并消费 C_t，然后以 r 的利率投资（或借入）$Y_t - C_t$。跨期预算约束显示，所有收入的现值应当等于所有支出的现值，具体可写为：

---

① 例如，克里斯蒂娜诺、埃森鲍姆和里贝诺（Christiano, Eichenbaum, and Rebelo，2011）发现，在一个基准的新凯恩斯主义模型中，乘数在正常情况下低于1，但在零利率下限时明显高于1。

$$\sum_{i=0}^{\infty} \frac{Y_{t+i}}{(1+r)^i} = \sum_{i=0}^{\infty} \frac{C_{t+i}}{(1+r)^i} \tag{B4.11.1}$$

在此约束下，个人将最大化其跨期效用 U_t，这可以写成每个时期未来效用的贴现值（假定函数可分）。

$$U(t) = \sum_{i=0}^{\infty} \frac{u(C_{t+i})}{(1+\rho)^i} \tag{B4.11.2}$$

式中，ρ 为贴现率，它衡量的是个体对当期的偏好程度，u 是一个凹函数。则这一约束线性规划的一阶条件导致了以下行为：

$$\frac{u'(C_{t+i})}{u'(C_{t+i-1})} = \frac{1+\rho}{1+r} \tag{B4.11.3}$$

已知 $u'(\cdot)$ 是减函数，则可以推导出个体的最优消费路径：当利率等于贴现率（$r=\rho$）时，消费保持不变；当 $r>\rho$ 时，消费会一直增加；当 $r<\rho$ 时，消费则呈现下降。在所有情况下，任何时间点的消费都与当期收入无关，而是取决于方程（B4.11.1）中定义的跨期收入。收入的短期波动（如经济衰退和繁荣的交替）并不会影响消费：消费者将平滑消费。然而，在生命周期内如果出现收入永久性的下降（例如生产力的冲击或养老金改革）时，即使当期收入没有变化，消费也会降低。

现在引入政府，政府在 t 期支出 G_t，一次性征税 T_t。我们假定公共支出并不进入消费者效用函数（政府不向公共服务拨款）。首先，假定政府始终保持财政收支平衡：$G_t = T_t$。个体的跨期预算约束变为：

$$\sum_{i=0}^{\infty} \frac{Y_{t+i} - T_{t+i}}{(1+r)^i} = \sum_{i=0}^{\infty} \frac{C_{t+i}}{(1+r)^i} \tag{B4.11.4}$$

效用最大化的一阶条件没有变：因为一次性征税支持的财政支出并不会改变个体最优消费路径的形状（但每期的消费水平下降了）。

接下来我们假设政府支出保持不变，但在 $t=0$ 期决定减少 B 单位税收，并发行利率为 r、年限为 M、数量为 B 的债券。进一步假设债券 B 的本金和利息都将由税收偿还。个体效用最大化的方程并不会改变：在初期，收入中的 B 部分用于购买公共债券，同时税收也减少了 B；在之后几期直至 $t=M$，持有证券可获得额外收益 rB，但税收将增加 rB，作为向政府提供还本付息的资金；最后，在 $t=M$ 时期，本金 B 返还给个人，但税收同样增加了 B。在每一期，消费行为和消费水平均无变化，变化的变量是储蓄，即可支配收入和消费之间的差额。

这一结论就是李嘉图等价定理。它阐述了负债即是递延的税款这一观点。它还说明：中央政府应该关心的主要问题与其说是筹资手段问题（通过发行国债还是通过征税），不如说是财政支出的规模和性质问题。

李嘉图等价定理背后的假设条件似乎是不现实的：理性预期；无限期界的消费者（或者，相当于几代人是一体的）；公共支出的非生产性特征（对消费者效用或企业生产力没有影响）；以及没有信贷约束（无论债务状况如何，家庭都可以无限借贷）。

其中一些假设确实值得怀疑：很少有家庭能掌握公共财政的跨期复杂运算；许多人是短视的，其中很大一部分还受到信贷约束；一些公共支出，特别是研究或教育支出，对未来收入有积极影响（见第 9 章）。这些假设与经验证据相矛盾（Mankiw，2000）。

然而，随着经济不断发展、私人财富增加和信贷市场发展，越来越少的家庭受到凯恩斯主义模型假设的流动性约束。特别是在美国，家庭可以将财产价值的增加作为信贷抵押品，这使他们能够将资本收益转化为可支配收入。这种被称为"资产增值抵押贷款"（mortgage equity withdrawal）的机制在 2001—2005 年间为 3％的家庭消费提供了资金（Greenspan and Kennedy，2007）。即便缺乏完全的理性预期，即使存在获得信贷的机会限制和有限期界，家庭的部分消费计划也是基于跨期的，这还是会影响到凯恩斯乘数。事实上，大多数实证检验都拒绝了完全的李嘉图等价，但证实部分李嘉图效应确实降低了财政政策的有效性。[①]

这些观察使微观基础模型得到了发展，这类模型将两种家庭结合在一起：无约束的最优化者和流动性受限的勉强糊口的消费者（hand-to-mouth consumers）。宏观层面的消费是这两种消费者行为的综合结果（Campbell and Mankiw，1989；Galí，López Salido，and Vallés，2007），可能比例有所不同。结合价格刚性假设，这种模型具备凯恩斯主义性质〔因此被称为新凯恩斯主义模型（new-Keynesian models）〕。另一种是世代交叠模型，其中每一代人为固定期界。如果每一代人都关心自己的后代，则该模型表现出李嘉图特性，但如果每一代人都只对自己的命运感兴趣，则财政政策作为消除波动的工具是有效的（Blanchard，1985）。

即使李嘉图等价成立，在经济衰退或由于战争和自然灾害等外部事件的冲击下，政府也有理由使用财政赤字。这是因为，如果在任何情况下都要守着财政预算平衡，这样会导致税率波动，并对供给面产生不利影响。这种税收平滑（tax smoothing）理论的政策建议与凯恩斯主义的处方并没有显著差异。在这两种理论视角下，政府都不应该在经济衰退时增税或在繁荣时减税，而是应该让自动稳定器充分发挥作用。这两种方法的不同之处在于对相机抉择财政政策的使用。在衰退时使用了超出自动稳定器规模的政策来刺激经济，这在凯恩斯主义设定下可能有用，但在李嘉图设定下毫无用处。

（c）财政争论

还有一些反对凯恩斯主义的论据，最主要的三个是：

- 财政挤出效应：财政扩张后，财政收支恶化和相应的储蓄短缺导致长期利率

---

① 在 21 个 OECD 国家样本中，德梅尔诺等（de Mello et al.，2004）发现，公共储蓄下降一个百分点会导致私人储蓄上升三分之一到二分之一个百分点。

上升，从而抑制私人需求（挤出效应）。这种财政挤出和中央银行增加公共支出的反应无关，而是由储蓄-投资平衡的变化所导致。在 AS-AD 模型中，财政政策并不会使需求曲线移动：只是公共需求替代了私人需求，从而仅仅改变了总需求的结构。

- 供给刚性：相对价格的调整可能足够快，从而使商品市场均衡由供给面来决定。如果需求曲线向右移动但供给曲线非常陡峭，则价格的上涨将使私人需求明显受损。

- 供给面效应：从长期来看，公共支出的永久性增加必然要求等量的税收。由于此类税收可能会对供给产生负面影响（例如，对劳动收入征税会通过减少劳动力供给产生影响，见第 8 章），更多的公共支出可能为永久性的高税收铺平道路，从而降低潜在产出。这可能会减少家庭的跨期收入并导致他们减少消费。

第一个论点与李嘉图批判矛盾：该论点认为，公共支出的增加会导致储蓄短缺，从而导致利率上升，而李嘉图等价理论则认为，私人储蓄的增加会抵消公共储蓄的减少（因为家庭会在预期未来税收上升的情况下调整消费）。实际上，这两种观点都更适用于公共债务被认为不可持续的经济体，其债务违约的可能性变得不容忽视，此时挤出效应非常明显（见第 4.2.2 节）。

第二个论点提出了一个实证问题：供给曲线的斜率怎么样？可得的估计值表明，短期内供给曲线向上倾斜但不垂直，这为财政政策的有效性留出了空间。事实上，财政政策的有效性依赖于关注的时间长短：在几个月或几个季度里，价格具有黏性；在几年内，价格则会调整。因此财政政策的有效性（如同第 5 章中探讨的货币政策）受制于时间的视角。

在第三个论点中，对供给的负面效应不能只是抽象来谈。其是否成立取决于公共支出的性质（尤其是对经常性支出和资本性支出的区分）和未来税收的性质及税收扭曲程度（见第 8 章）。

在这些概念区分的基础上，经济学文献强调了财政政策框架中，税收和支出这两种措施组合的重要性［经济学家称之为组合效应（composition effects），见 Alesina and Ardagna，2010］。事实上，供给视角下基于财政支出的调整政策效果比较偏中性，在财政紧缩的情况下，这意味着未来的税收降低，由此会引起私人部门的积极反应，从而会减少财政紧缩的不利影响。需要指出的是，需求视角的观点则相反：在简单的凯恩斯设定下，以支出为基础的财政调整对需求的影响比以税收为基础的调整更快、更直接，后者的影响会因私人储蓄减少而被平滑。[①]

（d）实证方法

由于观点上的模糊和理论上的争议，财政政策作为稳定工具的有效性最终成为一个实证问题。为了评估其效果，文献中使用了不同类型的方法。三种主要的方法

---

① 所谓的哈维尔莫定理（Haavelmo theorem，1945）指出，在简单的凯恩斯主义背景下，同时减少一定数量的公共开支和税收会降低产出。

是：用宏观经济模型进行模拟、用简化模型（主要是结构向量自回归［VAR］模型）进行经验估计，以及对财政政策的事件进行系统分析。

模拟方法的优点是在同一模型中考虑了一系列传导机制，如家庭行为、企业行为和跨国互动。模拟方法还可以准确描述政策的具体做法（例如是否包括削减公共支出及其种类，或者增加税收及其种类），还有这种政策取向是永久的还是暂时的，以及其运行环境（取决于货币政策的反应和国际环境）。最后，除了估计乘数，模拟方法还可以估计财政政策对通胀、财政余额、外部平衡、就业等一系列变量的影响。然而，这种方法的缺点是过度依赖于模型，而模型设定本身可能就有争议。

基于简化模型的经验估计这种方法的优点是很少依赖先验假设，缺点是相对粗略。布兰查德和佩罗蒂（Blanchard and Perotti，2002）首次使用了结构性 VAR 模型来评估美国的财政政策（见延伸阅读 4.12）。后来其他国家也采用了类似的方法。这种方法的局限性在于：它依赖于一组数量相对有限的变量（布兰查德和佩罗蒂的论文中有三个变量：税收、公共支出和 GDP）。

4 ▶ **延伸阅读 4.12** 　　　　　　　　**财政政策的向量自回归实证估计**

布兰查德和佩罗蒂（Blanchard and Perotti，2002）基于一组最小的先验约束来评估财政政策的效果。他们从一个简单的 VAR 模型开始：

$$\mathbf{Y}_t = A(L)Y_{t-1} + \mathbf{U}_t \tag{B4.12.1}$$

式中，$\mathbf{Y}_t = [T_t,\ G_t,\ X_t]'$是一个向量，其三个变量为税收（$T$）、公共支出（$G$）和 GDP（$X$），均以对数形式的实际人均水平来表示。$A(L)$ 是多项式滞后算子，$\mathbf{U}_t = [t_t,\ g_t,\ x_t]'$是残差向量。

$\mathbf{U}_t$ 中的残差不是先验独立的。为了考虑相关性并分离不相关的误差向量，可以有：

$$
\begin{aligned}
t_t &= a_1 x_t + a_2 e_t^g + e_t^t \\
g_t &= b_1 x_t + b_2 e_t^t + e_t^g \\
x_t &= c_1 t_t + c_2 g_t + e_t^x
\end{aligned}
\tag{B4.12.2}
$$

其中，例如，a_1 描述了 GDP 对税收的瞬时冲击，a_2 描述了支出冲击 e_t^g 对税收的瞬时冲击。这种简单的结构可以分离出冲击 e_t^t、e_t^g 和 e_t^x，并且可以假设这些冲击互不相关。

为了估计参数，布兰查德和佩罗蒂施加了一些限制。例如，他们认为财政政策只会滞后于 GDP 的变化（考虑到议会决策和立法实施过程的延迟，这是合理的）。这意味着 $b_1 = 0$，a_1 代表 GDP 变化对税收的直接影响，可以基于详细的税收弹性进行评估。

这些不同的约束条件使得我们可以对模型的剩余参数进行估计［这就是所谓的模型识别（model identification）］，而不需要强加其他重要的理论先验值。这里对支出乘数的符号也没有限制。

基于 1960—1997 年间的季度数据进行估计，模型研究了 GDP、公共支出和税收对外部冲击（如公共支出冲击）的反应。在第一期，它仅表现出了公共支出冲击对经济增长的影响，从第二期开始，它也表现出了经济冲击对财政政策的影响。

布兰查德和佩罗蒂发现，在短期内，公共支出和税收乘数都接近于 1：额外的 1 美元公共支出将使 GDP 增加约 1 美元；多交 1 美元的税也会使得 GDP 大约减少 1 美元。

第三种方法是针对重大且持续的财政事件的分析。在大规模财政巩固事件的案例研究（如 20 世纪 80 年代的丹麦和爱尔兰）的基础上，阿加西纳和阿达格纳（Alesina and Ardagna，2010）进行了一项跨国研究，在这项研究中，他们保留了结构性基本余额变化至少占 GDP±1.5 个百分点的所有年份。其基本思想是：与线性模型隐含的假设不同，财政政策乘数不是恒定的，因为债务去杠杆的重大事件或持续的紧缩政策将改变私人部门的预期和行为。

罗默和罗默（Romer and Romer，2010）提出的叙事法（narrative approach）为另一种尝试提供了基础，即在不陷入 VAR 方法极端简化的情形下，将财政政策分析与结构模型中的假设分离开来。如延伸阅读 4.2 所述，基于行为的财政数据，其具有独立于不可靠的结构性余额估计值的优势。它们还可以用于对财政政策影响的无模型评估。在 21 世纪 10 年代，叙事方法越来越多地被使用（IMF，2010；Guajardo，Leigh，and Pescatori，2014；Alesina et al.，2017）。

在关注战争事件的时候，同类方法还有新的拓展。战争具有外生的（计量经济学）优势，其与当前的宏观经济状况无关。对这种真实财政冲击进行分析，就可以得到对乘数的无偏估计（尽管货币政策可能对战争引起的政府支出变化作出反应）。[1] 基于同样的思路，纳卡穆拉和斯坦森（Nakamura and Steinsson，2014）使用军事建设的区域影响差异化来评估州一级层面的财政乘数。

（e）实践中的乘数

巴蒂尼等（Batini et al.，2014）和迈因西马等（Mineshima et al.，2014）对最近的乘数结果进行了梳理，主要结论如下：

（1）中等开放的大型经济体的平均支出乘数接近于 1。就结构模型估计的结果而言，库南等（Coenen et al.，2012）发现，在面临类似的初始条件和相同的冲击时，各经济体的乘数非常接近：例如在美国，在具有内生货币政策响应的情况下，暂时增加的公共投资的乘数在 0.9～1.3 之间；在相同条件下，欧洲进行协调刺激的乘数也在 1 左右。布兰查德和佩罗蒂（Blanchard and Perotti，2002）的 VAR 方法和 IMF（2010）的叙述法结果类似。这也是巴蒂尼等（Batini et al.，2014）对几项叙事分析的综述得出的结论。

（2）经济特征会影响财政乘数。它取决于贸易开放度（负向），以及经济规模（正向）、劳动力市场刚性（正向）、公共债务水平（负向）和汇率灵活性（负向）。

（3）货币支持的程度对财政乘数有很大影响。库南等（Coenen et al.，2012）

---

① 这种方法是由雷米和夏皮罗（Ramey and Shapiro，1998）率先提出的。另见 Burnside，Eichenbaum，and Fisher（2004）。

对中央银行或国际组织使用的七种模型进行了全面的比较分析。他们发现，对于为期两年的临时性财政扩张，当货币政策完全宽松（名义政策利率不变）时，乘数要比它对财政政策仅仅作出内生反应时大得多。特别是当货币政策受到零利率下限的约束时，财政政策明显更加有效——这一结果得到了基于不同研究方法的证实。[1]

（4）财政政策的影响随着整体经济状况的变化而变化。与凯恩斯主义方法一致，奥尔巴克和戈罗德尼肯克（Auerbach and Gorodnichenko，2012）发现，美国支出乘数在繁荣年份为0、在衰退年份为1.5，并在此区间变化。因此，在经济不好的时候实施财政巩固的产出成本更高，而在经济好的时候实施财政巩固的产出成本则更低。[2]

（5）暂时性刺激的短期影响因财政工具的选择而异（见图4.14）。模型模拟一致表明，财政支出的短期乘数大于向家庭转移或减税的短期乘数，而企业所得税减免的乘数最低。然而，由债务融资来支撑财政支出的永久性增加，其在短期产生的有利影响也会小得多，而且具有长期的负面影响。

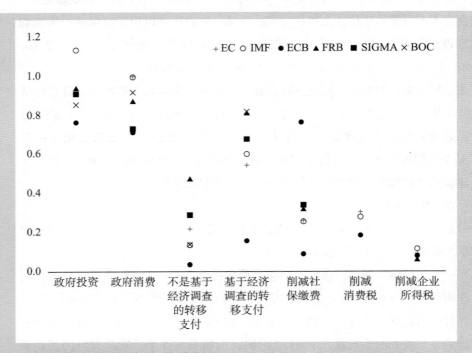

图4.14 对财政乘数的各种估计（无货币宽松）

注：刺激计划预计将持续两年后停止。这里的模型是美国、欧元区和加拿大的主要机构使用的模型。货币政策反应是由央行的反应函数内生决定的。每个图标对应于具有特定模型的特定模拟：EC表示欧盟委员会，IMF表示国际货币基金组织，ECB表示欧洲中央银行，FRB表示联邦储备委员会，SIGMA表示联邦储备系统SIGMA模型（联邦储备系统理事会使用两种模型：FRB-US和SIGMA），BOC表示加拿大银行。

资料来源：作者根据库南等（Coenen et al.，2012）的模拟报告画出。

---

[1] 霍多罗夫-里奇（Chodorow-Reich，2017）对区域乘数值进行了综述，它们与美国的零下限情形的乘数1.7一致。雷米和祖贝瑞（Ramey and Zubairy，2017）发现，在零下限下，乘数可能高达1.5。

[2] 然而，雷米和祖贝瑞（Ramey and Zubairy，2017）对这一证据提出了质疑。

（6）基于支出的财政巩固对 GDP 的不利影响相对温和，基于税收的财政巩固其负面影响强烈（Alesina et al.，2017）。两种形式的财政巩固对私人预期（继而对私人投资）的影响不同，在某些情况下，对货币政策内生反应的影响也不同。

（7）财政状况不佳（债务比率高）的国家财政乘数往往较低。与李嘉图等价性一致，威胁到债务可持续性的财政扩张可能会引发私人部门的预防性储蓄。然而，关于债务可持续性和财政乘数之间关系的证据仍然存在争议：奥尔巴克和戈罗德尼肯克（Auerbach and Gorodnichenko，2017）发现，当经济状况疲软时，即使对高债务国家而言，财政稳定政策也是有效的。

综上所述，最近的研究为利用财政政策实现稳定目标提供了实证支持，但也强调了其局限性和误导的可能性。也许主要结论是：并不存在一种所谓可靠的"财政工具"，其影响可以独立于使用背景和财政行动的具体设计。我们将在第 4.3 节再讨论这些问题。

4.2.2　公共债务的可持续性

关于公共债务可持续性的评估，并没有统一的标准。首先，比较粗略的方法是观察债务占 GDP 的比率，将实际的基本财政余额与第 4.1 节介绍的债务稳定基准情形进行对比。这个简单方法的优点是：就可持续性而言，财政余额的合适水平取决于增长率和通胀率（而且基本余额的合适水平还取决于长期利率），在债务占 GDP 的比率中，这两个因素都有体现。这一方法的问题在于，我们观察到的债务占 GDP 的比率可能并不是长期最优水平。如果观察到的比率过高或者过低，而且要将比率稳定在目前水平，这可能会对维持债务的可持续性产生误导。

（a）概念和指标

定义可持续性的关键是，允许一个国家长期维持债务（因为政府的寿命是无限的），同时又必须排除"债务滚雪球"等连锁投机或庞氏骗局（Ponzi games）[①] 的情况。这种伎俩由来已久：刘易斯·卡罗尔（Lewis Carroll）曾在《色尔维和布鲁诺》（*Sylvie and Bruno*）中生动地描写道：

"噢，没问题，如果你能稍等一会儿，"教授对孩子们说，"很快我就能帮他办妥。嘿，伙计，今年赚了多少？"在他说话的同时，裁缝走了进来。

"好的，你看，我的钱这些年来一个劲儿地翻番，"裁缝略显生硬地答复道，"我现在想把钱取出来，已经有 2 000 英镑了，太好了！"

"哎，这算什么呀！"教授摸着自己的口袋漫不经心地说，仿佛他永远随身带着比那更多的钱。"难道你不愿意再等个一年，然后让它变成 4 000 英镑？想

---

① 出自 20 世纪 20 年代著名的波士顿骗子之名，他们惯于以高收益的承诺来引诱储蓄者，但最后只是将新加入者的资金支付给之前的储蓄者。庞氏骗局在 20 世纪 20 年代的苏联和阿尔巴尼亚大规模发生。2008 年曝光的麦道夫骗局是另外一个例子。

想到时候你是多么富有啊！哎呀，如果你愿意，说不定你能当上国王！"

"我才不在乎做不做国王，"裁缝略想片刻之后说，"不过，4 000 英镑听起来可真不算少啊！好吧，要不我再等等。"

"就知道你肯定会等的，"教授说，"我看你很有想法，祝你好运，伙计！"

"你真的要给付给他 4 000 英镑吗？"债主离开后，塞尔维关上门问道。

"孩子，永远不会，"教授肯定地回答道，"他会继续让钱翻番，直到死的那一天。因为等一年就能让钱翻番，无论什么时候看都是那么诱人！"

——卡罗尔（Carroll，1889），引自凯恩斯（Keynes，1931）

关于债务可持续性（debt sustainability）的严谨定义建立在这样一种直觉上：如果国家满足跨期预算约束（intertemporal budget constraint），公共财政就是可持续的。也就是说，支出能够得到融资支持就行——无论是今天、明天还是后天——因为预期未来所有税收收入都能覆盖未来财政支出加上未偿付债务。这相当于说，当 t 趋于无穷大时，预期债务比率的现值（在 0 这个初始期）趋于 0，这一条件被称为横截条件（transversality condition）（见延伸阅读 4.13）。直观而言，这意味着未来债务可以很高，但其增长速度不能快于实际利率和实际增速之差。这也相当于说，当前债务和未来基本支出的现值之和等于未来收入的现值。

延伸阅读 4.13　债务可持续性和政府跨期预算约束

国家的存续时间并不是预先给定的有限寿命，所以没有必要在未来某一时刻把净公共负债水平压低到 0。债务可持续性意味着随着时间 t 趋向于无穷，t 时刻的债务现值（在 0 时刻）应趋向于 0。这个条件叫做横截条件，它等价于政府未来收入和支出的现值相等。[①]

我们从延伸阅读 4.5 中债务积累方程（B4.5.4）的连续时间形式开始讨论：

$$\frac{\mathrm{d}b_t}{\mathrm{d}t}=(i-n)b_t+\delta_t=(r-g)b_t+\delta_t \tag{B4.13.1}$$

可见，债务比率 b_t 在 t 时刻的变化率是以下变量的函数，包括：利率（名义值为 i，实际值为 r）；经济增长率（名义值为 n，实际值为 g）以及基本赤字水平 δ_t。为了简单起见，我们假设实际利率和经济增长率是不变的，令 b_0 代表初始的债务比率。t 时刻的债务比率可以由式（B4.13.1）对时间 t 积分得到：

$$b_t=b_0e^{(r-g)t}+\int_0^t\delta_s e^{(r-g)(t-s)}\mathrm{d}s \tag{B4.13.2}$$

等式两边同乘以 $e^{-(r-g)t}$，可得 b_t 在 $t=0$ 时刻的现值，其中贴现率 $(r-g)$ 考虑了经济增长对债务比率的削减效应。

[①] 可用赫伯特·斯坦的名言来通俗地表达横截条件，即"如果某事物不能永续运动，那么它终将停止"。

$$b_t e^{-(r-g)t} = b_0 + \int_0^t \delta_s e^{-(r-g)s} \mathrm{d}s \tag{B4.13.3}$$

当 t 趋向于无穷时，债务比率的现值趋向于 0，这意味着等式的右边也趋向于 0：

$$\lim_{t \to \infty} b_t e^{-(r-g)t} = 0 \quad \text{意味着} \quad b_0 = -\int_0^\infty \delta_s e^{-(r-g)s} \mathrm{d}s \tag{B4.13.4}$$

第一个条件叫做横截条件。如果 $r > g$，则债务比率必须以低于贴现率 $r-g$ 的速度增长，这样才能保持债务的可持续性。如果 $r < g$，那么政府可以通过新增借款来为偿债提供资金，同时保持偿付能力。后者是 20 世纪 70 年代的情况，当时的公共债务问题是良性的，在 21 世纪 10 年代，许多国家也是如此。但是对发达国家而言，20 世纪 80 年代和 21 世纪头十年属于前者的情况，其实际利率要高于经济增速。

第二个条件意味着未来基本财政盈余（与基本财政赤字相反）的现值恰好"偿还"初始债务。可以写成 $\delta = x + h - \tau$，其中 x 表示在商品和服务上的支出，h 表示财政转移支付，τ 表示税收，上述条件变为：

$$b_0 + \int_0^\infty (x+h)_s e^{-(r-g)s} \mathrm{d}s = \int_0^\infty \tau_s e^{-(r-g)s} \mathrm{d}s \tag{B4.13.5}$$

初始债务和未来支出现值的总和必须等于未来收入流的现值总和，这就是政府面对的跨期预算约束（intertemporal budget constraint of the government）。

布兰查德（Blanchard，1993）将公共支出和转移支付序列按照占 GDP 的比率表示，由此计算出恒定税率 τ^*，他称之为可持续税率，即能够维持债务可持续性的税率：

$$\tau^* = (r-g)\left[b_0 + \int_0^\infty (x_s + h_s) e^{-(r-g)s} \mathrm{d}s\right] \tag{B4.13.6}$$

τ 是（以 $r-g$ 的贴现率）足以偿付初始债务以及未来商品和服务支出及转移支付的现值的税率。

可持续税率 τ^* 和观测税率 τ 之间的缺口（tax gap），可以作为债务可持续性的参考指标。如果 $\tau < \tau^*$，则为了维持公共债务的长期可持续性需要提高税率，或者削减支出。

作为评估可持续性的一个简单的有限期基准，布兰查德计算了在 N 年后恢复初始公共债务比率所必需的恒定税率水平。然而，有限期的基准必然更具有主观性。

和前面的方法一致，我们可以比较实际税收水平和能够维持债务可持续性的可持续税率（sustainable tax rate），从而分析公共财政的可持续性（见延伸阅读 4.13）。两者之间的差异被称为税收缺口。正的缺口预示着财政政策不可持续，需要在未来调整税收水平或支出水平。

欧盟现在就是使用这种方法来监测成员国的财政状况。为此，欧盟委员会定义了两个指标[①]：

---

① 欧盟委员会的指标每年都会在 DGECFIN 编写的《财政可持续性报告》中公布。

- S1，是中期财政可持续性指标，它对于政府结构性基本余额给出了五年内的改善要求，以在 2030 年前达到公共债务占 GDP 的比率为 60%（《欧盟条约》的参考值），这个指标同时也考虑到人口老龄化导致未来还需要额外支出及融资。这是一个有限期界指标，依赖于对债务比率预先设定的目标。

- S2，是长期财政可持续性指标，这个指标也考虑了老龄化对未来公共支出的影响，从而对当前结构性基本余额进行调整（假设此后保持在调整后的值），以实现在无限期界中稳定债务与 GDP 的比率。与延伸阅读 4.13 中提出的税收缺口一样，S2 提供了一个实证参考。S2 并不包含任何债务比率的具体目标。

当然，这种方法是脆弱的，因为第一，它需要建立在经济增长、利率尤其是公共财政支出等变量的长期预测基础上。第二，它假定只要未来的收入与支出相匹配，任何水平的公共债务都可以在债券市场上得到存续和融资。第三，这种方法仅仅对债务的可持续性进行了评估，但没有给出任何关于如何调整的线索。第四，在经济政策变化的情况下，可持续税率可能会突然出现变化（"跳跃"）——例如，养老金改革可能立即放松对未来政府支出的可持续性约束。第五，长期可持续性指标忽略了可能的短期融资限制。[①]

（b）财政空间

根据跨期预算约束方法，只要能够长期维持足够的基本盈余，任何水平的债务都可以持续。然而，大规模持续的基本盈余相当于让活着的一代人为上一代人的财政过度开支买单，而且在政治上是不可持续的。郑（Zheng，2014）发现，在 50 年的时间里，87 个国家中只有 11 个国家的基本盈余在 5 年或更长时间内超过 GDP 的 5%。在 21 世纪 10 年代对希腊偿付能力的评估中，使用了类似的基准来确定希腊偿还债务的可能性有多大。在进行债务可持续性分析时，IMF（2013）认为，当一个国家预计在三年内保持超过 GDP 3.5% 的盈余（经过周期性调整后的基本盈余）时，需要进行"更仔细的审查"。

基于这样的观察，戈什等（Ghosh et al.，2011）用一张典型图示描述了负债国的财政行为（见图 4.15）。S 形曲线描述了基本财政余额对债务比率变化的反应方式。对于低债务比率水平，可持续性不是问题，基本财政余额对债务的增加没有反应。然而，随着债务比率的上升，对债务可持续性的担忧就出现了，这导致了政策引致的基本财政余额增加。[②] 然而，当基本财政盈余增加后，由于政治经济学的原因，这种反应会减弱并最终变得不明显。这种反应模式形成了 S 形政策反应曲线。

---

① 欧盟委员会制定了一个名为 S0 的短期脆弱性指标，该指标由一些特定子指标组成。IMF 关注财政融资总需求（即一年中财政赤字和债务偿还的总和）。融资需求超过 GDP 的 15%～20% 被认为存在风险。这种方法强调同样的债务可能是可持续的，也可能是不可持续的，这取决于其期限结构。

② 博恩（Bohn，1998）提供了美国的案例中这种行为的证据。

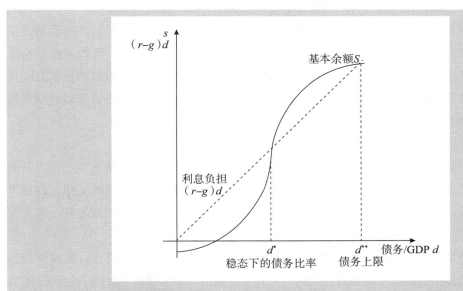

图 4.15　债务可持续性和财政空间

资料来源：Ghosh et al.（2011）.

　　虚线给出了稳定债务比率所需的基本盈余。如前所述，其斜率是实际利率和实际增长率之间的差值。当 S 形曲线在虚线下方时，债务比率会增加，反之亦然。为了简化分析，我们认为利率和增长率是外生的。

　　很明显，债务比率有两个平衡点，每个平衡点都对应于 S 形曲线和虚线之间的交叉点。第一个平衡点 d^* 对应于一个稳定的均衡。第二个平衡点 d^{**} 是不稳定的，因为任何高于该阈值的债务水平增加都会导致债务比率不可抑制地上升。因此，d^{**} 是最大可能的债务比率。故财政空间（fiscal space）可以由最高债务水平和实际债务水平之间的差值 $d^{**}-d$ 来定义。[①]

　　S 形曲线可以在带有国家固定效应的面板回归中进行估计，从而得出最高债务比率和当前债务比率之间的缺口估计值。在 2015 年，该方法（已被评级机构穆迪采用）一般将债务上限水平选择在 GDP 的 $200\%\sim250\%$ 附近。

　　如图 4.15 所示，财政空间取决于 $(r-g)$：实际利率和实际增速之间的差距越大，财政空间就越窄（对于参与货币联盟的国家来说，其财政空间也会小一些），这是因为对无法偿债的预期导致公共债务 r 的利率更高，反过来将 d 推向左边。正如保罗·德·格劳威（Paul De Grauwe，2011）所说，这开启了自我实现债务危机的可能性。如果央行能够介入，并防止投机行为将主权国家推向破产，这种风险就可以得到控制。但货币联盟的中央银行所能做的事情是有限的。特别是在欧元区，条约禁止欧洲央行或国家央行直接为政府融资，尽管获取了在二级市场上购买政府

---

　　① 在实践中不可持续的门槛更低、财政空间也更小，因为随着 d 接近 d^{**}，金融市场开始意识到冲击将债务比率推到该水平以上会大幅提升破产风险。出于这个原因，他们将在较低债务水平上就对破产风险进行定价。

债券的授权，但央行对特定债券市场的大规模干预会产生分配性的后果，从而使其具有财政而非货币特征。2010—2012 年的欧元危机使许多人意识到，由于缺乏主权国家的最后贷款人，单个政府更容易受到投机攻击。2010 年，欧洲央行开始通过证券市场计划对特定市场进行干预，这很快引发了争议，并导致其创建了直接货币交易（Outright Monetary Transaction，OMT）计划，该计划的实施以财政调整和经济改革为条件，由政府和欧洲机构进行协商（见第 5 章）。

（c）财政政策的可持续性和有效性

财政政策是否可持续势必会影响其有效性。直观上，如果经济主体不认为财政刺激会危及公共债务的可持续性，他们可能会在面对财政刺激时增加支出，但如果他们预计不可持续性会导致政策逆转，即刺激措施很快会转变为财政整顿，那么他们可能反而会减少支出。

萨瑟兰（Sutherland，1997）在一个模型中正式阐述了这一直觉，该模型引入了债务负担引起凯恩斯乘数变化的可能性。这是因为未来税收在各代人之间分配具有不确定性。在延伸阅读 4.14 中，他提出了世代交叠模型，该模型认为，消费者的生命周期是有限的；如果债务负担较轻，则可以轻易地转嫁给后代，这种情形下经济主体行为方式产生的影响符合凯恩斯效应；如果由他们自己负担债务的概率增加，则经济主体行为方式产生的效果将愈发接近逆凯恩斯效应（收缩他们的支出，以应对财政刺激）。因此，相同的财政政策会导致截然相反的结果，具体取决于公共债务的水平。这类模型建立在一些特别的假设之上，由于在财政危机中预期将发挥决定性的作用，用这类模型描述出现财政危机的情形似乎更合适。

延伸阅读 4.14 **公共债务和财政政策的有效性**

萨瑟兰（Sutherland，1997）提出了一个简约模型。在适度的公共债务水平下，政府的财政扩张政策可以产生传统的凯恩斯效应。相反，如果政府的债务负担过重，乘数就会变成负数。

该模型对代表性个体行为的分析基于世代交叠模型。在任何时点上，"年轻人"和"老年人"同时存在。财政政策以基本赤字水平 D（人均水平）表示，而且一次性转嫁（非扭曲性）给消费者。r 表示固定利率，因而人均债务水平 B_t 在 t 时刻的动态方程可以表示为：

$$dB_t = rB_t dt + D_t \tag{B4.14.1}$$

式中，债务水平 D 中包含一个随机成分。根据以上条件，债务规模可能出现爆炸式增长。

萨瑟兰设想存在离散的政府调整行为，作为跨期预算约束：当人均债务规模达到政府所能承受的外生上限 U 时，政府对每个人一次性地征税 T，此时人均债务水平下降到 $U-T$；当人均债务规模达到下限 L（直觉上应该是负值）时，每个人将获得 T 的转移支付，此时债务水平为 $L+T$。

消费者的生命是有限的，死亡的概率为常数 θ。每个个体在 t 期都以固定价格消费数量为 c 的同质商品，而且交易不受任何限制。每个消费者在 t 期立刻获得效用 $u(c)$，且效用函

数 u 二阶可导。在每个时期，个体收入等于固定收入 y 加上他从占有的财富 A 中获得的收益 $(r+\theta)A$。A 被投资于保险公司，在个体死后被后代继承，因此有风险溢价 θ。消费者的预算约束可以表示为：

$$\mathrm{d}A_t=[y-c_t+(r+\theta)A_t]\mathrm{d}t+D_t \tag{B4.14.2}$$

在该约束下，消费者要实现期望效用的最大化：

$$E_t\int_t^\infty u[c_\tau]e^{-(r+\theta)(\tau-t)}\mathrm{d}\tau \tag{B4.14.3}$$

由上式可以计算出消费为：

$$c_t=y+(r+\theta)\left[A_t-E_t\int_t^\infty \delta_\tau Te^{-(r+\theta)(\tau-t)}\mathrm{d}\tau\right] \tag{B4.14.4}$$

当在 τ 时期危机导致债务削减启动时，债务水平达到上限 U，δ_t 取值 $+1$；当债务水平达到下限 L 并且个人收到转移支付时，δ_t 取值 -1；其他情况下，δ_t 等于 0。

因此，当个人使用收入来消费时，要减去未来预期税收支出的净现值（贴现率为 $r+\theta$）。模型的结论取决于以下动态方程：

$$S_t=E_t\int_t^\infty \delta_\tau Te^{-(r+\theta)(\tau-t)}\mathrm{d}\tau \tag{B4.14.5}$$

萨瑟兰模型表明，S 是 B 的增函数；当 B（绝对值）较小时，$\dfrac{\partial S}{\partial B}$ 趋于零；当 B 接近临界值 L 或 U 时，$\dfrac{\partial S}{\partial B}$ 大于 1。当 B 较小时，财政扩张政策［式（B4.14.2）中的 D 上升］将按照传统的凯恩斯效应增加个人消费水平和总体消费水平。当 B 接近 U 时，同样规模的扩张会使经济主体产生政府近期将进行财政调整的预期，从而出现个人消费和总体消费水平的下降，以应对即将到来的税收上调；在这种情形下，财政扩张产生了逆凯恩斯效果，并最终导致产出收缩。

实证研究表明，是否具有债务可持续性会对财政乘数产生显著影响。科塞蒂等（Corsetti et al.，2013）在公共债务利率取决于政府债务水平的模型中分析了财政政策的有效性。主权债务重组的可能性越高，贷款人要求的风险溢价就越高。只要央行不失去对利率的控制，它就可以通过降低政策利率来抵消这一风险溢价的上升。然而，当它受到零利率下限的约束时，它就不能再使用同样的方式了，这意味着有违约风险的国家，其风险会被利率惯性放大。因此，央行达到了零利率下限，对于状况良好的国家是提高了财政乘数，对于陷入困境的国家则是降低了财政乘数。

4.2.3　开放经济层面

（a）蒙代尔-弗莱明模型

凯恩斯理论很容易推广到开放经济条件下，这方面的重要工作是 20 世纪 60 年代早期由罗伯特·蒙代尔（Robert Mundell）和马库斯·弗莱明（Marcus Fleming）各自发展起来的蒙代尔-弗莱明模型。[①]这一模型是 IS-LM 模型在开放经济中的拓展，它将汇率机制作为凯恩斯乘数的重要决定因素。在浮动汇率制下，财政政策的乘数效应降低——当资本能在小国间充分自由流动时，财政政策甚至失效——这是由于财政扩张将导致汇率升值。相反，在固定汇率制下，财政乘数效应提高，因为挤出效应很小（汇率制度的定义参见延伸阅读 4.15 和第 7 章）。

延伸阅读 4.15	蒙代尔-弗莱明模型

典型的蒙代尔-弗莱明模型研究的是在资本充分流动的条件下，小国的政策是否具有有效性（并且遵循凯恩斯模型的非充分就业假设，见第 5 章和第 7 章）。资本充分流动意味着一国利率不能偏离世界利率（否则资本将因为套利而流入或流出），因而利率是一条水平线，以反映套利情形。同时，内部均衡由 IS 曲线和 LM 曲线表示，两者分别代表产品市场和货币市场均衡。模型中的均衡要求三个条件同时满足，而不是标准封闭经济框架中的两个。哪个条件会内生地调整到由另外两个条件决定的均衡状态取决于汇率制度。

浮动汇率制

首先来看浮动汇率制（floating exchange rate regime）。假定央行保持货币供给不变，并且汇率由市场决定。扩张性的财政政策使 IS 曲线向右移动，这导致产出和收入增加，从而使货币需求增加。由于货币供给是给定的，所以利率有上升压力。这将引发资本流入并导致汇率升值（出口品竞争力下降），从而使得商品需求下降、IS 曲线向左移动。由于开放经济均衡由 LM 曲线和国际利率套利条件综合决定，因此，唯一的途径是汇率升值，直到总需求回到财政扩张前的水平（见图 B4.15.1）。在此情况下，IS 曲线和财政政策在均衡决定过程中不发挥作用：财政支出的增加只是挤出了非本国居民对本国出口的净需求。

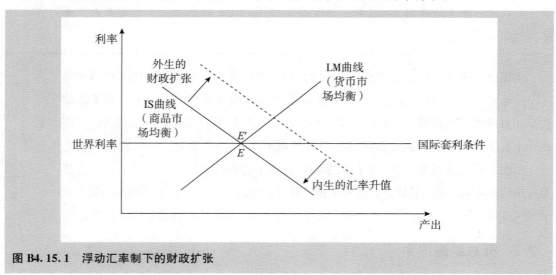

图 B4.15.1　浮动汇率制下的财政扩张

---

① 参见 Mundell（1968）和 Fleming（1962）。

固定汇率制

现在假定是汇率固定，这意味着央行会通过买卖外汇来干预外汇市场。由于财政政策扩张带来的持续资本流入，这将使央行卖掉本国货币、买入外汇，以维持汇率稳定。这时，如果不进行冲销（见第 7 章），央行持有的外汇储备增加就会导致货币供应量上升，这使得 LM 曲线向右移动。这一内生的货币扩张带来了正的财政乘数（见图 B4.15.2）。在此情况下，财政政策强力有效，但货币政策无效。

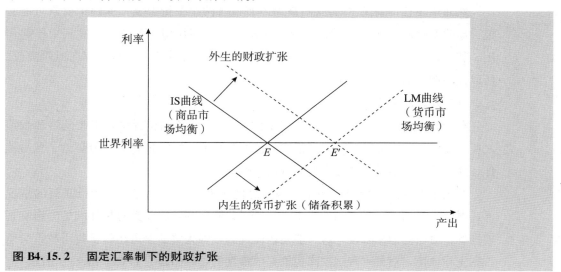

图 B4.15.2　固定汇率制下的财政扩张

资本不能流动的情况

当资本不能自由流动时，结果将会相反：此时，在浮动汇率制下，财政扩张会带来经常账户收支恶化（因为进口品需求增加），导致汇率贬值，出口品竞争力提高，从而提高了最初财政扩张对需求的影响。而在固定汇率制下，经常账户恶化导致外汇储备损失、货币被动紧缩，从而抑制了之前财政扩张的效果。最终，经常账户必须达到收支平衡——这意味着产出受制于外部因素。因此，资本流动性和汇率制度的差别可用来解释，为什么类似的财政政策却对产出水平具有截然不同的影响。

表 4.2 总结了模型的主要结果。由于蒙代尔-弗莱明模型简洁有力，其一直都是国际经济专家广泛使用的分析工具。例如，它提供了一个简单的框架来考虑欧元区财政政策的影响。作为一个整体，货币联盟与世界上其他国家的关系类似于浮动汇率制：如果资本完全流动，财政政策相对无效（除非货币政策受到零利率下限的约束）。然而，对于货币联盟中的某一国而言，财政政策有效，因为在该区域内挤出效应被弱化了。所以，蒙代尔-弗莱明模型表明各成员国面对非对称冲击时单独使用财政政策的有效性更高，但成员国作为整体来对抗一个对称冲击时，财政政策效果不佳，因为在后一种情况下，汇率的调整会抵消财政政策的稳定作用（然而这只有在利率对财政宽松作出反应的情况下才成立；在零利率下限时，这并不成立，

此时，这意味着财政政策在欧元区层面可能是有效的）。

表 4.2 对小型开放经济体而言，其财政政策的短期有效性：基本结果

	资本流动性强	资本流动性弱
浮动汇率制	无效	非常有效
固定汇率制	非常有效	部分有效

然而请注意，蒙代尔-弗莱明模型没有包含两个关键要素，这两个要素可能会极大地改变财政扩张的影响。首先，这是一个静态模型，市场预期在其中不起作用。其次，模型中不存在债务，因此不关心债务的可持续性，也不存在风险溢价。所以该模型不适用于讨论重债国的财政政策效果。

（b）财政政策溢出

在资本流动性高、浮动汇率情况下的蒙代尔-弗莱明世界中，扩张的财政政策之所以无效，是因为其影响通过汇率升值而被削弱：需求扩张完全传导给了贸易伙伴，并导致了所谓的财政溢出效应（fiscal spillover effect）。

在固定汇率制或货币联盟中，国家之间也存在溢出效应。在货币联盟的情况下，财政扩张增加了对商品的需求、抬升了共同利率，因此其对伙伴国的净影响是模糊的：对一些国家来说，这可能是扩张性的，因为贸易渠道相较于货币政策渠道占据主导地位，对另一些国家来说则是收缩性的，原因是它们处于相反的情况。例如，考虑西班牙在欧洲货币联盟内财政扩张的影响：这可能会使葡萄牙和法国受到很大影响，因为它们对西班牙的出口量很大，但对奥地利、芬兰和爱沙尼亚的影响要小得多，因为它们对西班牙的出口量很小；同时，欧洲央行对欧元区需求扩张作出反应并导致利率上升，此时后面那些国家甚至还可能受到负面影响。此外，由于一个规模巨大的国家的财政扩张使共同汇率升值，货币联盟伙伴的出口也可能会受到影响。因此，蒙代尔-弗莱明模型表明，货币联盟内部的财政溢出是一个需要进行实证研究的问题。

在 21 世纪 10 年代欧元区危机后，经济复苏疲软，上面的问题引发了激烈的辩论。国际组织呼吁德国通过财政扩张来支持增长，但德国官员否认国内扩张性政策可以显著提振伙伴国家的增长，尤其是缓解欧元区外围国家的困境。德国央行（2016）基于模型的估计并没有发现德国财政扩张的溢出效应可能是显著的：假设存在内生的货币政策反应，德国如果实施了占 GDP 1% 的政府投资，两年后这将使德国 GDP 增长 0.45%、荷兰 GDP 增长 0.2%，同时仅使希腊 GDP 增长 0.05%、西班牙 GDP 增长 0.02%。然而，这种正常时期的估计结果是有争议的，因为它们不适用于货币政策受到零利率下限约束的情况。在后一种情况下，欧元区核心国家的财政扩张不会导致利率上升，而外围国家则受益于核心国家更高的需求和更高的通胀。布兰查德、厄塞格和林德（Blanchard, Erceg, and Lindé, 2017）发现，在零利率下限的情况下，核心国家的扩张性政策对外围国家的溢出影响大约能达到核

心国家之间溢出影响的一半。

综上所述，在单一国家背景下，财政政策的有效性取决于这个国家的一些具体情况。同理，一国政策对伙伴国家的溢出效应既取决于其本身的制度（汇率制度和资本流动程度会有重要影响），也取决于具体的环境（货币政策是否受到零利率下限的约束）。

4.3　政策

财政选择既是各国政策的首选议程，也是激辩领域。关于适当的预算立场、财政松紧、债务积累，以及在一些国家关于债务重组的争议，这是经济政策讨论的主要内容。重大政策的成败往往也会归因于财政决策。理论随着时间的推移而变化：财政政策在 20 世纪 70 年代被视为终极政策工具，但在 20 世纪 80 年代和 90 年代则似乎显得过时，2009 年的全球经济衰退和 21 世纪 10 年代传统货币政策遇到的限制使得财政政策的角色重获生机，但几个欧洲国家经历的主权债务危机也凸显了试探财政空间边界所涉及的风险。

这场辩论在欧洲尤为激烈，辩论的焦点是组建货币联盟的财政后果。一方面，被剥夺独立货币政策的政府自然倾向于更多地依赖财政工具来实现稳定；另一方面，加入反通胀倾向的货币联盟使得各国没有了债务货币化的选项：正如 2010—2012 年欧洲主权债务危机所提供的启示，汇率锁定后的债务风险变得更大。基于上述原因，欧元区为评估财政政策有效性、政策分权和协调提供了一个丰富的实验场。

财政政策方法的改变不仅仅是一个理论问题。尽管过去的财政选择基本上是相机抉择的，但现在越来越多地受到赤字限制等财政规则和独立的财政委员会等机构的影响。各国政府和议会仍然负责作出最终决定，但相机抉择的空间比 20 世纪 90 年代更加有限。这些框架是否代表某种进步，仍存在激烈争议。

我们首先介绍和讨论构成当前财政政策框架的规则和制度。接下来，我们将讨论主权债务危机的解决，之后分析欧元区的具体情况。最后，我们讨论财政政策的"旧""新"观点。

4.3.1　财政规则和运行机构

如前所述，"财政政策"不应该等同于"相机抉择的财政政策"。尽管并非所有国家都是如此，但很多国家的决策都越来越多地受到政策规则和运行机构的影响，这有助于限制相机抉择的范围。规则的设计和机构职能的确定决定了一个国家的财政制度，并有助于提高政策质量。

（a）财政规则

20 世纪 80 年代末，很少有国家设置财政规则：根据 IMF 的数据（Lledó et

al.，2017），只有德国、印度尼西亚、日本、马来西亚、新加坡，以及出人意料的——美国。① 到了 2015 年，已经至少有 93 个国家制定了此类规则。其中许多国家制定了一个框架，包括管理预算平衡、支出水平、收入或公共债务的若干指导方针。欧元区一直走在这种基于规则的财政政策的前沿，但它绝不是世界上唯一明显采取这一举措的地区。

财政规则（fiscal rules）是通过立法的方式对预算总额加以限制，从而限制财政政策。它可以将赤字、债务或公共支出作为目标，使用名义值（如对财政赤字、基本赤字或公共部门储蓄-投资余额设置限额）、实际值（如确立公共支出实际增长率的基准）或结构值（如经过周期性调整财政余额的阈值或其最低年度改善额）来表示，可以是事前的（适用于提交投票的预算）或事后的（适用于实际发生的数额），可以与整个政府或下属实体（联邦部门或个别州）有关。这些财政规则可以像在欧盟一样，在国际条约和超国家的次级立法的基础上产生，也可以作为国家宪法的一部分，或者仅仅是国家法律的形式。

规则旨在纠正政治经济过程中产生的扭曲激励，这些扭曲激励导致了财政超支和财政责任偏离。对这种扭曲激励的原因，有四种解释。第一种解释来自政治引起的商业周期：由于选民信息不足或可能不理性，政府容易有赤字倾向，并在选举前过度刺激经济（Nordhaus，1975）。财政规则有助于纠正由此产生的债务过度积累趋势。第二种解释依赖于选举竞争的后果：党派之争和对公共支出分配的分歧导致每个阵营在执政期间都倾向于在其偏好的政策上超支（Tabellini and Alesina，1990）。与前一种解释不同，这种解释并不取决于选民是否理解预算赤字的后果，而取决于他们的分歧以及每个党派对预算赤字的战略使用。在这种情况下，平衡预算规则对社会是最优的。第三种解释在第 4.3.3 节提出，在货币联盟中，各国政府没有完全内化预算赤字成本，其中一部分由伙伴国承担，预算规则有助于纠正这种协调失败。最后但同样重要的是，公共债务积累影响代际公平。未来几代人现在在议会中并没有代表，继而有当代人倾向于将债务成本转嫁给尚未出生的公民。

因此，大多数财政规则都倾向于审慎。从概念上讲，财政规则也有助于纠正过度谨慎，以及未能在必要时提供足够的财政刺激的作用。这两个目标之间的矛盾没有看上去那么大：政府在经济景气的时候越是谨慎，在经济不好的时候就越能积极地转向刺激政策。

研究试图解释财政规则在不同国家的分布情况。埃尔巴达瓦、施密特-赫布尔和索托（Elbadawi，Schmidt-Hebel，and Soto，2015）发现，更高的人均 GDP、民主制度、联邦结构、制衡的存在，以及政治稳定都有助于财政规则的采用。在老年人抚养比高、固定汇率制或通胀目标制以及金融开放的国家，更有可能制定财政规则。

---

① 在美国，1985 年的《格拉姆-拉德曼-霍林斯（Gramm-Rudman-Hollings）平衡预算法案》暂时生效。

科皮兹和西曼斯基（Kopits and Symansky，1998）在他们关于财政框架设计的里程碑式的文章中提出了"理想"财政规则的 8 条标准：

- 清晰的定义；
- 透明的公共账户；
- 简洁性；
- 灵活性——尤其是应对外部冲击的能力；
- 政策与所追求的目标要有相关性；
- 执行能力，具备制裁违规行为的能力；
- 与公共政策的其他目标和规则保持一致；
- 其他有效政策的配合。

这个简单列表中的某些内容存在着权衡取舍，例如在追求简洁性的同时还要满足与多项政策目标的相关性，或是在清晰定义和政策灵活性之间也存在权衡。实际上，制定规则的目的在于以可靠和可持续的方式保障政府财政健全，同时保证财政政策对逆周期产出发挥稳定性作用。然而，这些规则能否成功、能否实现这些目标是一个设计和执行方面的问题。好的规则可以改善政策，而坏的规则会使政策恶化。

欧洲财政框架的演变（见第 4.3.3 节延伸阅读 4.19）就是一个很好的例子。最初的《稳定与增长公约》是 20 世纪 90 年代中期为避免"过度赤字"而制定的一套财政规则和程序，完全依赖于政府财政收支余额的阈值和基准。因此，它没有考虑到周期性特征：无论其实际政策如何，因为周期性繁荣而出现收支余额有所改善的国家也会被认为符合公约（同样，无论其实际政策如何，一个在衰退中赤字恶化的国家会被视为违反公约）。十年后，《稳定与增长公约》进行了改革，为考虑周期性调整赤字留出了空间，并在欧元区危机后进一步修正，这使得经过周期性调整后的行为在政策评估时成为关键。然而，几乎随之而来的问题是：对不可观测变量的依赖是复杂的，且随着时间不一致，甚至其本身也是争议的来源。

在财政分权制度中，适用于州和地方政府的预算规则尤为重要。它们可以是一个整体框架的一部分，旨在确保国家以下实体遵守财政纪律——特别是如果州和地方政府在遇到困难时可以向中央申请支持。它们也可以是自我约束的结果，美国的情况就是这样：各州对自己的财政事务负责。美国宪法授予了它们相当大的财政自主权，但同时它们在无法获得金融市场融资时也不能指望救助（关于这个问题的历史观点，见延伸阅读 4.19）。除佛蒙特州之外，所有美国州政府依照法律都必须保持事前预算平衡（在这种情况下，州政府账户可以在经济发展不景气时出现赤字）或更严格的事后平衡，这通常被称为无结转条款（no-carryover provision）。这种规定的缺点是：各州可能在经济衰退时被迫采取顺周期政策。美国的情况印证了这一点：尽管大多数州都设立了可以在形势不好的时候启用的"雨天基金"，但这种基金受到很大限制。这种情形在 2009 年最为明显，由于经济萧条，如果联邦政府实施的经济刺激计划中没有包括对州政府和地方政府进行转移支付（其额度占年GDP 的 0.3%），多数州政府将被迫减少支出（包括社会保障支出）。由此可见，美国政策体系将财政稳定的主要职能赋予给了联邦层面。

在实际操作中，财政规则具体化为各种形式（见表 4.3）：设定公共债务上限；财政（预算或基本支出，总体或结构性支出，总体或当期支出）预算余额的承诺；财政盈余分配原则；制定预算的规则等。每种形式都各有其优缺点。

表 4.3　可选的财政规则

目标变量	优点	缺点
公共债务比率	与可持续性直接关联；易于沟通和监测	可能是顺周期的（特别是在低通胀环境下）；债务-赤字关系可能受到一次性事态发展变化的影响
财政收支余额	明确的业务指导；易于沟通和监测	经常出现顺周期；可能导致政府削减促进增长的投资支出
结构性余额	明确的业务指导；良好的稳定性	结构性赤字的测量具有不确定性；沟通和监测比较复杂
当期平衡（黄金法则）	保留了投资的动力	与可持续性没有直接联系；通常具有顺周期性；更倾向于对实体的投资
基本财政余额	在可持续性方面易于沟通和监测	与可持续性部分关联；经常出现顺周期
公共支出（名义或实际）	明确的业务指导；易于沟通和监测；稳定性良好	与可持续性没有直接联系；干扰分配决策；或许导致政府以减税代替增支

资料来源：改编自 Schaechter 等（2012）和 Fall 等（2015），并加以扩展。

预算平衡规则通常被表述为政府的当期支出必须通过政府的当期收入来覆盖，即所谓的公共财政黄金法则（golden rule of public finance）。黄金法则于 20 世纪 60 年代末首次被写入德国宪法，直到 2009 年被修订。根据宪法，德国政府得到授权的范围是：除非"宏观经济均衡出现严重波动"，否则政府债务只能用于为资本支出融资。其背后的逻辑机理是：债务融资和资本形成同时发生，这时如果未偿还的政府负债与（可能有盈利的）政府资产相匹配，这就确保了政府的净财富保持稳定。经济学家中不乏黄金法则的支持者。然而，黄金法则并不能避免债务的不可持续性（如果与积累债务相匹配的资产缺乏流动性或价值较低）。此外，对公共投资的定义也饱受批评。狭义的定义将使投资重心倾向于基础设施建设支出，而忽视了人力资本投资，而定义过广又可能使黄金法则无效。此外，定义关注总投资而非净投资也备受争议，因为只有净投资才能使子孙后代获益。

在 2009 年，德国政府将黄金法则改为更具约束力的规则——联邦政府每年的净结构性借款占 GDP 的比率被限制在 0.35% 以下，2020 年以后不允许联邦州政府存在结构性赤字。除非发生严重的自然灾害或经济危机，政府不得违背上述规则，如果上述极端非常情况发生后，政府必须向议会提交分期偿还债务的计划。根据新的预算规则，赤字中的周期性部分必须依照《稳定与增长公约》中类似的方法接受有关部门的监督。最后，在实施过程中对预算的任何偏离都将被记录在控制账户中，并且随着时间的推移必须全部进行冲销（参见 Bundesfinanzministerium，2009）。

最后，政府负债水平较高的国家往往选择以基本财政余额为目标，因为公共债务的利息支付取决于市场形成的利率，而基本余额更直接受到政府的控制。如比利时在 20 世纪 90 年代末要求基本财政盈余不得少于 GDP 的 6%。IMF 与面临财政困难的国家谈判制定财政调整方案时也会包括基本余额的目标。

对于收入波动较大的国家，如大宗商品生产国而言，标准的赤字规则是不够的。对它们来说，关键是要确保在大宗商品价格上升时获得的临时收入被储蓄起来，而不是花掉。此外，一个主要的政策问题是：如何分配开采自然资源的收入？这些收入是否应该分配给基础设施和人力资本建设，或者更确切地说，应该像智利（铜生产国）和挪威（石油生产国）所做的那样进行金融投资，使相应的资产收入惠及子孙后代（见延伸阅读 4.16）？

延伸阅读 4.16　　　智利和挪威的财政规则

智利和挪威都是大宗商品生产国，其税收在很大程度上取决于其原材料、初级品的销售量和价格。出于这个原因，它们采取了旨在避免顺周期性和确保代际公平的财政规则。

2001 年通过的智利规则规定，实际政府支出应通过下面的计算来确定，即：周期调整后的收入减去周期调整后的余额目标（Schmidt-Hebbel，2012）。其对收入的周期性调整包括两部分：一个是基于非采矿收入的产出缺口，另一个是根据矿产的实际价格和趋势价格之间的差异，对采矿收入进行周期调整。两者都由独立委员会决定。第二个调整意味着，商品价格的意外波动得到了考虑。这些调整确保了政府支出不受周期因素的影响。

同样在 2001 年通过的挪威规则更进一步。石油开采的所有收入都转移到政府的石油基金（官方称为"全球养老基金"），该基金由中央银行管理，并投资于全球金融市场。2017 年年中，该基金的资产达到 8 500 亿欧元，约为挪威国内生产总值的两倍，是世界上最大的主权财富基金之一。投资资本的回报用于填补结构性的非石油预算赤字。与智利一样，这是为了使财政政策免受石油收入波动的影响，为自动稳定留出政策空间，但也是为了确保代际公平，因为石油储备预计会随着时间的推移而耗尽。挪威当局的一个主要担忧还在于避免大宗商品繁荣的国家所经常经历的"荷兰病"，即大宗商品行业挤出了其他行业。

挪威规则的经验被认为是积极的：财政规则为政策奠定了基础，有助于避免顺周期性，并维护了代际公平。然而它在应用中并非没有问题：由于基金规模大和金融市场的波动性大，实际回报率的年度波动较大。此外，油价波动还会影响预期的实际回报路径。虽然该基金提供了一个重要的缓冲，但它并没有完全使财政政策免受大宗商品市场波动的影响（Norwegian Expert Commission，2015）。

一些国家通过了财政支出规则，作为赤字和债务规则的替代或补充。这些限制名义或实际公共支出中相机抉择行为的规则具有合意的稳定特性：这可以防止政府在收入暂时激增时增加支出，也避免政府一面临经济衰退就削减支出。尽管支出规则本身并不能确保债务可持续性，但它们可以与"债务刹车"相结合，从而将支出目标设定在一个有助于在中期内收敛到特定债务水平的范围内〔参见贝纳西-奎里等（Bénassy-Quéré et al.，2018）对欧元区的分析〕。

（b）财政机构

许多政府，尤其是欧洲政府，都重视规则的约束，并相信其优点大于缺点。然而，所有规则都有缺点。当经济状况发生变化时，坚持这一规则可能会导致次优政策：例如，长期利率持续变化时，财政平衡的目标没有理由保持不变。但是，偏离规则或改变规则会损害可信度，而且为特定情况留出运作空间会导致复杂性（2017年欧盟《稳定与增长公约》的草案已经长达224页）。

在一篇具有里程碑意义的文章中，怀普洛兹（Wyplosz，2005）指出，对理想预算规则的追求让人想起了20世纪80年代对理想货币规则的追求。就货币政策而言，这一追求被证明难以实现，最终的解决方案是赋予特定专业机构以独立设定利率的责任。在此先例的基础上，他主张应该由独立的财政政策委员会来制定年度财政预算，同时政府和议会对收入和支出的水平和构成有充分的决定权。年度财政收支目标应该在制定预算前确定，以便财政政策委员会负责宏观立场、政府负责微观选择。

该提议未被欧盟政府采纳，短期内被采用的可能性也微乎其微：财政平衡的选择过于政治化，至少间接地涉及太多的分配选择，无法委托给独立机构（见第2章延伸阅读2.13）。然而，一些国家设立了独立的财政委员会（fiscal council），这些委员会没有决策权，但会对宏观经济基本面和预算草案的充分性进行实时评估。1945年，荷兰成为第一个引入此类机构的国家。截至2016年底，国际货币基金组织估计39个国家设立了财政委员会（Debrun，Zhang，and Lledo，2017），然而它们的职能差别很大（Fall et al.，2015）：例如，在奥地利，委员会负责准备经济和预算的预测，并评估财政规则的遵守情况，还会提供公共债务的长期预测；在法国，其任务仅限于评估支撑预算和中期财政计划的经济预测；而在德国，它包括对遵守财政规则的情况进行评估。在美国，国会预算办公室负责预测、可持续性评估和对于向国会提交的措施进行成本计算。

即使财政委员会的职责范围很窄，这样做也能提高预算过程的透明度，并有助于限制政府利用其信息优势和预算政策达到政治目的的倾向。包括支出和收入预测、政策措施成本计算和债务可持续性评估在内的更广泛的职责范畴都有助于进一步限制政府的信息优势，同时保留了政府相机抉择的政策空间。

根据卡门弗斯和雷恩-刘易斯（Calmfors and Wren-Lewis，2011）的分析，财政委员会是财政规则的补充，而不是替代，因为它们有助于监测复杂的规则是否真正得到遵守，并评估可能的偏差。然而，如何将规则、独立监督和民主决策结合起来是一个微妙的问题，在这方面英国提供了一个很好的例子（见延伸阅读 4.17）。

　　总体来说，经验证据表明，财政框架无论是基于规则还是基于机构，或者二者的结合，都是有用的：采用预算平衡规则有助于减少赤字，几项规则（针对不同变量）并存有助于减少赤字和公共开支，规则和财政委员会的结合也会产生影响（Fall et al.，2015）。不过，这种估计没有控制财政框架的内生性：倾向于遵守财政纪律的国家更有可能会采用这种框架。①

延伸阅读 4.17　　　　　　　　　　英国的财政规则和机构

　　财政规则于 1997 年由戈登·布朗（Gordon Brown）首次引入英国，当时他是托尼·布莱尔（Tony Blair）首相第一届政府的财政大臣。政府承诺遵守公共财政的黄金规则（golden rule），即公共部门只能为公共投资借款，同时遵守可持续投资规则（sustainable investment rule），即政府确保经济周期结束时的公共债务不超过 GDP 的 40%。在全球金融危机之前，黄金规则一直得到了遵守，但可持续投资规则只能说勉强实现了，因为政府自己的评估依赖于过于有利的中期经济预测。在危机发生后，这一规则被暂停了。

　　2010 年，危机后的财政形势急剧恶化，在此背景下首相戴维·卡梅伦和财政大臣乔治·奥斯本（George Osborne）对财政框架进行了改革。政府制定了两个新目标：第一个目标是将结构性赤字降至 GDP 的 2% 以下，第二个目标是到 2020—2021 年使公共债务率下降。他们还创建了一个新的独立机构，即预算责任办公室（Office for Budget Responsibility, OBR）。OBR 不负责制定财政规则，那是政府职权的范围，它的职责内容是：（1）编制政府预算报表附带的经济和预算预测，（2）评估政府是否有超过 50% 的概率实现其财政目标，（3）评估公共财政的长期可持续性，（4）评估财政风险，以及（5）仔细审查政府对个人税收和福利支出措施的成本计算。为了执行这些任务，预算责任办公室可以接触政府部门和机构，从而进行具体预测。预算责任办公室的工作涉及与政府在技术和政治层面的重要互动，但它仍对公布的评估承担最终责任。其评估方法也是公开的。

4.3.2　主权债务危机的解决

　　（a）背景

　　正如本章第 4.1 节所讨论的那样，主权国家经常经历破产危机，从而必须对其公共债务进行重组。在二战后的几十年，这种主权债务危机一度被认为是发展中国家可悲的特权。2011 年，时任欧洲央行董事会成员的洛伦佐·比尼·斯马吉（Lorenzo Bini Smaghi）曾发表著名言论，称希腊的债务重组"就像执行我们已经废除

---

　　①　然而，波特巴（Poterba，1994）发现，美国各州的预算规则事实上可以追溯到 19 世纪。他发现，这些规则的相对严格性影响了各州在 20 世纪 80 年代对冲击的反应。

的死刑"①。然而一年多后，希腊还是与债权人就公共债务重组达成了协议，以现值计算，免除了约 1 000 亿欧元的债务，相当于该国 2012 年 GDP 的 50%（Zettelmeyer, Trebesch, and Gulati, 2013）。五年后，关于希腊进一步债务重组的讨论再次被提上议程，这次重组的对象是官方部门的贷款。在债务重组的过程中，爱尔兰、葡萄牙和塞浦路斯先后失去了债券市场的融资机会，之后又重新获得了市场准入。

在大多数国家，如果是一家企业无法履行偿债义务，那么可以在保护各利益相关者（主要是债权人、股东和员工）权利的法律框架内，让企业与债权人进行谈判，同时暂时确保业务的继续运转。与其没收债务人的资产并对企业进行清算，不如寻求尽可能保留其债权价值的解决方案——这意味着公司还有机会进行重组，这符合债权人的共同利益。然而就个人而言，每个债权人都希望尽快得到偿付。这种"抢钱竞赛"违背了债权人的共同利益。这一矛盾凸显了破产程序中的集体行动问题。

在美国，这些程序受到《破产法》（Bankruptcy Code）第 11 章管辖。它允许债务人在法院的管控下作为"有产债务人"继续控制其业务，直到达成和解。与此同时，该程序确保了诉讼的停止：它阻止了在诉讼开始之前对债务人提出的"任何收集、评估或追讨"索赔的行为。程序结束后，公司可以被清算、接管，也可以经过重组和财务清算后恢复正常经营。例如，美国航空公司在 2011 年底至 2013 年底期间就是根据《破产法》第 11 章运营的。

将破产原则应用于主权国家的想法，至少可以追溯到亚当·斯密。但自 1982 年墨西哥危机以来，"主权国家的第 11 章"一直是政策讨论的问题。② 它最初由当时的哈佛大学经济学家杰弗里·萨克斯（Jeffrey Sachs, 1995）提出，几年后被 IMF 采纳（Krueger, 2002）。然而，这一想法遭到了金融业的强烈抵制，最终未能被采纳。后来只是就在以外币计价的主权债券中加入集体行动条款达成了协议，该条款使债券持有人能够以特定多数来决定与债务人的和解。

这个问题在欧洲债务危机的背景下再次出现。2010 年 10 月，德国总理默克尔和法国总统萨科齐在多维尔的一次会议上同意，对欧元区成员国的财政援助只提供给有偿付能力的国家。那些被视为资不抵债的国家首先需要与债权人就重组达成一致。此后，从 2013 年起，所有新的欧元计价债券合同都将引入集体行动条款。

多维尔协议遭到了相当多的批评，首先是因为它承认了欧元区成员国政府破产的可能性，其次是因为它对未来重组以及新旧债权人的待遇差别发出了令人困惑的信息。协议后来被淡化：2012 年制定的《欧洲稳定机制条约》只提到需要评估申请援助国的公共债务是否可持续，而没有详细说明这一评估的后果。它在很大程度上将债务可持续性评估交给了 IMF（"在适当和可能的情况下，这种评估预计将与

---

① 英国《金融时报》2011 年 5 月 29 日的采访。
② 在 30 年来几乎没有发生过主权危机之后，墨西哥危机标志着主权违约重新成为国际议程的重点。

IMF 一起进行";《欧洲稳定机制条约》第 13.1.b 条)。这具有强烈的影响,因为获得 IMF 贷款需要认定该国的债务"很有可能"可持续。如果情况并非如此,IMF 的政策就会要求事前进行债务重组,就像 2015—2017 年对希腊所做的那样,其结果是 IMF 和欧洲机构之间的分歧导致与希腊当局的谈判陷入了长期僵局。①

(b)主权债务重组程序设计中的问题

主权债务重组程序必须解决三个主要问题。首先,需要为各方设定正确的激励机制。债务重组是一场重复博弈:政府与债权人谈判的每一步以及法院的每一项裁决都受到其他债务人和债权人的仔细审查。重要的是,债务重组不能侵犯债权人的权利,不能过分拖延以及给民众带来不必要的伤害。对债务国来说,重组成本过高不仅会给民众福利带来成本,而且可能导致重组过分推迟,最终可能降低该国的偿债能力。② 但约束机制太过宽松也会激励政府过度借贷,还会激励债权人施加高额违约风险溢价。所以制度设计应当有助于在冲突的利益当中找到适当的平衡点(Buchheit et al.,2013)。

第二个问题产生于贷款人多元化造成的集体行动问题。在 20 世纪 80 年代,当贷款人是少数几家国际银行时,这个问题相对容易解决:债务国可以同时与所有主要银行进行谈判,国际货币基金组织和国家监管机构等可以进行道义劝说。从 20 世纪 90 年代开始,非中介借贷的发展使情况发生了根本性的变化:债券持有人包括各种投资基金甚至个人;此外,债券持续处于交易当中,结果是债权人的身份随着时间的推移而改变。这个问题本应通过在债券合同中引入集体行动条款来解决,但困难仍然存在,特别是因为集体行动规则只适用于特定债券的持有人。单独订立的债券合同和平等对待所有借款人的法律义务〔这被称为同等权益条款(pari passu clause)〕的结合有相当大的程序困难。

第三个问题来自主权债的特殊性。正如本章第 4.1 节已经讨论过的,主权债务的可执行度不如私人债务,因为债权人可以扣押的抵押品很少:大多数资产位于债务国境内,而在境外的资产往往受到主权豁免权的保护。这使得债务人大可以一走了之,最多只是遭受名誉损失。与此同时,国家的寿命是无限长的,这意味着它们的债务又不容易摆脱:在达成和解之前,债权人都保有要求偿还的法律权利。公司可以申请破产,破产之后,公司所有者还可以开始新的业务。但是,如果没有和债权人达成协议的话,对于政府来说,很难有所谓的重新开始。

自 20 世纪 90 年代以来出现了所谓的秃鹫基金(holdout funds),这些基金在二级市场上以低价买入处于困境中的主权债务,并专门起诉主权国家以获得全额还款,这使得上面的第三个问题变得更加尖锐。21 世纪初,阿根廷就输掉了与秃鹫

---

① 在希腊的案例中,IMF 引入了一项"系统性豁免",以便能够在其对希腊债务可持续性概率进行评估的情况下提供贷款。这项豁免于 2016 年 1 月被取消。

② 战时在德国战争赔偿问题上的长期僵局以及后来 20 世纪 80 年代的拉丁美洲债务危机都说明了这一点,直到 1989 年的布雷迪计划(Brady Plan)为解决这一问题扫清了道路。

基金的法律抗争，因为一名美国联邦法官（债券是根据美国法律发行的）禁止阿根廷通过谈判向 93% 同意重组的债权人偿还债务，除非秃鹫基金的债权得到全额偿还。该裁决基于对同等权益条款的极端解释，这迫使阿根廷政府在 2016 年就解决秃鹫基金提起的诉讼达成一致。

对这些问题的一个法定解决方案是希望建立一个国际破产法院，或者更温和地说，建立起主权债务重组机制（sovereign debt restructuring mechanism，SDRM）。IMF 曾经提出了这个机制的命名，该机制的决定将对所有相关方具有约束力，是找到解决这些问题的法定方案。但这一希望在 21 世纪初被放弃了，而且由于 21 世纪 10 年代中期以来多边主义受到怀疑，在此背景下，这一机制也不太可能恢复。

缓解秃鹫基金带来的拒不合作问题，一种举措是确保债券处理的一致性。根据最初引入的传统集体诉讼条款，寻求与债权人和解的债务人需要就每个债券系列获得合格多数债权人的同意。这使得秃鹫基金这类拒不合作的债权人更有可能将购买集中在较小规模的标的上，并阻止其进行重组。这就是为什么作为自律机构的国际资本市场协会（Capital Market Association）在 2014 年发布了示范条款，该条款要求由所有债券持有人的绝对多数作出决定，并对任何特定少数持有人都有约束力。这些条款的普及将最终消除秃鹫基金这类拒不合作问题（Gelpern，2014）。然而它们不是强制性的，而且无论如何，它们只会影响到新发行的债券，并通过这个渠道逐渐扩散其影响，而不会影响到已经发行的债券。

（c）欧元区债务危机的解决

在希腊被证明无力偿债时，欧元区开始思考如何解决主权债务危机问题。这次危机有三个特点：

首先，和新兴市场国家一样，大部分公共债务是根据本国法律而不是外国法律发行的。这使得国家可以自己制定重组条件，就像希腊在 2012 年所做的那样：议会通过了一项法律，规定当三分之二的依希腊法规定的债券持有人批准重组后，则重组结果将适用于所有债券持有人（Zettelmeyer et al.，2013）。[1] 需要指出的是，希腊并没有利用其法律权力来单方面改变其主权债务价值，而是基于其与多数债权人谈判的结果对所有债权人产生约束。

其次，部分公共债务的持有人也是公共机构或国际组织。比如中央银行因其债券购买计划成为债权人，或者是 ESM 和 IMF 因其贷款而成为债权人。以希腊为例，截至 2017 年年中，其超过三分之二的政府债务是欠官方债权人的。出于这个原因（但也因为它将为其他国家开创先例），希腊的债务重组需要遵循准法定程序。2015—2018 年间，希腊第二次重组问题（因为经济形势恶化和国内通缩对债务比率产生影响而引发了第二次重组）是欧元区财政部长小组内持续讨论的问题。此

---

[1] 该法律受到包括欧洲人权法院在内的多个法院质疑。它得到支持的理由是：希腊面临的严重金融危机使得重组不可避免，而且为实施重组选择的程序遵循了所有欧元区主权发行人采用的 CAC 条款。

外，两个主要的官方债权人（IMF 和欧洲央行）坚持认为它们不应该参与任何重组——IMF 认为其具有优先债权人地位，欧洲央行则声称这将违反其货币融资的禁令。

最后，困难银行的资产负债表持有大量的主权债券，这使得相关国家的主权重组变得更加微妙：根据危机后的监管标准，银行主权债券投资组合的损失必须由其股东和债权人承担。或者，需要由违约国对其困难银行进行资本重组，就像希腊发生的那样。然而，这会带来银行危机—主权债务危机互相强化的"厄运循环"，从而威胁欧元区稳定。尤其是在欧元区体系当中，大量的国内主权债券作为一种抵押品或担保品，其以不同的折价水平用于从欧元体系获得再融资，这进一步强化了出现银行—主权债务危机"厄运循环"的可能性（见第 5 章和第 6 章）。

是否应该在欧元区阐明最终债务重组的原则，这仍然是一个存在分歧且争论激烈的问题。部分国家政府，特别是法国和南欧地区，强烈主张保留足够大的模糊性，以便为具体情况下的相机抉择留出政策空间，他们还拒绝了来自学界的一些关于重组政策框架的建议（Bénassy-Quéré et al.，2018）。

4.3.3　欧元区的财政政策

对所有发达国家来说，它们面临的很多财政政策问题是相同的。然而欧元区的情况比较特殊：它是唯一没有中央（或相当于联邦）预算的货币联盟。这有两个主要后果。首先，在金融危机时期，政府无法从央行获得融资，这加强了（或至少是应该加强了）事前的财政纪律，但也使得欧元区国家在事后变得更具有脆弱性；尽管欧元区国家以本币进行借款，但实际上其面临的市场约束和以外币借款国家所面临的情况类似。其次，由于欧元区成员国既没有货币政策工具，也没有欧元区层面的共同财政预算，因此，经济金融稳定的重担全部压给了成员国的财政政策。因此，一方面，参与了货币联盟的成员国，其财政政策就具有一种内在的审慎倾向；但另一方面，由于成员国缺乏其他稳定工具，这就产生了一种财政激进主义的倾向，这两方面具有内在的矛盾。原则上，解决这一难题的办法就是为货币联盟制定可信的财政规则，从而为经济衰退提供足够的政策回旋空间。这正是支撑马斯特里赫特体系的原则，但事实证明，其执行过程中充满了实在的困难。

与美国的比较可以很好地说明这个问题。在美国，各州知道它们不能依赖美联储或联邦政府的救助，但面临困难时也可以放弃在宏观经济稳定中发挥作用，因为这一角色属于联邦政府的职责范围。美国政府的冲击缓冲机制同时适用各州（通过税收和转移支付的自动操作）和全国（通过自动稳定器和相机抉择行动）层面。

接下来，我们将依次介绍和讨论财政纪律、财政联邦制和财政政策协调。

（a）财政纪律

在货币联盟中需要强调财政纪律，这主要是因为不审慎的财政政策的溢出效应很大。2010 年，当希腊政府发现自己濒临破产时，其他成员国的银行也受到了冲击，因为其在投资组合中持有大量的希腊国债。接着由于市场参与者开始担心欧元区其他国家的主权债务风险，其他一些财政状况不佳的成员国也受到了危机蔓延的影响。

正是为了防止此类风险，自欧洲货币联盟成立以来财政纪律就一直是它的一项关键原则（参见 Eichengreen and Wyplosz, 1998）。《马斯特里赫特条约》规定：中央银行不得在发行国债的一级市场（primary market）上直接购买债券〔由于没有规定不得在二级市场（secondary market）上购买和交易政府债券，因此该条文形同虚设〕。然而，即使欧洲央行不从陷入困境的国家购买任何债券，其政策也可能受到其他渠道的影响。陷入财政困境的政府倾向于通过短期信贷工具（由于担心政府债务违约，没有私人投资者愿意提供长期融资）融资，中央银行将因此面临左右为难的窘境：要么为了稳定物价而维持较高的利率，从而使困难的成员国政府面临破产，要么就只好背离其物价稳定的使命，通过降低利率来保障成员国政府的偿付能力。中央银行也可能受到政治影响，以金融稳定的名义进行干预，因为一些银行持有困难政府的大量债务，而且这些银行的总部通常也在同一个困难的国家，这时候银行本身也面临着融资的困难，这类银行很快就会被迫陷入依赖欧洲央行流动性的境地（见第 5 章）。

2010—2012 年欧元区危机的关键特征之一是，影响主权债务的风险溢价和影响银行的风险溢价之间确实存在强相关性。这在债券市场和信用违约掉期市场上都很明显，后者是债券持有人针对可能出现的债券违约进行的保险。而在美国或其他国家的银行业面临严重金融压力时，实际上并无法观测到这种相关性，这表明了欧洲货币联盟的脆弱性（见第 5 章和第 6 章）。

解决这个问题有两种方法。一种方法是欧盟采取的监督和执行财政纪律的方式，以确保任何国家都不会陷入偿债能力受到质疑的境地。这就是"避免过度赤字"的目的，也是为什么要对成员国（那些违反 1992 年《马斯特里赫特条约》规定的财政规则的国家）征收罚款的原因，以及在此条约基础上制定二级立法的原因。多年来，欧盟制定了一套完善的财政规则和程序，其目的是在执行财政纪律的同时，为国家层面的宏观经济稳定政策留出一些空间（见延伸阅读 4.18）。

<table>
<tr><td>延伸阅读 4.18</td><td>欧元区的财政规则和程序</td></tr>
</table>

在 20 世纪 90 年代早期，也就是欧洲经济与货币联盟的筹备阶段，各筹备方一致同意成员国政府应当避免"超额赤字"（《欧盟运作条约》第 126 条款）的条款，同时表示对违规的政府应施以惩罚。当时提出的参考性标准是一般政府赤字不能超过 GDP 的 3%、总体政府债务不得超过 GDP 的 60%。《欧盟运作条约》附件条款的草案对"超额赤字"的确认过程进行了说明，其中对这两个指标也给出了界定。然而，《欧盟运作条约》并没有具体说明对违反规定的成员国进行惩罚的程序。

在欧元区成立前夕，德国政府要求财政纪律的承诺和执行程序必须具体化。在此基础上制定的《稳定与增长公约》包括以下内容：

- 预防性条款。每个成员国必须为周期性调整的预算状况设定一个中期目标，该目标应与财政收支余额或盈余的总体目标相一致，同时在不超过 3％阈值的情况下为熨平常规周期性波动留出政策空间。为此，成员国需要实施为期三年的稳定计划（stability program），该计划每年修订一次，提交欧盟委员会进行评估，并由欧元集团（Eurogroup，即欧元区财长会议）审批通过。稳定计划描述了实现中期财政目标的调整路径，该路径以每年改善 0.5％的财政余额为基准（经周期调整后的口径）。

- 矫正性条款。除非出现了"特殊和临时性"的情况，否则欧元区成员国的财政赤字（未经周期性调整）不应超过其 GDP 的 3％。当赤字规模接近或超过 3％的上限时，具有严格时间表的监督程序（超额赤字程序）就将启动，其包括：早期预警、超额赤字识别、矫正政策的建议、向欧盟委员会缴纳无息保证金存款的义务，以及将保证金存款转换为罚款。最终的罚款包括占 GDP 0.2％的固定部分，以及根据赤字规模调整的可变部分，每年度的罚款上限为 0.5％。

具体是由欧元集团根据欧盟委员会的建议作出相关的决定。

鉴于对《稳定与增长公约》的广泛批评，加之有多个成员国违反了其中的规定，因此2003 年欧元集团决定"搁置"《稳定与增长公约》，而不是对法国和德国启动矫正性条款。在此背景下，欧盟委员会在 2005 年对《稳定与增长公约》进行了实质性的改革。其目标是"加强预算规则的经济合理性，从而改善其可信性和自主性"[a]。除了强调关注周期性调整数据不是总体数据外，原来各国统一适用的"财政收支余额或盈余"的中期预算目标也得到了更新，改革后的《稳定与增长公约》考虑了不同经济体的特点、具体情况、结构改革目标，在此基础上确定了各国不同的中期预算目标。

2010—2011 年，欧元区危机促使人们重新审视财政规则体系。无论是希腊（它曾经欺骗），还是爱尔兰或西班牙（其问题来自银行），这些国家的危机都不能归咎于违反了财政规则，但危机后的重点仍然是加强财政框架。具体的变化包括：

- 六部立法（the six-pack）。这套新的立法条款重新定义了决策程序，即在赤字标准之外引入了债务削减标准，并授权成立了国家财政委员会，这使得早期惩罚成为可能。[b]

- 两部立法（the two-pack）。这套立法规定旨在加强对预算决定的事前监督。如果该国的预算草案违反了相关规则，这使得欧元集团有可能要求一个国家重新考虑其预算草案。

- 一项新的条约［《稳定、协调和治理条约》（Treaty on Stability，Coordination，and Governance（TSCG））］赋予了"六部立法"主要条款更强的法律地位，并要求每个成员国采用具有约束力的、最好是与宪法相容的预算规则，将结构性赤字限制在 GDP 的 0.5％以内（除非公共债务低于 GDP 的 60％，在这种情况下阈值可以设定为 GDP 的 1％）。TSCG（或称财政契约）的财政条款也承诺，所有欧元区成员国均支持委员会关于国家违反赤字标准的建议，除非有合格多数投票反对。这项规定相当于将建议的投票规则从有资格的多数改为反向有资格的多数。这是为了在惩罚程序中引入一定程度的自主性。

2015 年，欧盟委员会提出了一项建议，强调现有规则在实施方面应该留有灵活性空间，特别是对于愿意进行投资或结构性改革的国家（European Commission，2015）。

a. 见 2005 年 3 月 22—23 日欧洲理事会主席会议结论，附件二。

b. 六部立法还介绍了预防和减少经常账户失衡的程序（称为宏观经济失衡程序）。

另一种方法是依靠市场纪律（market discipline）。在这种模式下，各国采取审慎政策不是因为它们被要求这样做，而是因为它们知道，如果失去了市场准入，没有人会来拯救它们，因此，它们的债务利率反映了它们的财政状况。要使这种市场纪律有效，就要求国家的违约威胁是可信的，这反过来又要求对金融系统进行保护，以使其免受国家破产的影响。这基本上是美国采用的解决方案，近两个世纪以来，美国联邦政府一直拒绝救助破产的州政府（见延伸阅读 4.19）。

欧元区已经尽其所能，通过一系列规则和程序来监测和指导各个成员国的财政行为。这与欧洲央行前行长让-克洛德·特里谢（Jean-Claude Trichet，2013）曾称之为"例外的联邦制"（federalism by exception）的规则和程序有所不同。"例外的联邦制"，即由欧盟机构直接管理一个不愿遵守其财政承诺且行为威胁到整个欧元区稳定的国家。然而，欧元区财政框架仍存在一系列缺陷（例如，参见 Bénassy Quéré and Ragot，2015；Pisani-Ferry，2015）：

- 程序过于复杂，国家决策者往往缺乏自主权；
- 执行机制薄弱，制裁的可信度值得怀疑；
- 改革后的《稳定与增长公约》的基准是基于不可观测的变量，比如结构性赤字，其衡量方法存在争议；
- 从宏观经济的角度来看，基于这些规则所得到的财政建议是否适当，这一点仍然存疑；
- 该框架没有为投资和促进增长的改革提供足够的激励措施；
- 为了给专业评估留出空间而引入的灵活性，可能为不适当的政治化打开了大门。

延伸阅读 4.19　　　　　　　　　　　**美国各州的财政体制**

独立战争刚结束，美国联邦系统的财政规则就经历了一番早期考验。[a] 战争使各州负债累累，有些州实际上已经破产了。随之而来的是一场关于如何处理公共债务的激烈辩论：一方是财政部长亚历山大·汉密尔顿（Alexander Hamilton），他认为由于债务是为了共同的目的产生的，因此必须由新成立的联邦政府承担，另一方是国务卿托马斯·杰斐逊（Thomas Jefferson），他反对债务的共同化处理方案。最后是汉密尔顿占了上风：州政府的债务被转移到了联邦政府并迅速进行了重组；各州按人均来收费，这样革命战争的负担就可以平均分配了。

这一历史事件的后果是开创了一个先例，即联邦政府将救助无力偿债的州。因此，道德风险一直存在，直到 1840 年 8 个为基础设施融资而过度借贷的州出现了违约。持有大部分债务的英国和荷兰债权人辩称，联邦政府的担保虽然不是明确的，但却是隐含的；而且如果州政府的债务出现了违约，那么美国与英国就可能陷入另一场战争。然而，美国国会拒绝承担州政府的债务，从而建立了一个新的"不救助"规范。

在南北战争结束后，在 20 世纪 30 年代的一波地方违约浪潮中，以及在 20 世纪 70 年代的一系列市政破产的情况下，这一规范都得到了维护。唯一的例外是哥伦比亚特区，可以说它不是一个普通的州，其州政府在 20 世纪 90 年代被国会接管了。

建立"不救助"规范的结果是：各州纷纷通过了平衡预算规则——第一波浪潮正好发生在 19 世纪 40 年代，当时国会拒绝承担州政府债务。

a. 该延伸阅读基于 Henning and Kessler（2012）。

然而，美国各州，即使是最大的州，其债务也比欧元区主要国家低一个数量级，因此，如果欧盟国家执行像美国那样依赖市场纪律的替代方案，就会引发一系列新问题。首先，这将需要建立主权债务重组程序。其次，它要求保护一国的银行系统免受国家破产的影响，特别是通过监管激励使主权债券持有多样化并创建欧元区层面的安全资产（详见第 6 章）。最后，这需要足够强大的财政能力，以确保联邦层面的稳定（见下一节的讨论）。基于这些考虑，法国和德国学者建议引入基于风险分担和财政能力的市场纪律（Bénassy-Quéré et al.，2018），但没有得到欧元区成员国的支持。

（b）财政联邦制

在联邦制国家，通常是联邦政府承担了稳定宏观经济的任务，而各个州政府受到财政纪律的严格约束（有时是出于自愿）。在美国，当一个州政府的收入受到负面冲击时，虽然居民上缴的联邦税会相应地减少，但他们仍能从联邦政府的支出（公共产品、转移支付等）中获益。因此，联邦预算能起到自动稳定器的作用。萨克斯和萨拉-伊-马丁（Sachs and Sala-i-Martin，1992）研究发现，各州政府面临的经济冲击中，高达 30%～40% 的冲击可以被联邦预算政策吸收。该估计值存在争议，目前学术界普遍认为 10%～30% 更为合理（European Commission，2016）。然而，即便经过下调，联邦预算的作用仍然不容忽视（见第 7 章延伸阅读 7.7 中的方法）。此外，联邦预算倾向于鼓励劳动力流动（通过社会福利的可移动性）和资本流动（通过金融一体化）。在美国，这两种渠道的稳定作用都比税收转移渠道的稳定作用更重要（见第 7 章延伸阅读 7.7）。

欧盟最初决定不在统一欧元区货币的基础上额外设立联邦预算，其主要是基于以下政治原因：成立货币联盟本身已经向欧洲联邦迈进了一大步，而政府和公众都有一个能够接受的限度，再设立联邦预算无疑会阻力重重。此外，由于存量的公共支出水平已经很高，这时候建立联邦预算就需要将部分预算从国家层面转移到欧洲层面（而不是像美国那样在联邦一级开辟新的职能）。1977 年的《麦克杜格尔报告》（MacDougall Report）——欧洲货币联盟的早期蓝图——设想的联邦预算约为 GDP 的 5%～10%（如第 3 章所示）。然而，欧洲货币联盟是启动了，但没有任何联邦财政立法的配套。当时人们相信，在财政政策上保持审慎的成员国将保留足够的宏观政策空间，以便抵消不利的经济冲击——无论是单个国家面对特殊冲击时采取单独行动，还是在共同冲击之下采取联合行动。

在欧债危机之后，2012 年包括欧洲央行在内的主要欧洲机构负责人联合编写了"四大欧洲机构负责人报告"（Four Presidents' Report），该报告描绘了欧元区的未来蓝图（Van Rompuy et al.，2012），并提出了财政能力（fiscal capacity）的理念，该能力将"有助于缓冲单个国家受到冲击的影响，并有助于防止其蔓延到整个欧元区及其他地区"。财政能力概念的描述有意模糊了：它可能意味着适当的预算；也可能是一种保险基金，其旨在补充国家公共支出中对周期敏感的部分，如失业保险；或者是一个宏观经济周期性背景下的转移支付体系，该体系是基于潜在产出的相对偏差。

建立这种机制的关键是，它应该具有足够强的稳定性能，同时不应存在分配倾向。换言之，所有国家都应当能够在经济低迷时期获得净转移支付，但没有一个国家可以从永久性转移支付中持续受益。要同时实现这两个目标并不容易：例如，用欧元区层面的资金来补充成员国的失业保险，这将导致向结构性失业率最高的国家提供永久性净转移。这会使得教育、劳动力市场和产品市场效率高的国家向效率低的国家提供补贴。确实也有对这类问题的解决方案，例如，通过设立失业再保险计划来应对大规模的临时冲击（Bénassy-Quéré et al.，2018），但这也存在微妙的机制设计问题。此外，任何欧元区预算都需要注入资源，所以必须建立相应的体制框架，而且要有议会机构进行民主问责。目前欧盟层面的欧洲议会并没有征税权，而欧元区层面也没有设立议会。

由于担心出现"转移支付联盟"，即从北欧国家到南欧国家出现资源的大规模和永久性转移，因此，一些国家对财政能力项目或欧元区预算项目相当谨慎，尤其是北欧国家。

(c) 财政政策协调

如第 3 章所述，传统经济学文献提出了两个主要理由来支持国际经济政策协调。其一是各国各自为政时无法提供国际公共产品。其二，由于存在外部性，在缺少国际协调的情况下，即便各国追求自身的最优目标，但最终结果也可能是次优的。

上述角度也适用于欧洲，尤其是欧元区。首先，维护金融稳定可以视为欧盟范围内的公共产品。基于此，防止不可持续的财政状况是合理的，除非有规则程序来保护各国银行体系可以免受主权债务破产的影响。

其次，加入欧元区使得成员国的财政政策具有外部性（见延伸阅读 4.20）。在一个货币联盟中，一国实行扩张性财政政策引致的需求将对其他成员国产生正的外部性（需求渠道），但是如果中央银行针对此上调利率，则财政扩张将会产生负的外部性（利率渠道）。这也正是各国财政政策需要相互监督的理由，这个想法早在

1999 年就被比茨玛和博文伯格（Beetsma and Bovenberg，1999）以规范的形式表
达了出来，并被确定为共同财政规则的基本原理。

延伸阅读 4.20	货币联盟中财政政策的溢出效应

假设存在两个完全相同的经济体 A 国和 B 国，两国联合组成了一个货币联盟（U）。在
延伸阅读 4.15 中，我们曾专门讨论过蒙代尔-弗莱明模型，在此我们还是使用这个模型来描
述经济的均衡状态。如图 B4.20.1 所示，三幅图分别表示 A 国、B 国和货币联盟 U 的均衡。
货币联盟层面的 IS 曲线和 LM 曲线的交点（E 点）确定了单一利率。在货币联盟的货币政
策给定不变的情况下，每个国家的均衡由本国的 IS 曲线决定。

假设 A 国实行扩张性财政政策，IS 曲线向右移动。由于 B 国从对 A 国的出口中获益，B 国
的 IS 曲线同样向右移动（移动幅度较小）。整个货币联盟的 IS 曲线同样向右移动，此时共同利
率上升。B 国从对 A 国增加出口中获益，但也受到了利率上升的不利影响（其均衡点为 E′）。

如果利率上升导致的外部性占主导地位，则 B 国也可能实施扩张性财政政策。这样做虽然增
加了产出，但是不得不以财政赤字为代价，此时如果利率下降，则有助于改善该国的公共财政。

根据所涉及两个国家的情况，这时要么是利率渠道占主导地位，要么是贸易渠道占主导
地位（参见 Bénassy-Quéré and Cimadomo，2012）。财政纪律框架正在解决后一种情况所涉
及的外部性问题，而没有具体的程序来解决前一个问题。这意味着，如果没有特别的政策协
调，每个国家都没有动力通过实施扩张性财政政策来稳定经济。

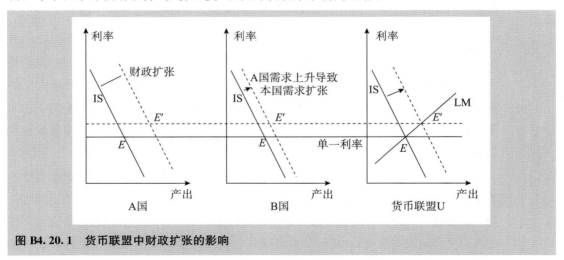

图 B4.20.1 货币联盟中财政扩张的影响

是否应该协调财政政策，以确保欧元区的总体财政力度是合适的？如上面讨论
的，在汇率自由浮动、资本自由流动（如果把欧元区看作一个整体，这些假设通常
是正确的）的情况下，蒙代尔-弗莱明模型表明财政政策是无效的[①]；因此，稳定欧

---

① 事实上，在满足模型假设的情况下，只有对小国而言财政政策才是完全无效的，而欧洲与世界其他国家和地
区相比显然不是小国。然而，对于实行浮动汇率的开放经济，本国的财政刺激往往会拉动贸易伙伴国的经济。

元区经济的任务只能主要通过货币政策来实现。在需要稳定宏观经济的时候，财政政策的协调计划往往排在货币政策之后，成为次优的解决方案。当货币政策受到零下限的约束时，这个结论肯定会受到质疑：此时，对需求的负面冲击作出反应，其应当依赖于财政政策，但是如果缺乏协调一致的财政刺激，那么单个成员国政策反应的加总必然是不够的（Draghi，2014）。

上述分析引出了以下政策分工的规则：

· 用共同货币政策来应对整个区域的冲击（对称冲击）。

· 用国别财政政策来应对单个国家面临的冲击，或用来应对一组国家面临的冲击（非对称冲击）。

· 当货币政策被证明无效或不足时，特别是当政策利率处于零利率下限时，可能需要欧元区总体的财政政策来对货币政策进行补充。

欧洲的制度框架几乎无法支持上述政策分工。尽管《稳定与增长公约》规定了财政纪律，但财政协调仅仅基于对该条约第 121.1 条关于欧盟运作一般条款的解释，根据该条款，成员国"将其经济政策视为全体共同关心的事项，并应在理事会内进行协调"。欧盟试图通过所谓的欧洲学期（European semester）机制来监测欧元区的总体财政状况，并努力加强各成员国的政策协调。这实际上面临着严峻的现实：各国政府只对本国议会负责，最终只会对本国公民负责。

4.3.4　总结：关于财政政策的新旧观点

如前所述，近几十年来人们对财政政策作用的共识发生了显著变化。从 20 世纪 70 年代的激进主义开始，当时理查德·尼克松总统说过一句名言："现在我们都是凯恩斯主义者"，到 20 世纪后期的非激进主义共识，再到 2008 年后激进主义的复兴，变化广泛而深刻。关于财政政策作用的分歧也有空间维度的观察视角：几十年来，德国一直是财政纪律的坚定倡导者，而美国则一再呼吁要充分利用财政政策工具。

前文提到了约翰·泰勒的论文（John Taylor，2000），该文已经很好地总结了20 世纪后期财政政策领域非激进主义的共识。他论点的核心是：为了稳定经济，货币政策比财政政策更重要，因为货币政策的实施滞后时间更短，也更灵活（央行比议会更容易改变方向）。此外，为了同一目的同时使用货币政策和财政政策，这会使央行的任务复杂化，而不是简化，因为央行需要弄清楚财政当局的政策反应。马丁·费尔德斯坦（Martin Feldstein，2002）等批评者进一步认为，"刻意的'逆周期'相机抉择财政政策，并没有对经济稳定作出贡献，实际上还可能在过去的特定时期造成了不稳定。"

15 年后，这一观点在欧洲仍占主导地位，但美国的共识又回到了激进主义。奥巴马总统时期的美国经济顾问委员会主席杰森·福尔曼（Jason Furman，2016）对比了财政政策作用的"旧观点"和"新观点"（见表 4.4）。

表 4.4　关于财政政策作用的新旧观点

	旧观点	新观点
有效性	受到负作用的限制（挤出私人投资）	可以非常有效（甚至挤入私人投资）
稳定作用的角色	通常由货币政策主导（除了零利率下限的情况）	是对货币政策的补充（特别是在零利率下限时）
财政空间	很少。因此，最优先事项是考虑长期财政平衡	在实际利率较低的情况下，政策空间更大。刺激措施可以与长期财政巩固相结合
国际协调	通常不必要	可以有效

资料来源：改编自 Furman（2016）。

　　正如本章所阐述的，在某个特定时期，哪种观点是正确的主要取决于具体的宏观经济条件。"旧观点"所处的时代背景是：经济波动总体上比较温和[1]，各国经济周期基本不同步，长期实际利率为正。"旧观点"正是基于这一大背景下的共识。而"新观点"所处的时代背景不同，总体的经济波动较大，各国经济周期更加同步，均衡实际利率可能为负，通缩压力削弱了货币政策的有效性，同时也威胁到了经济稳定。"新观点"正是基于这一大背景下的共识。如果持续下去，这种经济状况的变化还会继续影响到人们对经济政策和决策机制的普遍看法。

参考文献

Alesina，A.，and S. Ardagna（2010），"Large Changes in Fiscal Policy：Taxes Versus Spending," in J. Brown，ed.，*Tax Policy and the Economy* 24，pp. 35 - 68，Chicago University Press.

Alesina，A.，Barbiero，O.，Favero，C.，Giavazzi，F.，and M. Paradisi （2017），"The Effects of Fiscal Consolidations：Theory and Evidence," *NBER Working Paper* 23385.

Auerbach，A.，and Y. Gorodnichenko（2012），"Measuring the Output Responses to Fiscal Policy," *American Economic Journal：Ec，Policy*，4（2），pp. 1 - 27.

Auerbach，A.，and Y. Gorodnichenko（2017），"Fiscal Stimulus and Fiscal Sustainability," *NBER Working Paper*，No. 23789，Sep.

Barro，R.（1974），"Are Government Bonds Net Wealth?" *Journal of Political Economy*，81（6），pp. 1095 - 1117.

Batini，N.，L. Eyraud，L. Forni，and A. Weber（2014），"Fiscal Multipliers：

---

[1]　在 2001 年的文章中，奥利维尔·布兰查德（Olivier Blanchard）和约翰·西蒙（John Simon）将其称为"大缓和"。

Size, Determinants, and Use in Macroeconomic Projections," *Technical Note*, International Monetary Fund.

Bayoumi, T. (2001), "The Morning After: Explaining the Slowdown in Japanese Growth in the 1990s," *Journal of International Economics*, 53 (2), pp. 241 – 259.

Beetsma, R., and L. Bovenberg (1999), "Does Monetary Unification Lead to Excessive Debt Accumulation?" *Journal of Public Economics*, 74 (3), pp. 299 – 325.

Bénassy-Quéré, A., and J. Cimadomo (2012), "Changing Patterns of Domestic and Cross-Border Fiscal Policy Multipliers in Europe and the US," *Journal of Macroeconomics*, 34, pp. 845 – 873.

Bénassy-Quéré, A., and X. Ragot (2015), "A Policy Mix for the Euro Area," *Note of the French Conseil d'analyse économique*, 21 March.

Bénassy-Quéré, A., Ragot, X., and G. Wolff (2016), "Which Fiscal Union for the Euro Area?" *Note of the French Conseil d'analyse économique*, 29 February.

Bénassy-Quéré, A., et al. (2018), "Reconciling Risk Sharing with Market Discipline: A Constructive Approach to Eurozone Reform," *Centre for Economic Policy Research Policy Insight*, No. 91, January.

Blanchard, O. (1985), "Deficits, Debts, and Final Horizons," *Journal of Political Economy*, 93 (2), pp. 223 – 47.

Blanchard, O. (1993), "Suggestions for a New Set of Fiscal Indicators," in H. Vergon and F. van Winden, eds., *The Political Economy of Government Debt*, Elsevier Science Publishers, pp. 307 – 25.

Blanchard, O., C. Erceg, and J. Linde (2017), "Jump-Starting the Euro Area Recovery: Would a Rise in Core Fiscal Spending Help the Periphery?" *NBER Macroeconomics Annual*, 31 (1), pp. 103 – 82.

Blanchard, O., and R. Perotti (2002), "An Empirical Characterization of the Effects of Changes in Government Spending and Taxes on Output," *Quarterly Journal of Economics*, 117 (4), pp. 1329 – 68.

Blanchard, O., and J. Simon (2001), "The Long and Large Decline in US Output Volatility," *Brookings Papers on Economic Activity*, 1, pp. 135 – 64.

Bofinger, P., Mayer, E., and T. Wollmershäuser (2002), "The BMW Model: Simple Macroeconomics for Closed and Open Economies: A Requiem for the IS/LM-AS/AD and the Mundell-Fleming Model," *Würzburg Economic Papers* No. 35.

Bohn, H. (1998), "The Behavior of US Public Debt and Deficits," *The Quarterly Journal of Economics*, 113 (3), pp. 949 – 63.

Boorman, J. (2002), "Sovereign Debt Restructuring: Where Stands the Debate?" speech at Cato Institute-The Economist conference, New York, 17 October.

Buchheit, L. C., A. Gelpern, M. Gulati, U. Panizza, B. Weder di Mauro, and J. Zettelmeyer (2013), "Revisiting Sovereign Bankruptcy," Committee on International Economic Policy and Reform, Brookings Institution Report, October.

Bundesfinanzministerium (2009), "Reforming the Constitutional Budget Rules in Germany," Public Finance and Economic Affairs Directorate, Deficit Rule Reform Team, August.

Burnside, C., M. Eichenbaum, and J. Fischer (2004), "Fiscal Shocks and Their Consequences," *Journal of Economic Theory*, 115 (1), pp. 189 – 17.

Calmfors, L., and S. Wren-Lewis (2011), "What Should Fiscal Councils Do?" *Economic Policy*, 26 (68), pp. 649 – 95.

Campbell, J., and N. G. Mankiw (1989), "Consumption, Income, and Interest Rates: Reinterpreting the Time Series Evidence," in Blanchard, O., and S. Fischer, eds., *NBER Macroeconomics Annual 1989*, MIT Press, pp. 185 – 216.

Carnot, N., and F. de Castro (2015), "The Discretionary Fiscal Effort: An Assessment of Fiscal Policy and Its Output Effect," *European Economy Economic Papers* 543, European Commission.

Carroll, L. (1889), *Sylvie and Bruno*, Macmillan.

Chodorow-Reich, G. (2017), "Geographic Cross-Sectional Fiscal Spending Multipliers: What Have We Learned?" mimeo, Harvard University, December.

Christiano, L., M. Eichenbaum, and S. Rebelo (2011), "When Is the Government Spending Multiplier Large?" *Journal of Political Economy*, 119 (1), pp. 78 – 121.

Coenen, G., C. J. Erceg, C. Freedman, D. Furceri, M. Kumhof, R. Lalonde, D. Laxton, J. Linde, A. Mourougane, D. Muir, S. Mursula, C. de Resende, J. Roberts, W. Roeger, S. Snudden, M. Trabandt, and J. in't Veld (2012), "Effect of Fiscal Stimulus in Structural Models," *American Economic Journal: Macroeconomics*, 4 (1), pp. 22 – 68.

Coibion, O., Y. Gorodnichenko, and M. Ulate (2017), "The Cyclical Sensitivity in Estimates of Potential Output," *NBER Working Paper* 23580, July.

Corsetti, G., K. Kuester, A. Meier, and G. Müller (2013), "Sovereign Risk, Fiscal Policy and Macroeconomic Stability," *The Economic Journal*, 123, pp. 99 – 132.

Cruces, J., and C. Trebesch (2013), "Sovereign Defaults: The Price of Haircuts," *American Economic Journal: Macroeconomics*, 5 (3), pp. 85 – 117.

De Grauwe, P. (2011), "Managing a Fragile Eurozone," *CESifo Forum*, 12 (2), pp. 40 – 45.

De Grauwe, P., and Y. Ji (2013), "Self-Fulfilling Crises in the Eurozone: An Empirical Test," *Journal of International Money and Finance*, 34 (C), pp. 15 – 36.

Debrun, X., J. Pisani-Ferry, and A. Sapir (2010), "Government Size and Output Volatility: Should We Forsake Automatic Stabilization," in Buti, M., S. Deroose, V. Gaspar, and J. Nogueira Martins, eds., *The Euro: The First Decade*, Cambridge University Press, pp. 451 – 506.

Debrun, X., X. Zhang, and V. Lledo (2017), "The Fiscal Council Dataset: A Primer to the 2016 Vintage," International Monetary Fund, March.

de Mello, L., P.-M. Kongsrud, and R. Price (2004), "Savings Behavior and the Effectiveness of Fiscal Policy," *OECD Economics Department Working Paper* 397.

Deutsche Bundesbank (2016), "The International Spillover Effects of an Expansion of Public Investment in Germany," *Monthly Report August* 2016, pp. 13 – 17.

Devries, P., J. Guajardo, D. Leigh, and A. Pescatori (2011), "A New Action-based Dataset of Fiscal Consolidation," *IMF Working Paper* 11/128.

Dippelsman, R., C. Dziobek, and C. A. Gutiérrez Mangas (2012), "What Lies Beneath: The Statistical Definition of Public Sector Debt," *IMF Staff Discussion Note* 12/09, July.

Draghi, M. (2014), "Unemployment in the Euro Area," speech at the Jackson Hole Central Banking Symposium, 22 August.

Eichengreen, B., R. Hausmann, and U. Panizza (2005), "The Pain of Original Sin," in Eichengreen, B., and R. Hausmann, eds., *Other People's Money: Debt Denomination and Financial Instability in Emerging Market Economics*, University of Chicago Press, pp. 13 – 47.

Eichengreen, B., and C. Wyplosz (1998), "The Stability Pact: More than a Minor Nuisance?" *Economic Policy*, 13 (26), pp. 65 – 104.

Elbadawi, I., K. Schmidt-Hebbel, and R. Soto (2015), "Why Do Countries Have Fiscal Rules?" in Caballero, R., and K. Schmidt-Hebbel, eds., *Economic Policies in Emerging-Market Economies Festschrift in Honor of Vittorio Corbo*, vol. 21, pp. 155 – 89, Banco Central de Chile.

European Commission (2016), "Cross-Border Risk Sharing After Asymmetric Shocks: Evidence from the Euro Area and the United States," *Quarterly Report on the Euro Area*, 15 (2), Directorate-General ECFIN.

European Commission (2015), "Making the Best Use of the Flexibility within the Existing Rules of the SGP," Communication COM(2015), 12 January.

Fall, F., D. Bloch, J.-M. Fournier, and P. Hoeller (2015), "Prudent Debt Targets and Fiscal Frameworks," *OECD Economic Policy Paper* 15.

Fatás, A., and I. Mihov (2001), "Government Size and Automatic Stabilisers: International and Intranational Evidence," *Journal of International Economics*, 55 (1), pp. 3 – 28.

Feldstein, M. (2002), "The Role for Discretionary Fiscal Policy in a Low Interest Rate Environment," *NBER Working Paper* 9203.

Fleming, J. M. (1962), "Domestic Financial Policies Under Fixed and Under Flexible Exchange Rates," *IMF Staff Papers* 9 (3), pp. 369 – 79.

Furman, J. (2016), "The New View of Fiscal Policy and Its Application," speech at the conference *Global Implications of Europe's Redesign*, New York, 5 October.

Galí, J. (1994), "Government Size and Macroeconomic Stability," *European Economic Review*, 38 (1), pp. 117 – 32.

Galí, J., J. D. López-Salido, and J. Vallés (2007), "Understanding the Effects of Government Spending on Consumption," *Journal of the European Economic Association*, 5 (1), pp. 227 – 270.

Gelpern, A. (2014), "A Sensible Step to Mitigate Sovereign Bond Dysfunction," mimeo, Peterson Institute for International Economics, 29 August.

Ghosh, A, Kim, J., Mendoza, E., Ostry, J., and M. Qureshi (2011), "Fiscal Fatigue, Fiscal Space and Debt Sustainability in Advanced Economies," *The Economic Journal*, 123 (566), pp. 4 – 30.

Greenspan, A., and J. Kennedy (2007), "Sources and Uses of Equity Extracted from Homes," *Finance and Economics Discussion Series* 2007-20, Federal Reserve Board.

Guajardo, J., Leigh, D., and A. Pescatori (2014), "Expansionary Austerity? International Evidence," *Journal of the European Economic Association* 12 (4), pp. 949 – 968.

Haavelmo, T. (1945), "Multiplier Effects of a Balanced Budget," *Econometrica*, 13 (4), pp. 311 – 18.

Hansen, A. (1953), *A Guide to Keynes*, New York: McGraw Hill.

Henning, R., and M. Kessler (2012), "Fiscal Federalism: US History for Architects of Europe's Fiscal Union," *Bruegel Essays* 6, Bruegel, Brussels.

Hicks, J. (1937), "Mr. Keynes and the 'Classics': A Suggested Interpretation," *Econometrica*, 5 (2), pp. 147 – 59.

International Monetary Fund (2010), "Will It Hurt? Macroeconomic Effects of Fiscal Consolidation," Chapter 3 of *World Economic Outlook*, October, pp. 93 – 124.

International Monetary Fund (2013), "Staff Guidance Note for the Public Debt Sustainability Analysis in Market-Access Countries," mimeo, 9 May.

International Monetary Fund (2017), *IMF Fiscal Monitor: Achieving More with Less*, April.

Juncker, J.-C., with D. Tusk, J. Dijsselbloem, M. Draghi, and M. Schulz (2015), *Completing Europe's Economic and Monetary Union* (Five Presidents' Report), European Commission, 22 June.

Keynes, J. M. (1931), *Essays in Persuasion*, Harcourt, Brace and Company.

Keynes, J. M. (1936), *The General Theory of Employment, Interest and Money*, Macmillan.

Kopits, G., and S. Symansky (1998), "Fiscal Policy Rules," *IMF Occasional Paper* 162.

Krueger, A. (2002), *A New Approach to Sovereign Debt Restructuring*, International Monetary Fund.

Laeven, L., and F. Valencia (2012), "Systemic Banking Crisis Database: An Update," *IMF Working Paper* 12/63, June.

Lledó, V., Y. Sungwook, F. Xiangming, M. Samba, and Y. Kim (2017), *Fiscal Rules at a Glance*, International Monetary Fund.

MacDougall, D. (1977), *Report of the Study Group on the Role of Public Finance in European Integration*, report to the European Commission.

Mankiw, N. G. (2000), "The Savers-Spenders Theory of Fiscal Policy," *American Economic Review* (Papers and Proceedings), 90 (2), pp. 120 – 25.

Mauro, P., R. Romeu, A. Binder, and A. Zaman (2013), "A Modern History of Fiscal Prudence and Profligacy," *IMF Working Paper* 13/5.

Mineshima, A., M. Poplawski-Ribeiro, and A. Weber (2014), "Fiscal Multipliers," in Cottarelli, C., P. Gerson, and A. Senhadji, eds., *Post-Crisis Fiscal Policy*, MIT Press, pp. 315 – 372.

Mirabeau H.-G. Riqueti, comte de (1787), *Lettres du comte de Mirabeau sur l'administration de M. Necker*, available on gallica. bnf. fr, French *Bibliothèque nationale*.

Mourre, G., G.-M. Isbasoiu, D. Paternoster, and M. Salto (2013), "The Cyclically-Adjusted Budget Balance Used in the EU Fiscal Framework: An Update," *European Economy*, Economic Paper 478.

Mundell R. (1968), *International Economics*, Macmillan.

Nakamura, E., and J. Steinsson (2014), "Fiscal Policy in a Monetary Union: Evidence from US Regions," *American Economic Review* 104 (3), pp. 753 – 92.

Nordhaus, W. (1975), "The Political Business Cycle," *The Review of Economic Studies*, 42 (2), pp. 169 – 90.

Norwegian Expert Commission (2015), "Fiscal Policy in an Oil Economy: The

Application of the Fiscal Rule," *Official Norwegian Reports NOU*, 2015: 9, Chapter 1.

Pisani-Ferry, J. (2015), "Rebalancing the Governance of the Euro Area," in Dawson, M., H. Enderlein, and C. Jörges, eds., *Beyond the Crisis*, Oxford University Press, pp. 62 – 82.

Polackova H. (1999), "Contingent Government Liabilities: A Hidden Fiscal Risk," *Finance and Development*, 36 (1), pp. 46 – 49.

Poterba, J. (1994), "State Responses to Fiscal Crises: The Effects of Budgetary Institutions and Politics," *Journal of Political Economy*, 102 (4), pp. 799 – 821.

Ramey, V., and M. D. Shapiro (1998), "Costly Capital Reallocation and the Effects of Government Spending," *Carnegie Rochester Conference Series on Public Policy*, 48, pp. 145 – 94.

Ramey, V., and S. Zubairy (2017), "Government Spending Multipliers in Good Times and Bad: Evidence from US Historical Data," *Journal of Political Economy*, forthcoming.

Reinhart, C., and K. Rogoff (2014), "This Time Is Different: A Panoramic View of Eight Centuries of Financial Crises," *Annals of Economics and Finance*, 15 (2), pp. 1065 – 1188.

Reinhart, C., and C. Trebesch (2016), "Sovereign Debt Relief and Its Aftermath," *Journal of the European Economic Association*, 14 (1), pp. 215 – 251.

Ricardo, D. (1820), "Essay on the Funding System," in Sraffa, P., ed., *The Works and Correspondence of David Ricardo*, Cambridge University Press, 1951, pp. 143 – 200.

Rodrik, D. (1998), "Why Do More Open Economies Have Bigger Governments?" *Journal of Political Economy*, 106, pp. 997 – 1032.

Romer, C., and D. Romer (2010), "The Macroeconomic Effects of Tax Changes: Estimates Based on a New Measure of Fiscal Shocks," *American Economic Review*, 100 (3), pp. 763 – 801.

Romer, D. (2000), "Keynesian Macroeconomics Without the LM Curve," *Journal of Economic Perspectives*, 14 (2), pp. 149 – 69.

Sachs, J. (1995), "Do We Need an International Lender of Last Resort?" Frank D. Graham Lecture, Princeton University, 20 April.

Sachs, J., and X. Sala-i-Martin (1992), "Fiscal Federalism and Optimum Currency Areas: Evidence for Europe from the United States," in Canzoneri, M., V. Grilli, and P. Masson, eds., *Establishing a Central Bank: Issues in Europe and Lessons from the US*. Cambridge University Press, pp. 195 – 219.

4

Schaechter, A., T. Kinda, N. Budina, and A. Weber (2012), "Fiscal Rules in Response to the Crisis—Toward the 'Next-Generation' Rules: A New Dataset," *IMF Working Paper* 12/187.

Schmidt-Hebbel, K. (2012), "Fiscal Policy for Commodity-Exporting Countries: Chiles' Experience," *Documento de Trabajo* 415, Banco Central de Chile.

Sutherland, A. (1997), "Fiscal Crises and Aggregate Demand: Can High Public Debt Reverse the Effects of Fiscal Policy?" *Journal of Public Economics*, 65 (2), pp. 147 – 62.

Tabellini, G., and A. Alesina (1990), "Voting on the Budget Deficit," *American Economic Review*, 80 (1), pp. 37 – 49.

Taylor, J. (2000), "Reassessing Discretionary Fiscal Policy," *Journal of Economic Perspectives*, 14 (3), pp. 21 – 36.

Tereanu, E., Tuladhar, A., and A. Simone (2014), "Structural Balance Targeting and Output Gap Uncertainty," *IMF Working Paper* 14/107.

Trichet, J.-C. (2013), "International Policy Coordination in the Euro Area: Toward an Economic and Fiscal Federation by Exception," *Journal of Policy Modeling*, 35 (3), pp. 473 – 81.

Van Rompuy, H., with J.-M. Barroso, J.-C. Juncker, and M. Draghi (2012), *Towards a Genuine Economic and Monetary Union* (Four Presidents' Report), European Council, 5 December.

Wyplosz, C. (2005), "Fiscal Policy: Institutions Versus Rules," *National Institute Economic Review*, 191, pp. 70 – 84.

Zettelmeyer, J., C. Trebesch, and M. Gulati (2013), "The Greek Debt Restructuring: An Autopsy," *Economic Policy*, 28 (75), pp. 513 – 63.

Zheng, L. (2014), "Determinants of the Primary Fiscal Balance: Evidence from a Panel of Countries," in Cottarelli, C., P. Gerson, and A. Senhadji, eds., *Post-Crisis Fiscal Policy*, MIT Press, pp. 67 – 96.

第 5 章

货币政策

货币政策与财政政策一样是需求政策，但是两者有两个重要的区别。第一，货币政策通常由中央银行这个独立的机构来制定。中央银行在制定货币政策时，有着明确且有限的政策目标，通常是稳定物价。第二，货币政策只是间接影响总需求，而财政政策通过直接购买商品和服务来影响总需求。金融中介机构（银行、养老基金等机构）提供的金融产品，其当期和未来利率会影响到居民和企业的消费、投资与储蓄决策。中央银行不直接向居民和非金融类企业贷款或吸收储蓄[①]，但可以通过改变融资条件，间接地影响居民和非金融类企业的行为。这也意味着当金融系统受到损害时，货币政策可能失效，就像 2007—2008 年全球金融危机期间的情况。因此，货币政策不能与金融稳定（我们将在第 6 章讨论金融稳定）截然分开，金融危机会使得中央银行的任务更加困难。

5.1 问题

5.1.1 什么是货币政策

货币政策包括管理货币的数量和价格[②]，从而实现一项或者多项政策目标，这取决于中央银行的职责，其通常包括：价格稳定、充分就业，以及汇率稳定（具体情况取决于汇率制度，见第 7 章）。按照第 1 章使用的马斯格雷夫和马斯格雷夫所用的分类方法，货币政策和财政政策一样被归为稳定政策。货币政策可以通过影响利率来改变居民和企业的跨期决策。例如，利率下降会减少投资成本，随后的投资增长会推高总需求。

货币政策由中央银行（central banks）制定和实施。中央银行也可能有私人股东，但中央银行都是按照法律或者宪法赋予的公共职责来运作的。中央银行在国家

---

① 2007—2008 年全球金融危机后，出现了"面向大众的量化宽松"（quantitative easing for the people）或者"直升机撒钱"（helicopter money）这样的提法，围绕这些问题，研究者讨论了央行是否可以直接向家庭投放货币。

② 正如亚里士多德所指出的，货币有三个职能：记账单位、流通手段、价值储藏。

层面运作［例如美联储（US Federal Reserve，Fed）；日本银行（Bank of Japan）、英格兰银行（Bank of England）］，或者对货币联盟来说是在一组国家的层面上运作，例如欧元区的欧洲中央银行（ECB）①。央行具有创造基础货币（base money）的特权，基础货币有时也被称为高能货币（high-powered money）②，其包括流通中的货币，以及存在中央银行账户中的银行准备金（bank reserves）。因此中央银行也被称为"银行的银行"。货币政策主要包括确定流动性的价格和数量。通过套利交易，流动性的价格决定了银行间同业拆借市场（interbank market）和短期金融工具（financial instruments）对应的短期利率。基于不同的市场预期和市场风险，货币政策还会影响长期利率和经济中更广泛的金融变量，这反过来又会影响经济行为。

尽管货币政策的目标是稳定宏观经济（从而实现跨期调节），但它也具有资源配置和收入再分配两个方面的影响。例如在给定的时点上，降低利率会减少储蓄者的收入，而债务人则会获益。中央银行官员认为，在整个商业周期中，这种分配结果是有限且平衡的，因此他们将货币政策视为达到目的之必要手段。但是，政治家和居民有时意见不一，这可能导致央行的使命受到挑战。自金融危机以来，随着中央银行干预的范围和力度加大，这类争论更加频繁了。

（a）正常时期的货币政策

在任何时候，银行都会向家庭和企业发放贷款、提供支付服务，并从客户那里接受存款。当然，这些业务操作不一定平衡：一些银行更为积极地发放贷款，另外一些银行则管理着庞大的分支网络，其客户持有大量存款。银行通过在同业市场上互相提供极短期贷款来平衡现金头寸。银行间市场是货币市场（money market）的一部分，货币市场是一个更广泛的概念，包括非银行参与者，如财务公司和货币市场基金（money market fund）。货币市场的参与者相互提供了流动性。然而，市场参与者本身并不一定能够实现流动性的供需总体平衡，这时候就需要中央银行向银行提供资金和从银行借款来干预市场。这既确保了支付系统的平稳运行，又确保了流动性价格的稳定。通过改变流动性的状况，央行也可以影响到流动性的价格，进而影响整个利率体系和金融资产价格，这一渠道将在后文进行解释。

实际上，所有商业银行在中央银行都有存款准备金账户（不要与第7章的外汇储备混淆）。央行通过向商业银行提供资金（这会增加商业银行在央行的存款），从而创造了流动性。但是，中央银行的贷款不是免费的，中央银行会寻求防范银行违约的风险。这种防范风险的保护措施，要么是从银行直接购买相应金额的金融资产

---

① 截至2018年1月1日，欧元区有19个国家：奥地利、比利时、塞浦路斯、爱沙尼亚、芬兰、法国、德国、希腊、爱尔兰、意大利、拉脱维亚、立陶宛、卢森堡、马耳他、荷兰、葡萄牙、斯洛伐克、斯洛文尼亚和西班牙。

② 一些国家在历史上采取过自由银行制度，商业银行可以自由地发行货币。在美国，从1836年到1866年，有712家州立银行可以发行纸币，其相对价格（汇率）取决于发行银行的情况。奥地利经济学家弗里德里希·冯·哈耶克热衷于主张让市场调节货币供应量（von Hayek，1978）。

［直接购买（outright purchase）］，要么是要求银行在贷款期间将提供相应金额的贷款抵押品（collateral）。抵押品通常包括公共或私人债券，有时也包括其他金融资产，如股票或发放给家庭和企业的贷款。这种抵押贷款被称为再融资操作（refinancing operation），见表 5.1。[①]

表 5.1　央行购买 100 美元债券对央行、商业银行资产负债表的影响

中央银行		商业银行	
资产	负债	资产	负债
债券：100 美元	商业银行存款准备：100 美元	在中央银行的存款准备：100 美元	0
		债券：−100 美元	

上述基于抵押品的贷款有一种特殊形式被称为回购协议（repurchase agreement 或 repo），它在法律上要求在贷款期间转让抵押品的所有权。在任何情况下，如果商业银行违约，央行最终将拥有这些资产。在再融资操作中，作为抵押品的证券，其在贷款期限内的市场价值会发生变化，因此央行会要求商业银行的贷款抵押品金额要大于央行提供的流动性。两者间的差价被称为折扣（haircut）。折扣大小通常根据证券发行人的违约风险，以及在需要时出售证券的难易程度来决定。[②] 例如，10％的折扣意味着银行需要提供价值 100 元的抵押才能从中央银行获得 90 元的贷款。

获得央行的流动性之后，商业银行可以将其换成现金，以便给客户提供流动性，而不是把这些钱留在央行账户上。[③] 中央银行所提供的流动性，无论是通过贷款、逆回购还是直接购买资产方式提供的，都被称为基础货币（base money）。央行提供流动性的操作被称为公开市场操作（open market operations），因为所有商业银行都以同样的条件获得流动性。公开市场操作的目的是：帮助商业银行将资产转化为可用于偿还私人债权人或者存款人的支付手段。

基础货币也被称为"M0"，原因参见延伸阅读 5.1。基础货币是最狭义的货币概念，仅限于中央银行直接创造的货币。事实上，绝大多数货币都是商业银行在发放贷款的过程中创造的（见延伸阅读 5.1）。

延伸阅读 5.1　　　　　　　　货币和货币供应量

我们需要区分中央银行直接发行的货币和商业银行为其客户发放的货币。其中，中央银行发行的货币称为 M0（流通中的纸币加上银行的准备金，后者即银行在中央银行的存款），

[①]　私人交易中使用的抵押品范围要广泛得多。比如意大利农民在向银行贷款时，可以用帕玛森奶酪（Parmigiano cheese）作为抵押。

[②]　证券流动性和央行创造的流动性是两个不同的概念。第 6 章将讨论"流动性"的不同含义。

[③]　这里没有提到硬币，因为硬币不是由央行铸造的，而是由政府铸造的。

它被记作中央银行的负债。

假设一家商业银行向一位客户发放了 100 美元的贷款。如表 B5.1.1 所示，在商业银行的资产负债表中，其资产端增加了 100 美元的贷款，同时在负债端增加了 100 美元的存款。在客户的资产负债表上，资产端增加了 100 美元的存款，负债端增加了 100 美元的债务。这样商业银行就创造了 100 美元的流动性，客户可以用它来购买商品、服务，购买资产或者偿还债务。这笔钱既是信用（来自银行的贷款），也是支付手段（银行准备金）。

表 B5.1.1　商业银行提供 100 美元贷款对商业银行、客户资产负债表的影响

商业银行		客户	
资产	负债	资产	负债
贷款：100 美元	客户存款：100 美元	银行存款：100 美元	债务：100 美元

基础货币（M0）和商业银行客户活期存款之和就是 M1。从广义上讲，有的资产不是支付手段但可以容易地转换为支付手段，这类资产被认为是广义货币 M2。M2 包括 M1 以及到期时间在 2 年以内的定期存款。而 M3 则包括 M2 和货币市场工具的总和，其中货币市场工具是到期日不到 1 年的可交易证券。如表 B5.1.2 所示，流通中的纸币和硬币只占欧元区 M3 的不到 10%，而隔夜存款占到一半以上。

表 B5.1.2　2017 年 5 月末欧元区的货币数量及其在 M3 中的占比

	10 亿欧元	在 M3 中的占比（%）
流通中的货币	1 092.3	9.4
隔夜存款	6 334.4	54.9
M1 总计	7 436.7	64.3
两年或两年内到期的定期存款	1 279.6	11.1
3 个月内提前通知可支取的存款	2 183.0	18.9
M2 总计	10 899.3	94.2
货币市场工具	6 667.4	5.8
M3 总计	10 566.8	100.0

资料来源：欧洲中央银行的《月度公告》，2017 年 6 月。

中央银行享有大笔一挥就能创造基础货币的特权，因此它在流动性供应上没有任何现实约束。[1] 但实际上中央银行还是面临着约束条件，就是要维持市场对货币的信任：如果中央银行创造了太多的货币，那么在某个时点上，经济参与者就会失去信心，不再将货币视为最安全的价值储藏手段。创造基础货币的特权进一步诱惑着政府通过央行购买主权债券或者直接向财政部放贷，从而利用央行为公共赤字融

---

[1] 商业银行也可以通过发放贷款来创造货币，这是货币创造的主要部分。但银行的货币创造并不是无限制的，它受到法定准备金以及针对资产负债表的杠杆、流动性和资本监管规则等的限制（见第 6 章延伸阅读 6.12 和延伸阅读 6.14）。

资。但现在多数国家禁止这种做法，后文中我们会进一步讨论货币政策的这一重要纪律约束。

当中央银行为商业银行提供流动性时，商业银行以短期利率的形式支付费用，该利率被称为再融资利率（refinancing rate）。例如，如果回购协议的年利率为3%、期限为5天，银行需要从央行获得的流动性规模为1亿美元，则该银行需要支付的费用为：5×（0.03/360）×1亿美元＝41 666.67美元。[①] 这个再融资利率可能是正的，也可能是负的。如果是负利率，则中央银行还需要向商业银行支付费用。[②] 再融资利率越高，银行对流动性的需求量就越低。因此，通过为银行流动性服务设定价格，中央银行可以影响金融市场对流动性的需求。中央银行设定的再融资利率反过来可以影响到经济体系中的所有短期利率，并在一定程度上影响到长端利率［见第5.1.1（b）节］。在正常时期，央行的货币政策包括政策利率（policy rates）的上下调节，并就其未来走势与市场沟通。具体地，扩张性货币政策（expansionary monetary policy）包括保持较低的政策利率和/或释放出信号表明未来利率仍可能处于低水平，从而支撑对流动性的需求。而紧缩性货币政策（restrictive monetary policy）则包括保持较高的政策利率和/或释放出未来政策利率仍然可能处于较高水平的信号，从而抑制对流动性的需求。

尽管基本的原则相似，但是世界各国的央行向银行系统提供流动性的操作方法也不尽相同，欧洲央行与美联储的不同操作做法（modus operandi）就说明了这一点（见延伸阅读5.2）。

5

| 延伸阅读 5.2 | 欧元区与美国的流动性供给 |

在欧元区，再融资操作是银行获得流动性的主要渠道。银行通常会在每周一次的拍卖中投标获得央行的流动性。从历史上看，欧洲央行要么按照固定利率分配流动性（在这种情况下，欧洲央行设定利率，而银行来竞标数量），要么按照可变利率分配流动性（在这种情况下，由银行来竞标数量和利率，该利率要高于欧洲央行设定的最低利率，然后欧洲央行再将流动性分配给拍卖中利率出价较高的银行）。欧洲中央银行在2000—2007年间使用了可变利率招标。在正常情况下，一般认为可变利率能更好地传递流动性的需求信息。2008年，欧洲央行恢复了固定利率招标，以便所有银行在金融危机期间都能获得不受约束的流动性。

欧洲央行将其每周操作设定的利率称为主要再融资利率［main refinancing rate 或者主要再融资操作利率（rate on the main refinancing operations，即MRO利率）］。此外，还有两种边际融资利率（marginal financing rates），也就是商业银行每日在央行存入（或获取）流动性的两个边际融资利率。为了鼓励银行以每周的频率而不是以每日的频率来要求获得流动

[①]　按照传统，回购利率是单利而不是复利。

[②]　欧元区、丹麦、瑞典、瑞士和日本的央行已将再融资利率或存款利率设定在负值，其他大型央行将政策利率维持在零以上。

性，欧洲央行将边际存款利率（marginal deposit-facility rate）设定得比主要再融资利率更低，而将边际贷款利率（marginal lending-facility rate）设定得比主要再融资利率更高（见图B5.2.1）。在任何时候，流动性过剩的银行都可以按照边际存款利率将资金存放于中央银行，或者以银行间同业拆借利率贷给另一家银行。类似地，流动性短缺的银行也可以通过边际贷款利率从央行借款，或者从另一家商业银行以货币市场利率（money market rate）获得流动性。伴随而来的套利行为使得货币市场利率在两种边际工具利率之间波动，至少对那些能够参与央行公开操作的银行参与者而言是如此。由于这三种利率（主要再融资利率、边际贷款利率、边际存款利率）"引导"了市场利率，因此，它们有时被称作引导利率（leading interest rate）。其中被引导的市场利率是每天根据选定银行的平均利率来测算的，这个平均利率称为欧元隔夜平均利率（EONIA），这是期限最短的市场利率。

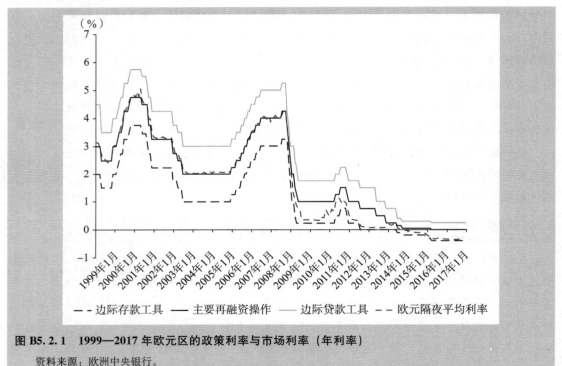

图 B5. 2. 1　1999—2017 年欧元区的政策利率与市场利率（年利率）
资料来源：欧洲中央银行。

　　在美国，投放流通性主要通过央行直接购买证券和回购渠道来实现，这些连续的操作是为了影响极短期的银行市场拆借利率。每家商业银行在对应的地区储备银行都有一个账户，并且可以通过这个账户以联邦基金有效利率（effective Federal fund rate 或者 Fed fund rate）将其隔夜拆借给其他商业银行。如果美联储希望调低联邦基金利率，美联储会从商业银行购买证券和贷款，并将资金转到商业银行在美联储的账户，这样就增加了银行系统的流动性，从而降低了流动性的市场价格。相应地，为了减少银行系统的流动性，美联储可以向银行出售证券。此外，美联储还为商业银行的超额存款准备金设定了利率下限（见图B5.2.2）。

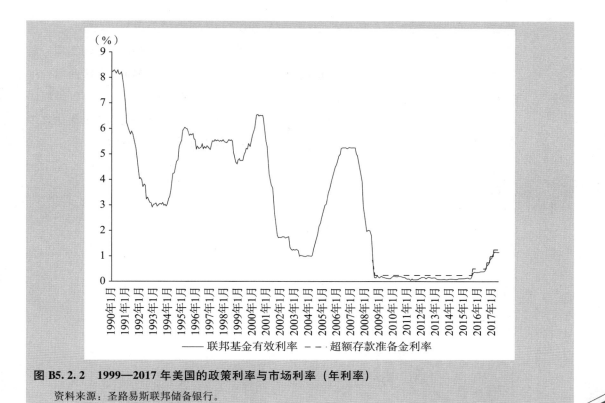

图 B5. 2. 2　1999—2017 年美国的政策利率与市场利率（年利率）
资料来源：圣路易斯联邦储备银行。

5

　　图 5.1 显示了从 20 世纪 50 年代以来，欧元区（或者 1999 年之前的德国）、美国和日本再融资利率的变化情况。可以得出四个主要结论：第一，随着时间的推移，再融资利率随着通胀压力的减退和自然真实利率（定义见下文）的下降而趋于下降，其波动性也有所降低。第二，再融资利率与经济的扩张、减速或收缩的阶段相一致，也呈现出上升和下降的周期。第三，央行可以在几个季度内保持再融资利率不变。第四，这三个经济体的货币周期在 20 世纪 70 年代和 80 年代是同步的，当时各国央行对石油危机引发的通胀峰值作出了反应，但在 20 世纪 90 年代和 21 世纪头十年，三个经济体的货币政策表现更具自主性。在全球金融危机期间，美联储和欧洲央行将利率降至接近零的水平——而日本银行自 20 世纪 90 年代中期以来就已经达到了这一水平。而 2015 年 12 月，美联储则率先重启了加息。

　　除了改变流动性的价格，央行还可以要求银行将一定比例的存款存放在央行，从而影响银行的贷款行为。这种存在央行的存款被称为法定准备金（reserve requirement）。并非所有央行都有这样的要求：英国、加拿大和瑞典的央行已经取消了法定准备金。欧洲央行和美联储以较低的比率对存款准备金作出了强制要求（欧洲央行最初为 2%，2011 年降至 1%；美联储则要求超过第一个临界值的存款需要持有 3% 的存款准备金；超过第二个临界值则需要持有 10% 的存款准备金）。[①]在所有这些国家，银行是否被要求持有准备金，这并不会显著影响货币政策的实施。相比之下，中国人民银行一度非常积极地使用存款准备金政策，从 2004 年开始，中国人民银行一年内多次上调存款准备金率，并将其作为加息政策的补充，以抑制国内信贷供给。2008 年之后在全球金融危机期间，中国人民银行又数次降低存款准备金率，并在 2015 年中国经济增速放缓之后再次降低了存款准备金率。

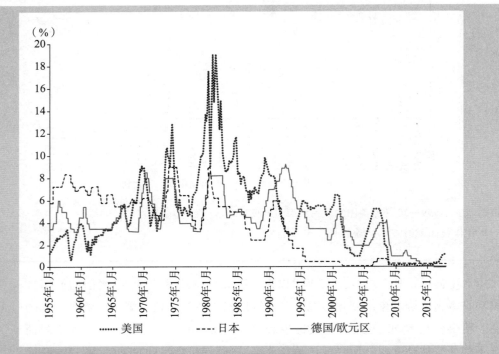

图 5.1　1955—2017 年美国、欧元区和日本央行的政策利率（年利率）

注：图中德国为贴现率；欧元区为主要再融资利率；日本为官方贴现率；美国为联邦基金有效利率。

资料来源：各国中央银行。

（b）从短期利率到长期利率

银行可以从其他银行或央行来借款，不同借款渠道之间存在套利行为，这使得短期市场利率始终保持在接近官方利率的水平。政策利率也会影响到较长期限信贷的市场利率，尽管影响的方式远没有那么简单机械。

收益率曲线（yield curve，其中利率是期限的函数）主要是由对未来货币政策的预期形成的。这是因为想要进行长期投资的投资者可以直接持有长期资产，也可

---

① 1% 的存款准备金是这样运作的：假设一个客户在欧元区的一家银行存入了 100 欧元，那么该银行必须向欧洲央行存入至少 1 欧元。如果客户用这 100 欧元偿还债务，那么银行可以相应减少准备金，但收到还款的债权人所在的银行必须提高其准备金。因此，存款人所在的银行只能使用 99% 的存款来发放新贷款。在实践中，准备金要求很少在数量上具有约束力。此外，自 2007—2008 年全球金融危机以来，银行监管施加了单独的流动性监管要求（见第 6 章）。

以对短期资产进行滚动投资。如果他们对风险并不厌恶（见第 2 章），长期利率应该是对未来各个短期利率预期的平均值，如果投资者是风险厌恶的，长期利率还会包括期限溢价和流动性溢价（见延伸阅读 5.3）。因此长期利率通常高于短期利率。即使预期短期利率没有变化，收益率曲线仍将向上倾斜。只有当投资者预期未来利率大幅下降时，才会出现倒挂的收益率曲线，就像 2006 年美国发生的情况（见图 5.2）。

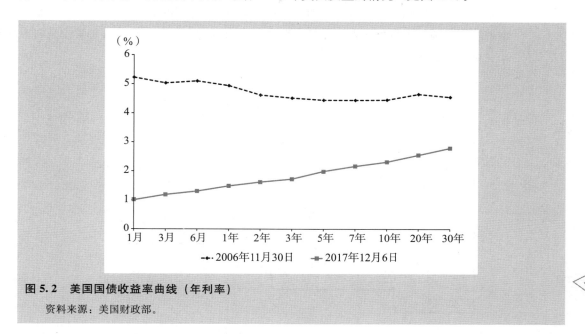

图 5.2　美国国债收益率曲线（年利率）
　　资料来源：美国财政部。

延伸阅读 5.3　　　　　　　　　　　　收益率曲线

　　大多数债券按固定利率付息。它们定期（通常是每年或者半年）支付息票（coupon），息票率是息票与借款金额［即本金（principal）］的比率。本金则在到期时偿还。债券发行后可以在金融市场上进行交易，这时候市场利率被定义为固定票面利率与债券市场价格之间的比率。从隔夜到 50 年期，有一系列可能的期限和利率。收益率曲线的标准理论假设：投资者在一项长期投资（对应长期利率）和一系列短期投资（每项短期投资对应其短期利率）之间套利。如果投资者预期短期利率在未来会上升，他们将卖出价格必然会下跌的长期资产，这样就推高了长期利率，使收益率曲线变得更加陡峭。相反情况下，如果投资者预期短期利率下跌，他们就会投资于长期资产，收益率曲线就会更加平坦，甚至向下倾斜，从而出现倒挂的收益率曲线（inverted yield curve）。真实世界的投资者实际上是风险厌恶的，而且由于流动性风险（债券卖家找不到买家的风险）以及市场风险（债券市场价格跌至面值以下的风险），因此期限较长的投资回报具有更大的不确定性。所以投资者要求长期债券的投资收益应当包括流动性溢价（liquidity premium）和期限溢价（term premium）。基于套利行为的平衡，N 年期债券利率 i_t^N 可以表示为 N 个 1 年期的预期利率 i_{t+i} 和年度期限溢价 ρ_t^N 构成的函数：

$$(1+i_t^N)^N = (1+i_t)(1+E_t i_{t+1})\cdots(1+E_t i_{t+N-1})(1+\rho_t^N)^N \tag{B5.3.1}$$

式中，$E_t i_{t+i}$ 表示在 t 时刻对 $t+i$ 时刻的一年期债券利率的预期；ρ_t^N 表示 N 年对应的期限溢价。因此，即使没有预期利率的变化，收益率曲通常也是向上倾斜的。

长期利率的信息包含了对未来货币政策的预期，因此即使在短期利率保持不变的情况下，长期利率也会发生变化。所以中央银行可以通过演讲或者访谈来传达政策意图，从而影响长期利率。如图 5.3 所示，在 2006 年欧洲央行连续上调主要再融资利率之前，市场参与者已经对加息有充分的预期，并提前将其纳入了长期利率中，因此长期利率在全年中呈现平稳上升。

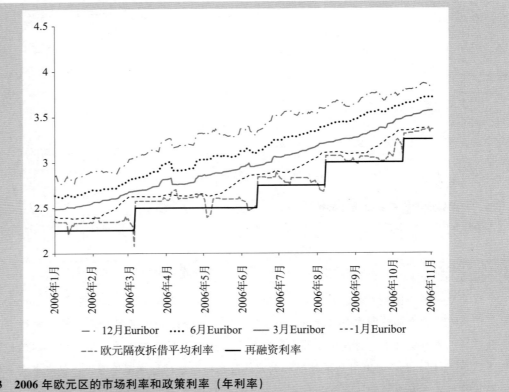

图 5.3　2006 年欧元区的市场利率和政策利率（年利率）

注：Euribor 是欧元区银行间无抵押贷款的平均利率。

资料来源：欧洲中央银行。

（c）零利率下限的货币政策

如前所述，在全球金融危机期间，发达国家央行使用的货币政策达到了极限。政策利率降至 0，这也就是所谓货币政策的零利率下限。这一事件证明了应对全球金融危机所需的刺激力度，但由于自然利率水平非常低，零利率下限的货币政策在未来可能会更加频繁地发生这种情况。其中，自然利率（natural rate of interest）是由瑞典经济学家克努特·维克塞尔（Knut Wicksell，1898）最早提出的概念。自然利率（经济学家通常用 r^* 来表示）是在充分就业的产出水平下使得储蓄和投资相等的利率。在 20 世纪 90 年代和 21 世纪初，由于技术与人口结构变化的原因，自然利率经历了下降趋势，在发达国家中已经逼近零的水平（参见 Holston，Laubach，and Williams，2016）。

事实上，将利率设定在略微负值的水平是可能的。有几家中央银行已经在全球金融危机中采取了这样的做法。[1] 但是，负利率政策在经济中的传导面临三种困难。首先，银行可能无法将负利率转嫁给家庭和企业，即使收益率曲线更为平坦的情况缩小了商业银行的息差，也很难把这种成本进行转嫁。[2] 这是因为，银行很难向零售客户收取负利率，这些客户会把负利率理解为一种税收。其次，负利率意味着货币的时间价值为负，这会在现实生活中产生违反直觉的后果，例如它会促使债权人甚至是税收部门推迟而不是提前收回资金。这种批评蕴含着一定程度的货币幻觉（money illusion，即假设公众通常不会充分考虑到通胀），在考虑了通胀的情况下，过去的实际利率经常是负的，因而不会产生前述后果。最后，可以通过囤积零利率的现金[3]来避免负利率。囤积现金的机会成本（例如租用保险箱或金库的成本）以及负利率对银行息差的不利影响，都对负利率政策的可能范围设定了下限。利率下限可能是负的，但是仍然存在一个下限。有经济学家认为，如果用有息的央行数字货币逐步取代纸币，则利率的下限可以更低（Rogoff，2014）。

在这种情况下，央行可以将三种策略结合起来，它们都属于非常规货币政策（unconventional monetary policies）。[4] 这些政策的理论基础将在第 5.2 节介绍。

第一，央行可以通过几种方式来放松商业银行获取流动性的渠道。央行可以放宽合格抵押品的清单范围（允许更多的贷款和证券用于抵押，以获得央行的再融资）。这也是主要央行在 2007—2008 年全球金融危机开始时所采取的措施。此外，央行可以改变提供流动性的方式。从 2008 年 10 月开始，欧洲央行的再融资操作全部改为以固定利率分配，而不是通过拍卖的方式进行有限的分配。央行还可以提供更长期限的流动性，从而让银行在高波动性和流动性紧缺的环境下感到更安全。最后，流动性可以以银行向实体经济提供贷款为条件。[5] 上述这些政策行为被称为信贷宽松（credit easing），因为它旨在增强商业银行向非金融借款人输送流动性的能力。

第二，央行可以对特定细分市场进行有针对性的干预。这一措施的目的是修补货币政策的传导渠道（即确保货币政策的变化能够反映到各种融资工具的融资条件

---

[1]　欧元区、丹麦、瑞典、瑞士和日本的央行已将再融资利率或存款利率设定在负值，其他大型央行将政策利率维持在零以上。

[2]　如果收益率曲线向上倾斜，那么银行就可以通过借短投长来获利（见延伸阅读 5.3）。但是如果收益率曲线变平，银行就只能通过提高中介费来获利。

[3]　如果要对纸币实行负利率，就必须在每张纸币上加盖邮戳来说明其有效性，这将是非常复杂和难以执行的。

[4]　有关 2007—2008 年全球金融危机期间采取的非常规货币政策的详细记录，可参见 Fawley and Neely（2013）。

[5]　在 2011 年 12 月和 2012 年 2 月，欧洲央行执行了期限为 3 年的超长期再融资操作（very long-term refinancing operations，VLTROs）。在 2014 年 6 月和 2016 年 3 月，欧洲央行启动了一系列精准的长期再融资操作（targeted long-term refinancing operations，TLTROs），期限最长为 4 年，该操作旨在向银行借贷行为提供流动性。TLTROs 类似英国央行实施的"贷款融资"（funding for lending）操作。

中）。欧洲央行针对主权债券市场的证券市场计划（Securities Market Program）和直接货币交易（Outright Monetary Transactions）就属于这一逻辑（见第5.3节）。另外，美联储和欧洲央行购买证券化的贷款（抵押贷款、中小企业贷款、信用卡贷款）以及资产支持证券也属于对特定细分市场进行有针对性的干预。其中后者也是一种信贷宽松措施。

第三，央行的目标可能是通过适当的沟通和/或购买长期债券，从而使收益率曲线趋于平缓（即降低长期利率）。根据前文讨论的利率期限结构，央行沟通的目的是降低市场对未来短期利率的预期，而购买长期债券的目的则是为了降低期限溢价。在全球金融危机期间，美联储率先采取了前瞻性指引（forward guidance），该政策的目标是引导市场对未来决策的预期（见延伸阅读5.4）。美联储还买入长期债券，同时卖出短期债券，这一操作被称为"扭曲操作"（operation twist）。在2013年，欧洲央行也推出了前瞻性指引，其预计"欧洲央行的关键利率将在较长时间内维持在当前水平或者更低的水平。"[①] 最后，中央银行可能通过在公开市场上购买大量资产（一般是主权债券和抵押贷款证券）来故意扩大其资产负债表。量化宽松（quantitative easing，QE）的传导渠道将在第5.2.3（a）节中解释。

延伸阅读5.4　　美联储的前瞻性指引

2008年12月16日："疲软的经济状况可能会在一段时间内使得联邦基金利率处于异常低的水平。"这一承诺在2009年1月得到重申。

2009年3月18日：美联储开始表示，预计在"较长一段时期"将联邦基金利率维持在接近零的水平。

2011年9月21日：美联储放弃了"较长一段时期"的表述，选择了具体的日历来引导。美联储预计将维持低利率"至少到2013年年中"。

2012年1月25日：联邦基金利率可能维持在接近零的水平，"至少到2014年底"。

2012年9月13日：美联储官员现在预计将联邦基金利率维持在接近零的水平"至少到2015年年中"。美联储还表示，预计"在经济复苏加强后的相当长一段时间内"，仍将把利率维持在非常低的水平。这一表述在10月份会议上再次出现。

2012年12月12日：美联储表示，预计将在"资产购买计划结束和经济复苏强化之后的相当长一段时间内"将联邦基金利率维持在接近零的水平，特别是"至少只要失业率高于6.5%，未来一到两年的通胀预期值不超过委员会2%长期目标的0.5个百分点范围内，以及长期通胀预期继续保持很好的稳定"。

2014年3月19日：这些货币政策的门槛条件在一段时间内有效，但是随后美联储官员就陷入了困境——失业率下降的速度大大快于他们的预期，失业率很快就降到了接近6.5%

---

① 参见2013年7月4日欧洲央行理事会会议后新闻发布会的介绍性声明。随后的新闻发布会上也重申了类似的声明。

的水平。美联储随后调低了这些门槛。在决定将利率维持在零利率附近多久时，美联储表示，"将同时在现实层面和预期层面来评估实现充分就业以及 2% 通胀目标的进展"。美联储重申，将在购债结束后"相当长一段时间"再开始加息。时任美联储主席耶伦在她的第一场新闻发布会上表示，"一段时间"大约是 6 个月。

2014 年 12 月 17 日：美联储在 10 月结束了债券购买计划，并在 12 月删除了"相当长时间"的表述，并替换为对加息要保持"耐心"的誓言。美联储"可以对开启货币政策立场正常化保持耐心"。2013 年 1 月的申明重复了这一表述。

2015 年 3 月 18 日：美联储在新闻稿中删去了"耐心"这个关键词。"委员会预计，当就业市场进一步回暖，并有理由相信通胀率在中期恢复到 2% 的目标水平时，提高联邦基金利率的目标区间将是合适的。"

2015 年 12 月 17 日：美国联邦公开市场委员会（FOMC）"判断就业状况有了相当大的改善，并且有理由相信通胀率将在中期上升到 2% 的目标"。自 2008 年以来，美国首次提高了联邦基金利率。

资料来源：《华业街日报》，2015 年 5 月 17 日；美国联邦储备银行网站。

在全球金融危机之后，作为上述政策反应的结果，发达经济体主要央行的资产负债表大幅扩张，其中美国和英国的央行资产负债表相对于 GDP 的规模已经扩张到了原来的 4 倍（见图 5.4）。

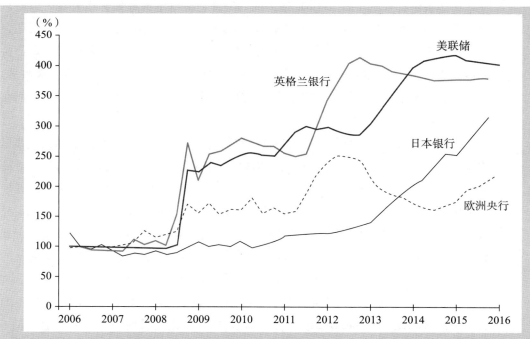

图 5.4 2006—2015 年主要央行总资产占 GDP 的比重

注：以 2006 年第二季度为基期 100。

资料来源：各国央行。

5.1.2 货币政策的目标

央行要追求的目标在它们的职责（mandate）中有明确的规定。但随着时间的推移，这些职责范围也在发生着变化，一直以来这也是政治家、经济学家讨论的问题。20 世纪 70 年代，央行的职责范围通常比较宽泛，因此央行需要在不同目标之间进行艰难的权衡。后来，从 20 世纪 70—80 年代的通货膨胀当中得出的教训之一就是：央行应该被赋予更加精确的目标，而且物价稳定开始成为主导目标。但是，并非所有央行都能够将职责聚焦于物价稳定，即使是那些以此为使命的央行，也可能必须同时追求其他目标。此外，全球金融危机还引发了一场古老的讨论，即央行是否应该把金融稳定与物价稳定一起作为目标？

（a）物价稳定

追求物价稳定相当于维持货币的实际价值——购买力（purchasing power），即一单位货币可以购买的商品、服务或资产数量。更准确地说，这相当于维持货币的对内价值（internal value，以国内消费品篮子计算的购买力）。这可能不同于货币的对外价值〔external value，以外币计算的购买力，参见第 5.1.2（c）〕。

物价稳定应该是央行的首要任务，原因有三个方面：从社会福利角度来看，物价稳定是一个理想的目标；央行处于实现这一目标的最佳位置；若赋予央行任何其他任务都会分散央行对实现物价稳定的注意力。

正如布伊特（Buiter，2006）指出的，尽管物价稳定的好处相当直观，但是理论上的推导并不简单。最常用的论据是，通胀是对现金余额的隐性征税，而且还会模糊相对价格的信号作用，因此会扭曲经济决策（更不用提因为使用名义税基征税而造成的扭曲）。大多数中央银行的目标是将通胀率（即总体物价的年度上涨水平）控制在较低水平。这个低水平究竟应该低到什么程度，这是个微妙的问题，我们在第 5.3 节讨论。

央行是否处于维持物价稳定的最佳位置，答案也并非一目了然。米尔顿·弗里德曼（Milton Friedman）的名言最能体现货币主义的观点，即"无论何时何地，通货膨胀都是一种货币现象"（Friedman and Schwartz，1971），这句话指出了流通中的货币数量与通货膨胀之间存在直接的因果关系。这一命题暗示，维持物价稳定只需要控制流通中的货币数量，并使货币政策成为控制通胀的自然工具。然而，正如我们将会在后文中看到的，在当今时代货币和物价的关系已经破裂。将控制通胀的任务交给央行肯定还有其他理由，我们在经济和制度层面都能找到一些论据：

• 经济层面的论据：首先，当代经济学模型保留了一个重要假设，即货币的长期中性（long-term neutrality of money），也就是说在长期中，名义变量（如一般物价水平、名义工资、利率、名义汇率等）与实际变量（实际 GDP、就业、实际工资、实际利率、实际汇率等）是脱节的、没有联系。因此从长远来看，赋予央行稳定物价的单一目标没有长期代价。短期内，在一个面临总需求冲击的经济中，物价稳定任务并不妨碍央行在其潜在增长路径附近稳定经济，因为通胀和产出缺口是正相关的。[①]

- 制度层面的论据：虽然政府机构面临着不同目标的权衡，但一个职责范围狭窄、单一的独立机构将更有能力实现这一目标，而且在向经济参与者传达其行动信号方面也更加可信。此外，与税收政策相比，货币政策涉及的再分配效应更少。因此，如第 2 章所述，更有理由将这一政策委托给独立机构。最后，货币政策技术性很强，其成功与否只能在很长一段时间后进行评估。

在 20 世纪 70 年代的通胀时期之后，上述观点促使大多数国家让央行独立，并将重点放在稳定物价上。直到 21 世纪头十年后期，央行终于在实现物价稳定的目标上取得了惊人的成功，低通胀在发达经济体变成了一种常态。图 5.5 显示了 1980—2016 年世界通胀率的分布情况。1980 年通货膨胀率低于 5％的国家只有不到 10％。由于 20 世纪 70 年代经历了两次石油危机，中央银行从这一时代的手中接过了高通胀率，而工资指数化和扩张性政策又加剧了这种冲击。当时，许多中央银行要么通过相机抉择的政策（如美联储所做的），要么将汇率与低通胀国家挂钩（如许多欧洲国家锚定德国），从而紧缩其货币政策。尽管如此，一些新兴市场国家在 20 世纪 80 年代的通胀率仍然很高。例如，1980—1986 年，以色列的年通货膨胀率超过了 100％。一些国家甚至经历了恶性通货膨胀（hyperinflation），即每月通胀率超过了 50％（Cagan，1956）。[②]例如从 1989 年 3 月到 1990 年 3 月，阿根廷的物价上涨了 20 266％。

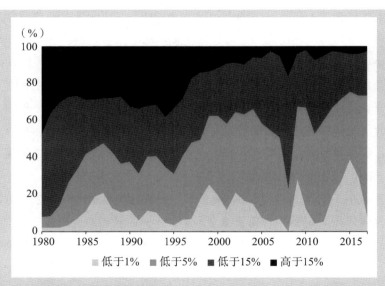

图 5.5　1980—2016 年通胀率的世界分布情况

　　注：按照相应通胀率计算分类国家的累积占比。

　　资料来源：作者依据国际货币基金组织数据计算。

---

① 第 1 章解释了产出缺口及其与物价的关系。

② 每个月 50％相当于年化 12 875％。

在 20 世纪 90 年代与 21 世纪初，通货膨胀的近乎消失是这一时期的显著特点。即使是在 21 世纪头十年中期，石油与原材料价格大幅上涨，也没有像 20 世纪 70 年代那样引发严重的通胀。日本甚至经历了通货紧缩（deflation），即产出和价格水平的共同下降。这种现象在两次世界大战之间的时期出现过，但人们觉得这只是历史上的一个特例。最初日本银行反应迟缓，直到它把利率降到零并且开始大举印钞，最终促成了经济增长和（某种程度上的）通胀。在全球金融危机的余波中，几个发达经济体的通胀率降到了接近于零的水平，甚至偶尔变为负值。我们将在第 5.3 节中讨论，为什么过低的通胀率会有问题，特别是当债务很高的时候。

对于 20 世纪 90 年代与 21 世纪头十年初出现的价格稳定，到底有多少归功于有利的国际环境，有多少归功于货币政策和制度的质量，这很难说清楚。事实上，对于近几十年来通胀的整体下降，人们给出了几种解释。第一种解释是，中央银行的独立模式在全世界得到推广——这是制度的进步。第二种解释是，虽然只是后来才发生但也同样重要的是全球化，以及中国和印度巨大的生产能力，其对全球市场的影响是正向的供给冲击（见延伸阅读 5.5）。第三种解释是，生产率增速疲软，这对所有发达经济体的工资增长都造成了压力。

延伸阅读 5.5　　　　　　　　　全球化如何影响通货膨胀？

哈佛大学教授理查德·弗里曼（Richard Freeman）在 2005 年发表的一篇颇具影响力的论文中，将全球化描绘为对西方经济体的巨大冲击，随着中国、印度和前苏联地区国家加入了世界经济，全球劳动力供给翻了一倍（Freeman，2005）。这导致全球范围内工资上涨受限，除非物质资本积累到足以使资本-劳动力比率恢复到此前的水平。在目前的情况下，任何成本推动的冲击都注定是短暂的，因为工资不太可能随着物价螺旋式上升。

这一论断的简化解释只是在表面上让人信服，因为它实际上混淆了相对价格与一般物价水平：如果发达经济体的名义汇率相应贬值，它们可以轻松维持比新兴市场国家更高的通胀率［参见鲍尔（Ball，2006）的讨论］。

肯尼斯·罗格夫（K. Rogoff，2003）提出了一个更为严格的分析，他认为，跨境一体化的提高减少了内部人员（insiders，通常拥有永久工作）的权利。这降低了均衡失业率和中央银行刺激通胀的意愿。并且，产品市场上更激烈的竞争可能降低了名义价格刚性。这又降低了均衡通胀率。全球价值链的扩张，即中间品与服务的跨国贸易，是全球通过释放原来未使用的产能影响某国国内通胀的另一个渠道（Auer，Borio，and Filardo，2017）。

不应高估全球化在解释通货紧缩方面的作用。图 B5.5.1 显示，新兴市场国家在 1996—2016 年间支撑了全球通胀。关于全球通货膨胀的经验分析，可以参见 Eickmeier and Pijnenburg（2013）和 Forbes（2018）。

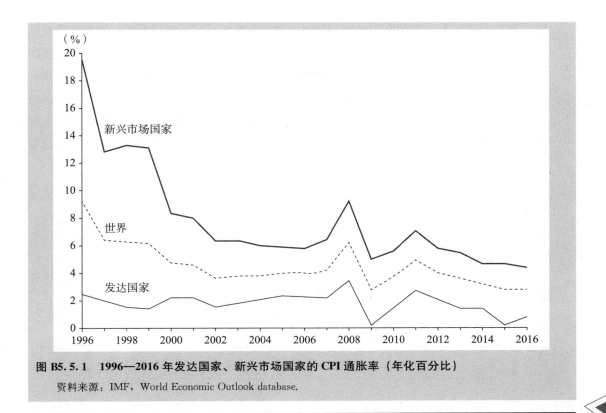

图 B5.5.1 1996—2016 年发达国家、新兴市场国家的 CPI 通胀率（年化百分比）
资料来源：IMF，World Economic Outlook database.

5

（b）产出稳定

如前所述，中央银行对物价稳定的强烈关注并不妨碍其稳定产出。事实上，即便稳定产出不是央行的主要目标，央行在实践中也似乎表现出它们的目标是在实现通胀目标的基础上来最小化产出缺口。1993 年，斯坦福大学经济学家约翰·泰勒（John Taylor）证明，美联储对通胀和产出缺口作出的平均反应，可以用下面这个简单方程来描述：

$$i_t = \bar{r} + \pi_t + 0.5(\pi_t - \tilde{\pi}) + 0.5(y_t - \bar{y}_t) \tag{5.1}$$

式中，i_t 表示短期名义利率，π_t 表示通胀率，$\tilde{\pi}$ 表示通胀目标，$(y_t - \bar{y}_t)$ 表示产出缺口，$\bar{r}$ 表示实际利率的"中性"水平。[①] 这一行为方程后来也在其他中央银行那里得到了验证［参见伯南克和米霍夫（Bernanke and Mihov，1997）对德国的分析；尼尔森和尼科洛夫（Nelson and Nikolov，2013）对英国的分析］。等式（5.1）被称为泰勒规则（Taylor rule），它已经成为经济学家评估政策利率变化的基本工具之一。泰勒规则可以用整体通货膨胀（headline inflation）或者核心通货膨胀（core inflation，剔除生鲜食品和能源价格这些最不稳定的构成）来进行计算。

虽然泰勒规则没有规范性的含义，但是泰勒规则已经成为比较不同时间、不同

---

① "中性"利率可以定义为等于经济增长率。根据增长理论的黄金法则（见第 9 章），它是在稳态下使人均消费最大化的经济增长率。该利率主要取决于人口和技术变革。

国家货币政策立场的有用标准。例如，图 5.6 将欧元区短期利率的轨迹与泰勒规则框架下两类利率的轨迹进行了对比。在大部分时间里，3 个月期的银行间市场利率都低于泰勒规则所给出的两种利率标准。相比之下，它更接近基于核心通胀的泰勒利率，而不是基于整体通胀的泰勒利率。在 2013—2015 年，市场利率保持在正值区间，而如果采用泰勒规则，通胀率下降和产出缺口为负将导致非常明显的负利率。不过在这样的情况下，为了压低银行间同业利率，欧洲央行运用了非常规政策工具。[1]

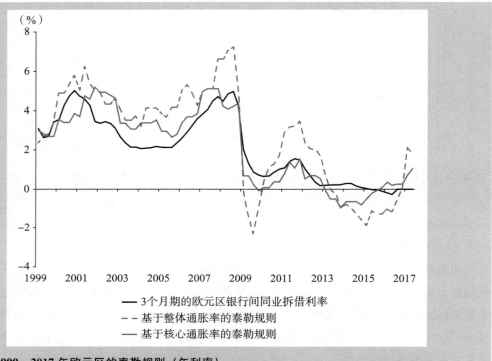

图 5.6　1999—2017 年欧元区的泰勒规则（年利率）

注：假定中性实际利率保持在 1% 不变。

资料来源：作者基于 OECD 数据计算。

（c）汇率稳定

汇率稳定历来被认为是货币政策的中间目标。在一个央行缺乏信用、货币需求不稳定的国家，或者是如果人们对通胀数据产生了怀疑，这时候将汇率与一种外国货币或者一篮子外国货币挂钩，可以为物价提供一个透明的锚。如果一国货币没有贬值，那么经济主体就会尽量不让工资和物价上涨太快。这一货币纪律可以抑制通胀，使得央行更容易实现其稳定物价的目标。

---

① 吴和夏（Wu and Xia，2016）提出了一种方法，在达到利率下限的情况下计算"影子政策利率"，以度量非常规货币政策的影响。欧洲央行估计其 2014—2015 年实施的信贷宽松措施对欧元区借贷成本的影响相当于降息 100 个基点（Draghi，2016）。

直到 20 世纪 90 年代，许多西欧国家都依赖外部锚来抑制物价上涨。在苏联解体之后，一些转型国家也通过这种做法来抑制物价上涨。随着通胀率下降，固定汇率的吸引力也在逐渐消退。只有一些小国（如保加利亚、丹麦、厄瓜多尔和几个加勒比海地区的国家），以及石油出口国（如沙特阿拉伯）仍采用盯住汇率，即以货币的外部价值而不是内部价值为目标。在 2011 年，瑞士对瑞士法郎兑欧元的汇率设定了上限，但在 2015 年 1 月欧洲央行开启了量化宽松计划，这导致欧元汇率贬值，瑞士不得不取消了这一上限。对于小型开放经济体，货币的内部价值和外部价值这两个目标高度相关，因为进口产品在国内物价指数中占很大比重。我们将在第 7 章讨论汇率制度的选择。

（d）金融稳定

正如意大利经济学家、欧洲央行执行委员会前成员托马索·帕多亚-斯基奥帕（Tommaso Padoa-Schioppa）说过的，金融稳定——金融机构和金融市场的正常运行——一直"存在于中央银行的 DNA 当中"。保持对金融系统的监管确实是历史上创建中央银行的主要原因之一（Goodheart，1988）。20 世纪 60 年代大萧条后金融市场高度分割、高度管制，在此背景下，金融稳定并不是主要问题。但是 20 世纪 80 年代和 90 年代发生了金融自由化之后，金融稳定问题再次得到重视，在全球金融危机之后更是如此。

本书第 6 章详细讨论了金融稳定问题。这方面的责任通常由监管机构（其经常与金融机构和金融市场打交道）、央行和财政部来共同承担。一些中央银行同时也是银行监管机构（如在美国、英国和欧元区）和/或宏观审慎当局，而其他一些国家则将这些职责分离开（如中国和日本）。无论何种制度安排，货币政策都以两种方式与金融稳定相互作用。首先，一个运行良好的银行和金融部门对货币政策的传导至关重要。这就是为什么中央银行十分关注金融稳定，并利用其创造货币的权力为银行提供紧急流动性、充当最后贷款人（参见第 6 章）。

其次，货币政策也反过来对金融稳定有重要影响。例如，低利率往往会抬高资产价格（见第 5.2.2 节），并诱使银行削弱其贷款标准。同样，量化宽松政策也会对资产价格产生巨大的积极影响（参见 Rogers，Scotti，and Wright，2015）。在危机中，这些措施能够帮助经济恢复。但它们也会加剧金融脆弱性，这就需要加以监测，并尽可能进行化解。

央行是应该实施逆周期政策（lean against the wind），预防性地使用利率政策来遏制金融过度行为（有时需要冒着干扰其稳定物价职责的风险），还是等待这些过度行为成为现实后再对经济进行"清理"（clean）？这是一个面临激烈争论的问题。逆周期（leaning）政策与等待事后清理（cleaning）的政策选择将在本章后面以及第 6 章的第 6.3.3（a）节中讨论。

5.1.3 中央银行简史

中央银行的历史正式开始于 1668 年创建的瑞典中央银行（the Swedish Riksbank）。尽管阿姆斯特丹银行和汉堡银行等成立得更早，瑞典央行仍被认为是世界上最古老的央行，其目的是为商人提供稳定的支付手段（Roberds and Velde，2014；Ugolini，2011）。1694 年英格兰银行成立。瑞典央行和英格兰银行都是私人公司，其任务是向政府提供贷款（或帮助政府在市场上借款），但同时也开展全面的银行业务。由于其他银行在它们那里开设有账户，它们很快就成为"银行的银行"，其有能力进行清算并充当最后贷款人。它们通过发行作为货币的票据来筹集资金，后来还获得了发行票据也就是货币的垄断权。1800 年，法兰西银行（Banque de France）以类似的形式成立了，并于 1803 年获得了垄断发行纸币的权力。日本银行则在 1882 年也具有了这一角色。在欧洲，大多数中央银行是在 19 世纪创建的，而在美洲，直到 20 世纪美国才创建了美联储（1913 年），紧随其后的是哥伦比亚、墨西哥、智利和加拿大的中央银行。澳大利亚和新西兰也在 20 世纪建立了自己的中央银行。如今，即使有的央行股权为私人所有，但央行仍是政府的一部分，它们也受到公共部门的管理。

波尔多（Bordo，2010）将中央银行历史分为四个时期：1870—1914 年的"黄金时代"（golden age）；两次世界大战期间，经济大萧条时期的"黑暗时代"（dark age）；20 世纪 30—50 年代数十年的政府控制阶段，之后央行逐步恢复独立，直到时间来到了 20 世纪 70 年代；20 世纪 80 年代又开启了中央银行的复兴（renaissance）。全球金融危机是否标志着最后一个时期的结束，这个判断还没有定论。

中央银行的"黄金时代"。在这一时期，中央银行主要关注的是在保持金融稳定的同时遵守金本位制（即本国货币与黄金的固定可兑换性）。为此，中央银行需要向银行系统输送足够的流动性以维持金融稳定，但流动性也不能过多，因为过剩的流动性会加剧通胀并危及黄金平价。当时的原则是：只对"实物票据"进行再融资，也就是由实体经济（产出和贸易）作为支持的票据，而不是"投机票据"或"金融票据"。实物票据原则是调和物价稳定与金融稳定的一种方式（Goodhart，2011）。按照这种思路，央行不能购买政府债券。这一理论依赖于实体经济自我稳定的特性，但这种理论在 20 世纪 30 年代的大萧条发生后崩溃了。

两次世界大战期间的"黑暗时代"，始于 20 世纪 20 年代初的恶性通胀，随后是 1925 年恢复金本位制的尝试，但这种尝试失败了。这种失败不仅仅是由于一些国家汇兑平价的不当以及黄金短缺。还有一个原因就是，经常账户盈余国，如法国和美国阻止了"价格-铸币流动机制"（price-specie flow mechanism）。在金本位制下，这种机制被认为是通过国内货币创造从而自发地使其国际收支恢复平衡（Hume，1742）。此外，政府越来越重视实体经济的起落——这里表现为失业率上升。但美联储仍笨拙地坚持着实物票据原则：在货币紧缩触发了 1929 年 10 月的华尔街崩盘后，美联储未能在应对银行挤兑时发挥最后贷款人的角色（Friedman and Schwarz，1971）。在世界其他地方，各国央行也没有增加流动性供给，因为其担心这会迫使它们退出金本位。最终，以英国 1931 年放弃金本位制为开端，全球范围内的金本位制度最终被抛弃了。

下一个时期主要是政府对银行业的大量监管，以及财政部对央行起到主导作用的时期。二战后，除德国外，中央银行基本上被要求限制对银行贷款的数量以及管制国际资本流动，而此时的财政部决定着利率，并将利率维持在较低水平，以刺激经济并减轻政府债务负担。物价稳定的目标是通过布雷顿森林体系下受控制的货币创造和固定汇率制的两个政策的结合来实现的。布雷顿森林体系在 20 世纪 60 年代也开始出现了问题，当时美国增发基础货币来为越南战争提供资金。其他国家的反应是囤积黄金而不是美元，这给美元带来了下行压力。1971 年 8 月，美元与黄金的兑换暂停。1973 年，布雷顿森林体系被彻底抛弃。此后，国际货币体系向浮动汇率制转变。同时，发达国家又恰逢第一次石油冲击，这引发了长达十年的高通胀。汇率制度的改变赋予了各国央行更大的自由来使用货币政策工具，以实现其国内经济目标。这标志着货币政策的出现。

根据波尔多（Bordo，2010）的说法，"新黄金时代"（renewed golden age）始于 1979 年，当时美联储新上任的主席保罗·沃尔克（Paul Volcker）决心通过紧缩的货币政策来对抗通货膨胀。许多国家也赋予其中央银行独立性，并明确规定了稳定物价的职责，甚至还明确了通胀目标（见第 5.3 节）。此后的 20 世纪 90 年代和 21 世纪头十年被称为"大缓和"（Great Moderation），指的就是这段时间的低通胀和相对稳定的实际增长。这一时期也是金融管制放松的时代，是"市场的胜利"（Goodhart，2011）。这一时期的央行只关注通胀，因此放任了资产价格泡沫的出现（尤其是房地产市场），而宽松的监管加上国际资本流动的自由化使得商业银行增加杠杆，并在金融市场上承担了过度的风险。全球金融危机标志着这一时期的结束。不过与 1929 年不同的是，这次央行的反应是放松货币政策，并扮演最后贷款人的角色。

中央银行的这段短暂历史表明，物价稳定和金融稳定之间的平衡一直是重要问题。尽管在如何管理金融危机方面取得了很大进展，但仅用货币政策一种工具就能同时实现物价稳定和金融稳定——这一点仍然有待研究。此外，随着时间的推移，中央银行对于为政府赤字提供融资的原则也发生了改变。虽然在许多国家，建立中央银行的初衷是为政府提供资金，但金本位制度本身禁止财政赤字货币化。现代理论也仅仅允许中央银行在二级市场购买政府债券（买卖已经发行的政府债券），并且仅用于作为货币政策操作工具（作为增加基础货币和管理期限溢价的工具）。不过，市场对政府高负债率的信心可能取决于央行充当后盾和购买政府债券的能力，至少在市场参与者开始抛售政府债券并推动经济走向高利率的极端情况下是这样。但是这种操作是否属于货币政策仍是有争议的，欧洲法院（European Court of Justice）针对欧洲央行直接货币交易计划的诉讼就揭示了这一点（European Court of

Justice，2015）。我们将在下一节再次讨论财政主导货币政策的问题。

5.2 理论

货币政策理论一直是并且仍然是一个非常活跃的研究领域。在该领域，理论研究者与政策实践者的对话非常活跃，理论对政策制度的设计也产生了重要影响。在20世纪60—70年代，货币主义者对传统凯恩斯主义智慧的挑战就来自最初对货币政策实践的批评。类似地，对宏观经济思想和政策产生深远影响的理性预期模型（见第1章），最初也是在这种背景下发展起来的。时间一致性、可信度，这些概念已经成为政策制定者的基本工具，它们最初也是在货币政策领域进行了试验。在当代有微观基础的新兴凯恩斯主义模型中包括了价格刚性的内容，其之所以发展起来，也是为了给货币政策提供坚实的理论基础。然而，在2007—2008年全球金融危机期间，理论工具显得不够给力。这次金融危机凸显了金融部门在货币政策传导机制中的作用，但金融危机前的新兴凯恩斯主义模型大多忽视了这一作用。

5.2.1 货币政策的原理

（a）货币的长期中性

关于货币政策，第一个要问的问题是：货币政策是否会影响经济？现在人们普遍认为，从长期来看，货币供应量的变化不会影响实际经济变量，这一特性被称为货币的长期中性。1742年，苏格兰哲学家大卫·休谟（David Hume）首次提出了货币与真实变量之间的二分法，这是货币作为记账单位的结果：从长期来看，流通中的货币量增加一倍，或者用另外一种更高面值的货币取代了现行货币，这对实际GDP、实际工资、实际利率或者实际汇率之类的实际变量不会产生影响。只有名义变量，如名义GDP、名义工资、名义利率和名义汇率会受到影响。

休谟的货币数量论（quantity theory of money）是与这种思路一致的最简单的模型。该理论认为，产出是由供给决定的，在给定时期内一个单位货币完成的交易价值（货币流通速度）是外生的。在这种情况下，货币增长与通货膨胀之间存在一一对应的关系。中央银行只要能够控制货币增长，就能控制通货膨胀，而且还不用在实际GDP或失业率等实际变量方面承担任何成本（见延伸阅读5.6）。

延伸阅读5.6	货币数量论

货币流通速度 V 被定义为：一年内单位货币的流通可以实现的交易价值（名义产出）：

$$PY = MV \qquad (B5.6.1)$$

式中，P 代表总体物价水平，M 代表货币供给，Y 代表实际GDP。假定由于人口与生产率的增长，Y 以一个固定的速度增长；再假定 V 是固定的，或者以独立于货币政策的一个固定速率演化。如果中央银行能够控制货币供给的增长速度 $\Delta M/M$，那么在 GDP 增速 $\Delta Y/Y$ 和货币流通速度变化 $\Delta V/V$ 给定的情况下，央行就能控制通货膨胀 $\Delta P/P$：

$$\frac{\Delta P}{P} = \frac{\Delta V}{V} + \frac{\Delta M}{M} - \frac{\Delta Y}{Y} \tag{B5.6.2}$$

因此，欧洲央行在 1999 年借鉴了货币数量论和德国央行的经验，确定了其货币政策战略的"第一支柱"。这包括每年 4.5% 的 M3 增长目标，以及与此相一致的每年 1.5% 的通胀率、2.5% 的实际 GDP 增速、−0.5% 的货币流通速度：

$$1.5\% = -0.5\% + 4.5\% - 2.5\% \tag{B5.6.3}$$

在这一方法中，货币总量扮演着一个中间目标的角色，它比物价稳定的最终目标更容易观察到，更直接地受央行控制，而且货币总量的变化是货币政策最终目标的一个很好的预测指标。欧洲央行后来淡化了这一货币政策支柱，特别是因为货币增速持续高于目标值，而且这并没有对通胀产生任何重大影响。美联储也有类似的调整，其已经停止为 M2 增速设定目标区间。然而，如图 B.5.6.1 所示，在高通货膨胀国家，货币总量与通胀之间的联系仍然十分密切。

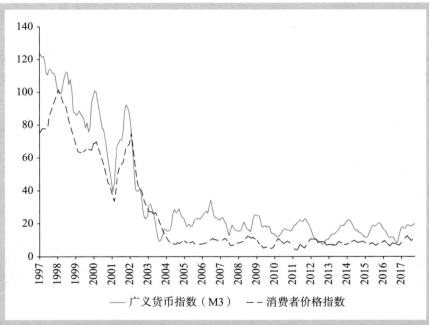

图 B5.6.1　1997—2017 年土耳其的货币增长与 CPI 通胀率
　　资料来源：经济合作与发展组织，月度货币和金融数据。

作为一种跨国的、长期的规律，货币增长和通胀之间的联系——货币中性的结果——引发的讨论比较少。它已经在几项研究中得到了证明。例如，参见 McCandless 和 Weber（1995），以及罗伯特·卢卡斯 1996 年的诺贝尔经济学奖获奖演说。然而，货币的长期中性并不意味着货币政策对实体经济状况没有任何影响。[①] 在短期内，由于名义刚性（见下一节）或者经济个体的高杠杆率，货币政策可能对 GDP 产生影响（Fisher，1933）。在长期中，人们普遍认为：高而且不稳定的通胀会对经济增长产生不利影响（参见 Barro，1995）。

（b）短期名义刚性

货币增长与通胀之间短期关系的脱节，其中一个主要解释是名义刚性的存在。比如，在发生货币供给冲击之后的短时期内，价格和/或名义工资的调整并不充分。因此，在价格刚性的情况下，货币供应量增长提高了货币性资产（monetary holdings）的实际价值，这会影响到其他实际变量，包括降低实际利率和提高实际消费。

在凯恩斯的《就业、利息和货币通论》中（Keynes，1936），货币供给增加导致短期内利率的下降。这是因为，如果价格不能充分向上调整，利率下跌是增加货币需求的唯一途径。较低的名义利率和实际利率鼓励私人持有货币余额（money balances）（本来就没有回报或回报很少），而不是持有流动性较差的资产（收益取决于利率）。同时，较低的利率还刺激了对商品和服务的需求。如果存在过剩的生产能力，那么 GDP 就会增加。[②] 但是从较长时期来看，价格会向上调整，这就使得利率和 GDP 回到了充分就业水平，这与名义变量和实际变量之间的长期不相关是一致的。在凯恩斯的框架中，在短期内，货币市场均衡是通过名义和实际利率调整而不是通过价格调整来实现的。与该决定机制一致，储蓄-投资平衡是通过产出调整实现的：如果储蓄在事前大于投资，即总需求（消费和投资）小于总供给，那么供给端的产出将会下降，以实现与总需求水平相等。

简而言之，货币政策对产出、就业等实际变量的短期影响依赖于不完全的价格调整。

而名义刚性又可以用经济主体的理性行为来解释（见延伸阅读 5.7）。在指数化机制更为普遍的高通胀环境下，名义刚性会被削弱。而在恶性通胀的极端情况下，价格调整几乎是瞬时的。

延伸阅读 5.7	为什么有名义刚性？

为了对名义刚性和理性行为进行调和，文献提出了三种解释：不完全信息、交错契约和菜单成本。

名义刚性的不完全信息理论是由埃德蒙·菲尔普斯（Phelps，1967）与罗伯特·卢卡斯（Lucas，1972）同时提出的。这种理论认为，生产者对自身价格的了解要多于对整个价格体系的了解。因此，他们会混淆整体价格水平的上涨与自己产品价格的上涨，把两者混为一

---

① 虽然一般认为名义变量的水平（包括货币存量）在长期内与实际变量水平无关，但在短期和中期内，名义变量的变化率可能会影响实际变量的变化率：货币中性被广泛接受，但超中性则不会。

② 该机制后来由约翰·希克斯（John Hicks）和阿尔文·汉森（Alvin Hansen）通过 IS-LM 模型进行了形式化（见第 4 章）。

谈。在这种情况下，意外的货币扩张起初会导致产出上升，直到生产者意识到自己的错误。这与信息不完全有关，与非理性无关。

第二个解释是由约翰·泰勒（Taylor，1980）与斯坦利·费希尔（Fischer，1977）提出的：公司与雇员签订的多年期合同规定了工资和可能的加薪条件。工资谈判（包括罢工）的成本，以及根据市场情况对工资进行日常调整所带来的收入不确定性，都证明了这类多年期工资合同存在的合理性。如果每个时期只有一小部分工资进行调整，那么货币冲击即使在完全被预期的情况下也会对产出带来短期影响。

第三个解释是基于乔治·阿克洛夫和珍妮特·耶伦（Akerlof and Yellen，1985）、卡尔沃（Calvo，1983）、曼昆（Mankiw，1985）提出的"新兴凯恩斯主义"模型，这一模型试图找到凯恩斯理论与个体理性行为之间的一致性。他们指出，生产者对价格的调整并不频繁（每年一到两次），而他们面临的经济环境（包括原材料价格、汇率、利率等）变化得更快。新兴凯恩斯主义理论的解释是：在存在调整成本的情况下，这种行为对每个企业来说都是最优的——这也被称为菜单成本（menu cost），也就是餐馆在更改菜单时产生的印刷成本。然而，从宏观经济的立场来看，这种行为是次优的，因为每家公司都没有考虑到调整价格水平的延迟会暂时导致供给与需求的失衡。例如，在需求下降的情况下，企业忽视了这样一个事实，即整体价格水平的下降将通过提高货币结余的购买力来支持需求。因此，缺乏协调导致了价格水平的调整是不充分的。

曼昆和赖斯（Mankiw and Reis，2011）展示了如何在宏观经济模型中引入这些不同的理论。动态随机一般均衡（DSGE）模型广泛使用了卡尔沃式的刚性（见第 1 章与延伸阅读 5.8）。

（c）设定最优利率

我们在第 5.1 节指出，央行的主要任务是设定政策利率。但是用什么指导这个决策？在 20 世纪 60 年代，对这一问题的回答在很大程度上是特别决定和相机抉择。在 20 世纪 70 年代和 80 年代出现了货币主义革命，他们认为，应该把利率设定在与货币供应量合意路径一致的水平上。但是正如前面提到的，事实证明，至少在短期内，货币增长与通胀的联系是松散的。此外，金融自由化和金融创新使得控制货币供应量变得困难。于是，中央银行开始寻找替代策略，并最终建立了新的货币政策模型。在这些模型中，货币供应量只发挥次要作用，或者完全被忽略了。

这就是理查德·克拉里达、乔迪·加利和马克·格特勒（Clarida, Galí, and Gertler，1999）建立的模型，他们给出了货币政策的"新兴凯恩斯主义"[1] 理论（见延伸阅读 5.8）。在这一模型中，央行设定短期利率，以保持未来通胀率和未来

---

[1]　新兴凯恩斯主义经济学（new Keynesian economics）是指 20 世纪 80 年代发展起来的研究体系，特别是在麻省理工学院由斯坦利·费希尔（Stanley Fischer）、奥利维尔·布兰查德、清泷信弘（Nobuhiro Kiyotaki）等经济学家的主导下逐渐形成。他们试图抛弃灵活定价和完美市场假设，为价格黏性、劳动市场刚性和协调失灵提供微观基础。新兴凯恩斯主义经济学应当与新凯恩斯主义经济学区分开。新凯恩斯主义经济学是由约翰·希克斯、保罗·萨缪尔森、佛朗哥·莫迪利安尼（Franco Modigliani）等经济学家在第二次世界大战后形成的，其不具备微观基础。

产出缺口（产出缺口是实际产出与潜在产出水平之差，见第 1 章）尽可能地接近目标。这两个目标可以根据央行的职责赋予不同的权重。这些目标是：零产出缺口，即充分就业；不变的通胀率水平（为简单起见而且不影响分析结果，我们也可以假定为零通胀）。

该模型的一个重要特征是央行的前瞻性方法。它并不试图控制当前的通胀或者产出缺口，只是调控它们的预期值。这是因为货币政策传导机制的时滞使得央行无法调控当前的变量。这个重要区别需要牢记，而且对讨论货币政策的策略也很重要。

由于产出缺口与实际利率负相关、与通胀正相关，因此，在需求冲击下（此时通胀和产出缺口向同一方向移动），央行在物价和增长这两个方面的目标是一致的。但是在成本推动或者面临供给冲击时（此时通胀缺口与产出缺口反向移动），这两个目标又是矛盾的。这一观察的政策含义是：即使央行只关心通胀，它也应该完全抵消需求冲击；而对于供给冲击，央行只应该部分地抵消成本推动的冲击。2008 年秋，欧洲央行面临着这样的两难境地：通胀上升（由于石油与食品价格上涨），预期产出下降（由于金融危机）。欧洲央行最初的反应是提高利率，然后进行了几次降息，以配合后来通胀和 GDP 增长出现的下降。

该模型依赖于理性预期与自相关冲击的结合，它的另一个含义是：当预期通胀率增加 1 个百分点时，央行上调利率的幅度应该大于 1%〔延伸阅读 5.8 的式（B5.8.9）〕，以使实际利率上升并使总需求放缓。

延伸阅读 5.8　　　　　　　　　**货币政策的"新兴凯恩斯主义"模型**

该模型（Clarida et al.，1999）依赖于两个方程：修正的 IS 曲线，即式（B5.8.1），和修正后的菲利普斯曲线，即式（B4.9.2）：

$$x_t = -\varphi(i_t - E_t\pi_{t+1}) + E_t x_{t+1} + g_t \quad \varphi > 0 \tag{B5.8.1}$$

$$\pi_t = \lambda x_t + \beta E_t \pi_{t+1} + u_t \tag{B5.8.2}$$

式中，x_t 代表在 t 时刻的产出缺口（也就是实际产出与潜在产出的对数之差），π_t 代表通胀率，定义为从 $t-1$ 时刻到 t 时刻价格变化的百分数，i_t 代表短期名义利率，E_t 代表期望算子，g_t 代表需求冲击，u_t 代表成本推动（供给）冲击。假定两种冲击都是自相关的，其自相关系数分别是 μ 与 ρ，两者分别反映了冲击的持久性：

$$\mu = \text{Corr}(g_t, g_{t-1}); \rho = \text{Corr}(u_t, u_{t-1}), \text{其中} \mu, \rho \in [0, 1] \tag{B5.8.3}$$

式（B5.8.1）具有微观基础，是基于具有理性预期的家庭最优化行为推导得到的。该式中的预期产出缺口考虑了消费平滑，其中的实际利率具有额外的跨期替代效应。当遭遇冲击时，居民倾向于随着时间的推移平衡消费，但在其他条件相同的情况下，如果实际利率较高，他们会储蓄更多。式（B5.8.2）是基于垄断竞争厂商的交错定价（名义价格）行为得到的。在此背景下，由于短期名义刚性，在每一时期企业对价格进行充分调整（调整到与利润最大化相对应的水平）的概率小于 1（这意味着价格调整是不充分的）。企业选择的价格取决于它对未来价格的预期 $E_t\pi_{t+1}$ 和贴现因子 β。名义刚性越强，意味着通胀对当前产出缺口的依赖越小，也就是说 λ 越小。

式（B5.8.2）可以被称为菲利普斯曲线，因为对于给定的价格预期，它导致短期内通胀与产出之间存在向右上方倾斜的关系。或者等价地，通胀与失业是向右下方倾斜的关系。从长期来看预期会调整，权衡取舍关系也会缓和（从技术上讲，只有当 $\beta=1$，即贴现率等于零时，它才会完全消失），进一步迭代式（B5.8.2），可得：

$$\pi_t = E_t \sum_{\tau=0}^{\infty} \beta^{\tau} [\lambda x_{t+\tau} + u_{t+\tau}] \tag{B5.8.4}$$

所以，t 时刻的通胀取决于各个连续期间产出缺口的预期，和从 t 到无穷远时间成本推动冲击的预期。中央银行设定名义利率，以最小化第 1 章给出的损失函数，即：

$$\min L_t = \frac{1}{2} E_t \Big[\sum_{\tau=0}^{\infty} \beta^{\tau} (\alpha x_{t+\tau}^2 + \pi_{t+\tau}^2) \Big], \alpha > 0 \tag{B5.8.5}$$

根据式（B5.8.1）与式（B5.8.2），α 是一个比值，等于产出稳定目标的权重除以通胀目标的权重。式（B5.8.5）表明，假定预期是外生的情况下，中央银行在 t 时刻设定利率，以使未来的产出缺口和通胀率尽可能地接近目标水平。

由于产出缺口与通货膨胀不依赖于历史值，而是取决于对未来的预期值，因此最优问题可以通过一系列静态决策来解决：

$$\min L_t = \frac{1}{2} (\alpha_t^2 + \pi_t^2) + F_t \tag{B5.8.6}$$

约束条件为

$$\pi_t = \lambda x_t + f_t \tag{B5.8.7}$$

其中，$F_t = \frac{1}{2} E_t \Big[\sum_{\tau=1}^{\infty} \beta^{\tau} (\alpha x_{t+\tau}^2 + \pi_{t+\tau}^2) \Big]$，$f_t = \beta E_t \pi_{t+1} + u_t$。

因为中央银行把 F_t 与 f_t 看作外生变量，因此最优通胀与产出缺口为：

$$\begin{cases} x_t = -\lambda q u_t \\ \pi_t = \alpha q u_t \end{cases} \quad \text{其中，} q = \frac{1}{\lambda^2 + \alpha(1-\beta\rho)} \tag{B5.8.8}$$

在需求冲击 g_t 下，由于产出缺口与通胀目标并不冲突，因此它们在事后仍可以同时达到目标水平。而在成本推动型冲击 u_t 下，扩大总需求与稳定通胀之间存在冲突。这两个目标不能同时实现，除非 $\alpha=0$（此时中央银行不关心产出缺口），或者 $\alpha \to \infty$（此时中央银行不关心通胀目标）。

由式（B5.8.8）和 u_t 的自回归过程可以推导出：

$$E_t\pi_{t+1}=\alpha q\rho u_t \tag{B5.8.9}$$

将其代入 IS 曲线式（B5.8.1），我们就得到了中央银行的反应函数（也就是最优利率的设定）：

$$i_t=\gamma_\pi E_t\pi_{t+1}+\frac{1}{\varphi}g_t \quad \text{其中，} \gamma_\pi=1+\frac{(1-\rho)\lambda}{\rho\varphi\alpha}>1 \tag{B5.8.10}$$

这意味着，中央银行必须对预期通胀率上升 1 个百分点作出反应，而且要将名义利率提高 1 个百分点以上，这样实际利率才能上升。

（d）中央银行的信誉

在 1983 年一篇极具影响力的论文中，罗伯特·巴罗和大卫·戈登研究了当央行试图将产出推高至均衡水平以上时，经济主体会如何反应。巴罗和戈登讲的故事很简单。[1] 这项研究的出发点是这样一个假设：政策制定者认为均衡产出太低，因为它伴随的失业率较高。但是事实上这个失业水平具有结构性特征。降低结构性失业的最佳方法是使用结构性政策，如劳动力市场改革或者税收改革，但也存在使用货币政策的诱惑（需求政策可以将工人带回劳动力市场，但只能在一定程度上起作用）。在该模型中，如果央行为了降低失业率而错误地将产出目标设定为高于潜在产出的水平，其结果必然是更高的通胀，而在就业方面没有持续的收益。此外，如果理性的工人和企业了解到经济参数和央行的反应函数，那么他们也会理性地预期到通胀会更高，从而相应地调整名义工资。这将与央行将失业率降至长期水平以下的努力背道而驰。最终结果只会出现通胀，这就是通胀倾向（inflationary bias）。

在埃蒙德·菲尔普斯（Edmund Phelps，1967）和米尔顿·弗里德曼（Milton Friedman，1968）提出的扩展的菲利普斯曲线（augmented Phillips curve）理论中也存在着通胀倾向。正如第 1 章所述，菲利普斯曲线描述了失业率与名义工资变化率之间的负相关关系。然而，这只适用于给定通胀预期的情况。菲尔普斯和弗里德曼认为，在任一给定的失业率水平下，名义工资都会随着预期消费者价格通胀水平的上升而增长得更快，因为工人们会急于捍卫自己收入的购买力。这反过来会导致更高的通货膨胀。从长期来看，在劳动生产率不变的情况下，可以合理地假设名义工资和价格以相同的速度增长。这意味着无论长期通胀率是多少，失业率都会回到一个均衡值，即非加速通胀失业率（non-accelerating inflation rate of unemployment，NAIRU）。换句话说，长期来看菲利普斯曲线是垂直的。因此，从长期来看，通胀与失业之间不存在权衡和替代关系，试图将失业率降至 NAIRU 以下的政策只会导致更高的通货膨胀。巴罗-戈登（Barro-Gordon）模型对央行具有最优化行为时通胀倾向的分析进行了模型化。克拉里达等（Clarida et al.，1999）的研究，

---

[1] 对这个故事的批判性评价可以参见 Blinder（1997）。艾伦·布林德是普林斯顿大学教授，曾任美联储副主席。

则为其分析建立了具有微观基础的理论模型。

如果央行能够致力于实现一个特定的通胀目标，那么通胀倾向就会消失。比如央行是独立的，而且被赋予了明确的通胀目标职责，或者因为央行比社会更厌恶通胀（或者说"更保守"，见延伸阅读 5.9）。在这种情况下，私人主体将不再预期货币会过度扩张，或者对成本推动型冲击作出比较温和的反应。通过降低通胀预期，这样的策略就减少了短期内维持高利率的必要性。这反过来又降低了抗击通胀的产出成本。要实现这种效果，央行需要让公众相信其行为受到职责的约束，或者其本身就是非常保守的。

延伸阅读 5.9　　　　　　　　通胀倾向与保守的央行行长

巴罗-戈登模型的见解可以嵌入延伸阅读 5.8 的模型当中。假定央行的目标是正的产出缺口 k，那么损失函数式（B5.8.4）就相应地修改为：

$$\min L_t = \frac{1}{2} E_t \left\{ \sum_{\tau=0}^{\infty} \beta^{\tau} \left[\alpha(x_{t+\tau} - k)^2 + \pi_{t+\tau}^2 \right] \right\} \tag{B5.9.1}$$

为了简化分析，假定 β 等于 1（没有时间偏好）。在式（B5.8.1）与式（B5.8.2）的约束下，最优化行为的结果是：

$$\begin{cases} x_t^{k>0} = x_t^{k=0} \\ \pi_t^{k>0} = \pi_t^{k=0} + \dfrac{\alpha}{\lambda} k \end{cases} \tag{B5.9.2}$$

其中，$k=0$ 表示延伸阅读 5.8 所关注的基准解，$k>0$ 表示央行的目标是正产出缺口情况下的解。从式（B5.9.2）可知，央行实际上无法增加产出，不过的确抬高了通胀。很明显，这时候损失函数与基准情况相比更大。通胀倾向 $\alpha k/\lambda$ 与 k（期待的产出缺口的增加）呈现出正相关，与产出稳定偏好 α 也呈现出正相关。因此，任命一位保守的央行行长，他给稳定产出分配的权重比社会更低，那么这一任命就可以削弱通胀倾向（Rogoff，1985）。

关于中央银行的独立性，巴罗和戈登提供了一个简单有力的理由。他们的论文是强调央行可信度的众多文献之一。可信度的定义是央行履行自己政策主张的能力。时间不一致性问题会破坏央行的可信度（第 2 章）：某一项政策主张在 t 期是最优的，但是在 $t+1$ 期就不再是最优的，这就要求央行重新优化，从而偏离其最初的计划。如果在 t 期和 $t+1$ 期之间出现了意想不到的经济冲击，这是完全合理的。但是央行也可能也会欺骗公众（例如，宣布一项低通胀的政策以抑制名义工资上涨，但是后来为了降低实际工资又食言了）。一旦公众理解了中央银行的这些套路，他们就不会再根据央行的声明来形成预期。鉴于此，央行需要货币规则（monetary rule）来主动约束自己。比较流行的规则是通胀目标制（inflation targeting），即央行以未来一到两年的平均预期通胀率为目标。另一个规则是固定汇率

制，这一规则在发展中国家尤为多见，中央银行承诺干预汇率，以确保名义汇率稳定（见第 7 章）。

新西兰经济学家卡尔·沃尔什（Walsh，1995）提出的另一个方案是：为央行行长设计一个激励合同，使其薪酬是通胀数值的函数。沃尔什认为，货币政策的授权是委托-代理问题，委托人（政府）委托代理人（中央银行）完成一定的目标（低通货）任务。他的研究表明，如果央行行长获得的报酬与货币增长（这被视为货币政策工具）负相关，那么通胀倾向将被消除。

5.2.2 货币政策的传导机制

到目前为止，我们假设货币政策影响总需求，但没有讨论如何影响。货币政策的传导机制（transmission channels）通常分为四种：利率机制（interest-rate channel）、资产价格机制（asset-price channel）、信贷机制（credit channel）和外部机制（external channel）。这四种机制并行运作，对一般均衡的结果都有贡献。但是把它们区分开来有助于我们理解货币政策是如何运作的，以及是什么决定了货币政策影响的大小。从政策角度来看，它也可能非常有意思，并有助于设计专门针对这些机制的货币政策工具，特别是在金融部门无法正常运行的情况下。

（a）利率机制

利率机制是传统的凯恩斯主义机制：在名义刚性的情况下，货币扩张导致（名义和实际）利率下降，从而导致投资和耐用品消费需求的复苏。在短期内，投资扩张会对商品和服务的需求产生乘数效应（见第 4 章）。唯一直接受到常规货币政策影响的利率是隔夜名义利率，而非常规措施还会影响到对于长期实际利率的预期。

因此，货币政策调整的影响取决于央行政策公告对一系列利率和预期通胀水平的传导。这反过来又取决于（i）央行的沟通策略，（ii）短期利率和长期利率之间的关系，以及（iii）银行将再融资利率的变化转嫁给客户的能力。货币政策的效果还取决于银行是否以固定利率向居民贷款。如德国和法国就是固定利率，在这种情况下，货币政策导致的利率变化不会影响负债家庭，除非他们与银行重新谈判商定新的利率。但如果短期利率也经过指数化处理成为可变利率，比如英国和西班牙的情况，那么这时候货币政策的影响立刻就会发生。总而言之，各国利率机制的差异很大。

（b）资产价格机制

资产价格机制依赖于资产价格与利率之间的负相关关系（见延伸阅读 5.10）：利率降低通常会提高家庭持有的金融资产价值，而家庭也会将部分新增财富用于消费。20 世纪 90 年代初，这种财富效应在日本发挥了重要作用，当时资产价格泡沫的破裂对消费产生了负面冲击。2001 年，美国股票价格的暴跌也对消费产生了负面冲击，而房地产价格的上涨则在全球金融危机爆发前支撑了美国以及一些欧洲国家的消费。资产价格机制也会对企业产生影响：股票价格上涨增加了投资的盈利能力［也被称作托宾 q（Tobin's q）[①]］，并促使投资进一步增加。

延伸阅读 5.10	利率和资产定价

　　债券的市场价格与利率负相关，原因如下：假定有一种永续（即从不赎回的）债券在 t 时刻价格为 1 美元，年收益率是 4%；也就是说，债券持有者每年可获得 4 美分的利息。再假定，在 $t+1$ 时刻，利率从 4% 上调到 5%。这意味着在 $t+1$ 时刻，新发行债券的收益率是 5%。这时候旧债券价格必须更便宜一些，否则没人愿意购买。这样旧债券的价格就要下跌到 P，从而使债券内在的收益率达到 5%（＝息票/P），尽管这时候票面收益率仍然是 4%。这就要求 4%/P＝5%，也就是 P＝0.80 美分。在这个例子中，利率上涨 1 个百分点导致债券价格下跌了 20%。

　　类似地，利率与资产价格的负相关关系也同样适用于股票，但是这种关系不那么机械。股票的基本价值将达到这样一个价格水平，以使得下面两种情况对投资者是无差异的：一方面，投资者持有股票并获得相应的分红；另一方面，按市场价格出售。如果投资者是风险中性的，则股票的基本价值等于预期未来各期分红的净现值。当利率 r 为常数，而分红 d_t 以速度 g 增长时，根据戈登-夏皮罗（Gordon-Shapiro）公式，股票价格 p_t 可以表示为：

$$p_t = \frac{d_t}{r-g} \tag{B5.10.1}$$

　　更多详细解释参见第 6 章延伸阅读 6.4。较高的利率对未来现金流的折扣更大，因此利率上升立即降低了股票价值。此外，利率还可能通过影响宏观经济均衡从而影响股利。相反，短期内较低的利率 r 可能会导致 g 的上升，从而放大股票价格的涨幅。

　　随着时间的推移，家庭对金融市场的参与度会提高，债务/收入、财富/收入比率也会普遍上升，这时候资产价格机制的重要性也在增加。在盎格鲁-撒克逊经济体中，家庭用自己的房子作为消费贷款的抵押品，这在 21 世纪初期支持家庭消费方面发挥了重要作用，并在房地产泡沫破裂后加剧了家庭消费的萎缩。

　　与资产价格机制紧密相关的是风险承担机制（risk-taking channel）（Borio and Zhu，2012）。较低的利率导致投资者和银行愿意承担更多风险。也就是说，在较低的利率条件下，它们不仅给家庭和企业提供更多贷款，而且会放宽贷款标准，比如放松抵押品或法律担保的要求（Altunbas，Gambacorta，and Marqués-Ibáñez，2014；Maddaloni and Peydró Alcade，2011）。一个原因是抵押物的价格上涨（由于资产价格机制）。银行会调整杠杆，以维持其风险状况不变，而资产价格上涨会让

　　[①]　托宾 q 是上市公司市值和资本重置成本的比值。它是新古典投资理论的核心变量。当托宾 q 增加时，公司市值相对于资本重置成本上升，因此新设备价格相对于其股票融资的成本降低，这会导致投资增加。在没有资本存量调整成本的情况下，托宾 q 应当恒等于 1。在资本存量调整不是即时发生的情况下，投资与托宾 q 正相关。例如参见 Caballero（1999）。

银行提高杠杆和增加更多贷款（见第 6 章延伸阅读 6.10）。另外，利率下降会激励资产管理公司"追寻收益"（search for yield），也就是说，资产管理公司会承担更大的风险，以达到委托人设定的回报目标（Rajan，2005）。风险承担机制存在一个固有的悖论：如前所述，利率下降通过风险承担机制对居民和企业行为有提振效果，进而刺激了经济复苏，但同时这也可能导致道德风险，为接下来的金融危机埋下种子。货币政策可能是长期金融周期的驱动因素之一（Borio，2014）。

（c）信贷机制

信贷机制是货币政策通过利率对信贷供给（而不是信贷需求）的影响。因为再融资条件得到了改善，银行除了降低贷款利率之外，还会倾向于增加信贷供给。

这个机制的原因在于借款人和贷款人之间的信息不对称（Bernanke and Gertler，1995）。要对借款人（特别是中小企业）申请贷款的所有投资项目进行适当的评估，对银行来说成本高昂。由于银行缺乏有关融资项目的质量信息，银行不得不在所有企业的信贷成本中纳入违约风险的溢价，以补偿违约风险。这种代理成本（agency cost）（以银行和借款人之间的委托-代理关系命名）实际上是对失败概率低的好投资项目进行惩罚，甚至将这些好项目拒之门外。然而，高风险项目可能不会受到阻碍，因为借款人知道它们失败的可能性很高，并愿意支付相应的风险溢价。所以银行越是提高利率，实际上就越多地失去了好项目，同时更多选择了差项目（见延伸阅读 5.11）。这就是保险理论中著名的逆向选择问题，它导致银行限制信贷，而不是对风险进行定价。[①]

信贷配给对中小企业的影响尤其大，它们因此无法进入资本市场，只能依靠银行融资。在 2007—2008 年全球金融危机以及随后的欧债危机中，欧元区外围国家的中小企业是信贷配给的主要受害者（见图 5.7）。虽然政策利率接近于零，但由于信贷配给，欧元区外围国家的中小企业无法从扩张性货币政策中得益。这类似于延伸阅读 5.11 的图 B5.11.1 中的信贷供给曲线向下平移，这时候和某个利率水平 r 对应的信贷需求 $D_2(r)$ 相比，实际上信贷缺口还扩大了。

通常情况下，利率下降会提高担保资产的价值，从而增大企业和家庭获得信贷的机会。由抵押品限制引起的信用约束通常被称为"费雪"式（Fischerian）约束。该命名来自耶鲁大学经济学家欧文·费雪（Irving Fischer）的债务通缩理论，其系统性后果将在第 6 章讨论。当经济衰退时，抵押品价值下降，银行就会限制信贷供给。这一放大效应被称为金融加速器（financial accelerator），其与货币政策的逆周期调节机制是反方向的。

---

① 由于同样的原因，贫穷的个体户无法获得银行信贷。因此，小额信贷的发展可以看作是通过互惠筛选和担保机制来克服信贷限制的一种方式。

延伸阅读 5.11　　　　　　　　　　　　　　　　**信贷配给**

　　约瑟夫·斯蒂格利茨和安德鲁·维斯（Andrew Weiss）于 1981 年在一篇开创性的论文中，将银行贷款看作是银行与借款人之间的合同，它规定了贷款金额、期限、利率和抵押品（如果借款人不能偿还贷款，那么银行就会获得该项抵押品）（Stiglitz and Weiss，1981）。

　　一般来说，银行的信贷供给是利率的增函数，而信贷需求是利率的减函数。两条曲线会相交，得到贷款数量和利率的均衡点，借贷双方都会赞同这个结果。但是，斯蒂格利茨和维斯注意到，由于信息不对称，信贷供给可能不是利率的单调函数。假设有两类借款人：安全型借款人（可能偿还债务）和风险型借款人（可能会违约）。银行无法观察到特定借款人究竟属于哪种类型（而借款人知道自己的类型）。因此银行向两类借款人提供了同样的利率，该利率包含了风险溢价。

　　利率越高，安全型借款人就越不愿意从银行贷款，因为他们知道自己必须支付额外的成本。因此，利率上升并不一定会增加银行的预期利润。在利率 r 小于或等于阈值 r^* 时，信贷供给 $S(r)$ 可能是利率的增函数；但是当 $r > r^*$ 时，信贷供给 $S(r)$ 可能是利率的减函数（见图 B5.11.1）。其结果是，信贷供给曲线 $S(r)$ 可能不会与需求曲线 $D(r)$ 相交，即图中 $D_2(r)$ 所示的这种情况。这时候，借款人就面临信贷配给的约束，在任一利率水平下，他们无法获得所需的信贷数量——这种情况就是信贷配给。

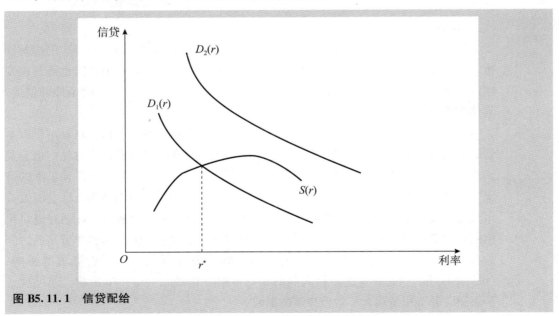

图 B5.11.1　信贷配给

　　为了避免这种情况，银行会调整信贷供给结构，以迫使借款人披露其自身的风险。例如，抵押品的数量和质量越高，那么贷款利率就会越低。这有助于银行评估每个借款人的风险水平，并给出相应的风险溢价。

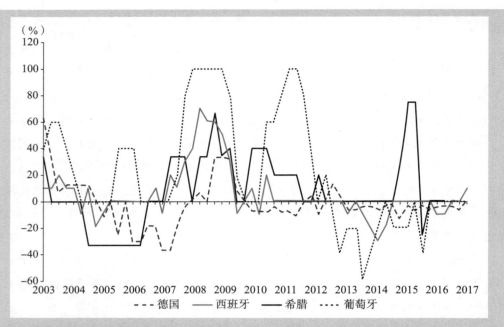

图 5.7　2003—2017 年欧元区中小企业信贷标准

注：纵轴为报告收紧信贷标准的银行的净百分比，正值意味着紧缩比宽松频率更高。

资料来源：欧洲中央银行借贷调查，2016 年 7 月。

（d）外部机制

货币政策通过改变当前和未来消费的相对价格以及影响一国不同资产的相对回报（安全与风险资产、短期与长期资产）来影响经济。同时，货币政策也通过改变国内、国外资产的相对价格以及相对回报来影响经济。后一种渠道就是外部渠道，具体表现为汇率波动。

国内利率的下降意味着国内资产对外国资产的相对收益率下降。只要不受资本管制的阻碍，那么国内和国外资产持有者就会不愿持有国内资产，同时他们也会受到激励增持国外资产。根据供需法则，国内资产的相对价格下跌。在浮动汇率的情况下（见第 7 章），本国货币会贬值（depreciation）。相反，国内利率上涨会引发货币升值（appreciation）。反过来，汇率变化会影响到：（i）价格水平，通过进口价格的隐含变化影响到国内价格水平；（ii）总需求，这是通过贸易品和非贸易品之间的替代，以及国内贸易品与国外贸易品之间的替代所产生的对总需求的影响；（iii）总供给，这是通过进口投入品的相对价格变化对总供给产生影响。通过这三种渠道，外部机制放大了货币政策的影响。

延伸阅读 5.12 解释了利率与汇率间的联系。如果投资者的决策是基于他们对未来经济变量的预期，那么未来货币政策的实施就会影响到汇率。相反，汇率不会对早就提前宣布的利率变动作出反应。图 5.8 和图 5.9 提供了欧元兑美元汇率的两个实例。图 5.8 展示了欧洲中央银行在 2014 年 9 月 4 日意外降息的影响。[①] 在宣布

---

① 这一政策决定出人意料的特点，可以从 2014 年 9 月 4 日之前几天的新闻发布稿中看出来。

降息消息后的几分钟内，欧元对美元贬值 0.7%。图 5.9 则显示了欧洲央行行长于
2008 年 6 月 5 日提前宣布将提高利率的实例。虽然宣布政策时利率还没有变动，但
欧元对美元立即升值了 1%。第二天，美国商务部宣布失业率急剧上升。市场将这
一声明解读为美国货币政策进一步放松的可能性提高，结果欧元进一步升值。

延伸阅读 5.12　　　　　　　　　　　利率对汇率的影响

　　假定资本完全自由流动，并且没有风险厌恶，那么投资者会将其财富投资于预期收益最
高的币种。用 i 代表国内利率，在国内投资的 1 单位本币价值一年后变为 $(1+i)$ 单位。类
似地，如果用 i^* 代表外国利率，那么今天投资于国外的 1 单位外币，一年后其价值变为
$(1+i^*)$ 单位外币。但是如果要进行海外投资的话，国内投资者首先要将其资产兑换为外
币。用 S 代表名义汇率（单位本币兑换的外币数量），投资者用 1 单位本币可以兑换 S 单位
外币，一年后其价值为 $S(1+i^*)$ 单位外币。然后，投资者按照预期汇率 S^e 将这一数量的外
币换回本币。因此，换回本币数量的期望值为 $S(1+i^*)/S^e$。

　　风险中性的投资者将会投资到预期收益较高的地方。这意味着均衡状态满足：

$$(1+i) = \frac{S(1+i^*)}{S^e} \tag{B5.12.1}$$

　　这一等式被称作无抛补的利率平价（UIP），在没有资本管制的条件下，如果国内外资产
完全可替代，并且投资者是风险中性的，那么它一定成立。[a] 考虑利率数值相对较小的情况，
且令 $s = \ln(S)$，$s^e = \ln(S^e)$。则无抛补利率平价的线性化形式为：

$$i = i^* - (s^e - s) = i^* - \Delta s^e \tag{B5.12.2}$$

式中，Δs^e 为预期本币的升值幅度（$\Delta s^e = s^e - s$）。例如，假定本国利率 i 是 3%，外国利率
i^* 是 4%。再假定事前预期汇率不会发生变化（$\Delta s^e = 0$），那么本国居民就会向外国投资。这
会使 s 相对于 s^e 变小，一直到 $s^e - s = \Delta s^e = +1\%$，即一直到预期本币升值 1% 为止。因此，
等式 $s = s^e + i - i^*$ 通过两国利率和预期汇率共同决定了即期汇率：

$$s = (i - i^*) + s^e \tag{B5.12.3}$$

　　假定预期是理性的，预期汇率 s^e 遵循无抛补利率平价。引入时间角标，用 $x^e_{t,t+1}$ 表示在
t 时刻，对于变量 x（$x = s$ 或者 i）在 $t+1$ 时刻的预期。式（B5.12.3）可被改写为：

$$s = (i_t - i_t^*) + s^e_{t,t+1} = (i_t - i_t^*) + (i_t - i^*_{t,t+1}) + s^e_{t,t+2} \tag{B5.12.4}$$

　　因此，影响汇率的不仅是当前利率，还有下一时期的预期利率。向前迭代式（B5.12.4）
到 T 时刻，得到：

$$s_t = s^e_{t,t+T} + \sum_{\tau=0}^{T-1} (i^e_{t,t+\tau} - i^{*e}_{t,t+\tau}) \tag{B5.12.5}$$

　　在短期中，利率变化可能对汇率产生放大的影响，这进一步取决于：（1）本国与外国的
利差预期能够维持多长时间；（2）货币政策对汇率的长期影响。

　　例如，假设国内利率比国外利率低 1 个百分点，如果预期汇率在 3 年后将回到初始水
平，那么汇率立即相对初始水平贬值 $3 \times 1\% = 3\%$，然后每年升值 1%，直到恢复到初始水平

［见图 B5.12.1（a）］。相反，如果预期汇率长期贬值5％，那么现价相对初始汇率价格会贬值3％＋5％＝8％。然后汇率每年升值1％，直到达到新的长期水平［见图 B5.12.1（b）］。在后一种情况下，汇率在短期内超过了其长期水平，出现了超调（overshoot）。这一结果与存在价格黏性的汇率决定的货币模型相符（Dornbusch，1976）：扩张性货币冲击带来长期名义汇率贬值；但在短期，价格黏性使得利率下降的同时，汇率出现超调。

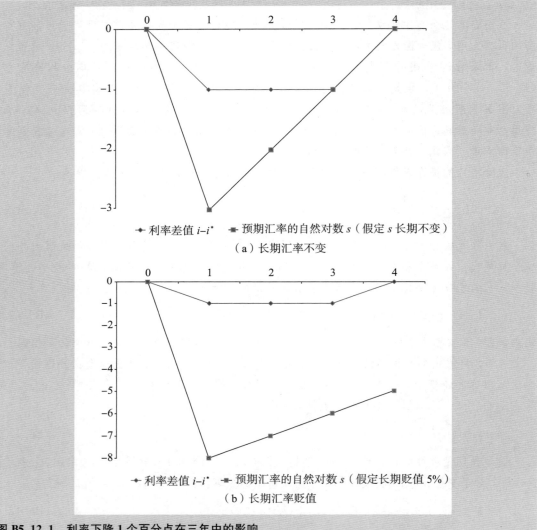

图 B5.12.1　利率下降1个百分点在三年中的影响

　　这种汇率超调与现实中汇率通常比利率波动大得多的情况是一致的。实际上，汇率的季度波动通常是两位数（即±10％），而利率的季度变化则是个位数（即±1％）。像所有资产价格一样，汇率包含了有关未来利率及其决定因素的所有信息，这造成了显著的波动性。从政策角度来看，这意味着即使在没有立即采取货币行动的情况下，传播有关未来货币政策的信息（例如通过演讲的形式）也可以影响汇率。

　　a. 如果两种资产风险不同，那么完全可替代假设就不成立（例如，如果外国资产违约的可能性较高）。

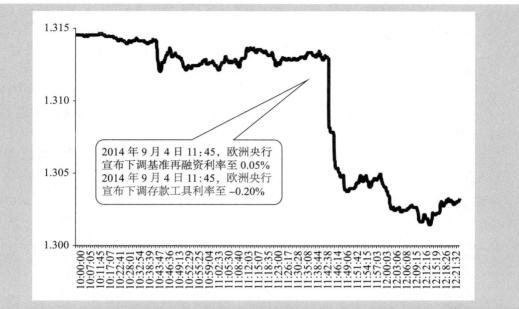

图 5.8　2014 年 9 月 4 日欧洲央行突然下调利率对欧元汇率的影响（美元/欧元，格林尼治标准时间）
资料来源：路透社。

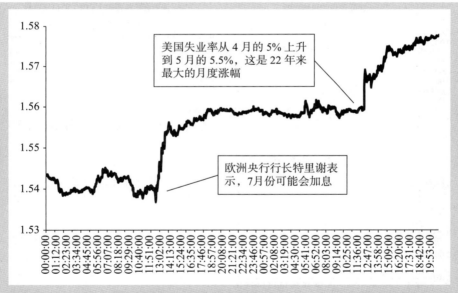

图 5.9　2008 年 6 月 5—6 日货币政策公告对欧元汇率的影响（美元/欧元，格林尼治标准时间）
资料来源：路透社。

（e）对传导机制的评估

如前所述，各种货币政策传导机制的相对重要性因国家的金融市场结构而异。利率机制的强弱取决于浮动利率的贷款占比；资产价格机制取决于家庭财富规模；信贷机制取决于银行信贷占比；外部机制取决于经济的开放程度。计量经济学研究试图衡量各国货币政策的影响。一种流行的方法是向量自回归（vector autoregressive，VAR）分析。它依赖于一些关于经济运行和货币政策传导机制的假设（见延伸阅读 5.13）。

图 5.10 显示了土耳其政策利率上升的影响，该分析是基于五个经济变量（工业生产指数、消费者价格指数、实际信贷、实际汇率、利率）的 VAR 模型，使用了 2004—2013 年的月度数据进行估算。结果显示：加息引发了私人信贷的下降（利率机制和信贷机制）以及土耳其里拉的升值（外部机制）。GDP 也呈现下降。这里不涉及资产价格机制。

值得注意的是，没有一种传导机制依赖于货币数量理论假设的货币增长对通胀的直接影响。[①]

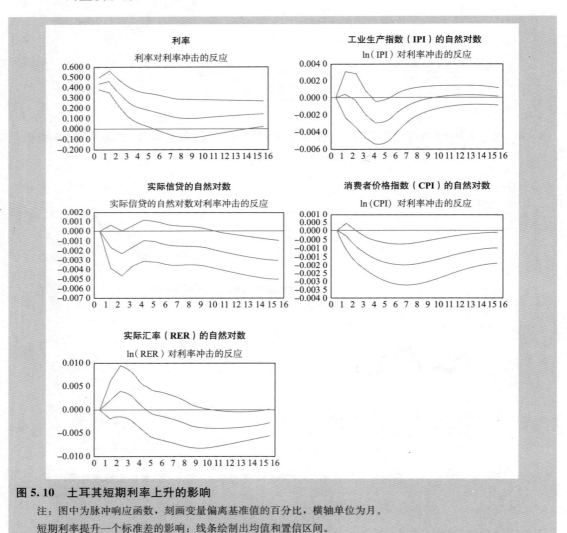

图 5.10 土耳其短期利率上升的影响

注：图中为脉冲响应函数，刻画变量偏离基准值的百分比，横轴单位为月。

短期利率提升一个标准差的影响：线条绘制出均值和置信区间。

资料来源：Özdemir（2015）.

---

① 通常的理论模型和实证模型中都没有信誉传导机制。但是它在央行官员的沟通中非常普遍地存在。2016 年 1 月，欧洲央行行长马里奥·德拉吉在关于货币政策的新闻发布会上高调总结发言："我们不会放弃（将通胀率拉回到 2% 的目标）。"他显然是希望他的声明能够影响通胀预期。

延伸阅读 5.13　　　　　　　　　　　　　**实践中的货币政策传导机制**

　　研究货币政策传导机制的一种流行方法是，在不做任何理论假设的情况下估计一个动态计量经济学模型。该模型描述了 GDP、物价、就业和一种或多种货币政策工具的联合运行状态。这样的向量自回归（VAR）模型可以写成：

$$\boldsymbol{X}_t = \mathbf{A} X_{t-1} + \boldsymbol{u}_t \tag{B5.13.1}$$

式中，$\boldsymbol{X}_t$ 是要分析的宏观经济变量的向量。例如，$\boldsymbol{X}_t = (i_t,\ y_t,\ p_t)'$，其中，$i_t$ 是名义利率，y_t 是实际产出的自然对数，p_t 是消费者价格指数的自然对数。$\mathbf{A}$ 是被估计的 3×3 的系数矩阵，$\boldsymbol{u}_t$ 是时间 t 上 3 个残差组成的向量。$\boldsymbol{V}'$ 表示向量 $\boldsymbol{V}$ 的转置。i_t 是外生变量这一事实由矩阵 $\mathbf{A}$ 的第一行是（１００）来刻画。这一假设可以是给定的或者是经过统计验证的。

　　这样可以计算出在时刻 $t = 0$ 时，外生利率冲击（向量 $\boldsymbol{u}$ 的第一行）带来的 $\boldsymbol{X}_t$ 沿时间变动的脉冲响应函数（impulse-response function）。在这个例子中，在时刻 $t = 0$，利率冲击只会影响利率本身，一单位利率冲击对实际产出 y_t 的当期影响为 0。将矩阵 $\mathbf{A}$ 的第 i 行第 j 列的元素表示为 a_{ij}，则在时刻 $t = 1$ 的影响应当是 a_{21}。在时刻 $t = 2$，实际产出 y_t 的水平是 $a_{21} \times a_{11} + a_{22} \times a_{21} + a_{23} \times a_{31}$。如果利率冲击是永久性冲击，那么实际产出在 τ 期后的反应是 $y_t = \sum\limits_{k=1}^{\tau} \xi_k$，其中：

$$\xi_k = (0\quad 1\quad 0)\mathbf{A}^k(0\quad 1\quad 0) \tag{B5.13.2}$$

　　矩阵 $\mathbf{A}$ 的系数可以在基于理论先验的约束下（例如脉冲响应函数的符号限制）进行估计。

5.2.3　零利率下限的货币政策：超越传统工具箱

　　利率接近于零所引发的理论问题可以追溯到约翰·梅纳德·凯恩斯提出的流动性陷阱。在这个状态下货币政策变得无效，因为非金融机构准备以不变的利率持有任何增加的货币供应。利率是如此之低，以至现金和债券之间不存在套利空间。在这种情况下，向金融体系注入更多货币也不会降低利率，从而也不会影响经济。在 IS-LM 模型中，这表现为非线性的 LM 曲线。如图 5.11 所示，当名义利率 i 非常低时，货币扩张（LM 曲线向右移动）对产出 Y 没有影响。

　　流动性陷阱可以与欧文·费雪在 1933 年证明的债务通缩（debt deflation）机制相结合：在私人债务高企的情况下，通缩压力增加了债务的实际价值，以及债务在家庭可支配收入中的占比（Eggertsson and Krugman，2016；另见第 6 章）。[①]

---

　　① 在债务没有与通胀挂钩的情况下（例如固定利率），物价下跌会直接提高借款人的债务收入比率。

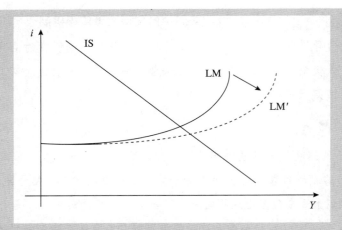

图 5.11　流动性陷阱

　　注：扩张性货币政策使 LM 曲线向右平移，这时候给定的利率 i 对应更高的产出水平。但是如果利率过低，LM 曲线处于扁平阶段，此时扩张性货币政策对产出的影响可以忽略不计。对 IS-LM 模型的解释参见第 4 章。

　　流动性陷阱可以避免吗？在 2007—2008 年全球金融危机之前的 20 年中，货币理论逐步认为货币供给是内生的，与货币政策基本无关，同时货币需求高度不稳定。中央银行的标准货币政策工具并没有赋予货币供给和银行任何角色（参见延伸阅读 5.8 中克拉里达-加利-格特勒的模型）。尽管我们从日本经济危机中吸取了教训（Krugman，2000；Ito and Mishkin，2006；Koo，2009），但是 2007—2008 年全球金融危机显示，一方面，货币经济学家在很大程度上没有能力为央行提供建议，因为他们在非常规货币政策的未知领域迷失了方向。另一方面，金融危机也引发了大量的理论和经验研究，以理解量化宽松、前瞻性指引和负利率对经济的传导作用［参见拜尔、科尔和门迪西诺（Beyer，Cœuré，and Mendicino，2017）对于这些模型的综述］。

　　（a）量化宽松政策

　　量化宽松即中央银行在二级市场上购买大量证券，以增加银行准备金、降低长期利率，并在更大范围内推高资产价格。量化宽松主要有三种传导机制［参见克里舍那默西和维森-乔根森（Krishnamurthy and Vissing-Jorgensen，2011）对这个问题的回顾］：

　　• 利率机制：与传统货币政策相比，它根据购买资产种类的不同可以影响更长期限的收益率曲线。[1]

　　• 资产组合再平衡机制：中央银行购买无风险资产使得无风险收益率下降，从而激励投资者转向风险更高的资产，这样风险更高的资产的收益率也会下降。资产组合的再配置影响可以扩大到外国资产，在这种情况下，本币贬值，外部机制得到加强。因此，量化宽松也需要通过外部机制发挥作用。资产组合再配置降低了各种金融工具的融资成本，进一步提振了总需求。

────────

　　[1]　欧洲央行在 2015—2016 年的量化宽松计划中，其购买的政府债券平均期限为 9 年。相比之下，欧洲央行的普通招标期限为 1 周，最长的信贷操作期限为 4 年。

- 信号机制：通过信号机制，中央银行同样可以压平收益率曲线。中央银行将大量长期证券纳入自己的资产负债表中，由于利率上升会使得央行受到很大损失，所以央行也向市场释放了反对过早加息的信号，这将使收益率曲线进一步趋平。

量化宽松可以辅之以对资产进行购买的前瞻性指引进行配合。例如，欧洲央行在 2015 年宣布，其购买的债券将被持有至到期（即它不会在到期前出售债券）。2016 年欧洲中央银行宣布将对这些资产进行再投资：欧洲央行的资产负债表只有在净购买结束之后很久才会开始收缩。另外，利率前瞻性指引可以与资产购入前瞻性指引挂钩。欧洲央行一再重申，将维持低利率或更低的利率，直到"净资产购买结束之后很久"。第 5.2.3（b）节将讨论前瞻性指引理论的具体细节。

量化宽松的投资组合机制遭到了货币主义经济学家的质疑。埃格森和伍德福德（Eggertsson and Woodford，2003）使用新兴凯斯主义模型进行研究，其中货币余额进入了居民的效用函数（因为它们促进了交易）。该研究认为，货币供给的短暂提升不会改变实际 GDP 的时间路径。量化宽松只有改变财政政策（通过使政府融资更容易）或者改变市场预期（例如让人们相信量化宽松是永久性的）才可能增加 GDP。量化宽松本身无足轻重的原因在于，与零利率相对应的货币余额持有量存在一个饱和水平。超过饱和水平之后，额外的货币余额也不能进一步增加流动性。央行资产负债表的结构（例如政府债券与私人债券的相对权重）也无关紧要。然而，这种模型忽略了金融摩擦。

在柯迪亚和伍德福德（Cúrdia and Woodford，2011，见延伸阅读 5.14）的模型中，央行向商业银行提供交易服务，而不是直接向居民提供服务。由于存在饱和水平，央行资产负债表规模在这里也无关紧要，但是其构成在这一模型中很重要。用政府债券代替银行准备金对商业银行没有影响，因为对商业银行来说两者都是无风险资产。但是央行用私人部门债券（即高风险）来代替政府债券，这对银行贷款和社会福利都有积极影响。沿着这种思路，央行通过接手这些有风险的资产从而提振总需求。本·伯南克在 2014 年离开美联储之前的结论是："量化宽松的问题在于，它在现实中是有效的，但是在理论上无效。"

延伸阅读 5.14　　　　　　　　　**量化宽松理论**

柯迪亚和伍德福德（Cúrdia and Woodford，2011）在新兴凯恩斯主义模型中引入了流动性供给和银行贷款行为。在该模型中，存在一家代表性的商业银行，给定贷款利率 i^b、准备金利率 i^m 以及存款利率 i^d，商业银行选择提供贷款 L 以及在央行存入准备金 m，从而实现利润最大化。

由于信息不完全，当银行借出 1 欧元给"优质"借款人（即会在下一期归还 $1+i^d$ 欧元的借款人）的同时，银行还会借贷 $\chi(L)>0$ 欧元给"劣质"借款人（归还金额为 0 的借款人）。并且增加新贷款的成本与借贷总额 L 正相关，与银行在中央银行的存款准备金 m 负相关，这里对应的存款准备金应当低于"饱和"水平 $\overline{m}(L)$。

在均衡状态下，不同利率之间的利差如下：

$$\frac{i_t^b - i_t^d}{1 + i_t^d} = \omega_t = \Xi(L_t, m_t) + \chi(L) \qquad \Xi_L > 0, \ \Xi_m < 0, \ \chi_L > 0 \tag{B5.14.1}$$

当 $m \geq \overline{m}(L)$ 时，$\Xi(L_t, m_t) = 0$

$$\frac{i_t^d - i_t^m}{1 + i_t^d} = \delta_t = -\Xi(L_t, m_t) \tag{B5.14.2}$$

式中，Ξ_L 和 Ξ_m 是函数 $\Xi(L_t, m_t)$ 分别对 L 和 m 的导数。中央银行控制存款准备金率 i_t^m 并通过量化宽松来调节存款准备金的规模。在达到饱和水平 $\overline{m}(L)$ 之前，增加存款准备金可以降低金融中介的成本 Ξ，从而增加银行贷款总额 L。但是一旦达到饱和水平，量化宽松将不再影响经济。这意味着，央行对私人部门（或者公司债券）进行量化宽松和对政府债券进行量化宽松，效果是不同的。另外，由于存在信息成本 χ，因此，央行对私人部门的金融中介进行量化宽松会出现无效。

经验研究对量化宽松的评价确实比理论研究更为积极，至少在量化宽松对市场利率和资产价格的影响方面是这样。米斯科斯（Miscossi，2015）在对于经验估计的综述中总结得出结论：平均而言，量化宽松在 2008—2009 年使美国和英国的长期利率下降了约 100 个基点（1 个百分点）——这是一个非常显著的效果。在欧元区，尤其是长期利率初始值较高的国家（西班牙、意大利），量化宽松效果更为明显。在以上例子中，量化宽松的效果在宣布后就体现出来了。相比之下，日本的量化宽松政策对于长期利率的影响就非常有限。日本量化宽松政策的效果主要体现在汇率渠道（贬值 10%）。在欧元区，量化宽松也导致了货币贬值，而在美国，只有第一轮量化宽松削弱了美元汇率。

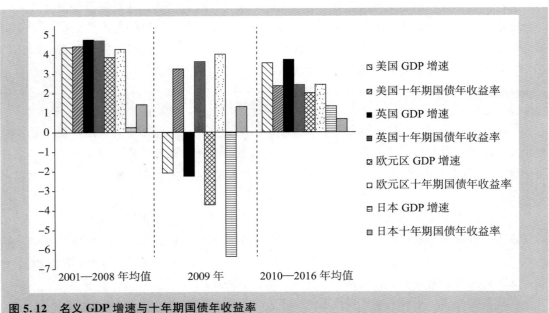

图 5.12　名义 GDP 增速与十年期国债年收益率

资料来源：OECD, Econmic Outlook database.

关于量化宽松对实体经济的影响，经验研究的结论更为复杂。决定因素在于，量化宽松是否实现了使得经济变量的名义值增速高于名义利率，从而有助于私人和公共部门去杠杆。如图 5.12 所示，2010—2016 年，美国和英国的货币政策在这方面相当成功，而日本和欧元区（后者当时尚未开启量化宽松）的货币政策则相当不成功。量化宽松没有明显改变经济增速，这并不意味着量化宽松无效。因为其效果取决于反事实评估：去杠杆化无论如何都会发生，或许是以一种更具破坏性的方式。总而言之，仍然很难孤立地分析量化宽松对实体经济的影响。

（b）前瞻性指引

前瞻性指引包括就未来的货币政策进行沟通，从而引导市场预期。根据坎贝尔等（Campbell et al.，2012），可以区分两种不同类型的前瞻性指引："隐晦"（delphic）式前瞻性指引和"奥德赛"（Odyssean）式前瞻性指引。其中，"隐晦"式前瞻性指引这一术语来自希腊特尔斐的皮提雅神谕。中央银行根据自身的政策规则和对经济中外生变量的预期，公开其对自身政策路径的预期。相比之下，"奥德赛"式前瞻性指引这一术语来源于《奥德赛》中尤利西斯将自己绑在桅杆上以躲避塞壬女妖的故事，其是对利率预设路径的承诺，即使在未来某个时刻，央行仍有可能偏离其预设的政策规则。在全球金融危机之后，美联储、欧洲央行以及英格兰银行都使用"隐晦"式前瞻性指引，而不承诺预设的利率路径。

与量化宽松不同，前瞻性指引（至少是"奥德赛"式的）很适合延伸阅读 5.8 中的新兴凯恩斯主义模型。在延伸阅读 5.15 中，当名义利率达到零利率下限时，让通胀在未来暂时高于目标的承诺（就像日本在 2016 年所做的那样）会在短期内提高通胀预期和产出缺口。这一结果可能会在学术界和政策制定者之间造成一种误解。对学者来说，所有前瞻性指引都应当是"奥德赛"式的，但对政策制定者来说则只能有"隐晦"式前瞻性指引。

5

| 延伸阅读 5.15 | "奥德赛"式前瞻性指引理论 |

埃格森和伍德福德（Eggertsson and Woodford，2003）利用延伸阅读 5.8 中的简单新兴凯恩斯主义模型研究了前瞻性指引。这一模型主要由两个方程组成：

$$x_t = E_t x_{t+1} - \sigma(i_t - E_t \pi_{t+1} - r_t^n) \qquad \sigma > 0 \tag{B5.15.1}$$

$$\pi_t = \kappa x_t + \beta E_t \pi_{t+1} + u_t \qquad \kappa > 0, \; 0 < \beta < 1 \tag{B5.15.2}$$

式中，x_t 是产出缺口，π_t 是通货膨胀率，i_t 是名义利率，E_t 是期望算子，r_t^n 是真实自然利率［参见第 5.1.1（c）节］，u_t 是成本推动冲击。

假设中央银行承诺维持固定通胀率 π^*（央行的通胀率目标）。当货币政策没有约束时，实现中央银行承诺的必要条件是将名义利率设定在自然利率水平：

$$i_t = r_t^n + \pi^* \tag{B5.15.3}$$

假设现在出现了危机，真实自然利率暂时降到了零以下，达到 $r_t^n < -\pi^*$ 时，利率规则式（B5.15.3）意味着名义利率应为负值，否则央行无法实现通胀目标。埃格森和伍德福德（Eggertsson and Woodford，2003）揭示出在这种情况下，最好的利率政策是历史依赖的政策。此时，应将利率设定为当前经济情况和过去经济情况的一个函数。

假设中央银行最小化以下损失函数，为了简化假设，通胀目标为零：

$$\min E_0 \left\{ \sum_{t=0}^{\infty} (\pi_t^2 + \lambda x_t^2) \right\} \tag{B5.15.4}$$

然后在真实自然利率下降的情况下，最优货币政策应当是承诺：一旦潜在的负向冲击结束，自然利率就回到正值，中央银行应一改原有做法，制定额外的刺激措施，宣布长期维持低利率，即使这将会导致通胀率较高。这一承诺在短期内通过不同机制刺激经济。首先，如式（B5.15.1）所示，较高的通胀预期会立即降低实际利率，从而扩大产出缺口。其次，利率保持在低水平的预期本身也会刺激当期支出，而这既取决于当前的实际利率，也取决于未来的实际利率。最后，对更高收入的预期通过永久性收入效应提高了当期支出。然而，这种政策依赖于一个不断变化的通胀目标，该目标将暂时高于其永久上升水平。该政策被称为历史依赖（或路径依赖）型政策。因为当自然利率回升时，央行承诺提高名义利率的速度要慢于自然利率的上升速度，就好像它在"牢记"过去的危机。伯南克（Bernanke，2017）则建议，当经济退出零利率下限时，应当使得通胀率暂时超过其目标水平。

通胀率应超调，从而高于目标水平，这意味着中央银行应该（至少部分地）以物价水平为目标，而不是以物价变化率为目标。以物价水平为目标，这意味着恢复了威克塞尔的老建议（Hatcher and Minford，2016）。如果年通胀率是 1%，而目标是 2%，那么在物价水平目标制下，通胀率在未来需要暂时超过 2%，而在通胀目标制下则不需要这样。

在零利率下限情况下，物价水平目标制可能会被证明更加有效。它的主要缺点是缺乏透明度，因为物价水平依赖于历史。此外，当经济受到永久性成本推动冲击的影响时，它可能导致政策设定出现失误。例如，假设石油价格永久性上涨 20%，并导致了消费者价格永久上升 1%。这时的物价水平目标制意味着，央行必须收紧货币政策。但是在通胀目标制下，央行不会对这种一次性冲击作出反应。到目前为止，还没有一家央行遵循如此激进的策略［参见柯迪亚（Cúrdia，2016）的讨论］。

5.2.4 货币政策与财政政策的相互作用

货币政策和财政政策都是需求政策：它们的目标都是将总需求稳定在接近潜在 GDP 的水平。这两种政策可以相互协调，以避免两种政策背道而驰，这就是政策组合的概念。然而在 20 世纪 80 年代，人们认识到应使央行独立于政府并赋予其明确的职责，同时禁止央行为政府预算提供资金。这样央行可以更好地实现物价稳定的目标，同时在产出和就业方面付出更少的代价。欧洲货币联盟的建立强化了独立央行的信念，因为货币政策的范围（欧元区）和财政政策的范围（19 个成员国）不同。

然而 2007—2008 年全球金融危机表明，人们不能忽视货币政策和财政政策之间的相互作用。一方面，保留货币主权的国家（如美国或英国），尽管其主权债务飙升，但政府作为借款人却表现良好。但是欧洲央行的货币政策并没有很好地传递到陷入主权债务危机的欧元区国家。另一方面，中央银行执行的非常规政策对国债利率产生了重要影响，并带来了重大的分配后果。这通常是财政政策才有的特性，以至央行被指责执行了"准财政"政策。财政政策和货币政策之间的界限变得模糊，有人甚至认为这一界限已经被打破。

（a）铸币税

在考虑财政政策和货币政策的关系时，应当记住，铸币权在历史上是属于君王的。公元前 650 年前后，爱琴海附近出现了硬币，吕底亚的一位国王首次对硬币的金银含量提供了认证。随后很快政府就有了发行不足值货币的想法，也就是面值高于金属价值的货币。这一差值归国王所有（参见 Le Rider，1994）。还应当记住，最早期成立的几家央行都有向政府放贷的职责。在货币政策机构独立之前，各国政府的通行做法（尤其是战时）是要求央行提供贷款并且不保证偿还。政府从央行透支获得贷款，然后这些钱存到了政府在央行的账户，接着这些钱被用于战争——这种财政支出纯粹是央行的货币创造过程。

现代货币不再由贵金属支撑，而是由资产支撑。然而与吕底亚的古代国王一样，现代央行的收入直接来自货币发行，因为其负债的成本低于资产的回报。中央银行能够从发行货币中获得收入，这被称为铸币税。铸币税会被上缴给政府（或根据需要分配给中央银行的其他股东）。货币创造的量越大，铸币税收入就越多（见延伸阅读 5.16）。因此，政府自然会向央行施压，要求其创造更多的货币。

延伸阅读 5.16　　　　　　　　　　　铸币税的价值

有两种普遍接受的标准可以度量铸币税的多少。第一个是给定时期的基础货币增加量 ΔM_0。第二个是持有基础货币的机会成本 $i M_0$，其中 i 是短期名义利率。如果基础货币的流通增速不变，且实际利率等于实际经济增速（这是资本积累的黄金法则，见第 9 章），那么这两种度量是一致的。

回忆延伸阅读 5.6 的货币数量方程 $PY = M_0 V$，式中 V 是货币流通速度，P 是价格水平，Y 是实际 GDP。从长期来看，如果实际产出的增速（由生产函数决定）为 g，而基础货币的流通增速恒定，则基础货币的增长率 $\Delta M_0 / M_0$ 就等于物价增长率（$\pi = \Delta P / P$）加上实际产出的增速 g。因此有，

$$\frac{\Delta M_0}{M_0} = \pi + g \tag{B5.16.1}$$

名义利率 i 是实际利率 r 与通货膨胀率 π 之和：$i=r+\pi$。如果实际利率 r 等于实际增长率 g，则式（B5.16.1）可以写作：

$$\frac{\Delta M_0}{M_0}=i \tag{B5.16.2}$$

或者等价于：

$$\Delta M_0=iM_0 \tag{B5.16.3}$$

这时候，铸币税的两种度量是等价的。例如在欧元区，2014 年底基础货币占 GDP 的比重为 16.5%。利率若为 1%，则可以得到铸币税约占 GDP 的 0.17%。尽管这个数字不可忽视，但对各国政府来说，这也无关大局。然而，未来由于利率上升或者欧元国际化，这一数额可能还会膨胀。据称大约 60% 的美元纸币（约占美国 GDP 的 4%）在美国境外流通。若利率为 1%，这意味着额外的铸币税收入相当于 GDP 的 0.04%。这一数值仍然较小：美元"嚣张的特权"（exorbitant privilege）并不是由于美元纸币的国际使用，而是由于美元计价证券的国际使用（见第 7 章）。

（b）财政主导

从长期来看，货币政策只有在财政政策可持续的情况下才能完全独立于财政政策。这时候，国家财政不需要货币融资也可以实现跨期预算约束。不可持续的公共财政对货币政策则会产生直接或间接的影响（见延伸阅读 5.17）。财政当局将债务货币化有以下手段：可以迫使中央银行购买政府债券，或迫使央行给政府贷款，以帮助其赎回债务，或对中央银行持有的债券违约（这相当于事后的货币创造，见延伸阅读 5.21）。这种压力也可以是间接的，例如，如果政府对私人银行违约，那么央行不得不作为最后贷款人支持这些私人银行。

延伸阅读 5.17   **赤字的货币后果：萨金特和华莱士"令人头痛的货币算术"**

一般认为，财政政策与货币政策是相互独立的。萨金特和华莱士（Sargent and Wallace, 1981）的研究表明，从长期来看，事实并非如此。

研究的起点是世代交叠模型（OLG）：在每一个时期 t，存在 N_t 位年轻人与 N_{t-1} 位老年人，并且 $N_t=(1+n)N_{t-1}$，其中，$n>0$ 代表正的人口增长率。当人年轻的时候，每人获得一定数量的禀赋，并可以决定储蓄一部分供年老时消费。储蓄的形式是持有货币或者政府债券。在 t 期购买的政府债券会在 $t+1$ 期偿还，得到 $(1+R_{t+1})B_t$，其中 R_t 代表利率。政府对每个年轻人征收税率为 τ 的税收，政府的消费是 P_tG_t，政府还通过债务或货币创造 M_t 为剩下的赤字融资。P_t 是一般物价水平。政府的预算约束为：

$$G_t+(1+R_t)B_{t-1}=\tau N_t+B_t+\frac{M_t-M_{t-1}}{P_t} \tag{B5.17.1}$$

处于稳态时，以下这些人均实际量将保持不变：$b=B_t/N_t$，$g=G_t/N_t$ 和 $m=M_t/N_t$。

并且在稳态时，货币供给以 $\lambda = M_t/M_{t-1} - 1$ 的固定速度增长。将上式除以 N_t，则政府的预算约束变成了：

$$g = \tau + \left(1 - \frac{1+R}{1+n}\right)b + \frac{m}{P}\left(1 - \frac{1}{\lambda}\right) \tag{B5.17.2}$$

如果实际利率 R 高于人口增速 n，那么债务的动态变化就是发散的（见第 4 章）。要么政府支出 g 必须下降（或者税负 τ 必须增加），要么年轻人的人均货币量 m 必须增加。这时候货币政策就从属于财政政策了。

货币政策和财政政策之间的相互作用，不仅仅是通过债务货币化或者政府的货币融资使得货币政策为财政服务，也可能是需要公共资金来对银行进行资本重组，或是缓解银行坏账并恢复货币政策的有效性，这也是 2008—2009 年大多数发达经济体所实施的政策（见第 6 章）。

财政当局也可能试图从货币创造中获得最大化的利润（即铸币税）。这些利润计入中央银行的利润中，但部分或者全部会上交给财政部。铸币税是对货币持有者的征税，有时被称为通货膨胀税（inflationary tax）。然而，通货膨胀税还有其他来源：在公共债务没有与通货膨胀挂钩的情况下，任何未预料到的通胀都会降低债务与名义 GDP 的比率。这相当于从国债持有者向政府的转移支付。此外，鉴于税收收入几乎完全与通胀挂钩，而公共支出只是部分与通胀挂钩，因此政府有更多理由希望出现较高的通胀。

财政政策和货币政策之间的长期相互依赖意味着，如果财政当局以不负责任的方式行事，那么就难以实现持久的货币稳定。2002 年危机前的阿根廷就是个很好的例子：尽管该国依法承诺维持对美元的固定汇率制，而且央行发行的货币也完全以外汇储备为支撑（即所谓的货币局，见第 7 章）。但是该国政府的恣意挥霍行为从未受到约束。最终政府被迫放弃盯住美元，并引发了一场激烈的货币和金融危机。这一机制与延伸阅读 5.17 中提到的封闭经济情形相比不完全一致，但逻辑是相同的。

如果货币政策从属于财政政策，这种政策体制就被称为财政主导体制（Woodford，2001）。财政政策是"主动"的，而货币政策是"被动"的（Leeper，1991）。这是战争时期的普遍情况。美国在 1942 年签署的一项协议要求美联储保持"政府债券的价格和收益率相对稳定"。直到 1951 年该协议终止之前，货币政策的目标一直是保持长期低利率，并通过价格管制来稳定通胀。事实上，从 1942 年到 1947 年及以后，短期利率与长期利率几乎没有变化。这有助于美国支持战争开支，而又不产生相应的债务成本。相反的政策体制是，货币政策是"主动"的，而财政政策是"被动的"，这种安排被称为货币主导（monetary dominance）。在给定独立货币政策的情况下，政府必须满足跨期预算约束。因此这个制度有时也被称为"李嘉图"式体制（Leeper，1991）。

(c) 货币政策和财政政策的协调

财政政策和货币政策也存在短期的相互依赖关系。两者都会影响总需求，这意味着它们在一定程度上具有替代性。如果没有协调就存在一种风险：可能出现一种政策力度过大而另一种政策力度过小，或者两种政策同时力度过大或过小（Beetsma and Uhlig, 1999；Dixit and Lambertini, 2003）。更糟糕的是，如果货币当局和财政当局有不同的目标，可以想象两者可能向不同的方向努力，结果互相抵消。例如，在高周期性失业和高通胀的情况下就是如此：为了解决失业问题，财政政策将是扩张性的，但货币政策将是紧缩性的，这时候财政政策还要进一步加大力度扩张。结果可能相当令人沮丧：失业率和通胀率都无法实现稳定，而财政赤字更高了。然而，在某些情况下货币政策和财政政策可以互补，例如，在零利率下限、财政乘数较高的情况下（此时总需求对政府支出增加或减税反应强烈，见第 4 章）。

在正常时期，人们对于协调货币政策与财政政策以实现政策组合的必要性没有达成共识。怀疑论者指出，政策协调会威胁到央行的独立性，甚至可能适得其反（Rogoff, 1984）。此外，在货币联盟中，很难将单一货币政策与多个不同国家的财政政策进行协调。《欧盟条约》预见到了约束成员国财政政策的规则，但没有约束欧元区总体财政立场的规则。然而在危机时期，协调的理由更加令人信服。例如在2014 年，鉴于欧元区通货紧缩的压力，欧洲央行行长呼吁欧元区在总体上采取不那么紧缩的财政政策（Draghi, 2014）。

(d) 货币政策的分配效应

货币政策主要是一种稳定政策：中央银行的任务是确保价格稳定，而不是促进长期增长或减少不平等。从长期来说货币是中性的。货币政策除了维持人们对货币的信任之外，没有其他目标。

然而在中短期内，货币政策会带来各种分配上的后果（Nakajima, 2015）。首先，低收入居民应对突发通货膨胀时受到的保护较少（因为他们的收入通常没有被指数化，至少在短期内如此），而他们在经济低迷时遭受的损失更大，因为低技能工作比高技能工作遭受的损失更大，而且他们无法利用储蓄来维持生活水平。一般来说，宏观经济稳定本身往往会减少收入不平等。其次，实际利率的上升通过净收入效应和净财富效应，使得资源从债务人转移到债权人，而实际利率下降则会带来相反的结果。最后，非常规货币政策通过影响资产价格会带来特定的分配效应。如果金融财富越是集中在少数的高收入人群，就越可能会带来逆向再分配效应。

所有这些效应都是货币政策的关键传导机制。它们是不可避免的，并被认为是实现价格稳定目标的手段。然而，在制定其他政策时，应当理解并考虑到这些分配效应。卡彭特和罗杰斯（Carpenter and Rodgers, 2004）的经验研究发现，美国的紧缩性货币政策对少数族裔和青少年就业的影响大于总体平均水平。罗默和罗默（Romer and Romer, 1999）发现，未预期到的通胀往往会减少收入差距。德佩克和施耐德（Doepke and Schneider, 2006）发现，通胀的主要输家是富有的老龄化家庭，而主要赢家是拥有固定利率抵押贷款的年轻中产家庭。科伊比恩等（Coibion et al.，2012）基于 1980—2008 年美国的数据得出结论：总的来说，紧缩性货币政策扩大了不平等，而扩张性政策会缩小不平等。克拉埃斯等（Claeys et al.，2015）对超宽松货币政策时期的研究得到了类似的结论。

货币政策的分配后果可能导致利益集团挑战央行的决策。在 21 世纪头十年，当利率处于高位时，法国政界人士批评欧洲央行让欧元过于坚挺，从而损害了出口行业的就业。在 21 世纪 10 年代，当利率为零或负值时，德国政界人士则批评欧洲央行掠夺储户。在以上两种情形下，政界人士都是在代表本国特别强大的利益集团发声，而忽视了货币政策的一般均衡效果。独立的央行应当忽略这些批评［有人引用欧洲央行前行长德伊森贝赫（Wim Duisenberg）的话："我听到了这些批评，但我不听。"］，但是由于央行非常规政策的复杂性和潜在的巨大分配效应，最终这可能会对央行的独立性构成挑战。

5.3 政策

在本节中，我们首先分析央行是如何决定货币政策的，然后再看它们的主要政策选择。

5.3.1 制度

在各个国家或地区，货币政策都是由中央银行执行的。[①]但是这并不意味它们对自己的决策负有全部责任。直到 20 世纪 80 年代后期，只有少数几个国家（尤其是德国）拥有完全独立的中央银行。

（a）独立性

无论选择哪种解决方案（货币规则、任命保守的央行行长、激励合同等）来对抗通胀倾向，央行独立于政治权力都有助于实现这一目标。独立性意味着央行行长的任期很长，除非其有严重不当行为，否则不应撤换。同时还应禁止政府直接指挥央行，并赋予央行财务独立。经验证据表明（Alesina and Summers，1993），从长期来看，工业化国家的通胀与央行的独立性程度呈现负相关。然而在发展中国家，央行独立性的效果还取决于总体的制度质量（Acemoglu et al.，2008）。

在 20 世纪 90 年代和 21 世纪头十年，越来越多的国家赋予其货币当局完全的独立性（independence），如图 5.13 所示。央行走向更加独立的趋势，首先是因为在过去几十年，独立的央行在应对通胀压力时有更好的表现——在两种制度模式之

①　也就是说，就广义货币和利率管理来说，一些价值储藏和流动手段并不受央行控制，有时候还可能具有一定的数量规模。例如非银机构提供的消费信贷、比特币、飞行里程等等。但是，只要它们的发行决定与宏观经济稳定或金融稳定目标无关，那么它们就不在货币政策范畴之内。

间的竞争中，中央银行的独立性模式取得了胜利。然而，这种模式的胜出也受益于理论的突破，如罗伯特·卢卡斯和罗伯特·巴罗的模型（见第1章），他们展示了在理性预期背景下，即使是在短期，通胀与失业也可能没有替代关系。一个特别有力的论述参见延伸阅读5.9中的巴罗-戈登模型，在该模型中，央行试图利用短期替代关系来刺激经济，而私人主体预期到了这种行为，结果导致了无效率的高通胀，同时就业并没有改善。这表明：首先，让央行的工作重点放在应对通胀方面不会有额外的成本，因为央行对产量稳定本来就不起作用；其次，让央行独立于政府是有好处的。

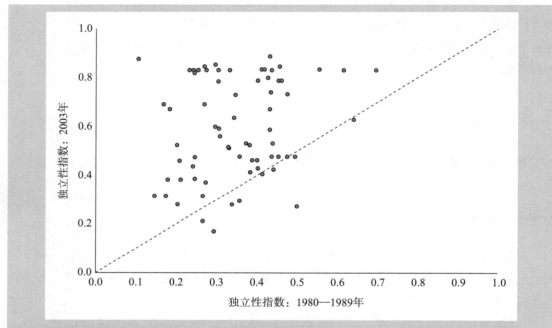

图 5.13　中央银行独立性：20 世纪 80 年代和 2003 年的对比

注：中央银行独立性指数包括四个组成部分：央行行长的任命程序，央行与其他政府部门的冲突解决方案，具有明确的政策目标，限制向政府贷款的规定。

资料来源：Cuckierman et al.（1992）；Crowe and Meade（2008）.

支持央行独立性的另一个理由是第 5.2 节介绍的财政主导的风险。欧元区的制度设计目标是确立货币政策的主导地位。这是一个只拥有一种货币但是有多个政府的货币区的关键特征。但实际上，在货币政策和财政政策之间划清界限并不总是容易的（见延伸阅读 5.18）。

延伸阅读 5.18　欧元区货币政策与财政政策的紧张关系

《欧盟条约》规定了在欧元区实行货币主导体制。在欧洲央行完全独立的情况下，财政规则旨在确保成员国的偿付能力，并且禁止中央银行为政府提供融资（《欧洲联盟运行条约》第 123 条）。然而，货币政策与财政政策之间直接作用或通过银行业的间接相互作用，已经挑战了央行的独立性原则。在 21 世纪 10 年代初的欧元区危机期间，这种紧张关系显而易见。商业银行在资产负债表中持有大量本国政府债券，因此在政府融资中发挥了核心作用。政府违约将引发银行破产，在这种情况下，人们普遍预期政府会介入并对银行进行资本重组，从而在政府和银行违约风险之间形成了反馈循环。这种情况被称为欧元区银行和政府信用之间的"银行-主权关系"（bank-sovereign nexus）或是"厄运循环"（doom loop）（另见第 6章）。这就产生了多重均衡风险：在一种均衡中，银行和政府都有偿付能力，而在另外一种均衡中，两者都没有偿付能力。2012 年夏天，西班牙和葡萄牙等国家明显面临着从前者跳到后者的风险。为了防止这种情况发生，欧洲央行向银行提供了廉价的长期融资，并允许各国央行提供紧急流动性援助（见第 6 章）。此外，欧洲央行还宣布有可能无限制地购买政府债券（以直接货币交易形式，见延伸阅读 5.21），条件是政府进行结构改革。有看法认为，欧洲央行的这些决策干涉了各国民选政府的职责范围，并违反了对政府提供融资的禁令，但这种反对意见被欧洲法院驳回了（European Court of Justice，2015）。

在大多数国家，中央银行的独立性受到法律保护。美国宪法赋予了国会决定货币价值的权力。因此，国会可以通过简单多数来改变美联储的职责授权。不过美联储的独立性受到各种反作用力的保护，比如金融市场、媒体及其自身的声誉。在欧洲，欧洲央行更加独立，因为相关的法规和授权是《欧盟条约》的内容，因此具有宪法价值：只有欧盟成员国一致决定，然后由其议会或公众投票批准，才有可能剥夺欧洲央行的独立性。

（b）法规、职责与问责制

同样是具有独立性的央行，它们的法规设计、职责安排也有显著差异。且不提美联储（表 5.2 已经介绍了它具有广泛的职责）和日本银行（根据 1997 年《日本银行法》，它是"自治的"），仅从欧洲范围来看，欧洲央行与英格兰银行就存在几个方面的差异：两者在法律上都把维持物价稳定作为主要目标，在货币政策实施上也都享有完全的独立性。但是，虽然欧洲央行自己设定了量化的通胀目标（即 2003年以来，通胀"低于但接近 2%"的目标），而英格兰银行只是执行政府决定的目标（O'Donnell，2001）。根据 1998 年《英格兰银行法案》，财政大臣可以以公开的书面形式向中央银行具体指示"物价稳定应由哪些方面组成"。通过书面公开沟通的做法避免了财政大臣推动高通胀而且不告知公众的做法，也可以避免英格兰银行推卸责任说只是在执行财政大臣的指示。

表 5.2　四家中央银行的职责

	法律依据	物价稳定	汇率稳定	产出稳定	金融稳定
美联储	1978 年的《充分就业和平衡增长法案》，又名《汉弗莱斯-霍金斯法案》	是	不，但是可能会与财政部一起干预外汇市场	是，与物价稳定同等重要	是，在 2011 年《多德-弗兰克法案》后得到加强

续表

	法律依据	物价稳定	汇率稳定	产出稳定	金融稳定
欧洲央行	《欧盟条约》中的《欧洲中央银行体系和欧洲中央银行章程》	是	不，但汇率是欧洲央行所关注的指标之一，而且它拥有进行外汇操作的唯一权力	是，仅次于物价稳定	是，但是作为支持政府的次要职责。欧洲央行也有宏观审慎职责（见第6章）
英格兰银行	1998年的《英格兰银行法案》	是，但财政部对物价稳定有解释权	不	是，仅次于物价稳定	是
日本银行	1997年的《日本银行法》	是	不，但可能会受到财政部的指示干预外汇市场	不，只是作为物价稳定的结果	是

为了建立自己的声誉，除了保持独立性之外，央行必须言出必行。因此，其声誉主要依赖于其历史业绩和其沟通效果。研究者还给央行提出了一系列建议：

• 承诺。20世纪80年代末，许多欧洲国家采用了束缚自己手脚的做法，例如在欧洲货币体系内，法国将本币与德国马克挂钩。后来，一些转型经济国家（波罗的海国家、保加利亚）将其货币与欧元挂钩，或者干脆放弃货币主权而使用了美元（厄瓜多尔、萨尔瓦多），或使用欧元作为其国内货币（科索沃、东帝汶）。这些实际上也是汇率制度选择的案例，我们还将在第7章中讨论。此外，前瞻性指引也是一种承诺的形式［第5.2.3（b）节］。

• 保守的中央银行行长。肯尼斯·罗格夫（Rogoff，1985）建议通过任命一位"保守的"中央银行行长来消除通货膨胀倾向（也就是说，一个对物价稳定偏好高于社会偏好的管理者）。这一建议并没有在法律上得到实施，但在事实上还是起作用了：挑选中央银行行长的一个标准就是他们反通胀的声誉。

• 长期任期。央行行长的任期一般都很长：美联储委员会委员的任期是14年（尽管很少有人能完成任期），欧洲央行执行委员会成员的任期是8年，英格兰银行货币政策委员会和日本银行政策委员会成员的任期是5年。这样做的目的是确保在宣布政策和观察其结果时，都是同样的人在任上，并且他们不会受到政治周期的影响。

• 激励合同。卡尔·沃尔什（Walsh，1995）建议，可以和央行行长签订反通胀的激励合同，但是这种做法并不常见。在大多数国家，央行行长只有在犯罪、品行不端或者损害中央银行声誉的情况下才能被免职。但新西兰在1989年的《储备银行法》中规定，如果央行行长没有达到目标就可以被免职。一个不太激进的解决方案是英国的做法：当没有达到政府设定的通胀目标时，央行行长会被迫在一封公开信中公开为自己辩护。[①]

• 透明度。中央银行的透明度是其独立性的另一个侧面。非选举产生的、独立的技术官僚应该对公众负责。透明度还可以帮助中央银行监测市场预期，提高政策有效性。同时，还可以通过使市场做好准备来缓冲其政策决定带来的影响（见延伸阅读 5.19）。央行通过披露模型、数据、预测、方法、投票记录和会议纪要来实现透明度。通胀目标制也是提高货币政策透明度的一种方式。因此那些采取通胀目标制的中央银行（瑞典、英国、新西兰、加拿大、澳大利亚、挪威、冰岛、捷克共和国、匈牙利、土耳其、以色列、韩国、南非和泰国；参见 Hammond，2012）被认为是高度透明的（见图 5.14）。不过，尽管美联储和欧洲央行采取了更为灵活的货币政策策略，但它们也因广泛的信息披露政策而表现良好。两家央行都有一个明确的、可观察的、2% 的中期通胀目标。两者都在一定的延迟后公布会议纪要（欧洲央行不公布个人投票记录），而且都会在会议结束后立即组织新闻发布会，由央行行长详细解释政策决议并回答问题。[②]

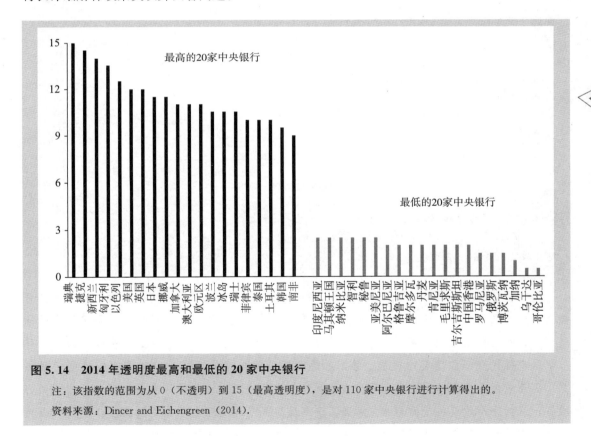

图 5.14　2014 年透明度最高和最低的 20 家中央银行

注：该指数的范围为从 0（不透明）到 15（最高透明度），是对 110 家中央银行进行计算得出的。

资料来源：Dincer and Eichengreen（2014）。

[①]　这些信件可以在英格兰银行的官方网站上找到。对英格兰银行职责范围的介绍，见英国财政部（2001）。

[②]　美联储和欧洲央行的沟通政策在 21 世纪 10 年代早期和中期在很大程度上趋同，美联储宣布其通胀目标并召开新闻发布会，而欧洲央行会公布理事会货币政策会议纪要。美联储会以 10 年的滞后期来公布会议的完整记录，而欧洲央行并不会公布完整记录。

5

| 延伸阅读 5.19 | 中央银行的透明度 |

埃芬格和杰拉茨（Eijffinger and Geraats，2006）将透明度定义为，"中央银行对于政策制定过程有关信息的披露程度"。他们进一步区分了政治透明度（与政策目标相关的信息）、经济透明度（央行使用的数据、预测、模型）、程序透明度（货币决策的方式）、政策透明度（政策决策的解释、政策倾向信息、会议纪要与投票记录的发布）与操作透明度（关于错误和意外事件的信息）。

从 1998 年到 2014 年，中央银行的透明度有显著提高的趋势（见图 B5.19.1）。正如丁瑟和艾肯格林（Dincer and Eichengreen，2014）所证明的那样，透明度提高的进程主要发生在 1998—2010 年，之后趋于稳定。

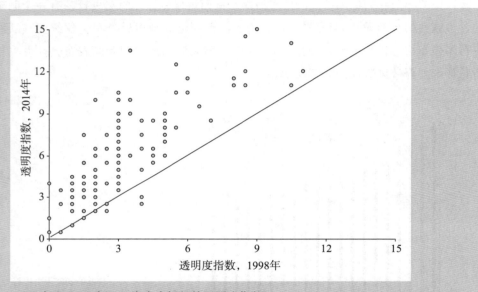

图 B5.19.1　1998 年和 2014 年 110 家中央银行的透明度指数

注：该指数从 0（不透明）到 15（最高透明度）之间变化。

资料来源：Dincer and Eichengreen（2014）.

根据丁瑟和艾肯格林（Dincer and Eichengreen，2014）的研究，中央银行透明度提高可能有 4 个不同的理由。第一，这是央行独立性的关键体现。因为更多的独立性需要更多的问责制，以实现民主管理。第二，中央银行透明度是更广泛的政府透明度改善行动的一个环节，这也是民众日益增长的诉求。第三，透明度可以被视为提高货币政策有效性的一种方式，因为它使央行能够更密切地监控市场预期。央行还可以通过演讲和会议记录让市场做好准备，从而平滑政策决定的影响。第四，透明度提高了中央银行承诺的可信度。它还可以帮助央行在特殊时期偏离常规政策，因为央行还有很多空间来解释其行为。

无论这些方案是否执行到位，从根本上来说，央行的合法性来自其实现目标的能力和问责制。也就是说，中央银行接受外部审查监督，并且接受其委托人（政

府）的问责（见第 2 章）。在大多数国家，央行行长定期出席议会，解释他们的政策并回应议员的批评。在美国，根据《汉弗莱-霍金斯法案》，美联储需要每年向国会报告其活动，并每年两次向其报告货币政策。在欧元区，欧洲央行每季度都要在欧洲议会的经济和货币委员会作证词。在英国，货币政策委员会所有成员都参加下议院财政特别委员会的听证会并接受问责。所有中央银行都详细报告其对经济形势、通货膨胀和金融稳定的分析。

（c）货币政策委员会

20 世纪 90 年代和 21 世纪头十年，央行已经悄无声息地转向集体决策——也就是通过货币政策委员会进行决策。在欧元区，货币政策是由欧洲央行理事会制定的，该理事会包括执行委员会的 6 名成员，他们常驻法兰克福的欧洲央行总部，另外还包括欧元区所有成员国的央行行长。[①] 在美国，联邦公开市场委员会（FOMC）由联邦储备委员会的 7 名成员、纽约联储银行行长和其他 11 位地方联储银行行长中的 4 位行长（每年轮换一次）共同组成。自 20 世纪 90 年代中期以来，一些国家（比如英国、日本、瑞典、挪威、瑞士、巴西）已经从个人决策（仅由央行行长决策）转向了货币政策委员会决策。[②] 这种变化可以被视为央行独立性的副产品。正如布林德（Blinder，2007，p. 107）所说："当央行只是遵循政府传达的指令时，就没有太多理由在电话线的另一端成立委员会了。"

和一位单独的行长相比，一个委员会作出正确决策的可能性更高。这就是孔多塞陪审团（Condorcet jury）定理的观点，但是其成立需要满足以下假设：（i）信息没有成本；（ii）委员会成员具有共同偏好；（iii）根据自己的真实想法投票；（iv）投票之前没有沟通。然而，上述每个假设都有争议。特别要强调的是，当这个委员会人数较多时，可能其成效还不如行长独自决策：因为成员较多时，每个委员都只有很小的可能性成为关键人物（即有能力影响大多数人），这降低了他们搜寻信息的动机，或者也可能是因为成员较多时，在汇总成员观点时的交易成本更高。社会实验倾向于证实，委员会可以比单人作出更好的决策，尽管对其最优规模没有共识（Blinder and Morgan，2005；Siebert，2006）。至于委员会成员之间的投票前沟通效果则因央行而异：在 FOMC 会受到严格限制，但在欧洲央行理事会则没有约束。

另外一个问题是货币政策委员会的人员构成，特别是在中央政府和货币联盟当中，各个地区或成员国的代表性也是个问题。一个人数较多的委员会可以广泛地代表不同地区或国家，从而带来更多的信息。这也有助于每个委员会的成员向其选民解释共同决定。然而，区域偏见也可能会导致一些决定不能反映全局利益。在欧元区，这个问题尤为突出，在扩充了新的成员国之后，成员国央行行长在货币政策决

①　货币政策的执行则是分散的，它的执行涉及欧洲央行和欧元区各国央行。例如，爱尔兰的银行从爱尔兰央行获得再融资，荷兰的银行则从荷兰央行获得再融资。

②　波拉德（Pollard，2004）的调查显示，在接受调查的 88 家央行中，有 79 家通过货币政策委员会进行决策。

策中的权重上升了，而理事会原来的 6 位执委会成员数量则保持不变。2018 年，欧元区各国央行行长在理事会中代表占比为 19/25＝76％，而 1999 年欧元启动时这一占比为 11/17＝65％。相比之下，美国各个地区联储行长的代表在联邦公开市场委员会的比例是 4/12＝33％。英国脱欧后，假设欧元区扩大到所有欧盟 27 个成员国，则理论上这个比例可以达到 27/32＝84％。如果每位成员国的行长都只考虑自己国家的利益进行投票，仅有执行委员会的理事才考虑欧元区的全局情况，那么欧洲央行的货币决策就可能无法履行其对欧元区整体的职责。[①]

以委员会为基础的决策机制提出了有关沟通和透明度的具体问题。一方面，不同委员会成员之间缺乏有组织的沟通可能会让市场感到困惑。另一方面，会议纪要显示，每位成员国行长的反应函数的透明度有助于解释决策过程，从而更好地预测决策。实际上，会议纪要的公布就控制了沟通混乱的风险。就政策透明度效果而言，事实上货币政策委员会与单个决策者这两种情况难分高下（Blinder，2007）。

(d) 中央银行与财政部的关系

正如第 5.2 节所解释的，至少在正常时期，在货币政策和财政政策之间进行协调的必要性方面，文献中没有达成共识。传统观点认为，每位政策制定者只要在不同领域各司其职，坚持既定的政策理念，把自己的事处理好就足够了。这就可以为市场参与者提供充足的、清晰的信息。任何超出了信息沟通之外的协调都有可能模糊政策制定者原来所遵循的目标，而且好处也不甚明了。《马斯特里赫特条约》反映了这一观点，该条约没有设想货币当局和财政当局之间的明确协调，有的只是信息交流内容。欧盟负责经济事务的专员、欧元财长集团的主席[*]有法定权力出席欧洲央行的理事会会议。反过来，欧洲央行行长可以参加欧元集团的会议，各国财长每个月在欧元集团召开一次会议，齐聚一堂、讨论经济形势、政策重点和危机形势。然而，在全球金融危机和欧元区危机期间，这种宽松的安排出现了动摇。欧洲央行与危机管理尤其是财政方面的工作密切相关。例如，欧洲央行与欧盟委员会、国际货币基金组织一道参与了所谓的"三驾马车"，代表各国财长进行谈判和监督危机国家的调整计划。这一安排仅仅出现在欧元区，如果在美国，我们难以想象美联储会积极参与有关美国一个州的政策讨论。它使得欧洲央行理事会在决定向危机国家提供流动性的时候，能够有更多优质的信息作为决策参考。但这也有潜在的利益冲突，并可能造成央行超越原有职权，从而也可能伤害到央行的独立性。

在日本，2012 年 12 月安倍晋三领导的政府当选后提出了"安倍经济学"，其通

[①] 为了减少这种风险，每次投票只能有 18 个国家的行长参与。具体是按照国家大小分成 3 组，在此基础上轮流参与投票。

[*] 欧元集团实际上是欧元区各国财长的月度例会机制，目的是给欧元区成员间的经济政策协调提供平台。欧元集团主席的主要任务是主持召开月度的欧元区财长会议。下文也提到，欧洲中央银行行长、副行长也受邀参加次会议。——译者注

过"三支箭"来恢复增长并对抗通缩，具体是指：扩张性货币政策、扩张性财政政策和结构性改革计划。在这个框架中，货币政策不再是完全独立的，而是更广泛的宏观经济战略的一部分。然而在发达国家中，货币政策和财政政策之间如此紧密的合作是罕见的。在金融危机期间，美国和英国的货币、财政当局也曾经有过合作，但也仅限于处理银行业危机。事实上，按照欧洲央行前行长让-克洛德·特里谢的说法，各国央行倾向于为了独立性而拒绝"事前协调"，但央行能够在危机中接受"事后协调"，以尽量减少经济冲击，这在某种程度上也有助于央行履行职责。

5.3.2　关键政策选择

（a）什么样的通货膨胀目标？

什么是合适的通货膨胀水平？埃蒙德·菲尔普斯（Phelps，1973）认为，最优通胀率是在两种扭曲（通胀税造成的扭曲和其他税种造成的扭曲）之间进行权衡的结果。但是对发达国家来说，没有普遍适用的建议。就像金发女孩的粥（porridge of Goldilocks）*，既不能太热，也不能太冷。通胀率也不应该太高或者太低。[①] 这也在统计和理论两个方面都提出了新的问题（见延伸阅读 5.20）。

在一个信息完全、理性预期的环境中，如果价格和工资是完全弹性的，那么经济主体对通胀水平几乎完全漠不关心——当然，这里没有考虑为了避免持有过多现金而更加频繁地从 ATM 上取钱的成本。然而现实并不满足上述理想假设，所以高通胀会侵蚀所有非指数化的收入，比如工资、养老金和固定收益收入等。在高通货膨胀环境下，家庭不顾一切地以各种方法保护其购买力，比如签订指数化合同（例如，工资与价格挂钩），以外币计价，持有外国资产等等。20 世纪 20 年代的德国、20 世纪后半期的许多发展中国家就是这种情况。通货膨胀会出现自我强化，从而使降低通货膨胀变得更加困难。

另一个反对通胀的观点是，通胀率高往往与通胀率的高波动性密切相关，而后者会造成经济不确定性，甚至扭曲经济决策，因为经济主体可能会混淆一般物价水平的变化与相对价格的变化。此外，通胀的波动性还会导致预期错误。这可能会阻碍投资，从而阻碍长期 GDP 增长。从经验上看，布鲁诺和伊斯特利（Bruno and Easterly，1996）发现，当通胀率高于每年 20%～40% 时，GDP 增速就会下降。罗伯特·巴罗（Barro，1997）的研究发现，在其他条件不变的情况下，如果通货膨胀率上升 10 个百分点，最终会使 GDP 年增速下降 0.3 个百分点。不过在通胀率较低的情况下，较小的通胀率变化（比如通货膨胀率从 2% 变为 3%）似乎不会对

---

*　这个比喻取材自西方著名童话故事《金发姑娘和三只熊 》（Goldilocks and Three Bears）的故事情节，运用在经济运行方面，形容的是一种平衡的状态：既不是过冷（not too cold），也不是过热（not too hot），而是温度适宜。——译者注

①　在一个地下经济（其交易通常用现金支付）发挥重要作用的国家，最理想的办法是创造适度的通胀，因为没有谁能逃得了通胀税，包括地下经济在内。

GDP 增速产生长期影响。

延伸阅读 5.20　　　　　　　消费者价格测算方法存在的问题

　　测算通胀是困难的。宏观经济学研究的是一般物价水平，但在现实世界中，只能观察到相对价格。调查提供了各个类别商品的价格，但是产品更新换代的频率越来越快。从今年到明年会出现一些新产品，而且质量也会提高。当新型智能手机以不变的价格取代了旧机型之后，我们有理由得出智能手机价格正在下降的结论。但是价格下降了多少呢？享乐价格（hedonic price）方法通过将每种产品分解成一组消费者服务，从而修正商品质量改进对价格指数测算造成的影响。然而，该方法只适用于有限种类的商品。此外，在测算通胀的过程中，还有其他一些偏差来源，比如新分销渠道或者购物习惯的变化。

　　鉴于上述原因，一般认为官方数据倾向于高估通胀。这对货币政策很重要，因为这意味着央行追求非常低的通胀率实际上将面临通货紧缩的风险（即总体物价水平的下降）。1996年，应美国政府的要求，斯坦福大学迈克尔·伯斯金（Michael Boskin）教授领衔的独立委员会研究得出结论：美国消费者价格指数（CPI）对应的通胀率每年被高估了 0.8%～1.6%。这就是伯斯金效应（Boskin et al.，1996）。

　　后来美国政府引入了对消费品篮子的年度修正。与之一致，另一项由美联储在 2001 年完成的研究发现，测算偏差大约只有 0.6%（Lebow and Rudd，2001）。据估计，其他国家也存在类似的测算偏差。在英国，偏差可能在每年 0.35%～0.8%（Cunningham，1996），在日本为 0.9%（Shiratsuka，1999）。除了这些测量困难之外，消费者对通胀的看法可能与统计学家的测量结果迥然不同。例如，消费者更关注那些他们经常需要购买的商品（食物、汽油）价格，而不是那些他们不经常购买的商品（保险、耐用品）。

　　如果存在流动性陷阱和/或触及零利率下限的风险，那么通胀也可能会过低（见第 5.2 节）。在一场严重的危机中，自然利率可能会变为负值。零或负通胀意味着，央行应将名义政策利率设定在零以下以稳定经济。这是可能的，但正如本章之前讨论的，实施负利率政策也是困难的（Summers，2014）。

　　通胀率也可能太低，以至无法有效补偿名义工资向下调整的刚性。劳动合同很少会考虑向下调整工资的可能性。阿克洛夫、迪肯斯和佩里（Ackerlof, Dickens, and Perry，1996，2000）的研究已经证明了，在美国工资具有向下调整的刚性。他们认为，在接近零通胀的情况下，将失业率与通胀联系起来的菲利普斯曲线即使从长期来看也不是严格垂直的：如果名义工资具有向下调整的刚性，那么一定程度的通胀就是"车轮上的油"，它可以降低实际工资，从而降低失业率。因此作者建议：发达国家的年通胀率"区间"可以在 1.5%～4%。[①]

　　关于通胀率不能太低的最后一个观点和欧元区有关。这个考虑源于需要给货币

---

① 怀普洛兹（Wyplosz，2001）建议通胀率不应低于 1%。

联盟成员国之间的相对价格调整留有足够的空间（另见第 7 章）。在不存在名义汇率的情况下，面对负面经济冲击，降低货币区内各国之间实际汇率的唯一方法就是降低本国的物价和工资。这一策略被称为内部贬值（internal devaluation）。但是欧元区内部的平均通胀率较低，再加上工资下调的刚性，使得此类调整的空间很小。较高的平均通胀率使各国更容易适应特殊的冲击。这和实行浮动汇率的国家无关，不过这也适用于讨论国家内部的部门调整问题。

　　总体而言，人们普遍认为，央行应该接受一个低的但是正的通胀目标。最大的发达经济体（美国、欧元区、日本和英国）的央行都趋同于 2％ 的目标。然而也有人认为，更高的通胀目标将使经济更安全地远离流动性陷阱或通货紧缩螺旋。布兰查德、德尔·阿里西亚和莫罗（Blanchard，Dell'Ariccia，and Mauro，2010）提到了 4％ 的目标。

　　图 5.15 显示了 2012 年各国央行的通胀率目标，大多数都集中在每年 2％～4.5％。对这一狭窄的范围可以有两种解释：一种解释是 21 世纪 10 年代大多数国家通胀水平较低，另一种解释是各国政策偏好的某种趋同。另外，各国通胀目标区间的宽度有较大差异。在瑞典和英国，央行只公布通胀目标的中心数字，而在巴西、加纳和土耳其，通胀目标区间有 4％ 的宽度。

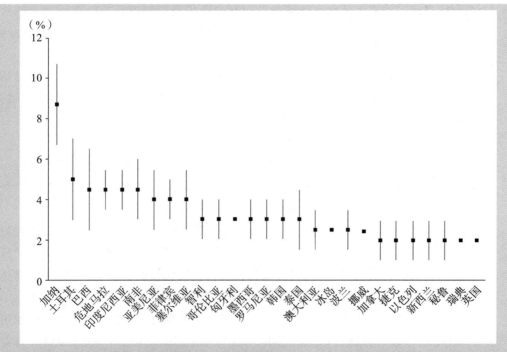

图 5.15　2012 年各国央行的通胀率目标（年化百分比）

资料来源：Hammond（2014）.

（b）什么样的货币策略？

货币政策面临的一个主要挑战是：政策工具（如利率）只会通过"长期滞后，而且滞后期也是可变的"方式来影响最终目标（如通货膨胀），这是由米尔顿·弗里德曼首先提出的说法。央行行长必须扮演好水手的角色，只能逐渐改变这艘大船的航向，不论力度太猛还是太弱，都将会是冒险行为。一些自然的问题是：为了跟上经济形势变化的节奏，央行应该对哪些外部信息作出反应，同时应该忽略哪些信息？以及央行应该如何制定、传达其策略，从而帮助经济主体形成对未来货币政策的预期？

自 20 世纪 60 年代以来，关于货币政策策略的争论从未减弱，尽管数量（也就是货币供给）策略支持者与利率策略支持者的争论已经消退。

假定央行的目标是将通胀保持在一定水平，比如 2%。它应该如何设定利率？拉斯·斯文森（Lars Svensson，1999，2001）提出了三种规则：

• 工具规则（instrument rule）将货币政策工具表示为预先确定的或前瞻性的变量（如通货膨胀或者产出缺口）的函数。泰勒规则将利率看作是通胀与产出缺口的函数（见第 5.1.2 节），这正是工具规则的一个例子。它经常被作为基准来评估货币政策的松紧程度，尽管在实践中并没有央行在遵循这种机械的规则。

• 目标规则（targeting rule）是要最小化给定时期的损失函数。该规则明确了央行的目标，并描述了它可能面临的权衡。通胀目标制就是一个众所周知的例子（见后面的讨论）。目标规则的优点是对目标和策略保持透明，同时赋予央行比纯粹工具规则更多的相机抉择空间。

• 中介目标规则（intermediate-targeting rule）的目标是一个与目标变量相关但比目标变量更容易观察和控制的中介变量。在 20 世纪 70 年代货币与通胀间的关系破裂之前，货币总量在货币政策策略中处于中介目标的角色地位。在小型开放经济体中，名义汇率也可以作为中介目标（见第 7 章）。

斯文森进一步区分了显性和隐性两种规则类型：在显性规则中，进入反应函数的变量是可观测的，比如泰勒规则中包含的变量；另一种是隐性规则，在该规则中，一些进入反应函数的变量不是直接可观察的。

上述两者以哪一类变量作为目标，这个问题将会面临两难：一种情况是和货币政策相关性高，但是无法直接观测的变量（比如 18 个月之后的通胀与产出），另一种情况是可以直接观测，但和货币政策相关性却较低的变量（比如，过去的通胀与产出缺口）。

货币数量目标（money targeting）规则属于上面的第三种规则，该目标规则于20 世纪 60—80 年代被各国广泛应用。其中德国在 1999 年之前一直正式将货币总量作为目标，尽管是以一种比较宽松的方式。然而，自从 20 世纪 80 年代末金融管制放松和金融创新浪潮以来，货币数量与通货膨胀的关系变得越来越松散。美联储与英格兰银行很快就淡化了货币总量的重要性，现在大家都认为德国央行的信誉源自其表现，而不是它的货币政策策略。事实上，货币数量的增长很少会接近事先宣布的目标。1998 年欧洲央行刚成立时，其选择效仿德国央行以"继承"其信誉。所以欧洲央行维持了货币数量的目标，并对这一目标作了补充：最初，欧洲央行的货币政策策略基于两大"支柱"，一是 M3 每年增长 4.5％的目标（见延伸阅读 5.6），二是通胀的一组领先指标，其中包括产出价格、进口价格、工资成本等等。从 2003 年起，欧洲央行用货币供给和货币需求趋势（即对经济的信贷）这些更广泛的分析取代了 M3 的目标。

20 世纪 90 年代初以来，各国央行越来越多地遵循一项基于中期通胀预测的隐性规则：通胀目标制。新西兰在 1990 年率先采用了这种做法，紧随其后的是加拿大、英国、瑞典和澳大利亚，还有大量的新兴市场国家也采用了相似的货币政策策略。通胀目标制是一种微妙的政策操作。与人们普遍认为的相反，通胀目标不是指当前的通胀率，而是央行自己的通胀预测。这一预测以现有可得信息为条件，其中也包括了当前（可能还包括未来）的货币政策立场。中央银行通过公布通胀率的预测值，以及公布预测的模型和假设条件来确保该规则的透明度。这种策略有三个优点：首先，它确保了货币政策的高度透明和可预测性。其次，这一策略是前瞻性的。这使得央行能够穿越短期的冲击进行决策，比如油价上涨这类短期冲击。最后，它既有基于规则的政策优势，又结合了传统上与相机抉择方法相关的更广泛的信息优势。此外，通胀目标制几乎从不严格关注物价稳定，而是在稳定实体经济方面发挥了一定的作用。[①] 然而，只有当央行有道德，而且不将其关于未来通胀的私人信息用于其他战略目的时，通胀目标制才能真正发挥作用。当通胀预测不是基于固定利率假设，而是基于市场预测或明确的预先宣布的利率路径时（如新西兰、瑞典和挪威的情况），这一点就更加必要了。这时候纪律和经验相当重要。在新兴市场国家，通胀目标制的可信度可能会因为统计机构缺乏独立性而受到损害。

一旦货币政策策略确定之后，另一场辩论就与利率调整的频率和速度有关。即使是拥有相同货币策略的两家央行，其对事件信息的反应也可能不同，因为它们以不同的速度吸收信息，而且对于被迫改变政策路线的风险也有不同的评估。美联储和欧洲央行之间的对比就体现了这一争论（见图 5.1）。为了应对 2001—2002 年的经济下滑，美联储迅速降低了利率，并在 2004—2006 年出现复苏时又很快再次上调了利率。同一时期，欧洲央行对经济周期的反应则要迟缓得多。2007—2008 年，在全球金融危机的应对过程中，美联储的"激进主义"和欧洲央行的"审慎主义"之间的类似反差再次得到了体现。"激进主义"的风险是被迫改变政策路线，这会扰乱金融市场，再加上传递机制存在时滞，最终可能演变成顺周期政策的结果。相反，"审慎主义"的风险是未能充分发挥货币政策作为逆周期政策的潜力，从而增加了财政政策的负担（导致了较高的公共债务水平）。"审慎主义"也可能过度推迟经济向充分就业的回归时间，从而使负面冲击可能产生更长期的影响。

美联储和欧洲央行调整政策的速度差异，导致双方在面对共同冲击时会出现暂

---

① 关于通货膨胀目标制的综述，参见 Svensson（2008）。

时的利率分化。根据无抛补利率平价理论（见第 5.2 节），利率调整最激进的地区可能会通过汇率超调影响汇率，并通过外部机制放大对宏观经济稳定的影响，而另一地区相反的利率政策则会阻碍宏观经济实现稳定。第 7 章将再次讨论这个机制。

(c) 央行应该关心资产价格吗？

第三次争论出现在 21 世纪头十年，其背景是流动性充裕、资产价格膨胀与持续的低通货膨胀同时出现了。那么问题就来了：当金融稳定受到资产价格飙升和杠杆率上升的威胁时，物价稳定即使不是唯一目标，也应该是央行的主要目标——这一点是否仍然成立？一方面，用哈佛大学经济学家、美联储前理事杰里米·斯坦（Jeremy Stein）的话说，货币政策可以"渗透到每一个角落"（Stein，2013），所以通过影响所有市场利率，货币政策可能是遏制资产价格上涨、引导金融机构更加审慎行为的最有力工具。另一方面，中央银行官员在决定股票或房价是否"太高"方面没有特别的专业知识，他们对于向私人投资者提供资产价格的判断和隐含的政策保障所可能产生的道德风险持谨慎态度，这可能导致过度冒险行为（Bordo and Jeanne，2002；Goodhart and Hofmann，2001）。因此，央行的传统做法是在泡沫破裂的事后进行"清理"（clean），而不是在事前"依靠"（lean）泡沫发展的情况作出决策（Bernanke and Gertler，2001；White，2009）。然而这种理论并不完全令人满意，因为资产价格泡沫破裂本身可能会将经济推入流动性陷阱。在这个陷阱中，央行将会发现很难实现政策目标。例如，美联储在 2001 年互联网泡沫破裂之后的复苏进程中迟迟没有提高政策利率，这通常被认为是后来酝酿导致另一场金融危机的一个关键因素。在金融危机中，美联储不得不采取常规和非常规货币政策工具应对经济危机。第 6 章将进一步讨论事后"清理"和事前"依靠"的不同选择。

(d) 对货币主导地位的挑战

在全球金融危机期间，各国央行承担了最后借款人的角色，将政策利率降至接近零或低于零的水平，并制定了一系列非常规政策（见第 5.1 节）。这对分配产生了巨大影响，并且模糊了货币政策和财政政策之间的界限。这也挑战了货币政策的主导地位，并引发了人们对央行可能正在失去独立性的担忧。

如何结束非常规政策

各国央行倾向于认为，在危机期间提供流动性与其稳定物价的职责并不冲突。如果只是向一家特定机构提供流动性，这当然是正确的。但是如果像在 2007—2008年全球金融危机后那样大规模地提供流动性，这个判断是否还成立就不那么确定了。理论上，当流动性需求回归正常时，通胀重新抬升，则货币政策应当掉头调整政策方向。再融资操作具有固定的、相对较短的期限。在持有长期债券的情况下，央行可以通过向市场出售债券来吸收流动性，也可以通过逆回购操作吸收流动性（一段时间内向商业银行出售有价证券），还可以通过发行央行票据来实现。然而，出于金融稳定的考虑，央行可能不愿意对资产价格进行大规模调整。这样，央行可能会在缩减资产负债表时过于谨慎，从而减弱了抗击通胀的努力。

　　美联储的货币政策正常化策略就是这种微妙平衡行为的例子。2013 年 12 月，美联储开始逐步退出 2009 年开始的量化宽松计划。直到 2014 年 10 月，美联储才通过逐步的"缩减"（tapering）完全停止了净资产的购买。如图 5.16 所示，美联储持有了超过 3.5 万亿美元（占美国 GDP 的 22％）的政府债券和抵押贷款支持证券（mortgage-backed securities）。美联储没有让资产负债表随着债券到期而自然收缩，而是宣布将调整再投资，以使得这种减少过程处于一种微调状态，从而使资产负债表缩减进程与预期的利率路径保持一致（Dudley，2014）。下一个问题是：在流动性过剩的环境下如何提高政策利率？2015 年 12 月，美联储宣布将联邦基金利率的目标区间从 0～0.25％ 提高到 0.25％～0.50％，将超额准备金利率上调到 0.50％，并提出通过逆回购操作向商业银行借出债券，从而激励商业银行将流动性存放在美联储，而不是注入经济系统中。美联储在制定正常化策略时的谨慎态度，在一定程度上反映了其对美国通胀持续低迷的担忧，同时也反映了对可能出现金融动荡的担忧。

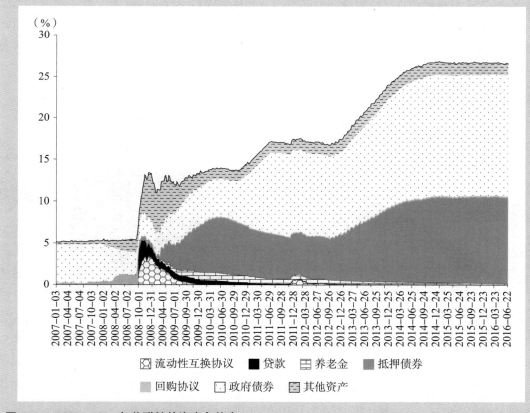

图 5.16　2007—2016 年美联储的资产负债表

　　注：图中百分比为资产占 2013 年美国 GDP 的比重。

　　资料来源：美国联邦储备委员会。

货币主导还是财政主导？

中央银行执行货币政策的时候，其标准做法是购买政府债券，或者接受它们作为再融资操作的抵押品，当然前提是政府信用良好或是作了适当的折价。如果政府债务不可持续，情况就不再是这样了。如果政府无力偿还债务，或者央行被迫以低于买入价向市场出售债券，那么央行就可能会蒙受损失。这相当于央行对政府进行了货币融资。虽然央行不能故意这样做，但现实中这一情况可能发生，这在实际上就是做实了财政的主导地位（见第 5.2 节）。

财政主导是一个长期概念，很难判断它是否在全球金融危机中发生过。一个迹象是央行持有的政府债券比例不断上升。截至 2017 年年中，日本银行持有了其政府债券的一半（见图 5.17）。在欧元区，2010 年爱尔兰的盎格鲁爱尔兰银行（Anglo Irish）和全国银行（Nationwide）重组，在此基础上，爱尔兰央行对两家银行提供了再融资，这导致欧洲央行对其货币融资提出了严重关切。同年，欧洲央行推出了可能无限制购买特定国家政府债券的"直接货币交易"（OMT）。这在德国引发了对可能违反《欧盟条约》的抱怨（见延伸阅读 5.21）。这两个事例表面，当金融稳定受到威胁时，货币政策和财政政策之间的界限分割是多么脆弱。这也表明将金融稳定本身作为一项政策目标是合理的，而且为了实现这一目标还需要有货币政策之外的政策工具。第 6 章还将讨论这一问题。

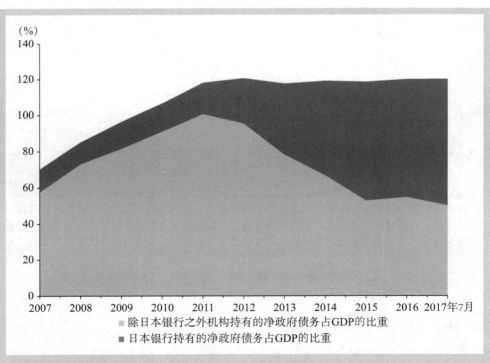

图 5.17　2007—2017 年日本银行以及日本银行以外机构持有的净政府债务占 GDP 的比重
　　资料来源：日本银行和 OECD。

延伸阅读 5.21　　　　　　　　　**对财政赤字进行货币融资的两个案例**

爱尔兰的银行重组

在 21 世纪头十年，爱尔兰的银行为房地产繁荣提供了资金。2008 年 9 月雷曼兄弟破产后，爱尔兰的银行发现难以在市场上继续再融资。为了避免债权人和储户恐慌，爱尔兰政府对国内六家银行的大部分债务提供了全面担保。政府许诺在两年内，如果这六家银行中有银行无法偿还债务，政府将代为偿还。但是政府担保带来了另一个问题，就是银行无法进行"内部纾困"（bailed in）（即债权人不会从财务上参与银行重组，见第 6 章延伸阅读 6.13）。2010 年 9 月，当政府承诺的担保到期时，这些银行仍然无法在市场上进行再融资，这就引发了存款挤兑。这些银行很快就耗尽了从欧洲央行获得流动性的合格抵押品。欧洲央行随后批准了爱尔兰中央银行（CBI）通过紧急流动性援助（emergency liquidity assistance，ELA）计划扩大流动性（见第 5.1 节）。爱尔兰政府使用政府本票对盎格鲁爱尔兰银行和全国银行两家银行进行了资本重组［将其合并为一家银行，也就是爱尔兰银行清算公司（IBRC）这家"坏账银行"］。IBRC 将这些本票质押在爱尔兰中央银行获得现金，然后用这些钱对银行的储户和债权人进行支付，并偿还之前 ELA 的贷款。到 2012 年，IBRC 也无力偿还 ELA 贷款，其不得不进行破产清算。结果政府质押的本票被推迟到了最长达 40 年的期限，而且爱尔兰央行还收回了原本 IBRC 持有的本票。这一连串事件导致爱尔兰央行被动持有了长期政府债券，这些政府债券不是在市场条件下购买获得的，并且在此过程中央行还为商业银行的资本重组提供了融资，这种行为通常是财政部门的职责。为了避免违反《欧盟条约》，欧洲央行要求爱尔兰尽快在市场上出售这些本票，更多细节可参见 Whelan（2012）。

直接货币交易（OMT）

2012 年 7 月 26 日，在欧元区外围国家金融市场动荡之际，欧洲央行行长马里奥·德拉吉（Mario Draghi）承诺，欧洲央行将"在其职责范围内采取一切必要措施"来保护欧元区。2012 年 9 月欧洲央行宣布，一旦认定存在"货币重估风险"（redenomination risk），它就准备无限量购买欧元区危机国家的政府债券。其中"货币重估风险"是指，一国可能脱离欧元区的预期会推高欧元区的长期利率，而这种预期实际上脱离了经济基本面。很快，德国公众在该国宪法法院和欧洲法院起诉了德国政府，称其放任欧洲央行为欧元区各国政府提供货币融资。作为回应，欧洲央行强调了 OMT 有附加条件，即要求参与各国同意加入欧洲稳定机制的金融援助计划，该计划包含结构性改革，而且债券均在二级市场上购买，这符合欧洲央行的职责要求。这使得 OMT 成为一种货币政策工具，而非财政政策工具。欧洲央行还表示，它将小心翼翼地避免抑制市场功能的正常运行，并将限制其购买债券的数量。2015 年 7 月 16 日欧盟法院裁定，OMT"没有超越欧洲央行在货币政策方面的权力，也没有违反对成员国进行货币融资的禁令"。更多细节可参见 Cœuré（2013）。

参考文献

Acemoglu, D. , S. Johnson, P. Querubin, and J. A. Robinson (2008), "When Does Policy Reform Work? The Case of Central Bank Independence," *Brookings Papers on Economic Activity*, 1, pp. 351 – 418.

Akerlof, G. , W. Dickens, and G. Perry (1996), "The Macroeconomics of Low Inflation," *Brookings Papers on Economic Activity*, 1, pp. 1 – 76.

Akerlof, G. , W. Dickens, and G. Perry (2000), "Near-Rational Wage and Price Setting and the Long Run Phillips Curve," *Brookings Papers on Economic Activity*, 1, pp. 1 – 44.

Akerlof, G. , and J. Yellen (1985), "A Near-Rational Model of the Business Cycle with Wage and Price Inertia," *Quarterly Journal of Economics*, 100, pp. 823 – 38.

Alesina, A. , and L. Summers (1993), "Central Bank Independence and Macroeconomic Performance: Some Comparative Evidence," *Journal of Money, Credit and Banking*, 25 (2), pp. 151 – 62.

Altunbas Y. , L. Gambacorta, and D. Marqués-Ibáñez (2014), "Does Monetary Policy Affect Bank Risk-Taking?" *International Journal of Central Banking*, 10 (1), pp. 95 – 135.

Auer, R. , Borio, C. , and A. Filardo (2017), "The Globalisation of Inflation: The Growing Importance of Global Value Chains," *BIS Working Paper*, 602.

Ball, L. (2006), "Has Globalization Changed Inflation?" *NBER Working Paper*, 12687.

Barro, R. (1995), "Inflation and Economic Growth," *Bank of England Quarterly Bulletin*, May.

Barro, R. (1997), *Determinants of Economic Growth*, MIT Press.

Barro, R. , and D. Gordon (1983), "A Positive Theory of Monetary Policy in a Natural Rate Model," *Journal of Political Economy*, 91 (4), pp. 589 – 610.

Beetsma, R. , and H. Uhlig (1999), "An Analysis of the Stability and Growth Pact," *Economic Journal*, 109, pp. 546 – 71.

Bernanke, B. (2017), "Monetary Policy in a New Era," Conference on Rethinking Macroeconomic Policy, Peterson Institute for International Economics, October 12 – 13.

Bernanke, B. , and M. Gertler (1995), "Inside the Black Box: The Credit Channel of Monetary Policy Transmission," *Journal of Economic Perspectives*, 9 (4), pp. 27 – 48.

Bernanke, B., and M. Gertler (2001), "Should Central Banks Respond to Movements in Asset Prices?" *American Economic Review*, 91 (2), pp. 253 – 57.

Bernanke, B., and I. Mihov (1997), "What Does the Bundesbank Target?" *European Economic Review*, 41, pp. 1025 – 54.

Beyer, A., Cœuré, B., and C. Mendicino (2017), "The Crisis, Ten Years After: Lessons for Monetary and Financial Research," *Economics and Statistics*, 494-495-496, pp. 45 – 64.

Blanchard, O., G. Dell'Ariccia, and P. Mauro (2010), "Rethinking Macroeconomic Policy," *IMF Staff Position Note*, SPN/10/03.

Blinder, A. (1997), "What Central Bankers Could Learn from Academics, and Vice-versa," *Journal of Economic Perspectives*, 11 (2), pp. 3 – 19.

Blinder, A. (2007), "Monetary Policy by Committee: Why and How?" *European Journal of Political Economy*, 23, pp. 106 – 23.

Blinder, A., and J. Morgan (2005), "Are Two Heads Better than One? Monetary Policy by Committee," *Journal of Money, Credit, and Banking*, 37, pp. 798 – 811.

Bordo, M. D. (2010), "Long Term Perspectives on Central Banking," *Norges Bank Occasional Paper* 42, pp. 35 – 50.

Bordo, M., and O. Jeanne (2002), "Monetary Policy and Asset Prices: Does 'Benign Neglect' Make Sense?" *International Finance*, 5, pp. 139 – 64.

Borio, C., and H. Zhu (2012), "Capital Regulation, Risk-Taking and Monetary Policy: A Missing Link in the Transmission Channel?" *Journal of Financial Stability*, 8, pp. 236 – 51.

Borio, C. (2014), "The Financial Cycle and Macroeconomics: What Have We Learnt?" *Journal of Banking and Finance*, 45, pp. 182 – 98.

Boskin, M., J. Ellen, R. Dulberger, R. Gordon, Z. Griliches, and D. Jorgenson (1996), *Toward a More Accurate Measure of the Cost of Living*, final report to the Senate Finance Committee.

Bruno, M., and W. Easterly (1996), "Inflation and Growth: In Search of a Stable Relationship," *Federal Reserve Bank of Saint Louis Review*, 78, pp. 139 – 46.

Buiter, W. (2006), "Rethinking Inflation Targeting and Central Bank Independence," inaugural lecture at the London School of Economics.

Caballero, R. (1999), "Aggregate Investment," in Taylor, J., and M. Woodford, eds., *Handbook of Macroeconomics*, Elsevier, pp. 813 – 862.

Cagan, P. (1956), "The Monetary Dynamics of Hyperinflation," in Friedman, M., ed., *Studies in the Quantity Theory of Money*, University of Chicago Press, pp. 25 – 117.

Calvo, G. (1983), "Staggered Prices in a Utility Maximizing Framework," *Journal of Monetary Economics*, 12 (3), pp. 383 – 98.

Campbell, J., C. Evans, D. Fiser, and A. Justiniano (2012), "Macroeconomic Effects of Federal Reserve Forward Guidance," *Brookings Papers on Economic Activity*, Spring.

Carpenter, S., and W. Rodgers, Ⅲ (2004). "The Disparate Labor Market Impacts of Monetary Policy," *Journal of Policy Analysis and Management*, 23 (4), pp. 813 – 830.

Claeys, G., Z. Darvas, A. Leandro, and T. Walsh (2015), "The Effect of Ultra-Loose Monetary Policies on Inequality," *Bruegel Policy Contribution*, 2015/09.

Clarida, R., J. Galí, and M. Gertler (1999), "The Science of Monetary Policy: A New Keynesian Perspective," *Journal of Economic Literature*, 37, pp. 1661 – 707.

Cœuré, B. (2013), "Outright Monetary Transactions, One Year On," CEPR-IFO-KfW conference on "The ECB and its OMT programme," Berlin, September 2.

Coibion, O., Y. Gorodnichenko, K. Kueng, and J. Silvia (2012), "Innocent Bystanders: Monetary Policy and Inequality in the US," *NBER Working Paper*, 18170.

Cunningham, A. (1996), "Measurement Bias in Price Indices: An Application to the UK's RPI," *Bank of England Working Paper*, 47.

Cúrdia, V. (2016), "Is There a Case for Inflation Overshooting?" *Federal Reserve Bank of San Francisco Economic Letter*, 2016-04.

Cúrdia, V., and M. Woodford (2011), "The Central-Bank Balance Sheet as an Instrument of Monetary Policy," *Journal of Monetary Economics*, 58 (1), pp. 54 – 79.

Dincer, N., and B. Eichengreen (2014), "Central Bank Transparency and Independence: Updates and New Measures," *International Journal of Central Banking*, 10 (1), pp. 189 – 253.

Dixit, A., and L. Lambertini (2003), "Interaction of Commitment and Discretion in Monetary and Fiscal Policies," *American Economic Review*, 93, pp. 1522 – 42.

Doepke, M., and M. Schneider (2006), "Inflation and the Redistribution of Nominal Wealth," *Journal of Political Economy*, 114 (6), pp. 1069 – 1097.

Dornbusch, R. (1976), "Expectations and Exchange Rate Dynamics," *Journal of Political Economy*, 84 (6), pp. 1161 – 76.

Draghi, M. (2014), "Unemployment in the Euro Area," Annual Central Bank Symposium in Jackson Hole, August 22.

Draghi, M. (2016), "How Domestic Economic Strength Can Prevail Over Global Weakness," Deutsche Börse Group New Year's reception, Eschborn, January 25.

Dudley, W. C. (2014), "The Economic Outlook and Implications for Monetary Policy," New York Association for Business Economics, New York City, May 20.

Eggertsson, G., and P. Krugman (2012), "Debt, Deleveraging, and the Liquidity Trap: A Fisher-Minsky-Koo Approach," *Quarterly Journal of Economics*, 127 (3), pp. 1469 – 513.

Eggertsson, G., and M. Woodford (2003), "The Zero Bound on Interest Rates and Optimal Monetary Policy," *Brookings Papers on Economic Activity*, 1, pp. 139 – 211.

Eickmeier, S., and K. Pijnenburg (2013), "The Global Dimension of Inflation – Evidence From Factor-augmented Phillips Curves," *Oxford Bulletin of Economics and Statistics*, 75 (1), pp. 103 – 122.

Eijffinger, C., and P. Geraats (2006), "How Transparent Are Central Banks?" *European Journal of Political Economy*, 22, pp. 1 – 21.

European Court of Justice (2015), Judgment of the Court (Grand Chamber) in Case C-62/14: Request for a preliminary ruling under Article 267 TFEU from the Bundesverfassungsgericht (Germany) in the proceedings Gauweiler and others vs Deutsche Bundestag, June 16.

Fawley, B., and C. Neely (2013), "Four Stories of Quantitative Easing," *Federal Reserve Bank of St. Louis Review*, 95 (1), pp. 51 – 88.

Fischer, S. (1977), "Long-Term Contracts, Rational Expectations, and the Optimal Money Supply Rule," *Journal of Political Economy*, 85 (1), pp. 191 – 205.

Fisher, I. (1933), "The Debt-Deflation Theory of Great Depressions," *Econometrica*, 1 (4), pp. 337 – 57.

Forbes, K. (2018), "Has Globalization Changed the Inflation Process?" 17th BIS Annual Research Conference, June 22.

Freeman, R. (2005), "What Really Ails Europe (and America): The Doubling of the Global Workforce," *The Globalist*, June 3.

Friedman, M. (1968), "The Role of Monetary Policy," *American Economic Review*, 58 (1), pp. 1 – 17.

Friedman, M., and A. Schwartz (1971), *A Monetary History of the United States, 1867 – 1960*, Princeton University Press.

Goodhart, C. (1988), *The Evolution of Central Banks*, MIT Press.

Goodhart, C. (2011), "The Changing Role of Central Banks," *Financial History Review*, 18 (2), pp. 135 – 54.

5

Goodhart, C., and M. Hofmann (2001), "Asset Prices, Financial Conditions, and the Transmission of Monetary Policy," Conference on Asset Prices, Exchange Rates, and Monetary Policy, Stanford University, March 2 – 3.

Hammond, G. (2012), *Centre for Central Banking Studies: State of the Art of Inflation Targeting*, Bank of England, Handbook 29.

Hatcher, M., and P. Minford (2016), "Stabilization Policy, Rational Expectations and Price-Level Versus Inflation Targeting: A Survey," *Journal of Economic Surveys*, 30 (2), pp. 327 – 55.

HM Treasury (2001), "The Specification of the Inflation Target," and "The UK Model of Central Bank Independence: An Assessment," in Balls, E., and G. O'Donnell, eds., *Reforming Britain's Economic and Financial Policy*, Palgrave, pp. 71 – 109.

Hume, D. (1742/2007), "Of Interest," "Of Money," and "On the Balance of Payments," in *Essays, Moral, Political, and Literary*, Cosimo Classics.

Ito, T., and F. S. Mishkin (2006), "Two Decades of Japanese Monetary Policy and the Deflation Problem," in *Monetary Policy Under Very Low Inflation in the Pacific Rim*, NBER-EASE, vol. 15, Chicago University Press, pp. 131 – 93.

Keynes J. M. (1936), *The General Theory of Employment, Interest and Money*, Palgrave Macmillan.

Koo, R. (2009), *The Holy Grail of Macroeconomics: Lessons from Japan's Great Recession*, Wiley.

Krishnamurthy, A., and A. Vissing-Jorgensen, A. (2011), "The Effects of Quantitative Easing on Interest Rates: Channels and Implications For Policy," *Brookings Papers on Economic Activity*, 43 (2), pp. 215 – 287.

Krugman, P. (2000), "Thinking about the Liquidity Trap," *Journal of the Japanese and International Economies*, 14 (4), pp. 221 – 37.

Holston, K., T. Laubach, and J. Williams (2016), "Measuring the Natural Rate of Interest: International Trends and Determinants," *Federal Reserve Bank of San Francisco Working Paper*, 2016-11.

Lebow, D., and J. Rudd (2001), "Measurement Error in the Consumer Price Index: Where Do We Stand?" *Journal of Economic Literature*, 41 (1), pp. 159 – 201.

Leeper, E. M. (1991), "Equilibria Under 'Active' and 'Passive' Monetary and Fiscal Policies," *Journal of Monetary Economics*, 27 (1), pp. 129 – 47.

Le Rider, G. (1994), *Leçon Inaugurale*, Collège de France, March 9.

Lucas, R. (1972), "Expectations and the Neutrality of Money," *Journal of Economic Theory*, 4 (2), pp. 103 – 24.

Lucas, R. (1996), "Nobel Lecture: Monetary Neutrality," *Journal of Political Economy*, 104, pp. 661 – 82.

Maddaloni A., and J. -L. Peydró-Alcalde. (2011), "Bank Risk-Taking, Securitization, Supervision and Low Interest Rates: Evidence from the Euro Area and the US Lending Standards," *Review of Financial Studies*, 24 (6), pp. 2121 – 65.

Mankiw, N. G. (1985), "Small Menu Costs and Large Business Cycles: A Macroeconomic Model of Monopoly," *Quarterly Journal of Economics*, 100, pp. 529 – 39.

Mankiw, N. G., and R. Reis (2011), "Imperfect Information and Aggregate Supply," in Friedman, B., and M. Woodford, eds., *Handbook of Monetary Economics*, Elsevier, pp. 183 – 229.

McCandless, G., and W. Weber (1995), "Some Monetary Facts," *Federal Reserve Bank of Minneapolis Quarterly Review*, 19, pp. 2 – 11.

Micossi, S. (2015), "The Monetary Policy of the European Central Bank (2002 – 2015)," *CEPS Special Report*, No. 109, May.

Nakajima, M. (2015), "The Redistributive Consequences of Monetary Policy," *Federal Reserve Bank of Philadelphia Business Review*, 98 (2), pp. 9 – 16.

Nelson, E., and K. Nikolov (2003), "UK Inflation in the 1970s and 1980s: The Role of Output Gap Mismeasurement," *Journal of Economics and Business*, 55 (4), pp. 353 – 70.

O'Donnell, G. (2001), "UK Policy Co-ordination: The Importance of Institutional Design," HM Treasury.

Phelps, E. (1967), "Phillips Curves, Expectations of Inflation and Optimal Employment over Time," *Economica*, 34 (3), pp. 254 – 81.

Phelps, E. (1973), "Inflation in the Theory of Public Finance," *Swedish Journal of Economics*, 75 (1), pp. 67 – 82.

Pollard, P. (2004), "Monetary Policy-making around the World: Different Approaches from Different Central Banks," Federal Reserve Bank of Saint Louis.

Roberds, W., and F. Velde (2014), "Early Public Banks," *Federal Reserve Bank of Chicago Working Paper*, 2014-03.

Rajan, R. (2005), "Has Financial Development Made the World Riskier ?" Federal Reserve Bank of Kansas City Symposium, "The Greenspan Era: Lessons For the Future," Jackson Hole, August 25 – 27.

Rogers, J. H., C. Scotti, and J. H. Wright (2015), "Unconventional Monetary Policy and International Risk Premia," 16th Jacques Polak Annual Research Conference, November 5 – 6.

Rogoff, K. (1984), "Can International Monetary Policy Cooperation be Coun-

5

terproductive?" *Journal of International Economics*, 18 (3 - 4), pp. 199 - 217.

Rogoff, K. (1985), "The Optimal Degree of Commitment to an Intermediate Monetary Target," *Quarterly Journal of Economics*, 100, pp. 1169 - 90.

Rogoff, K. (2003), "Globalization and Global Disinflation," *Federal Reserve Bank of Kansas City Economic Review*, 4th Quarter, pp. 45 - 78.

Rogoff, K. (2014), "Costs and Benefits to Phasing Out Paper Currency," *NBER Working Paper*, 2012 - 06.

Romer, C. D., and D. H. Romer (1999), "Monetary Policy and the Well-Being of the Poor," *Economic Review*, *Federal Reserve Bank of Kansas City*, Q I, pp. 21 - 49.

Sargent, T., and N. Wallace (1981), "Some Unpleasant Monetarist Arithmetic," *Federal Reserve Bank of Minneapolis Quarterly Review*, Autumn, pp. 1 - 17.

Shiratsuka, S. (1999), "Measurement Errors in the Japanese Consumer Price Index," *Bank of Japan*, *Monetary and Economic Studies*, 17 (3).

Siebert, A. (2006), "Central Banking by Committees," *DNB Working Paper*, 091/ 2006.

Stein, J. (2013), "Overheating in Credit Markets: Origins, Measurement, and Policy Responses: Restoring Household Financial Stability after the Great Recession: Why Household Balance Sheets Matter," research symposium sponsored by the Federal Reserve Bank of St. Louis, February 7.

Stiglitz, J., and A. Weiss (1981), "Credit Rationing in Markets with Imperfect Information," *American Economic Review*, 71 (3), pp. 393 - 410.

Summers, L. (2014), "US Economic Prospects: Secular Stagnation, Hysteresis, and the Zero Lower Bound," *Business Economics*, 49 (2), pp. 65 - 73.

Svensson, L. (2008), "Inflation Targeting," *The New Palgrave Dictionary of Economics*, 2nd edition, Palgrave Macmillan.

Svensson, L. (1999), "Inflation Targeting as a Monetary Policy Rule," *Journal of Monetary Economics*, 43, pp. 607 - 54.

Svensson, L. (2001), "Inflation Targeting: Should It Be Modeled as an Instrument Rule or a Targeting Rule?" *European Economic Review*, 46 (4/5), pp. 771 - 80.

Taylor, J. (1980), "Aggregate Dynamics and Staggered Contracts," *Journal of Political Economy*, 88 (1), pp. 1 - 23.

Ugolini, S. (2011), "What do We Really Know About the Long Term Evolution of Central Banking? Evidence from the Past, Insights from the Present," *Norges Bank's Bicentenary Project*, *Working Paper*, 2011/15.

Von Hayek, F. (1978), *Denationalization of Money. The Argument Re-*

fined，Institute of Economic Affairs.

Walsh，C.（1995），"Optimum Contracts for Central Bankers," *American Economic Review*，85，pp. 150 – 67.

Whelan，K.（2012），"ELA, Promissory Notes and All That: The Fiscal Costs of Anglo Irish Bank," *Economic and Social Review*，43（4），pp. 653 – 73.

White，B.（2009），"Should Monetary Policy 'Lean' or 'Clean?' " *Federal Reserve Bank of Dallas*，*Globalization and Monetary Policy Institute Working Paper*，34.

Wicksell，K.（1898），*Interest and Prices*，Macmillan.

Woodford，M.（2001），"Fiscal Requirements for Price Stability," *Journal of Money*，*Credit and Banking*，33（3），pp. 669 – 728.

Woodford，M.（2007），"How Important Is Money in the Conduct of Monetary Policy?" *CEPR Discussion Paper*，6211.

Wu，J. C. and F. D. Xia（2016），"Measuring the Macroeconomic Impact of Monetary Policy at the Zero Lower Bound," *Journal of Money*，*Credit and Banking*，48（2 – 3），pp. 253 – 91.

Wyplosz，C.（2001），"Do We Know How Low Should Inflation Be?" *CEPR Discussion Paper*，2722.

5

第6章 金融稳定

> 金融系统产生的金融风险确实更大了……与过去相比，这些发展可能正在导致更多由金融部门引发的顺周期性。它们也可能造成更大的灾难性崩溃的概率（尽管这种概率仍然很小）。
>
> ——国际货币基金组织首席经济学家拉古拉姆·拉詹（Raghuram Rajan），
> 在美联储于堪萨斯城主办的杰克逊·霍尔全球央行会议上的讲话，
> 2005 年 8 月 27 日

> 我发现拉詹的论文中稍显勒德主义*的基本前提略有误导……在我看来，其贯穿整个演讲的基调倾向于限制金融业，这种倾向是很有问题的。
>
> ——哈佛大学校长劳伦斯·萨默斯（Lawrence Summers），
> 在美联储于堪萨斯城主办的杰克逊·霍尔全球央行会议上对拉詹的评价，
> 2005 年 8 月 27 日

很少有行业像金融业这样具有争议性。在公众看来，金融业不是一个为家庭、企业提供服务的行业（尤其是对照运输、垃圾收集这类行业），而是一个风险来源，甚至还从经济中攫取了过多的租金。2007—2008 年的全球金融危机导致纳税人的钱被大规模用于救助银行，同时这场危机还暴露了银行家大量贪婪、不当和冒险的行为。揭露他们罪行的电影，比如查尔斯·弗格森执导的《监守自盗》、亚当·麦凯执导的《大空头》，以及马丁·斯科塞斯执导的《华尔街之狼》都获得了巨大成功。金融业一直被认为要对危机中数百万人的失业负责，而抨击银行家更是政客们的家常便饭。

然而我们每天都在使用金融服务。我们用信用卡支付午餐，借钱购买房产和商品，为退休储蓄，我们还将现金余额用于投资。早在 1911 年，约瑟夫·熊彼特（Joseph Schumpeter）就认为金融对技术创新和经济发展至关重要。对主流经济学家来说，金融通过以下方式支持了现代市场经济的运行：金融让收入可以跨期平

---

* 指反对变革的倾向，特别是反对技术变革的倾向。——译者注

滑，汇集储蓄并将其用于生产性投资，处理和分享信息，以及分散风险等等。[1] 正如本章开头提到的，哈佛大学校长、美国前财政部长劳伦斯·萨默斯在全球金融危机之前两年的发言表明，经济学界往往是金融行业的拉拉队队长。关于金融与发展的实证文献也揭示了：尽管存在限定条件，但金融深化和人均 GDP 两者在不同时期和不同经济体都存在正相关关系（见第 6.1 节）。

那么金融到底出了什么问题？政策制定者能否在鼓励对社会有益的金融创新的同时，在妥善解决金融创新给社会带来的风险方面做得更好？考虑到金融中介带来的社会价值，以及金融危机带来的破坏成本，我们要小心地作出分析。对应于这两个方面，本章既揭示了支持金融的理论，也讨论了金融稳定的政策，这将为相关的讨论提供有用的信息。本章的分析主要局限于封闭经济的情形，第 7 章将会讨论国际储蓄和投资，从而扩展分析角度。最后，本章的结论讨论了金融管制政策的合作与竞争问题。

6.1 事实

6.1.1 金融简史

金融的基本功能在很早的时候就已经存在了，至少在人类社会创造了法定货币的时候就已经存在，或许更早，因为许多人类学家认为债务的出现比货币还要早。[2]《汉谟拉比法典》（公元前 18 世纪的古巴比伦时期）和《旧约》中都提到了个人之间基于抵押品担保的有息贷款。希腊的提洛斯神庙提供了以房屋为担保的贷款，这是住宅抵押贷款的一个早期案例。在早期农业社会中，地主既是储蓄大户也是投资者，其对金融中介的需求有限，不过罗马的银行也吸纳储蓄并发放贷款。[3] 西塞罗记载了贷款的供给和需求如何影响利率。他关于马尼利乌斯法（Manilius law）的著名演讲解释了公元前 66 年金融恐慌如何从亚洲传播到罗马。这也是现代经济学家所说的"跨境金融传染"的早期案例。塔西佗还记载了公元前 33 年土地价格崩溃时，罗马财政部门如何救助陷入困境的地主（Frank，1935）。

金融中介在中世纪和文艺复兴时期的欧洲得到了拓展和深化（Braudel，1981）。特别是在意大利，随着朝圣和贸易的发展，跨境贷款和资金汇兑需求也在上升。朝圣者使用交换信（exchange letters）把钱存到一个城市，然后在另一个城市使用。佛罗伦萨的美第奇家族与银行合伙人一起建立了分支网络。复式记账法出现在公元 14 世纪的热那亚，它用于追踪客户的债权、债务和净资产。伊斯兰世界

---

① 参见默顿（Merton，1995）对机制的描述。

② 参见弗格森（Ferguson，2008）对金融历史的介绍以及格雷伯（Graeber，2011，chap. 2）对债务和货币出现顺序的讨论。

③ 参见 Andreau（1987）和 Temin（2004）。

也有类似的做法，从而可以为地中海贸易提供融资。后来在中国，山西票号的发展为整个国家的贸易和汇款提供了资金。

17 世纪以来，随着贸易信贷的发展和可交易汇票的出现，英国和荷兰的金融业迅猛发展。可交易汇票是以市场为基础的直接金融（market-based finance）*，这种金融形态与以银行为基础的间接金融（bank-based finance）** 互为补充。同时，资金紧张的政府通过发行债券为战争筹资。道格拉斯·诺思（Douglass North）和巴里·温加斯特（Barry Weingast）在 1989 年发表的论文认为，如果不具备有利的制度基础——比如对投资者权利的强有力保障和无风险政府债券的存在——那么直接金融就不会出现，在历史上前述两个条件都有力地推动了英国和荷兰金融业的发展，而在法国却没有发生这些事。到 18 世纪末，在持续不断的金融创新的基础上，欧洲有了遍布全域的密集的金融中介网络，并出现了跨国运作的银行和资本市场。一些大宗商品市场已经使用了远期合约或期权等先进的风险管理技术，这也预示了金融衍生品的发端。[1]

但是，那时金融服务的范围还仅限于贷款和固定收益工具，以及为贸易和政府提供融资。后来是有限责任制（limited liability）从根本上改变了金融（进而改变了资本主义）。有限责任制是这样一种合同：其允许私人投资者为项目融资，并且无须承担超出与其初始投资对应的个人责任。从 12 世纪到 13 世纪，海上贸易的康曼达（commenda）合同验证了有限责任制的可行性，在康曼达合同中，外部投资者只在投资范围内承担责任。[2] 直到 19 世纪，合伙制才成为股份制公司的普遍形式。有限责任制鼓励将原来闲置的资金配置到有风险的项目上，并为公司的股权创造了巨大的交易市场，从而促进公司得以发展。通过发行公司债，还可以利用现有股本进一步扩大融资。1860 年，政府债券占伦敦市场总市值的一半，但是到了1914 年，其份额已经降至 5% 以下。[3] 在 19 世纪后期，我们所熟知的金融市场格局已经形成，银行、资产管理公司、养老基金等金融机构出现了，交易政府债券、公司股权和债务的金融市场也出现了，在一些国家还出现了交易住宅抵押贷款的金融市场。这也是现在熟知的金融市场格局。在 20 世纪的大部分时间，这一格局基本保持不变，并且通过持续的金融全球化浪潮跨越了国界（见第 7 章）。

然而，各国的融资渠道结构还是有所不同（见第 6.1.2 节对金融市场结构的讨论）。相比美国，日本和欧洲的政府和银行发挥了更大的作用。美国公司更愿意发行股票和债券。而欧洲大陆的资本市场则缺乏深度，部分原因是大多数欧洲大陆国

　＊　下文中简称直接金融。——译者注

　＊＊　下文中简称间接金融。——译者注

　　[1]　期权合约在 16 世纪和 17 世纪发源于阿姆斯特丹、安特卫普和伦敦，但其在古代就有记载。在亚里士多德的《政治学》一书中，他讲述了米利都的泰勒斯的故事：泰勒斯押注未来的好天气，所以通过提前购买米利都和希俄斯的橄榄压榨机而赚了一大笔钱（Poitras，2008；Kairys and Valerio，1997）。

　　[2]　关于康曼达和有限责任，参见 Carney（2000）、Sayous（1929）以及 Gonzales de Lara（2001）。

　　[3]　*The Economist*，1999.

家都更偏好现收现付的养老金，而不是基金的养老计划（荷兰和北欧国家除外），这解释了为什么欧洲的大型资产管理公司发展相对受限。[1]

另一波金融创新浪潮始于 20 世纪 80 年代中期的美国，这一波浪潮伴随着金融衍生品（derivative products）的快速发展，例如掉期、期货和期权等。这些金融衍生品被定义为一种金融合约，其收益取决于标的金融资产（股票、债券、大宗商品等）的表现；或者取决于外生随机事件的实现，例如巨灾债券（针对飓风或地震的可交易保险合约）；或者是信用违约掉期的形式，其在公司或政府违约的情况下对所有者进行赔偿。金融衍生品最初是作为场外交易（over-the-counter，OTC）签订的合约，即在两个交易对手之间以定制方式签订的合约，然后逐渐实现了标准化，这使得交易者可以向管制机构报备并在交易所直接交易衍生品。金融衍生品的发明，起初是为了对冲股票、债券、货币利率等简单金融资产的风险。但很快金融衍生品就被用于投机目的。比如"无担保信用掉期"（相比一般的信用掉期，投资者不需要持有标的资产），它并不是用于对冲风险，而是仅对违约风险进行押注。据国际清算银行统计，场外金融衍生品的总市值从 1998 年的约 3 万亿美元飙升至 2008 年最高 35.3 万亿美元（相比之下，国际债券的总市值为 18.9 万亿美元）。[2]

新的金融创新浪潮不断改变着金融业的面貌。再加上大量使用大数据来收集和处理客户信息，"金融科技"（FinTech）可能会再次重塑金融中介，同时这也让金融市场涌现出了更多新的参与者［见第 6.3.1（e）节］。

6.1.2　金融市场结构和金融工具

金融系统的作用是"在不确定的环境中，促进经济资源在空间和时间上的配置和利用"（Merton，1995）。有许多这样的例子：发行债券，可以用未来收入为当前支出提供资金。投资金融资产，可以用当期收入为未来的支出提供资金。财富多元化投资或者购买保险，可以在面临负向收入冲击时维持个人的消费和投资水平。[3]如果我投资的公司与我工作的公司有充分大的差异，那么当我的工作收入下降时，就可以兑现股息，这样就能保障我的生活水平。获得融资往往是摆脱贫困的关键：获得诺贝尔和平奖的孟加拉国社会企业家和银行家穆罕默德·尤努斯（Muhamad Yunus）开创了小额信贷，其旨在消除固定成本和信息不对称，从而避免银行无法向贫困创业者提供小额贷款的金融排斥现象。

正如我们在上一节金融简史中提到的，在不同时间空间条件下有不同的金融市场结构。金融可以是间接形式的（intermediated，或者说基于银行的），也可以是

---

①　与美国相反，这也解释了欧洲资本市场在帮助家庭收入应对经济冲击方面的作用有限，另见第 7 章。

②　衍生品市场的扩张得到了数学发现的支持，即布莱克-斯科尔斯公式（Black-Scholes formula，该公式将期权价值与基础资产价格的方差建立起了联系），这使得金融业高度依赖于数学建模和金融工程技术。

③　分散投资实际上是有限的。投资者通常会投资于那些业绩与他们自己职业前景相关的公司，包括他们自己就职的公司。

直接形式的（disintermediated，或者说基于市场的、去中介化的）。

在间接金融形式下，金融机构从一些人那里收集资金并借给其他人。比如银行吸纳存款并发放贷款，资产管理公司代表客户购买金融或实物资产等等。这些活动在金融中介机构的资产负债表上创造了资产和负债。金融中介机构的整个生命周期都在不断投资和借贷。金融中介也需要监督相关项目的成败。

在金融中介机构中，银行具有特殊性。因为银行能够进行期限转换（maturity transformation）。期限转换是指，银行吸收活期存款并投资于较长期的贷款和金融资产。稍后，本书将会说明银行资产和负债之间的期限错配是银行自身风险的重要来源，也是经济系统风险的重要来源，这也是银行受到严格管制的主要原因。但我们不应忘记，期限转换同时也是银行社会角色的核心。其他金融中介机构，如货币市场基金和开放式投资基金，可以通过募集短期储蓄和投资长期资产来进行期限转换，因此也被认为是"影子银行"（shadow banking）。本章后文将详细讨论"影子银行"这一概念。

个人之间的直接借贷被称为脱媒，或者叫做去金融中介。比如个人欠条（IOU，I owe you，"我欠你的"，一种承认某人债务的凭据），或者购买本票（本质上是和欠条一样的凭据，但是可以转让给第三方，此时第三方即成为债权人），在这些情况下金融就去中介化了。对于公司而言，可能的债务合同有贷款、票据以及债券（可转让的债务工具，公司以息票形式来支付固定的利息），或者股票（可转让的财产权，公司以分红的形式向持有者支付随时间变化的收入）。股票可以在公开场合（证券交易所）进行报价和交易，或作为私人股本来持有。在这两种情况下，股票都代表着公司的自有资金（own funds）或者股权（equity）。也就是说，股票代表公司对股东的负债（liability）。[①] 可在市场交易的有价金融工具（票据、债券和股票）也被称为证券（securities）。

在直接金融市场，金融中介机构的作用仅限于识别（用金融术语来说是撮合）潜在的借贷双方，以及买卖金融资产和提供咨询服务，并收取中介费用。不过，储蓄资源的配置、项目的监督、对公司施加控制等关键功能，也是由金融中介以外的资本市场来执行的。延伸阅读 6.1 介绍了证券化业务的情况。

延伸阅读 6.1 **资产证券化入门**

资产证券化（securitization）是指将银行贷款转变为有价证券（marketable securities）的做法，这是 20 世纪 70 年代由美国政府资助的金融机构发明的，例如房利美（Fannie Mae，美国联邦国家抵押贷款协会）这样的机构在当时开启了这一做法，其将住宅抵押贷款进行了证券化。在此之前，银行会在资产负债表上一直持有贷款，直到贷款到期或者被还清［即"发起-持有"模式（originate-and-hold model）］。但是在二战后，存款机构根本无法满足住

---

① 自有资金还包括属于股东的再投资收益，以及税收抵免等其他项目。

房信贷不断增长的需求，因此，存款机构需要找到增加抵押贷款资金来源的方法。为了吸引投资者，金融机构开发了一种投资工具，根据信贷质量对挑选的抵押贷款资产池进行信用分级（tranches），然后将其在市场上出售。这一金融工具可以帮助银行减少信贷风险，并且增加银行的贷款规模［即"发起-分销"模式（originate-and-distribute model）；参见 Coval，Jurek，and Stratford，2009］。

将从同一资产类别（如住房抵押贷款、贷款、债券、贸易和信用卡应收账款等）中挑选的资产重新打包，这时候每个项目相对于整体资产的规模都较小，这有助于分散特殊性风险。然后，每个打包的分级资产都可以用来作为抵押，从而发行资产支持证券（asset-backed securities，ABS）。资产支持证券可以在市场上交易并出售给投资者。ABS 使用用基础资产收入流对应的收益来支付息票。最大的一类 ABS 是由房地产债权作为支持的，其被称为抵押支持债券（mortgage-based securities，MBS）。

想象一下，假如一些房主失去了工作并停止支付住房抵押贷款的利息，那么 ABS 对应的基础资产的收入流就会减少，一些 ABS 将停止支付息票。风险最高的一级 ABS［被称为次级（junior）］将最早停止支付息票。而优先级（senior）ABS 最后才会停止支付息票，这是最为安全的分级。容易看出来，ABS 的风险评级取决于各个分层资产的优先级高低。对于处于最优先级的分层资产（即最后停止支付息票的部分），即使其基础资产池中包含了高风险资产，其通常也被信用评级机构评为"AAA"级资产，其对应的收益率也较低。更多的次级债券评级较低（比如"AA""A"及以下），为了补偿风险，这些次级债券需要支付更高的收益率。

优先级分层并不是资产证券化特有的做法。它描述了任何公司在资产抵债、违约情况下偿还债务的顺序。一般来说，金融工具都有优先级属性。例如，债券的优先级高于股权，这反映出股票持有者拥有公司的所有权，而债券持有者只是贷款人。有一些债务工具被称为次级债务（junior debt），其在合同上或者法律上的偿还顺序低于普通贷款和债券。

证券化一度太过于成功。在美国，2007 年 ABS 的未偿金额达到了 2.5 万亿美元，几乎占美国 GDP 的 20%。ABS 逐渐变得不透明，同时风险在积累，因为证券化的信贷本身不断重组和重新包装，然后成为更加复杂的证券化资产，这种资产最后成为经过多次包装和分级的衍生品，因此这类金融产品很难进行监管和估值。2007 年之后，这个市场崩溃了（理论讨论见第 6.2.3 节的延伸阅读 6.9）。之后，人们致力于创造一种"简单、透明和具有可比性"的资产证券化。这种证券化通常结构简单、基础资产透明（Bank of England and European Central Bank，2014）。发行证券化产品的银行必须在资产负债表上保留其中的一部分（通常为 5%），以激励银行监控产品的风险。

美国和英国的金融部门主要是以市场为基础的直接金融，大约 80% 的家庭和公司在市场上融资，另外 20% 通过银行融资。日本和欧洲大陆的金融部门则以间接金融为主，金融市场结构与美、英大致相反。但最近欧洲大陆正朝着更多直接金融

的结构在发展（见第 6.3 节）。德米尔居斯-孔特和莱文（Demirgüç-Kunt and Le-vine，1999）发现，在更加富裕的国家中，金融系统通常更加发达，其拥有相对较大的银行和其他金融中介机构，同时这类国家的股票市场也更具有深度（所有这些都以占当地 GDP 的比例来衡量），但除了发展水平之外，制度因素也同样重要。在其他条件不变的情况下，他们发现：大陆法系（法国民法）的传统、对于股东和债权人保护不力、合同执行不力、腐败程度高、会计标准差、限制性银行管制和高通胀等因素，将导致一国金融系统的深度较浅。

如图 6.1 所示，随着经济变得更加富裕，经济体的直接金融占比往往会上升。此外，德米尔居斯-孔特和莱文（Demirgüç-Kunt and Levine，1999）的研究表明：海洋法传统、对股东权利强有力的保护、会计监管良好、腐败程度低，以及没有明确存款保险的国家，其金融体系往往是以直接金融为主，而不是以基于银行的间接金融为主。这一发现呼应了前文诺斯和温加斯特的讨论，以及第 9 章"法律起源"的经济学文献。金融结构的"法律起源"视角只是解释金融结构具有强路径依赖以及其对制度发展具有依赖性的一种尝试。[1] 事实上，这一解释忽视了一战前法国也同样得益于债券市场的深度，并且也忽视了预付制养老金在刺激直接金融市场发展方面的作用。

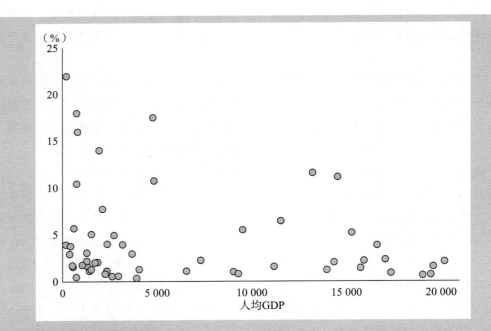

图 6.1 金融结构与经济发展

注：图中横轴为 1990—1995 年各国人均 GDP，纵轴是私人部门的银行存款占市场资本的百分比。

资料来源：Demirgüç-Kunt and Levine（1999）.

---

[1] 关于金融结构的讨论，参见 Allen and Gale（2004），Claessens（2016）和 Kremer and Popov（2018）。

影子银行这个流行术语描述了这样一种现象：非银行金融中介机构（如资产管理公司、货币市场基金或保险公司）向经济体系提供了贷款，但这些机构还在银行管制的范围之外运作。这时，上述直接金融和间接金融的中介机构实际上具有相似的社会功能。但是在不同的金融市场结构下，合同类型和相应项目的监管方式、市场参与者的动机，以及市场参与者必须（或是应该）遵守的管制都大不相同。[①] 这也会影响到货币政策在经济体系中的传导效果。

从比较广泛的意义上讲，金融还包括金融系统中的"管道"［即让货币和金融资产从一地转移到另一地的金融市场基础设施（financial market infrastructures）］。这包括支付系统（payment systems），例如信用卡计划和实时全额结算系统［real-time gross settlement（RTGS）systems］。这些系统使得银行可以实时处理上百万笔订单、进行转账支付，并在一天结束时在中央银行的账户进行结算（参见本书第5章）。"管道"还包括托管人（custodians）和清算所（clearing house）。其中前者代表发行人和投资者登记证券，并跟踪其交易动向，后者也被称为中央清算机构（central-clearing counterparts，CCPs）。清算所对大量参与者之间的标准化证券和衍生品合约交易进行净结算，充当每个买方的卖方，或者是作为每个卖方的买方。这种形式在风险管理和使用抵押品方面产生了规模效应。[②]

从更加广泛的意义上说，金融还可以包括对公司信用和证券信用提供信息服务的第三方机构。如银行内部以及市场上的其他研究机构，还包括对私人和主权借款人的偿债能力提供标准化评估的信用评级机构（credit-rating agencies）。

除了卢森堡或者新加坡等少数金融中心外，金融活动的直接贡献在发达经济体的 GDP 中占比通常在 5%～10% 之间（见图 6.2）。但是，仅仅从国民经济核算角度来衡量金融的重要性可能会产生误导。如果加上法律、会计以及相关高附加值、辅助金融的服务业，则金融占总产出的比重将会更大。因此，国际金融中心之间的竞争非常激烈。国际金融市场之间的竞争是全球性的：伦敦、纽约、东京、香港、上海和新加坡。当然，竞争也可以是区域性的。例如 2016 年，英国脱欧公投引发了欧洲大陆金融市场之间的选美比赛，包括阿姆斯特丹、都柏林、法兰克福、卢森堡和米兰，这些城市都在竞争从伦敦流出的金融资本。同样地，上海、香港和新加坡之间的竞争也很激烈。

只考虑金融业的产值，这样会忽视其存在的重要性。金融业的存在是为了将储蓄配置到需要的地方，并且为消费者和公司对冲风险，这有助于提升所有其他行业的产出。正如拉里·萨默斯（Larry Summers）曾经指出的那样，不应以电力在总

---

① 关于间接金融与直接金融利弊的讨论，参见 European Commission（2015b）。
② 中央银行拥有并运营一部分市场基础设施［例如全额结算系统（RTGS）］，但也有一部分以营利为目的。在后者的情况下，鉴于其在金融系统中有系统性作用和自然垄断性质，因此受到严格管制。

产出中的份额来衡量发电行业在经济中的重要性。[①]

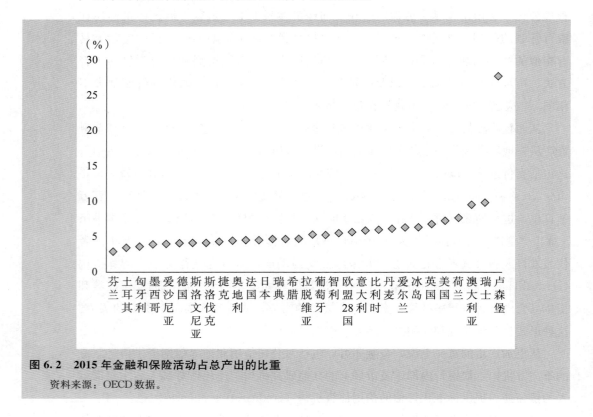

图 6.2　2015 年金融和保险活动占总产出的比重
　　资料来源：OECD 数据。

6.1.3　金融危机

　　金融危机反复出现凸显了监管的重要性。金融总是与过度冒险和资产价格泡沫联系在一起。此类事件通常以市场崩溃告终，而其造成的就业和收入损失也将远远超出金融业的范围。

　　查尔斯·金德尔伯格（Charles Kindleberger）讲述了现代金融危机的历史：1634—1637 年的荷兰郁金香狂热（见图 6.3）和 1719—1720 年间的南海泡沫、密西西比泡沫，这些都是金融危机的著名案例（Kinleberger and Aliber，2005；还可参见 Mackay，1841；Garber，1990）。1929 年美国股票市场崩盘是另外一个例子。莱因哈特和罗格夫（Reinhart and Rogoff，2010）研究了两个世纪以来的金融危机，从而提供了一个比较新的、更加全面的解释。根据他们的研究，近三分之一的样本国家在一战前和 20 世纪 90 年代每年都处于银行危机之中，而主权债务危机（即政府违约或债务重组，见第 4 章）则更为频繁。在 19 世纪 30 年代，每年有近一半的

---

　　① "我总是喜欢把这些（金融）危机比作停电。电网会崩溃、连接会消失、产出也会迅速下降。会有一群经济学家坐在那里解释说，电力行业只占经济的 4%，所以即使失去了 80% 的电力，经济损失也不可能超过 3%……但这是愚蠢的"（Summers，2013）。

国家违约，在 19 世纪 80 年代、20 世纪 40 年代以及 20 世纪 90 年代也是如此。

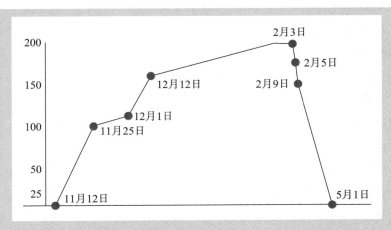

图 6.3　1636—1637 年郁金香价格指数

注：该指数是由作者建立的，以便在不同郁金香品种之间进行比较。参见 Van der Veen（2012）的讨论。

资料来源：Thompson（2007）.

　　金融危机的共同特点是杠杆（依赖债务为投资高收益风险资产提供融资）和泡沫（资产价格持续偏离其经济价值）。危机发生之前，金融中介机构的资产负债表通常会扩张，通过不断增加的债务为房地产或金融资产的投资提供融资，从而推动相应的资产价格上涨，资产价格的上涨反过来又提高了抵押品的价值，使资金需求方能够借到更多钱，这就在金融系统中形成了一种正反馈（完整讨论见延伸阅读6.10）。这种扩张往往伴随着信贷标准的恶化；也就是说，金融机构可能放低要求来评估借款人的风险，并放松担保要求。在泡沫发展阶段的某一时刻，价格将上升到远远超出对未来现金流的预期，市场情绪会突然转变，投机者开始抛售资产，然后泡沫就破裂了。图 6.3 中的断崖式下跌就是这类情况的典型案例。金融中介机构会因此蒙受巨额损失。如果没有资本注入，它们就会破产，并对整个经济系统产生广泛的负面溢出效应。

　　泡沫可能限于某种特定的资产类别。如今，提起泡沫，人们往往会想到科技公司、商业和住宅房地产，或者加密货币。有时候泡沫也会蔓延到整个金融市场，在这种情况下，泡沫对实体经济的溢出效应可能非常强烈。当泡沫上升时，经济显得繁荣，而泡沫破裂时，经济快速衰退。根据耶鲁大学经济学家海曼·明斯基（Hyman Minsky）领衔的学派的观点，由债务推动的不稳定的金融周期是资本主义所固有的。它偏离了新古典主义的经济学范式，在新古典范式中，反馈力量总是能够确保经济会回到长期均衡（Minsky，1986，1992）。为了纪念明斯基所提出的金融不稳定假说，人们将市场主体意识到资产估值与未来收入流不匹配的临界点称为明斯基时刻（Minsky moment）。人们会想起华纳兄弟经典动画片《路跑者》中大笨狼怀尔（Wile E. Coyote）意识到自己是在空中奔跑，然后摔在了地上，这个画面为明斯基时刻给出了一个漫画式的解读。

那么读者可能会疑惑：什么是金融资产的基本价值（fundamental value）？一个直接的答案是预期货币现金流的净现值（我们将在第 6.2 节中看到这个模型），或者说在实物资产的情况下，拥有它的机会成本的净现值（例如，拥有房产可以不用支付租金，因此房产的基本价值是未来租金的净现值）。对于非金融资产，价值也可以定义为从其所有权中获得的效用流的货币等价物，例如拥有一件艺术品的审美享受。因此，"基本价值"这一定义高度依赖于预期理论。

金融危机对经济系统中其他部门造成的外部性可能非常严重。在危机之前，金融泡沫的外部性同时具有正、负两面影响。正面影响是因为金融乐观主义有助于为具有长期回报的冒险事业提供融资。负面影响是因为投资于快速膨胀的资产会带来资本错配，而这些资本原本可以更好地用于生产性用途。19 世纪的铁路和钢铁行业，以及 21 世纪的数字创新都说明了积极的外部性（Ventura and Voth，2015）。而 1997 年亚洲金融风暴后泰国空置的办公楼，以及 2012 年后西班牙海边住宅的空置则是负外部性的例证。在危机过后，除非你是第 9 章将讨论的熊彼特的创造性毁灭概念的坚定信徒，否则危机的外部性显然是负面的。如图 6.4 所示，抵押品价值的降低，以及个人、金融中介和政府的资本损失都会对消费和投资产生深刻而持久的影响。

金融危机的代价通常巨大：衰退剧烈，复苏缓慢，对 GDP 的影响非常持久。莱因哈特和罗格夫（Reinhart and Rogoff，2009）发现，在发达经济体和新兴经济体近期的银行业危机样本中，危机使得 GDP 从高峰到低谷的平均落差影响大于 9 个百分点（见图 6.4）。[①] 欧元区从 2008—2009 年和 2011—2013 年的双底衰退中缓慢复苏，这是"失去的十年"的不幸案例。直到 2014 年底，欧元区的 GDP 才恢复到 2008 年的水平。

如果金融危机超出了本国金融部门，并进一步对国际收支和财政产生影响，则结果会更加严重。国际收支方面的问题通常出现在依赖于外部资金的小型开放经济体中。国内资产价格下跌将引发资本外逃和本币贬值（这又增加了本国的外币债务负担）。1997—1998 年，货币与美元挂钩的几个东亚经济体就出现了这种情况，而且这些国家的国内资产（通常是商业地产）价格也被高估了。货币贬值与资产价格下跌相互强化，加深了危机对金融业的负面影响。这就是常说的银行体系和国际收支的双重危机（twin crises，见第 7 章）。

---

① 参见克拉森斯等（Claessens et al.，2014）的综述。

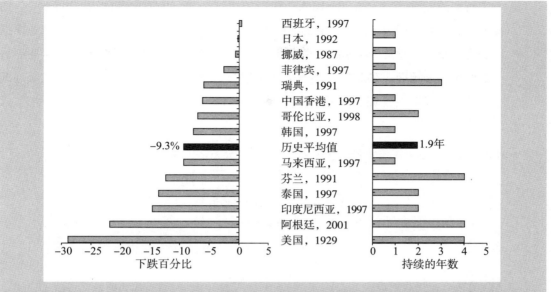

图 6.4　银行业危机中的实体经济代价：实际 GDP 从高峰到谷底的降幅，以及经济持续低迷的年数

资料来源：Reinhart and Rogoff（2009），p. 470，figure 4.

　　财政层面的问题通常是由于政府不得不介入干预并花费财政资源来救助本国银行（见第 4 章）。金融危机可能给公共财政带来相当大的负担。根据国际货币基金组织的研究，1970—2011 年间，在每次危机的五年时间窗口中，这方面的财政支出将超过 GDP 的 20%（Laeven and Valencia，2012）。为了应对 2007—2008 年全球金融危机，爱尔兰的财政支出超过了 GDP 的 40%。反过来，如果本国银行大量持有政府债务，而政府债务的价格又因违约风险上升而面临下跌，这时财政危机就会引发金融危机。两者结合在一起，形成了一个厄运循环或者说银行-主权关系，即银行与主权违约风险之间的双向联系。企业行为也会助长这一循环。当银行情况变差时，银行将减少贷款额并提高贷款标准，此时企业投资会减少，这会进一步给经济增长和税收带来压力（见图 6.5）。厄运循环是 2010 年开始的欧元区危机的重要机制之一。[1] 在金融危机后，金融管制议题中的一个关键优先事项是保护纳税人免受银行业危机的影响（见第 6.3 节，特别是延伸阅读 6.13）。

　　金融危机也会冲击个别金融机构。当储户对银行保证其存款价值的能力失去信心并争相提取存款时，就会发生银行挤兑（bank run）。这是因为银行的大部分资产要么是缺乏流动性的（试想个人和企业的贷款，这些贷款不容易转移到另一家银行），要么必须折价出售，不能像之前预期的那样产生那么多的现金。银行挤兑的早期案例是 1720 年 3 月发生在法国巴黎的密西西比危机。这场挤兑发生在苏格兰

---

[1]　关于对货币政策影响的后果见第 5 章，关于对监管影响的后果见第 6.3 节。

银行家约翰·劳（John Scottish）管理的印度公司（Compagnie des Indes）*。约翰·劳也是法国国王路易十五的财政大臣。印度公司通过发行股票和短期商业票据获得资金，并投资于法属路易斯安那州的采矿项目。但随着时间的推移，这些项目的情况不如预期。在 1720 年春天，人们对皇家银行（Banque Royale）的信心逐渐恶化，最终发生了银行挤兑。1720 年 7 月 17 日储户们冲进银行总部，有 17 人丧生。[①]

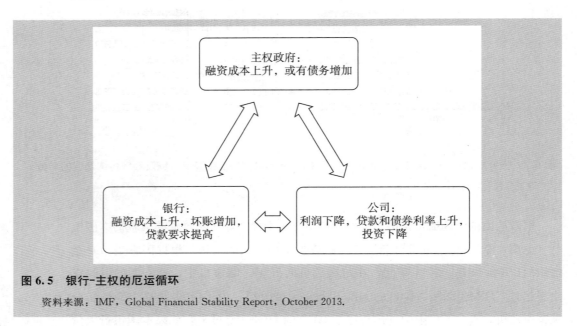

图 6.5　银行–主权的厄运循环

资料来源：IMF，Global Financial Stability Report，October 2013.

19 世纪曾出现了多次银行挤兑，比如 1873 年纽约第一国民银行的挤兑和 1866 年伦敦奥弗伦·格尼（Overend Gurney）银行的挤兑。当然，银行挤兑在当代也屡见不鲜。2007 年 10 月，英国储户排着队从北岩银行（Northern Rock）当地分支机构取款，这是全球金融危机的一个标志性画面。北岩的业务主要是利用客户存款和短期市场借款为房地产投资提供资金。还有另一个例子，2015 年 6 月和 7 月欧洲中央银行（ECB）宣布，如果希腊政府违约将限制其再融资，此后希腊银行关闭了数周以防止挤兑。

银行的业务就是做期限转换，所以银行挤兑很容易发生。政府对银行进行管制的一个关键目标就是避免流动性危机。本章第 6.2 节和第 6.3 节将进一步讨论这一

---

　* 原书用 Compagnie des Indes Orientales，也就是法属东印度公司，但事实上 1719 年，约翰·劳已经将他之前创设的法属西印度公司和法属东印度公司合并为印度公司。由于该公司拥有密西西比流域的贸易权，因此也被称为密西西比河公司。并且劳尔主要通过自己特许设立的皇家银行（Banque Royale）进行货币发行，用发行的货币来购买印度公司的股票，这推动了印度公司股票的泡沫，当人们开始怀疑皇家银行的偿付能力时，就发生了银行挤兑。原文此处过于省略，故补充于此。——译者注

　① 详细分析可见 Velde(2009)

点。保险公司和养老基金不存在这类问题，它们的负债通常是长期的，到期前也不容易赎回，所以不太容易发生挤兑。但是对资产管理公司来说，如果投资者可以自由提取资金，也有可能会发生挤兑。当金融机构通过发行短期票据或者通过回购协议借出资产来获取融资时，资本市场也可能会发生挤兑。短期证券的投资者可能会像储户一样失去信心（见第 6.2.3 节的讨论）。

个别机构的挤兑可能演变为系统危机，这取决于它们的规模以及和其他经济部门的相互联系。2007 年夏天就发生过这样的情况，当时商业票据市场——银行筹集短期资金的重要来源——突然发生了冻结，原因是人们对银行持有的抵押贷款质量越来越不信任。此前交易活跃的证券突然出现流动性不足，这成为全球金融危机开始的信号。

6.1.4　金融与经济状况

我们在前文描述了经济发展与金融深度之间的联系，琼·罗宾逊（Joan Robinson，1952）的研究已经验证了这一点。这种因果关系也可能是反向的，更具深度的金融体系可以将储蓄引导到提高生产率的投资来刺激增长，并通过更好地分散风险和更容易获得的金融工具来减少预防性储蓄。然而，金融部门规模过大则可能是由于贷款标准不严格、杠杆率过高，以及投资于价格过高的非生产性资产。这意味着当下的生产率较低，以及未来可能爆发危机，还可能伴随着人力资本的错配，原因是金融部门支付的工资过高，如图 6.7 所示。数学博士或者核物理博士在交易大厅工作，而不是从事基础研究，这种选择对个人来说是理性的，但会给社会带来福利损失。综上所述，金融深度与经济福利之间的关系可能遵循倒 U 形曲线，这意味着可能存在金融部门的最优规模。[①]

1960—2010 年期间，金融市场和金融中介机构的增长速度都远快于名义 GDP。1995—2015 年，全球股票市值占全球 GDP 的比重翻了一番，而私人部门的信贷只增加了一半（见图 6.6）。这不得不让人发问：至少在发达经济体，金融业是否已经超出了最优规模（也就是超出了倒 U 形曲线的峰值）？

关于金融发展和增长的联系，经验研究的文章是怎么说的？20 世纪 90 年代，学术界对于从金融深度到经济发展的正向因果关系达成了共识。金和莱文（King and Levine，1993）发现，金融发展水平与未来的实际人均 GDP 增速、实物资本的积累和效率改善高度相关。后来进一步的研究证实了这种因果关系（Rousseau and Sylla，2003）。[②] 但是之后的经济学家对这一问题的分析更加慎重。20 世纪 90 年代

---

① 参见 Cœuré（2014）的讨论。

② 使用工具变量有助于控制从发展到金融的反向因果关系。这些变量应与金融发展相关，与当期 GDP 无关。研究者经常使用与法律制度有关的变量。

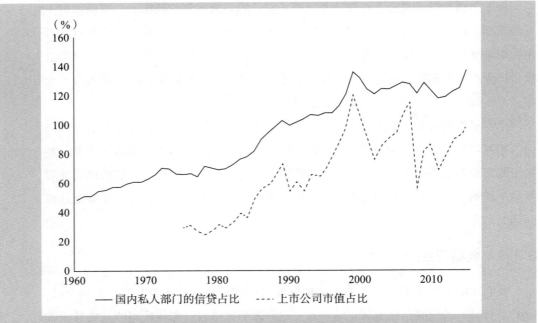

图 6.6　全球金融业的崛起：1960—2015 年私人部门信贷和上市公司市值占全球 GDP 的百分比

资料来源：World Bank，World Development Indicator.

末的亚洲金融危机、21 世纪初的互联网泡沫以及后来的全球金融危机，都暴露了金融业的"阴暗面"。这也使得经济学家得出结论认为，金融促进经济发展的因果关系可能在经济发展的初始阶段成立，但不适用于成熟经济体（Aghion et al.，2005；Bordo and Rousseau，2011）。津格拉斯（Zingales，2015）指出，经济学家倾向于淡化金融部门产生的经济租。根据阿坎德、伯克斯和潘尼扎（Arcand，Berkes，and Panizza，2012）的研究，当私人部门信贷超过 GDP 的 110％时——即 20 世纪 90 年代初全球达到的水平——提供更多信贷对增长的边际效应变为负值，如图 6.6 所示。类似地，伊斯特利、艾拉姆和斯蒂格利茨（Easterly，Islam，and Stiglitz，2000）发现，当信贷超过 GDP 的 100％时，宏观经济的波动性会更大。而在企业层面，切凯蒂和卡罗比（Cecchetti and Kharoubi，2014）发现，外生性的融资增长将使得资金过度投资到高抵押/低生产效率的项目，从而拉低全要素生产率的增速。不过，这些结果主要是发达经济体的特征。新兴经济体和低收入经济体不太可能出现金融的过度发展。

　　最后，一个规范性的问题是：金融业的规模是否与其社会价值相称？托马斯·菲利蓬（Thomas Philippon）和阿里尔·雷谢夫（Ariell Reshef）的研究认为，美国金融业的发展已经与其社会价值发生了背离。他们发现，20 世纪 90 年代以来，金融业通过支付相当高的溢价工资（在全球金融危机之前，教育水平相近的人在金融部门可以获得 50％的收入溢价，见图 6.7）从其他行业挖来了高技能人才。20 世纪 80 年代以来，金融业的高工资解释了美国工资整体失衡恶化的 15％～20％。说白了，太多的人才被分配到金融行业，银行家太多而工程师太少。[1] 同时，这还可能增加了金融业服务的单位成本（Philippon，2015；Philippon and Reshef，2012，2013），从而让人质疑金融业的效率。

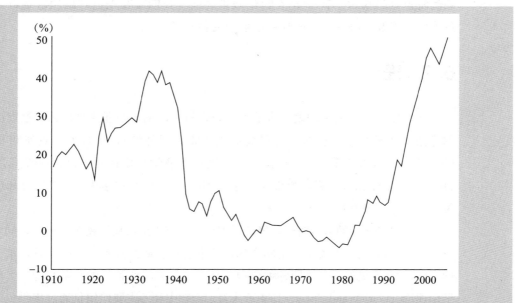

图 6.7　金融部门相对于其他非农部门的工资溢价：1910—2005 年

注：工资溢价已经考虑了就业人员技能的结构性差异。

资料来源：Philippon and Reshef（2012），p. 1591，figure X. B.

　　本节已经表明，金融对于第 1 章定义的经济政策的所有三种功能都有其贡献。首先，金融可以在不同时间、不同个人以及不同经济部门之间配置资源，实现资源配置的功能。如果不能发挥这一作用，就会阻碍对物质资本和人力资本的投资，从而影响社会提高生活水平的能力。其次，金融通过保障家庭和企业免受经济冲击而发挥稳定经济的作用。如果不能发挥这一作用，就会放大宏观经济波动。最后，金融具有收入再分配作用，其作用可能是积极的（例如，它可以帮助较贫困的家庭扩大就业、增加收入机会），也可能是消极的（例如，金融资产价格膨胀会扩大贫富差距）。金融是"好仆人，坏主人"（Brittan，2011）。它为社会提供了有价值的服务，但是当金融部门在数量和质量上过度扩张时，人们就会质疑它在资源配置、宏观经济稳定、收入再分配上的效率。

　　所以，政策要关注如何发展金融部门，从而促进长期增长和确保普惠金融，这些将在第 9 章讨论。本章侧重于关注审慎政策，其目的是确保金融部门参与者的激励与公共利益保持一致，并确保金融系统中的市场失灵不会对经济的其他部门造成负面的外部性。这些政策可以是微观或宏观审慎政策（microprudential or macro-

---

　　① 根据戈尔丁和卡茨（Goldin and Katz，2008）的研究，15％的 1990 届哈佛大学毕业生在工作 15 年内都进入了金融业，是 20 世纪 70 年代的 3 倍。

prudential)。其中，微观审慎政策针对个人和金融机构，同时把金融系统的其他部分看作是外生的（第 6.3.1 节和第 6.3.2 节）。宏观审慎政策则是把金融体系当作一个整体来处理问题，因为考虑到金融系统存在共同的风险敞口和各个部门相互联系的特点（第 6.3.3 节）。但在讨论政策之前，我们需要先更好地理解金融是如何运作的，以及金融系统所面临的市场失灵和外部性问题。

6.2 理论

从历史上看，金融理论一直是支离破碎的。讨论金融理论是什么，这取决于话题是涉及公司的融资选择（公司金融或产业组织理论），还是处理资本市场运作（通常所说的金融学科），以及我们是从微观经济学角度还是宏观经济学角度讨论（从宏观经济学角度来看，货币经济学和国际宏观经济学的很大一部分也和金融相关，参见第 5 章和第 7 章）。

在古典经济学的黄金时代，经济学家将"可贷资金市场"视为以单一、同质商品（资本）为基础的供求关系决定的市场，该市场将会通过利率调整来实现出清。在该理论中，"看不见的手"将使各种金融工具对应的风险调整后的收益相等。金融中介早期理论（Gurley and Shaw, 1960）认为，金融中介的主要作用是通过提供风险转移（risk transformation）服务来帮助买卖双方达成交易。也就是说，从居民手中收集短期储蓄，并向企业提供长期融资。只要金融部门能够顺利提供这项服务，那么宏观经济学家就可以完全忽略金融部门——他们确实也曾经是这样做的。

这种范式在 20 世纪 80 年代和 90 年代被打破了。经济学家意识到，信息不对称是市场失灵的根源之一。对金融的研究开始重新聚焦于借款人、贷款人和金融机构之间的代理问题：也就是说，要研究监控借款人和设计激励相容的贷款合同的成本。同一时期，经济学界也见证了有效市场假说（efficient market hypothesis）的兴起和衰落。有效市场假说认为，金融资产的所有相关信息都通过其市场价格得到了体现。而后，对价格形成进行更为细致分析的理论逐渐替代了这一假说。最近，经济学家研究了整个金融系统的直接和间接溢出效应，并试图更好地理解系统性风险的本质。

本节首先探讨了金融的基本功能：为企业提供融资，匹配资本的供需。然后重点讨论银行的具体作用及其带来的风险。最后我们转向宏观经济层面，探讨系统性风险的积累和传播。本节不涉及保险和养老金的相关理论。

6.2.1 企业融资中的资本结构

企业要为其运营和投资活动进行融资，要么是通过内部收入结余渠道，要么是通过在外部发行债券或者股权。弗兰科·莫迪利安尼和默顿·米勒（Merton Miller）在 1958 年的研究开创了公司金融。他们认为，假设完全信息和没有市场摩擦，那么公司的资本结构（capital structure）既不影响其价值，也不影响其平均资本成本（见延伸阅读 6.2）。原因很简单：公司的市场价值是股东和债权人未来股息和息票的贴现总值。股息和息票的收入来自公司收入，而公司收入只取决于公司的资产而不是负债。莫迪利安尼和米勒也承认，他们的定理建立在不切实际的假设之上。但它仍然是研究资本结构的重要基准模型。近 50 年来对公司金融的研究，一直在解构莫迪利安尼和米勒的模型，通过不断放松其关键假设来进行分析。[1]

没有税收显然是一个强假设。在所有国家，公司支付利息至少可以抵扣一部分所得税，这也使得公司更愿意发债（Langedijk et al.，2015）。[2] 更复杂的是，留存收益、资本利得和股息的税率都不相同，因此，税收因素使得在不同融资手段之间形成了一个优先顺序。

延伸阅读 6.2   **莫迪利安尼-米勒定理（1958）**

假设公司拥有的资产为 A，并在每个时期得到现金流 ρ^A。公司可以通过发行债务（价值为 D 的债券或者贷款，对应固定的无风险收益率 i）或者股权（价值为 E 的股票，对应可变的股息回报率 r^E）进行融资。公司的简化资产负债表见表 B6.2.1。

表 B6.2.1　公司的简化资产负债表

资产	负债
贷款和金融资产 A	债务 D
	股权 E

公司的资产 A 的价值等于作为融资来源的负债的价值。

$$A = E + D \tag{B6.2.1}$$

在这个简化模型中，公司用留存收益为投资进行融资，这相当于增加股本。那么公司负债结构（即 D 和 E 的组合）如何影响公司的市值和平均资本成本？根据弗兰科·莫迪利安尼和默顿·米勒在 1958 年发表的论文，负债结构完全没有影响。

股东会要求溢价以补偿股息的较高波动性，而债务则被认为是无风险的（假设公司不会违约）。因此，股息回报率 r^E 比息票 i 更高。人们可以预期当 D/E 上升时，公司的市场价值就会下降，但事实并非如此。为了说明这一点，假设存在两个不同负债结构但资产都为 A 的公司。公司甲不发行债务（$E_1 = A$），公司乙发行债务 D 和股权 $E_2 = A - D$。拥有禀赋 A 的投资者可以购买公司甲的所有股权并得到未来现金流 ρA；投资者还可以购买公司乙的股权和债务，这时候获得的一部分回报是股息，等于用 ρA 偿付债务利息之后剩下的金额，另一部分回报是无风险资产的利息。由于 $(\rho A - iD) + i(A - E_2) = \rho A$，这两种投资方式都得到相

---

[1]　可参见布雷利（Brealey）、迈耶斯（Myers）和艾伦（Allen）编写的《公司金融》（第九版）教科书（2007）。

[2]　根据德莫吉（De Mooij，2011）进行的元研究（meta-study），在企业所得税率为 40％时，企业杠杆率在有利息抵扣政策时将比债务和股权中性制度下高出 10％。利息抵扣政策也鼓励了跨国公司的债务转移行为，包括将债务集中在高税收的国家。

同的现金流。这里假设投资者可以自由进入无风险债券市场。

公司资产回报率 ρ 同样是公司资本的加权平均成本：

$$\rho = \frac{E}{A} r^E + \frac{D}{A} i \tag{B6.2.2}$$

因此可以得出第一个结论：公司的资本结构不会影响加权平均资本成本。这是因为在支付股利或者息票之前，公司的收入 ρA 只依赖于公司资产。第二个结论是：股本回报率随着债务/股本比率增加而上升。

$$r^E = \rho + (\rho - i) \frac{D}{E} \tag{B6.2.3}$$

这两个结论适用于任何包括金融和非金融公司在内的所有公司。特别是，如果满足定理的条件，那么要求银行持有更多资本不应该影响它们的平均融资成本，因此也不应该提升其贷款成本（见第 6.2.2 节的讨论）。

莫迪利安尼和米勒也承认，这些结果依赖于一些重要的假设。第一，通过股权或债务融资不存在交易成本。第二，债权人、股东和公司管理者对公司未来现金流有同样的信息。第三，没有税收。第四，投资者可以和公司一样进入无风险资本市场。第五，公司从不违约，因此融资结构不会影响现金流分配。上述每一个假设都是有争议的。

另一个关键假设是不存在违约。罗伯特·默顿（Robert Merton）在其 1974 年发表的关于公司债务估值的重要论文中放宽了这一假设。该论文将公司债务的价值与其违约风险联系了起来（见延伸阅读 6.3）。默顿为评估存在违约风险的复杂金融工具铺平了道路，并对有风险债务和无风险债务之间的利差进行了建模，这也就是信用利差（credit spread）。

莫迪利安尼-米勒定理的所有假设当中最关键的假设是完全信息。这等价于债权人、股东和公司管理者能够获得关于公司未来现金流的相同信息。在现实世界中，公司管理者掌握着银行家和投资者所没有的关于公司前景和战略的内部信息，这就造成了管理者的行为不符合银行、投资者最佳利益的风险。[1] 大量文献从实证角度和规范角度研究了股东和债权人，以及股东与公司管理者之间的委托-代理问题（principal-agent relationship）。

第一份文献关注的是代理成本，也就是对公司管理者进行监督，以确保他们不会在股东眼皮底下做出损害股东利益的事情，这种成本被定义为代理成本（Jensen and Meckling，1976）。另一份文献则使用了斯宾塞信号模型（Spence，1974）的范式，其关注公司通过融资选择向投资者发出的信号（Myers and Majluf，1984）。除非将来有更高的利润，否则发行股票将稀释现有股东的权益，从而压低公司股价。

---

[1] 一个典型例子是，公司管理层和股东之间在关于如何使用自由现金流（free cash flow，即在公司投资了盈利项目之后剩余的盈利）问题上的冲突。参见 Jensen（1986）。

如果股票投资者无法获得有关公司前景的信息，那么他们会将债务作为更好的选择。[1] 这就是公司金融的优序（pecking order）融资理论：在信息不对称的情况下，公司首先会选择内部融资，其次选择短期债务，再次是长期债务，最后才会选择发行股票。[2]

延伸阅读 6.3	违约风险与债务价值（Merton，1974）

对固定收益工具（如固定利率债券或贷款）进行估值，不需要像股票那样去建模分析一连串变化的现金流。然而，人们需要对违约风险作出判断，也就是当金融工具到期时，本金是否可以完全赎回。

考虑一家公司在时刻 $t=0$ 发行了一笔期限为 T 的债务 D。公司在任意时刻 t 的资产价值为 x_t。如果在时刻 T 这家公司没有足够的 x_T 来偿还债务 D，则这家公司就发生了违约。由于债权人比股权投资人的优先级更高，所以债权人可以更优先获得公司资产的残值，以偿付其债务 D。综上所述，债权人和股东的回报分别为 V_T^D 和 V_T^E，两者可以由以下非线性方程得到。具体定义参见表 B6.3.1：

$$V_T^D = \min(D, x_T) \quad 和 \quad V_T^E = \min(0, x_T - D) \tag{B6.3.1}$$

表 B6.3.1　债权人和股东的最终回报与公司资产价值的函数关系

资产价值	债权人的回报 V_T^D	股东的回报 V_T^E
$x_T < D$	x_T	0
$x_T > D$	D	$x_T - D$

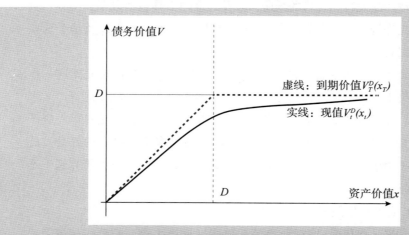

图 B6.3.1　公司债务的价值与资产价值的函数关系

[1]　假设更多的债务不会增加公司的违约概率，那么债务价格就不会受到影响，因为它对应于固定收益。

[2]　信号模型已经被用来解释在不同税制下公司金融选择（在优序融资理论之外的）的其他维度，例如当现金股息的税率高于资本利得时的股利分配政策（Bhattacharya，1979；Poterba and Summers，1985）。

公式（B6.3.1）描述了基于公司资产价值的期权。用金融术语来说，股东对公司资产持有执行价格为 D 的看涨期权（call option，即在资产价格高于 D 时可以购买资产的期权）。债权人对资产持有执行价格为 D 的看跌期权（put option，出售资产的期权）。如果 x_t 的随机过程满足均值为常数且在单位时间内方差有限，则在 $0 \leqslant t \leqslant T$ 的任意时刻，上述两个期权的价值都可以用布莱克（Black）和斯克尔斯（Scholes）在 1973 年发现的期权定价方程计算。这项研究的发表正好在默顿的论文之前。

图 B6.3.1 展示了公司债务价值与资产价值的函数关系，其中虚线是在 T 期到期的债务价值，实线是在 t 期也就是债务到期之前的价值。随着资产价值的下降（从图中的右侧移动到左侧），债务无法偿还的可能性越来越大，债务价值也就进一步偏离 D 的水平。

信用利差即有风险债务的收益率和无风险债务的收益率的差值，这也是看跌期权的价值。信用利差随着债务期限变长而上升，也会随着公司风险的增加而上升（公司风险的定义是其资产回报的方差）。默顿的结构性违约模型（structural default models）的实证研究表现令人失望。实际的公司信用利差比模型所得到的结果要更宽。[①] 但模型的思路仍是正确的。利兰德（Leland，1994）对该模型进行了改进，以考虑破产成本和公司税这些因素。

6.2.2 资本市场

资本市场是金融产品发行和交易的场所。涉及的金融工具包括股票、债券、贷款（只要初始合约允许贷款人将其转让给另一个市场参与者）、外汇以及基于这些工具的任何衍生品工具。

资本市场的社会作用是匹配资本的供需两端。资本市场能否有效发挥这一作用，很大程度上取决于其价格发现的能力，其价格信号应该能够揭示任何资产未来现金流的正确信息。关于有效资产定价，已经有了大量的文献。首先是对单一资产定价的研究，其次是对资产组合定价的研究，后者描述了多样化投资的好处。此后，这方面的研究集中于信息不对称及其对资产定价造成的影响，这些研究基于不同的市场微观假设条件。

（a）资产估值和有效市场假说

基于理性预期和冯·诺依曼-摩根斯坦预期效用（见第 1 章）的范式，最简单的资产定价模型就是现金流贴现（discounted cash flow）或者说是现值法。考虑一个风险中性的投资者，其在持有金融资产和无风险资产之间没有特定偏好、是无差

---

① 特别是对期限较短的债券，默顿模型假设发生剩余（residual）的违约风险收敛于 0。驱动资产回报的随机过程可以被细化（例如将跳跃添加到默顿的连续时间布朗运动设定中）。参见黄和黄（Huang and Huang，2012）关于公司违约模型的经验表现的讨论。

异的。那么金融资产的可能价格是它产生的现金流的预期价值，并以无风险收益率进行贴现。比如，股票就是未来股息分红的贴现。这是金融资产的基本价值。如果无风险利率 r 是常数，而金融资产所产生的现金流随时间以固定增速 g 增长，这样就可以得到一个非常简单的公式：当期的资产价格等于当期现金流除以 $r-g$ ［见延伸阅读 6.4 的公式（B6.4.6）］。这就是股票价格的戈登-夏皮罗公式（Gordon-Shapiro formula），或者说戈登增长模型（Gordon growth model）。如果投资者是风险厌恶的，则可以使用风险调整后的贴现率来对公式进行修正。

延伸阅读 6.4	金融资产定价的基础模型和理性泡沫

考虑一个具有理性预期的风险中性投资者（见第 1 章），他在初始时刻 t 的投资有两种选择：一种是在未来每期的 $t+s$ 期初，投资于具有随机价格 p_{t+s} 的金融资产（如公司股票），另一种是在未来各期，投资于具有固定收益 r_{t+s} 的无风险资产（如国库券）。其中，股票会在 $t+s$ 期末发放股息 d_{t+s}。E_t 表示在 t 期初，投资者对于某个变量以可得信息得到的数学期望值。

在每个 $t+s$ 的期初，对于风险中性的投资者而言，持有无风险资产和股票都是无差异的。后一种选择让投资者有权在当期结束时获得股息，而且如果投资者愿意，他还可以出售股票以获得资本收益（收益可能是正或负）。这两种选择的无差异可以表示为：

$$(1+r_{t+s})p_{t+s}=E_{t+s}(d_{t+s}+p_{t+s+1}) \tag{B6.4.1}$$

假设有：

$$\lim_{s\to\infty}\prod_{k=0}^{s}(1+r_{t+k})^{-1}=0 \tag{B6.4.2}$$

方程（B6.4.1）最简单解的形式如下，它给出了股票价格与未来股息贴现值的关系：

$$\hat{p}_t=E_t\sum_{s=0}^{\infty}\left[\prod_{k=0}^{s}(1+r_{t+k})^{-1}\right]d_{t+s} \tag{B6.4.3}$$

如果预期未来的股息会增加，那么股价就会上升。尤其是未来股息持续增加，而且未来贴现率下降时，股价会上涨更多。在 r 是固定且不随时间变化的特殊情况下，上面的解变成：

$$\hat{p}_t=E_t\sum_{s=0}^{\infty}(1+r)^{-(s+1)}d_{t+s} \tag{B6.4.4}$$

现在假设股息以固定增速 $g<r$ 增长：

$$d_{t+s}=(1+g)^s d_t \tag{B6.4.5}$$

则股票价格公式就成为戈登公式：

$$\hat{p}_t=\frac{1}{1+r}E_t\sum_{s=0}^{\infty}\left(\frac{1+g}{1+r}\right)^s d_t=\frac{1}{r-g}d_t \tag{B6.4.6}$$

式中，$\hat{p}_t$ 为股票的现金流贴现值，或者说股票的基本价值，但这不是股票唯一可能的价值。为了理解其中的原因，可以重新考虑式（B6.4.1）中的短期关系，那么以下形式的价格也是式（B6.4.1）的解：

$$\overline{p}_t = \hat{p}_t + b_t \tag{B6.4.7}$$

由于对所有的 $s \geqslant 0$，b_t 都满足：

$$(1 + r_{t+s})b_{t+s} = E_{t+s}b_{t+s+1} \tag{B6.4.8}$$

例如，如果 r 是固定不变的收益率，那么 b_t 将以 r 这个固定增速增长：

$$\overline{p}_t = \hat{p}_t + b_0(1+r)^t \tag{B6.4.7}$$

式中，b_0 为常数。

总而言之，股票价格是基本价值和投机成分［speculative component，或者说泡沫，(bubble)］两者之和。其中，前者只取决于未来股息的现金流，后者则与股息无关，而是仅取决于未来的资本利得。这里的泡沫部分是完全符合理性预期的：对于资本利得的额外变化（b_0）的预期本身是可变的，这依赖于投资者的情绪。在 b_0 变化的过程中，股价可以在任何时候回到它的基本价值，或者也可能会由于新的 b_0 值走上了另外一条投机的价格变化路径。如果未来股息不容易预测，投资者就可能会混淆这两个组成部分。这使得股价容易受到投资者信念转变的影响，对投资者而言，这需要一个学习过程。

现金流贴现不会产生唯一可能的价格。即使基本价值是已知的，同样的假设也会产生无数个价格，每个价格都等于现金流贴现值加上一个理性的泡沫（b_0），而这些不同的价格还是基于共同的资本收益来驱动的（见延伸阅读6.4）。当基本价值未知时，投资者可能将基本价值和理性泡沫这两部分混淆起来。例如当股价因为投机行为上涨时，投资者可能会相信股价上涨反映了未来会有更高的股息。

有效市场假说是由芝加哥大学经济学家尤金·法玛（Eugene Fama）提出的。根据哪些信息被纳入了价格当中，这个假说提出了三种形式的市场有效性：强有效（strong efficiency）、半强有效（semi-strong efficiency）和弱有效（weak efficiency），其中，强有效假设价格能够反映经济中所有可获得信息（包括私人信息）；半强有效假设价格包括了所有公开可得的信息；弱有效则假设价格反映了过去价格和回报的信息。

弱有效市场假说意味着，根据过去的行为来预测未来的股价，这是不可能获利的。这也意味着，所谓的基于过去规律的技术分析（例如认为股价或汇率会保持在一个特定的区间或者遵循已知的模式）并没有预测能力。因为所有现有的信息都被交易者充分利用了，这使得当前的价格包含了所有关于未来的信息。[①] 这一假设常

---

① 金融预测与天气预报有本质的不同，天气预报不会影响天气。

常与随机游走的股票价格有关。也就是说，从一个已知的概率分布中提取的独立随机变量的总和，其作为一个时间序列具有恒定的方差，并且没有"记忆"（这意味着未来的价格运动独立于过去的运动）。[①] 这个模型可以追溯到路易·巴切利耶（Louis Bachelier）的一篇论文，也就是他在巴黎索邦大学发表的关于股票价格行为的论文（Bachelier，1990）。为了理解这一点，可以看看今天到明天股价的变化，实际上这种变化仅仅反映了明天的新信息，同时独立于今天的价格。随机游走假设对股票收益在给定水平上的方差具有直接的含义，这使得它易于进行经验检验（见延伸阅读6.5）。

对于强有效市场假说，它意味着任何一种交易策略，无论基于何种信息都无法战胜市场。如果这一假说成立，那么"一只蒙着眼睛的黑猩猩向《华尔街日报》的股票版扔飞镖选股，它与专家选出的投资组合可以一样出色"（Malkiel，2003）。

实证研究普遍否定了有效市场假说。批评者例如罗伯特·席勒（Robert Shiller，2000）指出：股票价格波动太大，所以无法由理性行为产生，而且它们表现出均值回归（mean reversion，即市盈率倍数较低的股票会产生较高的回报，或者股价相对于趋势连续上涨之后会出现下跌，参见 Poterba and Summers，1988）。均值回归意味着股票价格可以部分被预测，这就违反了有效市场假说。行为上的解释包括：投资者使用经验法则，而不是试图预测和对未来的现金流进行贴现，同时投资者更容易对好消息和坏消息反应过度。这些解释更普遍地与凯恩斯关于"动物精神"的著名论述有关（见第 1 章）。

另外，实证研究发现，如果交易策略是建立在收益本身的规律性之上，则其盈利空间仍然相当有限（Malkiel，2003）。此外，有效市场假说的支持者认为，实证检验依赖于定价模型，其假设价格与资产标的的基本面信息具有关联性。但是很可能定价模型本身就是错误的，而不是有效市场假说出了问题。投资者可能对资产未来现金流或者风险的变化作出了理性反应，只是模型没有捕捉到这些变化。

| 延伸阅读 6.5 | 检验市场效率 |

假设时间序列 p_t 描述的股票价格，是一个在每单位时间内都具有确定性趋势 μ 的随机游走过程：

$$p_{t+1} = p_t + \mu + \varepsilon_{t+1} \tag{B6.5.1}$$

式中，ε_t 是正态分布的新息，均值为 0，方差为 σ^2，并且在时间上是独立分布的。N 期以后的方差可以写作：

$$\mathrm{Var}(p_{t+N} - p_t) = \mathrm{Var}\left(N\mu + \sum_{i=1}^{N} \varepsilon_{t+i}\right) = N\sigma^2 \tag{B6.5.2}$$

[①] 随机游走可以比作一个醉汉的足迹，他每一步都是随机的，和上一步无关。

$$\frac{1}{N}\frac{\mathrm{Var}(p_{t+N}-p_t)}{\mathrm{Var}(p_{t+1}-p_t)}=1 \tag{B.6.5.3}$$

举例来说，如果股价遵循随机游走，那么股价年度变化的方差应该是其周度变化方差的52倍。如果式（B5.6.3）的方差系数小于1，那么股价就是均值回归的。如果大于1，那么股价就持续偏离均值。洛和麦金利（Lo and MacKinlay，1988）利用这个检验的一种版本发现，美国股票价格属于均值回归的情形，因此拒绝了随机游走假说，并认为过去的股价可以在某种程度上预测未来。

有效市场假说的辩论有其技术意义，但它往往也是关于自由市场效率的原则性（主要是意识形态上的）分歧的一个小插曲。这对管制政策也有重要的含义。如果市场是有效的，为什么还需要管制？尤金·法玛和罗伯特·席勒在这一辩论中持相反立场。有趣的是，他们在2013年同时获得了诺贝尔经济学奖（一起获奖的还有计量经济学家拉尔斯·彼得·汉森）。

（b）投资组合的多样化

金融中介提供的一项重要的服务是分散风险，这有助于消费者和企业抵御收入的冲击。继哈里·马科维茨（Harry Markowitz）20世纪50年代初的开创性研究之后，大量文献研究了基于不同证券的投资组合。资本资产定价模型（capital asset pricing model，CAPM）是基础的研究方法，其解释见延伸阅读6.6。这一方法经过拓展之后形成了套利定价理论（arbitrage pricing theory，APT）（Ross，1976）。这些模型构成了市场参与者使用的定价方法的基础。例如，为客户管理长期储蓄和养老金的资产管理机构就会使用这些方法进行投资。

延伸阅读 6.6　　　　　　　　　　投资组合的选择

在延伸阅读6.4的模型中，每项资产作为其预期现金流的函数分别得到估值。在投资组合选择模型中，资产价格则是基于所有细分资产的收益和风险共同决定的函数。通过利用不同资产之间的不完全相关性，分散风险可以使投资组合的收益-风险比例最大化。主要假设如下：投资者的规模足够小，因此是价格接受者；所有投资者都有相同的投资期限；投资者关心投资组合收益的均值和标准差；投资者可以不受限制地在同一种无风险资产上进行借贷，并且不存在交易成本。

这是一个两期模型。在第1期，投资者将自己的财富 W 投资到由 N 种股票构成的市场上。每种股票的收益为 R_i，那么投资在第 i 只股票上的财富 W_i 在第2期的收益为 R_iW_i。显然有 $W=\sum_{i=1}^{N}W_i$。R_i 在第2期的值是随机的，投资者知道 R_i 的概率分布。令 $\boldsymbol{R}={}^t(R_1,\cdots,R_N)$，其中 ${}^t\boldsymbol{X}$ 表示向量 $\boldsymbol{X}$ 的转置。同时，投资者在第 i 种资产上投资财富的比重为 $w_i=\dfrac{W_i}{W}$，那么投资组合向量可以记作 $\boldsymbol{w}={}^t(w_1,\cdots,w_N)$。则投资组合 w 的总收益为：

$$R(w) = {}^tRw = \sum_{i=1}^{N} R_i w_i \tag{B6.6.1}$$

设随机向量 $\boldsymbol{R}$ 的均值矩阵为 $\bar{\boldsymbol{r}}$，协方差矩阵为 $\boldsymbol{\Omega}$。那么投资组合的收益预期为 $E[R(w)] = {}^tRw$，方差为 $\mathrm{Var}[R(w)] = {}^tw\boldsymbol{\Omega}w$。假设投资者是风险厌恶的，并最小化下面的二次损失函数：

$$\min_{w} \frac{1}{2}\mathrm{Var}[R(w)] - \gamma E[R(w)] \tag{B6.6.2}$$

求解条件为：${}^tew=1$。在这里 e 为单位向量 $e = {}^t(1, \cdots, 1)$。$\gamma > 0$ 是投资者风险厌恶（见第 1 章）系数的倒数。假设协方差矩阵 $\boldsymbol{\Omega}$ 可逆。那么就可以得到二次损失函数最优化的解为有效投资组合。可以证明该解 $\boldsymbol{w}(\boldsymbol{\gamma})$ 有如下形式：

$$\boldsymbol{w}(\boldsymbol{\gamma}) = (1-\alpha(\boldsymbol{\gamma}))\boldsymbol{w}_{\min} + \alpha(\boldsymbol{\gamma})\boldsymbol{w}_M \tag{B6.6.3}$$

其中，$\alpha(\gamma) = \gamma {}^t\overline{\mathrm{R}}\,\boldsymbol{\Omega}^{-1}e$，$w_{\min} = \dfrac{\boldsymbol{\Omega}^{-1}e}{{}^te\Omega^{-1}e}$ ，以及 $w_M = \dfrac{\boldsymbol{\Omega}^{-1}\overline{R}}{{}^te\boldsymbol{\Omega}^{-1}\overline{R}}$

这时候，投资者依据风险厌恶水平 γ 对两种投资组合的构成权重进行选择。其中 w_M 是市场投资组合，而 $w_{\min}$ 是最小化方差的投资组合。如果投资者极度风险厌恶，那么他就会全部选择 w_{min}。这就是托宾的两基金定理或者说分离定理。

图 B6.6.1 绘制了 γ 从 0 到 ∞ 的投资组合的预期收益 $r(\gamma) = {}^t\overline{r}w(\gamma)$，标准差为 $\sigma(\gamma) = \sqrt{{}^tw(\gamma)\overline{\boldsymbol{\Omega}}w(\gamma)}$。这一曲线被称为有效边界（efficient frontier）。有效边界描述了 N 只股票的情况下，收益最大化和风险最小化的投资组合，这与式（B6.6.2）是一致的。当风险厌恶下降时，投资者沿着有效边界向图的右上方移动，此时投资组合的风险更高，伴随的收益也更高。

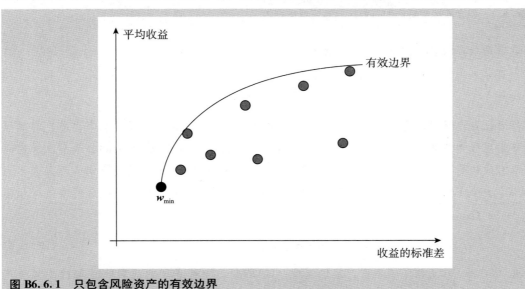

图 B6.6.1　只包含风险资产的有效边界

现在增加一种收益为 r_f 的无风险资产。投资组合现在是 $N+1$ 维向量，各项资产的权重为 ${}^t(w_0, {}^tw)$，其中无风险资产在全部资产中的占比为 w_0。（该值可以为负，比如投资者出售无风险资产，从而为风险投资组合筹资）。那么式（B6.6.3）的两基金解的形式变为：

$$\binom{w_0}{w}(1-\beta(\gamma))w_f+\beta(\gamma)w_M \tag{B6.6.4}$$

其中，

$$w_f=\binom{1}{0}w_M=\binom{1-{}^te\,\boldsymbol{\Omega}^{-1}(\overline{R}-r_fe)}{\boldsymbol{\Omega}^{-1}(\overline{R}-r_fe)}$$

$\beta(\gamma)$ 与风险厌恶和收益协方差矩阵有关，这里不再详细表述。如图 B6.6.2 所示，有效投资组合是无风险资产和市场投资组合的线性组合。两者的权重取决于投资者的风险厌恶程度。所有可能的有效投资组合就是"证券资产线"，其与有效边界在 w_M 相切。

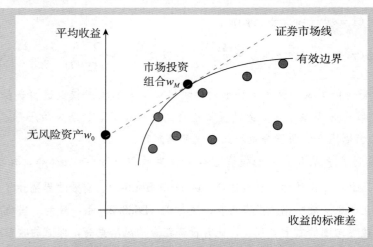

图 B6.6.2　包含无风险资产的有效边界和证券市场线

设市场投资组合的预期收益和风险分别为（r_M, σ_M），则有：

$$\forall\,\gamma\geqslant0,\ r(\gamma)=r_f+\frac{(r_M-r_f)}{\sigma_M}\sigma(\gamma) \tag{B6.6.5}$$

沿着证券市场线，有效投资组合的超额收益（定义为其收益与无风险利率之差）与其风险水平呈现线性关系。证券市场线的斜率被称为风险的价格（price of risk）。最后，考虑一个处于有效边界下方的资产 $i\in[1,\cdots,N]$，那么只包含一种资产 i 的投资组合可以表示为 $w_i={}^t(0,\cdots,1,\cdots,0)$。假设资产 i 的收益为 R_i，以及对应的市场投资组合的协方差矩阵为 $\boldsymbol{\sigma}_{iM}={}^tw_i\boldsymbol{\Omega}w_M$。则有：

$$R_i=r_f+\beta_i(r_M-r_f)，其中\ \beta_i=\boldsymbol{\sigma}_{iM}/\boldsymbol{\sigma}_M^2 \tag{B6.6.6}$$

式（B6.6.6）总结了资本资产定价模型（CAPM）。一种资产的超额收益取决于该资产收益对市场收益波动的弹性系数。β 大于 1 意味着资产的风险和收益都高于市场。β 也可能为负数，这意味着资产可以对冲市场波动，同时该资产的收益率可能低于无风险利率。

（c）金融市场上的信息不对称

强市场有效或者半强市场有效假说都假定，私人信息能够完全由价格体现出来。这意味着，任何盈利的交易策略都无法跑赢市场。然而这无法解释为什么还存在一个庞大而活跃的投资行业，这个行业利用经济或者技术进行专业分析，并且设计投资产品、把它们销售给散户或者机构投资者。在公司金融领域，金融本身也在20 世纪 80 年代开始了一场革命，当时信息不对称的影响开始得到了充分理解，而且这一因素也被纳入价格决定模型当中。

价格形成的理性预期均衡模型（rational expectation equilibrium models）假设，理性的市场参与者根据他们所能获得的有关资产未来现金流的任何（可能是片面的）信息和对公开市场价格的观察进行交易。这种模型依赖于对不同市场参与者动机的假设：他们是通过买卖证券以实现利润最大化的自营交易员，还是要为潜在的商业交易提供融资和进行对冲操作？这种模型还依赖于关于基本面信息获取方式的假设：是可以免费获得，还是有成本地获取？这些假设共同描述了市场微观结构（market microstructure）。

桑福德·格罗斯曼（Sanford Grossmann）和约瑟夫·斯蒂格利茨在 1980 年的论文揭示了该领域一个重要的悖论：因为获取信息是有成本的，如果价格反映了所有可获得的信息，就像有效市场假说所假定的那样，那么就没有获取信息的动机；但是在这种情况下，市场价格就不能反映现有的信息。

市场的无效率程度决定了投资者愿意扩大收集和交易信息的努力程度。因此，只有当有足够的盈利机会（即无效）来补偿投资者的信息交易和收集成本时，才会出现非退化的市场均衡。这些勤劳的投资者所赚取的利润，可以看作是那些愿意从事此类活动的人所获得的经济租金（Lo and Mckinlay，1999，pp. 5 - 6）。

这类文献的重要教训是：信息披露不仅是为了保护投资者，也是为了确保市场的良好运作。市场微观结构模型已经开始应用于政策讨论，比如用来为市场信息披露和市场组织的政策讨论提供依据，包括在分散化的场外交易市场和在集中的市场（按照交易委托清单上的顺序进行集中交易）之间作出选择。[①] 和其他市场一样，资本市场需要强有力的法律框架来实现经济效益。

市场微观结构模型还揭示了宏观经济的灾难性事件：市场崩溃。市场经常在没有明确触发重大事件的情况下走向崩溃。"黑色星期一"就是一个著名的例子，1987 年 10 月 19 日星期一那一天，道琼斯工业平均指数（DJIA）下跌了 22.6%。后来的例子包括 2010 年 5 月 6 日美国股市的"闪电崩盘"（DJIA 指数在 5 分钟内下跌 5%），以及 2014 年 10 月 15 日的美国国债市场。[②] 经济学家从不缺乏事后的解

---

① 参见比亚斯等（Biais，Blosten，and Spatt，2005）的论文，以及福柯特等（Foucault，Pagano，and Röell，2013）的教科书。本书第 6.3.2 节详细阐述了监管后果。

② 比森巴赫和西普里亚尼（Biesenbach and Cipriani，2012）讨论了前者。关于后者，可参见美国多部门和机构联合编写的工作报告（U. S. Department of the Treasury et al.，2015）。

释，但这些解释或许会相互矛盾。普林斯顿大学的马库斯·布伦纳梅尔（Markus Brunnermeier）将相关模型分为四类①：

（1）泡沫破裂模型（bursting bubble models）：由于投资者仅仅基于对未来价格上涨的预期本身而购买股票，这样就形成了理性泡沫，而后泡沫突然破裂（见延伸阅读 6.7 中的模型）。这并不需要任何基本面的变化。

（2）流动性短缺模型（liquidity shortage models）：在意外的价格下跌之后，市场停止了出清，这可能是由于基本面信息的驱动，也可能不是。该模型假定投资者在经济景气时没有建立足够的流动性缓冲来吸收经济下行时期的损失，所以，当资产价格较低时，投资者购买或者继续持有资产的能力受到了限制。

（3）多重均衡和太阳黑子模型（multiple-equilibria and sunspot models）：关于基本面的信息不完整，所以投资者在根据预期形成市场均衡价格时存在任意性和偶然性。如果投资者相信（甚至错误地认为）一个外生事件传递了真实价格的信息，那么这个外生事件就可能触发资产价格向低价均衡的转变。

（4）"波浪"式信息加总模型（"lumpy" information aggregation models）：信息是不完全的，新信息的披露会促使投资者重新评估资产的基本价值。如果有一系列这样的信息披露出来，就出现了所谓的"信息瀑布"或者说"信息雪崩"。例如，一个交易员出售股票或者政府债券可能会促使其他参与者得出结论认为，该公司或国家的前景比之前想象的要差，从而触发市场抛售。

6.2.3 银行为什么特殊？为什么应该受到管制？

精心设计的金融中介机构有助于解决第 6.2.1 节中提出的代理问题，但每种金融市场结构都有自己的问题，需要不同的管制方案。这里我们关注的是存款类金融机构，也就是商业银行（commercial banks），其与投资银行的差异在于后者不能吸收存款。②

银行作为金融中介机构的价值主要来自以下三方面能力：提供流动性（liquidity）、监督（monitoring）以及期限转换服务（maturity-transformation services）。③

• 在资产负债表的资产端（assets），银行筛选投资和消费贷款项目、提供中长期贷款，并与借款人建立长期联系，这使银行能够在整个贷款周期内对贷款情况进行监督。银行代表储户的委托监督（delegated monitoring）行为减少了信息不对称、降低了代理成本（Diamond，1984，1996）。长期以来，日本的"主银行"（main bank）体系就是这种稳定关系的一个例子，这直到 20 世纪 80 年代日本银行

---

① 参见布伦纳梅尔（Brunnermeier，2001，chap. 6）和相应的参考文献。

② 投资银行通过发行债券和票据筹集资金，并通过回购协议借出资产。在美国之外，大部分投资银行也是商业银行。独立的投资银行在很大程度上是美国的特色。

③ 参见桑托斯（Santos，2000）的综述。

业的自由化之后才有所改变。[①] 德国的小银行至今仍然扮演着这类角色，并为此感到自豪。这种体系不利于信息透明和竞争，但也有其优点：与分散的贷款人和相应完全分散的银行资产负债表相比，银行作为集中的贷款人，其资产负债表上集中了大量的贷款，这使得银行可以分散风险并产生规模效应。

- 在负债端，银行通过汇集大量存款来提供流动性服务，这使得银行能够确保存款人免受个别来源的流动性冲击。

- 银行利用资产、负债两端的业务，将短期家庭储蓄转化为流动性较差的长期贷款，从而实现期限转换。这一转换对于企业投资贷款至关重要，如果家庭直接向企业贷款，就无法实现期限转换。

无论银行的社会效益如何，上述职能使得银行面临三种风险：激励不相容、逆向选择和流动性错配。

（a）激励不相容

银行家在存款人和借款人之间扮演着经纪人的角色，但他们的利益并不总是一致。由于薪酬结构是基于经营绩效的表现，而且贷款项目也是由银行管理者来选择的，这可能会导致银行过度冒险。这种风险当然存在于任何公司中，但银行业的杠杆过高，因此这一风险更为突出。2009 年，美国银行杠杆率（leverage ratio，资产与股本的比值）的中位数是 10，欧洲是 15。相应地，美、欧非金融企业杠杆率的中位数分别为 2.4 和 4.5（Kalemli-Ozcan，Sorensen，and Yesiltas，2012）。换言之，银行股东每投资 1 美元或 1 欧元，银行会在金融市场上借入 9 美元或 14 欧元。大型投资银行的杠杆率甚至更高。2007 年，巴克莱银行的杠杆率接近 40，德意志银行和瑞士银行的杠杆率都在 50 左右。延伸阅读 6.7 的简单数学计算表明，在正常时期如果杠杆率较高，持有同样的风险资产会为股东带来更高的回报，但在危机时期，同样的风险资产也会带来更大的损失。如果像巴克莱银行一样达到 40 倍的杠杆率，那么资产价格下跌 2.5％ 就会使其全部股本都亏损掉。

延伸阅读 6.7　　　　　　　杠杆、股本回报率与资本损失

这里沿用延伸阅读 6.2 的符号定义。银行持有资产（贷款和证券）A，其融资来源是股本 E（收益率为股本回报率 r^E）和债务 D（收益率为无风险名义收益率 i），所以 $A=E+D$。定义债务/股本比率为 $\delta=\dfrac{D}{E}$。管制条件下的杠杆率（见第 6.3 节）是 $\dfrac{E}{A}=\dfrac{1}{1+\delta}$。定义银行资产的收益为 ρ，该值应该等于资本的加权平均成本：

$$\rho=\frac{E}{A}r^E+\frac{D}{A}i \tag{B6.7.1}$$

---

① 参见奥凯和帕特里克（Aoki and Patrick，1994）中收集的文章。拉詹（Rajan，1996）在对该书的评论中强调了主银行制的制度基础。

如前文式（B6.2.3）所示，银行净资产的收益率随着杠杆率的增加而增加：

$$r^E = \rho + \delta(\rho - i) \tag{B6.7.2}$$

例如，如果按年率计算 $i=2\%$，$\rho=3\%$，且银行负债是其股本的 15 倍（这是 2009 年欧洲银行业的中位数），那么股本的年回报率 r^E 为 18%。如果杠杆率达到 40 倍（例如 2007 年的巴克莱银行），那么 r^E 为 43%。

杠杆大大提高了股本回报率，但也放大了股东可能遭受的损失。假设贷款资产减值，或者持有证券的市值下降，这导致银行的资产收益率变成 $-z\%$，即 $\frac{dA}{A} = -z\%$。假设债务 D 保持不变。由于 $E = A - D$ 并且 $\frac{A}{E} = 1 + \delta$，则负回报率对于股本的影响是：

$$\frac{dE}{E} = \frac{A}{E}\frac{\partial E}{\partial A}\frac{dA}{A} = -(1+\delta)z\% \tag{B6.7.3}$$

按之前对 i 和 ρ 的假设，如果银行资产在一年中损失了 $z=2\%$，那么 15 倍杠杆情况下股本损失为 32%，40 倍杠杆情况下股本损失为 82%。在前一种情况下，6.25% 的资产损失就会亏掉所有股本，因为 $16 \times 6.25\% = 100\%$。在后一种情况下，2.5% 的损失就会亏掉所有股本。

银行负债结构会影响存款人、债权人和股东的激励，从而影响银行的风险状态。这是因为当银行在承受损失时，不同负债具有不同的优先级（seniority）。根据法律规定，损失首先由股东承担，然后由次级债务（通常是可转为股权的债务）持有者承担，最后是优先债持有人和存款人（超过存款保险承保的那部分）。在银行资产恶化过程的任何阶段，政府都可以介入并向银行注资。例如，如果债权人蒙受损失可能对金融稳定造成更大的风险，政府就需要介入了。

股东和债券持有人都可以对银行施加影响：前者在股东大会上投票、任命银行高管，后者可以通过出售债券"用脚投票"。相比之下，存款人既没有兴趣也没有能力监督和控制大型复杂机构。银行股东、债权人与管理者之间不可能订立完整的契约，这是莫迪利安尼和米勒定理不适用于银行的根本原因。银行的财务结构，尤其是股权水平确实很重要（Dewatripont and Tirole, 1994）。这也证明了对资本结构进行管制干预是合理的，例如监管会对银行施加资本和流动性要求（第 6.3 节将讨论该问题）。

股东最先承受损失，因此有动力在一定程度上监督银行承担的风险。他们的权益实际上受到保护，政府总是可以介入并帮助股东纾困。此外，在有限责任原则下，股东的损失不能超过他们的投资（即股权）。这些保护可能会导致股东承担过度风险。这会对存款人、其他银行（如果一家银行从其他银行借款，并且存款由整个行业的保险计划担保）以及纳税人（如果政府最终介入）带来不利影响。如果银行停止向家庭和企业贷款，就会对整个经济产生负外部性。

要将这些负外部性内部化，同时避免国家直接干预的最佳方式是对银行资本进行管制。这包括限制银行的资本结构，并迫使其对持有的负债准备好足够大的缓冲，以便在银行面临巨额亏损时可以进行核销。此外，内部纾困规则可以迫使债权人参与部分资产处置，从而维护存款人和纳税人的利益（见延伸阅读 6.13）。与之相对应的是外部纾困（bail-out），即引入外部资源（尤其是纳税人）来维持银行的生存。

存款人受到余值风险（residual risk）的冲击是始终存在的。2013 年 3 月，塞浦路斯就发生了这种情况，当时该国最大的银行塞浦路斯银行有近一半的未保险存款被转换为股权。存款保险［deposit insurance，或者说存款担保（deposit guarantee）］就是为了防范这种风险。存款保险通常有金额限制，欧洲国家为最高 10 万欧元，美国为 20 万美元。存款保险通常由整个行业提供资金（否则就需要由纳税人来承担损失）。另外，为了避免自我实现的流动性危机，也需要有存款保险机制，该问题将在后文讨论。

总之，银行受到各种利益相关者的监督：股东、债权人，以及代表存款人和纳税人的审慎监督机构（prudential supervisor）。保护存款人和股东的一种更激进的方式是，强制让商业银行和投资银行的业务分离经营。第 6.3 节将回到这个话题。

还有一个问题是：如何使银行管理者和员工的激励与股东的利益保持一致？长期以来，员工基于绩效表现的薪酬（例如，奖金与银行盈利或股价挂钩，并以银行股票的形式来发放奖金）一直被认为是最好的解决方案。然而全球金融危机已经表明，这种薪酬安排也会产生不当的激励。例如在设计金融产品时，其可能前置收益、后置损失，而且忽视未来可能出现的损失。

（b）逆向选择

一方面，酒保可以拒绝把酒卖给喝醉的顾客，但商品和服务的生产者却很少拒绝出售他们的产品（事实上，这通常会涉及非法歧视）。另一方面，经常有批评认为银行不向潜在借款人放贷，即使他们愿意支付高利率。信贷配给（credit rationing）似乎是一个理论上的谜团。

自从乔治·阿克洛夫在 1970 年发表著名论文《柠檬市场》（The Market for Lemons）以来，经济学家已经明白，信息不对称的情况可能导致市场无法出清。约瑟夫·斯蒂格利茨和安德鲁·韦斯将这一见解应用于信息明显不对称的信贷市场（Stiglitz and Weiss，1981；见第 5 章延伸阅读 5.11）。在缺乏借款人质量信息的情况下，银行将对所有借款人采用相同的利率，并在利率中加入风险溢价，以弥补违约贷款的损失。但这样的高利率会超过许多好项目的内在回报率，这样就将它们挤出了市场。此时，只有高风险的借款人才会支付这笔溢价。但银行不会上当，也不会为他们提供融资。[1]

---

① 众所周知，保险业存在着逆向选择。在一个健康保险并非强制的国家，只有健康状况不佳的人才会购买保险，信贷也是如此。

为了避免这种情况，银行会调整信贷供给结构，让借款人暴露自己的风险。银行可以要求借款人提供抵押品（例如，住房贷款可以房屋价值为抵押，也可能以其他资产为抵押），并根据抵押品的价值和每个借款人的风险水平来调整利率。如果借款人是政府和企业，其风险水平通过参考信用评级来衡量。政府干预也可以缓解逆向选择。法律可以迫使借款人披露其资产负债表和项目信息。① 政府也可以通过提供担保来支持风险较高的项目，从而降低银行面临的风险。②

(c) 银行的流动性错配

银行存在的原因之一是，通过吸纳和管理家庭的活期存款来提供流动性服务。银行的这一关键社会功能使其业务具有脆弱性。家庭可以随时提取存款，这会威胁到银行运营的连续性。当然，银行也可以从资本市场借款作为"备胎"缓冲。但我们将在下一节看到，短期市场借款也容易发生流动性危机。

借用让·梯若尔的一个例子有助于解释什么是濒临险境（完整的讨论参见Holmström and Tirole, 2011）。一个企业家计划用 1 000 万美元的投资产生 3 000万美元的收入。她从天使投资人那里获得了 800 万美元的股权投资，从银行那里获得了 200 万美元的贷款。假设有 3 个时期。在第 1 期，她用最初的 800 万美元＋200 万美元启动了项目。在第 2 期，有 50% 的可能性成本会增加 2 000 万美元。如果企业家不能支付新增成本，项目就会失败，所有钱就都亏损了。在第 3 期，假设项目存活，那么收益为 3 000 万美元。为了简单起见，我们假设贴现率为 0，并且企业家是风险中性的。无论第 2 期发生了什么，项目的收入都应足以偿付天使投资人（800 万美元）和银行（200 万美元），并支付 2 000 万美元的额外成本。但如果真的发生了成本冲击，项目可能停止。这个项目有事前偿付能力（ex-ante solvent）但却没有流动性（illiquid）。显而易见的解决方案是：企业家在第 1 期签订一个或有融资的合同，当出现成本冲击时，企业可以得到融资支持。

现在假设经济中有很多这样的企业家。如果冲击是相互独立的，他们仍然可以用合同中的应急额度来应对流动性冲击。假设在第 2 期，一半的创业者要动用应急额度，而另一半不会。但是，如果宏观经济冲击（比如大宗商品价格上涨）推高了成本，这时候所有企业家都可能会破产。在 1998 年与霍姆斯特罗姆合作的论文中，梯若尔将内部流动性（inside liquidity）定义为金融系统创造的债权，例如股票和债券。内部流动性是经济系统产生未来收入流的基础。但是面对宏观层面的流动性冲击，内部流动性可能会不够用。因此，经济系统需要外部流动性（outside liquidity），这种流动性可以由政府、中央银行或 IMF 等国际组织提供。

---

① 例如使用消费贷款的正面信用登记，即信用记录不仅包括违约者，也包括履约者。这可以减少逆向选择。

② 然而请注意，只有在项目的社会收益和私人收益之间存在差距时（比如项目是创新的或者环保的），政府信贷市场的干预才是合理的，这样才能证明纳税人要承担的成本是合理的。如果没有这样的理由，用纳税人的钱来补贴有风险的项目，就只是迎合既得利益者。

道格拉斯·戴蒙德（Douglas Diamond）和菲利普·迪布维格（Philip Dybvig）
在 1983 年的论文中提出了银行流动性的经典模型（见延伸阅读 6.8）。这个模型说
明了，在一个储户无法确定其对流动性偏好的经济系统中，为什么银行能够发挥作
用。并且这个模型有两个重要结论。首先，中介机构的借贷行为优于分散借贷和直
接融资，因为银行可以将单个储户承担的流动性风险集中起来，并为其提供流动性
保险。其次，由于单个储户对银行的信任取决于其他储户是否选择提现或选择持有
存款，因此存在多重均衡。如果储户都去提款，这个均衡被称为银行挤兑，如果银
行资金过度依赖存款，则会导致银行倒闭。

延伸阅读 6.8　　　　　　　　　银行挤兑的经典模型

　　这里展示的模型是基于弗雷亚斯和罗切特（Frexias and Rochet，1997；另见 Diamond
and Dybvig，1983）的研究。考虑在一个经济体中，居民是连续统的（continuum）并且每个
人在 $t=0$ 期有 1 单位货币。所有个体在事前都是相同的，但面临流动性冲击的概率是 π。如
果发生流动性冲击，这将迫使个体在 $t=1$ 期（短期）消费而不是等到 $t=2$ 期（长期）才消
费。也就是说，如果没有流动性冲击，个体将在 $t=2$ 期消费。个体的预期效用为：

$$U=\pi u(C_1)+\beta(1-\pi)u(C_2) \tag{B6.8.1}$$

　　$u(C_i)$ 表示在 $i(i=1,2)$ 期消费 C_i 的效用。β 是贴现因子（$0<\beta<1$）。银行吸纳的存款
既可以作为流动资产持有，也可以投资于长期资产（证券、房地产、银行贷款、长期债券）。
假设只有后一种投资能够得到正收益。

　　因此，银行有明显的动机投资长期资产，然后将收益转移给储户。但是，银行必须确保
自己不受某些储户在 $t=1$ 期时集中提取存款的影响。银行可以在 $t=1$ 期时出售长期资产，
但是为此会支付违约金并导致资产回报为负。设长期资产的收益率 $R>1$，如果未到期就出
售长期资产，此时收益为 $r<1$。容易证明，银行的最优行为是将 $(1-\pi)$ 比例的存款投资于
长期资产，并将其余存款以流动资产的形式持有。

　　现在考虑存款人个体。在 $t=1$ 期，没有发生流动性冲击的"耐心"储户可以将存款继续存
在银行并在 $t=2$ 期再消费 C_2^*，或者他们也可以在 $t=1$ 期时取出 C_1^*，并持有现金直到 $t=2$
期。如果 $\beta R>1$，那么 $C_2^*>C_1^*$。此时储户更愿意把钱存在银行。因此，银行在 $t=1$ 期为应对
取款准备了流动资产 πC_1^*，然后将剩下的资产投资于无流动性的资产。如果 $\beta R<1$，那么所有
"耐心"储户都将取出存款。

　　然而在 $t=1$ 期，如果没有受到流动性冲击的"耐心"储户产生怀疑，并认为其他"耐
心"储户也在取出存款，那么他也会希望在银行失去流动性之前就取出自己的存款。这样，
银行就必须出售长期资产并得到 $\pi C_1^*+(1-\pi)r C_1^*$ 的现金。这个金额小于 C_1^*，因此银行将
在 $t=1$ 期破产，这证实了"耐心但焦虑"储户的取款行为是正确的——此时恐慌自我实
现了。

　　在此我们看到了两种可能的均衡：一种是帕累托效率均衡，存款人信任银行并将存款保

留到 $t=2$ 期；另一种是自我实现的恐慌，存款人在 $t=1$ 期取出存款，然后银行破产。模型中没有任何东西能让我们预测会出现哪一种均衡。事实上，谣言就可以引发恐慌。仅仅是一波提款的新闻或者是另一家银行的破产都可能引发恐慌。

银行自身或政府干预都可以缓解挤兑风险。银行可以提供激励措施，鼓励储户投资于长期储蓄（例如一个月或者一年的定期存款，或者提前取款需要支付罚息）。政府可以强制要求银行向客户提供存款保险，通常每个银行账户的存款保险金额都有上限。通过强制性存款担保计划（deposit-guarantee scheme）来保护存款人，即在银行破产时对存款人进行补偿。银行缴纳的存款保险金额与银行资产的风险水平挂钩，以限制道德风险（即银行可能从事高风险的贷款和投资行为，因为银行知道其存款无论什么情况都会得到保险）。政府还可以要求银行持有足够的流动性缓冲（通过投资于短期国债等流动性资产），这样银行就可以在短时间内出售这些资产，以应对大量存款的挤提，同时保持安然无恙。第 6.3.1 节将进一步讨论流动性管制。

最后，政府本身也可以提供流动性保险。一种做法是政府为困难银行发行的短期商业票据提供担保（例如 2008—2009 年发达经济体政府采取的行动），另一种做法是央行充当最后贷款人，向流动性紧张的银行提供紧急贷款。仅仅是对于央行提供紧急救助的预期本身就能对存款人的信心产生强大影响，并消除银行挤兑。话虽如此，这也会鼓励银行的道德风险，也就是鼓励银行承担更多的风险，而不是通过自己的方式建立足够的流动性缓冲机制。在银行家和经济学家亨利·桑顿（Henry Thornton）1802 年早期讨论的基础上，英国记者和散文家沃尔特·白芝浩（Walter Bagehot）在 1873 年解决了这个权衡问题：

> 在金融危机时期，央行应该向有偿债能力的存款机构自由地放贷，但只能以可靠的抵押品为抵押，而且利率要高到足以阻止那些并非有真正需要的借款人。（Bagehot，1873）

在揭示白芝浩原则（Bagehot principle）时，需要逐字逐句地进行分析。如果银行没有偿债能力（not solvent，即银行的负债与其资产加上未来的利润不匹配），那么中央银行提供的流动性是徒劳的，因为它只会推迟银行的重组（见第 6.3.1 节）。银行重组还将涉及股东、债权人和可能的纳税人之间艰难的损失分摊，中央银行没有政治职责参与这类工作。如果银行破产了，中央银行就可能面临抵押品难以收回的损失。央行的这种损失相当于用纳税人的钱补贴银行的股东和债权人。随时自由地放贷，意思是无限量地借贷（这里没有考虑抵押品的可得性有限），这对建立储户的信心至关重要。利率要高，用足够高的利率来降低道德风险，从而确保中央银行是最后贷款人而不是第一贷款人。在这种情况下，银行通常会首先求助于市场融资。至今，白芝浩原则仍对现代中央银行家具有影响（Calomiris，Flandreau, and Laeven, 2016)。

（d）银行之外的流动性错配

并不只是银行才会发生流动性危机。全球金融危机的一个重要教训是：短期债券市场也容易发生挤兑。2007 年 8 月的恐慌就是典型案例。2007 年上半年开始，投资者对美国次贷市场的担忧一直在加剧，并在 2007 年 8 月 9 日达到了顶峰。法国巴黎银行冻结了客户从三只货币市场基金的赎回，这些基金的部分投资涉及问题资产。尽管该银行的意图是争取时间来管理迅速恶化的形势，但这一决定吓坏了全球投资者，结果是货币市场停止了运转。

近些年的研究强调了证券的信息敏感性（information sensitivity）对金融稳定具有重要性（Dang, Gorton, and Holmström, 2012；Gorton and Metrick, 2012）。硬币和纸币形式的现金是典型的信息不敏感资产：货币的价值是不变的，至少在价格稳定的时候是这样。这是货币作为记账单位和价值储藏手段的关键属性。相反的是股票，其价值包含了对未来现金流进行预期的实时变化信息（见延伸阅读 6.4）。

债务（无论是债券还是贷款）原则上来说对信息不敏感，因为其收益是固定的。然而，正如默顿在 20 世纪 70 年代初指出的那样，这是由于假设借款人不违约。如果债券以证券为抵押物，原则上它对借款人的违约也不敏感。当债券有超额抵押时（比如对抵押物进行大幅打折、压低其估值），那么债券对抵押资产的价格也不敏感。这就是为什么自全球金融危机以来，有抵押品的债务成为一种常态。用本特·霍姆斯特罗姆的话来说：

> 抵押贷款过程中，对抵押物进行精确的价格发现其实并非必要。遇到流动性问题的人可以出售资产，比如手表，但出售手表需要确定一个合适的价格。可能有一个二手手表市场，但其价格发现效率可能并不高……典当手表可以解决这个问题。在这种情况下，双方不必就手表的价格达成一致……这时候，就手表和贷款的价格达成协议的信息成本就相对下降了。当铺可以对手表进行大幅折价，如果借款人不归还贷款，那么当铺可以出售手表来收回资金。在此过程中，只需要存在一个安全的价格下限就够了。从某种意义上说，这里并没有价格发现，手表的抵押价值可能和市场上讨价还价的结果完全不同。（Holmström, 2015）

当借款人的违约风险较低和/或债务被超额抵押的时候，就没有动力提供有关债务价值的私人信息。这时债务成为一种私人货币，实际上这种债务在很大程度上与央行的货币有替代性。中央银行通常使用的广义货币总量（参见第 5 章延伸阅读 5.1）就包括了短期商业债务，近些年货币政策理论引入了内部货币（inside money）这一概念来描述由金融中介机构创造的流动性（Brunnermeier and Sanikov, 2016）。但如果抵押品的价格出现大幅波动，抵押债务也会变得对信息敏感。戈登和霍姆斯特罗姆得出了一个有点自相矛盾的结论：太多的信息不利于金融稳定。

回购挤兑：债务、抵押物与信息敏感性

抵押债务是典当的现代形式。如第 6.1 节所述，抵押贷款早已出现在《汉谟拉比法典》（公元前 1750 年）当中。霍姆斯特罗姆（Holmström，2015）提到了中国唐朝（约公元 650 年）时期的典当行。回购协议或者说回购是有抵押品支持的短期贷款（参见第 5 章对中央银行回购交易的描述）。要使得交易对手风险（即贷款永远无法收回的风险）可控，就必须频繁调整抵押品的数量，从而使其足以抵消抵押品的任何价格波动。这通常是通过追加现金，即存入证券存款来实现的，也被称为追加保证金（margin calls）。通常来说，银行 A 在短期内从银行 B 借入 X 百万美元，并在贷款期限内将价值相同的资产暂时抵押给银行 B。然后，银行 B 实时监测这些资产的市场价值。如果这些资产贬值了 $d\%$，那么银行 A 就要向银行 B 额外转账 $d\%\times X$ 百万美元。这确保了如果银行 A 违约，银行 B 的损失将是有限的。另外一种可以与追加保证金相结合的方法是：根据抵押品的质量对抵押品价值打一定的折扣。在给定的债务金额下，这需要增加抵押品的数量。

与无担保银行贷款相比，回购涉及的交易对手风险要小得多，所以发展得也很快。2008 年，全球回购总额可能超过了 10 万亿美元，年增长达 10%。这一数额大致相当于银行业的总资产。长期以来，回购被认为是对信息不敏感的。然而，资产证券化带来的杠杆和分层机制（见延伸阅读 6.1）表明，回购价格是其基础资产（次级抵押贷款等）价格的高度非线性函数。尽管次级债在资产证券化当中占比有限，但是美国房地产泡沫的破裂已经把相应的债务从"信息不敏感"转变成了"信息敏感"型的资产。

金融产品结构化之后，其链条复杂程度大幅上升，这意味着无法获得正确评估价格的信息。没有人能够继续接受结构化产品作为抵押品，所以次贷危机转变成了抵押品危机和资产抛售。抵押品打折的幅度从 2007 年上半年的零上升到了 2008 年中期的 25%，到 2008 年底超过 45%。曾经被认为深度和流动性都很好的回购市场迅速出现了流动性枯竭。用加里·戈登（Gorton，2010）的话来说，投资者"被'看不见的手'扇了一耳光"。

延伸阅读 6.3 里的默顿模型是理解这种恐慌的正确范式。可对以下两者的价值进行比较：由一个资产池担保的债券价值和持有这些资产的公司的债务价值。图 B6.3.1 显示了债务价值在到期日（虚线）和到期前（实线）作为抵押品价值的函数。在图的右侧，当抵押品价值很高时，债务价值恒等于面值，因为它几乎肯定会得到偿还。在图的左侧，抵押品的价值下降（例如 2007 年的抵押贷款支持证券，当时人们对次级抵押贷款的担忧开始加剧），抵押价值不足导致无法完全偿还债务的风险增加了。这时债务的市场价值逐渐偏离面值，债务转变为对信息敏感。

6.2.4　一般均衡下的金融稳定

微观审慎是以局部均衡理念进行管制的方法，旨在防止个别金融机构出现代价高昂的错误。与之相对，宏观审慎方法则认识到了一般均衡效应的重要性，并寻求保护整个金融系统。(Hanson，Kashyap，and Stein，2011，p. 3)

金融系统是金融机构之间以及其与非金融实体所有联系的总和。即使金融危机的起源是局部性的，也可能迅速传播到各个机构和各个金融市场。全球金融危机从 2007 年 8 月开始，当时只是短期资金市场的流动性危机。然后在 2007—2008 年期间，它冲击了大型银行、政府和非金融机构部门。此外，金融部门特有的反馈循环〔或顺周期机制（procyclical mechanisms）〕进一步加重了危机。全球金融危机之后，理解危机的传播（propagation）和放大（amplification）效应已经成为学术界对政策进行研究的重点，并为宏观审慎管制的发展提供了依据。

发达国家和新兴市场经济体的中央银行在发展宏观审慎理论和政策方面投入了大量资源。这催生了大量的理论和实证文献，这些文献源于早期对金融危机和金融周期的思考（尤其是位于巴塞尔的国际清算银行是研究这一问题的重镇）。也就是说，宏观审慎领域的文献还远未达到货币经济学的成熟水平。

（a）互联性

如果金融系统内部没有互相关联，那么金融机构的违约将是一个孤立事件。此时股东虽然会遭受损失，但金融系统仍将是安全的，所以就没有理由进行政策干预。正是由于相互关联性，金融机构承担的风险会给整个金融系统和经济体系带来外部性，这就可能需要政策干预。相互关联可以是直接的，也可以是间接的。直接的相互联系是由参与者之间的金融合约创造的，比如：贷款、股权、衍生品合约等等。间接的相互关联是由各个主体共同承担同一风险形成的关系，例如当同一个国家的几家银行为房地产提供融资时。

关于金融稳定的第一支研究是经验性的文献，旨在衡量金融体系内的相互关联性，特别是（但不仅限于）借鉴了网络理论（Allen and Gale，2000）的方法。其研究思路如下：任何金融体系，无论是全球的还是局部的，都可以设想为一个双边债权和债务的网络。建立网络分析方法的理论工具之后，我们就可以模拟冲击在网络中的传播，并了解不同网络结构如何导致了不同程度的传递效应，例如在网络中的一个参与者失败之后发生了什么（Eisenberg and Noe，2010）。当然，这条研究路线有一定前提，也就是银行资产负债表上的分类数据是存在而且可得的，实际上这些数据在近些年才开始出现并提供给研究者。[①]

（b）系统性风险

宏观审慎政策面临的一个挑战是：其目标并不容易衡量。系统性风险被定义为

---

① 黑尔、卡帕和米诺尤（Hale，Kapan，and Minoiu，2014）研究了银团贷款的全球网络。参见巴塞尔银行监管委员会等（Basel Committee on Banking Supervision et al.，2017）对大型清算所及其成员网络的研究。哈拉贾和科克（Hałaj and Kok，2013）展示了如何从加总资产负债表中推断出缺失的双边数据。

"威胁金融稳定的风险，损害整个金融系统的功能，并对更广泛的经济体系产生重大负面影响"（Frexias，Laeven，and Peydro，2015，p.13）。但是如何量化系统性风险呢？[1] 第一种实证研究的回答是，分析在金融系统面临压力的情况下不同资产价格的相关性（Hartmann，Straetmans，and de Vries，2004），这样也可以评估单个金融机构产生的系统性影响。这种方法可以评估在给定条件下——单个银行的股价低于其最低的5%的分位数（"传染的风险价值"）——此时给定置信区间内所有银行股票的在险价值（见第2章）（Adrian and Brunnermeier，2016）。第二种是反过来，还可以以所有股票达到其最低的5%的分位数为条件，来评估单个银行的资产损失（"边际预期损失"；Acharya，Engle，and Richardson，2012）。第三种方法是衡量危机中单个银行对总体市值调整的影响（Browness and Engle，2012）。

上述所有方法都有缺陷。这些方法都使用市值，因此受到动物精神和顺周期的影响：相关关系并不意味着因果关系，并且对尾部事件的观测值可能过于稀少，所以无法提供准确的估计。图6.8展示了一种略有不同的方法，即欧洲央行（ECB，2007）使用的银行系统压力指标。该指标测算了欧元区两家或两家以上大银行违约的概率，其使用了银行股本回报率来估计银行间的关联性，再加上信用违约掉期（CDS）来估计银行具体的违约率。[2]

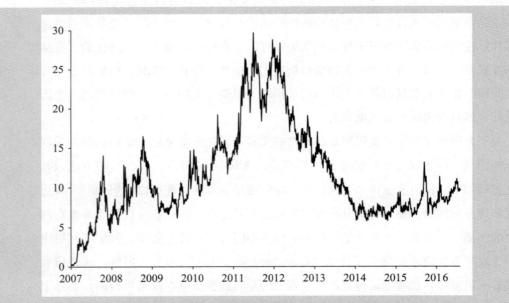

图6.8　在两年内欧元区15家大型银行发生两次或更多信贷违约的概率

资料来源：欧洲中央银行。

---

[1] 完整的讨论可参见 Freixas，Laeven，and Peydró（2015）和 Hansen（2013）。

[2] 欧洲央行还制定了一个综合指标，该指标汇总了不同细分市场的系统性风险指标（Holló，Kremer，and Lo Duca，2012）。

（c）顺周期性

关于风险传染和冲击传播的理论研究，已经发现了几种顺周期（procyclical）的机制。其中一份文献很突出：资产价格下跌放大了信贷约束，抛售和银行的顺周期杠杆行为也可能放大了信贷约束。当私人实体的借贷能力受到抵押资产的市值约束时，就出现了信贷约束。这种约束有时被称为"费雪式约束"，即欧文·费雪在1993 年提出的债务通缩理论。非金融实体的借贷能力受到限制，这也会使总需求受限，当消费者物价下降并推高债务的实际余额时，情况会更加严重。[①] 20 世纪 90 年代中期，对金融加速器的理论研究正式确立了抵押品约束对银行信贷供给的影响（Bernanke，Gertler，and Gilchrist，1996；另外对货币政策后果的影响参见第 5 章）。将费雪理论引入一般均衡模型当中就可能产生信贷周期（credit cycles）。基约塔基和穆尔（Kiyotaki and Moore，1997）对这一现象作出了最规范的模型分析，其故事如图 6.9 所示。对公司未来预期盈利的负面冲击将会压低当期的股价，从而压低公司可以作为抵押品资产的价值。这就阻碍了银行的信贷供给，进而阻碍了企业的投资能力，从而降低了未来的 GDP，并证实了最初的负面预期。

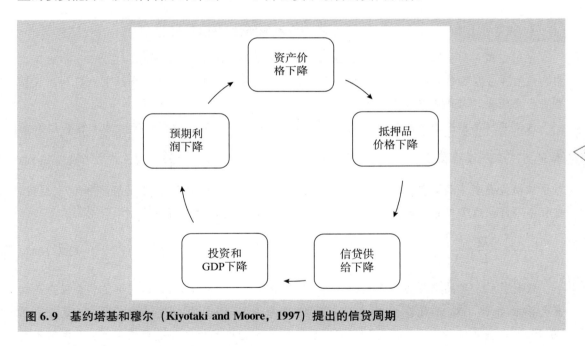

图 6.9　基约塔基和穆尔（Kiyotaki and Moore，1997）提出的信贷周期

根据经济系统的结构差异，其他因素可能会放大全球性冲击对个别机构的影响。其中一些已经在本书的其他地方描述过，比如拥有大量外币计价负债的小型开放经济体发生了汇率贬值，或者是银行-主权的厄运循环。我们在这里重点讨论金融系统特有的两个因素：抛售（fire sales）和杠杆（leverage）。

抛售是指银行处置非流动性资产（通常是股票、债券、家庭和公司的贷款），

---

① 参见费雪（Fisher，1933）、埃格森和克鲁格曼（Eggertsson and Krugman，2012）以及第 5 章对债务通缩的讨论。

因为银行需要获得流动性来偿还债务。考虑到紧迫性，银行准备低价出售资产。在此过程中其他银行可以轻松获利，这种预期本应促使其他银行愿意购买这些资产，从而缓解资产价格下跌。但是，其他银行为了购买这些资产需要发行短期债务，这会受到其抵押资产价值的约束，而这些抵押资产价值本身也会因为此前的抛售而受到影响。简言之，抛售行为存在货币外部性（pecuniary externality）[1]，因此需要政策干预（Stein，2010）。政策方案可能是让银行将这种外部性内部化，比如要求银行预防性地持有流动性来作为缓冲，或者对银行的短期债务征税（Perotti and Suarez，2011），或者通过让公共机构作为"最后做市商"（market marker of last resort）购买资产，从而抵消抛售对市场价格的影响。

前文提到，在临近全球金融危机爆发前，大型投资银行借入的资金高达其股本的 50 倍，而在同期非金融公司的杠杆率通常不超过 5 倍。阿德里安和申铉松（Adrian and Shin，2010）解释了金融机构在更高资产价格的背景下如何抬升了杠杆率（见延伸阅读 6.10）。杠杆的顺周期性也解释了为什么金融危机总是和高杠杆率相关，正如本章开头所解释的那样。

延伸阅读 6.10　　　　　　　　　　　**顺周期性与杠杆**

托比亚斯·阿德里安（Tobias Adrian）和申铉松（Hyun-Song Shin）在 2008 年的论文中，使用企业层面的数据来证明金融机构杠杆的顺周期性。他们发现，金融中介机构积极调整资产负债表，以适应其净资产的变化。

这里的模型框架沿用了延伸阅读 6.7 的模型。假设一家银行的总资产为 A，债务 D 和股本 E 为总资产 A 提供了融资（$A=E+D$），债务/股本比率是 $\delta=\dfrac{D}{E}$。两位作者首先观察到，对于被动投资者来说，资产价格和杠杆率是负相关的（斜率为负）：当总资产价值上升时，杠杆率下降。这很简单，因为如果债务 D 保持不变，那么 δ 和 A 呈负相关：

$$\delta=\frac{D}{E}=\frac{D}{A-D} \tag{B6.10.1}$$

数据显示，居民家庭的杠杆率和资产遵循这种关系（见图 B6.10.1）。但是非金融企业的情况并非如此。对于商业银行来说，这种关系是不存在的，这时斜率是垂线（见图 B6.10.2），商业银行倾向于保持杠杆率不变，这意味着银行的债务是顺周期的（δ 保持不变意味着债务 D 的增长率与资产 A 的增长率相同）。对于投资银行来说，这种关系甚至是正相关的，即斜率为正（见图 B6.10.3）。这表明投资银行的杠杆有显著的顺周期性。在经济繁荣期，投资银行的债务增长快于总资产增速，杠杆率 δ 上升。换言之，在经济扩张时期，投资银行会加大借款力度。这解释了为什么投资银行的债务/股本比率高于商业银行，甚至高于非金融机构的现象，正如本章前文所提到的。

---

[1]　当一个经济主体的行为通过对市场价格的影响而对其他主体产生影响时，就会出现货币外部性。

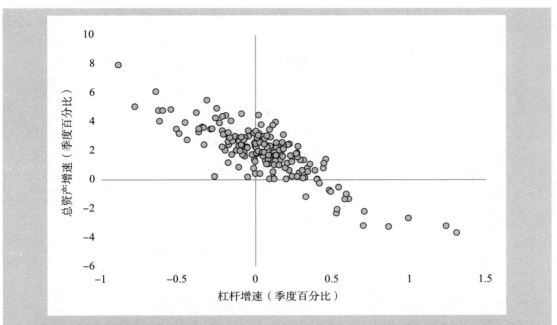

图 B6.10.1 美国家庭的总资产增速与杠杆增速：1963—2006 年

资料来源：Adrian and Shin（2008，figure 2.2）.

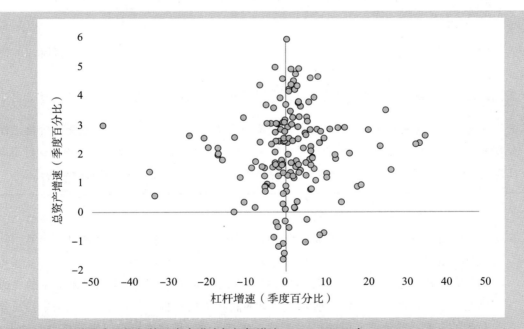

图 B6.10.2 美国商业银行的总资产增速与杠杆增速：1963—2006 年

资料来源：Adrian and Shin（2008）.

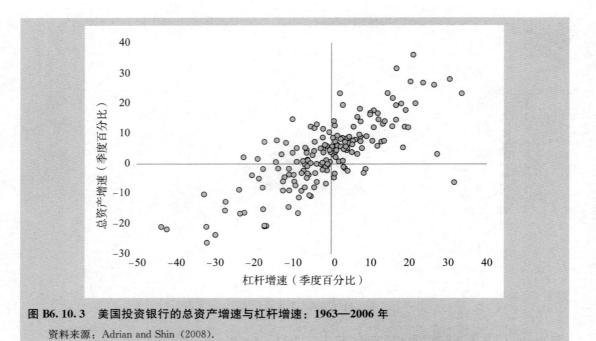

图 B6.10.3　美国投资银行的总资产增速与杠杆增速：1963—2006 年
资料来源：Adrian and Shin（2008）.

　　阿德里安和申铉松推测，银行会保持其股权 E 与总体风险价值呈正比（$E=\lambda\times\mathrm{VaR}$）。沿用之前的定义，$\delta$ 可以写作：

$$\delta=\frac{A}{E}-1=\frac{1}{\lambda}\frac{A}{\mathrm{VaR}}-1 \tag{B6.10.2}$$

　　因此，杠杆率与每单位资产的在险价值 $\left(\dfrac{\mathrm{VaR}}{A}\right)$ 呈负相关。阿德里安和申铉松的数据证实了单位资产的风险价值是逆周期的，这意味着杠杆率的顺周期性。其解释如下：当资产价格上涨时，金融中介机构的资产负债表往往会变得更健康，从而形成了资本过剩的初始局面。此时金融中介机构的动机是：通过扩大资产负债表和提高杠杆率，从而找到办法来利用这些过剩的资本。

(d)"黑天鹅"（black swans）

　　全球金融危机也证明了金融系统性风险还有另一个来源，也就是对于罕见、巨大冲击的全球后果，人们实际上知之甚少。

　　在危机发生之前，金融机构的风险管理是根据"平均"冲击水平来准备的（通常是基于一段时期——比如前两年——的高频历史数据，具体是以 95％ 或 99％ 分位数的资产在险价值为依据）。这时候，尾部风险（即概率极小但影响极大的冲击）常常没有得到应有的重视。此外，金融系统对于巨大冲击的反应可能是非线性的，这种可能性即使被人们理解了，但事实上也是被忽略了。再加上金融机构、金融市场基础设施和非金融实体（包括政府机关）之间的双边风险网络的详细数据是缺失的，所以情况可能变得更糟。作家和认识论学者纳西姆·塔勒布（Nassim Taleb）在 2007 年的畅销书中推广了"黑天鹅"的概念，其将具有不可预测性的巨大冲击比作"黑天鹅"。黑天鹅是罕见的，但它们确实存在，多次观察到白天鹅也不能否认黑天鹅的存在性。为了应对"黑天鹅"的问题，政策制定者使用的最新模型已经升级了，也就是在包括金融部门的一般均衡模型中引入了冲击的非线性影响，以及引入金融和非金融实体违约的可能性（参见 Hamilton，2016；Beyer，Cœuré，and Mendicino，2017）。

6.3　政策

2007—2008 年全球金融危机之后，金融稳定已然成为经济政策的一个重要考虑。在此之前，这是行业管制机构的问题，而不是财政部长和央行行长的问题。如今，金融稳定已经成为与增长、就业、价格稳定或公平并列的关键政策目标。原因很容易理解，如第 6.1 节所讨论的，金融危机给经济和财政带来了巨大成本。主要央行现在都会发布金融稳定报告。尽管在危机以前，国际政策讨论往往以相当确定的措辞进行表述，但是现在人们更多地关注风险，尤其是金融发展带来的风险。在 2009 年的匹兹堡峰会上，二十国集团领导人承诺制定了一项雄心勃勃的管制议程，本节详述的大部分改革都是该议程的部分内容。这一议程由金融稳定委员会执行，该机构由国际清算银行主导，这个委员会的成员包括来自最大的发达经济体和新兴经济体的政策制定者、央行行长和政府官员。也就是说，"金融稳定"不是（或者说还不是）一个独立的理论或政策领域。金融稳定与其他政策领域（如货币政策、竞争政策）存在很大的互补性和权衡关系。

金融稳定的政策分为两类：微观审慎政策（microprudential policy）和宏观审慎政策（macroprudential policy）。其中，微观审慎政策旨在保障个体机构和单个金融市场的稳定与安全。其包括对银行、保险和证券市场的监管。微观审慎政策负责制定和执行旨在确保单个机构韧性和透明度的标准，以及监测单个机构的行为，通过这些来发挥其作用。宏观审慎政策则旨在确保整个金融体系在商业和信贷周期中保持稳定和效率。广义上讲，宏观审慎政策依赖于一系列不同的政策手段，从货币政策、信贷标准再到税收政策，其需要一系列政府部门之间的协调。狭义上讲，宏观审慎政策依赖于特定的政策工具箱，其中大多数工具是针对银行业的，这些政策工具通常委托给指定的宏观审慎管理部门来执行（通常是央行，但也有例外）。我们现在依次回顾这两个方面，并特别关注欧洲货币联盟这个复杂机制所带来的管制挑战。

6.3.1　银行的监管 *

针对银行的管制和监督被称为银行监管。所有的大型银行都由指定的公务员团队进行实时监控，其任务是确保规则得到适当执行，从而使风险能够得到适当的测

---

　　* 除非特别说明，本章一般将 supervision 译为"监督"，将 regulation 译为"管制"，将 supervision and regulation 译为"监管"。——译者注

量和管控。

负责银行监督的公共机构通常是独立的（但也有例外），而且通常是中央银行的一个部门（也有例外）。在美国，有三个部门执行银行监督功能：美联储、联邦存款保险公司（FDIC）和货币监理署（OCC）。在英国，监管部门是英格兰银行下属的审慎管制局（Prudential Regulation Authority，PRA）（在全球金融危机之前，它属于英国金融服务管理局，后者是一个业务广泛的独立机构）。在欧元区，欧洲央行负责监管大型银行，各国政府监管较小的银行（见延伸阅读 6.14）。在日本，金融服务管理局负责银行监督，这是一个不同于日本银行的政府机构。金融危机之后的趋势是把银行监督的权力交给中央银行，但是由政府还是央行来监督这两种模式各有其优势（Cœuré，2013）。

银行监督者执行中央政府和立法机构所决定的管制。银行监管者还需要在国际层面上与国际清算银行的巴塞尔银行监管委员会（BCBS）相一致。全球金融危机之后，BCBS 开始吸纳大型新兴市场国家作为成员。

（a）原则

银行管制的两大支柱是银行资本和流动性的管制。在全球金融危机之后，这两者都得到了相当大的强化。此外，各国还出台了政策措施，以确保大型银行不会出现"大而不能倒"的情况，从而避免政府纾困可能造成的道德风险。

然而令经济学家感到沮丧的是，根据政策目标对政策工具进行搭配的方式并不像丁伯根所建议的那样明确（见第 1 章）。资本充足方面的监管要求银行满足几个目标，而这几个目标都与流动性管制的要求存在互相影响。这是因为，一方面，要求银行建立流动性缓冲对资本管理会有顺带的好处，其会消除银行资产组合的偿付风险。而另一方面，要求银行增加股本也会让储户更加放心，让储户相信银行仍有偿付能力，从而保护银行的流动性状况。然而，由于风险的多重性质和单个政策工具效率的不确定性，同时使用多种工具可能是合理的（Haldane，2017）。延伸阅读 6.11 对资本和流动性比率的要求进行了概述，我们将对此进行更详细的讨论。

| 延伸阅读 6.11 | 资本与流动性管理要求概述 |

为了全面了解银行资本和流动性的管制，表 B6.11.1 展示了一份简化的银行资产负债表。在资产方，银行投资于安全的、流动性强的资产（如现金、短期国债）和有风险、流动性差的资产（如贷款、债券和股票）。在负债方，银行资金来自短期、可流动的负债（如客户存款和短期债务）和更稳定的长期负债（如债券和股票）。

表 B6.11.1　简化的银行资产负债表

资产	负债
安全的、流动性强的资产 L	短期资金 S
有风险、流动性差的资产 R	债券 D
	股本 E

为了满足资本充足率要求，银行股本要大于风险加权资产（risk-weighted assets）乘以 k 这个比例系数（具体实施细节见延伸阅读 6.12）：

$$E > k(L + wR) \tag{B6.11.1}$$

式中，$w > 1$ 是风险资产的风险权重。

杠杆率管理要求银行股本与非风险加权资产的比值大于固定数值 λ：

$$E > \lambda(L + R) \tag{B6.11.2}$$

由于杠杆率的计算没有对风险进行加权，如果想激励银行限制风险，这个指标只是给风险加权的资本充足率要求提供了补充或者说"后备方案"。λ 的取值有三种情况：

• 如果杠杆率要求足够小（$\lambda < k$），那么无论有多少风险资产，都有 $\lambda(L+R) < k(L+wR)$。这时候，基于风险资产的监督始终占主导地位，杠杆率不会成为约束条件。

• 如果杠杆率要求足够高（$\lambda > wk$），那么无论银行有多少风险资产，都有 $\lambda(L+R) > k(L+wR)$。杠杆率监督始终占据主导地位，此时基于风险加权的资本充足率不会成为约束。如图 B6.11.1 所示，E 是风险资产的函数，其中的阴影部分表示 E 的可接受水平。

• 如果 $k < \lambda < wk$，那么当其高于一定风险水平，即 $\dfrac{R}{L} > \dfrac{\lambda - k}{wk - \lambda}$ 时，基于风险加权的资本监督更为有效，如图 B6.11.2 所示。这是一个有趣的情况，它表明杠杆率会在风险水平过低的情况下促进审慎行为，而此时因为风险水平过低，基于风险的监督规则并不发挥作用。不同业务模式的银行会有不同的风险水平，例如商业银行和投资银行。

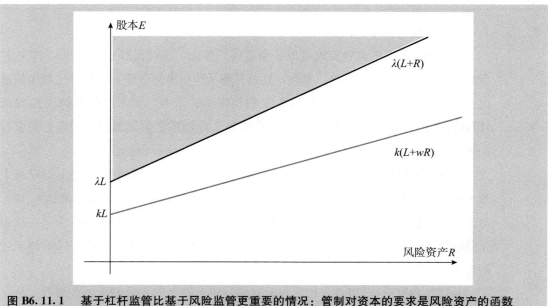

图 B6.11.1　基于杠杆监管比基于风险监管更重要的情况：管制对资本的要求是风险资产的函数

类似地，我们可以定义流动性比率（实施细节参见延伸阅读 6.13）。流动性覆盖比率（liquidity coverage ratio，LCR）要求银行持有足够的流动性资产，以覆盖其短期资金的特定

部分 Ψ：

$$L > \Psi S \tag{B6.11.3}$$

净稳定资金比率（net stable funding ratio，NSFR）要求银行的长期资金覆盖其非流动性资产的特定部分 ω：

$$D + E > \omega R \tag{B6.11.4}$$

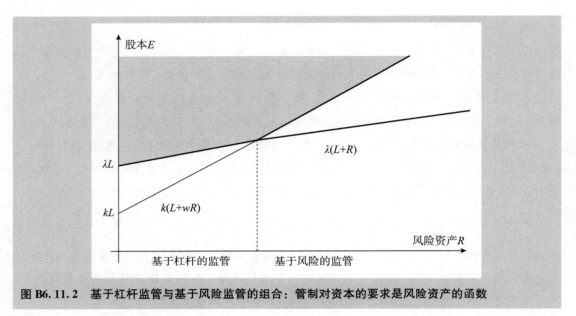

图 B6.11.2　基于杠杆监管与基于风险监管的组合：管制对资本的要求是风险资产的函数

（b）对银行资本的管制

对银行资本金的监管要求可以一举多得。首先，这确保股东"参与其中"，并激励股东要求银行更加谨慎。其次，这与其他承担损失的负债方一起（比如违约情况下的债转股），确保了储户是最后受到伤害的。最后，资本监管是风险加权的（即风险资产占比越高，对银行资本监管的要求就会越高），这激励了股东管控银行的风险状况，从而实现基于风险的监督（risk-based supervision）。

全球金融危机后，巴塞尔银行监管委员会（BCBS）在数量和质量上都提高了资本要求，在此基础上得到了 2010 年的《巴塞尔协议Ⅲ》（见延伸阅读 6.12）。BCBS 只设定指导性标准，其将实施环节留给了各国立法部门和管制机构（在欧盟是通过欧盟层面的指令和管制）。各国机构对协议的实施情况由同行评议机制来进行监督。

从定性角度看，《巴塞尔协议Ⅲ》对银行资本管制的界定侧重于普通股。从定量角度看，该协议对银行资本的核心衡量标准，即核心一级资本（core equity tier 1，CET1）比率（见延伸阅读 6.12）的要求是：所有银行要达到经过风险调整后占资产总额的 7%，而对全球系统性重要银行的要求是 8%～10.5% 之间。根据切凯蒂和舍恩霍尔茨（Cecchetti and Schoenholtz，2014）的说法，《巴塞尔协议Ⅲ》的资本充足率要求是上一版要求的 10 倍以上，上一版的要求才不到 0.75%。

延伸阅读 6.12　　　　　　　　　　　**对银行资本金的要求**

对银行资本金的监管要求，可以是合并报表基础上对银行集团层面的要求，也可以是对每个相关实体（如子公司）层面的要求。资本金的监管要求在巴塞尔银行监管委员会的国际协商中达成了一致，然后由各国法律来落实。资本管理要求的演变经历了三代：

• 1988 年的《巴塞尔协议Ⅰ》将风险加权资产（risk-weighted assets，RWA）定义为银行风险资产的加权总和，即管制机构对每个类别的资产都设定了具体的风险权重，然后计算加权总和。库克比率（Cooke ratio，以时任巴塞尔银行监管委员会主席名字命名）的定义是银行股本除以风险加权资产的比例，该值必须大于 8%。《巴塞尔协议Ⅰ》为银行业创造公平竞争的国际环境迈出了第一步。但它有几个缺点：第一是顺周期性。标准化的风险权重指标会在经济衰退时期迫使银行减持风险资产。第二是在违约情况下不能很好地保护储户和纳税人。银行资本管制要求的缓冲包括可转债和税收抵免等工具，但这些工具无法真正吸收损失。第三，没有提出国际公认的对资本的定义，因而存在利用银行资本管制要求进行套利的行为。第四，没有对流动性的要求。

• 2004 年的《巴塞尔协议Ⅱ》要复杂得多，它基于三大支柱：基于风险的强制性资本要求（支柱一），根据监督部门判断酌情追加资本的要求（支柱二），通过信息披露来遵循市场纪律（支柱三）。《巴塞尔协议Ⅱ》允许银行使用内部模型来计算风险权重。事后来看我们现在明白了，给监督政策留有余地和银行不受限地使用内部模型，导致了银行资本数量的大幅减少和风险的增加（Cecchetti and Schoenholtz，2014）。

• 2010 年的《巴塞尔协议Ⅲ》从全球金融危机中汲取了教训，该协议在 2014—2019 年逐步分阶段实施。它保留了上一版协议的三大支柱，但大幅提高了支柱一所规定的资本数量和质量（BCBS，2010）。核心一级资本（CET1）包括最适合吸收风险的权益和银行发行的普通股，其至少应当达到 RWA 的 4.5%。而银行资本必须达到 RWA 的 8%。另外，保护性缓冲（conservation buffer）需要达到 RWA 的 2.5%，以确保在消化损失后还能保有最低限度的资本。因此最低资本就需要达到 RWA 的 7%（4.5%＋2.5%＝7%），而总资本充足率应达到 10.5%（8%＋2.5%＝10.5%）。

除了标准的资本要求之外，监管部门还可以实施逆周期资本缓冲（countercyclical capital buffer）。正常情况下该资本要求为 0，但出于宏观审慎的目的，监管部门可以将要求提升至普通股的 2.5%，从而抑制全局性的信贷热潮（第 6.3.3 节）。《巴塞尔协议Ⅲ》还引入了不基于风险的杠杆率（non-risk-based leverage ratio），其要求是 CET1 应当占到总资产的 3% 以上。这相当于将银行的资产负债表规模限制在其股本的 33 倍以下。

最后，《巴塞尔协议Ⅲ》还对全球系统重要性银行（global systemically important banks，即管制术语中的 G-SIB）作出了特殊规定，要求这类银行的核心一级资本比率需要额外附加 1%～3.5%（在实践中通常为 2.5%），因此对全球系统重要性银行的 CET1 充足率要求最高将推高至 RWA 的 7%＋3.5%＝10.5%。BCBS 制定了一种共同的方法来确定全球系统重要性银行的标准，然后由各个经济体在自己的司法管辖区内确定具体名单。金融稳定委员会公布了全球系统重要性银行的名单，并根据这些银行的系统重要性将其分为五类（见表B6.12.1，对方法的更多解释，参见 Passmore and von Haffen，2017）。

表 B6.12.1　2017 年全球系统重要性银行（G-SIBs）

分类	附加资本要求（核心一级资本占 RWA 的百分比）	G-SIBs（按英文字母排序）
5	3.5	无
4	2.5	摩根大通银行
3	2	美国银行、花旗银行、德意志银行、汇丰银行
2	1.5	中国银行、巴克莱银行、法国巴黎银行、中国建设银行、高盛、中国工商银行、三菱东京日联银行、富国银行
1	1	中国农业银行、纽约梅隆银行、瑞士信贷、法国农业信贷银行、荷兰国际集团、瑞穗银行、摩根士丹利、北欧联合银行、加拿大皇家银行、苏格兰皇家银行、桑坦德银行、法国兴业银行、渣打银行、道富银行、三井住友银行、瑞银集团、联合信贷银行

资料来源：金融稳定委员会，2017 年 11 月。

有人批评《巴塞尔协议Ⅲ》对资本金要求太严，但也有人批评太松。毫不奇怪的是，银行自然会声称其融资成本将急剧上升，而且（给定银行业竞争的激烈程度）银行还会将成本转嫁给客户，从而大幅增加经济体系中的资金成本，这将对投资和增长造成灾难性影响。2010 年，代表大型跨国银行的国际金融协会（IIF）得出结论认为，美国、欧元区和日本的经济增速将因此下调 0.6 个百分点。这种担忧合理吗？首先，要承认银行确实不符合莫迪利安尼-米勒定理（MM 定理，参见第6.2 节），这个结论这是公允的。要求银行将其融资结构转向资本，这确实会增加融资成本。然而这里存在一个悖论：一方面，如果 MM 定理成立，这就意味着银行资本根本不需要管制！[1] 另一方面，提高银行的抗风险冲击能力可以降低银行的信贷风险，提高其股价，并减少其融资过程中面临的风险溢价，从而会降低其融资成本。

总而言之，国际清算银行组织的一项研究认为：《巴塞尔协议Ⅲ》会温和提升贷款利率，略微减少贷款规模，并在五年内的每一年使得全球增速降低 0.05 个百分点（Macroeconomic Assessment Group，2010）。事后来看，即使是这样的估计也显得过于悲观。当然，在现实中我们无法找到真正的反事实参照系。在 21 世纪10 年代分阶段实施《巴塞尔协议Ⅲ》要求的同时，美国、英国以及后来的欧洲都

---

[1]　如果 MM 定理对银行成立，股东的激励就不会取决于其负债结构。当可能出现违约时，就不满足 MM 定理的条件。银行资本受到管制的一个关键原因是，在银行破产时需要保护纳税人和储户。

出现了强劲的经济复苏。正如切凯蒂（Cecchetti，2014）得出的结论："贷款利差几乎没有变化，银行的存贷款利差下降了，贷款额还有增加。"诚然，在此期间非常宽松的货币环境也使资金成本保持在非常低的水平。

一些经济学家则认为，对银行的资本要求应当提高更多（讨论可参见 Haldane，2017）。阿德马蒂和黑尔维希（Admati and Hellwig，2013）指出，由于政府的双重补贴，因此银行不适用于 MM 定理。一是显性补贴：企业税免除了对债务付息征税，虽然这不是对银行特有的政策，但鉴于银行的特殊高杠杆率，其以不成比例的方式受益于此。二是隐性补贴：银行太大而不能倒，在遇到麻烦时能够得到政府支持的这种预期降低了银行的融资成本。根据阿德马蒂和黑尔维希（Admati and Hellwig，2013）的研究，资本监管要求的作用只是抵消这两种补贴造成的扭曲，因此是社会最优选择。他们认为，股权缓冲应达到非风险加权资产的 20％～30％。同样地，明尼阿波利斯联邦储备银行主席尼尔·卡什卡里（Neel Kashkari）也认为，初始最低资本要求应当达到风险加权资产的 23.5％～38％（Federal Reserve Bank of Minneapolis，2016）。

另一个激烈的讨论是：在银行资本管制要求中使用风险加权还是非风险加权资产有什么区别？从《巴塞尔协议 Ⅱ》到《巴塞尔协议 Ⅲ》的过渡过程中，风险权重机制得到了相当的改善。但其仍在很大程度上存在问题，因为大型银行使用其内部模型来衡量风险权重，而这些模型的监管成本高、难度大。与标准化方法相比，巴塞尔银行监管委员会对内部模型给出的资本释放（capital relief）空间设定了上限。此外，《巴塞尔协议 Ⅲ》还引入了非风险加权的杠杆率，只考虑银行股本和非风险加权资产总额。[①] 起初这是对风险加权资产要求的补充，从 2019 年起这成为强制要求。

经济学家更偏好监管杠杆率，因为他们担心银行过于庞大，而且他们不相信银行的内部模型。银行监督者则不愿这么做，他们更重视基于风险资产的监督，这样可以激励银行更好地管理风险。不过两者逻辑一致的地方是，监管者希望杠杆率保持在足够低的水平，以免使得基于风险资产的管制失去有效性（见延伸阅读 6.11）。

在银行消化亏损时，股东的利益将排在第一位。但如果损失很大，这样做可能还不够。考虑到银行业危机造成的负外部性，应当有专门的法律程序来处理银行倒闭，这被称为银行处置（resolution）。该机制允许处置机构（resolution authority）强制要求债券持有人（如有必要，还可能包括储户）在股本全部亏损时也来承担损失。用管制部门的语言来说，这就是"内部纾困"，而不是由纳税人提供的"外部纾困"（见延伸阅读 6.13）。

---

① 参见 Basel Committee for Banking Supervision，2014。

| 延伸阅读 6.13 | 银行的最后时刻：处置与内部纾困规则 |

全球金融危机之后，为了保护纳税人和减少银行"大而不倒"的道德风险，管理银行倒闭的规则得到了极大的强化。银行和其他任何公司一样，都要遵循司法破产程序。但银行倒闭对金融系统和其他经济部门会造成负外部性，同时政府也应当迅速采取行动以遏制金融风险，这证明了需要有一套专门的程序来确保银行的有序偿还，这就是所谓的银行处置。

当银行因为资本和/或流动性耗尽而即将倒闭时，处置机构有权在几小时或几天内决定如何分配银行倒闭的损失，并有权根据第三方估值对银行的部分资产和负债进行裁决。在大多数国家，处置机构由监督部门兼任，而在有些国家，它是独立的（在美国是联邦存款保险公司，即 FDIC，其独立于美联储；在欧盟是单一处置委员会，即 SRB，它是欧盟委员会的一部分，其独立于欧洲央行）。处置的目标是确保银行关键职能的连续性，最大限度降低金融风险，并保护纳税人。处置过程通常会产生一家可以恢复贷款的"好银行"和一家逐渐倒闭关门的"坏银行"。好银行应当有充足的资本来恢复市场信心，而"（如果进入处置）没有债权人会利益受损"原则（no-creditor-worse-off）确保了处置和正常破产之间的一致性。

金融稳定委员会（FSB，2014）批准了金融机构有效处置机制的关键原则，其中包括内部纾困规则。内部纾困规则明确了银行不同负债类别的优先排序：首先由股东承担损失，其次是次级债券持有人（通常是可转为股权债券的持有人），再次是优先级债券持有人，最后是储户，储户承担的具体损失取决于司法裁决，并且仅限于超出强制性存款保险的那部分金额。在实践中存款可能会被转换成股权，从而使银行能够以更高的资本水平恢复运营。总损失吸收能力（total loss-absorbing capacity，TLAC），即银行在正常情况下应保持的股本和可用于内部纾困的债务工具的总额。TLAC 的金额必须适时调整，以避免储户和纳税人出资的情况，除非有极端情况发生。金融稳定委员会（FSB，2015b）规定，从 2019 年 1 月 1 日起，全球系统重要性银行的 TLAC 应当达到风险加权资产的 16%，2025 年 1 月 1 日起提升至 18%（新兴市场经济体将有更长的过渡期，不过也要在 2022—2025 年的最后期限达到标准）。在欧洲，《银行恢复与处置指令》（Bank Recovery and Resolution Directive，BRRD）规定了银行发行的可用于内部纾困债务工具的最低额，即"最低要求的合格债务"（minimum required eligible liabilities）。

内部纾困原则是全球公认的，但其实施也面临着一些困难：

- 用股东权益来承担损失没有争议，但救助债权人和储户的优先级就有争议了。减记银行的优先债务（通常由其他银行持有）可能会对金融系统的其他部分乃至整个经济产生负外部性，从而威胁到金融稳定。在欧洲，银行有时将次级债券出售给零售客户，而这些客户没有能力监督其所承担的风险，有时甚至不知道这些次级债券可能会被转换为股权。这并不是质疑内部纾困的原则，但这表明"可用于内部纾困"的银行债务不应由其他银行持有（由于前一个原因），也不应由个人持有（由于后一个原因）。

- 对于未投保的银行存款，即那些超出存款担保计划承保范围的存款，人们的担忧更为严重。保险金额（在欧洲为 10 万欧元）对个人来说相当高，但对小企业来说相当低。

个人没有能力监督银行的运作方式，而且不管对还是错，个人会觉得自己受到存款保险和银行监督的保护。给家庭和中小企业造成存款损失也会对经济造成负外部性。此外，银行存款构成了流通中的货币主体（M1 总量的口径，见第 5 章的定义），稳定的货币对于经济的平稳运行和维持对金融市场的信任至关重要。2013 年 3 月的塞浦路斯危机对经济的直接损害有限，因为大部分未保险存款主要由俄罗斯公民持有，但信心的代价是巨大的。维护储户的信心可能是动用纳税人资金的正当理由。当然，这也需要权衡银行道德风险和政府隐性补贴的代价。

- 最后，对于大型复杂跨国银行进行处置将会面临严峻挑战。英格兰银行前行长默文·金（Mervyn King）有句名言：“银行活着的时候，它的业务是全球性的，但是死时的处置则是区域性的。”不同国家的处置机构之间发生冲突的风险很高。金融稳定委员会原则上在两种处置方法中保持中立：一种是单点进入（single-point-of-entry）法，即在母公司或控股公司层面进行处置，并由本国的处置机构领导该过程；另一种是多点进入法，即在银行每个分支机构所在的司法辖区进行处置。前一种方法在原则上更为有效，但它引发了主权和可能的金融稳定问题，因为一国政府可能不会将其行动对全球金融稳定的影响进行内部化。最糟糕的情形是，所有银行集团都以子公司为基础进行运营，每家子公司都在当地建立资本和流动性缓冲，这将使上面两种处置方法等同起来。对银行来说，这将完全失去跨境风险分担和规模经济的好处。

对银行设立激励机制和保护储户的激进方法是，规定商业银行（即吸收存款的银行）与投资银行进行分业经营，以及实施狭义银行的业务模式。分业经营是美国从 1933 年《格拉斯-斯蒂格尔法案》（Glass-Steagall Act）到 20 世纪 90 年代的规则，并在全球金融危机之后重新受到重视（另见延伸阅读 6.19）。在美国，美联储前主席保罗·沃克尔在 2009 年主张禁止吸纳存款的银行从事自营交易（proprietary trading，即银行的资产负债表内涉及投机性业务）。《多德-弗兰克法案》（Dodd-Frank Act）有限地采纳了这种观点，并在 2010 年获得了通过。然后在经过长期和有争议的讨论后，该法案终于在 2015 年得到实施。在欧洲，2011 年的维克斯（Vickers）报告和 2012 年的利卡宁（Liikanen）报告也主张，在法律上将商业银行和投资银行分开，但代表客户做市等行为可以例外。但是，随后欧盟委员会提出的立法建议从未获得通过。至于长期以来狭义银行（narrow banking）提议的支持者则认为，吸收存款的银行应将存款全部投资于无风险资产，而任何其他资产（包括对经济的贷款）都应该 100% 通过股权融资。[①] 这一提议将使银行变得超级安全，但它将阻止银行进行期限转换和流动性转换。

（c）流动性管制

在正常时期，如果银行持有的流动性资产缓冲不足，那么在危机时期银行将被

---

① 参见 Chamley, Kotlikoff, and Polemarchakis（2012）；以及 Pennacchi（2012）。

迫以折扣价抛售更多非流动性资产，从而造成更大的负外部性。流动性管制（liquidity regulation）的目的就是要解决这种负外部性。

流动性管制并不总是完全没有问题。一个缺点与高质量流动性资产（high-quality liquid assets，HQLA）的稀缺性有关。正如第 7 章所讨论的，全球金融环境变化共同创造了对高评级、高流动性证券（如国库券和国债）的强劲需求。[①] 要求银行持有更多的 HQLA 就挤掉了其他交易者，并压低了全球的无风险利率。此外，如果涉及流动性供给，或涉及现金库存、资产库存时，流动性管理会提高银行提供中介服务的成本。

"流动性"就是"容易转换成现金"。《巴塞尔协议Ⅲ》强制规定了两种流动性比率：确保银行 30 天内的流动性覆盖比率（LCR），确保银行在一年内流动性的净稳定资金比率（详见延伸阅读 6.14）。

延伸阅读 6.14   **银行流动性要求**

2010 年《巴塞尔协议Ⅲ》（延伸阅读 6.12）确定了银行保持充足流动性缓冲的规则，即旨在确保短期抵御流动性中断的 30 天流动性覆盖比率（LCR）要求，和为了解决流动性错配问题并促进使用稳定资金来源的长期结构流动性比率要求。LCR 自 2015 起实施并具有约束力，其定义如下：

$$LCR = \frac{高质量流动性资产}{压力情景下 30 天内的净现金流出量} > 100\% \tag{B6.14.1}$$

压力情景包括以下假设情况：信用评级下调、持有的零售存款出现损失、持有的批发无担保融资出现损失、有担保资产出现更高的折价，以及衍生品需要追加保证金等等。净稳定资金比率（NSFR）从 2018 年起实施并具有约束力，其定义如下：

$$NSFR = \frac{一年以上可用的稳定资金规模}{业务所需的稳定资金规模} > 100\% \tag{B6.14.2}$$

稳定资金来源包括在压力情景下，仍预期能够可靠地获得的股权和其他债务工具（主要是一级资本和二级资本以及稳定的存款）。业务所需的稳定资金规模反映了非流动性资产的资金需求，其按不同资产类型的流动性风险系数加权计算得到。

LCR 和 NSFR 一直存在争议，主要是因为很难就高质量流动性资产（HQLA）的定义达成一致，而 HQLA 正是 LCR 定义式（B6.14.1）中的分子。比如，住房抵押贷款流动性高吗？作为抵押品从央行获得资金的资产是否可以算作 HQLA？在美国，符合常规货币政策操作条件的抵押品都具有相当的流动性，但在欧洲就不

---

① 需求增长来自抵押贷款的增长、发达经济体养老金储蓄的增长（以及强制要求养老基金持有安全资产的管制要求）、发达经济体央行大规模资产购买计划（第 5 章），以及新兴市场经济体外汇储备的积累（主要投资于美国和欧洲的政府债券；第 7 章）。

那么容易了。不过在欧洲，对中小企业（SMEs）的贷款可以质押给欧洲央行——在各国央行提供紧急流动性救助的情况下，甚至建筑物也可以作为抵押品。但是，如果一项资产被视为 HQLA 的唯一原因是它可以抵押给央行，那么此时央行就会成为第一贷款人，而不是最后贷款人，这时候流动性缓冲也就毫无意义了。这也提醒人们注意流动性管制与央行作为最后贷款人角色之间的矛盾关系，第 6.2 节已经证明了这一点。这种矛盾关系在全球金融危机期间曾经爆发，当时市场流动性紧张导致各国央行以更灵活的方式实施白芝浩原则，包括降低紧急贷款的利率和接受质量较低的抵押品。[①]

　　流动性缓冲的一个悖论是，它们并非如此……具有流动性。查尔斯·古德哈特（Charles Goodhart）用出租车寓言解释了一切：

> 有这样一个故事：一个旅客深夜到达车站，看到只剩下一辆出租车，他非常开心地招呼司机。但司机却回答说他帮不上忙，因为当地法律规定要求在任何时候车站都必须有一辆出租车！（Goodhart，2010，p. 175）

　　为了应对这一问题，监督机构可以要求银行在正常情况下持有高于 LCR 或 NSFR 的流动性资产，并/或允许银行在发生危机时耗尽缓冲。但银行可能不愿这么做，因为它担心这会给市场声誉带来负面影响。协调失败的风险始终存在，在这种情况下央行别无选择，只能下场干预。

　　在主要中央银行中，美联储最不愿意充当最后贷款人，其担心会产生道德风险、迎合既得利益，以及干预市场运行机制。尽管如此，在全球金融危机期间，美联储还是开启了贴现窗口，尤其是在 2007 年 12 月到 2010 年 4 月期间，其通过操作"定期拍卖工具"（term auction facility）将一级信贷利率（primary credit rate）和联邦基金目标利率之间的利差从 100 个基点降至 50 个基点，然后进一步降至 25 个基点（危机结束后又回升至 50 个基点）。2010 年的《多德-弗兰克法案》要求，美联储应当披露对商业银行提供的紧急贷款，并限制了美联储在流动性普遍紧张的情况下向其他实体（包括投资银行）提供贷款的权力，而且必须事先得到财政部长的批准。在欧元区，货币政策的抵押品池子一直范围很宽。欧洲央行一直是爱尔兰、希腊和塞浦路斯等国家（这些国家的银行都遭受了危机的打击）紧急流动性救助（ELA）的大规模提供者。ELA 在法律上是由各国央行自行承担风险（即最终由各国政府承担风险），但如果它会干扰单一货币政策的目标，欧洲央行管理委员会就可以反对这种做法。[②][③]

---

① 关于《巴塞尔协议Ⅲ》与欧洲央行货币政策之间的联系，参见 Bucalossi et al.（2016）。

② 欧洲央行于 2017 年 6 月发布了关于紧急流动性援助的协议，参见 https://www.ecb.europa.eu/mopo/ela/html/index.en.html。

③ 澳大利亚央行找到了一种新颖的方式来化解事前和事后激励的矛盾。在危机时期，银行可以使用"承诺流动性便利"（committed liquidity facility）。银行要获得这种便利，需要向澳大利亚央行预付一笔费用，以免扭曲事前的激励。参见科尔（Cœuré，2013）的讨论。

如第 6.2.3 节所述，流动性不仅来自银行，也来自货币市场基金或者是回购证券的投资者等市场参与者。银行以外的流动性风险也会产生外部性，需要公共管制和/或干预。这将在第 6.3.2 节中讨论，该节会专门讨论资本市场管制。

（d）欧元区的银行监管

正如本章前文和第 5 章所解释的那样，欧元区危机被主权信用和银行信用之间的紧密联系或"厄运循环"放大了。特别是在小型经济体（如爱尔兰和塞浦路斯），与其财政收入相比，这些国家的银行体系过度扩张了。2012 年 7 月，欧元区 19 个成员国宣布发起建立"银行业联盟"，其主要是为了打破"厄运循环"，减轻未来危机可能造成的影响（见延伸阅读 6.15）。

延伸阅读 6.15　　　欧洲对抗银行-主权信用厄运循环的工具：银行业联盟

图 B6.15.1 显示，在欧元区，对银行违约、主权债务违约进行保险，这两类成本的对应关系要比世界其他地区紧密得多。这是由于欧元区银行信用对主权信用存在双向风险敞口。欧元区银行资产的很大一部分是本国的主权债务，而欧元区管制体系认为这些是无风险资产。在内部纾困规则生效之前，对于银行将得到外部纾困的普遍预期已经给各国政府带来了表外负债。

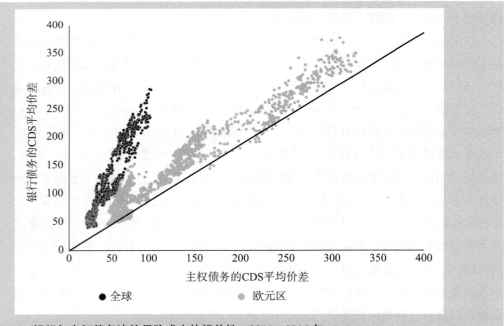

图 B6.15.1　银行与主权债务违约保险成本的相关性：2011—2016 年

注：图中使用银行债务、主权债务的 CDS 平均价差来分别衡量二者的保险成本。

资料来源：欧洲中央银行。

在 2012 年，为了打破这一厄运循环，欧洲采取了以下措施：

• 欧洲央行在法兰克福设立了"单一监督机制"（single supervisory mechanism，SSM）。

该机构负责监督欧元区 130 家最大的银行，并协调对所有其他银行的监督行为及其执行要求。该机构还计划逐步消除银行监督体系中各个国家的选择权和自由裁量权。SSM 由 25 位成员组成监事会进行管理，包括主席、副主席，还有 4 名由欧洲央行任命的成员，以及 19 个成员国家的银行监督部门负责人（Schoenmaker and Véron，2016）。

- "单一处置机制"（single resolution mechanism）负责批准银行的恢复计划，并在银行破产时采取行动进行处置。它由布鲁塞尔的欧盟委员会下属的单一处置委员会（Single Resolution Board）进行管理。对应的"单一处置基金"（single resolution fund）拥有 550 亿欧元资金，这一大笔钱计划在 2016—2023 年期间由商业银行逐步出资，然后在欧盟成员国层面实现汇集。

- 欧盟法律体系引入了一套规则，具体是对《银行恢复与处置指令》（BRRD）进行了完善，以组织银行处置和确保银行消化损失的能力。此后，内部纾困已经在几个国家进行了测试（西班牙、斯洛文尼亚、意大利以及最重要的塞浦路斯，见延伸阅读 6.13）。2017 年 6 月，欧洲银行处置程序首次被用于西班牙大众银行（Banco Popular）的处置（Philippon and Salord，2017）。

- 欧洲央行获得了宏观审慎管理的权力，以补充成员国当局的局部监管政策（见第 6.3.3 节）。

然而，还有三项措施被推迟到以后来定夺：一是欧洲存款保险计划（European Deposit Insurance Scheme，EDIS），其确保银行的存款保险成本（按照欧洲法律，每个账户保额上限为 10 万欧元）仅部分地由本国政府来承担。二是建立欧元区救助基金的可能性，即在直接跳过各国政府的情况下，欧洲稳定机制（ESM）直接对某个银行进行资本重组的可能性。三是鼓励银行减少主权风险敞口，要么通过数量进行限制，要么对非多元化主权风险敞口给出非零的风险权重。

如果不采取这些措施就无法真正打破厄运循环，银行和主权债务风险就仍然存在相互关联。

（e）把银行看作一般的产业：竞争、技术变革以及包容性

和银行业相关的政策，一方面涉及审慎管理（旨在避免银行过度冒险并确保金融系统稳定），另一方面还要使银行业像任何其他行业一样高效运转。考虑到金融部门在整个经济体系中起到了资源配置的作用，所以这是全局视角下一整套确保资源配置效率政策的一部分（见第 9 章）。

银行业的竞争问题与金融稳定的考虑密切相关，然而关于银行业的竞争程度，很难找到一个合适的均衡状态（Vives，2016）。我们在第 6.1 节提到，金融部门可能从经济中榨取了超额租金。我们还看到，大型银行往往认为自己大而不能倒，这就造成了巨大的负外部性。然而，银行在一定程度上的垄断也有其合理性，原因至少有三：首先，规模经济使得银行能够从风险分散和流动性汇集中获益。其次，银行持有的资本缓冲对金融稳定至关重要。银行积累资本的最简单方法是保留利润，

因此在外部资本来源稀缺的情况下，如果银行利润太微薄，可能会威胁到银行业的资本金状况和金融稳定。最后，银行需要产生可观的利润来进行投资，并跟上技术变革的步伐。现代银行业已经成为一个严重依赖于数字化的信息产业。金融的数字化创新被称为金融科技，其带来了去中介化、P2P贷款（peer-to-peer lending）和众筹等新业务模式，这些都有利于新的非银参与者，而不是现有的银行。分布式记账技术（如区块链）可能会重构支付系统和金融市场基础设施，从而实现不再需要中央对手方也可以运转。[1] 在许多新兴市场国家和低收入经济体，零售支付是通过手机发起的。[2] 另外，尽管比特币等加密货币的规模较小，但已经与央行和商业银行发行的货币形成了竞争。

如图6.10所示，2010—2016年间，美国和北欧国家银行业的成本/资产和成本/收入比率都有了大幅改善，而欧元区银行业却走向了相反、错误的方向。对这种不佳的表现有几种解释。首先，这种问题可能不仅限于欧洲：低利率环境压缩了银行的净息差（即存贷利率之差），全球范围内银行利润都受到了影响。其次，欧元区有太多的银行，而危机延缓了银行业整合的速度。再次，如图6.10所示，欧元区银行的成本基数也比较高。最后，延伸阅读6.16也提到，几个欧元区国家的银行还背负着大量不良贷款，需要拨备或冲销。

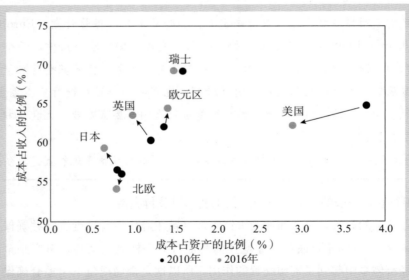

图6.10　银行成本/收入和成本/资产两个比率的变化：2010年和2016年

注：关于2016年数据的说明：欧元区、北欧和英国是2016年前三季度数据，美国是2016年全年数据，日本和瑞士是2015年数据。另外，北欧国家数据是丹麦、芬兰、瑞典三国的简单平均数。

资料来源：European Central Bank（2017a），chart 3.9，p. 76.

---

① 参见FSB（2017）。
② 关于数字零售支付的发展及其对金融包容性的影响，参见Committee on Payments and Market Infrastructures and World Bank Group（2016）。

金融的包容性也是一个资源配置问题，这个问题更具体地针对新兴市场国家，尽管一些发达国家也有类似的问题。全球可能存在"过多的金融"，与此同时，金融服务仍可能无法惠及许多家庭和企业。根据国际货币基金组织的数据，2015 年低收入国家中只有八分之一的成年人在商业银行拥有存款账户。所以我们需要提升金融包容性的市场解决方案，而移动支付等数字创新可以使这些更加容易实现，在此过程中政府可以发挥推动作用（例如，发放特殊用途的电子货币，具体来说可以是购买必需品的预付卡等，或者使得管制环境对数字支付更加友好）。[①]

人们还观察到，即使是发达经济体的大多数家庭也缺乏实现资产多元化的金融工具：他们的财富往往由单一的人力资本（他们的技能）和单一的房地产（他们的住房）构成，这使得他们很容易受到冲击，特别是本地因素的冲击，如当地工厂倒闭，这可能同时影响到上述两项资产。在这方面，即使是发达国家也可能遭受金融发展不足的困扰（参见 Badré，2017；Shiller，2003）。应对气候变化的斗争也提出了重大的跨期选择问题，这也需要创新的金融解决方案。

延伸阅读 6.16	不良贷款

如果本金或利息在到期后的一段时间（通常为 3 个月）仍未支付，则该笔贷款就是不良贷款。根据欧洲央行的数据，2017 年初不良贷款（nonperforming loans，NPLs）总额达到 8 650 亿欧元，占欧元区银行贷款的 5.9%。希腊的这一比率为 46.2%，塞浦路斯为 36.4%，葡萄牙为 20.1%，意大利为 14.8%，斯洛文尼亚为 14.4%。美国的会计准则要求银行快速核销不良贷款（即将该贷款价值记为 0），欧元区直到 2018 年 1 月才这样做，当时新的国际财务报告标准 IFRS9 推出，开始要求欧元区银行以前瞻性的方式来核算其损失。

无论是从审慎角度还是宏观经济角度，不良贷款都是一个令人担忧的问题。不良贷款不仅不产生利润，还消耗了银行的资本金和流动性。而且给定资产负债表的规模限制，不良贷款还挤掉了对盈利项目的贷款。在银行资产负债表中，不良贷款部分无法对金融条件变化作出反应，这就阻碍了货币政策的传导。拨备或注销不良贷款对银行的利润会构成压力，因此银行倾向于重组贷款，以避免出现亏损。然后，银行以牺牲对好企业的贷款为代价，继续向僵尸企业（即无力偿债和无效运转企业）提供贷款。这种行为毫无益处地延长了经济衰退，20 世纪 90 年代的日本就是一个例子（Caballero, Hoshi, and Kashyap, 2008）。减少不良贷款需要采取一系列行动，但这时候银行不一定完全有主动权：

- 首先，银行需要采取行动，对不良贷款进行认定和估值，为其提供拨备，与借款人协商还款时间表，和/或将不良贷款出售给另一家金融机构，如资产管理公司。政府可以对银行进行合法的授权，如允许银行与借款人庭外和解，并帮助银行获取抵押品。
- 对于一些贷款类别（如商业地产贷款），其同质化程度足够高、可以集中起来并产生规模效应，这时候政府支持的资产管理公司［或者说坏账银行（bad banks）］可能会很有效。资产管理公司可以帮助把不良贷款价格定得高于现行市场价格水平，从而使

---

① 　参见 Committee on Payments and Market Infrastructures and World Bank Group（2016）。

其接近长期经济价值，以推动坏账清理过程。然而，这相当于从纳税人向银行股东转移资金并扭曲了竞争。只有当不良贷款高到产生负外部性时，这种措施才是合理的。

- 高名义 GDP 增速可能有帮助，因为这可以逐渐减少银行资产负债表中不良资产的相对规模。

6.3.2 资本市场的监管

管制资本市场和管制金融机构有部分逻辑是相同的：让市场运行能够保持韧性、抵御冲击。但资本市场监管还有其特殊目标，比如确保所有参与者都能透明地、平等地获取信息。本节将讨论资本市场管制的主要目标，然后讨论与第 6.3.1 节密切相关的两个问题：遏制银行业以外的流动性风险和监管快速发展的影子银行部门。

（a）资本市场的管制

资本市场由国家证券管制机构（securities regulators）进行监管，也可称为行为监管当局（conduct authorities）。总部位于马德里的国际证券委员会组织（International Organization of Securities Commissions，IOSCO）负责制定全球标准。该委员会相当于资本市场的巴塞尔银行监管委员会（BCBS）。央行也同样高度关注金融市场基础设施的健康运转。[1]

资本市场管制者关注的第一个领域是商业行为（business conduct，即可能的市场操纵、内幕交易、违反市场披露规则等行为）。管制部门需要与司法部门紧密协作，因为许多违规行为也可能构成刑事犯罪。严格的行为标准有助于抑制金融业的冒险行为，在这个行业经常有贪婪的文化出现。英国在这方面更进一步，2013 年通过了《英国金融服务（银行业改革）法案》，其要求银行高管为导致银行倒闭的鲁莽决策承担刑事责任。这是一个更宏大议题的一部分（其中也包括补偿规则），这个议题是为了消除寻租和扭曲个人激励造成的市场无效——换句话说，"从资本家手中拯救资本主义"（Rajan and Zingales，2004）。

保护投资者的措施很广泛，包括控制向投资者提供的信息，以确保市场价格的发现过程有效，以及避免向缺乏金融知识的投资者不当地销售复杂的金融产品。金融知识（financial literacy）是资本市场良好运行的重要条件。但糟糕的是，正如延伸阅读 6.17 要讨论的，金融知识的普及严重不足。金融知识的重要性和保险、退休金也有关，但不在此讨论。

延伸阅读 6.17　　　　　　　　　　　　　　　**金融文盲**

经合组织（OECD）对 14 个国家不同背景的人进行了调查，询问有关金融知识和金融行

---

[1] 中央银行发布自己的支付规章制度，并参与国际清算银行的支付和市场基础设施委员会（Committee on Payments and Market Infrastructure，CPMI），从而制定全球标准。考虑到可能存在重叠，市场基础设施的全球标准由 CPMI 和 IOSCO 联合制定。

为的简单问题（Atkinson and Messy，2012）。调查结果显示，参与调查各国的金融知识普及程度令人担忧。很大一部分受访者（从德国的 54% 和英国的 64%，到秘鲁的 86% 和阿尔巴尼亚的 90%）不能计算 1 年期储蓄账户的单利和 5 年期的复利。关于风险和收益的问题："高回报的投资更有可能是高风险的吗？"答案是肯定的，而错误答案比率从匈牙利的 14% 到波兰的 52% 不等。关于分散投资的问题："通常是否有可能通过购买多样化的股票来降低投资股市的风险？"答案还是肯定的，而错误答案从阿尔巴尼亚的 37% 到爱尔兰的 53% 不等。

经合组织还发现，在几乎所有受访国家，女性的金融知识水平都远低于男性，匈牙利是个例外。另外，经合组织在其针对 15 岁学生的国际学生评估项目（Programme for International Student Assessment，PISA）中，也纳入了一项金融知识评估。2015 年，22% 的学生得分低于经合组织认为参与社会所必需的金融能力基准水平。这个数字在智利和斯洛伐克分别高达 38% 和 35%，在加拿大和俄罗斯则较低，分别为 13% 和 11%。

第 6.2.3 节指出了金融市场的信息不对称，因此资本市场监管的另一个目标就是改善市场结构，确保价格发现过程的有效性。全球金融危机以来，监管的重要任务一直是确保证券在交易场所（trading venues，包括传统的证券交易所，但也包括银行支持的平台）交易，而不是在场外交易。G20 领导人的一个明确目标是，将定制的双边衍生品交易（OTC 交易）转移到交易平台并进行集中清算。最近一系列的市场管制迫使交易所和投资公司之间展开竞争［例如，参见弗兰科特、兰诺和瓦利安特（Francotte，Lannoo，and Valiante，2011）对欧洲情况的讨论］，这刺激了交易平台和交易技术的技术投资。

管制机构还对股票市场交易价格的透明度有强制要求，包括交易前（pre-trade，交易意向在订单簿上登记）和交易后（post-trade，在买卖双方匹配后），并制定了交易的执行规则。交易前透明度（pre-trade transparency）有助于价格发现过程，但也可能损害市场流动性。大宗交易或是流动性较差的金融工具的交易（比如公司债），其在交易完成后可能会对价格产生显著影响，而潜在买家或卖家不想提前透露有价值的私人信息，因为这会使其他市场参与者能够预测价格走势并采取针对交易者的做法。这可能导致交易根本无法发生，就像第 6.2.3 节提到的格罗斯曼-斯蒂格利茨悖论。因此，政策讨论的很大一部分集中在交易前透明的例外情况，以及流动性较差的市场需要这种有例外的透明度。交易后环节的透明度（post-trade transparency）缺点较少，危机后各方为改善数据报告和披露做出了巨大努力。除了交易所的实时信息披露外，现在还必须向被称为交易存储库（trade repositories）的数据库进行报告。交易存储库每天收集数百万条数据，目前正在协调数据格式，使其能够跨细分市场、跨司法管辖区进行汇总，从而可以将其提供给公共部门和广大公众使用。

清算所的韧性和管制是资本市场管制的另一个重要领域，该领域对金融稳定有重要影响，这一点也得到了学术研究的证实。场外衍生品的强制集中清算以及回购等其他交易越来越多地使用中央清算机构，这使得清算所的规模和复杂度不断上升，并成为全球金融网络中的"超级系统性"节点。这使得我们需要对于管制框架进行重新评估（Cœuré，2017）。

| 延伸阅读 6.18 | 统一欧洲资本市场 |

在货币联盟中，资本市场的风险分担特征（即在异质性冲击后稳定局部消费的能力）更为重要。货币联盟的各成员国已经放弃了货币政策的主权，同时也就放弃了汇率政策，所以在微观层面需要更大的灵活性，以缓冲非对称冲击。此外，欧元区缺乏财政转移支付机制，研究也表明，欧元区资本市场在平滑宏观经济冲击的效果上远不如美国（见第7章第7.2.1节）。另外，欧债危机证明了资本市场对重大信心的冲击缺乏韧性：跨境融资主要以银行间借贷的形式发生，而在危机中跨境融资渠道迅速枯竭，同时更具韧性的融资形式（如债券和股权融资）则没有显著的跨境特点。

最后，欧洲大陆非金融企业的融资来源严重依赖于银行，这加剧了银行业危机对实体经济的影响。德菲诺和乌利希（De Fiore and Uhlig，2011）认为，债券和股权融资为企业提供了"备胎"，可以减轻金融危机的不利影响。

由于英国决定脱欧，资本市场联盟（the Capital Markets Union，CMU）方案就更加重要了。欧洲大陆拥有高储蓄率和高投资需求。只要英国还是单一市场的一部分，让总部设在伦敦的金融中介机构汇集和分配欧洲的储蓄就还是有意义的。把交易集中在一个大型的金融中心，这可以创造规模经济和范围经济，而且没有太多摩擦。但如果伦敦退出单一市场，这将产生摩擦和管制不确定性，从而引发有关从离岸金融中心实现储蓄回流的经济问题。英国脱欧之后，欧洲更是亟须建立起一个高效的跨境金融体系。*

欧盟委员会于2015年提议建立资本市场联盟（CMU），其目的是通过鼓励欧盟28个国家的证券化、融资创新和跨境股权与债券的流动，建立起一个真正的单一资本市场（European Commission，2015a，2015b）。简而言之，CMU旨在推动欧洲的金融结构更多向直接金融转变（见延伸阅读6.18）。该项目遇到了重大障碍，比如需要统一各个国家层面的合同法和破产法。

（b）管制直接金融

对银行更严格的管制带来了管制套利的风险，也就是说，金融行为会转移到管制较少的部门。这要么会导致管制较少的部门的扩张，要么导致管制标准的逐底竞争。事实上，自全球金融危机以来，直接金融一直在稳步扩张，其包括不同类型的活动，其中一些在经济意义上相当于银行业务。比如货币市场基金也可以提供流动性，具体是通过其投资于金融和非金融机构发行的短期商业票据来实现，或者任何金融机构进行的回购也能提供流动性。即使是银行的核心社会功能——匹配储

---

* 在该书英文版完成时，英国尚未完成脱欧。——译者注

蓄和投资，资产管理公司也可以通过在银行发放企业贷款和住房贷款后成批买入这些贷款的方式拥有银行的上述核心功能。因此，人们将这类金融行为称为"影子银行"。

当然，非银行机构不吸纳散户的储蓄，而是代表客户进行资产投资，这就是它们受到的管制比较宽松的原因。尽管如此，它们仍可能给金融体系带来风险。如第6.2 节所述，直接金融机构（资产管理公司或货币市场基金）和银行存在类似的挤兑风险。市场机构挤兑引发的资产抛售对金融系统也具有负外部性。对于开放式投资基金而言，其面临的挤兑风险尤其严重。开放式基金客户可以随时赎回资金，就像存款人可以从银行账户中取款一样。证券管制机构对此反应谨慎：当基金赎回期限短于投资期限时，它们会要求基金监测和控制流动性风险[①]，不过即使可能存在流动性错配并造成系统性风险，监管部门也未曾进行过直接干预。

货币市场基金的流动性错配引发了更严重的担忧。由于货币市场基金的期限较短，投资者往往将其作为现金存款的无风险替代品，不过货币市场基金也可能部分投资于非流动性工具。对于不变资产净值（constant net asset value，CNAV）基金（其与可变资产净值相对）的这种担忧更加明显。美国、爱尔兰和卢森堡都可以买到这类基金，它看上去像现金但没有现金那么安全，所以给了投资者一种虚假的安全感。但实际上其对于标的资产的信息流具有敏感性，因此可能会面临挤兑风险（见延伸阅读 6.9）。欧盟和美国针对货币市场基金的新规定要求其进行资产披露和多元化配置，设置提款要求以防止投资者挤兑，并对 CNAV 基金进行限制，不过也没有完全禁止这类基金。[②]

6.3.3　宏观审慎政策

宏观审慎管制建立在金融周期研究的传统之上，这些研究包括（但不限于）国际清算银行的工作（Borio, Drehmann, and Tsatsaronis, 2012），但这个概念其实是在近期才出现的，而且仍然在发展当中。

（a）目标与权衡

金融系统中的系统性风险应该通过货币政策、微观审慎政策还是宏观审慎政策来应对，这是学术界和央行界一场热闹的辩论。

长期以来，央行行长们一直在思考：金融资产价格是否应当成为货币政策的中间目标（第 5 章）？以及货币政策是应该在金融泡沫破灭事后采取行动来重振经济，还是应该在泡沫破灭的事前采取行动、提升政策利率刺破泡沫？即在事后清理政策（cleaning）和逆向干预（leaning against the wind）之间作出选择。全球金

[①]　参见 IOSCO 关于开放式基金流动性的咨询报告（IOSCO，2017）。

[②]　关于欧洲，参见 http://www.consilium.europa.eu/en/press/press-releases/2017/05/16-money-market-fund-rules-adopted/；关于美国，参见 https://www.sec.gov/spotlight/money-market.shtml。

融危机前的经济理论更强调事后清理，因为这避免了要求央行官员对资产的正确估值给出看法，以及据此采取行动（换言之，事前干预要求央行假装比市场知道得更多）。金融危机促使一些人重新反思这个问题。但答案并不直截了当。一方面，有人认为美国在"大缓和"时期宽松的货币政策是全球金融危机的原因之一。国际清算银行专门警告：扩张性货币政策对金融稳定会产生不利影响，并倡导事前的逆向干预而不是事后清理（Caruana，2014）。哈佛大学经济学家、美联储前理事杰里米·斯坦有一个著名观点：利率政策是一种比针对性的宏观审慎措施更好的工具，因为利率影响着所有个体的行为，因此"无孔不入"：

> 货币政策和金融稳定之间没有一般性的划分原则。根本上讲，货币政策的作用是改变风险溢价，如期限溢价和信贷利差。因此当这些利差急剧反转时，货币政策制定者无法对其后果袖手旁观。如果这些利差的突然逆转会有严重后果，那么它们显然与货币政策制定者有潜在的相关性。（Stein，2014）

另一方面，也有人认为，央行需要狭窄的职责范围来与其独立性形成平衡关系。而且央行只有一种工具，所以它不应再背负广泛的金融稳定目标（这一论据来自第1章的丁伯根法则）。此外，金融不稳定的驱动因素往往是行业性的，最重要的来源是房地产行业（鉴于房价对金融周期的重要性），这就需要有针对性的工具，并且与央行之外的政府部门进行协调。总的来说，中央银行现在接受了其应当使用事前逆向干预——但实际使用的是宏观审慎政策，而不是货币政策工具（对这些工具的回顾，可参见Constâncio，2016）。

至于微观审慎工具和宏观审慎工具之间的选择，也不是直截了当的。正如我们稍后将看到的，大多数宏观审慎工具都和银行个体层面的业务有关，因此需要与银行监督机构密切合作。这就可能产生矛盾。宏观审慎的要求本质上是逆周期的，但是当面临系统性风险时，银行业监督者的本能反应是要求银行增加资本和流动性缓冲，这种行为却是顺周期的后果（Angeloni，2014）。据说马克·吐温（Mark Twain）曾经说过："银行家就是那种在晴天借给你一把伞，但一开始下雨就想要回伞的人。"[①] 解决这个问题的一种方法是，在整个周期内设计审慎要求，以便在形势好的时候避免积累风险，而在形势不好的时候不会使情况更加恶化。

另一个挑战涉及宏观审慎措施产生的跨境溢出效应。一国加强宏观审慎管理可能导致过剩的信贷流出到其他条件接近的经济体，而如果不采取行动，则会增加金融危机的风险。此外，如果银行在多个司法辖区都有分支机构，那么针对其进行的宏观审慎管理可能毫无意义，因此还需要宏观审慎框架的国际协调（IMF，2013）。

---

① 罗伯特·弗罗斯特（Robert Frost）和安布罗斯·比尔斯（Ambrose Bierce）也说过类似的话。

（b）宏观审慎工具箱

宏观审慎政策框架在不同国家各不相同，尤其是在发达国家和新兴市场国家。[①] 但宏观审慎框架通常都会包括早期预警指标和宏观审慎工具箱。

预警指标旨在识别系统中风险和杠杆的积累。最简单的指标是巴塞尔差值（Basel gap），即信贷占 GDP 之比偏离其长期趋势的水平。更详细的金融周期和/或系统性风险的衡量标准也已经开发出来了，正如第 6.2.4 节讨论的那些。[②] 许多央行现在都发布了带有指标体系和金融稳定分析的《金融稳定报告》。然而，实时识别金融失衡仍是一项挑战。

宏观审慎工具箱主要包括三大类适用于银行的工具[③]：

- 借款人导向工具（borrower-oriented instruments）针对银行资产负债表的资产端。其目标是遏制特定行业由需求驱动的信贷扩张。其中包括对住房贷款的贷款/价值比率和债务/收入比率设定上限，以及对行业风险敞口的集中度限制。

- 基于资本和流动性的管理工具（capital-based and liquidity-based instruments）针对银行资产负债表的负债端。基于资本的管理工具包括《巴塞尔协议Ⅲ》中的逆周期资本缓冲（见延伸阅读 6.12），以遏制供给推动的信贷扩张。基于流动性的管理工具则是为了解决银行流动性错配问题，因为这可能造成系统性风险。

- 新兴市场国家还增加了资本流动管理措施（capital flow management measures），以遏制可能导致过度信贷供应的跨境资本流动（见第 7 章）。

从广义上讲，税收和非金融管制也可以成为宏观审慎工具箱的一部分，这也解释了为什么政府是宏观审慎委员会的一部分。以房价上涨为例，这可能是因为银行提供了过多的信贷，在这种情况下，提高逆周期缓冲，或限制贷款/价值比率或债务/收入比率，这是合适的。但这也可能是由于住房供给的刚性，此时银行监督机构也无能为力，在这种情况下就需要政府放松建房的限制。

现在就判断宏观审慎政策的有效性还为时过早。切鲁蒂、克拉森斯和列文（Cerutti，Claessens，and Laeven，2017）记录了大量国家使用宏观审慎政策的效果，并发现该政策对信贷扩张有显著的缓解作用，而且在发展中国家和新兴市场国家的效果更强，在封闭经济体的效果比在开放经济体更强。宏观审慎框架中剩下的一个空白是针对直接金融的管理，其中的审慎管理方法仍然主要是针对个别机构，这实际上几乎完全忽略了宏观审慎的维度（Constâncio，2017）。

6

---

① 有关国际经验（包括新兴市场经济体）的回顾，参见 IMF（2013）；IMF，FSB 和 BIS（2016）。
② 与商业周期不同，金融周期的经验指标可参见 Hiebert 等（2016）。
③ 安杰洛尼（Angeloni，2014）回顾了欧洲的宏观审慎政策。

6.3.4　金融管制的未来

自 2009 年匹兹堡峰会以来，后危机时代管制的努力大幅增加了银行资本和流动性缓冲，同时也推出了一系列措施终结"大而不能倒"的局面；将过去分散且不透明的场外交易建立了集中化交易和进行信息披露的机制；以及推出了更严格的行为规范。至少与危机前的情况相比，G20 和金融稳定委员会的合作已经使得跨国协调管理具有合理的一致性。[①] 2017 年 G20 在汉堡举行会晤时，匹兹堡议程基本上已经完成。但是还有些问题仍然悬而未决：

第一类问题涉及管制方法的一致性和范围问题。管制部门在改善银行资本和流动性方面投入了大量努力，但对于直接金融在很大程度上仍缺乏管制。宏观审慎思维虽然发展迅速，但仍不够成熟。不同政策工具是如何相互作用并对私人部门形成激励的，这在目前还没有得到很好的理解。在抑制金融周期的货币政策、微观审慎政策和宏观审慎政策的选择上，也一直存在着分歧。我们还远远没有达到"丁伯根式"的世界，即明确地确定政策目标和明确地分配政策工具。日益复杂的金融体系与日益复杂的管制框架相匹配，而在复杂环境下可能还是需要更加简化的决策规则（Haldane and Madouros，2012）。最后，虽然数据可得性在逐步改善，但仍相对滞后，这限制了决策者用事实面对理论和建立模型的能力，并限制了决策者理解（即使是在事后）金融机构、市场、司法辖区之间复杂的网络交互行为的能力。

延伸阅读 6.19　　　　　　　　　　　美国的管制周期

1929 年的股市崩盘和大萧条在美国引发了强烈的管制收紧。1933 年《格拉斯-斯蒂格尔法案》将商业银行和投资银行的业务划分开，并成立了证券交易委员会（SEC），以保护投资者并确保市场正常运作。这种状况一直持续到 20 世纪 80 年代，但在 20 世纪 90 年代初，由于金融全球化和金融创新，商业银行希望加入这场竞争，这时候原有的管制框架面临严重的压力。这种压力在 1999 年达到顶点，《格拉姆-里奇-布里利法案》（Gramm-Leach-Bliley Act）废除了《格拉斯-斯蒂格尔法案》，金融衍生品市场开始快速发展。[②] 2005 年，本章开头提到的两位德高望重的学者拉古拉姆·拉詹和劳伦斯·萨默斯之间的争论，就是后来这些质疑的代表性观点。最终拉詹是对的：全球金融危机爆发导致了又一次 180 度大转弯，管制

[①]　当然也有明显的例外。《巴塞尔协议Ⅲ》适用于美国有限数量的跨国银行和欧洲的所有银行。美国的杠杆率高于欧洲。适用于银行自营交易的规则在各国差异巨大。在跨境银行的情况下，银行处置的"单点进入"原则在很大程度只是理论上可行。在一个商品和资本跨境流动受到质疑、国家主权是最高政治目标的世界里，这一原则可能根本行不通。

[②]　1998 年，由于担心 CDS 和其他场外衍生品发展过快，时任美国商品期货交易委员会主席的布鲁克斯利·伯恩（Brooksley Born）要求政府给予其对 CDS 和其他场外衍生品进行管制的权力。美国财政部长鲁宾、美联储主席格林斯潘、美国证券交易委员会主席阿瑟·莱维特（Arthur Levitt）立刻拒绝了这一要求。1999 年伯恩卸任。当时美国当局的结论是：监管金融衍生品将"使法律的不确定性长期存在，或对这些市场在美国的发展造成不必要的管制负担和限制"（U. S. Department of the Treasury et al.，1999）。

转向了更严格、更具有植入性的方式。这就是 2010 年美国颁布的《多德-弗兰克法案》（又称《华尔街改革与消费者保护法案》）。该法案包括限制商业银行自营交易活动的条款，因此实质上构成了向《格拉斯-斯蒂格尔法案》的适度恢复（见图 B6.19.1）。21 世纪 10 年代末，在这一新理念基本实施之后，美国总统特朗普当选，他的政治议程明确宣布将取消该法案的很大一部分内容——这可能标志着又一个新周期的开始。

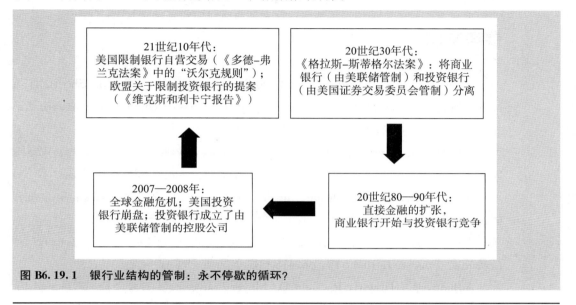

图 B6.19.1　银行业结构的管制：永不停歇的循环？

　　第二类问题是：面对强大的既得利益以及跨境合作动力的日益减弱，全球金融管制努力能否持续下去？金融管制的演变历程就是一部在极端自由放任和过度干预的管制之间摇摆不定的历史。这些波动反映了两种相反力量之间的紧张关系。一方面，金融危机给经济和社会结构留下了深刻的伤痕，这激起了民众的愤怒，并对管制产生了强烈需求。另一方面，金融管制也受到游说力量的影响，这些游说力量与政客和官僚的关系密切，而且财力雄厚。在不同时期，上述两种力量交替占据主导地位（见延伸阅读 6.19）。

　　第三类问题与技术变革的作用有关。在过去，颠覆性的金融创新通常会挑战既有的商业模式，并催生新的管制方法，但管制还是存在明显的滞后。例如，金融衍生品交易在 20 世纪 80 年代末快速扩张，但直到 20 年后的全球金融危机，管制部门才开始认真应对场外衍生品带来的挑战，并要求适当的集中交易和信息披露。现在，金融科技将在多大程度上以及在多大范围内挑战现有的管制框架，以及管制框架将如何调整、何时调整，这都是完全悬而未决的问题。

　　跨境合作与跨境竞争之间的摇摆也加剧了管制周期。在 1982 年，人们担心美国银行业受到拉美危机的伤害，因而推动了《巴塞尔协议 I》的出台。严格管制确实有必要，但是假设日本的银行业不效仿严格管制规则，那么业务就有可能转移到日本（Goodhart，2010）。在 21 世纪头十年全球金融危机爆发前夕，宏观经济的温和环境抑制了金融波动和金融中心之间的竞争，同时在"轻触式管制"（light-touch regulation）的名义下，各国管制标准的逐底竞争处于放纵状态。2009 年，G20 匹兹堡峰会开启了跨国管制合作的新时代，2016 年美国大选和英国脱欧可能最终会挑战这一合作议程。我们没有理由相信历史循环会在未来停止，所以对于终结金融危机的可能性，我们倒是有理由持有合理的悲观态度。

参考文献

Acharya, V., R. Engle, and M. Richardson (2012), "Capital Shortfall: A New Approach to Ranking and Regulating Systemic Risk," *American Economic Review, Proceedings & Papers*, 102 (3), pp. 59 – 64.

Admati, A., and M. Hellwig (2013), *The Bankers' New Clothes: What's Wrong with Banking and What to Do about It*, Princeton University Press.

Adrian, T., and M. Brunnermeier (2016), "CoVaR," *American Economic Review*, 106 (7), pp. 1705 – 41.

Adrian, T., and H. S. Shin (2010), "Liquidity and Leverage," *Journal of Financial Intermediation*, 19, pp. 418 – 37.

Aghion, P., Howitt, P., and D. Mayer-Foulkes (2005), "The Effect of Financial Development on Convergence: Theory and Evidence," *Quarterly Journal of Economics*, 120 (1), pp. 173 – 222.

Akerlof, G. (1970), "The Market For 'Lemons': Quality and the Market Mechanism," *Quarterly Journal of Economics*, 84 (3), pp. 488 – 500.

Allen, F., and D. Gale (2000), "Financial Contagion," *Journal of Political Economy*, 108 (1), pp. 1 – 33.

Allen, F., and D. Gale (2004), "Comparative Financial Systems: A Survey," in Bhattacharya, S., A. Thakor, and A. Boot, eds., *Credit, Intermediation and the Macroeconomy: Models and Perspectives*. Oxford University Press, pp. 699 – 770.

Andreau, J. (1987), "La vie financière dans le monde romain: les métiers de manieurs d'argent," École Française de Rome.

Angeloni, I. (2014), "European Macroprudential Policy from Gestation to Infancy," *Banque de France Financial Stability Review*, 18, pp. 71 – 84.

Aoki, M., and H. Patrick, Eds. (1994), *The Japanese Main Bank System: Its Relevance for Developing and Transforming Economies*, Oxford University Press.

Arcand, J. L., E. Berkes, and U. Panizza (2012), "Too Much Finance?" *IMF Working Paper*, 12/161.

Atkinson, A., and F. Messy (2012), "Measuring Financial Literacy: Results of the OECD/International Network on Financial Education (INFE) Pilot Study," *OECD Working Papers on Finance, Insurance and Private Pensions*, 15.

Avesani, R., A. García Pascual, and J. Li (2006), "A New Risk Indicator and Stress Testing Tool: A Multifactor Nth-to-Default CDS Basket," *IMF Working Paper*, 06/ 105.

Bachelier, L. (1900/1964), "Théorie de la spéculation," *Annales Scientifiques de l'École Normale Supérieure*, 3 (17), pp. 21 – 86, reprinted in Cootner, P. H. (ed.), *The Random Character of Stock Prices*, MIT Press, pp. 17 – 78.

Badré, B. (2017), *Can Finance Save the World?* Berrett-Koehler.

Bagehot, W. (1873), *Lombard Street: A Description of the Money Market*, Henry S. King & Co.

Bank of England and European Central Bank (2014), "The Case for a Better Functioning Securitisation Market in the European Union," discussion paper, May.

Basel Committee on Banking Supervision (2010), "Basel Ⅲ: A Global Regulatory Framework for More Resilient Banks and Banking Systems," October.

Basel Committee on Banking Supervision (2014), "Frequently Asked Questions on the Basel Ⅲ Leverage Ratio Framework," October.

Basel Committee on Banking Supervision, Committee on Payments and Market Infrastructures, Financial Stability Board and International Organization of Securities Commissioners (2017), "Analysis of Central Clearing Interdependencies," July.

Bernanke, B., M. Gertler, and S. Gilchrist (1996), "The Financial Accelerator and the Flight to Quality," *The Review of Economics and Statistics*, 78 (1), pp. 1 – 15.

Beyer, A., B. Cœuré, and C. Mendicino (2017). "The Crisis, Ten Years After: Lessons Learnt for Monetary and Financial Research," *Economics and Statistics*, 494-495- 496, pp. 45 – 64.

Bhattacharya, S. (1979), "Imperfect Information, Dividend Policy, and the 'Bird in the Hand' Fallacy," *Bell Journal of Economics*, 10 (1), pp. 259 – 70.

Biais, B., T. Glosten, and C. Spatt (2005), "Market Microstructure: A Survey of Microfoundations, Empirical Results and Policy Implications," *Journal of Financial Markets*, 8 (2), pp. 217 – 64.

Biesenbach, A., and M. Cipriani (2012), "The Flash Crash, Two Years On," Federal Reserve Bank of New York, *Liberty Street Economics*, 7 May.

Black, F., and M. Scholes (1973), "The Pricing of Options and Corporate Liabilities," *Journal of Public Economics*, 81 (3), pp. 637 – 54.

Board of the International Organization of Securities Commissions (2017),

"Open-ended Fund Liquidity and Risk Management—Good Practices and Issues for Consideration. Consultation Report," CR05/2017, July.

Bordo, M., and L. Rousseau (2011), "Historical Evidence on the Finance-Trade Growth Nexus," *NBER Working Paper*, 17024.

Borio, C., Drehmann, M., and K. Tsatsaronis (2012), "Characterising the Financial Cycle: Don't Lose Sight of the Medium Term!" *Bank for International Settlements Working Paper*, 380.

Braudel, F. (1981), *Civilization and Capitalism*, Collins.

Brealey, R., S. Myers, and F. Allen (2010), *Principles of Corporate Finance*, McGraw Hill.

Brittan, S. (2011), "Good Servants Can Make Bad Masters," *Financial Times*, June 9.

Brunnermeier, M. (2001), *Asset Pricing Under Asymmetric Information: Bubbles, Crashes, Technical Analysis, and Herding*, Oxford University Press.

Brunnermeier, M., and Y. Sannikov (2016), "The I Theory of Money," *CEPR Discussion Paper*, DP11444.

Caballero, R., T. Hoshi, and A. Kashyap (2008), "Zombie Lending and Depressed Restructuring in Japan," *American Economic Review*, 98 (5), pp. 1943 – 77.

Calomiris, C., M. Flandreau, and L. Laeven (2016), "Political Foundations of the Lender of Last Resort: A Global Historical Narrative," *CEPR Discussion Paper*, 11448.

Caruana, J. (2014), "Redesigning the Central Bank for Financial Stability Responsibilities," speech on the occasion of the 135th Anniversary Conference of the Bulgarian National Bank, Sofia, June 6.

Carney, W. J. (2000), "Limited Liability," in Bouckaert, B., and G. De Geest, eds., *Encyclopedia of Law and Economics*, Volume Ⅰ, Edward Elgar, pp. 659 – 91.

Cecchetti, S. (2014), "The Jury Is In," *CEPR Policy Insight*, 76.

Cecchetti, S., and E. Kharroubi (2014), "Why Does Financial Sector Growth Crowd Out Real Economic Growth?" *Bank for International Settlements Working Paper*, 490.

Cecchetti, S., and K. Schoenholtz (2014), "Making Finance Safe," October 6, http://www.moneyandbanking.com/.

Cerutti, E., S. Claessens, and L. Laeven (2017), "The Use and Effectiveness of Macroprudential Policies: New Evidence," *Journal of Financial Stability*, 28, pp. 203 – 24.

Chamley, C. , L. Kotlikoff, and H. Polemarchakis (2012), "Limited-Purpose Banking— Moving from 'Trust Me' to 'Show Me' Banking," *American Economic Review: Papers and Proceedings*, 102 (3), pp. 1 – 10.

Cicero, M. T. (66 BCE), "Pro Lege Manilia," §19, English translation by the Perseus Project at Tufts University, http://perseus. uchicago. edu/.

Claessens, S. (2016), "Regulation and Structural Change in Financial Systems," ECB Forum on Central Banking, Sintra, June.

Claessens, S. , A. Kose, L. Laeven, and F. Valencia (2014), *Financial Crises: Causes, Consequences, and Policy Responses*, International Monetary Fund.

Cœuré, B. (2013), "Liquidity Regulation and Monetary Policy Implementation: From Theory to Practice," Toulouse School of Economics, October 3.

Cœuré, B. (2014), "On the Optimal Size of the Financial Sector," ECB conference on The Optimal Size of the Financial Sector, Frankfurt-am-Main, September 2.

Cœuré, B. (2017), "Central Clearing: Reaping the Benefits, Controlling the Risks," *Banque de France Financial Stability Review*, 21, pp. 97 – 110.

Committee on Payments and Market Infrastructures and World Bank Group (2016), *Payment Aspects of Financial Inclusion*, April.

Constâncio, V. (2016), "Principles of Macroprudential Policy," ECB-IMF conference on macroprudential policy, Frankfurt am Main, April 26.

Constâncio, V. (2017), "Macroprudential Policy in a Changing Financial System," Second ECB Macroprudential Policy and Research Conference, Frankfurt am Main, May 11.

Coval, J. , J. Jurek, and E. Stratford (2009), "The Economics of Structured Finance," *Journal of Economic Perspectives*, 23 (1), pp. 3 – 25.

Dang, T. V. , G. Gorton, and B. Holmström (2012), "Ignorance, Debt and Financial Crises," unpublished manuscript.

De Fiore, F. , and H. Uhlig (2011), "Bank Finance Versus Bond Finance," *Journal of Money, Credit and Banking*, 43 (7), pp. 1399 – 421.

Demirgüç-Kunt, A. , and B. Levine (1999), "Bank-Based and Market-Based Financial Systems: Cross-Country Comparisons," *World Bank Policy Working Paper*, 2143.

De Mooij (2011), "The Tax Elasticity of Corporate Debt: A Synthesis of Size and Variations," *IMF Working Paper*, 11/95.

Dewatripont, M. , and J. Tirole (1994), *The Prudential Regulation of Banks*, MIT Press.

Diamond, D. (1984), "Financial Intermediation and Delegated Monitoring,"

Review of Economic Studies, 51, pp. 393 – 414.

Diamond, D. (1996), "Financial Intermediation as Delegated Monitoring: A Simple Example," *Federal Reserve Bank of Richmond Economic Quarterly*, 82/3.

Diamond, D., and P. Dybvig (1983), "Bank Runs, Deposit Insurance, and Liquidity," *Journal of Political Economy*, 91 (3), pp. 401 – 19.

Easterly, W., R. Islam, and J. Stiglitz (2000), *Explaining Growth Volatility*, The World Bank.

The Economist (1999), "The Key to Industrial Capitalism: Limited Liability," 23 December.

Eggertsson, G., and P. Krugman (2012), "Debt, Deleveraging and the Liquidity Trap: A Fisher-Minsky-Koo Approach," *Quarterly Journal of Economics*, 127 (3), pp. 1469 – 513.

Eisenberg, L., and T. Noe (2001), "Systemic Risk in Financial Systems," *Management Science*, 47 (2), pp. 236 – 249.

European Central Bank (2007), "A Market-Based Indicator of the Probability of Adverse Systemic Events Involving Large and Complex Banking Groups," *Financial Stability Review*, December, pp. 125 – 27.

European Central Bank (2017a), *Financial Stability Review*, May.

European Central Bank (2017b), *Report on Financial Integration*, May.

European Commission (2015a), *Action Plan on Building a Capital Markets Union*, communication from the Commission to the European Parliament, the Council, the European Economic and Social Committee and the Committee of the Regions, 30 September.

European Commission (2015b), *Economic Analysis Accompanying the Action Plan on Building a Capital Markets Union*, 30 September.

Federal Reserve Bank of Minneapolis (2016), "The Minneapolis Plan to End Too Big to Fail," 16 November.

Ferguson, N. (2008), *The Ascent of Money: A Financial History of the World*, Allen Lane.

Financial Stability Board (2014), "Key Attributes of Effective Resolution Regimes for Financial Institutions," 15 October.

Financial Stability Board (2015a), "OTC Derivatives Market Reforms: Tenth Progress Report on Implementation," 4 November.

Financial Stability Board (2015b), "Principles on Loss-absorbing and Recapitalisation Capacity of G-SIBs in Resolution," 9 November.

Financial Stability Board (2015c), "Transforming Shadow Banking into Resilient Market -based Finance: Regulatory Framework for Haircuts on Non-centrally Cleared Securities Financing Transactions," 12 November.

Financial Stability Board (2017), "Financial Stability Implications from Fin-Tech," Basel, 27 June.

Fisher, I. (1933), "The Debt-Deflation Theory of Great Depressions," *Econometrica*, 1 (4), pp. 337 – 57.

Foucault, Th. , M. Pagano, and A. Röell (2013), *Market Liquidity: Theory, Evidence, and Policy*, Oxford University Press.

Francotte, P. , Lannoo, K. , and D. Valiante (2011), "MiFID Review: What Is Next for European Capital Markets?" CEPS.

Frank, T. (1935), "The Financial Crisis of 33 AD," *American Journal of Philology*, 56 (4), pp. 336 – 41.

Freixas, X. , Laeven, L. , and J. L. Peydro (2015), *System Risk, Crises, and Macroprudential Regulation*, MIT Press.

Freixas, X. , and J. C. Rochet (2008), *Microeconomics of Banking*, 2nd edition, MIT Press.

Garber, P. (1990), "Famous First Bubbles," *Journal of Economic Perspectives*, 4 (2), pp. 35 – 54.

Goldin, C. , and L. Katz (2008), "Transitions: Career and Family Lifecycles of the Education Elite," *American Economic Review: Papers and Proceedings*, 98 (2), pp. 363 – 69.

Gonzalez de Lara, Y. (2001), "Enforceability and Risk-sharing in Financial Contracts: From the Sea Loan to the Commenda in Late Medieval Venice," *Journal of Economic History*, 61 (2), pp. 500 – 04.

Goodhart, C. (2010), "How Should We Regulate The Financial Sector?," in Turner, A. , A. Haldane and P. Wooley (eds.), *The Future of Finance: The LSE Report*, London Publishing Partnership, pp. 153 – 76.

Gorton, G. (2010), *Slapped by the Invisible Hand, The Panic of 2007*. Oxford University Press.

Gorton, G. , and A. Metrick (2012), "Securitized Banking and the Run on Repo," *Journal of Financial Economics*, 104 (3), pp. 425 – 51.

Graeber, D. (2011), *Debt: The First 5,000 Years*, Melville House.

Grossman, S. , and J. Stiglitz (1980), "On the Impossibility of Informationally Efficient Markets," *American Economic Review*, 70 (3), pp. 393 – 408.

Gurley, J. , and E. Shaw (1960), *Money in a Theory of Finance*, Brookings.

Hałaj, G. , and C. Kok (2013), "Assessing Interbank Contagion Using Simulated Networks," *Computational Management Science*, 10 (2), pp. 157 - 86.

Haldane, A. (2010), "The Contribution of the Financial Sector—Miracle or Mirage?" The Future of Finance conference, London, July 14.

Haldane, A. (2017), "Rethinking Financial Stability," Rethinking Macroeconomic Policy Ⅳ Conference, Peterson Institute of International Economics, Washington, October 12.

Haldane, A., and V. Madouros (2012), "The Dog and the Frisbee," Federal Reserve Bank of Kansas City 36th Economic Policy Symposium, Jackson Hole, August 31.

Hale, G., T. Kapan, and C. Minoiu (2014), "Crisis Transmission in the Global Banking Network," mimeo. Federal Reserve Bank of San Francisco, Fannie Mae and International Monetary Fund.

Hamilton, J. D. (2016), "Macroeconomic Regimes and Regime Shifts," in Taylor, J., and H. Uhlig, eds., *Handbook of Macroeconomics*, *Volume 2*, Elsevier, pp. 163 - 201.

Hansen, L. P. (2013), "Challenges in Identifying and Measuring Systemic Risk," in Brunnermeier, M., and A. Krishnamurthy, eds., *Risk Topography*: *Systemic Risk and Macro Modelling*, NBER Books Series.

Hanson, S., A. Kashyap, and J. Stein (2011), "A Macroprudential Approach to Financial Regulation," *Journal of Economic Perspectives*, 25 (1), pp. 3 - 28.

Hartmann, P., S. Straetmans, and C. G. de Vries (2004), "Asset Market Linkages in Crisis Periods," *Review of Economics and Statistics*, 86 (1), pp. 313 - 26.

Hiebert, P., I. Jaccard, T. Peltonen, and Y. Schüler (2016), "Characterising the Financial Cycle: A Multivariate and Time-Varying Approach," ECB-IMF Conference on Macroprudential Policy, Frankfurt am Main, April 26 - 27.

Holló, D., M. Kremer, and M. Lo Duca (2012), "CISS—A Composite Indicator of Systemic Stress in the Financial System," European Central Bank.

Holmström, B. (2015), "Understanding the Role of Debt in the Financial System," *Bank for International Settlements Working Paper*, 479, January.

Holmström, B., and J. Tirole (1998), "Private and Public Supply of Liquidity," *Journal of Political Economy*, 106 (1), pp. 1 - 40.

Holmström, B., and J. Tirole (2011), *Inside and Outside Liquidity*, MIT Press.

Huang, J. Z., and M. Huang (2012), "How Much of the Corporate-Treasury Yield Spread is Due to Credit Risk?" *Review of Asset Pricing Studies*, 2 (2), pp. 153 - 202.

International Monetary Fund（2013），"Key Aspects of Macroprudential Policy," 10 June.

International Monetary Fund, Financial Stability Board and Bank for International Settlements（2016），"Elements of Effective Macroprudential Policies," 31 August.

Jensen, M.（1986），"Agency Costs of Free Cash Flow, Corporate Finance and Takeovers," *American Economic Review*, 76（2），pp. 323 - 39.

Jensen, M., and W. Meckling（1976），"Theory of the Firm: Managerial Behavior, Agency Costs, and Capital Structure," *Journal of Financial Economics*, 3, pp. 305 - 360.

Kairys, J. P., and N. Valerio（1997），"The Market for Equity Options in the 1870s," *Journal of Finance*, 52（4），pp. 1707 - 23.

Kalemli-Ozcan, S., B. Sorensen, and S. Yesiltas（2012），"Leverage Across Firms, Banks, and Countries," *Journal of International Economics*, 88（2），pp. 284 - 98.

Keynes, J. M.（1936），*The General Theory of Employment, Interest and Money*, Macmillan.

Kindleberger, C., and R. Aliber（2005），*Manias, Panics, and Crashes: A History of Financial Crises*, 5th edition, J. Wiley & Sons.

King, R., and R. Levine（1993），"Finance and Growth: Schumpeter Might Be Right," *Quarterly Journal of Economics*, 108（3），pp. 717 - 37.

Kiyotaki, N., and J. Moore（1997），"Credit Cycles," *Journal of Political Economy*, 105（2），pp. 211 - 48.

Kremer, M., and A. Popov（2018），"Financial Development, Financial Structure and Growth: Evidence from Europe," in European Central Bank, *Financial Integration in Europe*, pp. 65 - 97.

Laeven, L., and F. Valencia（2012），"Systemic Banking Crises Database: An Update," *IMF Working Paper*, 12/163.

Langedijk, S., G. Nicodeme, A. Pagano, and A. Rossi（2015），"Debt Bias in Corporate Income Taxation and the Costs of Banking Crises," *VOX, CEPR's Policy Portal*.

Leland, H.（1994），"Corporate Debt Value, Bond Covenants, and Optimal Capital Structure," *Journal of Finance*, 49（4），pp. 1213 - 52.

Lo, A., and A. Craig MacKinlay（1988），"Stock Market Prices Do Not Follow Random Walks: Evidence From a Simple Specification Test," *Review of Financial Studies*, 1（1），pp. 41 - 66.

Lo, A., and A. Craig MacKinlay (1999), *A Non-Random Walk Down Wall Street*, Princeton University Press.

MacKay, C. (1841), *Memoirs of Extraordinary Popular Delusions and the Madness of Crowds*, R. Bentley.

Macroeconomic Assessment Group (2010), "Assessing the Macroeconomic Impact of the Transition to Stronger Capital and Liquidity Requirements: Final Report," December.

Malkiel, B. (2003), "The Efficient Market Hypothesis and Its Critics," *Journal of Economic Perspectives*, 17 (1), pp. 59 - 82.

Markowitz, H. (1952), "Portfolio Selection," *Journal of Finance*, 7 (1), pp. 77 - 91.

Merton, R. (1974), "On the Pricing of Corporate Debt: The Risk Structure of Interest Rates," *Journal of Finance*, 29 (2), pp. 449 - 70.

Merton, R. (1995), "A Functional Perspective of Financial Intermediation," *Financial Management*, 24 (2), pp. 23 - 41.

Minsky, H. P. (1986), "Stabilizing an Unstable Economy," Levy Economics Institute of Bard College, *Hyman P. Minsky Archive Paper*, 144.

Minsky, H. P. (1992), "The Financial Instability Hypothesis," *Levy Economics Institute of Bard College Working Paper*, 74.

Modigliani, F., and M. Miller (1958), "The Cost of Capital, Corporation Finance and the Theory of Investment," *American Economic Review*, 48 (3), pp. 261 - 97.

Myers, S., and N. Majluf (1984), "Corporate Financing and Investment Decisions When Firms Have Information that Investors Do Not Have," *Journal of Financial Economics*, 13 (2), pp. 187 - 221.

North, D., and B. Weingast (1989), "Constitutions and Commitment: The Evolution of Institutions Governing Public Choice in Seventeenth-Century England," *Journal of Economic History*, 49 (4), pp. 803 - 32.

Passmore, W., and A. von Haffen (2017), "Are Basel's Capital Surcharges for Global Systemically Important Banks Too Small?" FEDS Notes, Board of Governors of the Federal Reserve System, 27 February.

Pennacchi, G. (2012), "Narrow Banking," *Annual Review of Financial Economics*, 4, pp. 141 - 59.

Perotti, E., and J. Suarez (2010), "A Pigovian Approach to Liquidity Regulation," *International Journal of Central Banking*, 7 (4), pp. 3 - 41.

Philippon, T. (2015), "Has the US Finance Industry Become Less Efficient?

On the Theory and Measurement of Financial Intermediation," *American Economic Review*, 105 (4), pp. 1408 – 38.

Philippon, T. , and A. Reshef (2012), "Wages and Human Capital in the US Finance Industry: 1909—2006," *Quarterly Journal of Economics*, 127 (4), pp. 1551 – 609.

Philippon, T. , and A. Reshef (2013), "An International Look at the Growth of Modern Finance," *Journal of Economic Perspectives*, 27 (2), pp. 73 – 96.

Philippon, T. , and A. Salord (2017), "Bail-ins and Bank Resolution in Europe: A Progress Report," ICMB-CEPR Geneva Reports on the World Economy, 4th Special Report, March.

Poitras, G. (2008), "The Early History of Option Contracts," Simon Fraser University, Faculty of Business Administration, Vancouver.

Poterba, J. , and L. Summers (1985), "The Economic Effects of Dividend Taxation," in Altman, E. , and M. Subrahmanyam, eds. , *Recent Advances in Corporate Finance*. Dow Jones-Irwin Publishing, pp. 227 – 284.

Poterba, J. , and L. Summers (1988), "Mean Reversion in Stock Prices: Evidence and Implications," *Journal of Financial Economics*, 22 (1), pp. 27 – 59.

Rajan, R. (1996), "Review of Aoki, M. , and H. Patrick, The Japanese Main Bank System: Its Relevance for Developing and Transforming Economies," *Journal of Economic Literature*, 34 (3), pp. 1363 – 365.

Rajan, R. (2005), "Has Financial Development Made the World Riskier?" *NBER Working Paper*, 11728.

Rajan, R. , and L. Zingales (2004), *Saving Capitalism from Capitalists*, Princeton University Press.

Reinhart, C. , and K. Rogoff (2009), "The Aftermath of Financial Crises," *American Economic Review*, 99 (2), pp. 466 – 72.

Reinhart, C. , and K. Rogoff (2010), *This Time Is Different: Eight Centuries of Financial Folly*, Princeton University Press.

Robinson, J. (1952), "The Generalization of the General Theory," in Robinson, J. (ed.), *The Rate of Interest and Other Essays*, MacMillan, pp. 67 – 142.

Ross, S. (1976), "The Arbitrage Theory of Capital Pricing," *Journal of Economic Theory*, 13, pp. 341 – 60.

Rousseau, P. , and R. Sylla (2003), "Financial Systems, Economic Growth, and Globalization," in Bordo, M. , A. Taylor, and J. Williamson, eds. , *Globalization in Historical Perspective*, University of Chicago Press, pp. 373 – 415.

Santos, J. (2000), "Bank Capital Regulation in Contemporary Banking Theo-

6

ry: A Review of the Literature," *Bank for International Settlements Working Paper*, 90.

Sayous, A-É (1929), "Les transformations des méthodes commerciales dans l'Italie médiévale," *Annales d'histoire économique et sociale*, 1 (2), pp. 161 – 76.

Schoenmaker, D., and N. Véron (2016), "European Banking Supervision: The First Eighteen Months," *Bruegel Blueprint Series*, 25.

Shiller, R. (2000), *Irrational Exuberance*, Princeton University Press.

Shiller, R. (2003), *The New Financial Order*, Princeton University Press.

Spence, A. (1974), "Competitive and Optimal Responses to Signals: Analysis of Efficiency and Distribution," *Journal of Economic Theory*, 7, pp. 296 – 332.

Stein, J. (2010), "Securitization, Shadow Banking, and Financial Fragility," *Dædalus*, Fall, pp. 41 – 51.

Stein, J. (2014), Comments on "Market Tantrums and Monetary Policy," 2014 US Monetary Policy Forum, New York, 28 February.

Stiglitz, J., and A. Weiss (1981), "Credit Rationing in Markets with Imperfect Information," Part I, *American Economic Review*, 71 (3), pp. 393 – 410.

Summers, L. (2013), Mundell-Fleming Lecture, 14th Annual IMF Research Conference, Washington, 8 November.

Taleb, N. (2007), *The Black Swan: The Impact of the Highly Improbable*, Random House.

Temin, P. (2004), "Financial Intermediation in the Early Roman Empire," *Journal of Economic History*, 64 (3), pp. 705 – 33.

Thompson, E. (2007), "The Tulipmania: Fact or Artifact?" *Public Choice*, 130 (1 – 2), pp. 99 – 114.

Thornton, H. (1802), *An Enquiry Into the Nature and Effects of the Paper Credit of Great Britain*, J. Hatchard.

US Department of the Treasury, Board of Governors of the Federal Reserve System, Securities and Exchange Commission and Commodity and Futures Trading Commission (1999), *Report of the President's Working Group on Financial Markets*, November.

US Department of the Treasury, Board of Governors of the Federal Reserve System, Federal Reserve Bank of New York, US Securities and Exchange Commission, and US Commodity Futures Trading Commission (2015), *Joint Staff Report: The US Treasury Market on October 15, 2014*, 13 July.

Van der Veen, A. M. (2012), "The Dutch Tulip Mania: The Social Foundations of a Financial Bubble," unpublished manuscript, College of William and Mary.

Velde，F.（2009），"Was John Law's System a Bubble? The Mississippi Bubble Revisited，" in Atack，J.，and L. Neal，eds.，*The Origins and Development of Financial Markets and Institutions：From the Seventeenth Century to the Present*，Cambridge University Press，pp. 99 – 120.

Ventura，J.，and H. J. Voth（2015），"Debt into Growth：How Sovereign Debt Accelerated the First Industrial Revolution，" *Barcelona GSE Working Paper*，830，May.

Vives，X.（2016），*Competition and Stability in Banking*，Princeton University Press.

Zingales，L.（2015），"Does Finance Benefit Society?" *Journal of Finance*，70（4），pp. 1327 – 63.

6

第 7 章　国际金融一体化和外汇政策

在经济政策的所有领域，国际化是一项关键要素。例如，财政政策在一个小型开放经济（例如爱尔兰）中的影响是有限的，毕竟这里的企业会更加依赖于国际贸易而不是国内的需求。这一点与大国经济（例如美国）是不同的。同样的，税基的国际流动性也会影响到最优税收，而货币政策发挥作用的外部渠道也依赖于贸易的开放程度。更一般来说，特定国家的经济政策必须考虑到不同国家之间由国际贸易和金融一体化所产生的溢出效应（见第 3 章）。

尽管传统的新古典模型告诉我们：国际资本流动会产生更优的国际储蓄的配置，从而通过更高的增长得到更高的回报。但是金融一体化的经验却充斥着泡沫与危机。诸如此类的冲击会降低甚至有时抹除国际资本流动带来的收益。除此之外，全球金融一体化可能会带来较高的汇率波动，从而造成相对价格和相对回报的不确定性。许多政府都认为这种不确定性对于其经济是不利的。然而在一个资本完全自由流动的世界，限制汇率的波动也会降低货币政策的独立性。

因此，汇率"制度"和"政策"需要在与全球金融一体化建立联系的背景下加以考察。尽管货币政策关注货币的内部价值（即根据国内生产的产品和服务计算的货币购买力），汇率政策关心的是货币的外部价值（即根据国外生产的产品和服务计算的货币购买力）。两者之间的关系错综复杂，而汇率正是货币政策传导的重要渠道（见第5 章）。然而从长期来看，货币政策很难影响到本币的实际汇率。因此，许多专业的经济学家对于"汇率政策"这个概念是存疑的。与这种困惑形成鲜明对比的是，政治家和公众对于"货币战争"的热情，以及更普遍的对于汇率制度和汇率危机的高度关注。

7.1　问题

7.1.1　国际货币体系简要回顾

中世纪的欧洲，贸易主要通过黄金和白银结算。[1] 随着这一体系逐渐演变，商

---

[1]　要了解更详细的历史，请参见 Eichengreen（1997）。

人开始使用纸质货币和信用证，但是商人对于货币的信心仍取决于将货币转换成贵金属的可能性。金本位制度（gold standard）下，每个国家货币的价值是由特定重量的黄金决定的。在 19 世纪 80 年代，绝大多数主要国家已经采用了金本位，并且一直持续到一战爆发前。通过制度设计和套汇行为的作用，金本位制度下的各国货币之间已经形成了固定汇率。① 在 19 世纪下半叶，固定汇率制促使贸易活动经历了史无前例的大扩张。英国在当时处于全球经济的主导地位。尽管英格兰银行持有的黄金储备并不能涵盖以英镑发行的所有货币，但是英镑仍发展成为等价于黄金的国际货币。② 第一次世界大战前常常被人忽视的金本位的另一个显著特征是跨国资本的高度流动性，其主要通过伦敦债券市场来实现（IMF，1997）。当时，投资需求集中在铁路和政府部门。在相当长的一段时间里，澳大利亚、加拿大和阿根廷的经常项目赤字占 GDP 的比重超过 10%，这些国家通过国外（主要是英国）资本流入来实现融资。

第一次世界大战的爆发使得"第一次全球化"浪潮戛然而止。由于军事支出的货币化以及产能的部分破坏，通货膨胀压力随之而来，在 1920—1924 年间，主要货币之间的汇率由市场决定。但在那时，金本位的回归则是通过被高估的货币（特别是在英国）和不充分的黄金储备来实现的，这些又引发了通货紧缩的压力，这被视为 1929 年大萧条的一个要素。1933 年，英镑与黄金的自由兑换被取消。然后，随着越来越多的货币取消了与黄金的自由可兑换，金本位崩溃了。这个年代发生了许多货币冲突：一些国家选择货币贬值以增强价格竞争力，而另一些国家则通过通货紧缩痛苦地调整着相对价格。③

在第二次世界大战之后，首要任务是汇率稳定以及恢复货币的可自由兑换（convertibility，即通过货币的自由交换以实现贸易交易），同时确保主要发达国家之间的资本流动被高度管制（发展中国家对于资本的流入和流出仍然是有限开放的，参见 Ghosh and Qureshi，2016）。1944 年国际货币基金组织（IMF）在布雷顿森林会议上成立了。国际货币基金组织这一机构的成员几乎包括了所有主权国家，其目标是监督国际支付体系，并帮助国际收支临时出现困难的国家渡过难关，以防止发生危机。④ 布雷顿森林体系还建立了一个金汇兑本位制（gold exchange standard），所有货币都可以按照一个几乎固定的汇率兑换成美元，同时官方的美元储备可按照每盎司黄金 35 美元的比例进行兑换。⑤ 因此，美元代替英镑成为国际货币体

---

① 实际上，运输和交易成本的存在使得双边汇率和货币的黄金价值比率之间产生了一个小小的差距。

② 英国央行的外汇储备直到 1931 年才公布。

③ 特别参见 Eichengreen（1992）。

④ 关于国际货币基金组织的作用和它的早期发展，参见 Dam（1982）。

⑤ 更准确地说，所有成员国都接受了以黄金或美元（1944 年 7 月 1 日生效的黄金的美元价格，即每盎司黄金等价于 35 美元）表示票面价值的货币。成员国之间的所有外汇交易都必须以与票面价值相差不超过 1% 的汇率进行。一个成员国只有在与国际货币基金组织协商后，才能修改其货币的面值，以纠正其国际收支中的"根本失衡"。加拿大于 1951 年退出布雷顿森林货币体系。其他国家一直是该体系的成员，直到 1973 年 3 月该体系解体。

系的锚。

然而，这一体系具有内在脆弱性，其矛盾在于：一方面需要用美元为世界经济的快速增长提供适当的流动性，另一方面又要使市场保持对美元的信心，也就是根据美联储的黄金储备来发行美元。[①] 在 20 世纪 60 年代，美国发行的以美元计价的短期国债数量不断增加。因此，海外货币当局持有的官方美元储备增加。但是美元的风险也在不断积累，一旦出现（或者是有迹象出现）官方将持有的美元兑换为黄金，就极容易因为黄金的短缺引发货币危机。这一风险又随着通货膨胀的上升而加大。20 世纪 60 年代末到 70 年代初，投机者更加偏好黄金和强货币（例如德国马克），而不是美元。最终，在 1971 年 8 月 5 日，尼克松总统单方面终止了美元与黄金的可兑换性。《史密森协定》（Smithsonian Agreement）在 1971 年 12 月 18 日签订，该协议试图通过扩大汇率的波动幅度以及让美元贬值，以实现在新的平价水平下维系固定汇率体系。然而，布雷顿森林体系（Bretton Wood system）最终还是在 1973 年被废止，主要的货币都采取了浮动汇率制。随着 1976 年 1 月《牙买加协议》的签订（也就是《国际货币基金组织协定》的第二次修订），一个新的货币环境应运而生。[②]

面对以汇率不稳定性上升为特征的新环境，欧洲在 1972 年建立了"欧洲货币蛇形浮动体系"，其设定了欧洲货币内部之间以及欧洲货币与美元之间的汇率波幅（这是暗喻为蛇在"隧道"中爬行的原因）。1973 年 3 月布雷顿森林体系的崩溃将这个"隧道"彻底移除了，蛇形浮动转变为一个完全成熟的、稳定但可调整的汇率体系，从此欧洲货币体系不再参考美元。在欧洲货币体系（European Monetary System，EMS）中，所有的交叉汇率都在中心汇率的 ±2.25%（有时是 ±6%）范围内波动。欧洲建立了一个区域货币体系，这是第二次世界大战后货币历史上的一大突破。然而欧洲货币体系的历史也是曲折的。1987—1992 年间，欧共体成员国逐渐开放了资本账户，这使得保持固定汇率的难度加大：一个国家净资本流出会导致市场更多地卖出该国货币，因此会对其汇率施加向下的压力。在 1992 年，英镑和意大利里拉被迫退出欧洲货币体系。在危机过后的 1993 年，成员国之间汇率的浮动范围扩大到了 ±15%。《马斯特里赫特条约》设立了最迟于 1999 年 1 月 1 日建立经济和货币同盟的目标。在此之前，欧洲货币联盟持续运转，直至单一货币——欧元最终建立。在 1999 年欧洲货币联盟建立之初有 12 个成员国。现在欧元区的范围还包括希腊、斯洛文尼亚、塞浦路斯、马耳他、斯洛伐克、爱沙尼亚、拉脱维亚和

---

① 罗伯特·特里芬（Robert Triffin，1960）和雅克·鲁弗（Jacques Rueff，1965）是最先注意到这种矛盾的人。

② 对《国际货币基金组织协定》的修订必须经理事会批准，并在拥有总投票权 85% 的五分之三成员接受拟议的修正案后生效。这样的修正案已经进行过三次。第一项修正案（1968 年通过，1969 年获得批准）创造了特别提款权，试图增加全球流动性。第二项修正案（《牙买加协议》）于 1976 年通过，并于 1978 年获得批准。第三项修正案于 1990 年通过，并于 1992 年获得批准，它使 IMF 能够暂停违反条款的成员国的投票权。第四项修正案决定于 1997 年通过特别提款权，使得向 IMF 提供的流动性增加一倍，但直到 2009 年才得到美国国会的批准。2010 年，IMF 通过了第五项修正案，旨在改革 IMF 执董会，提高新兴经济体的权重。该协定于 2016 年获得美国国会批准。

立陶宛。

　　尽管欧洲已经形成了强大的区域内货币合作，同时货币一体化也在亚洲和其他一些国家间初见端倪，但美元始终是国际货币体系的核心货币。欧元也成为国际储备货币。2016 年，欧元在世界各国中央银行的外汇储备资产结构中的占比达到 19.7％，在国际收支中的占比达到 31.3％（见表 7.1）。20 世纪 90 年代中叶开始，中国朝着货币国际化也迈出了重要的步伐［中国货币称为人民币（renminbi），有时又被称为元（yuan）］。然而，美元始终是国际交易中最重要的货币，也是大多数新兴市场经济体确立本国汇率政策的参考货币。[①]

表 7.1　美元、欧元、日元和英镑的国际地位，2016 年（％）

功能	美元	欧元	日元	英镑	其他
交易媒介					
外汇成交额，2016 年 4 月[a]	87.6	31.3	21.6	12.8	46.8
全球支付（SWIFT），2016 年 1 月末	43.0	29.4	n. a.	8.7	27.6
计价单位					
欧元区向非欧元区出口的计价/结算，2016 年	n. a.	56.1	n. a.	n. a.	n. a.
欧元区从非欧元区进口的计价/结算，2016 年	n. a.	47.3	n. a.	n. a.	n. a.
作为盯住货币[b]	47.6	30.5	0.0	0.0	22.0
价值储藏					
官方储备配置，2016 年 4 季度	64.0	19.7	4.2	4.4	7.6
国际债务凭证余额，狭义测度，2016 年 4 季度[c]	63.0	22.0	2.6	n. a.	12.3
跨境银行贷款余额，狭义测度，2016 年 4 季度[d]	59.1	21.3	3.6	n. a.	16.0

注：n. a. ＝not applicable（不适用）。
a. 由于一笔给定的交易涉及两种货币，因此该行的百分比总计为 200％。
b. 包括 82 种盯住或半盯住的货币。
c. 不包括国内发行的国际债务。
d. 欧元区以外的银行向欧元区以外的借款人发放的贷款。
资料来源：BIS（2016）；ECB（2017）；IMF（2016b）．

　　在金本位时期，固定的双边汇率曾被视为与自由贸易以及资本市场一体化同样受欢迎的目标。事实上，从 1870 年到第一次世界大战，资本流动曾经发展到史无前例的高水平（见图 7.1）。一个悬而未决的问题是：在 1973 年布雷顿森林体系瓦解之后，汇率的不稳定究竟在多大程度上影响了金融全球化？事实上，除了投机性资本的泛滥，全球经济远远未能实现金融一体化。1980 年，马丁·费尔德斯坦（Martin Feldstein）和查尔斯·霍里奥卡（Charles Horioka）发表了一篇著名的论文，他们把 16 个 OECD 国家在 1960—1974 年间的投资率对储蓄率做回归，发现平均储蓄率每增加一个百分点，将会伴随着投资率增加 0.89 个百分点。这成为一个

[①] 第 7.3.3 节将讨论国际货币体系的未来。

谜题，因为当资本是自由流动的时候，投资的配置是取决于投资的回报率，而不是国内的储蓄。事实上，在那段时期，国际资本流动对于通过国内进行融资的投资活动的贡献微乎其微。这个与直觉不吻合的结果之后被称为费尔德斯坦-霍里奥卡之谜。此后的研究发现，费尔德斯坦-霍里奥卡系数并没有初始估计的那么高。[①] 但是，全球金融危机的爆发已经带来了金融的"去国际化"，跨境资本流动开始减少（见图 7.1），大型银行开始"重新国家化"（即资产负债表中出现了较大比例的国内资产和负债，参见第 6 章）。

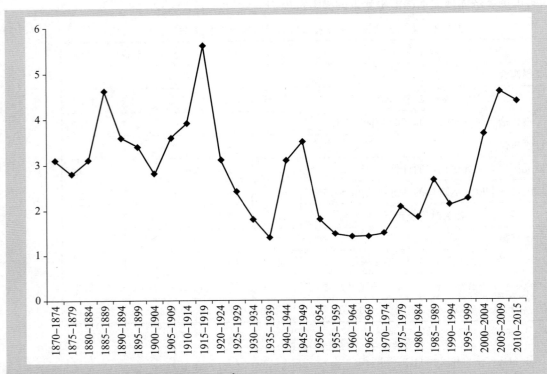

图 7.1 国际资本流动度量，1870—2015 年

注：先计算每个国家经常账户绝对值占 GDP 的比重，然后基于 11 国的数据、基于 5 年期计算其平均值。这些国家包括澳大利亚、加拿大、丹麦、法国、德国、意大利、日本、挪威、瑞典、英国和美国。经常账户是国家的总储蓄率与总投资率之差，因此是对不同国家金融开放的测度。

资料来源：Taylor（1996），由作者使用 OECD 数据更新计算。

　　已经有大量经济学文献讨论了费尔德斯坦-霍里奥卡之谜，讨论主要体现在两个方面。第一，有的研究认为储蓄和投资是基于跨期预算约束进行选择的结果：储蓄-投资缺口不可能无限积累。事实上，一个国家不可能无限期地积累经常账户赤字；在某些特定的情况下，净债务过高会导致国际投资者不愿意继续放贷。至于经

[①] 例如，库马和拉奥（Kumar and Rao，2011）发现，1975—2007 年间，13 个经合组织国家的这一系数低于 1960—1974 年间。有趣的是，数据显示，在欧元区（直到 2007 年），该系数更低，而且还在下降。

常账户盈余，确实有可能持续积累，但是没有另一侧的经常账户赤字国家，也就不会有经常账户盈余的国家，所以，盈余其实也是不能无限积累的。[①] 第二，费尔德斯坦-霍里奥卡之谜可能与投资组合选择中强烈的本土偏好的经验证据有关：储蓄者持有的外国资产会低于最优投资组合中应有的外国资产比例。[②] 关于本国偏好的原因也是一个尚未解决的问题，但信息不对称是一个很好的备选解释：储蓄者了解本国的风险信息多于外国的风险信息，这就减少了他们持有外国资产的意愿，即便持有这些外国资产的数量没有受到国家法规的限制。一个反例是全世界的投资者都倾向于持有美国资产，这为美国在 20 世纪 90 年代和 21 世纪头十年的经常账户赤字提供了融资（参见第 7.3 节）。

7.1.2　货币可自由兑换性和汇率制度

并不是所有国家都参与全球金融体系。一些国家保持着货币的不可兑换或者是有限制的自由兑换。当一国的货币至少是部分可自由兑换的，其价格就可以由市场来确定或者是由中央银行和政府进行管理。对此政府需要作出两个重要的决定：它必须决定本国货币兑换成外国货币的条件——货币的可兑换性（currency convertibility），并且还需决定汇率的灵活程度——汇率制度（exchange-rate regime）。以第 1 章的术语来讲，汇率制度是一个汇率政策操作的体制设定，它既是一个法律概念，又是一个经验概念。国家必须向 IMF 申明其货币可自由兑换的程度和汇率体制的性质。

（a）货币可兑换性

在多数国家，过去曾经是行政机构来决定汇率的价值（即本币与外币的相对价格），同时外汇交易之前都需要获得事先审批。这种货币就被称为是不可自由兑换的。这是 1958 年之前许多西欧国家、1990 年之前的苏联国家以及迄今为止大量发展中国家的状态。

在某些情形下，一个国家可能存在超过一种汇率：分别针对出口和进口，抑或是取决于产品的类型，或者参与外汇交易的个人。这种情况叫做双重或者多重汇率体系。此外，外汇体系也有可能是针对部分交易可自由兑换，而对另一些交易不可自由兑换。更准确地说，区分以下情形是有用的[③]：

• 经常项目可自由兑换（current-account convertibility）：在支付进口的产品和服务、在进行经常转移（例如成员国支付欧盟预算，支付给国际组织的会费，或是资本和劳动这些要素收入的转移）的交易中允许货币自由兑换。这是大多数国家的现状。

---

① 对于一些作者（Summers，1988）来说，公共当局本身可以通过调整财政政策来避免不可持续的路径。

② 最优投资组合选择将在第 7.2 节中讨论。

③ 关于国际收支账户核算的简单介绍，请参见第 7.1.3 节或芬恩斯特拉和泰勒（Feenstra and Taylor，2015）中更全面的介绍。

- 金融账户可自由兑换[①]（financial-account convertibility）：直接投资、证券组合投资和银行贷款所涉及的货币兑换不受限制，这被称为国际资本流动（international capital mobility）和金融开放（financial openness）。金融账户可自由兑换可能覆盖某些金融交易（部分的或者是完全的），而不涉及其他交易。资本从来都是不可能完全自由流动的，因为总是有理由需要对其进行管制（比如反洗钱和反恐怖主义）。然而，许多发达国家在1980年和20世纪90年代初放开了资本账户。这一举动最近在一些新兴市场国家也有些进展，但还远未完全放开（见图7.2）。

货币可自由兑换的程度对汇率决定有重要影响。当资本不能在国家间自由流动时，外汇交易只能反映"实体经济"的供求关系（如出口、进口或收入汇回）。当资本自由流动时，外汇交易也会反映金融资产的供求关系，即金融资产的购买和出售。数据显示，金融资产的交易比"实体经济"交易的规模更大、波动性也更大，从而会导致更多的汇率不稳定。

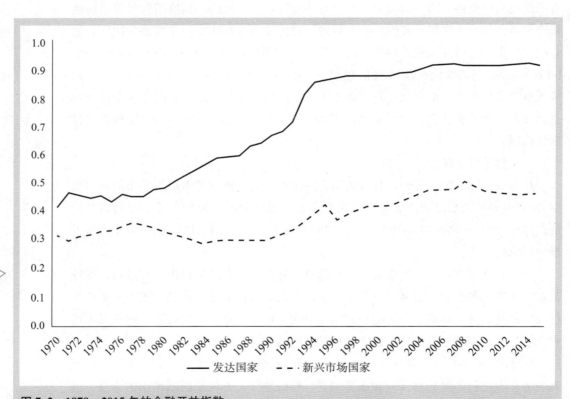

图 7.2　1970—2015 年的金融开放指数

注：非加权平均。不同年份的国家数量有所不同。指标在 0（金融封闭）和 1（资本完全自由流动）之间进行了标准化。

资料来源：根据 Chinn and Ito（2008）和基于 2017 年国际货币基金组织（IMF）的《汇率安排和汇率限制年度报告》（Annual Report on Exchange Arrangements and Exchange Restrictions）更新。

[①] 以前称为资本项目可兑换。

　（b）汇率制度和货币危机

　大幅度的汇率波动是"实体经济"不确定性的重要来源，因为它们不仅影响不同国家之间的相对价格，也会影响到同一个国家内部不同行业的相对价格。它们还会影响资产和负债的相对价值。在发展中国家，其外债通常是以外国货币计价的，因此本币贬值将增加其外债负担。基于这些原因，政府都希望控制汇率或者限制汇率的波动，以实现其国内目标。图 7.3 根据政府干预的程度对汇率制度进行了分类。当本国货币被废弃时，其汇率稳定性最高，此时这些国家的第一选择是使用另一个国家的货币。巴拿马和厄瓜多尔将本国的货币美元化（dollarized），而科索沃和黑山则将本国的货币欧元化（eurolized）。一个美元化的国家将无法控制本国货币供给，留给中央银行的任务仅仅是解决技术性问题。另一个选择是整合一组国家所使用的货币，从而通过货币联盟创造一种新的货币。欧元区和非洲货币联盟的成员国就是这样的案例。美元化和货币联盟的区别在于货币决策方式不同：厄瓜多尔代表不会参与美国联邦公开市场委员会制定美国利率，也没有来自科索沃的官员会参与欧洲中央银行（ECB）的管理委员会（Governing Council）。

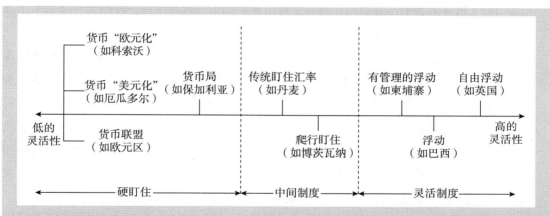

图 7.3　汇率制度的分类

资料来源：基于 2016 年 10 月国际货币基金组织（IMF）的《汇率安排和汇率限制年度报告》。

　美元化的一个弱化形式是货币局（currency board）制度。在该制度下，本国货币仍在流通，但是它能够以固定的汇率与一些大国的货币（例如美元或者一篮子货币）进行兑换。为实现这一目的，中央银行在发行本国货币时，必须依靠其所拥有的外汇资产。因此，国内基础货币将会与中央银行持有的外国货币金额（或者至少是持有的很大一部分金额以及对应固定的比例）相一致。这一严格的规则使得固定汇率是可信的。在过去，一些经历了恶性通货膨胀、失去了货币信用的国家采用了这种制度，比如 1990 年的阿根廷。然而，正如 2002 年 1 月阿根廷货币局的破产所揭示的，货币局制度并不能像美元化或者货币联盟那样为固定汇率提供同样的保证（尽管也有货币联盟走向终结的例子①）。更一般来说，硬盯住（hard pegs）的汇率制度是指采用严格的制度计划来支持特定的固定汇率水平。硬盯住制度显然包括了货币局制度。但是，稍加拓展的话，硬盯住也包括了美元化或者货币联盟这两种缺乏国家层面独立法定货币的制度——当然后两者其实没有正式地"盯住"其他国家的货币。

当固定汇率体系并没有被纳入货币局等这类具有法律约束力的安排时，这样的体系被称为"传统盯住汇率"，其可信度主要取决于政府意愿。这正是 20 世纪 80 年代和 90 年代欧洲国家所经历的情况。在欧洲货币体系（EMS）中，这一制度被视为固定但可调节的盯住汇率体系，但货币贬值（devaluation）仍然会带来政治成本［注意，这里的货币贬值也就是下调参考汇率（reference rate），而市场汇率被允许在该参考汇率的附近波动］。在布鲁塞尔讨论完这类决议之后，某国的财政部长回到了自己的国家，此时不仅是本国公民会因此变穷，而且欧盟委员会也会觉得他背弃了承诺。然而，这一负向政治激励也挡不住汇率走向贬值。1980 年初，欧洲货币体系经历了数次贬值。在 1992 年和 1993 年，在欧洲单一市场资本完全自由流动之后，这一体系必须直面两个主要的危机：在官方承诺的可靠性遭遇市场质疑时，或是在政府干预空间受限时，投机冲击的力量将会出现，这时传统固定汇率体系的脆弱性将暴露无遗（见第 5.2 节）。

固定汇率制还可通过放宽波动范围来获得更多灵活性，或者采用爬行盯住（crawling pegs）策略，即部分地调整汇率变化速度以反映本国与贸易伙伴的通货膨胀差异，从而使得实际汇率高估，以有利于降低本国通胀水平。更一般地，软盯住（soft pegs）或者中间汇率制度（intermediate exchange-rate regimes）包括了广义上的盯住汇率制度：无论是固定汇率或者爬行盯住，还是有或者没有浮动区间的盯住汇率。盯住汇率的对象既可以是单一货币（典型的代表是美元或者欧元），也可以是一篮子货币，例如 IMF 的计价单位特别提款权（special drawing right，SDR）②。

最后，汇率也可以在没有驻锚对象的情况下选择不同程度的浮动。在这种情况下，政府可能偶尔干预，以控制汇率水平或者是变动率，但是不会设定一个名义的目标。根据干预频率又可以分为有管理的浮动（managed floating）、浮动（floating）和自由浮动（free floating）。

在 2016 年 4 月，世界上共存在四个货币联盟：欧洲货币联盟（19 个国家）、东加勒比货币联盟（6 个国家）、西非经济货币联盟（West African Economic and Monetary Union，WAEMU，8 个国家）和中部非洲经济与货币共同体（Monetary and Economic Community of Central Africa，CEMAC，6 个国家）。在这四个货币

---

① 例如，19 世纪欧洲的拉丁联盟和前苏联。2015 年夏天，希腊差点被迫退出欧洲货币联盟。

② 人民币于 2016 年 9 月 30 日被纳入 SDR 货币篮子后，SDR 货币篮子包含五种货币：美元（41.73%）、欧元（30.93%）、人民币（10.92%）、日元（8.33%）和英镑（8.09%）。

联盟中，只有欧洲货币联盟实行自由浮动汇率。西非经济货币联盟和中部非洲经济与货币共同体的货币（非洲法郎）都是盯住欧元的，而东加勒比货币联盟则是通过货币局形式盯住美元。在汇率制度光谱的另一侧，在 2016 年 4 月只有 13 种货币被视为"完全自由浮动"[①]，包括美元、澳元、加元、智利与墨西哥比索、挪威和瑞典克朗、波兰兹罗提、英镑、日元、欧元、索马里先令和俄罗斯卢布。此外，有 40 种货币被归类为"浮动汇率"[②]，20 种货币被归类为"有管理的浮动汇率"以及 61 种货币（不包括非洲法郎）被视为各种形式的"传统盯住汇率"。因此，国际货币体系有时候被称为"肮脏浮动"，其中仅有一少部分关键货币是自由浮动的。

在 20 世纪 90 年代，国际资本流动呈现自由化趋势，传统盯住汇率制在经历了货币危机之后逐渐失去了光彩。人们普遍的感受是：在资本自由流动的世界中难以维系盯住汇率制（见图 7.4）。因此，放弃货币自主权以及采用硬盯住就是保证汇率稳定的唯一手段。如果一个国家希望保留货币政策独立性，那么就必须转向某种形式的浮动汇率制。不过，许多国家仍然认为汇率不稳定会对经济有害，所以试图通过设定某些障碍来限制汇率波动，从而维护传统的盯住汇率，或者也会折中选择有管理的浮动汇率制。出于"对浮动汇率的恐惧"（Calvo and Reinhart，2002），新兴和发展中经济体广泛采用了这种类型的汇率制度。

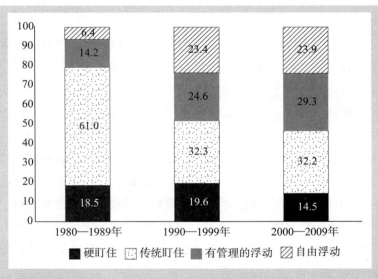

图 7.4　汇率制度的演变

注：数据为占国家总数的百分比，时间为 20 世纪 80 年代、20 世纪 90 年代和 21 世纪头十年。

资料来源：Ghosh et al.（2014）.

---

① 自由浮动汇率是一种例外干预的制度（"在过去六个月中最多出现三次，每次持续时间不超过三个工作日"，参见 IMF：《汇率安排和汇率限制年度报告》，2016 年 10 月，第 48 页）。

② 也就是说，"主要由市场决定"，中央银行可以进行干预，以缓和汇率波动，但不针对特定的水平（见 IMF，2016b，第 48 页）。

7.1.3 外汇市场和国际收支平衡表

在一些金融市场不够发达、外汇兑换受限的国家，换汇通常是由官方授权机构或者是在非正规的市场上进行，在每一类双边交易中可能都有不同的汇率定价。然而，在许多国家都有单一的市场供货币进行兑换，即外汇市场（foreign-exchange market）。

（a）外汇市场

外汇市场是一个批发市场，只有金融中介机构、大型公司或者中央银行能够参与交易。其交易形式是不同货币的现金账户之间的相互转移。在这个市场上交易的商品就是货币本身（第 4 章提到的 M1）。

如果市场足够活跃，那么货币间的套汇（arbitrage）行为就保证了在每个时点上汇率的唯一性（uniqueness）和汇率间的相互转换性（transitivity）。例如，如果 1 欧元价值 1.2 美元，1 美元价值 110 日元，那么 1 欧元就值 $1.2 \times 110 = 132$ 日元，否则，就可以通过在三种货币间买卖获取利润了。不过套汇从来都不是完全的，市场的购买价格与出售价格存在差异，可称为"买卖价差"（bid-ask spread），它表示支付给金融中介的费用，其大小取决于市场流动的强弱，比如交易的频率和规模。除去这一费用，在任何时间在全世界任何地方，特定货币的价格都是唯一的，所有双边价格构成的矩阵都是一致的。

然而，货币的价格还取决于交割日期：对于即期（spot）交易，货币在 24 小时内完成交割，相应的价格称为即期汇率。而远期（forward）交易则意味着交割将会发生在一段时间之后，相应的汇率可称为远期汇率。

基于即期和远期市场，大量的外汇交易衍生品（derivatives）发展起来了。比如，汇率掉期（foreign-exchange swap）是在特定的一段时间内，以两种不同货币计价的现金流之间的交换。看涨期权给予持有者一种权利（而不是义务），可以在未来某一时点以事先约定的价格买入一定数量的外币（或者根据期权的性质，可以在到期日之前行使该权利）。而看跌期权则是赋予了持有者卖出的权利。外汇衍生品交易在场外市场进行，但一些最标准化的交易仍在场内市场进行。可以证明，期权的价值随着其期限内汇率波动率的增加而增加（Garman and Kohlagen，1983）；因此，期权的市场价值提供了一种方法来估计预期的汇率波动性，相应的指标就是隐含波动率（implicit volatility）。

20 世纪 90 年代，以下三方面力量推动了外汇市场的扩张：国际贸易的发展，资本流动自由化和管理金融风险新工具的诞生。国际清算银行（BIS）是一家位于瑞士巴塞尔的公共机构，其主要任务是为中央银行提供服务和管理全球金融市场。根据 BIS 统计，2016 年 4 月每天的外汇交易量达到了 50 660 亿美元，其中包括 16 520 亿美元的即期交易。这大约相当于 18 天的世界总产出和 72 天国际货物贸易的总价值。

无论是从交易地点（56% 的交易在伦敦或者纽约进行）还是交易的币种（欧元

兑美元、日元兑美元以及英镑兑美元共占市场交易额的一半以上，其中第一个货币对在 2016 年 4 月的占比为 23%）来看，外汇市场都是高度集中的。美元扮演载体货币（vehicle currency，即作为第三方货币交易媒介）的中心角色：把韩元兑换成美元再把美元兑换成墨西哥比索，相对于直接将韩元兑换成比索，是更加方便且更加便宜的。美元同时也扮演着国际清算的中心角色。全世界的中央银行和商业银行都以现金或者短期国债的形式持有美元，美国短期国债被认为兼具流动性（即容易出售）和安全性（违约风险微乎其微），因此与现金一样优质。银行同时也以美元形式贷款，这使得美元在很大程度上充当了跨国融资货币的角色。国际银行的资产负债表中也有大量的美元资产和负债，这意味着美国的货币政策会通过跨国银行借贷影响到其他国家的信用（Bruno and Shin，2015）；当美联储降息时，不仅美国的信贷环境会更加宽松，其他国家的信贷环境也会相应放松。美国货币政策的这一传导机制与汇率机制恰恰相反。[①]

（b）国际收支的均衡

当金融账户不可自由兑换时，更容易使用行政手段来干预汇率。然而，当公司和个人可以自由购买和出售外国资产时，汇率就必须与市场均衡始终保持一致。当汇率浮动时，它会发生调整以实现均衡状态。当汇率固定时，市场不会实现均衡，除非央行通过买卖外国货币来干预外汇市场。

考虑到所有情况，从而确定外国货币的供求，这个分析工具就是国际收支平衡表（balance of payment），它描述了本国对其他国家所有的各种交易。该表由三部分（三个账户）组成。

经常交易账户或者经常账户（current account）是一个国家日常经营的账户，它包括本国向其他国家出口商品和服务获得的收益，通过输出劳动力和资本所获得的收益（例如红利或者汇款），以及其他当期转移。相应地，它也反映了本国从其他国家进口产品和服务进行的支付，对他国劳动力和资本输入的支付，以及其他当期转移。

资本账户（capital account）跟踪记录没有回报的资本转移活动，例如债务豁免和投资赠与。

金融账户（financial account）描述了本国居民在境外购买海外资产［资本流出（capital outflows）］——政府和私人的债券、借款和房地产——以及将境内资产出售给境外居民［资本流入（capital inflows）］的净差额。在购买海外资产时，当一笔股权投资导致其占有一家外国公司的股份超过 10% 时，就可以在一定程度上对该公司实施有效控制，此时这笔投资就被称为对外直接投资（foreign direct investment）。另一个资本流入和流出的例子是，中央银行在其外汇储备（foreign-exchange reserves）的管理操作中，对外国债券进行的买卖。根据定义，外汇储备由

_____

① 美国降息引发了美元贬值，从而导致其他国家货币升值，这在短期内会对这些国家的总需求产生负面影响（见第 5 章）。

中央银行持有的外币计价证券和存款（加上黄金）组成。除了外国直接投资、外汇储备之外的国际证券交易就被称为证券投资组合（portfolio investments）。此外，金融账户还包括其他投资（other investment），主要是指银行信贷。

因为所有的交易都需要融资，所以任何经常账户的不平衡都必须由另外两个账户来弥补。但是，并非所有的项目都能被准确测度，所以通常存在一项显著的统计缺口，可称为误差与遗漏项。表 7.2 总结了美国、欧元区以及中国在 2016 年的国际收支平衡表。[①] 美国的经常项目存在很大的赤字，因为进口的商品和服务多于出口的商品和服务。这一赤字通过净资本流入（国外购买美国的债券和国债）得到了弥补。欧元区、中国的情况则恰恰相反，其经常账户处于盈余状态，通过净资本流出，其经常账户差额得到了平衡。

表 7.2　2016 年美国、欧元区和中国的国际收支平衡表（各项占 GDP 的百分比）

	美国	欧元区	中国
经常账户	−2.4	3.4	1.7
资本账户	0.0	−0.1	0.0
金融账户（净资本流出）	−2.0	3.6	0.2
误差与遗漏	0.4	0.3	−1.5
(1)+(2)−(3)+(4)	0.0	0.0	0.0

注：2016 年各经济体 GDP：美国为 186 250 亿美元，欧元区为 107 890 亿欧元，中国为 112 320 亿美元。
资料来源：ECB，BEA，中国国家外汇管理局和 OECD。

图 7.5 描述了一个国家的国际收支平衡表，其商品和服务的进口大于出口。为了简化分析，我们假定资本账户是平衡的，同时忽略误差与遗漏项。这个国家在商品和服务项的支出超过了收入，因此必须向非本国居民融资或者出售本国金融资产。在此背景下，外部平衡要求经常账户赤字必须要与金融账户的资本流入互相匹配。在浮动汇率体系下，这是由汇率的调整来实现的，即汇率变动同时影响经常账户和金融账户，从而使得二者之间实现平衡。例如，如果非居民对国内资产的需求本来是不足的，那么汇率贬值会使得这些资产更加有吸引力。在固定汇率制下，汇率不能贬值，中央银行必须要进行干预以实现市场出清。在实践中，它必须出售其拥有的外汇储备资产。反过来，在对称的逻辑下，资本净流入也会自动对应于经常账户赤字的状态。

中央银行的干预和国内货币政策会互相影响。中央银行出售外汇储备时，因其在外汇市场收回的货币是流通中的本币，这就相应减少了国内货币供给。相反，央行增加外汇储备将会扩大本币供给。这会对本国的利率产生影响。为了抵消外汇储备变动对货币供给的影响，中央银行可以选择在公开市场上通过购买或者出售国债

---

① 国际收支的介绍遵循国际货币基金组织《国际收支和国际投资头寸手册》（第六版）（2013 年）。以前的报告习惯将金融账户的余额记录为净资本流入，因此经常账户、资本账户以及误差与遗漏的总和应当为零。

来进行冲销，或者是发行短期债券［冲销债券（sterilization bonds）］* 以实现这一特定目的。

　　在货币联盟内部，由于只有一种货币，因此没有必要通过干预外汇市场来维护固定汇率。类似图 7.5 中的失衡可以通过中央银行系统内的资金融通来加以解决（见延伸阅读 7.1）。

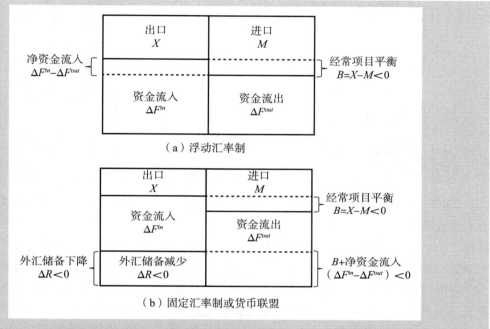

图 7.5　取决于汇率制度的国际收支平衡[a]（资本输入国）

注：a. 为了简化，忽略了劳动和资本收入，以及资本账户和误差与遗漏。

资料来源：作者整理。

延伸阅读 7.1　　　　　　　欧元区内的国际收支均衡状态

　　在欧元区内部，如果一个国家的资本流入出现赤字，只要该国银行有偿付能力，并有足够的抵押品向该国中央银行提供担保，那么就可以通过欧元体系[a]获得外部融资（见第 5 章）。例如，假设 A 国（比如希腊）必须为 B 国（比如德国）的一些进口提供融资，但德国出口商和德国银行都不愿意以合适的利率提供商业信贷。这时 A 国进口商向当地（希腊）商业银行申请短期贷款。如果进口商是安全的，商业银行会提供信贷，然后银行又在希腊央行获得再融资。这样 A 国商业银行就得到了对德国出口商银行付款所需的现金。付款将通过 Target 系统（泛欧自动实时全额结算快速转账系统）进行处理：从希腊商业银行到希腊央行，然后到欧洲央行，再到德国央行，最后到德国出口商所在的商业银行。与此对应的是，希腊央行在 Target 系统的余额为负，德国央行在 Target 系统的余额为正（见图 B7.1.1）。

这就好像是希腊央行与欧元体系签订了债务合同，从而使希腊能够获得资本流入，以填补国际收支缺口。当希腊的进口商偿还他的商业债务时，整个信贷链条就被解除了。

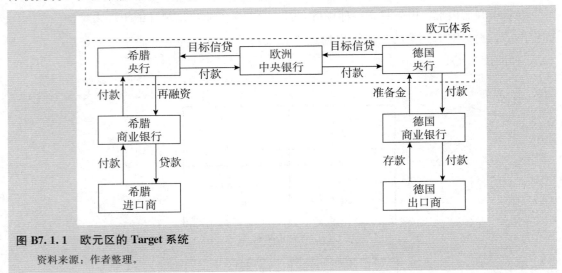

图 B7.1.1　欧元区的 Target 系统

资料来源：作者整理。

2010—2017 年危机期间，Target 系统余额在弥补欧元区南部国家的国际收支缺口方面发挥了重要作用，部分补偿了私人资本流入这些国家的突然停止（见图 B7.1.2）。一些德国观察人士认为，这是一条隐蔽的融资渠道，是北方欧洲国家面临的主要风险。这是一种非常有争议的解释：欧元体系内各国央行之间相互持有的债权不是隐蔽的，而是货币联盟运作过程中不可或缺的机制；Target 系统为像德国这样的盈余国家提供了担保，因为赤字国家央行可能违约的成本将由所有成员国央行根据欧洲央行的资本金份额大小来分担。

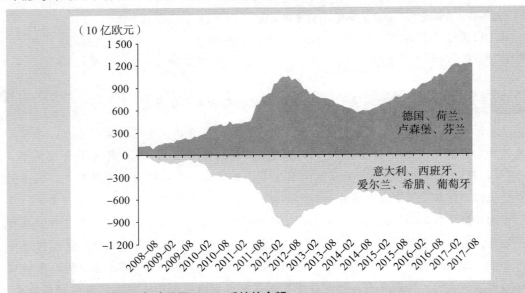

图 B7.1.2　2008—2017 年欧元区 Target 系统的余额

注：欧元体系是欧洲央行和欧元区各个国家央行的结合（见第 5 章）。

资料来源：欧洲央行。

（c）净海外资产头寸

当一个国家的经常账户出现了不断积累的赤字，那么它每年的支出就大于收入，因此其对世界其他国家的负债不断积累。实际上，这意味着外国人持有的本国证券也在持续增加，不论是私人部门还是政府部门发行的证券。外国居民会增加持有该国国内公司的股份，或者向该国国内居民提供更多的贷款。当一个国家背负的外债多于其持有的外国资产时，其净海外资产头寸［net foreign asset（NFA）position］就变成了负数。美国现在正是这种情况。图 7.6 显示，美国从 20 世纪 80 年代中期以来的净海外资产（NFA）状况逐渐恶化，相反，日本积累了大量的海外资产。但是，一个国家的净海外资产头寸的变化不仅取决于贸易逆差的积累，同时也取决于这个国家总体资产负债表在资产端、负债端的收益差异以及估值效应（见延伸阅读 7.2）。特别的，美国净海外资产头寸的恶化速度慢于其贸易赤字的积累，这说明美国面临正的估值效应，且资产端的回报高于负债端。[1] 根据古尔瑞查斯、雷伊和戈维洛特（Gourinchas，Rey，and Govillot，2010），这一现象与美元的国际地位相关，这使得美国可以对其国债支付很低的利率，同时这也给世界提供了流动性服务。相反，美国的海外投资——特别是国际直接投资——因为承担了较高的风险，所以拥有更高的回报。简而言之，美国扮演着国际保险公司的角色：在晴天时拥有更高的收益，而在下雨天则可能承担更大的损失。[2]

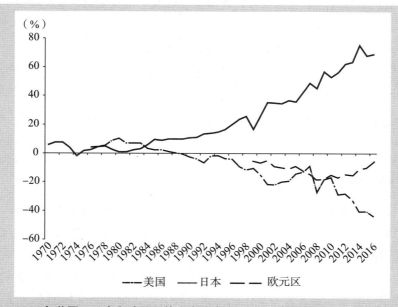

图 7.6　1970—2016 年美国、日本和欧元区的净海外资产头寸占 GDP 的百分比

资料来源：莱恩和米莱斯-费里蒂（Lane and Milesi-Ferretti，2007）开发的数据库（External Wealth of Nations Mark II）的更新和扩展版本。

---

[1]　参见 Gourinchas 和 Rey（2007）以及 Lane 和 Milesi-Ferretti（2007，2009）。相反，瑞士的净海外资产头寸的增长低于其贸易顺差的积累，这是由于其外国总资产的损失，特别是由于瑞士法郎升值（Stoffels and Tille，2007）。

[2]　事实上，美国的净海外资产头寸在全球金融危机期间曾遭遇突然下跌。

净海外资产头寸的形成

t 年末的净海外资产头寸 NFA_t 是总资产 A_t 与总负债 L_t 之差，这三个总量以本国货币表示为：

$$\text{NFA}_t = A_t - L_t \tag{B7.2.1}$$

在 $t+1$ 年末，NFA 将取决于（i）在给定已收利息和资产价格变化情况下对 A_t 的价值重估，（ii）在给定支付利息和资产价格变动的情况下对 L_t 的价值重估，以及（iii）$t+1$ 年的贸易余额 TB_{t+1}。

这里我们假设总资产完全以外币计价，而总负债完全以本币计价。在此我们忽略本币资产价格的变化。用 S_t 表示 t 年末的名义汇率（1 单位本国货币兑换外币的数量），所以 t 年末 A_t 的外币价值为 $A_t \times S_t$。i_A 为资产的名义利率，$t+1$ 期末 A_t 的外币价值为 $(1+i_A)A_t \times S_t$，其本币价值为 $(1+i_A)A_t \times (S_t/S_{t+1})$。由于负债以本国货币计价，因此 $t+1$ 年结束时以本国货币计的 L_t 值就是 $(1+i_L)L_t$，其中 i_L 是负债利率。$t+1$ 年结束时的 NFA 为：

$$\text{NFA}_{t+1} = (1+i_A)A_t \times \frac{S_t}{S_{t+1}} - (1+i_L)L_t + \text{TB}_{t+1} \tag{B7.2.2}$$

NFA 随着贸易顺差的积累而上升。当资产利率超过负债利率时，会有助于 NFA 的上升。最后，在我们的设定中，本国货币贬值（$S_{t+1} < S_t$）会导致外国资产重估，因为它们以外币计价，而负债则不受影响。

相反，如果资产以本国货币计价，而负债以外币计价，则我们有：

$$\text{NFA}_{t+1} = (1+i_A)A_t - (1+i_L)L_t \times \frac{S_t}{S_{t+1}} + \text{TB}_{t+1} \tag{B7.2.3}$$

在这种情况下，本国货币的贬值导致了负债的重估，而不是资产的重估。

7.1.4 汇率

我们定义汇率为以外币计价的本币价格。汇率既可以是相对于单一外币的价格（例如本币兑美元），也可以是相对于一篮子外币的价格（例如本币兑本国主要贸易伙伴国的一篮子货币）。前者对应的是双边汇率（bilateral exchange rate），后者则对应的是有效汇率（effective exchange rate）。无论是哪种情形，我们都在度量一种货币针对单一或者若干货币的价格。换言之，我们所关注的是名义汇率（nominal exchange rate）。

事实上，名义汇率并非政策制定者的首要关注点。影响消费者和企业决策的是商品、服务和资产的相对价格，任何名义汇率的变动都可能会被价格变动抵消，从而保持相对价格不变。为了评估本国的价格竞争力（或者说是本币对外国产品的购买力），我们通常会用相对价格来调整名义汇率，从而得到实际汇率（real exchange rate）。例如，美元兑日元在 2015 年的价格是 1 美元兑换 121 日元，然而当年日本的消费者价格指数是 104.6，而美国是 108.8（2010 年为基期 100）[①]。所以两国的实际汇率是 121×108.8/104.6＝125.9。[②] 这个数字需要与用同一方法得到的另一年结果作比较，否则这个数字也没有意义。2010 年，日元兑美元的名义汇率是 1 美元兑换 87.8 日元，相应的实际汇率（以 2010 年为基期 100）是 87.8×100/100＝87.8。将 2015 年和 2010 年作比较可以得出结论：美国商品的相对价格上升了 125.9/878－1＝43.4％，而美元货币的价格（汇率）仅仅上升了 121/87.8－1＝37.8％；由于美国的消费者物价涨幅超过了日本，因此美元的实际升值超过了名义升值幅度，日元的实际贬值则超过了名义贬值幅度。[③]

　　前面的例子说明，从 2010 年到 2015 年，美国商品的价格竞争力相对于日本是恶化的，或者说美国货币在日本的购买力上升了，美国的贸易条件相对于日本改善了。但是，美国还有很多其他贸易伙伴。例如在同一时期，美元在名义和实际层面对中国的货币都是贬值的。为了得到对竞争力和购买力的全面度量，必须基于伙伴国货币的加权平均汇率来计算实际汇率，对应的指标就是实际有效汇率。根据国际清算银行，2010—2015 年美元的实际有效汇率升值了 17.6％。[④] 事实上，还有一系列其他的实际有效汇率指标口径。不同概念的数学定义参见延伸阅读 7.3。

延伸阅读 7.3　　　　　测算汇率的不同方法

　　令 S_{ij} 为货币 i 和货币 j 之间的名义汇率，其表示 1 个单位的货币 i 可以兑换的货币 j 的数量（即当货币 i 对货币 j 升值时，S_{ij} 上升），P_i 和 P_j 分别是 i 和 j 两国的价格指数。则双边实际汇率为：

$$Q_{ij} = S_{ij} \frac{P_i}{P_j} \qquad (B7.3.1)$$

　　Q_{ij} 的上涨称为货币 i 的实际汇率升值，其反映了 i 国相对于 j 国的相对价格上涨。相反，j 国相对于 i 国则经历了实际汇率贬值。

　　设 α_{ij} 为 j 国在 i 国对外贸易中的份额，所以 $\sum_j \alpha_{ij} = 1$。我们可以将 i 国的名义有效汇率定义为它与贸易伙伴双边汇率的加权平均值：

$$S_i = \prod_j S_{ij}^{\alpha_{ij}} \qquad (B7.3.2)$$

　　同样地，i 国的实际有效汇率为：

$$Q_i = \prod_j Q_{ij}^{\alpha_{ij}} \qquad (B7.3.3)$$

---

① 这些数据来自 2016 年 6 月的经合组织经济展望，可在 https:// stats. oecd. org/获得。
② 在计算实际汇率时，需要检查分子和分母是否用同一种货币表示。这里，分子是以日元表示的美国物价指数，分母是以日元表示的日本物价指数。因此，两者都是以日元计算的，这个比率是美国商品相对于日本商品的相对价格。
③ 从这个例子中可以看出，当通货膨胀率非常低时，名义汇率和实际汇率几乎是平行变化的。
④ 参见 https://www. bis. org/statistics/eer. htm。

Q_i 的上升反映了 i 国对其贸易伙伴的平均相对价格的上升。

汇率的计算具体采用何种价格指数取决于计算的最终目的。在名义汇率水平的基础上，可以使用生产者价格或者是出口价格作为平减指数，从而得到不同口径的价格竞争力。成本竞争力可以用单位劳动力成本来衡量。贸易条件则可以通过比较出口价格和进口价格来获得。最后，如果要测算一种货币的相对购买力，可以使用消费者价格指数作为平减指数来对名义汇率进行调整。基于不同的价格指数，计算结果可能有很大差异，特别是在名义汇率固定不变的情况下。

观察实际汇率在短期和长期的变化以及在不同国家的差别，有助于揭示两个典型事实。

第一，浮动汇率表现出较高的波动性。在短短几个月中，双边名义汇率上下波动超过 10% 并不罕见。[①] 因为价格指数变化更加滞后，所以在短期内实际汇率的变化与名义汇率非常接近。然而在高通胀国家，价格也非常不稳定，它们往往与名义汇率同步变化。在这些国家，实际汇率比名义汇率更加稳定（见图 7.7）。

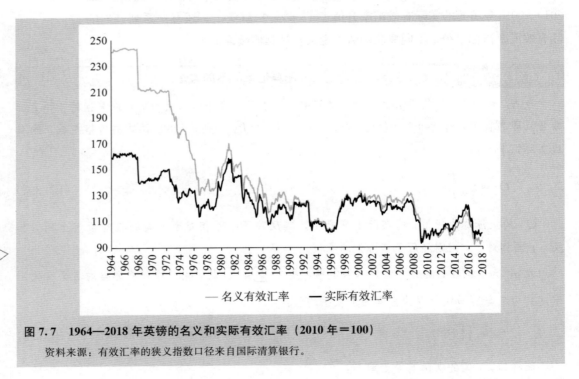

图 7.7　1964—2018 年英镑的名义和实际有效汇率（2010 年＝100）
资料来源：有效汇率的狭义指数口径来自国际清算银行。

第二，典型事实与实际汇率的长期表现相关：在长期中，发达国家的实际汇率倾向于向某个特定水平回归，而发展中国家的实际汇率则会随着其经济的发展而升值。

这两个典型事实可以通过图 7.7 中英镑的历史来呈现。在 20 世纪 70 年代，英

---

①　甚至几天内。例如，英镑在 2016 年 6 月 23 日（英国脱欧公投之日）—6 月 27 日期间贬值了 11.3%。

国的通胀率高于其主要贸易伙伴，而英镑的名义汇率贬值部分地抵消了通胀带来的升值，因此实际有效汇率的贬值幅度远小于名义汇率。此后，通货紧缩则使得实际和名义有效汇率的变化趋于一致，而且英镑汇率总体上没有再表现出显著的长期趋势。下一节将为这两个典型事实提供一些解释。

7.2　理论

金融开放的好处是什么？为什么要关心汇率的水平及其波动性？什么情况下可以认为汇率水平出问题了？政府和中央银行如何纠正这种问题？针对所有这些问题，理论和实证研究的分歧很大。本节提供了解决这些问题的工具包。

7.2.1　金融开放和汇率制度的整体选择

金融开放和汇率制度不能孤立地分开决定，因为一个国家不可能同时拥有资本自由流动、汇率稳定和货币政策的独立性。然而，正如本节将要讨论的那样，这种选择也并不是唯一的。

（a）货币政策的三难困境

根据第 4 章的蒙代尔-弗莱明模型，在资本自由流动和固定汇率制的体制下，利率水平需要设定在一个使得名义汇率保持不变的水平上，所以货币政策无法再用于实现物价稳定和（或）产出稳定的内部目标。例如，中央银行不能为了刺激总需求而调低政策利率，否则汇率就会立即贬值。更一般地说，以下三个目标是无法同时实现的：（i）资本自由流动；（ii）固定汇率制；（iii）货币政策独立性。这种目标的不兼容性被称为三元悖论（impossible trinity）或国际货币三元悖论（international monetary trilemma）（见图 7.8）。

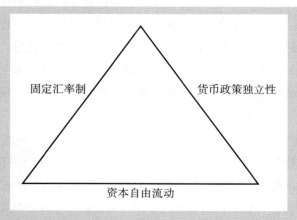

图 7.8　国际货币三元悖论

　　资料来源：基于蒙代尔-弗莱明模型，作者整理。

通过估算每个 i 国短期利率变化（Δr_{it}）与"基准国家"短期利率变化（Δr_{bt}）之间的关系，可以找到三元悖论的经验证据：

$$\Delta r_{it} = \alpha + \beta \Delta r_{bt} + u_{it} \tag{7.1}$$

式中，u_{it} 是残差项。在一个完全可信的固定汇率和资本自由流动的体制下，我们预计 $\beta = 1$，其与非抛补利率平价（uncovered interest rate parity）一致（见第 5 章）。基于 1970—2000 年 155 个国家的面板数据，香博（Shambaugh，2004）发现，β 是正数，并且在盯住汇率国家样本中的估计值要显著高于非盯住汇率国家样本的估计值。对于盯住汇率且资本自由流动的国家，他发现 $\beta = 0.67$；对于非盯住汇率且存在资本管制的国家，β 是不显著的。对于盯住汇率且存在资本管制的国家，以及非盯住汇率但资本自由流动的国家，β 的取值介于二者之间。即便对于非盯住汇率的国家而言，其 β 也是正数，这一事实可能表明：不同国家的利率会对共同冲击（common shocks）作出反应，或者各个国家会在没有宣布的情况下对其货币进行管理。相反，即使是对盯住汇率且资本自由流动的国家而言，β 的取值也低于单位 1，这可能是因为我们需要调整国内利率以对国内冲击（domestic shocks）作出反应。总体而言，这些估计结果验证了：盯住汇率以及资本自由流动会在很大程度上限制货币政策的独立性。这一结论在不同国家样本、不同时间段、不同的汇率制度分类，以及在估计中加入不同控制变量的情况下都具有稳健性。[①]

然而，实行自由浮动汇率的中央银行，其在资本自由流动环境下保持货币政策独立的能力也已经受到了挑战。尽管有大量证据表明，短期利率之间的相关性在浮动汇率制下比固定汇率制下更低（参见上一段），但这并不是证明，实施了浮动汇率就能获得货币政策独立性。事实上正如雷伊（Rey，2013，2016）所指出的，美联储的政策不仅通过政策利率影响了世界其他地方的货币政策，还通过全球信贷渠道影响了其他国家的货币政策。例如当美联储降低政策利率时，美元贬值会使非美元资产重估，从而使非美元国家借款人的抵押品价值重估；它还提高了以美元来获得部分融资的跨国银行的利润，从而提高了它们的放贷意愿；最后，这也会鼓励投资者承担更多风险并提高杠杆率。雷伊认为，三难困境实际上就是个两难困境：在资本自由流动的情况下，只有实施了第 6 章中描述的积极宏观审慎政策，这时独立的货币政策才有可能。

利率冲击会在各国之间传递的另一个原因是，即使一国的短期利率与"基准国"的短期利率并不相关，但是如果人们预计汇率变化会逆转和/或两国的期限溢价是相关的，那么一国的长期利率也可能会与"基准国"的长期利率相关（见延伸阅读 7.4）。因此，如果美国宽松的货币政策增强了全球的风险偏好，那么即使各国短期利率的表现有所不同，全球的长期利率也会下降。奥伯斯法尔德（Obstfeld，

---

① 参见 Obstfeld, Shambaugh, and Taylor（2005）；Klein and Shambaugh（2015）或 Obstfeld（2015）。

2015）得出结论认为，货币自由浮动和资本自由流动的国家确实享有更加独立的货币政策。然而，这些国家也仍然面临金融稳定方面的权衡。例如，一个希望稳定其货币的国家可能无法避免"输入性"的金融不稳定，除非它限制资本流动。

| 延伸阅读 7.4 | 从短期到长期的利率相关性 |

参见 Obstfeld（2015），我们考虑一个两期模型，其中时期 t 代表"短期"，而时期 $t+1$ 是"长期"。本国的长期利率 i_t^L 是当前短期利率 i_t 和预期短期利率 $E_t i_{t+1}$ 的平均值，同时再加上期限溢价 τ_t（见第 5 章）：

$$i_t^L = \frac{1}{2} i_t + \frac{1}{2} E_t i_{t+1} + \tau_t \tag{B7.4.1}$$

同样，在美国：

$$i_t^{US,L} = \frac{1}{2} i_t^{US} + \frac{1}{2} E_t i_{t+1}^{US} + \tau_t^{US} \tag{B7.4.2}$$

本国和美国的长期利差为：

$$i_t^L - i_t^{US,L} = \frac{1}{2}(i_t - i_t^{US}) + \frac{1}{2}(E_t i_{t+1} - E_t i_{t+1}^{US}) + (\tau_t - \tau_t^{US}) \tag{B7.4.3}$$

应用具有风险溢价 ρ_t 和 $E_t \rho_{t+1}$ 的无担保利率平价，两国的短期利差为

$$i_t - i_t^{US} = E_t e_{t+1} - e_t + \rho_t \tag{B7.4.4}$$

$$E_t i_{t+1} - E_t i_{t+1}^{US} = E_t e_{t+2} - E_t e_{t+1} + E_t \rho_{t+1} \tag{B7.4.5}$$

式中，e_t 是时期 t 的名义汇率（以本国货币计算的美元价格）的对数，$E_t e_{t+1}$、$E_t e_{t+2}$ 是 $t+1$ 和 $t+2$ 的预期值。将短期利差代入长期利差，我们得到：

$$i_t^L - i_t^{US,L} = \frac{1}{2}(E_t e_{t+1} - e_t) + \frac{1}{2}(E_t e_{t+2} - E_t e_{t+1}) + \frac{1}{2}(\rho_t + E_t \rho_{t+1}) + (\tau_t - \tau_t^{US}) \tag{B7.4.6}$$

如果 t 和 $t+1$ 之间的预期汇率变化预计在 $t+1$ 和 $t+2$ 之间会出现反转，并且如果期限溢价 τ_t 和 τ_t^{US} 同时移动，则两国的长期利差［式（B7.4.6）的左侧］不会随时间发生变化。

（b）资本流动性与汇率稳定性的利与弊

在"三元悖论"所允许的不同组合之间进行选择，实际上取决于资本流动性和汇率稳定性的相对价值。

国际资本的流动性

从理论上讲，国际资本流动有三个主要优点。首先，它降低了资本输入国的投资成本，同时提高了资本输出国的储蓄回报率。其次，随着时间的推移，它有助于一个国家的消费水平趋于平滑。最后，由于开放扩大了资产池，这就允许了更大程

度的投资组合多样化。原则上，对于给定的回报，这将降低储蓄者的风险。投资海外还可以对冲国内经济受到的一些冲击。例如，对国内价格的正面冲击往往伴随着本币的贬值；这时候国内资产的实际价值下降了，但持有外国资产的实际价值（以国内商品计算）则会保持稳定。然而，这些优势也伴随着资本流入和流出的不稳定性及其相关的风险。

经验研究已经清楚地证实了国际货物和服务贸易的收益，但是关于资本流动利弊的经验研究结果却比较复杂。从这个角度出发，古尔瑞查斯和珍尼（Gourinchas and Jeanne，2006）评估了一个"典型"的非经合组织（non-OCED）国家的福利收益：从长远来看，其相当于消费的 1% 左右。奥伯斯法尔德（Obstfeld，2009）认为，商品和资本流动之间存在根本差别。只有在后者的情况下，交换才是跨期的，这就涉及可能兑现也可能不兑现的承诺，以及会减少开放收益的短期投机。在研究了有关这一问题的实证文献后，他得出结论：金融开放并没有减少消费的不稳定性，也没有系统性地促进 GDP 增长。事实上，金融开放并不是一国吸引外资的充分条件，尤其是长期资本的流入。在这个问题上，国内监管环境是关键。

二战后，布雷顿森林谈判代表约翰·梅纳德·凯恩斯和哈里·德克斯特·怀特（Harry Dexter White）将资本自由流动视为国际贸易发展的障碍，因为不稳定的资本流动会导致保护主义的呼声上升（参见 Ghosh et al. 2016）。然而，自 20 世纪 80 年代以来，人们越来越认为资本自由流动是对商品和服务流动的有益补充。尤其是资本自由流动的情况下，贸易余额可以不必在任何时点都要保持完全平衡，这就增加了贸易总额可能的交易范围。因此，资本管制一度被认为越来越不合时宜，除非是在有限时间内的做法。不过，必须区分对资金流入和流出的控制。国际货币基金组织最近对资本流入管制的研究表明，尽管管制对于资本流入的数量和汇率的影响有限，但能够改变资本流入的结构，从而有利于更长期和更稳定的流入（例如，De Gregorio，Edwards，and Valdes，2000；Ostry et al.，2012）。总体而言，最近的文献表明，尽管资本流动应该成为规则，但在宏观审慎政策工具用尽之后，如果没有办法，对资本流入的一些控制可能有助于降低金融不稳定性的风险（Ostry et al.，2010，2011）。[①]

汇率的稳定性

汇率波动性的代价高吗？在理论层面，艾瑟（Ethier，1973）、克拉克（Clark，1973）、胡珀和科尔拉根（Hooper and Kohlagen，1978）的研究表明，无论能否进行汇率的对冲操作，如果企业是风险厌恶的，那么汇率风险就会降低贸易量。平狄克（Pindyck，1991）和德默斯（Demers，1991）进一步认为，与不确定性相关的不可逆成本会降低投资。但在实证方面，汇率不稳定性与贸易、投资或增长之间的

---

① 第 6 章研究了宏观审慎政策。

联系长期以来一直被认为是不明确的。然而，最近一些研究利用了微观数据，考虑到了企业异质性，纠正了方法缺陷，控制了金融发展，并且（或者）聚焦于中长期的汇率不确定性（较不容易对冲）的测度。这些研究发现：汇率的波动性对贸易（如 Taglioni，2002；Coric and Pugh，2010；Haile and Pugh，2013）、外国直接投资（Cavallari and d'Addona，2013）和增长（Aghion et al.，2009）会产生副作用。

反过来，名义汇率固定是否会损害宏观经济稳定？我们可以从两个简单的想法作为出发点。首先，如果价格和工资完全有弹性，那么固定名义汇率是没有成本的。假设经济遭受了负向外部需求冲击。相对于外国价格，国内价格将通过本国价格下降、名义汇率贬值，或者两者结合的方式出现下降。如果价格是完全灵活的，那么不管名义汇率的反应如何，实际汇率都会实现充分调整。其次，如果价格调整是缓慢的，则固定汇率在短期内就阻止了最优相对价格调整到位。那么相对于固定汇率制，浮动汇率制就更可取，除非汇率波动有微观经济成本（参见 Friedman，1953）。克拉瑞达、加里和格特勒（Clarida，Galí，and Gertler，2002）将其新凯恩斯主义货币政策建模（见第 5 章）扩展到了开放经济中。在一些限制性的假设下（特别是汇率变化会完全传递到进口价格上），结果显示：最优货币政策在开放经济和封闭经济中基本相同，尽管开放性可能会影响利率对通胀的最优反应曲线的斜率：如果汇率波动无成本，则最佳汇率制度是浮动的；反之，如果汇率波动是有成本的，则固定名义汇率可能是最优选择。[①]

最后一个论点是中央银行的可信度问题。正如巴罗-戈登模型（见第 5 章）所强调的那样，使用承诺技术有助于中央银行维持价格稳定，并通过将通胀预期锚定在较低水平来降低抑制通胀的成本。固定汇率可以轻易被私人机构验证，是一种强有力的承诺技术。然后，政府需要在提高信誉所带来的收益和与固定汇率相关的损失之间作出权衡（参见 Giavazzi and Pagano，1992；Alesina and Barro，2002）。

这三个角度——汇率波动的成本、汇率固定的成本和汇率固定的可信度收益——都是相对于驻锚货币来评估的。驻锚货币的选择正好提供了制度选择的另一个角度，最优货币区理论（optimum currency areas，OCAs）就是选择了另一种驻锚货币的固定汇率机制。

(c) 最优货币区理论

最优货币区理论是由罗伯特·蒙代尔于 1961 年提出，随后由罗纳德·麦金农（Ronald McKinnon）和彼得·凯南（Peter Kenen）进行了发展。该理论采用成本-收益方法来选择汇率制度，其中固定汇率的成本是失去了货币政策的独立性（见前一节的讨论），而收益则来自更低的汇率波动率以及可能（在货币联盟或美元化的情况下）消除货币交易成本。

---

① 如果价格是以外币确定的，那么汇率灵活性对宏观经济调整的作用就较小。参见戈平纳什（Gopinath，2017）的讨论。

　　蒙代尔学说的力量在于它不仅适用于国家，而且也适用于地区，这引发了人们重新思考货币地理学。在 1961 年的论文中蒙代尔提出，由于美国与加拿大边境地区经济的相似性，在两国东部或西部之间建立货币联盟，这可能比在美国或加拿大内部建立货币联盟更说得通。蒙代尔的理论也为欧洲的经济货币联盟提供了理论基础。

　　蒙代尔的成本-收益方法如图 7.9 所示，其灵感来自保罗·克鲁格曼（Paul Krugman，1992）。固定汇率（或者作为货币联盟的成员国）的收益是一体化程度的增函数，因为如果两个国家之间存在大量商品贸易、服务贸易和资本流动，这时候汇率不稳定就会变得更加有害。至于固定汇率的成本，则取决于这两个国家面临非对称冲击的可能性，这时候冲击对于那些通过固定汇率联系在一起的国家的影响是不同的。事实上，由于汇率稳定需要在资本完全流动的情况下放弃货币独立性，此时如果两国面临对称冲击，那还比较容易应对，但是如果遭到了非对称冲击，这时候实行固定汇率国家的央行将无法稳定本国经济。

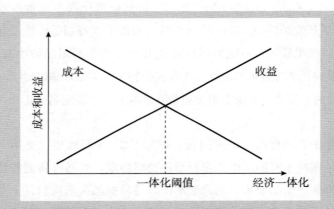

图 7.9　货币联盟的成本与收益

　　资料来源：作者基于克鲁格曼（Krugman，1992）整理。

延伸阅读 7.5　　　　　　　　　**罗伯特·蒙代尔的最优货币区理论**

　　《最优货币区理论》（A Theory of Optimum Currency Areas）是罗伯特·蒙代尔于 1961 年在《美国经济评论》（*American Economic Review*）上发表论文的标题。当时，在布雷顿森林体系下，大多数货币都实行固定汇率，但加元实行浮动汇率。浮动汇率的支持者和反对者之间展开了激烈辩论。加拿大经济学家蒙代尔提出了快刀斩乱麻的答案——这只能根据具体情况来决定。他还进一步表示，货币联盟的范围和政治边境并不一定完全一致。

　　蒙代尔讨论了美国和加拿大的情况。为简单起见，假设加拿大和美国的东海岸地区都专门从事汽车制造，而这两个国家的西海岸地区则专门从事木材产品的生产。再假设劳动力不能轻易地从一个海岸转移到另一个海岸。

　　蒙代尔接着考虑了汽车行业面临正向的生产率冲击，这造成了汽车的过度供给和木材产品的过度需求（因为汽车行业工人的需求提高了）。这是典型的非对称冲击。这让美联储

（Fed）和加拿大央行（Bank of Canada）陷入两难境地：两国如果收紧货币政策，则可以抑制西部的通胀，但会增加东部地区的失业率；相反，降低利率会刺激东部的就业，但会导致西部地区经济过热。事实上，应该重组中央银行，使之成为"东部美元"和"西部美元"，而不是现在的美元和加元，这将更适合应对上述类型的冲击。此时西部地区央行可以提高利率，东部地区央行可以降低利率，西部美元就会对东部美元升值。解决上述困境的另一个办法是加强劳动力流动：工人可以从东向西迁移，两个地区的劳动力供给将进行调整（见图 B7.5.1）。在劳动力缺乏流动性的情况下，货币政策应当符合产品分工的地理特征。

现在做进一步的推理。如果同时存在南北地区的非对称冲击，那么创造四种货币和更多的中央银行也是合理的。在极端情况下，为了应对各种非对称冲击，单个公司和家庭发行自己的私人货币也是合理的。这相当于回归到了易货交易，这不是最佳选择，因为会产生大量交易成本。所以，最优货币区边界是在减轻非对称冲击的需要和限制交易成本的需要之间进行权衡的结果。

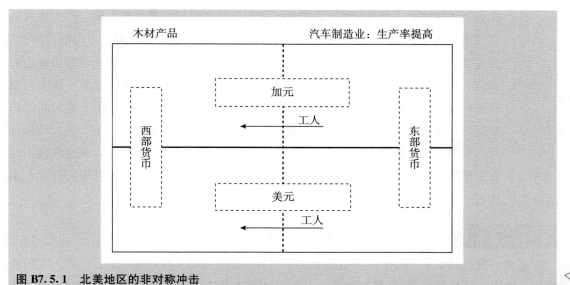

图 B7.5.1　北美地区的非对称冲击

资料来源：作者基于蒙代尔（Mundell，1961）整理。

原则上，国与国之间的一体化程度越高，它们就越容易受到供应链或跨境资本风险敞口带来的对称冲击。然而，更多的一体化（包括货币一体化）也会加强国家间的分工，从而导致更多的非对称冲击。[1] 在此我们假设，当经济一体化程度提高

---

[1]　根据克鲁格曼（Krugman，1993）的观点，货币联盟倾向于加强其成员国的分工，因为公司可以自由地定位以利用集聚溢出效应，如专业化的劳动力、基础设施或分包商网络。货币联盟的成员国越是专业化，就越容易受到非对称冲击。然而，货币联盟可能会提高行业内而不是行业间的贸易，在这种情况下，特定行业的冲击将不会是不对称的（参见 Fontagne and Freudenberg，1999）。弗兰克尔和罗斯（Frankel and Rose，1998）认为，成为货币联盟的一部分本身可能会提高商业周期的相关性。不过这方面的经验证据相对匮乏，欧洲货币联盟似乎并未提高其成员国之间的行业间分工水平。然而，2010 年（非对称的）危机在很大程度上受到货币联盟自身的内生冲击（参见 De Grauwe，2014；Bénassy-Quéré and Creure，2014）。

时，固定汇率的成本下降。如果一体化的水平超过了阈值，则固定汇率就是可取的，这个阈值与"收益"和"成本"曲线的交点对应。而"收益""成本"曲线取决于结构性因素，如价格的弹性、劳动力的流动性，或者是否存在整体的联邦预算，该预算可以自动降低处于危机中的国家的纳税额，以此来平滑可支配收入。特别是，更灵活的价格和工资形成机制将会降低汇率作为价格调整工具的作用："成本"曲线将向下移动，一体化的阈值也会降低。在极端情况下，即一个价格和工资完全灵活的经济体中，汇率根本不重要。有趣的是，小国往往比大国更加专业化（因此"成本"曲线更高），但在货币联盟的情况下，它们也从降低的交易成本中获益更多（"收益"轨迹也更高）。因此，与较大的国家相比，小国实施固定汇率制的门槛更具有不确定性。

(d) 货币冲击还是真实冲击

最优货币区理论认为，一个经常面临非对称冲击的国家应该避免采用固定汇率，更不应该加入货币联盟，除非加入货币联盟在降低交易成本方面会产生重大收益或者劳动力和商品市场具有很强的弹性。然而，最优货币区理论考虑的"冲击"是真实冲击，例如劳动生产率或消费冲击。但是一些国家更有可能面临货币冲击的挑战。例如，如果私人机构持有外币流动性资产，或者金融体系不稳定，就会出现这种情况。在这种情况下，蒙代尔-弗莱明模型的 LM 曲线（参见第 4 章）高度不稳定，固定汇率将会比浮动汇率带来更多的稳定性（见延伸阅读 7.6）。这一结果对新兴经济体具有重要意义，特别是对于那些央行的可信度尚未建立，或金融体系仍在发展阶段的国家而言：在转型期间，这些国家采用固定汇率可能比采用浮动汇率更好。

延伸阅读 7.6　　　　　　　　　　货币冲击与真实冲击

在此，我们将普尔（Poole，1970）的封闭经济模型扩展到一个小型的开放经济。我们使用第 4 章中提出的蒙代尔-弗莱明模型。出于简单考虑，我们假设：资本是完全流动的，预期是静态的。因此，国内名义利率 i 总是等于世界利率 i^*。

货币供给的正向冲击使得 LM 曲线向右移动（见图 B7.6.1 的左图）：产量相比初始值 Y_0 提高了，利率下降了。在固定汇率制下，中央银行不得不出售外币使外汇市场出清。结果是，它收回了流通中的本币，并使国内货币供应量回落到初始水平，LM 曲线也回到初始位置，产出最后不会增长（$Y_{fix} = Y_0$）。相反，在浮动汇率制下，外汇市场通过名义汇率贬值实现了出清，贬值反过来增加了净出口并使 IS 曲线右移：汇率波动由此放大了冲击的最初影响（$Y_{flex} > Y_{fix}$）。

在正向的真实冲击之下，比如储蓄率下降，结果是完全相反的（见图 B7.6.1 的右图）。冲击使 IS 曲线右移，这同时提高了产出和利率。在浮动汇率制下，由于汇率升值导致出口贸易下降，所以对事后产出没有影响（$Y_{flex} = Y_0$）。在固定汇率制下，冲击的影响被中央银行放大，央行通过购买外汇储备来对抗货币升值，从而增加流通中货币的数量，这将导致产出进一步扩张（$Y_{fix} > Y_{flex}$）。

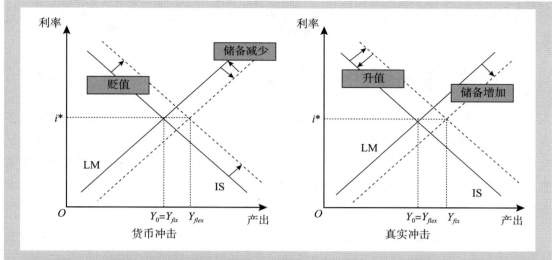

图 B7.6.1　非对称货币冲击和非对称真实冲击下的汇率制度选择

资料来源：作者基于普尔（Poole，1970）整理。

（e）风险分担

在 1973 年发表的第二篇论文中，罗伯特·蒙代尔又辩称，货币联盟为成员国抵御非对称冲击提供了保障，因为经济主体拥有了共同的资金池。更一般地说，由于投资组合多样化，国际金融一体化为每个国家或地区提供了一种平滑消费的机制：如果国内经济受到负面的、特定的生产率冲击，那么国内收入就会下降，但家庭将继续从他们在海外投资的金融资产中获得回报。如前所述，宏观经济风险分担也可以通过财政联邦制来实现，即财政资源在地理选区（如地区或国家）之间的临时转移。如果国内经济受到负面冲击，那么它对联邦预算的贡献就会减少，并从联邦预算中获得转移支付。总体而言，金融一体化和联邦预算的存在是组建货币区的重要条件。

阿斯杜巴里、索伦森和约沙（Asdrubali，Sørensen，and Yosha，1996）通过分解美国各州的可支配收入，以区分出来自其他州的净收入（股息、利息、跨州的租金收入、汇款、联邦转移和联邦税收）的比例。研究发现，在 1963—1990 年期间，各州生产总值所遭受的负面冲击中，有 39% 被来自其他州的要素收入所平滑，有 13% 被联邦预算所平滑，23% 被储蓄和借贷所平滑（见延伸阅读 7.7）。因此，一个州的产出每减少 10%，当地的消费量只会下降 2.5%。相比之下，索伦森和约沙（Sørensen and Yosha，1998）发现，在同一时期内，无论是在经合组织国家还是在欧盟国家，都没有证据表明通过投资组合多样化可以先实现风险分担。有限的跨国投资组合多样化与第 7.1 节讨论的费尔德斯坦-霍里奥卡之谜是一致的。

7

延伸阅读 7.7	测量消费平滑的程度

为了测度美国消费平滑的机制，阿斯杜波利等（Asdrubali et al.，1996）使用了以下恒等式来进行测算：

$$C_{it} = \frac{C_{it}}{D_{it}} \times \frac{D_{it}}{I_{it}} \times \frac{I_{it}}{Y_{it}} \times Y_{it} \tag{B7.7.1}$$

式中，C_{it} 代表 i 州在 t 时期的消费，D_{it} 为可支配收入，I_{it} 代表收入，Y_{it} 代表 GDP，所有变量都取人均值口径。方程（B7.7.1）说明了人均消费可能与人均 GDP 无关，这是由于信贷的使用（第一项），联邦税和福利制度（第二项），以及来自其他州、流出到其他州的要素收入（第三项）。阿斯杜波利等用这三项的对数变化对人均 GDP 的对数变化进行回归。以第三项为例：

$$\Delta \log Y_{it} - \Delta \log I_{it} = \nu_t + \beta \Delta \log Y_{it} + u_{it} \tag{B7.7.2}$$

式中，ν_t 代表时间固定效应，u_{it} 是残差项。系数 β 可以解释为：由于来自其他州和流出到其他州的净要素收入的抵消影响，i 州的人均 GDP 变化没有传递到 i 州的人均收入的百分比。根据 1963—1990 年间美国 50 个州的实际人均生产总值，阿斯杜波利等发现 β 高达 0.39，即人均 GDP 下降 1% 导致人均收入下降 $(1-0.39) \times 1\% = 0.61\%$。同样，他们估计联邦预算平滑作用［方程（B7.7.1）第二项］的 β 系数为 0.13，而州储蓄和借款平滑作用［方程（B7.7.1）第一项］的 β 系数为 0.23。

针对 1980—2005 年间的 15 个欧盟国家，阿方索和弗凯里（Afonso and Furceri，2008）的研究发现：一国遭受的 GDP 冲击当中，仅有 43% 被平滑了，这一比例对于欧洲货币联盟国家甚至只有 39%。这种平滑的准总体（quasi-totality）效应来自储蓄和借贷，而不是要素收入（更不用说规模很小的欧盟预算了）。对于 1979—2010 年的 15 个欧盟国家，弗凯里和兹德齐尼卡（Furceri and Zdzienicka，2015）发现了类似的结果，并且平滑程度随着时间的推移还在下降。针对最近一段时期（2000 年第四季度至 2015 年第四季度），尼古洛夫（Nikolov，2016）的研究证实了美国和欧元区之间的平滑程度存在巨大差异，美国仅有 17.6% 的冲击未能平滑，而欧洲则有 75.7% 的冲击未能平滑，其中大部分差异来自跨境要素收入。其他研究者发现，加拿大和德国的平滑效应约为 80%，其中要素收入发挥了很大作用（参见 Allard et al.，2013）。[1]

7.2.2 汇率政策

假设政府选择了浮动汇率，那么接下来的问题是：是否要有汇率政策？央行是否应该（以及是否能够）进行干预，将汇率引向一个与市场力量决定水平相异的

---

[1] 关于其在西非的应用，参见 Tapsoba（2009）。

状态？

直到 20 世纪 90 年代初，资本流动在大多数国家都仍然受到限制，因此，汇率主要由出口和进口受到的冲击决定。自 20 世纪 90 年代以来，资本流动已经比商品和服务交易额高了一个数量级，资本流动的冲击也变得越来越重要。在此背景下，汇率变化与"实体"经济需求之间出现了更大的脱节。例如在 21 世纪头十年，尽管美国经常账户赤字不断扩大，但美元并未进行相应的贬值调整。

在设想要对外汇市场进行干预之前，政策制定者需要分析工具，以便将经常账户或生产率等经济基本面因素导致的汇率变化与那些偏离长期框架的暂时性因素区分开。然而这种区分必然是脆弱的：任何汇率均衡模型都依赖于一种规范性理论（以确定汇率应有的合理水平），而不是一种实证理论（关于汇率水平实际上在哪里）。在此，我们介绍与经济基本面一致的几种汇率决定理论。

（a）购买力平价和巴拉萨-萨缪尔森效应

从长期来看，在经济一体化的国家之间，在以市场汇率将商品的价格换算为同一种货币时，没有理由认为不同国家之间的价格会有所不同。事实上，当一种商品可以贸易的时候，它的价格应该根据一价定律（law of one price）在各国之间保持相等。如果某些价格差异确实存在，一定是由于运输成本、关税和其他贸易壁垒，或者是由于市场不完美——如信息不完全或垄断势力——造成的。然而，如果价格差异是结构性的，其将保持稳定或缓慢地变化。即使这些价格差异本身没有表现出趋同，实际汇率也会在宏观经济调整机制的基础上恢复到一个宏观层面的稳定水平，这个宏观调整机制已经被大卫·休谟在 17 世纪定义为价格-铸币流动机制，这是国际收支的一种自我稳定机制。休谟认为，价格竞争力上升的国家，其经常账户通常也会有所改善。在固定的名义汇率制下，该国会积累外汇（或黄金）储备。如果不进行冲销，储备积累会使货币供给膨胀，从而推高一般物价水平。因此实际汇率会一直升值，直到回到初始水平。价格-铸币流动机制为理解金本位的运作提供了框架，并使人们认识到相对价格变化是一种宏观经济调节机制（Cassel，1921）。如果转向浮动汇率制，经常账户盈余的积累应会逐步导致名义汇率和实际汇率的同时升值，直到经常账户恢复平衡。

两国之间价格水平的趋同化被称为绝对购买力平价，而两国间价格差异的稳定性则被称为相对购买力平价。汇率的购买力平价水平是使两国间价格实现趋同的水平。在低通胀情况下，相对价格水平会随着时间的推移而平稳地变动；因此，基于购买力平价的汇率水平（即，一旦用同一种货币表示，将使价格相等的名义汇率）走势平稳，并可为观察到的汇率提供观察的基准。如果货币价值比购买力平价决定的水平更高，可称为基于购买力平价的汇率高估，反之则是被低估。

如图 7.7 的例子所示，在像英国这样的国家，实际汇率在短期内并不是恒定的，但在长期内往往会回到恒定的水平，尽管调整的速度相对比较慢：经过外生冲击后，实际汇率与其长期价值之间的缺口平均需要 3～5 年才能缩小一半（Rogoff，1996），这意味着如果某一年汇率被高估了 10%，在没有新冲击的情况下，3～5 年后汇率仍将被高估 5%。[1]

一价定律的问题在于，实际上许多行业受到各种保护，其并不受国际竞争的影响。理发师和餐馆是典型的例子，零售业和公共服务行业也存在类似的情况。[2]在这些行业中，除非成本和市场结构相同，而且偏好相同，否则不能指望一价定律成立。《经济学人》定期发布基于汉堡价格的购买力平价实际汇率指数——"巨无霸指数"。2017 年 7 月，国际标准化的汉堡"巨无霸"的价格在乌克兰为1.70 美元，在瑞士为 6.74 美元。[3] 对于汉堡来说，"一价定律"并不适用，因为汉堡不容易运往国外，而且含有大量不可贸易的服务环节，所以各国之间的成本并不相同。由于汉堡是消费篮子的一部分，因此不能期望各国的消费者物价相等。

具体地，在更发达的经济体中，不可贸易品价格往往更高。在最发达的国家之间，这些差异是有限的，从长远来看，购买力平价仍然有效。然而，不同发展水平的国家之间不可贸易品部门的价格差异非常大，这会导致购买力平价失效。1964 年，贝拉·巴拉萨（Bela Balassa）和保罗·萨缪尔森分别在各自的论文中强调了生产率差异在解释这种价格水平差异方面的作用。他们的想法如下：不论是否属于发达国家，所有国家生产不可贸易品的方式或多或少是相同的。简而言之，在所有国家，理发师每天接待的客户数量大致相同。因此，不可贸易品部门的生产率大致相当。[4] 相反，在制造业等面临国际竞争的部门，由于资本积累和技术进步，发达国家的劳动生产率高于发展中国家。因此，在发展中国家的可贸易品部门，其工资必然较低，这样不同国家之间的价格才能相同并满足一价定律。然而，由于工人可以跨行业流动，贸易品部门的低工资将对不可贸易品部门的工资施加下行压力。因此，即便不可贸易品部门的生产率是大致相当的，但是发展中国家不可贸易品部门的工资仍将低于发达国家，不可贸易品的价格也因此会更低，这使得发展中国家的消费者价格水平会低于发达经济体。图 7.10 大致证实了发展水平（以购买力平价美元计算的人均国内生产总值）与实际汇率（对美元的实际汇率）之间的正相关关系。

---

[1] 这样的计算源于对以下面板回归中均值回归系数 ρ 的估计，其中 $Q_{i,t}$ 是 i 国在 t 时刻的实际汇率，u 是回归的残差：$\Delta \ln Q_{i,t} = \rho \ln Q_{i,t-1} + \sum_{k=1}^{p} a_k \Delta \ln Q_{i,t-1} + u_{i,t}$。

[2] 事实上，即使在贸易品部门，各国之间的价格也可能在很长一段时间内存在差异，参见 Rogoff, Froot, and Kim（2001）。

[3] 资料来源：*The Economist*，The Big Mac Index，July 13，2017.

[4] 这只是部分正确，因为技术进步也会提高不可贸易品部门的生产率。美国和欧洲的店主受益于高度先进的支付和供应链管理方案，而大多数印度店主不具备这些。

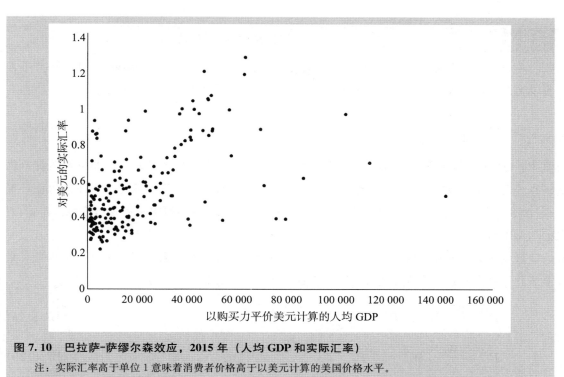

图 7.10　巴拉萨-萨缪尔森效应，2015 年（人均 GDP 和实际汇率）

注：实际汇率高于单位 1 意味着消费者价格高于以美元计算的美国价格水平。

资料来源：Word Development Indicators，World Bank.

　　那么随着时间的推移，实际汇率是如何演变的呢？随着可贸易品部门生产率向发达国家的水平趋近，该部门和不可贸易品部门的工资都在逐渐增加（因为工人可以从一个部门转移到另一个部门）。然而在不可贸易品部门，工资增长并没有伴随着生产率的提高，所以其工资成本提高必然要转嫁给消费者。因此，与发达经济体相比，这些国家的总价格指数会随着时间的推移而上升，这就意味着赶超中的经济体其实际汇率会升值。这就是巴拉萨-萨缪尔森效应（数学推导见延伸阅读 7.8）。[①]

　　发展中国家的这种价格追赶是一个自然过程，我们不应该反对。这并不意味着发达国家的竞争力在各方面都会恶化，不过它对政策确实有重要影响。例如在欧元区，这意味着通胀率可能会根据发达程度在不同经济体之间保持相当的分化，从而给欧洲央行带来挑战，除非各成员国的人均 GDP 大幅趋同。这还意味着，欧洲国家为了加入欧元区而必须遵守的趋同标准可能面临内在矛盾。根据《马斯特里赫特条约》，候选国家必须对欧元的名义汇率保持稳定，同时也要与表现最好的欧元区国家通胀率的水平保持接近。这与巴拉萨-萨缪尔森效应不相容，因为这相当于阻止了实际汇率升值。[②]

7

---

　　① 请注意，从长远来看，当生产率在国际上相等时，全球的贸易和不可贸易品的价格也应该相等，购买力平价应该适用于所有国家。

　　② 假设一国不可贸易品部门占经济的一半，并且这些部门的生产率以每年 4% 的速度赶上欧元区的水平，巴拉萨-萨缪尔森效应意味着实际汇率每年升值 2%，这可能通过名义汇率升值、通货膨胀差异或两者的结合来实现。

延伸阅读 7.8 巴拉萨-萨缪尔森效应

一个小国有两类行业：T 为可贸易品部门，比如制造业，其权重为 $0<\alpha<1$，N 为不可贸易品部门，比如服务业，其权重为 $1-\alpha$。一价定律仅在可贸易品部门适用：

$$Q^T = \frac{SP^T}{P^{T*}} = cst = 1 \tag{B7.8.1}$$

式中，Q^T 为本国可贸易品和国外可贸易品的相对价格，S 为名义汇率（一单位本国货币值多少外国货币），P^T、P^{T*} 分别为本国和国外的可贸易品价格水平。可贸易品部门的生产率 a^T 在不同国家间是不同的，而不可贸易品部门的生产率 a^N 在不同国家间是相等的，即 $a^T \neq a^{T*}$，$a^N = a^{N*}$。

假设名义工资在一国范围内是相同的，因为劳动力可以在不同部门自由流动。在完全竞争条件下的利润最大化将会使得实际工资等于生产率，因此：

$$P^N = \frac{W}{a^N}, \ W = a^T P^T \tag{B7.8.2a}$$

$$P^{N*} = \frac{W^*}{a^{N*}}, \ W^* = a^{T*} P^{T*} \tag{B7.8.2b}$$

由 $a^N = a^{N*}$，$SP^T = P^{T*}$，可以得到不可贸易品的相对价格为：

$$Q^N = \frac{SP^N}{P^{N*}} = \frac{SW}{W^*} = \frac{a^T}{a^{T*}} \tag{B7.8.3}$$

令总价格指数 P 是两类行业价格指数的几何加权平均（假设两国可贸易品的份额 α 相同）：

$$P = (P^T)^\alpha (P^N)^{1-\alpha} \ P^* = (P^{T*})^\alpha (P^{N*})^{1-\alpha} \tag{B7.8.4}$$

从上述方程最终得到实际汇率：

$$Q = \frac{SP}{P^*} = \left(\frac{a^T}{a^{T*}}\right)^{1-\alpha} \tag{B7.8.5}$$

实际汇率取决于可贸易品部门生产率的差异。如果本国的生产率增速快于其贸易伙伴国，那么该国的实际汇率将会升值。当然，这种升值究竟表现为名义汇率升值还是通胀水平上升，这取决于汇率制度的选择。

（b）实际汇率和贸易平衡

购买力平价和巴拉萨-萨缪尔森效应解释了长期的汇率变化。在短期，由于宏观经济的失衡，实际汇率可能会偏离上述两个基准。这就需要采用其他方法来判断均衡汇率，从而将实际汇率的变化与内部、外部失衡联系起来。

汇率决定了国内商品（可贸易品）和服务（不可贸易品）的相对价格，因此也决定了国内对国外商品的需求、国外对国内商品的需求，以及消费篮子中进口商品的价格。

定义 C 为私人消费，I 为私人投资，G 为公共支出，X 和 IM 分别是出口和进口，均以国内货币单位表示，总需求 Y^d 可以表示为：

$$Y^d = C + I + G + X - IM \tag{7.2}$$

用 Q 表示国内商品相对于国外商品的价格（即本国的实际汇率），我们有 $IM = M/Q$，其中 M 是以国外货币单位表示的进口。相应的国民经济核算方程可以改写为：

$$Y^d = C + I + G + B \tag{7.3}$$

其中 B 为以国内货币单位表示的贸易差额：

$$B = X - \frac{M}{Q} \tag{7.4}$$

实际汇率贬值（Q 的减少）对贸易平衡 B 有三种不同的影响，从而会对总需求 Y^d 产生影响：（i）由于更高的价格竞争力，它增加了出口量 X；（ii）由于进口商品和服务更昂贵，它减少了进口量 M；（iii）它提高了每个进口单位的相对价值。前两种是数量效应（volume effect），会对贸易平衡 B 产生正向影响；最后一个是估值效应（valuation effect），它对 B 产生了负向影响。因此，实际汇率贬值对 B 的净影响是不确定的：如果出口和进口的价格弹性足够大，以至数量效应占据主导，那么 B 就会上升。该条件被称为马歇尔-勒纳条件（Marshall-Lerner condition，见延伸阅读 7.9）。

延伸阅读 7.9　　　　　　　　　**马歇尔-勒纳条件和 J 曲线**

马歇尔-勒纳条件是指货币的贬值对贸易平衡产生有利影响所要满足的条件。假设 X、M、B 分别表示出口、进口和贸易余额。X 和 B 用国内货币来表示，M 用国外货币来表示。为了都表示为国内货币，进口要除以实际汇率 Q，因此以国内货币单位表示的贸易余额可以表示为：

$$B = X - \frac{M}{Q} \tag{B7.9.1}$$

实际汇率贬值（Q 下降）会导致 X 上升和 M 下降。这两种数量效应对贸易余额 B 都有正向影响。不过，实际汇率贬值会使得以国内货币计价的进口品价格也发生变化，这种效应对 B 的影响是负向的。如果数量效应大于估值效应，那么实际汇率贬值对 B 的净影响就为正。假设贸易余额 B 相对于出口总量 X 和进口总量 M/Q 较小（因此初始的 $X \approx M/Q$），我们就有：

$$\frac{dB}{X} = \frac{dX}{X} - \frac{dM}{M} + \frac{dQ}{Q} \tag{B7.9.2}$$

假设在本国和其他国家收入都是外生的，令 $\varepsilon_X > 0$，$\varepsilon_M > 0$ 分别代表出口价格弹性和进口价格弹性。我们就有 $dX/X = -\varepsilon_X dQ/Q$ 和 $dM/M = e_M dQ/Q$。将其代入式（B7.9.2），于是 Q 的变化将会引致 B 的变化：

$$\frac{dB}{X} = -(\varepsilon_X + \varepsilon_M - 1)\frac{dQ}{Q} \qquad\qquad (\text{B7.9.3})$$

这个关系表明，实际汇率的贬值（$dQ/Q < 0$）能够提高贸易余额的充分必要条件是：

$$\varepsilon_X + \varepsilon_M > 1 \qquad\qquad (\text{B7.9.4})$$

在这一条件下，贸易数量效应起到了主导作用，而进口品的价格估值效应只有次要影响。这就是马歇尔-勒纳条件（Lerner，1944）。

马歇尔-勒纳条件通常在中期（即几个季度后）得到满足。然而，实际汇率对贸易数量的影响往往比较慢，而其通过估值效应的影响则是立竿见影，因此汇率贬值会立即引发贸易余额的恶化，随后逐步改善。因此，汇率贬值后贸易余额会走出 J 形状——这就是 J 曲线（见图 7.11）。

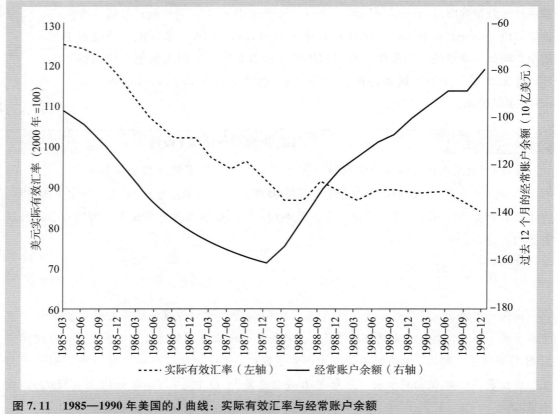

图 7.11　1985—1990 年美国的 J 曲线：实际有效汇率与经常账户余额

资料来源：Ecowin.

我们暂时假设马歇尔-勒纳条件成立。因此，总需求 Y^d 是实际汇率 Q 的减函数，因此也是国内价格指数 P 和名义汇率 S 的减函数。[①] 在图 7.12 中，总需求曲线向右下方倾斜（见第 1 章中对 AS-AD 模型的介绍），当名义汇率贬值时，总需求曲线向右移动。

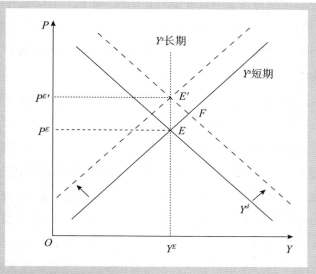

图 7.12　AS-AD 模型中名义汇率贬值的影响
　　资料来源：作者整理。

现在我们转向分析汇率对总供给的影响；也就是说，在每个对应于一定汇率水平的一般价格水平 P，企业能够提供的商品和服务的总量；或者等价地，在给定的供给水平下，企业会设定的价格水平。从长期来看，货币中性意味着总供给是一条垂线；也就是说，总供给并不依赖于总价格水平。然而在短期内，在名义刚性的情况下，总供给曲线是向上倾斜的：较高的价格暂时提升了总供给。在极短期内，本国货币的名义贬值使需求曲线向上移动，而在名义刚性的情况下，供给曲线几乎没有受到影响。因此在图 7.12 中，产出从 E 点扩张到 F 点。然后，由于更昂贵的进口投入和提高名义工资的压力，企业倾向于提高价格，以补偿工人因贬值而导致的购买力损失。这时候供给曲线逐渐上升，并使得实际产出逐渐回到初始水平，同时物价总水平上升。在长期（E'）中，产出回到初始水平，所有价格都出现上涨，涨幅与汇率贬值幅度相同。

　　"短期"能持续多久？答案的关键在于出口价格对名义汇率变化的反应程度。在标准情况下，当名义汇率 S 贬值时，本国出口商以本币计价的价格 P 保持不变。同样，外国出口商保持其本国货币的价格 P^* 不变。因此，实际汇率（$Q = SP/P^*$）

---

　　① 然而，在一个负债累累的国家，汇率贬值对总需求的影响可能是负面的，因为贬值会使净债务重估，从而造成负财富效应。

与名义汇率 S 的变化相同。然而在实践中情况往往并非如此，这是由于三个原因：第一，如前所述，当名义汇率贬值时，国内出口商总是会看到其成本将会增加。对于那些与全球供应链紧密结合的企业来说，情况更是如此。在这种情况下，出口产品的单价 P 包含了有限比例的国内增加值和更大比例的进口品投入。以 2011 年为例，韩国出口的总增加值中只有 58% 是国内生产的，其余是韩国出口产品中包含的外国增加值部分。[①] 每当韩元贬值时，这部分出口品的成本就会自动膨胀，并导致短期供给曲线（见图 7.12）立即上升，即出口品的国内价格 P 随之上升。阿米德、阿彭迪诺和拉塔（Ahmed, Appendino, and Ruta, 2015）基于 1996—2012 年间 46 个国家的面板数据计算得出，在这一时期，汇率变化导致出口下降的结果当中，约有 40% 可归因于全球供应链参与度的提高。

汇率变动导致价格调整的第二个原因是不完全竞争。在某种程度上，出口的价格弹性不是恒定的，在汇率贬值的情况下，国内出口商可能会提高本国货币价格 P，从而增加利润。即使出口产品 100% 的附加值是在本国生产的，这种依市场定价（pricing-to-market, PTM）的行为也会发生。这个故事最初是由琼·罗宾逊（Robinson, 1947）提出的，后来由保罗·克鲁格曼（Krugman, 1987）加以改进。他们的想法是：通过本币贬值来扩大市场份额可能不是最佳策略。如果出口商品的价格弹性随着价格本身的下降而出现下降，那么当出口商的货币贬值 10% 时，出口商在目的国的价格并不会下降 10%，因为在较低的价格下，外国消费者对额外的降价不那么敏感。根据高埃尔、拉里彻-雷维尔和梅詹（Gaulier, Lahreche-Revil, and Mejean, 2008）的研究，不同国家和不同产品的 PTM 程度差异很大：出口大国（美国、德国、中国）的 PTM 程度往往较低，而制成品（如食品、服装、枪支、化学品或光学产品）的 PTM 程度则较高。在所有类型的商品和出口国中，平均而言，10% 的贬值会导致商品的本国货币价格上涨约 2%，这意味着汇率传递（exchange rate pass-through）的程度为 80%。

第三，PTM 的程度还取决于出口的计价货币。当出口商以目的国货币计价时，出口商倾向于调整本国货币价格 P。此时无论汇率 S 如何变化，都可以保持其外币价格 SP 不变。根据 1994—2005 年美国进口价格的数据，戈皮纳思、伊茨科霍凯和里戈本（Gopinath, Itskhoki, and Rigobon, 2010）发现，当进口以美元计价时，只要本国货币对美元贬值 10%，外国供应商就会将本国货币的价格上调 7.5%。相比之下，当进口商品以出口国的货币计价时，相应的比例仅为 5%。[②] 同样，对于欧元区国家来说，用欧元开具出口发票往往会降低 PTM 的程度（参见

[①] 参见经合组织统计网站上的增值贸易（TiVA）数据库。

[②] 博兹等（Boz et al., 2017）基于 1989—2015 年的双边贸易数据证实，汇率传递高度依赖于出口是否以美元计价。在所有情况下，针对美国的出口比针对较小国家的出口定价更高。

Grab and Lafarguette，2015）。

因此，总体而言，汇率贬值对贸易余额和经济活动的影响远比简单、机械的马歇尔-勒纳（Marshall-Lerner）条件更为复杂。IMF 的研究发现，在 1980—2014 年的 60 个国家样本中，平均意义上 10％的实际有效汇率贬值带来的净出口增长占 GDP 的 1.5％，但各国之间存在相当大的异质性（IMF，2015）。

（c）汇率如何消除外部失衡

上述分析催生了测算均衡汇率的第一个思路：假设实际汇率的贬值对贸易余额有积极的影响（即马歇尔-勒纳条件适用），那么根据估计的进、出口价格弹性，就有可能计算出与一定水平的贸易差额相对应的实际汇率。

例如，假设实际汇率每贬值 10％，经常账户余额占 GDP 的比例就会增加 1％。因此，为了把经常账户赤字从占 GDP 的 4％降低至 2％，就需要实际汇率贬值 20％。

这种简单的计算其实提出了一个棘手的问题，即经常账户的目标水平应当是多少？如第 7.1 节所述，经常账户失衡不可能永远持续下去，因为在某个时候，储户会担心失去在另一端高负债国家的投资。然而，经常账户余额的目标也不一定是零：老龄化经济体应该出现盈余，因为它们需要储蓄，而低收入国家应该出现赤字，因为它们会有更好的投资机会。约翰·威廉姆森提出的基本均衡汇率（fundamental equilibrium exchange rate，FEER）是一个既能实现充分就业又能实现"可持续"经常账户水平的实际汇率（Williamson，1983）。首先，该方法根据产出缺口（即 GDP 与其潜在水平之间的缺口）对预计的经常账户余额进行了调整[1]：如果产出缺口为负，则进口受到抑制；因此，当经济最终实现复苏时，经常账户余额将重回平衡。其次，比较调整后的经常账户差额与其目标水平之间的差距，然后根据外部平衡对汇率的敏感性来计算所需要的汇率调整幅度。

表 7.3 给出了克莱因（Cline，2015）对选定国家进行的 FEER 测算。基于克莱因和威廉姆森（Cline and Williamson，2012）的方法，假设经常账户余额的目标为 GDP 的±3％，在确保国际一致的条件下，他们对每个国家的实际均衡汇率进行了估计，并计算了此时各国货币相对于美元的汇率。例如，对于土耳其，其调整后的经常账户存在巨额赤字，因此里拉似乎被高估了。为了使得调整后的经常账户向目标范围靠近，该国的实际有效汇率应贬值 8.8％。然而，美国经常账户赤字也超出了±3％的目标，其实美元也被高估了。因此，土耳其里拉对美元均衡汇率的评估，相对来说比较接近 2015 年 4 月观察到的汇率。

---

① 参见第 1 章产出缺口的定义。

表 7.3　一个计算 2020 年基本均衡汇率（FEER）的例子

国家（地区）	2020 年 Adjusted CA（占 GDP 的百分比）[a]	CA 目标（占 GDP 的百分比）[b]	REER 的必要调整（%）	2015 年 4 月兑美元汇率	兑美元的 FEER 汇率[c]
中国	2.5	2.5	0.1	6.20	5.69
印度	−2.7	−2.7	−0.1	62.7	58.2
日本	3.4	3.0	2.7	120	107
韩国	4.8	3.0	4.1	1 086	961
南非	−3.5	−3.0	−2.2	11.99	11.33
欧元区	3.8	3.0	3.1	1.08	1.20
瑞典	6.9	3.0	10.1	8.63	7.26
土耳其	−5.1	−3.0	−8.8	2.65	2.68
英国	−2.3	−2.3	−0.1	1.50	1.63
美国	−4.3	−3.0	−8.0	1.00	1.00

注：CA：经常账户余额；REER：实际有效汇率。Adjusted CA：根据产出缺口调整的经常账户余额。

a. 基于 IMF 预测，2015 年 4 月。

b. 如果调整后的 CA 水平位于 ±3% 的范围内，则目标 CA 就为调整后的 CA 水平。否则，根据调整后的 CA 的符号，应将目标设置为 −3% 或 +3%。

c. 该货币与美元的兑换比率，而欧元区则为美元与欧元的兑换率。

资料来源：Cline（2015）.

　　杰尔姆·斯坦（Jerome Stein，1994）提出了一种稍微不同的 FEER 测算方法，它依赖于经常账户目标模型，而不是关于"可持续"资本流动的特殊假设。它的自然实际均衡汇率（natural real exchange rate，NATREX）依赖于生产率和时间偏好（以私人和公共消费占 GDP 的比例作为代理变量）等基本面因素。NATREX 可以看作是 FEER 的动态版本。

　　测算均衡汇率的第三个思路是行为均衡汇率（behavioral equilibrium exchange rate，BEER；Clark and MacDonald，1998）。BEER 是长期内与经常账户余额一致的实际有效汇率。它是根据实际汇率与其宏观经济决定因素之间的计量经济学长期关系计算出来的，宏观经济决定因素主要包括净海外资产头寸、贸易条件和生产率差异（巴拉萨-萨缪尔森效应）。BEER 仅仅是一种历史规律，可能不适用于结构性断点的情况。例如，在国际投资者对美元充满热情的时期（例如，由于缺乏替代美元作为国际价值储藏手段的替代品），可以估计美元的 BEER。因此，这种实证方法对于更具规范经济学意义而言的 FEER 方法来说更多是一种补充而不是替代。

　　(d) 国际收支的跨期方法

　　与之前依赖于局部均衡方法或是依赖特别假设模型的思路不同，国际收支的跨期方法将经常账户失衡看作是最优个人选择的结果（Obstfeld and Rogoff，1999）。事实上，基于家庭行为优化的模型似乎更适合对汇率水平进行规范经济学的评估。延伸阅读 7.10 介绍了模型的简化版本。

延伸阅读 7.10　　　　　　　　　　　**汇率与跨期调整**

考虑一个小型开放经济体，居民生活在两个时期。在每个时期，居民消费可贸易品 T 和不可贸易品 N，前者可以是本国生产的，也可以是进口的，后者只能本国生产、不能进口获得。代表性居民的消费水平为 c_t^i，其中 t 表示时期（$t=1$，2），i 为商品（$i=N$，T）。所有涉及消费的决定都在时期 1 作出，不存在任何不确定性。假设代表性居民的效用函数采取对数形式：

$$u(c_t^N, c_t^T) = \gamma \log c_t^N + (1-\gamma) \log c_t^N, \quad \text{其中 } 0 < \gamma < 1 \tag{B7.10.1}$$

我们用 θ_t 表示不可贸易品在时期 t 的相对价格（$\theta_t = p_t^N / p_t^T$），R_t 为时期 t 居民的实际收入（以可贸易品计价），r 为实际利率，β（$0 < \beta < 1$）为贴现因子（衡量对于当期的偏好）。下面对代表性居民的行为进行求解：

$$\max_{c_t^i} U = u(c_1^N, c_1^T) + \beta u(c_2^N, c_2^T)$$

$$s.t. \quad \theta_1 c_1^N + c_1^T + \frac{\theta_2 c_2^N + c_2^T}{1+r} \leqslant R_1 + \frac{R_2}{1+r} \tag{B7.10.2}$$

为了解这个方程，令拉格朗日函数 $L = U - \lambda(C - R)$，其中 C 为跨期消费，$R = R_1 + \frac{R_2}{1+r}$ 为跨期收入，λ 为拉格朗日乘数。然后，求 L 对每个时期消费束 c_t^i 的偏导数，拉格朗日乘数可通过下一期消费和当期消费相除而消掉：

$$\frac{c_2^T}{c_1^T} = \beta(1+r) \qquad \frac{c_1^T}{c_1^N} = \frac{\gamma}{1+\gamma} \theta_1$$

$$\frac{c_2^N}{c_1^N} = \beta(1+r) \frac{\theta_1}{\theta_2} \qquad \frac{c_2^T}{c_2^N} = \frac{\gamma}{1+\gamma} \theta_2 \tag{B7.10.3}$$

式（B7.10.3）左边两个式子列出了消费跨期优化（同一商品在两个不同时期的消费最优配置）的两个条件，右边两个式子给出了消费在时期内优化（同一时期两种不同商品的消费最优配置）的两个条件。从式（B7.10.3）可以看到，以下四个消费水平可以表示为跨期收入 R 的函数：

$$c_1^T = \frac{\gamma}{1+\beta} R \qquad c_1^N = \frac{1-\gamma}{1+\beta} \frac{R}{\theta_1}$$

$$c_2^T = \frac{\gamma\beta}{1+\beta} (1+r) R \qquad c_2^N = \frac{(1-\gamma)\beta}{1+\beta} \frac{R}{\theta_2} \tag{B7.10.4}$$

生产率的提高将增加跨期收入 R：因此在两个时期，两种商品的消费都会增加。可以看到，即便生产率只在时期 2 增加，时期 1 的消费也会增加，反之亦然。如果生产率的提升只发生在可贸易品部门，那么该部门的产出会增加；但是，不可贸易品部门的产出不会增加。市场均衡要求不可贸易品的相对价格 θ_t 上升，所以实际汇率将升值，因为它与 θ_t 正相关：用 p_t^i 表示国内商品价格（$i=N$，T），p_t^{i*} 表示国外商品价格，Q_t 表示实际汇率，S_t 表示

名义汇率，我们可以得到：[a]

$$Q_t = S_t \frac{(p_t^T)^\gamma (p_t^N)^{1-\gamma}}{(p_t^{T^*})^\gamma (p_t^{N^*})^{1-\gamma}} = \frac{S_t p_t^T}{p_t^{T^*}} \left(\frac{p_t^N / p_t^T}{p_t^{N^*} / p_t^{T^*}} \right)^{1-\gamma} \tag{B7.10.5}$$

假设一价定律适用于可贸易品部门（即 $S_t p_t^T = p_t^{T^*}$），我们得到：

$$Q_t = \left(\frac{\theta_t}{\theta_t^*} \right)^{1-\gamma} \tag{B7.10.6}$$

注意，根据定义，在每一时期 $c_N = y_N$，其中 y_N 是本国不可贸易品的产出，因为 N 是不可贸易品，因此居民对产品 N 的人均消费应该等于该部门的人均产出。从式（B7.10.3）和式（B7.10.6）可得到，不可贸易品的增长率和实际汇率的关系可表示为：

$$\frac{y_2^N}{y_1^N} = \beta(1+r) \frac{\theta_1}{\theta_2} = \beta(1+r) \left(\frac{Q_1}{Q_2} \right)^{\frac{1}{1-\gamma}} \frac{\theta_1^*}{\theta_2^*} \tag{B7.10.7}$$

在不可贸易品部门没有生产率增长的情况下，y^N 是常数，因此实际汇率变动只取决于国外不可贸易品的相对价格变化和贴现因子（与实际利率相比）。假设国外不可贸易品的相对价格保持不变（$\theta_1^* = \theta_2^*$）。如果国内消费者缺乏耐心 $[\beta(1+r) < 1]$，他们更倾向于在时期 1 花掉更多的跨期收入。为实现这一目标，可贸易品的进口将会超过出口，此时就会出现贸易赤字。在时期 2，则需要偿还在时期 1 欠下的债务。因此，在时期 1，实际汇率将会升值，以鼓励居民消费更多可贸易品（其相对价格下降）；在时期 2，汇率将会贬值，以抑制居民消费可贸易品（其相对价格上升）。

同样地，如果在时期 1 就预期到在时期 2 可贸易品部门的生产率会提升，这样就会在时期 1 产生贸易赤字，而在时期 2 产生贸易盈余。由于同样的原因，实际汇率在时期 1 会升值、时期 2 会贬值。汇率的走势取决于生产率的冲击是暂时的还是永久性的。

a. 这里的实际汇率是指，国内一篮子消费品的价格相对于国外价格之比。θ_t 表示不可贸易品和可贸易品的相对价格，它有时被称为内部实际汇率。

该模型依赖于两个关键假设。第一，假设家庭可以充分获取金融服务，它们可以根据自己的跨期收入来决定自己的消费选择。它们可以自由借贷，不受流动性限制。第二，区分两类商品：一类是满足一价定律的可贸易品，另一类是不可贸易品。汇率的作用不是引发价格竞争力的变化（因为一价定律适用于可贸易品），而是在上述两类商品之间改变国内需求结构。

正向、短暂的生产率冲击会导致经常账户盈余，并在短期内导致实际汇率贬值。这是因为家庭知道生产率和收入将在未来恢复到长期水平，因此当前收入中有更大份额用于储蓄了。更多的储蓄意味着更少的消费，因此进口暂时下降。在不可贸易品市场上，由于供给过剩，因此不可贸易品的价格相对于可贸易品下跌，这就使得实际汇率贬值。这种相对价格调整将国内需求从可贸易品转移到了不可贸易品，从而重新平衡了不可贸易品市场。从长期来看，相对价格会回到最初的水平，因为这里考虑的冲击不是永久性的。

如果生产率的提高被认为是永久性的，那么经常项目余额在短期内可能会下降，因为家庭知道它们的收入在未来会更高，所以会立即提高它们的消费水平。此时不可贸易品的需求也会上升，因此不可贸易品的相对价格上升，实际汇率就升值了。

国际收支的跨期模型使得我们计算的实际汇率路径能够与家庭跨期预算约束〔即经常账户可持续性；参见奥伯斯法尔德和罗格夫（Obstfeld and Rogoff，2007）对美国案例的研究〕保持一致。对应的永久收入假说正是国际收支跨期方法的核心（Cerrato et al.，2015）。然而，我们观察到的经常账户余额的变化并不能仅仅通过永久收入假说来解释，所以跨期模型的研究方法只是对其他均衡汇率方法的补充，而不是替代。

（e）汇率政策工具

均衡汇率模型可以用来评估当前的汇率是否处于合适水平。一旦确定了汇率失调，中央银行或政府如何推动汇率回到其均衡价值？为了回答这个问题，我们需要一个汇率决定模型。

在第 5 章，我们通过非抛补的利率平价探讨了货币政策与汇率之间的联系：如果货币政策超预期地突然放松（降息和/或增加货币供应量），那么会立即引发汇率贬值。贬值的程度取决于市场对货币政策的进一步预期：如果预期宽松的货币将持续很长时间，那么汇率贬值将更多发生在短期之内。或者，央行可能会宣布将要在未来放松货币政策，在这种情况下，汇率可能会立即贬值，甚至在利率下调或货币供给量增加之前。

然而，中央银行或政府可能用来影响汇率的政策工具有很多，这些政策工具有些超出了货币政策框架本身。为了使本国货币贬值，中央银行可能会降低国内利率或承认它在不久的将来要这样做，在对市场的沟通中提及关于汇率可能失调的观点，或者直接干预外汇市场（通过增加外汇储备）。政府还可能对资本流入设置障碍，或通过主权财富基金进行海外投资。为了理解外汇干预或资本管制如何影响汇率，需要一个更一般化的汇率决定模型。通过放宽资产持有人的风险中性假设，投资组合选择模型（见延伸阅读 7.11）提供了一个全面的框架来分析这些不同的机制。外汇干预要对汇率产生影响，条件是风险厌恶和/或私人资本流动存在显著的障碍（见第 7.3 节）。

延伸阅读 7.11　　汇率决定理论中的资产组合模型

资产组合模型（Branson et al.，1977）强调金融资产在汇率决定中的作用。考虑一个小型开放经济体，资本可以自由进出该国。该国货币没有实现国际使用，所以国内居民持有外币资产，而外国居民不持有本国货币资产。国际收支的平衡可以表示为：

$$B = d(SF) + d(SR) \tag{B7.11.1}$$

式中，S 为名义汇率，指用本币来表示的外币的价格；即当本国货币贬值时，S 增加。B 代表用国内货币表示的经常账户盈余，F 是指私人居民持有的外国证券净额，R 是指外汇储备余额，d 是指单位时间内的变化量。F 和 R 都用外国货币表示。式（B7.11.1）指出，经常账户余额（左侧）应等于金融账户余额（右侧）。随着时间的推移，上面的流量方程可转化为资产存量：

$$NFA = S(F + R) \tag{B7.11.2}$$

式中，NFA 是净海外资产头寸，即以本国货币表示的总资产与总负债之间的差额（见延伸阅读 7.2）。NFA 可以反映对外国的净债权（$NFA > 0$）或净负债（$NFA < 0$）。

令 W 为以实际价值表示的私人部门财富总额。它由国内资产 D 和国外资产 F 组成，并按总价格水平 P 进行平减：

$$W = \frac{D + SF}{P} \tag{B7.11.3}$$

资产组合模型基于托宾的最优资产组合理论（Tobin，1958）。资产组合配置源于在风险与收益之间的套利。在每个时点上，微观主体选择将其拥有的部分财富投资于外币资产，$f = SF/PW$，从而使其效用最大化。作为对更一般的凹效用函数的近似，效用与 W 的期望值增加正相关，与其方差负相关。

$$\max U = E\left(\frac{dW}{W}\right) - \frac{\alpha}{2} \mathrm{Var}\left(\frac{dW}{W}\right) \tag{B7.11.4}$$

式中，E 代表期望值，Var 代表每单位时间的方差，$\alpha \geqslant 0$ 表示风险厌恶系数。由于风险主要来源于汇率和价格水平，可以得出上式的解为：

$$f = \frac{(\alpha - 1)\sigma_{SP}}{\alpha \sigma_S^2} + \frac{i^* + \mu_S - i}{\alpha \sigma_S^2} \tag{B7.11.5}$$

式中，i 是国内利率，i^* 是国外利率，$\mu_S = E(dS/S)$ 和 $\sigma_S^2 = \mathrm{Var}(dS/S)$ 是汇率变动的期望和方差，$\sigma_{SP} = \mathrm{Cov}\left(\frac{dS}{S}, \frac{dP}{P}\right)$ 是汇率变化和通胀率之间的协方差。

在风险厌恶无限大（$\alpha \to \infty$）的情况下，以外币持有的财富份额为 σ_{SP}/σ_S^2。如果物价上涨时本国货币贬值（$\sigma_{SP} > 0$），风险厌恶的投资者会以外国资产的形式持有部分财富，以对冲通胀造成的购买力损失。在另一个极端，如果风险厌恶可以忽略不计（$\alpha \to 0$），则方程（B7.11.5）可以提炼为非抛补利率平价的修正版本（参见第 5 章），即：$i^* + \mu_S - i - \sigma_{SP} = 0$。在这两种极端情况之间，外国资产在国内投资者资产组合中的份额取决于预期收益率之差 $i^* + \mu_S - i$。

由式（B7.11.2）和式（B7.11.5），我们可以将当前汇率写成期望汇率的函数：

$$s = Es + i^* - i - \sigma_{SP} - 2\alpha \left(nfa - \frac{\sigma_{SP}}{\sigma_S^2} - r \right) \tag{B7.11.6}$$

式中，$s = \ln S$，$\mu_s = Es - s$，$nfa = NFA/PW$，以及 $r = SR/PW$。如果投资者厌恶风险，则非抛补利率平价必须根据风险溢价进行调整，风险溢价是式（B7.11.6）中的最后一项，它向愿意偏离其最低风险配置的投资者提供报酬。国内利率 i 的上升、国外利率 i^* 的下降、预期汇率 Es 的升值、净海外资产持有比率 nfa 的增加，或者外汇储备比例 r 的减少都会导致本币升值（s 下跌）。后两种效应仅适用于微观主体不是风险中性的情况（$\alpha > 0$）。

（f）货币战争

"货币战争"的概念可以追溯到两次世界大战间的时期，当时不同的国家试图通过货币贬值来输出失业。2010 年，时任巴西财政部长吉多·曼特加（Guido Mantega）在政策辩论中重新引入了这一概念。当时，美联储正在实行非常宽松的货币政策，这鼓动了国际投资者借入美元流动性，从而投资于那些回报仍然为正的国家，巴西就是其中之一。在缺乏资本管制的情况下，资本输入国别无选择，要么让本国货币升值，要么降低利率以阻止资本流入——但这样做也会有催生国内金融泡沫的风险。曼特加［以及印度央行行长拉古拉迈·拉詹（R. Rajan）］因此指责美国破坏了新兴经济体的稳定。

就在全球金融危机之前，中国就经常被指责在操纵人民币汇率，以保持其国际价格的竞争力。其外汇储备的积累加剧了这种指责（见第 7.3 节图 7.16），这证明了人民币不到位的升值并不是"自然的"。

尽管如此，与"贸易摩擦"相呼应的"货币战争"概念本身有些立不住。首先，汇率可能会对非对称冲击作出反应。例如，如果全球危机对 A 国的打击比 B 国更严重，那么即使 B 国也遭受了危机，A 国货币也会相对于 B 国货币贬值。其次，一些中央银行对共同冲击的大胆反应，虽然会通过汇率渠道对伙伴国产生负面影响，但是同时也可能通过收入渠道对伙伴国产生积极影响。同时，这也可能"迫使"其他中央银行采取果断行动，从而成为一种隐含的政策协调机制（Eichengreen，2013）。最后，需要牢记的是，央行可以（在某些条件下）控制名义汇率，然而实际汇率则超出了它的控制范围。通过没有冲销的外汇干预来阻止货币升值将不可避免地导致物价上涨。

卡巴勒罗、法希和古尔瑞查斯（Caballero，Farhi，and Gourinchas，2015）已经展示了"货币战争"在零利率下限（ZLB；第 5 章）时可能会发生，此时无法通过降低利率来消除全球层面的过剩储蓄。在这种环境下，全球资本市场的平衡是通过产出下降来实现的，而衰退在各国的分布则取决于各国汇率的相对变化（见延伸阅读 7.12）。

零利率下限的货币战争

现在我们来介绍卡巴勒罗、法希和古尔瑞查斯（Caballero，Farhi，and Gourinchas，2015）这个模型的主要思路。我们考虑两个国家：本国和外国。在每个国家，资产需求是实际利率的增函数，而资产供给是实际利率的减函数。对于自给自足状态下的"自然"实际利率（其使得每个国家各自的资产供求实现了均衡），我们假设本国的（r^a）高于外国（r^{a^*}）。在金融一体化的情况下，自然实际利率（r^w）是在世界范围内实现资产供求的均衡利率：$r^a > r^w > r^{a^*}$。

我们从标准情况开始分析，其中 r^a、$r^{a^*} > 0$。根据定义，在自给自足的状态下，两国的净海外资产头寸（NFA）为零；如图 B7.12.1 中的 A 点和 A^* 点所示。在金融一体化的条件下，本国表现出负的 NFA（输入资本），而外国表现出正的 NFA（输出资本）。用 S 表示名义汇率（外币以本国货币表示的价格），我们有 $NFA + SNFA^* = 0$。

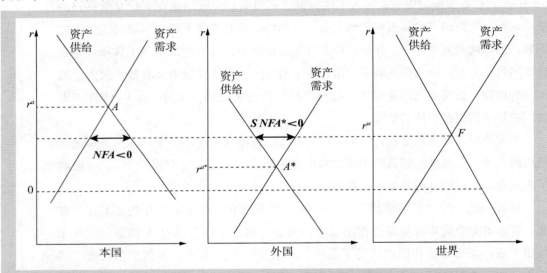

图 B7.12.1　自然利率为正时的资产市场均衡

资料来源：改编自 Caballero et al.（2015）.

现在考虑两国自给自足的均衡利率均为负值的情况，即：r^a、$r^{a^*} < 0$。此时，无法通过降低利率消除全球层面对资产的过剩需求，因为利率面临着零下限的约束。在此情况下，资产市场会通过降低产出来实现均衡，这样资产的需求和供给会同时下降，但这对前者的影响大于后者。为简单起见，这里我们假设资产供给是固定的。图 B7.12.2 描述了这种受到 ZLB 约束的自给自足的资产市场平衡。在零利率条件下，两国的资产需求（B 点和 B^* 点）分别超过了资产供给（A 点和 A^* 点）。由于这种失衡无法被利率下降、产出减少所吸收，这使得两条需求曲线向左移动，直到需求曲线在零利率水平下与供给曲线相交于 A 点和 A^* 点。

在金融一体化条件下，原先自给自足状态下资产过度需求更大的国家（在此是外国经济）会输出资本。其货币将贬值，从而稳定了其产出水平，这时它的资产需求也出现了回落，直到它穿过供给 C^* 点。相应地，国内经济吸引了资本流入，因此其货币升值，经济衰退程度比自给自足状态下更严重（C 点）。因此，外国经济通过积累净海外资产"输出"了部分衰退。如果本国发行"安全资产"的话，这种效应会更加明显。避免经济衰退加剧的唯一方法是本国发行更多债务（通过财政扩张）。

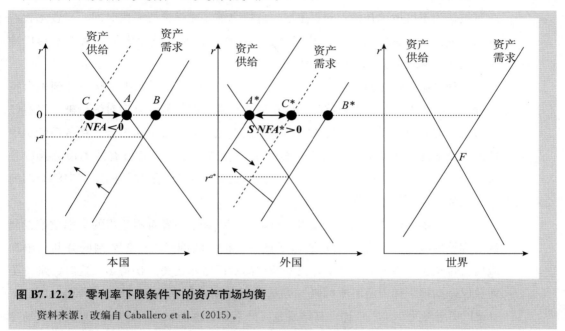

图 B7.12.2　零利率下限条件下的资产市场均衡

资料来源：改编自 Caballero et al.（2015）。

7.2.3　货币危机模型

到目前为止，我们一直在关注稳态下的汇率水平选择，而没有考虑汇率制度的改变问题。但我们已经观察到，在某一特定时点适合某国的汇率制度可能不会永远适用。政府可能不得不改变汇率制度；或者至少它们可能不得不调整汇率水平。如果它们做不到这一点，市场力量可能会引发一场货币危机，从而迫使它们调整汇率制度。

经常有人嘲笑经济学家，因为经济学家善于对刚刚发生的货币危机提供复杂的解释，却无法预测下一场危机。这是因为危机的性质总是因时而异，这与整个 20 世纪 90 年代国际资本流动的自由化是一致的，且与随后发生的资金流动和累积头寸的爆炸式增长也是一致的。

（a）第一代货币危机模型

国内经济政策与汇率制度之间的不一致性是第一代货币危机模型的核心（Flood and Garber，1984；Krugman，1979）。[1] 想象一个对美元实行固定汇率的国家，其货币总量的增速超过了美国。为了维持其汇率水平，该国不得不动用外汇储

---

① 该模型借鉴了萨伦特和亨德森（Salant and Henderson，1978）关于黄金储备枯竭的一篇文章。

备。不过外汇储备是有限的。第一代货币危机模型的洞察力向我们展示了：危机通常会在储备耗尽前不久发生。但是也只在投机者期望明显强化（投机者期望能够从打破固定汇率制中获得足够大的收益）之后才会发生。正是因为这个原因，从汇率政策被认为不可持续开始，到真正发生危机之前还能够维持一段时间。当资本收益的预期成为投机者之间的一种共识之后，这种共识会释放出力量并对汇率形成冲击，这时汇率政策就真正陷入危机了。

这种机制类似于银行存款挤兑（见第 6 章）。在银行挤兑中，储户冲到柜台挤提存款，因为他们预计银行将无法偿还所有存款。即使他们事先对银行破产没有任何考虑，他们也不得不匆忙行事，因为他们不想最后一个到达柜台。在货币危机中情况也是如此：在投机性攻击中，金融市场参与者急于将其持有的本币兑换成外币，因为他们担心中央银行可能没有足够的储备，无法按最初的固定汇率将全部的本币余额兑换成外币。[①]

因此，第一代货币危机模型将危机解释为市场参与者对不适当的汇率政策或制度的理性反应。2008 年的巴基斯坦就是一个很好的例子。在无节制的公共支出和政府直接从央行借款的推动下，巴基斯坦的货币增速比美国快得多。这时，维持美元兑巴基斯坦卢比固定汇率的唯一办法是巴基斯坦国家银行（State Bank of Pakistan）卖出美元、买入卢比。其结果是，外汇储备逐渐枯竭。2008 年夏天，市场参与者匆忙抛售了手中剩余的卢比，并引发了这场危机。直到国际货币基金组织和亚洲开发银行向政府提供外币贷款时，其外汇储备才逐步得到补充，其汇率才实现了稳定。

(b) 第二代货币危机模型

第一代货币危机模型中描述的机制很适合高通胀或经常账户赤字不可持续的国家。然而，考虑 1992—1993 年的欧洲汇率危机，那次危机迫使英国和意大利退出了欧洲汇率机制，并威胁到法国和西班牙继续参与该机制。当时，欧洲国家实行的是固定汇率制，德国马克是事实上的锚货币。但德国央行（Bundesbank）在两德统一后实施了扩张性的财政政策和紧缩性的货币政策，这导致其利率显著上升。此时一些国家拥有经常项目盈余，而且没有一个国家缺乏外汇储备。第一代货币危机模型无法解释欧洲后来发生的事情。在此，我们不需要货币危机模型，而是需要一个短期名义刚性的模型，我们通过短期名义刚性将汇率与实体经济联系起来。我们还需要解释，为什么在没有发现不可持续趋势的情况下，也会发生货币危机。第二代货币危机模型的贡献在于，它表明汇率政策的次优选择也可能触发货币贬值预期。此时，投机的理由不是当前的政策不能持续（这是第一代货币危机模型的情况），而是继续维持下去可能不合意。在某些情况下，贬值预期甚至可以自我实现：仅仅

---

① 确保挤兑不会发生的唯一方法是中央银行在其金库中持有与流通中的国内货币总量一样多的外币：这是货币发行局制度的基础，如第 7.1 节所述。

是对于政府将实施汇率贬值的预期本身，就会迫使政府在事实上走到这个地步。

金融市场预期能够反向影响实体经济，可能有几个互相独立的原因。第一种解释是通胀预期（Jeanne，1996）：如果个人预期到货币贬值，他们会要求更高的工资，以补偿其预期的购买力损失。这种供给冲击将推高失业率，直到政府真的让货币贬值，以恢复竞争力。这是开放经济版本的巴罗-戈登时间一致性困境（见第 5章）。延伸阅读 7.13 给出了这个思路的简化模型。另一种可能与欧洲经验更相关的解释是需求驱动（Obstfeld，1994）。在非抛补的利率平价下，贬值预期推高了名义利率。这抑制了总需求，并促使政府推动货币贬值，以使产出恢复到初始水平。简而言之，对危机的预期可能足以引发危机，此类危机是自我实现的货币危机（self-fulfilling currency crises）。

延伸阅读 7.13　　　　　　　　　　**自我实现的货币危机**

该模型由珍妮（Jeanne，1996）提出，其试图解释 20 世纪 90 年代早期的欧洲货币危机。我们考虑一个小型经济。其国内价格由购买力平价决定。汇率是固定的，但可以以固定比例 δ 贬值。一个出人意料的贬值将通过降低实际工资从而降低短期失业（如第 5 章的巴罗-戈登模型所述）。然而，这会损害中央银行的可信度。因此，政府面临着两难困境。

为了简化考虑，假设央行直接选择汇率，从而使二次损失函数最小化：$L^2 = u^2 + cz$，其中 u 代表失业率，c 代表贬值的固定政治成本，在贬值的情况下 z 等于 1，否则等于 0。

失业率是滞后指标，而且受未预期到的通胀（即实际通胀率 π 与预期通胀率 π^e 之差）的反向影响：

$$u = \rho u_{t-1} - \lambda(\pi - \pi^e) \quad \text{其中，} 0 < \rho < 1, \lambda > 0 \tag{B7.13.1}$$

在购买力平价下，预期通胀率等于预期汇率贬值幅度。因此，预期通胀率要么为 0（不贬值），要么为 δ（贬值）。在这一设定下最优货币政策取决于预期：

- 如果私人机构没有预期任何贬值，那么预期通胀是零。而实现的通胀要么是 0，要么是 δ，这取决于是否会出现货币贬值。对应的损失函数要么是 $L_0^0 = (\rho u_{t-1})^2$（没有贬值），要么是 $L_0^d = (\rho u_{t-1} - \lambda\delta)^2 + c$（贬值）。如果 $L_0^d < L_0^0$，政府的理性选择是贬值（即：$\Phi < -\lambda\delta$，其中 $\Phi = \dfrac{c}{\lambda\delta} - 2\rho u_{t-1}$ 代表了经济的"基本面"）。

- 如果私人机构预期会贬值，那么预期通货膨胀是 δ。损失函数要么是 $L_d^0 = (\rho u_{-1} + \lambda\delta)^2$（没有贬值），要么是 $L_d^d = (\rho u_{-1})^2 + c$（贬值）。如果 $L_d^d < L_d^0$（即 $\Phi < \lambda\delta$），政府的理性选择是贬值。

图 B7.13.1 总结了这个结果。如果经济基本面是好的（$\Phi > \lambda\delta$），即使预期贬值，贬值也不会发生。如果经济基本面糟糕（$\Phi < -\lambda\delta$），即使未预期贬值，贬值也会发生。对于经济基本面居中的情况（$-\lambda\delta < \Phi < \lambda\delta$），有两种可能的均衡，而且预期是自我实现的：这时，如果私人预期发生转变，经济状况也会发生改变（比如政府可能被迫让货币贬值）。

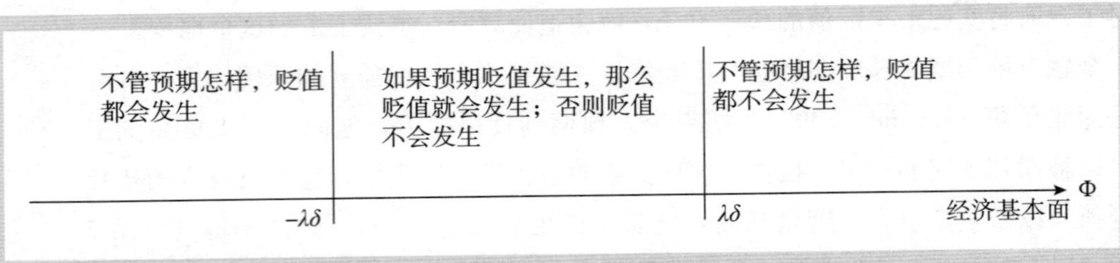

| 不管预期怎样，贬值都会发生 | 如果预期贬值发生，那么贬值就会发生；否则贬值不会发生 | 不管预期怎样，贬值都不会发生 |

$-\lambda\delta$　　　　　　　　　　　　　　$\lambda\delta$　　　　经济基本面 Φ

图 B7.13.1　第二代货币危机模型：基本面和预期的关系

资料来源：作者基于 Jeanne（1996）整理。

根据第二代货币危机模型，可以通过相对疲弱的经济和不利的市场预期两个角度相结合来识别易受货币危机影响的国家。最好的例子是 1992 年的英镑危机。在此前一年，英镑就加入了欧洲汇率机制，当时许多人认为英镑兑德国马克的中间汇率太高了。1992 年，英国经济疲软，投机活动开始出现。英格兰银行随后只是温和地、有限地调升了利率，这就发出了一个信号，即政府不准备为了捍卫汇率而加剧经济衰退。在损失了巨额外汇储备之后，英国暂停了参与欧洲汇率机制，英镑也走向了浮动。英国财政大臣诺曼·拉蒙特（Norman Lamont）随后宣布，那天晚上他"洗澡时还在唱歌"。在这个例子中，货币危机引发了汇率制度的改变，同时也减轻了政府肩上的负担。

（c）第三代货币危机模型

从 1997 年 7 月开始，泰国和此后的其他东亚经济体，还有巴西和俄罗斯，都不得不放弃固定汇率。流行的货币危机模型再次未能预测到这些危机。这时候，汇率贬值向实体经济传导的主要机制是金融性质的（Corsetti，1998）。所有这些国家都有一个共同点，就是背负了美元计价的短期外债（例如，外国银行向其泰国子公司发放贷款，用于投资当时在泰国蓬勃发展的房地产行业）。此时，本币的任何贬值都将增加以外币计价的债务负担，并引发市场对偿付能力的担忧，进而会导致资本流入出现"突然停止"（sudden stop）。2008 年，在匈牙利、冰岛和拉脱维亚也发生了类似的情况，这些国家当时还没有加入欧元区，但是严重依赖于以欧元计价的短期外部融资。

银行危机可能引发货币危机：对借款人偿付能力的担忧引发了资本流入的突然停止。当银行的债务以外币计价时，货币危机也会反过来引发银行危机。脆弱的银行业（例如，由于不良贷款比例很高）同时加剧了这两个方向的风险。第三代货币危机模型关注的是银行、货币危机同时发生的孪生危机（Krugman，1999）。

第三代货币危机模型还试图解释 20 世纪 90 年代后期和 21 世纪头十年后期的危机传染效应，特别是在欧洲和亚洲。危机的传染源于区域一体化：如果一个国家的货币贬值，那么其邻国的价格竞争力也会暂时下降。了解到这种区域依赖性之后，市场参与者可能会发现，先发制人地攻击区域的其他货币才是最佳选择。另外,在某个国家面临未预期到的冲击之后,投资者情绪的变化也可能导致危机蔓延。1997 年 7 月,泰铢危机给投资者敲响了警钟,提醒他们投资新兴市场经济体存在风险。泰国的风险定价上升了,同时所有新兴市场经济体的风险溢价也纳入了这种考虑。最后,国际投资者的预算约束还形成了一个额外的传染渠道:为了抵消某个国家的损失,他们必须出售尚未贬值的资产,这也将其他国家推入了危机当中。

货币危机模型可以通过"样本内"估计(通过在 $[t_1, t_2]$ 时间段进行 probit 或 logit 的计量经济学估计)和"样本外"估计(通过测试在 $[t_1, t_2]$ 时间段上估计的模型,从而预测 t_2 以后的危机)进行测试。典型的早期预警模型可以分三步来建立:(i)定义"货币危机"事件;(ii)根据过去的危机和非危机事件来估计(或校准)模型,并设置一个阈值,一旦超过该阈值,模型将发出警报;(iii)对样本外数据进行测试。预测精度可以通过信噪比来衡量,即假警报相对于准确警报的比例(Kaminsky, Lizondo, and Reinhart,1998)。弗兰克尔和萨拉维洛斯(Frankel and Saravelos,2012)基于 83 项关于危机(从 20 世纪 50 年代至 21 世纪头十年发生的危机)的研究得出结论:预测货币危机最重要的变量是官方储备、实际汇率、信贷增长率、GDP 水平和经常账户余额。卡塔欧和米莱茜-费里提(Catao and Milesi-Ferretti,2014)对更近时期的观察也发现了类似的决定因素。然而,在所有情况下,这些模型在预测危机方面的表现都比较差,当他们正确预测已经发生的危机(信号)时,他们也预测了许多没有发生的危机(噪音)。

7.3 政策

在汇率和金融一体化方面,第一项政策选择是通盘考虑汇率制度和一定程度的资本流动性。然而,即使在浮动汇率制下,政策制定者也可能希望平滑汇率波动或纠正严重的失调,这就提出了第二个问题:哪些政策工具可以用来实现这一目的?最后,各国作出政策选择的背景是国际货币体系可能随着时间的推移而发生演变的大环境,尤其是考虑到全球经济格局的多极化。

7.3.1 资本流动和汇率制度的选择

从第 7.2 节我们知道,并非所有汇率制度、资本流动制度和货币政策制度的组合都是可行的:如果资本的国际流动高度自由,那么政府必须在(i)没有货币政策独立性的固定汇率或(ii)有货币政策独立性的灵活汇率之间作出选择。政策制定者需要在如图 7.8 所示的、涉及资本自由流动的三角形的两个顶点中选择其一,或者在两者之间找到适当的权衡(例如,一定程度的货币独立性和一定程度的汇率稳定性)。

这个三角关系有助于揭示 20 世纪汇率政策的诸多矛盾。在 20 世纪 30 年代,欧洲国家面临着金本位固定汇率、资本流动性和战争经济后果之间的矛盾,这要求不同国家采取不同的货币政策。20 世纪 90 年代后期，东亚和拉美国家也面临着同样的矛盾。最终，大多数国家选择让汇率浮动。然而，其中一些国家更愿意切换到三角形的其他顶点。马来西亚保留了对美元的固定汇率，并实施了资本管制，而厄瓜多尔放弃了货币独立性，实现了经济的美元化。当时中国尚未实现金融账户自由化，因此没有大幅改变政策就顶住了危机的冲击。在全球金融危机中，拉脱维亚等国再次经历了维持本币与欧元的固定汇率的挑战，因为身处困境的西欧银行可能在一夜之间撤回其提供的资金。

下文我们将讨论决策者在蒙代尔三角形的三个顶点之间作出决定时可以使用的权衡标准。

（a）资本开放的利弊

自 20 世纪 80 年代以来，国际货币基金组织一直鼓励资本流动自由化，使资金从资本充裕的富裕国家流向资本匮乏的贫穷国家，以实现全球储蓄的最佳配置。在整个 20 世纪 90 年代，资本流动自由化是华盛顿共识的一部分（见第 1 章和第 9章）。七国集团、经合组织和国际货币基金组织甚至将这种理念强加给一些新兴市场国家[1]，这导致国际资本流动出现了前所未有的发展。

20 世纪 90 年代后期新兴市场国家的货币危机对资本自由流动的共识造成了打击。亚洲国家的资本流动自由化导致了以美元计价的短期资本蜂拥流入，这推高了资产价格和银行贷款，最终导致银行和货币出现了"双重"危机。此外，资本流动对长期经济发展的作用日益受到质疑。罗伯特·卢卡斯在 1990 年的一篇论文中指出，大多数资本流动是富国之间的"北北"流动，而不是标准增长理论所预测的富国向穷国的"南北"流动。对卢卡斯悖论的两种解释是信息不对称和低收入国家阻碍资本投资的不良制度。现代资本流动实际上是"多元化融资"而不是"发展融资"：它们既追求高回报，也追求低风险。[2] 此外，研究者也发现，金融开放的福利效应比以前大家所认为的要低得多（见第 7.2.1 节）。

在经历了 20 世纪 90 年代的墨西哥危机和随后的亚洲危机之后，新兴市场国家开始重新评估资本开放的好处，这并不令人意外。[3] 国际货币基金组织本身也对资本管制采取了更为温和的态度，时任首席经济学家迈克尔·穆萨（Michael Mussa）承认：

> 最近几次金融危机的经验可能会让理性的人们质疑，针对国际资本流动的自由政策是否在所有情况下对所有国家都是明智的。我认为，答案可能是否定

---

① G7 的定义见第 3 章。众所周知，金融账户可兑换性是韩国 1996 年加入经合组织的先决条件。一年后，韩国经济在金融危机中崩溃。

② 关于卢卡斯悖论，参见 Alfaro, Kalemii-Ozcan, and Volosovych（2008）；Obstfeld and Taylor（2004）；Cohen and Soto（2004）。

③ 例如，马来西亚重新实施了资本管制：强制通过授权中介机构来出售以林吉特计价的资产，禁止外国人在 12个月内汇回获得的林吉特收益，强制汇回海外持有的林吉特，等等。

的……对于宏观经济政策能力较弱，或是政策具有不一致性，或是金融体系缺乏监管的国家来说，国际资本流动（尤其是短期资本流动）的高度开放可能是危险的。（Mussa，2000，pp. 43－44）

目前存在几种类型的资本管制。第一种是对外汇业务的行政管制。政府根据可以进行的业务类型施加不同的限制（大多数限制与贸易融资以外的金融交易有关）。第二种是依靠激励机制而不是管制。其目的是通过阻止短期资本流动（短期资本流动被认为会导致汇率波动），在金融全球化的"车轮上撒沙子"。在 20 世纪 90 年代，智利政府强迫外国投资者在中央银行留下最低准备金（encaje）作为无息存款。这是詹姆斯·托宾（James Tobin，1974）最初提出的外汇交易税的一种应用。托宾税（Tobin tax）的支持者通常主张，对于经常账户和外国直接投资之外的金融交易征收 0.05% 的税。托宾税源于约翰·梅纳德·凯恩斯关于税收对股票市场流动性影响的评论：

> 人们通常会同意，出于公众利益考虑，不应让人随意进入赌场，而且应该收费较高。也许股票交易所也是如此……对所有交易征收大量的政府转移税可能是现有的最有效的改革，以减轻投机行为对美国企业的过度影响。（Keynes，1936，pp. 159－160）

在 1997—1998 年亚洲金融危机经验的基础上，国际货币基金组织已转而建议新兴市场国家的金融账户自由化应遵循一定的顺序。这类国家只有在国内金融体系比较健全，银行业务管理和监管体系比较良好，不良贷款水平比较低之后，才能实现全面的资本流动自由化。在全球金融危机之后，IMF 的理论进一步发展，IMF（2012）指出，"资本流动措施是工具包的一部分，在某些条件下使用是适当的，但它们不应取代必要的宏观经济调整"（p. 16）。

奥斯特里等（Ostry et al.，2012）对 1995—2008 年期间新兴市场国家的计量经济学研究发现，对资本流入的控制，以及旨在限制外汇敞口或更普遍地限制信贷泡沫的审慎措施，确实是降低一个国家面对（资本流入）"突然停止"脆弱性的有力工具。事实上，全球金融危机之后，在发达经济体货币政策非常宽松的背景下，为了寻求收益的国际资本再次大量回流到新兴市场国家，一些新兴市场国家重新对资本流入实施了临时控制。例如在 2010 年，秘鲁政府规定，如果外国投资者持有的债券到期时间不超过三年，则其应缴纳 60% 的准备金。在泰国，对于新增的购买政府债券的非居民，其利息收益和资本收益也恢复了之前 15% 的预扣税（参见 Ghosh and Qureshi，2016）。

然而，从长期来看，维持外汇管制是不明智的，原因有三。首先，当本国货币面临显著的贬值预期时，智利式的准备金或托宾税不足以阻止资本外流［参见埃森格林、托宾和韦普洛兹（Eichengreen，Tobin，and Wyplosz，1995）的讨论］。其次，也是更重要的一点，投资者可以通过金融创新或离岸交易转移到没有这些管制的国家，以此来规避税收和行政管制。最后，很难先验地区分"好的"和"坏的"资本流入：很可能的情况是，"好的"资本流入和"坏的"资本流入同时都受到惩罚（Garber and Taylor，1995）。

（b）汇率制度选择的标准

如第 7.2 节所述，汇率制度的选择应符合成本-收益分析方法。表 7.4 概述了三种汇率制度的收益和成本。各国的净效应差别很大。例如，更小、更开放的经济体将从降低汇率波动（固定汇率制）或消除货币交易（货币联盟）中获得更大收益；如果一个国家的央行在稳定物价方面表现不佳，那么它将受益于固定汇率提供的名义锚，但同时也将面临重大的货币危机风险。

表 7.4　三种汇率制度的收益与成本

	收益	成本
浮动汇率制	在非对称冲击情况下进行宏观经济调整的独立政策工具； 货币政策有效性（参见蒙代尔-弗莱明模型）	名义汇率波动导致的相对价格不稳定； 在对称冲击情况下，存在"货币战争"风险
传统盯住汇率制度	由于汇率波动较小，相对价格的不稳定性较小； 价格预期具有名义锚； 财政政策有效性（参见蒙代尔-弗莱明模型）	在非对称冲击情况下，会失去一种调整工具，存在货币政策缺位的风险； 存在货币危机风险
货币联盟	消除与货币兑换有关的交易成本； 相对价格的不稳定性较小； 价格预期具有名义锚； 财政政策有效性（有限的挤出效应）； 应对对称冲击的协调货币政策	在非对称冲击情况下，不可逆地失去了调整工具，存在货币政策缺位的风险

资料来源：作者整理。

根据这些标准来选择汇率制度会涉及一个重要问题，就是能否衡量非对称冲击。我们可以使用多种方法，包括计算各国商业周期的相关性，以及衡量冲击非对称性的更复杂的计量经济学方法，或是诸如开放程度、产业多样化、产业内贸易等更具有结构性的分析视角（见延伸阅读 7.14）。

延伸阅读 7.14　　　　　　　　　　识别非对称冲击

描述性方法

为了确定汇率是否需要浮动，一个简单的方法是计算可观测的实际汇率的波动性：不管是何种汇率制度，波动的实际汇率都意味着相对价格需要进行调整，而这一调整在名义汇率可以浮动的时候会更容易实现。但是这种方法的问题在于，在浮动汇率制下，实际汇率的波动可能是由投机行为导致的，而在固定汇率制下，名义汇率刚性可能会成为浮动汇率波动的阻碍因素。因此，这种方法在衡量非对称冲击的时候，也会受到所处汇率制度的影响。

为了测度非对称冲击，还有一种更加流行的方法，具体是基于国家间不同变量的相关性。这些变量包括工业产值、GDP 或者就业人数：国家间的相关性越高，越不需要对实际汇率进行调整。图 B7.14.1 显示了 1995—2007 年和 2008—2015 年这两段时期，一些国家的实际人均 GDP 增速与欧元区总体 GDP 增速之间的相关性。该图说明了中欧和东欧国家与欧盟总体水平的趋同。在欧盟国家中，只有希腊在两个时间段的相关性都非常低。对于"核心"欧元区国家（德国、法国、意大利、比荷卢经济联盟、奥地利）来说，相关性非常高，对于欧元区以外的一些国家（丹麦、瑞典），以及欧盟之外的欧洲国家（瑞士）甚至欧洲以外的国家（加拿大）来说，相关性也非常高。

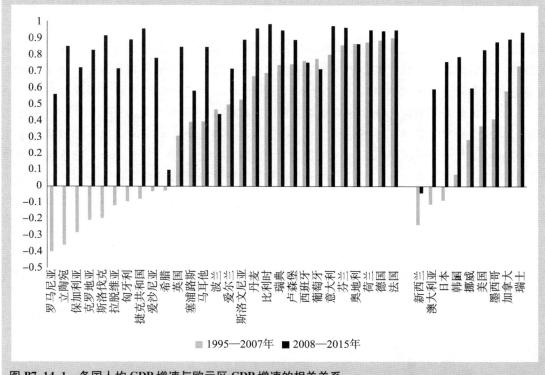

图 B7.14.1 各国人均 GDP 增速与欧元区 GDP 增速的相关关系
资料来源：作者基于欧盟委员会的 Ameco 数据库整理。

这种方法也有缺点，两国高度相关既可能是因为面临对产出的对称冲击，也可能是因为实际上面临着非对称冲击，但有的国家实施了强烈的应对政策，比如独立的货币政策。所以为了度量冲击的非对称性，必须要使用计量经济学进行估计。

计量经济学方法

从计量经济学的角度来看，外生冲击可通过估计方程的残差加以识别。为了考虑变量或者国家间的相互依赖性，VAR 方法逐步发展起来。布兰查德和库阿（Brachard and Quah，1989）建议估算基于两个变量（产出的对数形式、价格的对数形式）的 VAR 模型，并且通过识别 VAR 模型的残差矩阵来区分冲击的性质是需求冲击还是供给冲击。识别矩阵是基于标准化之后的冲击建立起来的，其假设需求和供给的冲击是正交的，同时也假设需求冲击对产出不会产生长期影响，从而与总供给-总需求模型保持一致（见第 1 章）。我们对每一个国家都使用这样的分析，在此基础上得到不同国家受到冲击的相关性。使用这种方法，巴尤米和艾肯格林（Bayoumi and Eichengreen，1994）发现，在1963—1988年期间，仅有一些欧洲核心国表现出的冲击关联性与美国内部地区之间的情况是相似的。然而，这一结论也可以归因于汇率制度本身：在样本期内只有德国周围的几个核心国家保持了稳定的汇率。基于1990—2014年期间的数据，巴尤米和艾肯格林（Bayoumi and Eichengreen，2017）发现，德国与意大利、西班牙、葡萄牙和爱尔兰等外围国家之间存在相对较大的相关性——他们对这一结果的解释是：繁荣时期有大量资本从德国流向了这些国家。

　　另一种途径是估计一组国家人均GDP变化的共同因素。沿着这条思路，卡瓦洛和瑞巴（Cavallo and Ribba，2015）基于一个包含6个变量的向量（这些变量来自两个国家区块）进行了"近VAR"（near-VAR）模型的估计：一个是欧元国家的区块，其对应的变量是通胀率、工业产出的周期性成分、与美国之间的隔夜利差，以及欧元对美元的名义汇率；另一个区块是一些特定国家，依次包含了每个国家的通胀率和工业产出的周期性成分。这个由6个变量组成的向量对其自身的滞后值进行回归，作者还施加了一个"小国"假设，在此假设下，一个小国的变量不能对欧元区变量产生影响。该模型使用1999年1月—2011年12月之间的月度变量进行了估计，方差分解方法可以计算各国产出的变动当中，来自欧元区层面冲击所导致的变化的比例。图B7.14.2报告了8个国家在1、12和24个月滞后期维度上的结果。对德国、法国、意大利、西班牙和比利时来说，欧元区层面的共同冲击在国民产出变化中所占的比例非常高；而希腊、爱尔兰和葡萄牙的这一占比则要低得多。这些发现与巴尤米和艾肯格林的研究结果一致。然而，这种计算是基于历史统计数据的分析。它们需要更多的结构性分析作为补充。

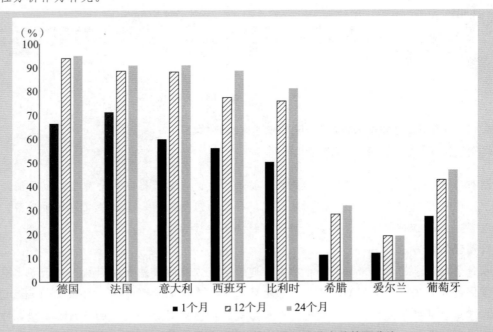

图 B7.14.2　不同时期欧元区共同冲击导致的国民产出的预测误差方差的百分比

　　资料来源：Cavallo and Ribba（2015），table 4.

对贸易专业化程度的测量

衡量非对称冲击程度的另一种方法是观察分产业的专业化程度,这种方法更具有结构性的视角。赫芬达尔指数给出了专业化程度的综合衡量标准:

$$H = \sum_{i=1}^{n} \left(\frac{Y_i}{Y}\right)^2 \tag{B7.14.1}$$

式中,Y_i 是产业 i 的产出(或就业,或增加值),Y 是总产出,n 是产业的数量。当 $H=1$ 时,一个国家专业化从事一个产业。一个国家的产业越是多元化,H 就越低。另一种专业化程度的测度指标是产业间贸易,如芬格-克雷宁(Finger Kreinin)指数,其计算公式如下:

$$FK = \sum_{i=1}^{n} \min\left(\frac{X_i}{X}; \frac{M_i}{M}\right) \tag{B7.14.2}$$

式中,X_i 和 M_i 分别表示产品 i 的出口和进口,FK 指数在 0(只有产业间贸易)到 1(只有产业内贸易)之间变动。另一种产业内贸易的测度方法是格鲁贝尔-劳伊德(Grubel-Llyod)指数:

$$GL = \sum_{i=1}^{n} \left(\frac{X_i + M_i}{X + M}\right) \left[\frac{(X_i + M_i) - |X_i - M_i|}{X_i + M_i}\right] \tag{B7.14.3}$$

这个指数也在 0(只有产业间贸易)到 1(只有产业内贸易)之间变动。使用贸易数据的优点在于,这些数据在很细分的水平上也是可得的,从而能够对专业化程度进行精确的测量。图 B7.14.3 就用到了格鲁贝尔-劳伊德指数,这个指数衡量了一些国家的产业内贸易份额,并进行了排序。欧元区的大多数国家该指数都非常高,这意味着这些国家的贸易大部分都是产业内贸易,从而限制了非对称冲击。然而一些较小的国家,如希腊、芬兰或爱尔兰,其产业内贸易的比例相对较低。

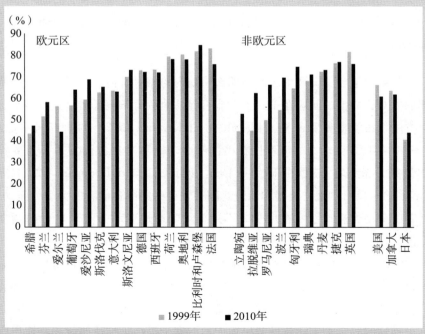

图 B7.14.3　产业内贸易的格鲁贝尔-劳伊德指数
资料来源:CEPII-CHELEM.

在非对称冲击的情况下，关键问题在于价格和工资的调整是否足够灵活，从而足以取代名义汇率的调整。全球金融危机和随后的欧元区危机为探讨欧元区成员国之间的价格弹性提供了一个"自然实验"。如图 7.13 所示，爱尔兰的工资和价格在 2008 年之后调整得非常快，而希腊的价格在调整开始前还接着又上涨了三年。

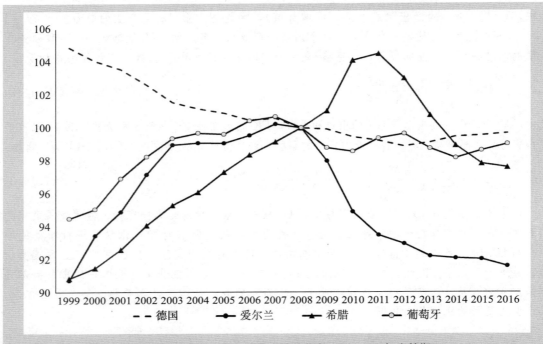

图 7.13　1999—2016 年各国相对于欧元区的消费者价格指数：以 2008 年为基期 100

资料来源：欧盟委员会的 Ameco 数据库。

如果价格和工资调整缓慢，那么短期内的相对价格调整就无法吸收货币联盟内部的非对称冲击。问题在于，工人能否轻易地从萧条地区转移到富裕地区？基于间接方法，布兰查德和卡茨（Blanchard and Katz，1992）的研究显示，在 20 世纪 70—80 年代，劳动力的流动性在美国吸收非对称冲击方面发挥了重要作用，但在欧盟则小得多。最近的研究（Dao，Furceri，and Loungani，2014；Beyer and Smets，2015）发现，美国和欧盟之间存在一些趋同：前者的劳动力流动性在降低，后者的劳动力流动性则在增加。不过，欧盟通过劳动力流动进行的调整仍然比美国慢。

实际上，各国很少会根据最优货币区理论决定是否要推进货币联盟。以欧洲为例，几十年来货币联盟一直是其最终目标，欧洲希望借此推进政治一体化，避免以邻为壑的货币政策。欧洲大陆决策者也相信，货币联盟是对单一市场的必要补充。不可逆转的固定汇率和较低的换算成本有利于提高价格透明度和跨境投资。

许多研究试图衡量欧元自诞生以来的影响，特别是对贸易和价格的影响——这是一项困难的工作，因为需要将欧元区国家与对照组（见第 1 章）进行比较。根据鲍德温（Baldwin，2006）的研究，欧元本身使欧元区内部贸易增加了 5%～10%，同时方塔格尼、梅耶和奥诺维亚诺（Fontagné，Mayer，and Ottaviano，2009）以及马丁和梅简（Martin and Méjean，2010）发现了证据证明欧元区有利于竞争的效果，这导致了贸易价格的显著趋同。

　　然而，欧元区内部价格的趋同程度尚未达到与美国国内相当的程度。事实上，如果欧盟的商品和服务市场仍然保持分割状态（特别是服务业），那么即使有单一市场计划，货币联盟也无法促进价格趋同。事实上，服务业缺乏国际竞争导致了 21 世纪头十年实际汇率的大幅失调。

　　选择何种汇率制度的一个重要考虑是经济规模：经济规模越小，贸易开放度就越高。其生产中进口投入品的比例较高，这就减少了汇率变化对外部竞争力带来的影响，同时提高了本币价格波动的程度。此外，和大型经济体相比，小型经济体商品和服务贸易的计价、结算也更依赖于外币，在资产和负债领域也是这样。因此，对小型经济体来说，考虑到吸收冲击和稳定价格之间的权衡，其更倾向于采用固定汇率。图 7.14 证实，较大国家（通过购买力平价的 GDP 衡量）往往表现出更大的汇率灵活性，尽管国家规模显然不是汇率制度选择要考虑的唯一因素。

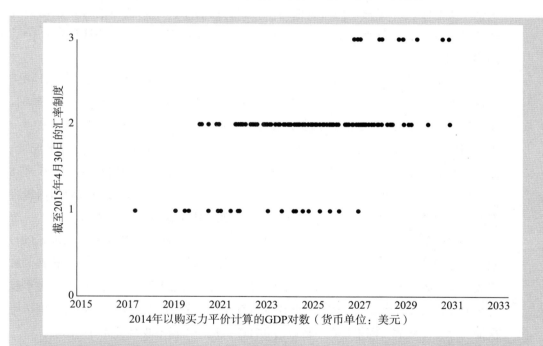

图 7.14　国家规模与汇率制度[a]

　　注：a. 1：硬盯住；2：中间制度；3：灵活制。有关制度的定义，参见第 7.1 节。

　　资料来源：GDP 数据来自世界银行（*World Development Indicator*，2016 年 7 月），汇率制度来自国际货币基金组织（《汇率安排和汇率限制年度报告》，2015 年）。166 个国家的样本，其中欧元区国家被视为一个国家，其实行自由浮动制度。

戈什（Ghosh，2014）的一项研究表明，较大的国家选择固定汇率制的概率较低。这项研究将汇率制度分为三类（灵活、中间和固定），然后基于 1999—2011 年间 137 个国家的情况进行了分析。这项研究结果与三元悖论的分析一致，其研究结果还表明：实行资本管制的国家选择固定汇率的可能性更高。对于低收入国家来说，较高的人均 GDP（按购买力平价计算）、较高的对外负债占 GDP 的比率，以及较高的官方储备与进口的比率都会增加固定（或中间）汇率制的可能性。对于发达经济体来说，出口高度集中（从行业角度而言）往往有利于选择固定汇率制。

（c）可信的汇率机制

经济学家往往更强调从吸收冲击的角度来考虑汇率制度选择，但政策制定者往往更加强调一种汇率制度对经济政策可信度能起到什么作用。

正如第 5 章所讨论的，货币政策并不总是有可信度。这可能是由于过去有政策失误的记录（例如，在 20 世纪 80 年代的拉丁美洲），抑或是历史上根本就没有这方面的记录（在转型期国家，比如 20 世纪 90 年代的东欧国家，或在新建立的国家，如东帝汶或科索沃）。这时候外部锚可以从外部引入可信度。央行可以宣布实施固定汇率制，从而达到双重目的：它避免了在贬值情况下企业和雇员要求大幅度提高物价和工资，同时也束缚了央行自己的手脚，以避免出台超预期的货币政策。这证明实行固定汇率是合理的。总之，固定汇率有助于经济稳定在合适的均衡水平。

许多案例研究似乎都已证实，盯住汇率可以有效抑制通胀。戈什、奎雷什和唐加里德斯（Ghosh，Qureshi，and Tsangarides，2014）发现，在 1980—2010 年间，实行硬性或传统盯住汇率制的国家，其平均通胀率约为实行更加弹性汇率国家的一半。当然，汇率稳定和价格稳定之间的关系是双向的，因为在通胀高企的情况下，固定的名义汇率不可持续。然而，一系列案例（1991 年 3 月的阿根廷、1997 年 6 月的保加利亚、2009 年 2 月的津巴布韦）都表明，汇率制度的转变可以对国内通胀率产生巨大影响。1991 年阿根廷实行的货币局就说明了这一点（见图 7.15）。[①] 一个更缓和的例子是，法国在 20 世纪 80 年代末和 90 年代初的 "法郎堡垒"（franc fort）政策，尽管当时失业率不断上升，但政策当局努力保持法国法郎与德国马克挂钩，最终成功地使通胀率达到了比 20 世纪 90 年代的德国还低的水平。然而，外部锚定不能持久地代替内部可信度。即使是硬盯住也是脆弱的，这一点也可以由阿根廷的例子再次证明。2001 年底，阿根廷在一场政治和社会危机中不得不放弃了货币局制度。

当一些欧洲国家考虑加入欧元区时，可信度是一个强有力的理由。例如，在成为欧元区创始成员国之前，意大利在过往的名义汇率稳定性很差，其通胀率也系统性地高于德国，意大利里拉经常性地贬值。成为货币联盟的一员之后，意大利获得了可信度，并享受到了低利率。但是，强大的货币可信度也产生了反常的影响：在

---

① 其他例子包括 1997 年 6 月的保加利亚和 2009 年 2 月的津巴布韦。

一些国家，它推动了长期利率的急剧下降，并助长了信贷泡沫。

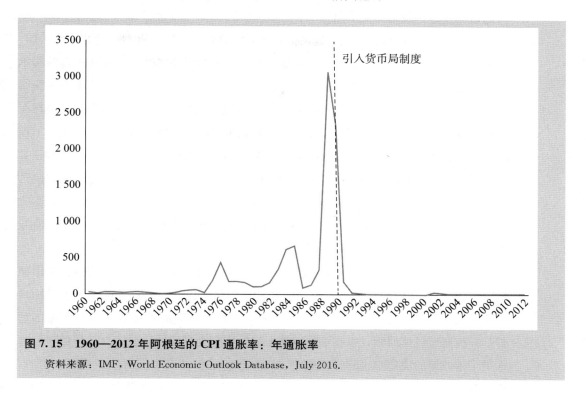

图 7.15　1960—2012 年阿根廷的 CPI 通胀率：年通胀率

资料来源：IMF，World Economic Outlook Database，July 2016.

7.3.2　管理汇率

在浮动汇率制下，汇率的变动能够平衡外汇市场的供求。为什么政府要试图影响这个过程呢？原因有三。第一，它们可能希望把汇率拉回到符合基本面的水平，即它们认为与宏观经济均衡（第 7.2 节的均衡汇率）一致的值。考虑到均衡汇率估计值的不确定性，在干预过程中可能损失政策可信度，因此政府通常只有在汇率大幅偏离均衡水平的情况下才会干预。第二，它们可以把汇率作为一种政策工具，从而把宏观经济带到一个不同的均衡状态。第三，在不涉及特定汇率水平的情况下，它们可以把降低汇率波动作为目标，因为它们认为汇率波动对经济福利来说成本太高了。

政府通过常规和非常规的货币政策（见第 5 章）、外汇干预和沟通政策（口头干预）影响汇率。外汇干预主要是中间汇率制度国家使用的政策，但在特殊时期浮动汇率制的国家也可能使用。干预措施的有效性主要取决于其与货币政策的一致性、跨境资本的流动性以及各国央行之间可能的政策协调。

（a）谁负责？

在所有国家，汇率制度的选择都是一项政治决策，责任在于政府。但是就汇率政策而言，这可能由央行或者是财政部决定，具体要看不同国家的情况。在美国、日本、英国和加拿大，汇率政策完全由财政部长决定，央行只是政策的执行者。在美国联邦体系下，纽约联邦储备银行（Federal Reserve Bank of New York）承担所有的市场操作，包括外汇干预。

《马斯特里赫特条约》是否提供了有效的汇率政策？这一点尚不清楚。与美国、英国或日本不同，欧元区汇率政策的职责在法律上是由各国财长和欧洲央行共同承担的，而且事实上，很大程度上是央行在决策。"我是欧元先生"，欧洲央行首任行长维姆·杜伊森贝格（Wim Duisenberg）曾说过一句名言。欧洲央行和各国央行在没有政府干预的情况下管理外汇储备，并独立负责市场干预（由欧洲央行作出干预的决定，具体由欧洲央行和各国央行来实施）。财政部长们只能与第三国①谈判正式的货币协议，并根据欧盟委员会或欧洲央行的建议制定"汇率政策的总体方向"，前提是这些政策不会危及价格稳定（《欧盟运作条约》第2条）。② 因此，只有在完全没有通胀压力且与货币政策取向一致的情况下，欧洲央行才有可能故意压低欧元汇率，以提振经济。

汇率政策使得国际协调明显成为一个问题，不可能所有国家都能同时让本币贬值（或升值）。IMF负责监督汇率制度和汇率政策，以及与之相关的全球经常账户失衡。根据《国际货币基金协定》，"基金应对各会员国的汇率政策行使严密的监督，并应制定具体原则，以在汇率政策上指导所有会员国"。这在1977年关于监督成员汇率政策的决定中也有详细说明，该决定直到2007年6月才有所调整。当时，IMF决定将货币联盟纳入考虑，但也是考虑到特定国家的汇率制度对其他国家和整个金融市场的溢出效应。在美国的坚持下，修订的决定新版本还强调了避免"汇率操纵"的必要性。③

然而，IMF在"对汇率政策进行严格监督"方面无能为力。除非是对那些寻求财政援助的成员，IMF可以将外汇政策纳入贷款的附加条件当中，除此之外，IMF实际上不能强迫其他成员。因此IMF一直回避指出哪些货币存在失调。

在2009年G20（见第3章）升级为"国际经济合作最重要的论坛"之前，主要经济体之间的汇率，或者更广泛地说是世界经济中的汇率，主要由G7的财长和央行行长来进行讨论。G7财长会议后发布的声明就包括了汇率的内容，其通常用晦涩难懂的语言来表述（诸如"我们同意仔细地监测汇率形势，并采取适当的行动"之类的措辞，其意在发出信号，以说明G7准备干预外汇市场）。21世纪头十年，大型新兴市场国家越来越多地参与到了双边政策对话当中。汇率政策的国际协调还会受到央行独立性的限制，这些具有独立性的央行，其任务纯粹是完成国内职责（国内的低通胀、国内的低失业率、国内的金融稳定等）。G7和G20一致认为，应避免"过度"汇率波动：汇率确实应该发挥减震器的作用（作为国内货币政策的

---

① 这一条款仅用于圣马力诺共和国等非欧盟小国使用欧元的谈判。
② 截至本书出版时，还没有碰到过这种情况。
③ 《对于1977年〈汇率政策监督决定〉的审查》，可在国际货币基金组织网站上查阅。

作用机制），但不得为了提高竞争力而操纵汇率（参见 2018 年 3 月 20 日在布宜诺斯艾利斯举行的 G20 财长和央行行长会议公报）。

（b）干预工具

如第 7.2 节的延伸阅读 7.11 所述，货币当局有三种影响（或试图影响）汇率的方式：官方干预、改变利率和沟通。当其想要避免本币贬值时，货币当局可以（i）在外汇市场上抛售外币，（ii）提高国内利率（以吸引外国投资者），或（iii）公布一些关于汇率基本面的私人信息，或仅仅表示其愿意捍卫一定的汇率水平。如果投资者是风险中性的，汇率就遵循非抛补的利率平价。在这种情况下，除非辅以货币政策和/或沟通，否则官方干预无法影响汇率。如果投资者厌恶风险，即使货币政策保持不变，干预也可能是强有力的。21 世纪头十年的中国就是这种情况，如图 7.16 所示：尽管经常账户盈余不断增加，外国直接投资也是净流入的，但中国人民银行（the People's Bank of China，PBOC）仍然能够延缓人民币的名义汇率升值（每 1 美元兑换人民币数量的下降）。中国外汇储备占 GDP 的比例在 2010 年达到了 47% 的峰值，之后随着经常账户盈余的减少和私人资本流动的逆转，外汇储备占 GDP 的比例出现了下降，这也与中国 GDP 增速趋缓有关。

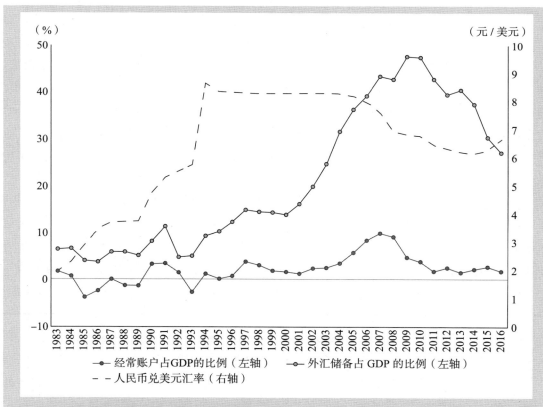

图 7.16　1983—2016 年中国的外汇储备与汇率

资料来源：World Bank, *World Development Indicator*, July 2017.

如前所述，在干预过程中买入外汇，这意味着货币创造。为了抵消其对货币总量的影响，中央银行可以通过以相同力度减少其对国内经济的债权（例如向国内代理人出售证券）来实现冲销干预。这些证券可以是从中央银行的投资组合中拿出来的政府或公司证券，也可以是中央银行为此特定目的而发行的票据，可以称为冲销债券。这时，货币政策就不会受到汇率政策的影响。然而，经过冲销之后的干预措施不如未经冲销的政策那么有效，这是因为冲销政策阻碍了货币供应量的改变（见延伸阅读7.15）。冲销式的干预政策对于汇率的影响，在央行大量（相对于每日交易量）地买入或卖出外汇时有效，或者是因为在此过程中发出了有关央行未来意图的新信息时才有效。

| 延伸阅读 7. 15 | 外汇干预是有效的吗？ |

外汇干预通常通过三个渠道影响汇率（Dominguez and Frankel，1993）。

货币渠道（monetary channel）。假设央行反对本币升值，其在购买外币的同时出售本币。这同时增加了央行的资产（官方储备是其中一部分）和债务（流通中的货币）。通过银行体系，货币供应量的增加以乘数效应被放大。整体的货币扩张进一步导致了较低的利率，从而阻止了资本流入并停止了货币升值。事实上，这种外汇干预相当于宽松的货币政策。

资产组合渠道（portfolio channel）。如果以不同货币计价的资产之间不可完全替代，那么国内外资产供给的相对变化就会影响两者之间的相对价格，也就是汇率。再次考虑央行反对货币升值这种情况。央行购买外币从而相对提高了国内货币的供给量，并造成汇率贬值。该渠道的有效性依赖于资本不完全流动或投资者是风险厌恶的（见第7.2节延伸阅读7.11）。当资本自由流动时，实证研究倾向于认为这个渠道的有效性会下降，因为要改变外汇市场的均衡需要更大的货币供给冲击。同理，资本管制则能够提高资产组合渠道的有效性。典型的例子是21世纪头十年初期的中国，尽管经常账户顺差翻了一番，而且还有大量外国直接投资的流入，但大规模的官方干预仍然可以阻止人民币升值（见图7.16）。

信号渠道（signaling channel）。在实施干预时，央行会通过改变自身资产负债表的结构，从而向市场发出它想要发出的信号。例如，如果一国央行在抛售外币、买进本币，那么本币不贬值才符合央行的利益，否则央行就会蒙受损失。通过干预，央行要么让市场知道它拥有支持本币升值前景的、关于经济基本面的私人信息，要么让市场知道政府的政治承诺就是要让本币实现升值。当市场参与者对汇率的均衡水平缺乏清晰的预期时，这种信号效应就特别重要。

实证研究（Frenkel，Pierdzioch，and Stadtmann，2001；Sarno and Taylor，2001）对干预措施的有效性提出了质疑，至少对冲销式干预措施是这样。发达经济体通常会使用冲销式干预措施。[①] 根据历史数据，他们发现了一种违反直觉的现象：在抛售外

---

① 一个重要的例外是日本在20世纪90年代和21世纪头十年初为避免日元过度升值而进行的非冲销干预。21世纪头十年初，干预措施达到了前所未有的规模。例如，日本银行在2003年12月10日的一个交易日内卖出了12 840亿日元（约100亿美元）。日本在2004年3月停止干预，当时其GDP已经实现了增长。

币之后，本币出现了贬值。一种可能的解释是反向因果关系：央行正是在本币贬值的情况下才抛售外币。然而实证研究仍然表明，一般来说干预措施对发达经济体的汇率影响较弱。同样地，一方面，外汇干预似乎是增加了汇率波动，而不是减少了波动。计量经济学研究并不能对经济和政治背景有完整的考虑，因此我们应该对其结果持保留态度。另一方面，除了外汇干预之外，政府还会出台一些与汇率基本面相关的政策或公开声明（如货币政策和财政政策），决策者一致认为，如果外汇干预措施能够支持上述政策，那么干预措施就是有效的，但这只能部分地得到实证研究的支持。

　　然而，正如门科霍夫（Menkhoff，2013）所指出的，大部分关于外汇干预影响的文献都是对发达经济体的研究，这些经济体在对外汇干预进行冲销的同时，还面临着非常大的外汇市场交易量，与日常私人交易相比，外汇干预的交易量也必然很小。同时，新兴市场国家普遍使用外汇干预政策，截至 2015 年底，新兴市场国家外汇储备占到全球的 73%，远高于 1990 年的 27%。图 7.17 显示了在 2015 年底各国（地区）外汇储备占 GDP 的比例。在实行货币局的地区（中国香港、保加利亚）、石油出口国（沙特阿拉伯），或者是在全球金融危机期间大力干预其汇率的国家（瑞士），以及在 21 世纪头十年那些大力干预汇率以限制货币升值的国家（马来西亚、中国、日本），都可以看到很高的外汇储备/GDP。在图 7.17 的另一端，实行自由浮动汇率的国家或货币区（英国、澳大利亚、欧元区、美国）的外汇储备占 GDP 的比例则较低。

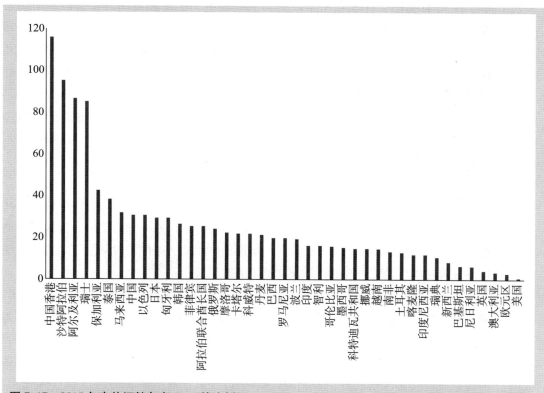

图 7.17　2015 年末外汇储备占 GDP 的比例

　资料来源：World Bank，*World Development Indicator*，July 2017.

因此，当新兴市场国家的央行想要影响本国汇率时，它们比发达经济体的央行拥有更大的"火力"。同时，由于国内债券市场不太活跃以及冲销成本较高，它们会较少采取冲销式干预政策（见下一段）。因此，它们的做法更有可能影响到汇率。多德、利维·叶雅提和纳根加斯特（Daude, Levy Yeyati, and Nagengast, 2016）基于2003—2011年间18个新兴市场国家的面板数据研究发现，一旦控制了汇率的其他决定因素，外汇干预确实会对汇率产生影响。

然而，发展中国家和新兴市场国家的外汇储备积累是有代价的，因为央行资产负债表上的外国资产利率通常低于其本国资产。由于央行需要出售高收益证券来购买低收益证券，因此冲销式干预的成本就上升了。持有外国资产的成本影响了央行的损益，从而间接影响到政府财政。在21世纪头十年，由于低风险溢价，新兴市场国家进行冲销式干预的财政成本是有限的。根据当时的市场利率，印度尼西亚的干预成本最高，但也只有GDP的1%（Mohanty and Turner, 2006）。

关于"口头干预"，弗拉彻（Fratzscher, 2008）发现，美国、欧元区和日本的货币政策委员会成员对汇率的公开表态确实在短期内影响了汇率，并降低了汇率波动性。有趣的是，这种影响独立于央行对外汇市场的"有效"干预。

在国际协调一致的背景下，外汇干预政策将更加有效。最典型的例子是1985年9月22日美国、日本和三个欧洲国家（德国、法国和英国）签署的《广场协议》。当时，五国集团（G5）在美国纽约的一家酒店举行会议，决定共同抑制1979年以来美元汇率的大幅升值，并共同采取外汇市场干预措施。在宣布之后（也就是在任何实际干预之前），美元就出现了大幅贬值。在短短两年内，美元对日元就贬值了约50%。此后，1987年为阻止美元贬值而进行了类似的国际汇率协调，但是除此之外就再也没有出现过其他类似的国际协调。在21世纪头十年初期，G7曾多次试图推动人民币升值。然而，中国并不是G7成员，所以并没有听取这种呼声，直到后来中国才真正决定让人民币升值。

（c）自由浮动真的能起到稳定作用吗？

实行自由浮动汇率制的主要理由是：汇率能够根据经济周期进行内生调整：在经济低迷时期本币贬值，一方面是因为本国央行降息，另一方面是因为投资者预期增长放缓会导致收益率下降。贬值通过增加出口和减少进口暂时刺激了总需求。在经济好转时本币又转向升值，从而抑制了通胀风险。

在实践中，汇率波动是否在自由浮动的经济体发挥了宏观经济减震器的作用？图7.18绘制了1995—2017年期间，美国和欧元区实际有效汇率与产出缺口的关系。我们期望这两个变量呈正相关关系；也就是说，当产出缺口为正值时，其应当是强势货币，而当产出缺口为负值时，则是弱势货币。事实上可以在美国观察到这种现象，但欧元区则没有。特别地，2000年繁荣背景下两者的产出缺口都为正，

但分别对应于强势美元和弱势欧元[①]，而 2009 年的萧条背景下则出现了弱势美元和
强势欧元。

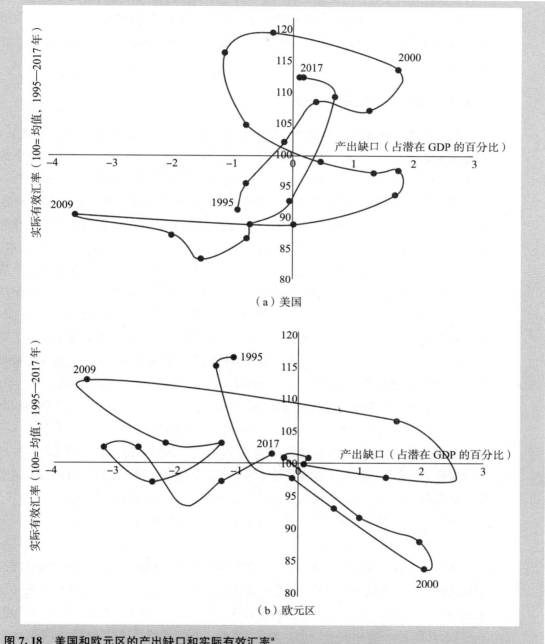

图 7.18　美国和欧元区的产出缺口和实际有效汇率[a]

注：a. 欧元区有 12 个国家，在 1999 年欧元正式启动。

资料来源：欧盟委员会 Ameco 数据库（2017 年 11 月）。

---

① 尽管各国央行在 2000 年进行了协调干预，以加强欧元。

为什么欧元会扮演这样一个顺周期的角色？第一个答案与大西洋两岸的货币政策反应函数有关。数据显示，在整个商业周期中，美联储对需求冲击的反应比欧洲央行更快。另一个答案与美元在国际货币体系中的角色有关，尤其是其作为融资货币的角色。在经济低迷时期美联储降低了利率，这鼓励了美国和欧洲的银行借入更多的美元。这些额外的借款给美元带来了压力。在经济好转时，美元利率上升，其结果相反。

7.3.3 国际货币体系的未来

1944 年布雷顿森林会议以来，国际货币体系发生了重大变化。1972 年之后，工业化国家进入了浮动汇率时代，进而自 20 世纪 90 年代以来，这些国家也完全放开了国际资本自由流动。然而，美元仍然是主要的国际货币（见第 7.1 节表 7.1）。

事实证明，这种非对称安排具有其韧性：它缓冲了重大外部冲击，比如 20 世纪 90 年代后期的新兴市场危机、1998 年长期资本管理公司倒闭后的全球流动性危机、"9·11"恐怖袭击引发的地缘政治风险，以及 2007—2008 年的全球金融危机。美联储在提供流动性从而应对这些冲击方面发挥了关键作用。而且，美元一直扮演着安全资产[1]的角色，从美国的总体资产负债表结构来看，它也扮演着"全球保险公司"的角色，即：一方面，其在负债端是无风险负债（美国国债）；另一方面，其在资产端是高风险资产（股票和外币计价的长期投资）。在正常情况下，由于资产方面的回报高于负债方面的成本，这种结构就产生了正的净收入；然而在危机时期，资产方也会承受巨大损失（Gourinchas and Rey，2007；Gourinchas et al.，2010）[2]。古尔瑞查斯和雷伊（Gourinchas and Rey，2016）估计，在 2007 年第四季度和 2015 年第三季度之间，美国资产负债表遭受了大约 4.13 万亿美元的损失（即 2015 年美国 GDP 的 22.9％或世界 GDP 的 5.6％）。他们认为，美国遭受的这种损失，实际上就是美国参与了世界其他经济体的去杠杆化过程。最后，国际货币体系对全球失衡（全球范围内大规模和持续的经常账户失衡）仍然具有韧性。[3]

不过，国际货币体系可能会越来越不足以应对多极化的全球经济。

（a）走向多极货币体系

在美国主导全球经济的情况下，其他国家的汇率扭曲或金融失衡都是良性的。举例来说，如果中国是全球的小角色，那么中国保持人民币盯住美元并积累美元官方储备就可以持续。然而，按当前汇率计算，中国占世界 GDP 的份额从 1990 年的 1.6％上升到了 2015 年的 14.8％。表 7.5 给出了国家或货币区"规模"的不同衡量标准。按当年汇率计算，2015 年美国仍是世界最大经济体。然而如果看人口，中

---

[1] 安全资产是一种金融资产，其价值在市场压力下保持不变甚至增加。按照第 6 章的术语，安全资产相对而言对信息是不敏感的。
[2] 因此，在危机时期，美元的"过度特权"伴随着"过度责任"而来。
[3] 关于全球失衡的原因和后果，参见 Bernanke(2005) 或 Blanchard and Milesi-Ferretti (2011)。

国才是最大的国家，如果看贸易口径，则欧元区是最大的经济体。

表 7.5　2015 年各国或货币区的规模比较

项目	欧元区[a]	美国	中国
人口（亿）	3.39	3.21	13.74
GDP（万亿欧元，按当年汇率计算）	10.454	16.083	9.688
商品和服务出口（万亿欧元，按当年汇率计算，不包括欧盟和欧元区内的国际贸易）[b]	2.380	1.717	1.780

注：a. 奥地利、比利时、塞浦路斯、爱沙尼亚、芬兰、法国、德国、希腊、爱尔兰、意大利、拉脱维亚、立陶宛、卢森堡、马耳他、荷兰、葡萄牙、斯洛伐克共和国、斯洛文尼亚和西班牙。

b. 2013 年数据。其中，欧盟内部和欧元区内部出口份额是根据 CEPII-CHELEM 2012 年双边贸易数据估算的。

资料来源：世界银行，欧盟委员会和 CEPII-CHELEM 数据库。

历史经验表明，尽管现有的国际货币有利于提供规模经济和网络效应，但不应夸大这种好处：存在多种国际货币仍有其合理性且仍有其空间（参见 Chitu, Eichengreen, and Mehl, 2014 等）。理论文献强调了货币发挥重要国际作用的五个主要条件［参见贝纳西-奎里（Bénassy-Quéré, 2016）的综述］：

- 由大型经济体（国家或货币区）发行；
- 用这种货币计价的金融资产，其金融市场具有深度和流动性；
- 能够同时提供名义上的内部稳定性（低通胀）和外部稳定性（稳定或至少不贬值的汇率）；
- 享有金融稳定和安全的监管环境；
- 拥有非经济力量的一些特征（军事力量、在国际舞台上的发言权）。

结合上面的五个主要条件，表 7.6 总结对比了欧元和人民币的优势和劣势。静态比较显示，欧元比人民币更有优势，欧元作为国际货币已经发挥了重要作用。然而从动态的角度来看，由于规模效应和单一主权国家货币的优势，人民币可能更有优势，当然这还取决于中国改革和执行法治的能力。

表 7.6　欧元和人民币作为国际货币的优势和劣势

要求	欧元	人民币
国家或货币区的大小	强	强
具有深度和流动性的金融市场	强	弱
名义上的稳定性	强	强
金融稳定和法治	强	弱
非经济的力量	弱	强

资料来源：Bénassy-Quéré (2016).

20 世纪 90 年代中期以来，中国采取了重大措施以逐步推动人民币国际化，包括人民币作为支付手段和价值储藏手段的国际使用。2016 年 9 月，人民币被纳入了特别提款权（SDR）货币篮子，与美元、日元、英镑和欧元并列。[①] 尽管完全实现国际化还有很长的路要走，但是从长远来看，很难想象人民币不会在国际货币体系中发挥非常重要的作用（例如参见，Eichengreen and Kawai，2014；Yiping Huang and Fan，2015）。欧元已经发展成为一种区域货币，并且满足了国际化的几个主要条件（参见 ECB，2015；Bénassy-Quéré，2016）。然而，欧元的资本市场缺乏像美元资产市场那样的深度和流动性，而且欧元缺乏单一主权国家力量的支撑。

（b）多极货币体系的影响

当前的货币体系是单极体系，而实体经济又是多极化的，这两者之间的不匹配是当前全球宏观经济环境的关键因素，有些研究还认为，正是这个因素导致了全球金融危机（例如，Ivashina，Scharfstein，and Stein，2015），并且导致了全球层面长期的总需求不足（Gourinchas and Rey，2016）。这意味着，当前国际货币体系将导致全球层面的金融不稳定和经济疲软。[②]

金融不稳定

特里芬（Triffin）教授在 1960 年就预测，布雷顿森林体系是自我毁灭的体系，因为它依赖于持续地发行美元（为不断增长的国际贸易提供资金），这将不可避免地与美联储金库中缓慢增长的黄金库存发生冲突。这个矛盾的体系最终会导致美元崩溃，这实际上在 1971 年就发生了。

在后布雷顿森林体系背景下，周（Zhou，2009），法希、古尔瑞查斯和雷伊（Farhi，Gourinchas，and Rey，2011）重新提出了特里芬两难的概念。法希、古尔瑞查斯和雷伊表示，新兴经济体的经济增长及其对流动性、无风险资产的偏好增加了对国际流动性的需求，进而给美国的利率和经常账户带来了下行压力。在某个阶段，国际投资者要么对美国的国际偿付能力失去信心，要么担心美国债券被大规模货币化，这可能引发美元的崩溃。为了避免这样的结果，他们建议创造其他来源的国际流动性。无论是通过其他货币的国际化，还是通过定期分配特别提款权，都有助于缓解上述矛盾（Mateos y Lago，Duttagupta，and Goyal，2009）。多极货币体系可以使国际流动性的来源多样化，从而缓解特里芬两难。多极化也可能成为一种纪律约束手段：国际投资者面临的选择增加了，他们可以在几种流动性程度相当、国际收支失衡程度各异的国家货币之间作出选择，而不是像过去那样只能投资于长期赤字的国家（Kwan，2001；Eichengreen，2010）。

经济低迷

全球金融危机和欧元区危机减少了全球安全资产（高质量政府债券）的供给。

---

① 特别提款权创建于 1969 年，是对其他储备工具的补充。它是国际货币基金组织的一种信贷，根据每个国家在国际货币基金组织的份额进行分配。各国可以将其特别提款权转换为关键货币，为外部赤字融资。然而，特别提款权在全球储备中所占份额很小：2017 年 9 月仅占外汇储备总额的 1.8%。

② 与之形成鲜明对照的是查尔斯·金德尔伯格（Charles Kindleberger，1981）的"霸权稳定"理论，他认为单极体系更稳定，因为"霸主"愿意为全球稳定付出代价。

而与此同时，由于更高的风险厌恶、更严格的金融监管，以及各国为了避免国际收支危机而需要进行的自我保险，这些因素驱动了对全球安全资产的需求上升（见延伸阅读 7.16）。因此，这些安全资产的收益率下降到了非常低的水平。再加上低通胀的背景，安全资产的名义利率很低甚至是负的，但只是略低于零；因为零利率下限，其收益率无法下降到均衡水平（见第 5 章）。正如第 7.2 节中的延伸阅读 7.12 所述，如果盈余国家限制发行更多的安全资产（因为其遵循严格的财政规则），那么要实现全球安全资产市场恢复均衡的唯一途径就是降低全球收入，从而使得全球对安全资产的需求减少超过全球安全资产的供给下降。简而言之，安全资产的短缺导致了全球总需求的疲弱。

延伸阅读 7.16　　　　　　　　　　**全球金融安全网和自我保险**

全球金融安全网（GFSN）涵盖了所有国家机制，以及双边、区域和多边机制，并提供了对危机的保险（提供流动性来应对私人资本流动可能的逆转）。总体金融风险敞口越大，就越需要一个强大的 GFSN。20 世纪 90 年代以来，全球总体金融风险敞口飞速膨胀。同时，各国的金融互联性越强，也就越需要一个强大的 GFSN，因为金融互联性会增加流动性危机的风险（见第 6 章）。2014 年，中央银行持有的官方储备总计为 12 万亿美元，而其他金融安全机制的规模约为 4 万亿美元。因此，GFSN 的总规模为 16 万亿美元，占世界 GDP 的 22%（IMF，2016a）。

在多边层面，IMF 会按成员的份额向其提供紧急融资。然而这个安全网是有代价的。首先，这些融资的偿还顺序优先于任何其他债务：在资不抵债的情况下，只有 IMF 会优先得到全额偿还，然后私人债权人才能得到偿付。因此，IMF 的救助计划将导致一般债务的降级，从而抬高相关的融资利率。在向危机国家提供贷款之前，如果 IMF 认为该国的债务不可持续，那么 IMF 甚至可能要求进行债务重组。其次，也是最重要的一点，IMF 的融资会附带一项调整计划作为条件。IMF 认为，对于债务国来说，这是为其恢复金融市场准入所必需的。该计划通常包括削减公共支出、增加税收、私有化或放松产品市场的管制，这些都是非常不受欢迎的，更不用说还有要求货币贬值了。因此，IMF 的计划附带很高的政治成本，各国政府也不愿依赖 IMF，其更愿意通过积累外汇储备来进行自我保险。1997 年亚洲金融危机以来，情况更是如此。

如前所述（见第 7.3.2 节），国家层面的储备资产是有净成本的，这种净成本包含了央行资产负债表当中负债端（国内资产）成本和资产端（外国资产）收益之间的差额。更重要的是，积累外汇储备对全球经济产生了负面溢出效应，因为它进一步增加了对本已短缺的安全资产的需求。为了减少国家层面对储备的积累，IMF 推出了新的融资工具，这些工具涉及对各国进行资格预审，从而可能在实际使用这些工具时不用附加任何条件。然而由于"污名"效应，各国并不愿意使用这些预防性的流动性措施。

在欧洲，为了应对欧元区金融危机，欧洲设立了欧洲稳定机制（ESM），其运作方式与 IMF 非常相似。对应地，东亚地区有一个"清迈倡议"，其范围覆盖了东盟与中日韩[a]。该倡议内容包括多边货币互换安排，其旨在为区域内国家提供短期流动性、应对国际收支困难，并补充现有的国际安排，但是其能力在很大程度上还没有经过考验。

在全球金融危机期间，中央银行之间的双边互换额度急剧扩大，2009 年底已经有 40 项安排（IMF，2016b）。2013 年，发达经济体央行之间的货币互换网络升级成了永久性的安排。这些无条件信贷额度是为了维持金融稳定（通过避免银行业的流动性危机），而不是避免国际收支危机。中国已经建立了自己的人民币互换网络，主要是为了保护人民币的外国使用者，其目的是扩大人民币的国际影响力。

a. 东盟＋3 集团包括 10 个东盟国家（文莱、缅甸、柬埔寨、印度尼西亚、老挝、马来西亚、菲律宾、新加坡、泰国和越南）以及中国、韩国和日本。它是东亚地区主要的合作平台。

因此，国际货币体系的多极化与实体经济的多极化两者是一致的。这可以缓解现存体系的一些缺陷，特别是考虑到全球流动性来源的多样化这一机制。然而，国际货币体系能否向多极化发展，这将取决于中国和欧元区是否有能力实施必要的改革，从而有效地发行流动性强的安全资产。

参考文献

Afonso, A., and D. Furceri (2008), "EMU Enlargement, Stabilization Costs and Insurance Mechanisms," *Journal of International Money and Finance*, 27 (2), pp. 169 – 87.

Aghion, P., P. Bacchetta, R. Rancière, and K. Rogoff (2009), "Exchange Rate Volatility and Productivity Growth: The Role of Financial Development," *Journal of Monetary Economics*, 56, pp. 494 – 513.

Ahmed, S., M. A. Appendino, and M. Ruta (2015), "Depreciations Without Exports? Global Value Chains and the Exchange Rate Elasticity of Exports," *World Bank Policy Research Working Paper* No. 7390.

Alesina, A., and R. J. Barro (2002), "Currency Unions," *The Quarterly Journal of Economics*, 117 (2), pp. 409 – 36.

Alfaro L., S. Kalemli-Ozcan, and V. Volosovych (2008), "Why Doesn't Capital Flow from Rich to Poor Countries? An Empirical Investigation," *Review of Economics and Statistics*, 90 (2), pp. 347 – 68.

Allard, C., P. K. Brooks, J. C. Bluedorn, F. Bornhorst, F. Ohnsorge, and K. M. Christopherson Puh (2013), "Toward a Fiscal Union for the Euro Area," *IMF Staff Discussion Note*, No. 13/9.

Asdrubali, P., B. E. Sørensen, and O. Yosha (1996), "Channels of Interstate Risk Sharing: United States 1963 – 1990," *Quarterly Journal of Economics*,

111，pp. 1081 – 110.

Balassa，B. (1964)，"The Purchasing Power Doctrine：A Reappraisal," *Journal of Political Economy*，72，pp. 584 – 96.

Baldwin，R. (2006)，"The Euro's Trade Effects," *ECB Working Paper* No. 594，March.

Bank of International Settlements (BIS) (2016)，*Triennal Survey of Foreign Exchange and Derivatives Market Activity*.

Bayoumi，T.，and B. Eichengreen (1994)，"Shocking Aspects of EMU," in Torres，F.，and F. Giavazzi，eds.，*Adjustment and Growth in the European Monetary Union*，Cambridge University Press，pp. 193 – 235.

Bayoumi，T.，and B. Eichengreen (2017)，"Aftershocks of Monetary Unification：Hysteresis with a Financial Twist," *IMF Working Paper* WP/17/55.

Bénassy-Quéré，A. (2016)，"The Euro as an International Currency," in Badinger，H.，and V. Nitsch，eds.，*Handbook of the Economics of European Integration*，Routledge，pp. 82 – 100.

Bénassy-Quéré，A.，and B. Cœuré (2014)，*Economie de l'Euro*，2nd edition，La Découverte.

Bernanke，B. (2005)，"The Global Saving Glut and the US Current Account Deficit," Sandridge Lecture，Virginia Association of Economists，Richmond，10 March.

Beyer，R. C. M.，and F. Smets (2015)，"Labour Market Adjustments and Migration in Europe and the United States：How Different," *Economic Policy*，October，pp. 643 – 82.

Blanchard，O.，and L. Katz (1992)，"Regional Evolutions," *Brookings Papers on Economic Activity*，1992-1，pp. 1 – 75.

Blanchard，O.，and G-M. Milesi-Ferretti (2011)，"(Why) Should Current Account Balances Be Reduced?" *IMF Staff Discussion Note* 11/03.

Blanchard，O.，and D. Quah (1989)，"The Dynamic Effect of Aggregate Demand and Supply Disturbances," *American Economic Review*，79，pp. 655 – 73.

Boz，E.，G. Gopinath，and M. Plagborg-Møller (2017)，"Global Trade and the Dollar," *NBER Working Paper*，23988.

Branson，W.，H. Haltunen，and P. Masson (1977)，"Exchange Rates in the Short Run," *European Economic Review*，10，pp. 395 – 402.

Bruno，V.，and H. S. Shin (2015)，"Capital Flows and the Risk-Taking Channel of Monetary Policy," *Journal of Monetary Economics*，71，pp. 119 – 32.

Caballero，R. J.，E. Farhi，and P. -O. Gourinchas (2015)，"Global Imbalances and Currency Wars at the ZLB," *NBER Working Paper*, 21670.

Calvo, G., and C. Reinhart (2002), "Fear of Floating," *Quarterly Journal of Economics*, 117, pp. 379 – 408.

Cassel, G. (1921), *The World's Monetary Problems*, Constable and Co.

Catão, L. A. V., and G. -M. Milesi-Ferretti (2014), "External Liabilities and Crises," *Journal of International Economics*, 94, pp. 18 – 32.

Cavallari, L., and S. d'Addona (2013), "Nominal and Real Volatility as Determinants of FDI," *Applied Economics*, 45, pp. 2603 – 2610.

Cavallo, A., and A. Ribba (2015), "Common Macroeconomic Shocks and Business Cycle Fluctuations in Euro Area Countries," *International Review of Economics and Finance*, 38, pp. 377 – 392.

Cerrato, M., H. Kalyoncu, N. H. Naqvi, and C. Tsoukis (2015), "Current Accounts in the Long Run and the Intertemporal Approach: A Panel Data Investigation," *The World Economy*, 38 (2), pp. 340 – 59.

Chinn, M., and H. Ito (2008), "A New Measure of Financial Openness," *Journal of Comparative Policy Analysis*, 10, pp. 309 – 22.

Chiţu, L., B. Eichengreen, B., and A. Mehl (2014), "When Did the Dollar Overtake Sterling as the Leading International Currency? Evidence from the Bonds Markets," *Journal of Development Economics*, 111 (2014), pp. 225 – 45.

Clarida, R., J. Galí, and M. Gertler (2002), "A Simple Framework for International Monetary Policy Analysis," *Journal of Monetary Economics*, 49, pp. 879 – 904.

Clark, P. B. (1973), "Uncertainty, Exchange Risk, and the Level of International Trade," *Western Economic Journal*, 11 (3), pp. 302 – 313.

Clark, P., and R. MacDonald (1998), "Exchange Rate and Economic Fundamentals: A Methodological Comparison of BEERs and FEERs," *IMF Working Paper*, No. 98/00.

Cline, W. R. (2015), "Estimates of Fundamental Equilibrium Exchange Rates May 2015," *Peterson Institute for International Economics Policy Brief*, PB 15-8, May.

Cline, W. R., and J. Williamson (2012), "Estimates of Fundamental Equilibrium Exchange Rates, May 2012," *Peterson Institute for International Economics Policy Brief*, 12 – 14, May.

Cœuré, B. (2017), "The International Dimension of the ECB's Asset Purchase Programme," speech at the Foreign Exchange Contact Group meeting, 11 July.

Cohen, D., and M. Soto (2004), "Why Are Poor Countries Poor?" *CEPR Discussion Paper*, DP 3528.

Ćorić, B. , and G. Pugh (2010), "The Effects of Exchange Rate Variability on International Trade: A Meta-Regression Analysis," *Applied Economics*, 42, pp. 2631 – 2644.

Corsetti, G. (1998), "Interpreting the Asian Financial Crisis: Open Issues in Theory and Policy," *Asian Development Review*, 16, pp. 1 – 47.

Dam, K. (1982), *The Rules of the Game: Reform and Evolution of the International Monetary System*, University of Chicago Press.

Dao, M. , Furceri, D. , and P. Loungani (2014), "Regional Labor Market Adjustments in the United States and Europe," *IMF Working Paper*, No. 14/26.

Daude, C. , E. Levy Yeyati, and A. J. Nagengast (2016), "On the Effectiveness of Exchange Rate Interventions in Emerging Markets," *Journal of International Money and Finance*, 64, pp. 239 – 261.

De Grauwe, P. (2014), *Economics of the Monetary Union*, 11th edition, Oxford University Press.

De Gregorio, J. , S. Edwards, and R. Valdés (2000), "Controls on Capital Inflows: Do They Work?" *Journal of Development Economics*, 63 (1), 59 – 83, October.

Demers, M. (1991), "Investment Under Uncertainty, Irreversibility and the Arrival of Information over Time," *Review of Economic Studies*, 58, pp. 333 – 350.

Dominguez, K. , and J. Frankel (1993), *Does Foreign Exchange Intervention Work?* Institute for International Economics.

Eichengreen, B. (1992), *Golden Fetters: The Gold Standard and the Great Depression, 1919 – 39*, Oxford University Press.

Eichengreen B. (1997), *Globalizing Capital: A History of the International Monetary System*, Princeton University Press.

Eichengreen, B. (2010), "Managing a Multiple Reserve Currency World," *Insights*, 8, pp. 29 – 33.

Eichengreen, B. (2013), "Currency War or International Policy Coordination?" *Journal of Policy Modeling*, vol. 35 (3), pp. 425 – 433.

Eichengreen, B. , and M. Kawai (2014), "Issues for Renminbi Internationalization: An Overview," *ADBI Working Paper* 454.

Eichengreen, B. , J. Tobin, and C. Wyplosz (1995), "Two Cases for Sand in the Wheels of International Finance, Editorial Note," *The Economic Journal*, 105, pp. 162 – 72.

Ethier, W. (1973), "International Trade and the Forward Exchange Market,"

American Economic Review, 63 (3), pp. 494 – 503.

European Central Bank (2015), *The International Role of the Euro*, Biennial Report, July.

European Central Bank (2017), *The International Role of the Euro*, Biennial Report, July.

Farhi, E., P. -O. Gourinchas, and H. Rey (2011), "Reforming the International Monetary System," *CEPR Report*.

Feenstra, R. C., and A. M. Taylor (2015), *International Macroeconomics*, MacMillan.

Feldstein, M., and C. Horioka (1980), "Domestic Saving and International Capital Flows," *Economic Journal*, 90, pp. 314 – 29.

Flood, R., and P. Garber (1984), "Collapsing Exchange Rate Regimes: Some Linear Examples," *Journal of International Economics*, 17, pp. 1 – 13.

Fontagné, L., and M. Freudenberg (1999), "Endogenous Symmetry of Shocks in a Monetary Union," *Open Economies Review*, 10, pp. 263 – 87.

Fontagné, L., T. Mayer, and G. Ottaviano (2009), "Of Markets, Products and Prices: The Effects of the Euro on European Firms," EFIGE Report, Bruegel Blueprint, January.

Frankel, J., and A. Rose (1998), "The Endogeneity of the Optimum Currency Area Criteria," *Economic Journal*, 108, pp. 1009 – 26.

Frankel, J. A., and G. Saravelos (2012), "Can Leading Indicators Assess Country Vulnerability? Evidence from the 2008 – 09 Global Financial Crisis," *Journal of International Economics*, 87 (2), pp. 216 – 31.

Fratzscher, M. (2008), "Communication and Exchange Rate Policy," *Journal of Macroeconomics*, 30 (4), pp. 1651 – 72.

Frenkel, M., Pierdzioch, C., and G. Stadtmann (2001), "The Interventions of the European Central Bank: Effects, Effectiveness and Policy Implications," working paper, Koblenz University.

Friedman, M. (1953), "The Case for Flexible Exchange Rates," in *Essays in Positive Economics*, University of Chicago Press, pp. 157 – 203.

Furceri, D., and A. Zdzienicka (2015), "The Euro Area Crisis: Need for a Supranational Fiscal Risk Sharing Mechanism?" *Open Economies Review*, 26, pp. 683 – 710.

Garber, P., and M. Taylor (1995), "Sand in the Wheels of Foreign Exchange Markets: A Sceptical Note," *Economic Journal*, 105, pp. 173 – 80.

Garman, M., and S. Kohlhagen (1983), "Foreign Currency Option Values," *Journal of International Money and Finance*, 2, pp. 231 – 37.

Gaulier, G. , A. Lahrèche-Révil, and I. Méjean (2008), "Exchange Rate Pass Through at the Product Level," *Canadian Journal of Economics*, 41, pp. 425 – 49.

Ghosh, A. R. (2014), "A Comparison of Exchange Rate Regime Choice in Emerging Markets with Advanced and Low Income Nations for 1999 – 2011," *International Review of Economics and Finance*, 33, pp. 358 – 370.

Ghosh, A. R. , and M. S. Qureshi (2016), "What's In a Name? That Which We Call Capital Controls," *IMF Working Paper* WP/16/25.

Ghosh, A. R. , M. S. Qureshi, and C. G. Tsangarides (2014), "On the Value of Words: Inflation and Fixed Exchange Rate Regimes," *IMF Economic Review*, 62 (2), pp. 288 – 322.

Giavazzi, F. , and M. Pagano (1992), "The Advantage of Tying One's Hands: EMS Discipline and Central Bank Credibility," *European Economic Review*, 32 (5), pp. 1055 – 75.

Gopinath, G. (2017), "Rethinking Macroeconomic Policy: International Economy Issues," Perterson Institute for International Economics, 10 October.

Gopinath, G. , O. Itskhoki, and R. Rigobon (2010), "Currency Choice and Exchange Rate Pass-Through," *American Economic Review*, 100 (1), pp. 304 – 36.

Gourinchas, P. -O. , and O. Jeanne (2006), "The Elusive Gains from International Financial Integration," *Review of Economic Studies*, 73, pp. 715 – 41.

Gourinchas, P. -O. , and H. Rey (2007), "From World Banker to World Venture Capitalist: US External Adjustment and the Exorbitant Privilege," in Clarida, R. , ed. , *G-7 Current Account Imbalances: Sustainability and Adjustment*. University of Chicago Press, pp. 11 – 55.

Gourinchas, P. -O. , and H. Rey (2016), "Real Interest Rates, Imbalances and the Curse of Regional Safe Asset Providers at the Zero Lower Bound," paper prepared for the ECB Forum on Central Banking, Sintra, June.

Gourinchas P. -O. , H. Rey, and N. Govillot (2010), "Exorbitant Privilege and Exorbitant Duty," Discussion Paper No. 10-E-20, Institute for Monetary and Economic Studies, Bank of Japan.

Gräb, J. , and F. Lafarguette (2015), "The Role of Currency Invoicing for the International Transmission of Exchange Rate Movements," in *The International Role of the Euro*, European Central Bank, pp. 44 – 54.

Haile, M. G. , and G. Pugh (2013), "The Effects of Exchange Rate Variability on International Trade: A Meta-regression Analysis," *The Journal of International Trade and Economic Development*, 22 (3), pp. 321 – 350.

Hooper, P. , and S. W. Kohlagen (1978), "The Effects of Exchange Rate Uncertainty on the Prices and Volume of International Trade," *Journal of International Economics*, 8, pp. 43 – 511.

International Monetary Fund (1997), "Capital Flows to Emerging Countries: A Historical Perspective," in *International Capital Markets: Developments, Prospects and Key Policy Issues*, September.

International Monetary Fund (2012), *The Liberalization and Management of Capital Flows: An Institutional View*.

International Monetary Fund (2015), "Exchange Rates and Trade Flows: Disconnected?" *World Economic Outlook*, pp. 105-142.

International Monetary Fund (2016a), "Adequacy of the Global Financial Safety Net," IMF Staff report, March.

International Monetary Fund (2016b). *Annual Report on Exchange Arrangements and Exchange Restrictions*, October.

Ivashina, V., D. S. Scharfstein, and J. C. Stein (2015), "Dollar Funding and the Lending Behavior of Global Banks," *Quarterly Journal of Economics*, 130 (3), pp. 1241 – 81.

Jeanne, O. (1996), "Les modèles de crises de change: un essai de synthèse en relation avec la crise du franc de 1992 – 1993," *Économie et Prévision*, no. 123 – 124.

Kaminsky, G., S. Lizondo, and C. Reinhart (1998), "Leading Indicators of Currency Crises," *IMF Staff Papers*, no. 45, pp. 1 – 48.

Kenen, P. (1969), "The Optimum Currency Area: An Eclectic View," in Mundell, R., and A. Swoboda, eds., *Monetary Problems of the International Economy*, University of Chicago Press, pp. 41 – 60.

Keynes, J. M. (1936/2007), *The General Theory of Employment, Interest and Money*. Macmillan.

Kindleberger, C. (1981), "Dominance and Leadership in the International Economy," *International Studies Quarterly*, 25 (2), pp. 242 – 54.

Klein, M. W., and J. C. Shambaugh (2015), "Rounding the Corners of the Policy Trilemma: Sources of Monetary Policy Autonomy," *American Economic Journal: Macroeconomics*, 7 (4), pp. 33 – 66.

Krugman, P. (1979), "A Model of Balance of Payments Crises," *Journal of Money, Credit and Banking*, 11, pp. 311 – 24.

Krugman, P. (1987), "Pricing to Market when the Exchange Rate Changes," in Arndt, A., and J. Richardson, eds., *Real Financial Linkages Among Open Economies*, MIT Press, pp. 49 – 70.

Krugman, P. (1992), *Currencies and Crises*, MIT Press.

Krugman, P. (1993), "Lessons of Massachusetts for EMU," in Torres, F., and F. Giavazzi, eds., *Adjustment and Growth in the European Monetary Union*, Cambridge University Press, pp. 241 – 61.

Krugman, P. (1999), "Balance Sheets, the Transfer Problem and Financial Crises," *International Tax and Public Finance*, 6, pp. 459 – 472.

Kumar, S., and B. B. Rao (2011), "A Time-series Approach to the Feldstein-Horioka Puzzle with Panel Data from the OECD Countries," *The World Economy*, 34 (3), pp. 473 – 85.

Kwan, C. H. (2001), *Yen Bloc: Towards Economic Integration in Asia*, Brookings Institution Press.

Lane, P., and G. M. Milesi-Ferretti (2007), "The External Wealth of Nations Mark II: Revised and Extended Estimates of Foreign Assets and Liabilities, 1970 – 2004," *Journal of International Economics*, 73, pp. 223 – 50.

Lane, P., and G. -M. Milesi-Ferretti (2009), "Where Did All the Borrowing Go? A Forensic Analysis of the US External Position," *Journal of the Japanese and International Economies*, 23 (2), pp. 177 – 99.

Lerner, A. P. (1944), *Economics of Control: Principle of Welfare Economics*, Macmillan.

Lucas, R. (1990), "Why Doesn't Capital Flow from Rich to Poor Countries?" *American Economic Review*, 80, pp. 92 – 96.

Martin, J., and I. Méjean (2010), "Euro et dispersion des prix à l'exportation," *Economie et Statistique*, 435 – 36, pp. 49 – 64.

Mateos y Lago, I., R. Duttagupta, and R. Goyal (2009), "The Debate on the International Monetary System," *IMF Staff Position Note* 09/26.

McKinnon, R. (1963), "Optimum Currency Areas," *American Economic Review*, 53, pp. 717 – 25.

Menkhoff, L. (2013), "Foreign Exchange Intervention in Emerging Markets: A Survey of Empirical Studies," *The World Economy*, 36 (9), pp. 1187 – 208.

Mohanty, M. S., and P. Turner (2006), "Foreign Exchange Reserve Accumulation in Emerging Markets: What are the Domestic Implications?" *BIS Quarterly Review*, September, pp. 39 – 52.

Mundell, R. (1961), "A Theory of Optimum Currency Areas," *American Economic Review*, 51, pp. 657 – 65.

Mundell, R. (1973), "Uncommon Arguments for Common Currencies," in Johnson, H., and A. Swoboda, eds., *The Economics of Common Currencies*, George Allen & Unwin, pp. 114 – 32.

7

Mussa, M. (2000), "Factors Driving Global Economic Integration," *Federal Reserve Bank of Kansas City Proceedings*, pp. 9 – 55.

Nikolov, P. (2016), "Cross-border Risk Sharing after Asymmetric Shocks: Evidence from the Euro Area and the United States," *Quarterly Report on the Euro Area* 15 (2), pp. 7 – 15.

Obstfeld, M. (1994), "The Logic of Currency Crises," Banque de France, *Cahiers économiques et monétaires*, 43, pp. 189 – 213, and *NBER Working Paper*, 4640.

Obstfeld M. (2009), "International Finance and Growth in Developing Countries: What Have we Learned?" *NBER Working Paper*, 14691.

Obstfeld, M. (2015), "Trilemma and Trade-offs: Living with Financial Globalization," *BIS Working Paper* No. 480, January.

Obstfeld, M., and K. Rogoff (1999), *Foundations of International Macroeconomics*, MIT Press.

Obstfeld, M., and K. Rogoff (2007), "The Unsustainable US Current Account Position Revisited," in Clarida, R., ed., *G7 Current Account Imbalances: Sustainability and Adjustment*, University of Chicago Press, chapter 9.

Obstfeld, M., J. C. Shambaugh, A. M. Taylor (2005), "The Trilemma in History: Tradeoffs Among Exchange Rates, Monetary Policies, and Capital Mobility," *Review of Economics and Statistics*, 87 (3), pp. 423 – 38.

Obstfeld, M., and A. Taylor (2004), *Global Capital Markets: Integration, Crisis, and Growth*, Cambridge University Press.

Ostry, J. D., A. R. Ghosh, M. Chamon, and M. S. Qureshi (2012), "Tools for Managing Financial-Stability Risks from Capital Inflows," *Journal of International Economics*, 88 (2), pp. 407 – 21.

Ostry, J. D., A. R. Ghosh, K. Habermeier, M. Chamon, M. S. Qureshi, and D. B. S. Reinhardt (2010), "Capital Inflows: The Role of Controls," *IMF Staff Position Note* SPN/10/04, February 19.

Ostry, J. D., A. R. Ghosh, K. Habermeier, L. Laeven, M. Chamon, A. Kokenyne, and M. S. Qureshi (2011), "Managing Capital Inflows: What Tools to Use?" *IMF Staff Position Note* SPN/11/06, April 5.

Pindyck, R. (1991), "Irreversibility, Uncertainty, and Investment," *Journal of Economic Literature*, 29, pp. 1110 – 48.

Poole, W. (1970), "Optimal Choice of Monetary Policy Instruments in a Simple Stochastic Macro Model," *Quarterly Journal of Economics*, 84, pp. 197 – 216.

Rey, H. (2013), "Dilemma not Trilemma: The Global Financial Cycle and

Monetary Policy Independence," *Proceedings-Economic Policy Symposium-Jackson Hole*, *Federal Reserve of Kansas City Economic Symposium*, pp. 285 - 333.

Rey, H. (2016), "International Channels of Transmission of Monetary Policy and the Mundellian Trilemma," *IMF Economic Review*, 64 (1), pp. 6 - 35.

Robinson, J. (1947), *Essays in the Theory of Employment*, Part Ⅲ, "The Foreign Exchanges," Blackwell.

Rogoff, K. (1996), "The Purchasing Power Parity Puzzle," *Journal of Economic Literature*, 34, pp. 647 - 68.

Rogoff, K., K. A. Froot, and M. Kim (2001), "The Law of One Price over 700 Years," *IMF Working Paper* 01/174, November.

Rueff, J. (1965), "The Role and the Rule of Gold: An Argument," Interview by F. Hirsch, *Essays in International Finance*, No. 47, Princeton University, June.

Salant, S., and D. Henderson (1978), "Market Anticipation of Government Policies and the Price of Gold," *Journal of Political Economy*, 86, pp. 627 - 48.

Samuelson, P. (1964), "Theoretical Notes on Trade Problems," *The Review of Economics and Statistics*, 46, February, pp. 145 - 54.

Sarno, L., and M. Taylor (2001), "Official Intervention in the Foreign Exchange Market: Is It Effective and, If So, How Does It Work?" *Journal of Economic Literature*, 39, pp. 839 - 68.

Shambaugh, J. C. (2004), "The Effects of Fixed Exchange Rates on Monetary Policy," *Quarterly Journal of Economics*, 119 (1), pp. 300 - 51.

Sørensen, B. E., and O. Yosha (1998), "International Risk-Sharing and European Monetary Unification," *Journal of International Economics* 45 (2), pp. 211 - 38.

Stein, J. (1994), "The Natural Real Exchange Rate of the US Dollar and Determinants of Capital Flows," in Williamson, J., ed., *Estimating Equilibrium Exchange Rates*, Peterson Institute for International Economics, pp. 133 - 176.

Stoffels, N., and C. Tille (2007), "Why Are Switzerland's Foreign Assets so Low? The Growing Financial Exposure of a Small Open Economy," *Federal Reserve Board of New York Staff Reports*, 283.

Summers, L. (1988), "Tax Policy and International Competitiveness," in Frenkel, J., ed., *International Aspects of Fiscal Policy*, University of Chicago Press, pp. 349 - 375.

Taglioni, D. (2002), "Exchange Rate Volatility as a Barrier to Trade: New Methodologies and Recent Evidence," *Economie Internationale*, 89 - 90, pp. 227 - 59.

Tapsoba, S. (2009), "West African Monetary Integration and Interstates Risk-Sharing," *Journal of Economic and Monetary Integration*, 9 (1), pp. 31 – 50.

Tobin, J. (1958), "Liquidity Preference as Behaviour Towards Risk," *Review of Economic Studies*, 25, pp. 65 – 86.

Tobin, J. (1974), *The New Economics One Decade Older*, Princeton University Press.

Triffin, R. (1960), *Gold and Dollar Crisis*, Yale University Press.

Williamson, J. (1983), *The Exchange Rate System*, Institute for International Economics.

Yiping, H., D. Wang, and G. Fan (2015), "Paths to a Reserve Currency: Renminbi Internationalization and Its Implications," in Eichengreen, B., and M. Kawai, eds., *Renminbi Internationalization*: *Achievements*, *Prospects*, *and Challenges*, Asian Development Bank Institute, and Brookings Institution.

Zhou, X. (2009), "Reform of the International Monetary System," essay posted on the website of the People's Bank of China, 9 April.

第8章 税收政策

没有代表权的纳税就是暴政。

——詹姆斯·奥蒂斯（James Oris，1725—1783），
美国独立战争时期的律师、政治家

共同的纳税是维持政府力量和行政成本的必备条件。所有公民都应当按照个人财富的固定比例来缴纳。

——法国《人权与公民权宣言》，1789 年第 13 条

政府很少对于其提供的服务向居民收费。除了博物馆、游泳池和大学等特定领域之外，政府提供的服务大部分都是免费的，比如科研、国防和外交等。这些服务属于公共产品的范畴（见第 2 章）。现实中，政府很难准确界定哪些公民会从公共产品中受益，从而难以让这些特定的受益群体为此支付费用。因此，提供这些公共服务[①]所需的资金必须通过税收来筹措，即强制性地向家庭或企业收税。

当然，并非所有通过征税来筹措资金、由政府提供的服务都是公共产品。例如教育，政府可以对教育服务收费，但实践中政府会部分靠税收来筹措资金。公民可以通过投票来表达自己对于公共服务的数量、质量和相应税收水平的偏好。

但是，税收通常会扭曲相对价格。比如，个人所得税是对家庭劳动收入的征税，这时税收提高了劳动相较于闲暇的价格，进而可能会改变劳动供给。这种扭曲可能会影响福利水平和 GDP 增长。因此，社会需要在公共产品的提供（教育、公共安全、基础设施等都将对社会福利和增长产生积极影响）和减少税收（以限制价格扭曲）之间进行权衡。

从纯效率的角度来看，公共服务应该通过定额税（lump-sum taxes）来筹资，即对每一个公民征收相同数量的税，缴税额与他们的活动、消费或收入无关，这种

[①] 在本章中，我们讲的政府服务指所有由政府（或一些公共企业）生产和提供的商品或服务，无论其公共角色是否拥有合理性（某些机构可能根本没有合理性可言）。在我们的定义中，公共产品是消费上既没有排他性也没有竞争性的商品和服务（与第 2 章的定义相同）。

税不会扭曲居民在工作、储蓄和消费等方面的决策。撒切尔夫人领导的英国政府在1979 年就通过了类似的人头税（poll tax）[①]。但是从公平角度看，这种税收是存在问题的，因为穷人纳税额占收入的比重会高于富人。为了更公平地分配税负，或者甚至把收入再分配作为一项政策目标时，征税额应等于收入的一定比例或按累进比例征收，但这就不可避免地会对经济产生扭曲效应。

税收政策总是被政治化，因为它是效率-公平权衡的核心问题，而且税收是在公民之间进行财富再分配的最简单方式，但这也往往会导致人们忽视了思考税收问题的经济视角。税收政策是一项政治决策，在所有民主国家都是议会的特权。然而，正如我们将在本章中提到的那样，经济学分析可以在很大程度上帮助我们设计更有效的税收制度。

8.1　问题

8.1.1　税收是什么？

税收政策（tax policy）是包含每个税种的年度预算，以及税率（rate）和税基（base）的一套机制。例如，政府可以决定将消费税税率增加一个百分点（这是针对税率的决定），或对一些项目免税（这是针对税基的决定）。税收收入（tax revenue）取决于税率和税基的组合。通过同时削减税率和扩大税基来保持给定的税收水平，这是可能的（就像我们接下来将看到的，这已经是最近的普遍趋势）。大多数情况下，税率和税基的选择是相互影响的：高税率往往会减少税基。此外，税基通常取决于经济活动状况：例如，对于给定的税率和税基的定义，消费支出的下降将会自动减少消费税的税收。因此，税收通常很难预测。

（a）政府为什么要征税？

税收政策同时包含了第 1 章由理查德·马斯格雷夫提出的经济政策的三种基本功能：

• 资源配置。税收会影响商品和服务、劳动与闲暇、劳动和资本等之间的相对价格。这样就造成了价格扭曲（price distortions）：比如，对进口商品征税会提高它对国内商品的相对价格。只有定额税不会产生扭曲，但是却很少见。在完美市场的条件下（相对价格的调整可以实现资源的优化配置，参见第 1 章提到的福利经济学第一定理），此时税收对于经济效率通常是有害的。然而当市场不完善时，税收也可能有利于提高经济效率。例如税收可以矫正空气污染的外部性。如果没有税收，工厂排放的污染物会高于社会最优排放量。税收还可以为那些不能由市场自发提供的公共产品提供必要的资金支持。最后，它还可以扮演"家长式"（paternalistic）的角色来避免个人犯错误。对酒精和香烟的征税就属于家长式的税收，有时也

[①] "人头税"是 20 世纪 80 年代决定的一种统一的社区收费，以取代基于房产价值的税收。首相辞职后，这个项目被放弃了。然而，它被基于财产价值但具有递减结构的市政税所取代（Atkinson, 2015）。

被称为罪恶税（sin taxes）。

- 收入再分配。对收入征税可以改进富人和穷人、已婚和单身人士以及代际间的收入分配。资本税（无论是在公司或在家庭层面）和社会保险缴费（或者社会保障税）[1]（这是对劳动力的征税）会影响到资本和劳动的相对收入。分配效应可能是无意识的结果，但是当市场均衡违背了公平的目标时，政府也会寻求实施再分配。1789 年法国大革命以来，人们越来越意识到税收应采用比例（proportional）税或者是累进（progressive）税（这意味着，富人纳税额占其收入的比重相对较多），而不应该像以前一样实行累退（regressive）税（这意味着，富人纳税额占其收入的比重相对较少）。[2]

- 经济稳定。第 4 章提到，处于周期性衰退时，税负下降将有助于维持对商品和服务的需求，相反，在经济繁荣期，更高的税收将会减少需求，抑制价格上涨的压力。这就是自动稳定机制，具体是指税率保持不变，而税基会随着经济状况进行内生性调整，这通常与相机抉择的稳定机制不同，后者是主动地对税率和税基进行逆周期调整。然而，公共财政和政治压力可能会导致政府在经济衰退时期提高税率，而在经济繁荣时期降低税率。这种顺周期政策会加剧而不是抑制商业周期。税收政策的稳定作用已在第 4 章讨论过了，本章将不再进一步讨论。

税收的这三种基本功能密切关联，并经常面临权衡。例如，那些居民收入再分配（收入再分配功能）力度更大的国家，或是提供更多政府服务（资源配置功能）的国家，一般来说其实行更高水平的税负，从而其自动稳定器（经济稳定功能）更强。很典型地，欧元区税收的自动稳定器作用比美国更大。不过，累进所得税能够降低整个社会的收入不平等（收入再分配），但它也会减少工作动力，进而影响整个社会的经济效率（资源配置）。对香烟征税会减少疾病，增加税收收入（资源配置），但是也有消极影响，比如会让穷人的相对税负更重。

（b）征多少税？

在人类早期历史上，征税行为几乎完全由战争决定：在和平时期，税收只占国民收入的很小一部分；在战争时期，国王和皇帝会提高税收来为战争提供资金，而不顾其社会后果。20 世纪初还是这种情况，在第一次世界大战之前，税收占 GDP 的比重不到 10%，但在两次世界大战过程中，一些交战国的税收占 GDP 的比重甚至超过了 50%。在美国，最高边际所得税率在 1918 年达到了 77%，1945 年达到了 94%，税基也大大扩大了，但是在 1915 年只有 2% 的人口缴纳这一税率。[3]

在一战和二战期间，税收下降与福利国家（即社会保障体系）的出现发生了矛盾。19 世纪末，在俾斯麦（Bismarck）总理主政的德国，强制性医疗和养老保险

---

[1]　在欧洲，健康、养老和失业保险的贡献通常被称为社保缴纳，但在美国只有联邦养老保险计划被称为社会保障税（social security contributions）。为了避免混淆，我们讲的是社会保险，而不是社保缴纳。

[2]　在中世纪，农奴向贵族缴纳资金和实物。法国大革命引入了比例税的概念，但累进税制其实出现在 20 世纪初。

[3]　参见 Salanié（2003）。

开始发展起来，并逐步扩展到了其他欧洲国家（但不包括美国）。到 20 世纪，其覆盖范围进一步扩展。在美国，富兰克林·德拉诺·罗斯福（Franklin Delano Roosevelt）新政引入了联邦社会项目，这导致联邦税收大幅上升。在二战后的美国，随着全面社会保险制度（以应对失业、老龄化、健康和贫困等风险）的引入，这一趋势进一步加速了。这些制度导致税收总额（total taxation，也就是广义的总体税负，包括社会保险缴费）稳步增加。

不过，在 20 世纪 80 年代又出现了分水岭：一方面，欧洲大陆的社会保障制度进一步发展；另一方面，在美国和其他一些英语语系国家的社会保障水平出现了下降。相应地，税收总额在欧洲大陆继续上升，在美国则维持在一个相对稳定的水平，在英国甚至出现了下降。20 世纪 90 年代后期和 21 世纪头十年，加拿大、瑞典等国的政府致力于稳定或限制税收总额的增长，但是英国的税收总额在这一时期再次出现上升。2009 年的全球危机导致一些国家的税收总额占 GDP 的百分比增加：这既是由于分母（GDP）的下降，也是由于试图限制公共赤字而使得分子出现了上升（见图 8.1）。

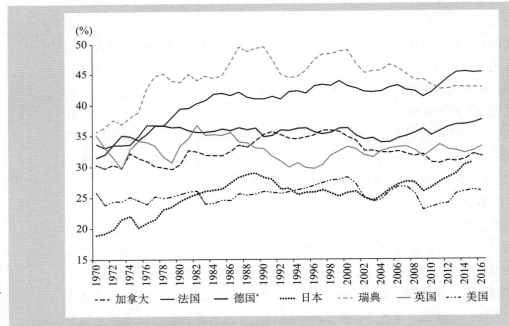

图 8.1　1970—2016 年税收总额占 GDP 的百分比

注：* 1991 年之前是联邦德国。

资料来源：OECD 税收收入统计。

在欧盟内部，各国税收总额占 GDP 的比重存在差异：从爱尔兰的 25%，到法国的 45%，再到丹麦的 47%（见图 8.2）。除了少数例外，中欧和东欧国家的税负总体低于西方国家，而斯堪的纳维亚经济体的税收水平却相对较高。

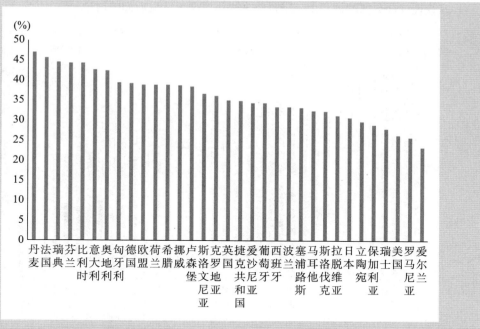

图 8.2　2016 年税收总额占 GDP 的百分比ᵃ

注：a. 不包括社会保险缴费。

资料来源：欧盟委员会 Ameco 数据库。

在发展水平相似的情况下，不同国家的税率也可能存在较大差异。即使在欧盟范围内，不同国家对于提供服务的偏好也存在显著差异：在斯堪的纳维亚半岛，政府实行高税收，从而大范围地提供免费教育、卫生和社会服务。而在爱尔兰，这些服务则由私人部门提供，因此税负较低。尽管全球产品和资本市场更加趋于一体化，但种种迹象表明，总体税负水平的差异在过去几十年并没有缩小，所以各国间的税负差异似乎可以归因于各自的偏好。也正是因为这个原因，关于全球化将导致税负比例趋同的普遍预期并没有得到数据支持。在研究税收政策开放的影响时，我们将再回到这个问题。

8.1.2　税收的类型

税收可沿着三个维度来分类，即：(i) 谁征税？(ii) 如何征税？(iii) 谁付钱？

（a）谁征税？

税收可以由中央政府、州政府（特别是在联邦制国家，例如德国各州、瑞士各州、阿根廷各省）、地方政府和社会保险管理部门来征收。然而，税收征管部门可能既无权决定税率，也并不能直接获取税收。例如由中央税收部门代表地方政府来征收地方税的情况。

图 8.3 说明了经济合作与发展组织（OECD）当中各国税制结构（各级政府部门的税收收入占比）的多样性。在联邦制国家（如德国、瑞士、西班牙或加拿大），中央政府的税收收入通常不到总税收收入的一半。在法国，大部分税收收入来自社会保险基金，而在丹麦或英国，社会保障由中央政府按照"贝弗里奇"（Beveridgian）制度

管理（社会保障福利由一般税收来提供资金；参见后面的讨论）。

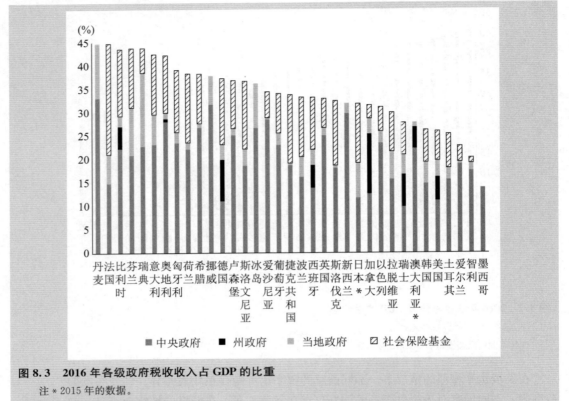

图 8.3　2016 年各级政府税收收入占 GDP 的比重

注 * 2015 年的数据。

资料来源：OECD 税收收入统计。

在第 3 章讨论的奥茨定理的背景下，中央和地方之间的税收分配提出了税收自治（tax autonomy）和税收竞争（tax competition）问题。一方面，税收在地方一级筹措可以增强地方政府的财政责任，并允许它们制定与当地偏好（税收自治）一致的政策；另一方面，税收自治也存在风险：自治会让富裕的地方通过削减税收来吸引企业或个人（税收竞争），从而可能变得更加富裕，而贫穷的地方税基有限，但因为社会开支较大，所以不得不提高税率。因此，中央政府经常实施跨地区的再分配。这种再分配的力度是个有争议的话题，因为它影响到效率（地方公共选择的效率）与公平（地区之间的公平）之间的权衡。

（b）如何征税？

税收的另一种分类方式是根据课税的对象进行分类。

直接税（direct tax）是对收入（或是财富）进行征税，而不论这种收入（财富）是否使用以及如何使用。直接税包括：

• 对家庭征收的个人所得税（personal income tax，PIT，对劳动收入或资本收入征收，通过家庭直接缴纳或者由雇主为其缴纳）、遗产税（inheritance taxes）、不动产税（property taxes）[①] 和财产税（wealth taxes）。

———————————

① 不动产税的课征对象是家庭拥有的土地和房屋的市场价值，其税率通常由地方政府自主决定。

- 对公司征收的公司所得税（corporate income tax，CIT）[1] 和地方商业税收，像德国的营业税（gewerbesteuer）、法国的地方经济捐税（contribution économique ter-ritoriale）、意大利的工商业地税（imposta regionale sulle attività produttive，IRAP）。

相比之下，间接税（indirect tax）是对收入的使用进行征税，主要是消费税。典型的例子包括对进口的商品和服务所征收的税（进口税）、美国的销售税和欧洲的增值税（value added tax，VAT）[2]，后两者的课税对象都是消费者购买的商品或服务金额。消费税（excise taxes）（例如对香烟和酒的税收）也是间接税的例子。最后，环境税（包括能源税、运输税和污染税）也是一种间接税。

第三种税收是社会保险缴费（social insurance contributions），它的税基是雇员的工资单，具体由雇主和雇员共同缴纳。尽管社会保险缴费也被认为是一种直接税，但它通常被区别对待，因为个人的社会保险缴费额与其领取的福利金额相关。

图 8.4 显示了 2014 年 OECD 国家根据第二种税收分类方式划分的税收结构。在丹麦、澳大利亚、新西兰和加拿大，直接税占总税收的 60% 或更多。相反，中欧和东欧国家，比如希腊和土耳其则更多依赖间接税。

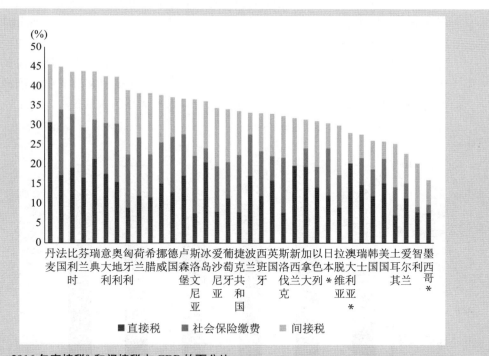

图 8.4　2016 年直接税ᵃ 和间接税占 GDP 的百分比

注：＊2015 年的数据。

a. 直接税包括企业所得税和个人所得税。

资料来源：OECD.

---

① 公司所得税是指在扣除税赋减免（像固定资产折旧，或是研发支出）之后对公司利润所征的税。

② 如第 8.3 节所述，增值税是一种对最终消费征收的税。与一般销售税不同，增值税在价值链的每个阶段都要缴纳，然后在中间消费和投资中退回。中间消费不被征税是确保同一种商品不被重复征税（作为中间消费，然后作为最终消费），这也解释了为什么这种税被称为"增值税"。

图 8.4 展示的各国税制差异形象地显示出了"俾斯麦"制度（Bismarckian systems，德国、奥地利、法国、荷兰）和"贝弗里奇"制度（英国、丹麦、爱尔兰）之间的差异。在第一种制度中，受德国首相俾斯麦在 19 世纪 80 年代提出方案的启发，社会保险的福利被看作是延期支付的工资，因此其资金来源主要是来自基于工资的缴款；每位雇员都知道，当他们失业或是退休的时候，他们将得到一定的收入，这笔收入的金额将与他们的缴款成一定比例。另外，在威廉姆·贝弗里奇 1941 年的报告之后，英国引入了第二种制度。在第二种制度中，社会福利被看作是公共转移支付，其目标是确保最贫困的群体可以获得最低水平的收入：这种系统主要是通过税收来筹集社会保险基金，对个人而言，其社会保险缴费与福利所得之间几乎没有联系。当然，随着时间的推移，两种方案之间的区别逐渐变得模糊："贝弗里奇"制度已经引入了一些保险计划，而"俾斯麦"制度也发生了一些改变（制定了有上限的失业救济金，实施具有再分配性质的转移支付）。还有一些国家也在从社会保险缴费转向间接税，特别是环境税（丹麦、瑞典）和增值税（丹麦、德国）。

20 世纪 60 年代中期以来，发达国家间接税在总税收收入中的比重呈下降趋势，但这种演变其实伴随着两种相互对立的趋势：消费税占比逐渐下降，而增值税占比逐渐上升（见图 8.5）。事实上，在一个资本和劳动可以自由流动（从而相应的税基可以自由流动）的世界中，增值税已经越来越被视为是提高税收收入的一种有效的、没有扭曲的方式。20 世纪 80 年代以来的另一种转变是，个人所得税的税收占比已经从 1985 年的 30％下降到了 2015 年的 24％。许多国家政府已经削减了在政治上敏感的个人所得税，同时提高了社会保险缴费和增值税的税率。

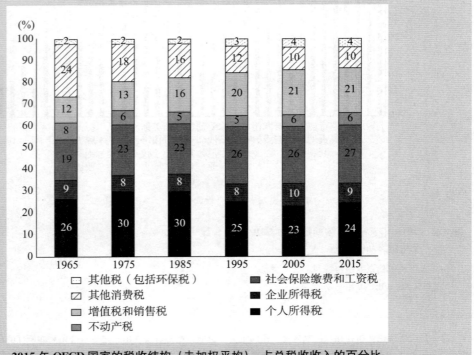

图 8.5　1965—2015 年 OECD 国家的税收结构（未加权平均），占总税收收入的百分比
资料来源：OECD 税收收入统计。

正如托尼·阿特金森（Tony Atkinson，1977）所强调的，与间接税不同，直接税是可以个性化（如适应纳税人的特征）征收的。例如，个人所得税取决于家庭特征和收入类型（劳动收入、资本收入、退休金或者社会转移支付）。同样，企业所得税（CIT）取决于剔除了近期投资或研发支出后的应税利润。在许多国家，根据公司的规模不同，以及利润的不同使用方式（是分红还是公司内部的再投资），税率也是不同的。相比之下，间接税是对匿名交易的征税，任何缴纳者都面临着相同的税率。因此，只有直接税才能用于再分配的目的。

而间接税的功能主要是配置资源，它既为公共服务提供资金，同时也以矫正市场失灵为目的。值得注意的是，这两个目标在很大程度上是不相容的，因为前者的目标是稳定税基，而后者的目标是缩小税基。这就要求两者使用不同的税收政策：对于前者，需要有一个广泛的、缺乏弹性的税基，从而可以在不造成太多扭曲的情况下增加税收收入；对于后者，需要一个具有弹性的税基，从而可以适用于征收高税率。

（c）谁付钱？

经济学家通常不喜欢根据纳税人（taxpayer）来对税收进行分类，所谓纳税人是指需要直接向税务征管部门支付税金的个人或机构。比如，雇主为雇员缴纳的社会保险缴费和公司所得税都是由公司支付的，但是经济学家并不喜欢将两者加在一起。类似地，经济学家也不喜欢将对个人所得税和个人的资本所得税加在一起，他们更愿意将每种税收和与其相关的税基联系在一起。因此，税收的第三种分类方式将税收分为如下三类，分别是：对劳动、资本和消费的征税。举例来说，对劳动课征的税种包括雇主和雇员所支付的社会保险缴费，以及个人所得税当中对劳动收入课征的税收。[①]

图 8.6 展示了 2015 年欧盟各国根据上述分类得到的税收结构。对劳动课征的税收是各国税收占 GDP 差异的主要原因：税负最高的国家同时也都是对劳动课征税收最高的国家。税收在三个税基之间的分布也取决于经济发展水平。发展中国家往往更加依赖间接税（见延伸阅读 8.1）。

谁纳税的问题引出了另一个孪生问题——谁不纳税 ［即避税问题（tax avoidance）］？2015 年，欧盟委员会估计了增值税预期收入和实际收入之间的缺口（"VAT gap"）平均约占增值税净收入的 13%，并且各成员国之间存在较大差异（如罗马尼亚高达 37%，而瑞典的这一数据接近于零；见 European Commission，2017a）。部分增值税缺口与企业的资不抵债或破产有关（即公司在销售产品后，已经从客户那里收取了相应的增值税，但却无法缴纳给税务部门）。然而，也有部分缺口来自欺诈，包括未报告的销售、未注册的企业（小企业）、产品的错误分类（适用不同税率时）、漏缴税的情况、不缴纳所收税款（例如通过战略性破

---

① 在一些国家，个人劳动收入的所得税由雇主代为交给征税机关。尽管雇主支付了劳动所得税税金，但这实际上由工人承担。

产），以及免征税的进口产品。①

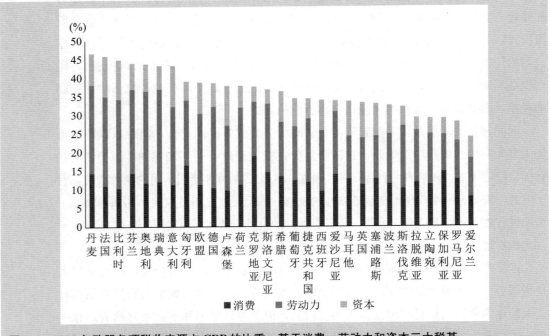

图 8.6　2015 年欧盟各项税收来源占 GDP 的比重：基于消费、劳动力和资本三大税基

资料来源：欧盟委员会，《欧盟的税收趋势》（*Taxation Trends in the European Union*），2017。

延伸阅读 8.1　　　　　发展中国家的税收

　　与发达国家相比，发展中国家的税收负担通常较低。比如在西非，税收总额占 GDP 的比重都比较低，从最低的尼日利亚仅为 7%，到最高的塞内加尔也只有 25%（IMF 在 2015 年的数据）。相应地，发达国家税收占 GDP 的比重通常在 30%～50% 之间。其中部分原因在于，首先，发展中国家税收征管面临着很多问题，例如较低的制度发展水平、腐败和体量较大的非正规经济。而且，掌握政治权力并且控制自然资源的人经常能够逃避征税。[a] 其次，人们对公共服务（例如教育、健康和基础设施）的需求同收入水平正相关，因此收入水平更高意味着政府公共支出和税收也会同时提高。最后，贝斯利和佩尔森（Besley and Persson，2014）的研究表明，族群分化对税收收入占 GDP 的比重有显著的负向影响：民族认同感不强会降低政府征税的能力。

　　这些问题会特别影响直接税的征收，所以发展中国家几乎不存在个人所得税（PIT）。社会保险缴费也非常有限，这反映了社会保障制度的较低发展水平，同时也反映了工资收入的

---

　　① 增值税也容易受到虚假索赔或退款、虚构"发票工厂"以及"循环欺诈"的影响。其中"发票工厂"指专门为开具增值税抵免或退税发票而成立的公司，无论其是否已经缴纳相应的增值税。"循环欺诈"是指：在欧盟内部，A 公司从另一个成员国进口商品并将商品出售给 B 公司；B 公司在国内购买商品时支付的增值税被退还（B 公司在销售后作增值税纳税申报时，其购进商品时向 A 公司支付的增值税可作为进项税额进行抵扣），在税务机关要求 A 公司缴纳其向 B 公司销售货物所收到的增值税时，A 公司不但不为进口货物缴纳任何增值税，反而携税款消失。

较低水平。在发展中国家，间接税尤其是关税，往往在征税中起着核心作用（见图 B8.1.1）。

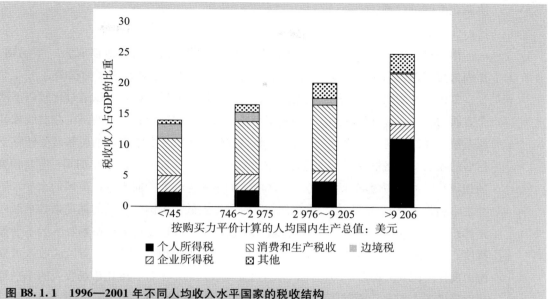

图 **B8.1.1**　**1996—2001 年不同人均收入水平国家的税收结构**

资料来源：作者基于 Gordon 和 Li（2009）整理。

a. 参见 Fiesldstad and Rakner（2003）。

避税问题还涉及"避税天堂"，因为"避税天堂"和财富本身及其收益的征税有关。例如，祖克曼（Zucman，2014）估计瑞士有超过 60% 的外资存款"属于"英属维尔京群岛、泽西岛和巴拿马，并且基本上逃避了最终受益人所在国基于居住地的税收。他估计，2013 年全球税收损失为 1 900 亿美元，其中欧洲为 750 亿美元。在企业税收领域，也有充分的实证证据表明，跨国公司构建其法律和财务结构的目的之一就是为了减少其纳税，它们通过关联避税天堂、利用特殊税收制度设立复杂的公司结构来实现这个目的。下面是它们利用的特殊税收制度的一些例子，比如"双层爱尔兰夹荷兰三明治"（double Irish Dutch sandwich）式的避税模式*和专利盒制度（Fuest et al.，2013）。与私人财富的离岸安排相比，这些避税活动通常是完全合法的，一些国家积极为跨国公司制造漏洞，以吸引他国的税基流入。

8.1.3　主要权衡

如前所述，税收在公共干预的两个方面起到了核心作用，所以第一种税收政策的权衡是再分配和资源配置之间的权衡。此外，税基的国内和国际流动性，也提出

　＊ 即在企业的股权架构中，底层是一家爱尔兰公司，中间夹上一家荷兰公司，然后顶层再加上一家爱尔兰公司。底层的爱尔兰公司直接向全世界销售并取得收入，其获得的利润向爱尔兰政府缴纳企业所得税。顶层爱尔兰公司是一家持有大量特许权但在百慕大等避税天堂进行管理的公司，爱尔兰税法规定，境外管理公司无须在爱尔兰纳税。由于爱尔兰税法要求底层爱尔兰公司向顶层爱尔兰公司支付特许权使用费时需要缴纳预扣税，因而设置中间的荷兰公司以规避爱尔兰预扣税。——译者注

8

了不同司法管辖区税收差异程度的问题，所以第二种税收政策的权衡是在差异化和协调化之间的权衡。

（a）效率-公平的权衡

第一种税收政策的权衡是效率和再分配之间的权衡。这之所以成为一个问题，是因为更多的再分配需要更多的税收，但是反过来这又会导致更多的扭曲。

如第1章所述，再分配的力度（通过税收和转移支付实现）可以通过比较以下两个方面的收入来进行分析：其一是基于市场收入（初次分配收入）的洛伦兹曲线或基尼系数，其二是基于总收入（包括社会转移支付）或可支配收入（纳税和接受转移支付后的收入）的洛伦兹曲线或基尼系数。图8.7展示了2002—2015年期间，芬兰和英国相应基尼系数的变化。尽管芬兰市场收入的不平等程度趋向于接近英国的水平，但芬兰市场收入分配的不平等程度仍然在某种程度上低于英国（芬兰的基尼系数更低）。正如预期的那样，在这两个国家，总收入分配的不平等程度均低于市场收入的不平等程度，可支配收入的不平等程度均低于总收入的不平等程度。然而，芬兰的收入再分配力度比英国要大得多：2015年，芬兰可支配收入的不平等程度比市场收入的不平等程度降低了48.7%，而英国这一比例仅为30.8%。该图显示，在2002—2015年期间，芬兰通过更多的再分配，成功化解了日益加剧的市场不平等。[1]

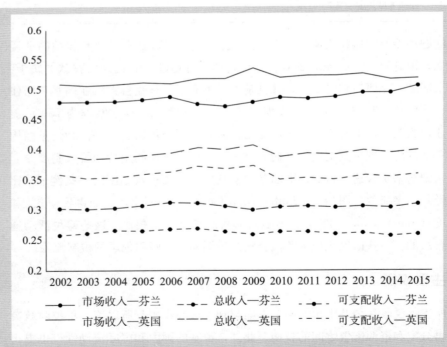

图 8.7 2002—2015 年芬兰和英国的不平等情况

注：市场收入、总收入和可支配收入的基尼系数的定义见正文。

资料来源：OECD 数据库，2017。

---

[1] 可以对净财富而不是收入进行类似的分析，通常显示出更广泛和不断加剧的不平等。

　　各收入阶层之间的再分配程度取决于两个关键因素：第一个影响因素是各层次的平均税率（average tax rate），即不同收入层次的人，其缴纳的税款占收入的比率：如果平均税率随着收入上升而增加，则税收体系是累进的；如果相反，则税收体系是累退的；最后，如果税率不随收入而变化，税制被称为中性的（neutral）。再分配程度的第二个关键影响因素是社会福利的范围，尤其是基于经济调查的转移支付（mean-tested transfers，其以初次收入低于某个门槛为条件）。

　　再分配不仅发生在不同收入水平的人群之间（纵向再分配），还体现为不同类型的家庭之间的再分配，例如单身人士与家庭之间，或者双亲家庭与单亲家庭之间。这种横向再分配的目的是纠正消费单位（consumption unit）[①] 之间的收入不平等。针对最贫穷家庭的再分配，这种做法是纵向、横向两种再分配方式的结合。

　　通过税收进行再分配会导致效率损失：对相对富裕的纳税人征收更多的税收并转移给穷人，这可能会阻碍人们积极参与劳动和延长工作时间的积极性，从而限制人们获取更高收入的努力。在一个开放经济体中，税负过重还可能促使富裕家庭和公司转而选择在国外纳税。

　　与再分配不同，评估税收对工作积极性影响的变量不是平均税率，而是边际税率（即收入的边际增长所要缴纳的税收）。从形式上来看，如果所得税纳税额 $t(R)$ 是税前收入 R 的函数，边际税率是 $T'(R)$，而平均税率则是 $t(R)/R$。大多数的 PIT 表格直接规定了每个收入区间的边际税率。

　　令人惊讶的是，如果存在基本免税额（basic allowance）（即如果对第一个收入单位 R_0 免税），这时即使边际税率是常数，但税制也可能是累进的，个人所得税通常就是这个情况。图 8.8 说明了在 20％ 的常数边际税率与 1 000 欧元的基本免税额相结合的情况下，税制仍是累进的这种可能性。然而，正如第 8.3 节所述，通过单一边际税率的税收制度很难实现显著的再分配。

　　在多数发达经济体中，个人收入本身和基于经济调查的转移支付两者都会对个人所得税率产生影响，特别是后者会对低收入一端的收入分配产生影响。而且这两者的共同作用将导致净边际税率（net marginal tax rates）[②] 成为收入的 U 形函数：对于收入非常低的家庭，随着收入增加，其获得的基于经济调查的转移支付（最低收入、住房和家庭福利）会减少，特别是当收入高于一定的临界值时（基于经济调查得到的门槛），这些家庭将面临更高的净边际税率。同时，由于个人所得税的累进性，在高收入的一端，边际税率也会呈现上升趋势。总体上，低收入群体的净边际税率甚至通常比高收入群体更高：税收和转移支付的抑制效应在低收入家庭中也更显著，这会导致贫困陷阱（poverty traps）。以 2010 年的法国为例，图 8.9 说明了这一特征：该图展示了在夫妇当中一人有工作并有两个孩子的家庭中，各种收入

8

---

　　① 为了比较家庭间的收入总量，统计者把家庭人数和相对消费水平也考虑在内。根据经济合作与发展组织的定义，第一个 18 岁以上的成年人代表 1 消费单位，每额外增加一个 18 岁以上的成年人代表 0.7 个消费单位，并且每个 18 岁以下的人代表 0.5 个消费单位。一个由两个成年人和两个 18 岁以下的孩子组成的家庭，总共代表 2.7 个消费单位。

　　② 净边际税率是指初次收入边际上升后净收入的边际下降（包括基于经济调查的转移支付的损失）。

水平下的净边际税率。对于全职工作、只挣最低工资的家庭来说，其净边际税率接近70％。当收入达到最低工资的约三倍时，净边际税率急剧下降到6％，当收入持续增加时，高收入分段的净边际税率会逐渐上升，最高收入水平的净边际税率将达到41％。

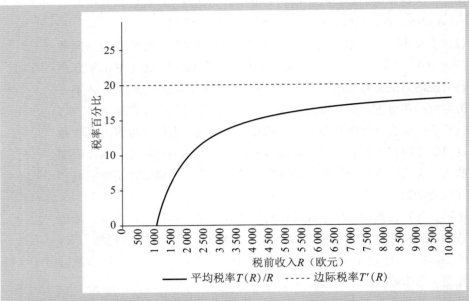

图8.8　常数边际税率和基本免税额ª的再分配效果

　　注：a. 20％的常数边际税率，加上1 000欧元的基本免税额。

　　资料来源：作者整理。

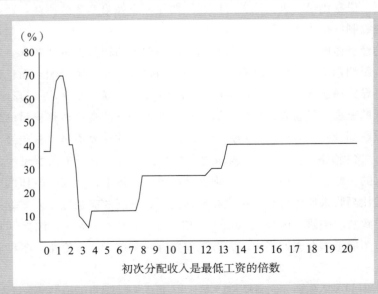

图8.9　净边际税率的U形曲线：2010年的法国

　　注：图中展示的是有两个孩子且仅有一人工作的夫妇的家庭。

　　资料来源：法国财政部。

经济学家们一致认为，对低收入者来说，高的净边际税率会对工作积极性产生消极影响，并导致贫困陷阱。而对于高收入群体，关于高边际税率对经济效率的影响，这方面的争论则缺乏共识。这时，税收对劳动供给的直接影响可能是有限的。但是对这些人来说，税收政策的风险可能是抑制了人力资本投资和促使高技能工作者移居到海外。

（b）差异化和协调化之间的权衡

如图 8.1 和图 8.2 所示，发达经济体的总税负差异很大。而在每个国家内部，在每个司法辖区层面上〔自治市（municipalities）、州（states）、行政区（cantons）、省（provinces）、国家（Länder）等〕，税负也存在差异。这些差异反映了各地区在公共产品提供和公平方面的偏好不同。然而，一些税基（如资本、熟练劳动力）具有流动性，这使得特定司法辖区很难对这些税基征收更高的税率，同时税负将更多地落在流动性较低的税基身上，例如非熟练劳动力和消费。图 8.10 显示了欧盟范围内存在这种现象。在欧盟，资本和（熟练）劳动力都可以自由流动：从1995 年到 2015 年，对于个人所得税的最高档税率，其平均值下降了 8 个百分点，同时，企业所得税最高档税率的平均值下降了 12 个百分点。而在同一时期，增值税标准税率上升了 2.4 个百分点。[①]

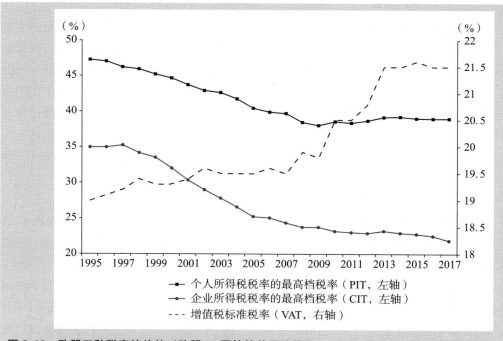

图 8.10　欧盟三种税率的趋势（欧盟 28 国的简单平均值）

资料来源：欧盟委员会，《欧盟的税收趋势》，2017。

---

① 欧盟国家对财富税的弱化甚至取消与这些趋势是一致的。2017 年，只有法国、卢森堡和荷兰仍然保留财富税。

接下来的问题是：欧盟国家是否应该对税收政策进行协调，以抑制流动税基的税收收入下降趋势，并设计更加公平的税收制度？或者说，每个国家是否应该弱化协调，更多强调其在税收方面的本地偏好（例如，对高收入者征收较低税率）？这种权衡指出了正式的税收主权与实际的或"真正的"税收主权之间的区别，前者是各国议会的法定权限，后者则取决于各国议会真正偏离国际标准的能力。[①] 这种权衡还涉及联邦制理论，根据该理论，税收协调的目标应该是在以下两个方面作出最佳权衡：一方面是尊重本地偏好，另一方面是对跨辖区的外部效应实现内部化（见第 3 章）。其中，跨辖区的外部效应来自税基的流动性以及规模经济。

8.2　理论

和其他政策领域一样，税收政策理论既有实证的维度，又有规范的视角。实证分析主要包括：考察哪个税基最终承担了税负，测量由于扭曲的税收所导致的经济效率损失，或是评估由于有针对性的税收（如环境税）而带来的福利收益。反过来，税收理论的规范维度则需要考虑各种条件，比如收入的初次分配、社会偏好和国际约束，在此基础上制定准则，从而以最优方式来设计税收制度。

8.2.1　税收归宿与效率损失

税收理论的一个重要的观察是：向税务局缴纳税金的个体，其往往并不承担全部税负。比如，假定在某个特定地区或特定技能领域，劳动供给固定不变，也就是说，无论（竞争性）公司提供多少工资，工人工作的时间是常数。在这种特殊情况下，减少雇主的社会保险缴费，最终将通过提高工资使雇员受益，因为雇主之间将竞争性地雇用固定数量的劳动力。反过来，较高的雇主社会保险缴费将会通过降低工资转嫁给雇员。尽管雇主缴纳社保费用，但他们并不承担这一税收负担。这个简单的推理既适用于局部均衡（即仅考虑孤立的一个市场），也适用于一般均衡（即考虑多个市场之间的相互作用）。[②]

（a）局部均衡下的税收归宿

考虑一个具有正斜率的供给曲线和负斜率的需求曲线的标准市场。在图 8.11 中，产量被标注为 Q，价格被标注为 P。当供求曲线相交时，市场达到均衡。在没有税收的情况下，均衡点相应地为左右两个图中的点 E。

现在我们引入一个比例税 t。这种税或是一种从量税（specific tax，税收为每单位实物的一个固定金额，比如，每吨或是每加仑），或者是一种从价税（advalorem tax，单价的固定百分比）。能源税通常属于前一类税收，而增值税或者社会保险税通常属于后一类税收。在完全竞争条件下，两种税有相似的影响，但是对通货膨胀的反应不同。下面我们考虑从量税，其更容易用图形来描述。

---

① 因此，税收政策与货币政策具有共同特征，即国际资本流动减少了独立货币政策的空间（见第 7 章）。
② 第 1 章解释了局部均衡和一般均衡。

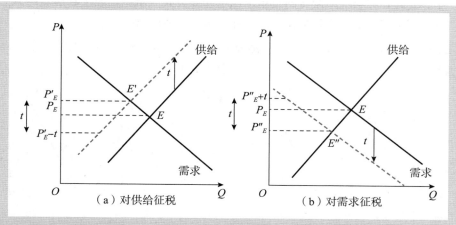

图 8.11 局部均衡下的税收归宿

资料来源：作者整理。

在图 8.11（a）中，针对供给者征收税收 t。为了弥补他们所必须缴纳的税款，在任何生产水平上，供给者都要求更高的价格：供给曲线向上移动的幅度为 t。在初始不征税时的均衡价格 P_E 处，可能会存在过量的需求，因为供给者不愿再以这个初始价格提供相同数量的产出。市场均衡从点 E 移动到点 E'，均衡点的消费数量下降，消费者支付的价格是 $P'_E > P_E$，而生产商收到的价格（已经交完税）是 $P'_E - t < P_E$。双方都因此而蒙受了损失。如图 8.11 所示，需求方承担了一部分税负，因为征税提高了市场的均衡价格。如果需求曲线越陡峭，征税后价格上升幅度就越大，最终由需求方承担的税收占比也越大。在需求是完全刚性（需求曲线是垂线）的极端情况下，对供给方征税将完全由需求方承担，这时生产商收到的税前价格在 P_E 位置保持不变：有效税负完全落在了需求方。这就是所谓的税收归宿（tax incidence）。

现在，如果对需求征税［见图 8.11（b）］，它会使需求曲线向下移动，而税收的归宿又取决于需求曲线和供给曲线的相对斜率。例如，由于短期内燃料需求的价格弹性较低，对汽油的税收主要由消费者来买单。相反，对制成品的税收更多会由消费者和生产者共同承担，因为消费者对这些物品的需求对价格具有更大的弹性。所以当我们讨论要提高增值税税率时，价格弹性就很重要。如果需求对价格缺乏弹性，增值税的上升将很快转嫁到消费者身上。

这些结果对劳动税收也有重要的现实意义。劳动供给曲线经常被认为是向后弯曲的。在比较低的工资范围阶段，由于存在最低工资（或者等价地，向失业群体提供社会福利保障），劳动供给在这个工资水平上是完全有弹性的。这时候，任何雇主的缴税将主要由雇主自身承担，因为他们无法降低被雇佣者的净工资。对称地，削减低薪工作者的社会保险缴费不会转化为净工资的增长，这确实会激励雇主雇用更多的工人［见图 8.12（a），就业 L 上升］。对于收入更高的劳动者，劳动供给是净工资的增函数。例如，只有支付更高工资才能激励单职工家庭的另一位妻子或丈夫去从事工作。某些领域有职业资格的人才的紧缺，也会导致劳动供给曲线的陡峭。此时，社会保险缴费的负担由雇主和雇员共同承担，雇主和雇员缴款之间的区分并不重要（除非在短期内可能存在一定的工资刚性）。

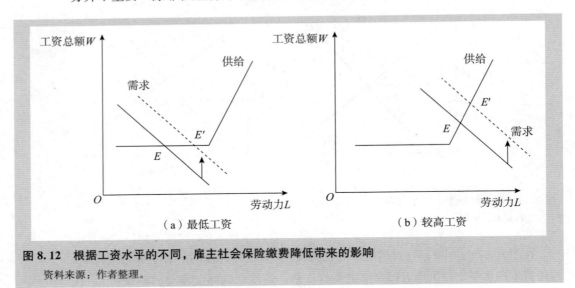

图 8.12　根据工资水平的不同，雇主社会保险缴费降低带来的影响

资料来源：作者整理。

最后，税收归宿还可以应用于关税分析。贸易保护主义的政府征收进口关税，这是一种保护本国生产的方式，或者能够保护当地工人的工作和购买力。但是经济学家将进口关税视为对消费征税。如果一个产品的价格由世界市场决定，也就是供给曲线是水平的，$t\%$ 的进口税提高了 $t\%$ 的生产者和消费者的当地价格：它会全部转嫁给消费价格，这样将会降低家庭的购买力。因此，即使是单边削减关税，对家庭福利也是有益的，但一些决策者却对此难以置信。

（b）扭曲和社会损失

税收理论的第二个政策教训是：除非是定额税，否则在"完美"市场中引入税收将会造成社会损失[①]，因为相对价格会通过税收而发生改变，这时价格不再能够传递正确的信息。例如，消费税会提高消费者支付的价格。这会相应地降低消费者的消费数量与效用。消费减少将导致生产者的税前价格下降。结果，对生产者而言，因为单位价格和销量都降低了，所以生产者的利润也会降低。对于政府来说，它似乎可以用总额转移支付来弥补消费者和生产者的损失，但是延伸阅读 8.2 显示，税收收入不能全部弥补他们各自的损失，因此税收导致了净的社会损失。

这种损失的大小与供给和需求的价格弹性正相关，并且与税率呈现出二次方的关系，这有两方面的实际含义：（1）除非税收旨在纠正特定的市场扭曲（例如污染的外部性），否则出于效率的考虑，应避免对于具有价格弹性的税基征税；（2）按比例计算，高税收对福利的影响比低税收更大。这意味着，依赖一系列小税种比依赖单一的大税种更可取。然而，征税通常会有一个固定成本，这是反对扩大小额税

---

① 社会损失的概念在第 1 章已经讨论过了。当社会福利下降的时候，社会损失才显现。在这部分，社会福利几乎是各种经济主体剩余的总和。生产商的剩余等于累计的利润。对于每个物品单位，消费者剩余是其意愿付款额和实际市场价格间的差异。最后，公共领域的剩余等同于它的税收收入。

收适用范围的一个理由。

计算社会损失

在之前的章节我们已经看到，税收会导致在消费者的支付价格和供给者的销售价格之间出现差异。如果需求和供给不是刚性的，不管税收是对需求方征收还是对供给方征收，税收都会降低市场上生产和交易的数量。图 B8.2.1 用一种简单的剩余分析描述了税收导致的社会损失。在没有税收的情况下，商品的生产和交换量是 Q_0，市场价格是 P_0。在有税收的情况下，产量下降到 Q_1，此时需求方（消费者）支付的价格 P_1^d 和供给方（生产者）销售的价格 P_1^s 存在差异。表 B8.2.1 显示了消费者、生产者和政府的剩余。因为生产和消费数量下降，税收引起社会的福利损失。即使税收是以总额转移支付（为了避免额外的扭曲）的形式重新分配给消费者和生产者，但这并不足以弥补消费者和生产者的损失。图 B8.2.1 中由 $C+E$ 构成的三角形就是社会损失或无谓损失（deadweight loss），也被称为哈伯格三角[a]。净损失 L 可以根据 $C+E$ 的三角形面积测量出来。它等于三角形的底（例如，税收 t）乘以高（Q_0-Q_1）除以 2，即：

$$L=-\frac{t}{2}(Q_1-Q_0) \tag{B8.2.1}$$

（Q_1-Q_0）可以由供给和需求的价格弹性 ε^s 和 ε^d 得到：

$$\frac{Q_1-Q_0}{Q_0}=-\varepsilon^d\frac{P_1^d-P_0}{P_0}=\varepsilon^s\frac{P_1^s-P_0}{P_0}<0$$

其中 ε^s，$\varepsilon^d>0$，并且 $(P_1^d-P_0)-(P_1^s-P_0)=t$。

这两种关系意味着：

$$\frac{Q_1-Q_0}{Q_0}=-\frac{t}{P_0}\times\frac{1}{\frac{1}{\varepsilon^d}+\frac{1}{\varepsilon^s}} \tag{B8.2.2}$$

因此社会损失 L 为：

$$L=\frac{1}{2}t^2\left(\frac{\varepsilon^d\varepsilon^s}{\varepsilon^d+\varepsilon^s}\right)\frac{Q_0}{P_0} \tag{B8.2.3}$$

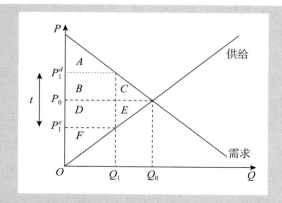

图 B8.2.1　税收和剩余

表 B8.2.1　税收带来的社会损失

剩余	没有税收（1）	有税收（2）	差异（（2）－（1））
消费者	$A+B+C$	A	$-(B+C)$
生产者	$D+E+F$	F	$-(D+E)$
政府	0	$B+D$	$+(B+D)$
总计	$A+B+C+D+E+F$	$A+B+D+F$	$-(C+E)$

这种方法可用于计算几乎所有类型的税收所造成的无谓损失。比如，胡佛鲍尔和艾略特（Hufbauer and Elliot，1994）衡量了美国对橘汁进行关税保护而付出的代价。1990 年，美国对橘汁的从价进口关税高达 20%。他们发现，该关税导致社会净损失达到了 7 000 万美元，相当于当年国内橘汁消费总额的 13%。然而，当我们分析不止一种产品时，这种局部均衡分析方法就不适用了，因为收入效应、市场之间的相互影响和人们之间的相互影响也需要考虑进来。

a. 有关哈伯格三角的历史性观察，请参见 Hines（1999a）。

拉姆齐法则（Ramsey rule，1927）更准确地指出：为了使政府在提高一定税收收入的同时能够最小化无谓的社会损失，则每个市场的税率应该和被征税产品的补偿性需求弹性与供给弹性成反比。补偿性的价格弹性（compensated price elasticities）是指：在收入水平保持不变的情况下，价格变动 1%，供给与需求的变化幅度（来补偿因为价格变动而导致的收入变动）。这个法则可以用以下公式表示[①]：

$$t=k\left(\frac{1}{\varepsilon^d}+\frac{1}{\varepsilon^s}\right) \tag{8.1}$$

式中，t 代表从价税税率，k 表示需要征收的税收总额，$\varepsilon^d>0$ 是补偿性价格需求弹性，$\varepsilon^s>0$ 是补偿性价格供给弹性。拉姆齐法则的目标是使征税造成的社会净损失尽可能地小。因此，它强调税收政策的资源配置效应而忽视了税收的再分配效应。事实上，运用拉姆齐法则可能导致不公平的政策。例如，对低技能工人而非资本或高技能工人征税，对面包而非香水征税，对医疗支出而非剧院门票征税。

（c）"过高的税率会导致税收减少"：拉弗曲线

延伸阅读 8.2 的剩余分析还得到了另一个结论：税收收入不是关于税率的一个单调函数，因为税率的提高对税收收入具有正负两方面的效应。一方面，税率提高后，每一个税基面临的征税比例越高，从而税收收入更高；另一方面，税率的提高也会导致税基本身的缩小，税收收入就会降低。最后的净效应则取决于税基的弹性（见延伸阅读 8.3）。从完全没有税收的状态开始，征税能够使税收收入上升，然后随着税率的逐步提高，增税的效果会越来越小。当税率达到一个被称为税收收入最

8

---

① 参见 Salanié（2003）。

大化的税率水平时，如果再提高税率，则税收收入会下降，因为提高税率导致的正效应被税基减少导致的负效应所抵消。对于具有弹性的税基（例如可以跨国流动的税基）而言，使收入最大化的税率可能较低。

图 8.13 给出了税基对税率半弹性[①]的两种不同取值下，税率与税收收入之间的倒 U 形关系（见延伸阅读 8.3 的计算）。

在 1974 年 12 月的一个午餐时间，阿瑟·拉弗（Arthur Laffer）把这个倒 U 形曲线画在了一张餐巾纸上。此后，这个曲线在 20 世纪 70 年代风靡一时（Wanniski，2005）。尽管这个观点并不新颖（大卫·休谟和凯恩斯都曾暗示过这个观点），但是当拉弗宣布的时候还是震惊了他同时代的人，因为这意味着在美国当时高税率的环境下，通过降低税率可以提高税收收入（Laffer，2004）。换言之，他认为所得税税率正处于倒 U 形拉弗曲线（Laffer curve）下降的那一边。他的观点对罗纳德·里根总统的税收政策产生了巨大影响。然而，后来的立法和减税政策导致了预算赤字的稳步上升，这显示出当时的经济状况并不是处在拉弗曲线下降的一边，而实际上是处于拉弗曲线上升的一边。

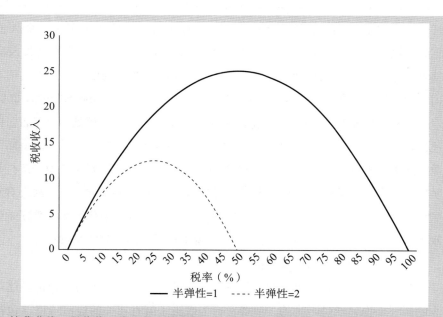

图 8.13　拉弗曲线；税收收入作为税率的函数

注：我们使用延伸阅读 8.3 的计算，其中 $B_0 = 100$。当半弹性等于 1 时，税收收入从零税率对应的收入 0 增加到了 50% 税率对应的收入 25。而对于较高的税率，税收收入会下降；对于 100% 的税率，税收收入为零。当半弹性等于 2 时，在 25% 的税率下就达到了最大税收收入。

资料来源：作者整理。

---

① 考虑两个变量 x 和 y。y 对 x 的弹性是 $(\mathrm{d}y/y)/(\mathrm{d}x/x)$，而半弹性是 $(\mathrm{d}y/y)/\mathrm{d}x$。当 x 可能接近于零（税率、利率）时，半弹性的概念通常比弹性的概念更可取。

延伸阅读 8.3　　　　　　　　　　　　　　　税率和税收

我们用 $B(t)$ 表示税基，它是税率 t 的函数：

$$B(t)=B_0(1-\varepsilon t) \tag{B8.3.1}$$

式中，B_0，$\varepsilon>0$。那么税收收入是：

$$R(t)=tB(t)=tB_0(1-\varepsilon t) \tag{B8.3.2}$$

将税率 t 从零开始提高，这会增加税收收入，并最终达到一个水平，即税基收缩导致的税收减少与税率上升导致的税收增加实现平衡的水平。使得税收收入最大化的税率 t^* 是通过税收收入 $R(t)$ 对税率 t 求导得到的：

$$t^*=\frac{1}{2\varepsilon} \tag{B8.3.3}$$

税率越低，ε 越高。例如，对于 $\varepsilon=1$，我们有 $t^*=50\%$，而对于 $\varepsilon=2$，我们有 $t^*=25\%$（见图 8.13）。

2001 年俄罗斯推行个人所得税改革，这为拉弗曲线提供了一个令人信服的例证，这次改革将最高边际税率从 30% 大幅降低到 13%。相关的税收收入实际上最终增长了 25%。然而即使是这样，也不能确定税收收入的增长是因为改革本身还是由于相伴随实施了更加严格的征税措施（Ivanova, Keen, and Klemm, 2005）。[①]

不管实证证据是否具有相关性，拉弗曲线对决策者来说都是一个警告。因为如果他们将税率提高到某个阈值以上的时候，税收收入可能面临下降的风险。然而，拉弗曲线并不构成任何财政理论，因为在税收领域任何理论都需要对微观经济行为进行扎实的建模工作。同时，拉弗曲线也没有提供任何操作上的指导：由于缺乏对经济行为的详细设定，我们不能确定一个经济体的平均税率是高于最优税率水平还是低于这个水平，因此也就无法确定税率的提高是会降低还是增加政府的税收收入。

（d）一般均衡下的税收归宿

到现在为止，我们研究的还只是特定市场和相应的局部均衡分析。这对经济行为的研究来说显然是不足的，消费者行为取决于所有相关的经济价格（包括消费价格、工资、利率等）以及他们收入的变化。因此，在某一特定市场的征税可能通过其相对价格（替代效应）和相对购买力（收入效应）的变化对其他市场产生影响。

图 8.14 说明了一般均衡分析的必要性。在给定情况下，消费者为了最大化自身效用 $U(C_1, C_2)$，将名义收入 R 分别用于购买商品 C_1 和 C_2。如图所示，消费者的决策点 E 位于预算约束线与效用（或无差异）曲线的切点上。图 8.14（a）显

[①] 同时，在公司所得税方面，也有一些对拉弗曲线的例证，尤其是当国内税率相对于国外较高时，跨国公司可能把利润转移到国外（Clausing, 2007; Devereux, 2006）。

示，在商品价格本身不改变的情况下，对商品 1 的征税将使得消费预算线以顺时针方向向下移动（围绕对商品 1 的购买量为 0 的纵轴截距）。此时，效用最大化会使得消费者在他的消费篮子中使用商品 2 来代替商品 1，这是因为商品 1 的相对价格提升了。同时，税收又使得消费者收入 R 的购买力下降，这会使得消费者减少对这两种商品的购买。此时，对商品 1 征税会对消费者购买商品 2 的净效应产生不确定性。假设对两种商品的需求都减少了，它们对应的价格分别从 P_1 下降到 P'_1，P_2 下降到 P'_2，如图 8.14（b）所示：这最终会使得消费预算线上升。如果忽略了这一效应，那么就会高估对商品 1 征税的效应。

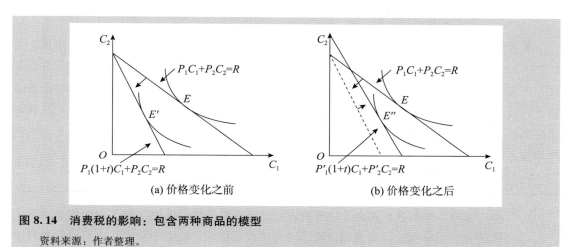

图 8.14　消费税的影响：包含两种商品的模型
　　资料来源：作者整理。

　　这个简单的例子有多种应用。例如，对资本所得征税相当于提高了延迟消费品（商品 1）相对于即时消费品（商品 2）的价格。如果替代效应大于收入效应，这时家庭会倾向于即时消费，因为明天消费会变得相对更贵，所以储蓄率就会下降。相反，如果收入效应大于替代效应，家庭会倾向于需要更多的储蓄，以维持在未来的既定消费水平，这时储蓄率会上升，可参见延伸阅读 8.4。假设储蓄率下降，那么在封闭经济中，为了使储蓄与投资相等，税前回报率将上升。而实际利率的上升又将抵消税率增加对存款者的影响，但是此时的税负至少部分地转嫁给了企业（其投资成本上升了）。

8

延伸阅读 8.4　　　　　　　　对家庭资本收入征税的影响

　　考虑某个人的生命由两个时期构成：时期 1 和时期 2。在时期 1，他是年轻人：他工作并获得工资 w，然后用这些钱来支付社会保险缴费和税率为 t_w 的个人所得税，还要消费数量为 c_1 的代表性商品，我们对代表性商品进行标准化（这意味着它的价格等于 1），对应的消费税是 t_c，且储蓄金额为 s。在时期 2，他年老退休，之前的储蓄在缴纳了 t_s 的资本所得税之后，余下部分在缴纳了 t_c 的消费税后，就可以用于消费。为方便起见，我们假设没有遗赠。实际利率是 r，每一期的预算约束是：

时期 1：$(1+t_c)c_1=(1-t_w)w-s$　　　　　　　　　　　　　　　　（B8.4.1）

时期 2：$(1+t_c)c_2=[1+(1-t_s)r]s$　　　　　　　　　　　　　　（B8.4.2）

假设个体最大化跨期 CES[a] 为：

$$\max_s U(c_1,c_2)=(c_1^{\frac{\sigma-1}{\sigma}}+\beta c_2^{\frac{\sigma-1}{\sigma}})^{\frac{\sigma-1}{\sigma}}$$　　　（B8.4.3）

式中，σ 为跨期替代效应（$\sigma>0$），β 是对未来消费的偏好率（$0<\beta<1$），最优化将使得储蓄等于

$$s=\frac{(1-t_w)w}{1+\beta^{-\sigma}[1+r(1-t_s)]^{1-\sigma}}$$　　　（B8.4.4）

储蓄水平与时期 1 的可支配收入 $(1-t_w)w$ 正相关。注意，个人所得税 t_w 通过降低时期 1 的可支配收入对储蓄产生了成比例的影响。储蓄本身的税后回报 $r(1-t_s)$ 对储蓄的影响取决于跨期替代弹性 σ 是否大于 1。如果 $\sigma>1$，资本所得税的提高会降低当前消费相对于未来消费的相对价格，从而降低储蓄水平。如果 $\sigma<1$，则情况相反，个体将更多地储蓄，以便将消费损失分散到两个时期。最后，在这里的分析当中，消费税 t_c 并不发挥作用，因为它对两期消费具有相同的影响。

a. CES 为不变替代弹性效用函数，其中替代弹性不依赖于两期消费的数量。

家庭（储蓄者）和企业（投资者）之间的税负分配取决于储蓄和投资对实际利率的弹性。家庭的投资选择，除了（直接或间接地）投资于公司，也可以购买政府债券或外国资产。因此，通常认为，家庭对企业投资的回报率高度敏感。相比之下，企业的实物投资相对具有刚性：它更多地依赖于市场前景，而不是实际利率。因此，对储蓄者和投资者征税很可能主要由企业承担：需要提高税前的资本收益，以确保储蓄者获得的税后资本收益不变。

为了提高税前资本收益，企业必须减少资本存量（假设边际生产力随资本存量增加而减少）。单位工人对应的资本存量下降，这将导致劳动生产率下降，进而导致工资下降或者失业率上升（当工资已经降到最低标准时）（见延伸阅读 8.5）。总体来说，对储蓄征税产生的税负由谁来承担，取决于供求的相对弹性。这不仅仅适用于资本市场，劳动力市场的情况也类似。与资本供给的刚性相比，劳动供给的刚性越高，则与企业承担的税负（通过更低的税后收入）相比，工人承担的税负（通过更低的工资）就越多。阿鲁兰帕拉姆、德佛里克斯和马菲尼（Arulampalam, Devereux, and Maffini, 2007）的实证研究表明，额外加征的企业所得税当中，至少有 54% 转嫁到了工人身上并降低了工资，从长期来看，这一数值甚至超过了 100%。[①] 只有一般均衡分析才能让人理解其中的原因。

---

① 阿鲁兰帕拉姆等（Arulampalam et al.，2007）基于 1993—2003 年资本流动性较高的 10 个国家 23 000 家企业的数据，发现了这一惊人的结果。在一个封闭经济体中，奥尔巴赫（Auerbach，2005）认为，资本所有者可能在短期内承担了很大的税收归宿，因为它们的股票价格立即下降了。哈伯格（Harberger，1962）认为，从长远来看，税收由企业资本和非企业的资本所有者承担。

上述讨论表明，关于税收负担如何在资本和劳动之间分配的传统争论是有意义的。尽管对资本征税会提高资本相对于劳动的价格，这样通过替代效应就可能增加就业，但这也会减少劳动收入。因此，对储蓄征税的效果可能会与人们普遍认为的相反。

延伸阅读 8.5   **资本税收的一般均衡效应**

我们在延伸阅读 8.4 的模型基础上进一步拓展。假设在时期 1，年轻一代把存款用于购买上一代人手上的生产性资本。为了简单起见，我们假设这里没有资本折旧和人口增长。在两代人的经济中，年轻一代的人必须购买整个经济中所有的资本存量。每一个年轻人的资本供给是（见延伸阅读 8.4）

$$k^s = \frac{(1-t_w)w}{1+\beta^{-\sigma}[1+r(1-t_s)]^{1-\sigma}} \tag{B8.5.1}$$

这里我们假设 $\sigma > 1$，这样资本供给是税后回报的增函数。我们假设生产函数为柯布-道格拉斯形式：

$$Y = K^\alpha L^{1-\alpha} \tag{B8.5.2}$$

式中，K 是资本存量，L 是劳动力，且 $0 < \alpha < 1$。$y = Y/L$ 是人均产出，$k = K/L$ 是人均资本存量。则人均产出水平（和收入）是 $y = k^\alpha$，资本的边际产出是 $\alpha k^{\alpha-1}$，劳动的边际产出是 $(1-\alpha)k^\alpha$。完全竞争条件下的利润最大化原则要求边际产出等于边际成本。如果 t_{ssc} 代表劳动力的税收贡献率，t_{cit} 代表企业所得税税率。我们忽略资本折旧，根据利润最大化原则有：

资本：$(1-t_{cit})\alpha k^{\alpha-1} = r$ $(B8.5.3)$

劳动：$(1-\alpha)k^\alpha = (1+t_{ssc})w$ $(B8.5.4)$

根据式（B8.5.3），我们可以将资本需求表示为实际利率与企业所得税税率的减函数：

$$k^d = \left[\frac{r}{\alpha(1-t_{cit})}\right]^{\frac{1}{\alpha-1}} \tag{B8.5.5}$$

式（B8.5.4）表明，企业支付的工资与每个工人的资本存量正相关。结合式（B8.5.5）我们可以发现，对于给定的利率水平，企业所得税税率和企业支付的工资之间存在负向关系：

$$w = \frac{1-\alpha}{1+t_{ssc}}\left[\frac{r}{\alpha(1-t_{cit})}\right]^{\frac{\alpha}{\alpha-1}} \tag{B8.5.6}$$

企业所得税导致资本成本上升，这引致了劳动对资本劳动的替代，并削弱了企业所得税对工资的负面影响。最终结果取决于劳动力市场和资本市场上的供求反应情况。

图 B8.5.1 展示了资本的供给、需求与实际利率的函数关系。个人所得税税率的上升（或者劳动者社会保险缴费的增加），或者资本所得税的上升，都会使得资本供给曲线 k^s 向左移动。在封闭经济中，利率上升会使得市场重新恢复均衡。相反，企业所得税上升会使得

资本需求曲线 k^d 左移，这时实际利率的下降会使得市场回到均衡。在两种情况下，每个工人的资本存量都将下降，其结果是边际劳动生产率的下降。类似地，增加劳动者的社会保险缴费（t_{ssc}）也会使得就业减少，边际资本产出和收益也会减少。税收对工资与资本回报影响的相对大小，则取决于两个市场中供给曲线和需求曲线的相对斜率。

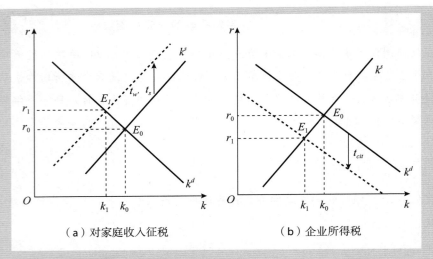

（a）对家庭收入征税　　　　　　　（b）企业所得税

图 B8.5.1　不同类型税收对资本供给和需求的影响

注：个人所得税 t_w 或者资本所得税 t_s 的提升将减少资本供给 k，并导致实际利率 r 的提高和人均存量资本 k 的下降，最终导致劳动收入下降；企业所得税 t_{cit} 的提高会降低资本需求 k^d，这将导致实际利率降低，同时减少资本存量，最终降低劳动生产率。

资料来源：作者整理。

8.2.2　再分配

收入再分配理论也是福利理论的内容，第 1 章已经对福利理论进行了简要介绍，不过福利理论本身已经超出了本书的范围。在此，我们将限制在效率与公平权衡的问题上，这也是有关最优税收领域研究的出发点。[1]

第一种方法是如何征收一定额度的税负，同时使得效率损失最小。这就是所谓的拉姆齐法则，该法则建议：对各种税基征税时，其比例与商品的补偿性需求或供给弹性成反比。然而，正如前文已经提到的，拉姆齐法则可能导致一种不公平的税负分担。关于最优税收制度研究的文献，很多都致力于提出一个更缜密的方式，从而兼顾公平和效率两个方面。比如，奢侈品的最优税收率会比拉姆齐法则要求的更高，而必需品的最优税收率会比拉姆齐法则要求的更低。

自詹姆斯·莫里斯的开创性工作（James Mirrlees，1971）以来，最优税收文

---

① 作为回顾，参见 Slemrod（1990）以及 Auerbach and Hines（2002）。

献首先涉及个人所得税，这可能包括基于经济调查的转移支付（这被认为是负税收）。莫里斯定义，社会总效用函数是对个人效用的加权加总，其权重与个人收入成反比，这意味着给予穷困者更多照顾。该社会效用函数在两个约束条件下求最大化：公共收入约束（public income constraint）（也就是税收总收入）和激励约束（税收在激励工作方面的作用）。

假设每个个体都可以通过他们的生产力来进行分类，并且每个个体劳动者的收入等于他的边际劳动生产率，收入再分配意味着对具有较高劳动生产率的劳动者征收更高的税负，这可能会打击生产效率最高者的积极性，甚至还会导致税基减少，从而使得税收总收入减少。对于中产阶级来说，边际税率应设定为相对较小，因为中产阶级人数众多，因此税收对其的抑制效应很大。这种方法没有考虑到劳动力市场的失衡，并再次证明了对较低收入人群征收更高的边际税率是合理的。这个最优的所得税也是在公平与效率的权衡中得到的（见延伸阅读 8.6）。

总体而言，最优税收理论提供了一个比较好的权衡效率与公平的方法，但很难为政府提供一个可操作的税收改革方案。正像斯莱姆罗德（Slemrod，1990）强调的那样，测量劳动供给弹性或者消费和闲暇的替代程度实际上很困难；并且最优税收模型很少会支持累进税的做法，除非假设在消费和闲暇之间有很低的替代弹性。而且，这类模型被高度抽象化了。例如，这类模型不区分个人和家庭，尽管家庭的构成对于个体劳动供给弹性和个人效用也是至关重要的。

延伸阅读 8.6	最优税收

假设经济个体是一个连续统，每个个体的劳动生产率为 w。莫里斯（Mirrlees，1971）的结论可以用下面的公式来进行说明。[a] 当潜在工资或劳动生产率为 w 时，对个体劳动者的最佳边际税率 $T'(w)$ 满足如下条件：

$$\frac{T'(w)}{1-T'(w)} = E(w)R(w)H(w) \tag{B8.6.1}$$

$E(w)$ 是衡量每个生产率水平 w 的劳动供给弹性的倒数。假设生产率更高的劳动力供给对税收更有弹性，所以 E 是 w 的减函数。按照拉姆齐法则，假设其他条件不变，则生产率更高的工人应该缴纳更少的税：$E'(w) < 0$。

$R(w)$ 是政府在社会效用函数中，对劳动生产率为 w 的个人所赋予的权重：政府希望通过减轻最贫穷者的净税收负担来更多地考虑他们：$R'(w) > 0$。

最后，$H(w)$ 反映了初次收入分配结构，它是生产率为 w 的劳动者数量的减函数，并且是生产率高于 w 的劳动者数量的增函数：

$$H(w) = \frac{1-F(w)}{wf(w)} \tag{B8.6.2}$$

f 是 w 的概率密度分布函数，F 是它的累积分布函数：如果存在很多生产率为 w 的劳动者［较高的 $f(w)$］，那么对生产率为 w 的劳动者征收的边际税率不能太高，以防止对劳动供给产生过大的负效应；相反，如果具有高于劳动生产率 w ［较高的 $1-F(w)$］的个体劳动者有很多，那么提高生产率为 w 的劳动者的边际税率是合理的，因为这些个体劳动者只会增加税收，而不会打击其工作积极性。

结合 $E(w)$、$R(w)$ 和 $H(w)$ 可以得到大致水平的形状，或是温和 U 形的最佳税率分布。然而，边际税的形状很大程度上取决于社会效用函数或劳动供给弹性的假设。改进的莫里斯模型认为：在低收入水平范围内，消费和闲暇之间的可替代性更低，这证明了对低收入劳动者实施更高的边际税率是合理的，在发达经济体中我们也观察到了这个情况。考虑到中等收入群体在一个劳动生产率水平上比较密集，这支持了边际税率的 U 形曲线形状。为了避免征税导致劳动供给下降，最优决策是降低人数最多的那个人群的税负。

a. 参见 Salanié（1998）。

8.2.3　矫正税

效率与公平的权衡还忽略了一点，即在某些情况下，如果税收可以纠正市场失灵，如不完全竞争、外部性、信息不对称等，它实际上可以提高经济效率。在这种情况下，税收可以替代其他政策——法规、行为准则，或创造的新市场。

这一想法可以追溯到 20 世纪 20 年代，阿瑟·庇古（Arthur Pigou，1920）提出了对伦敦的烟雾排放进行征税，以对抗臭名昭著的"伦敦雾"。烟雾排放者所承担的私人成本（private cost）和他影响别人所带来的社会成本之间存在差异，此时对排放者征税就可以消除这种差异［污染者付款原则（polluter-payer principle）］。[1]这一原则适用于其他任何生产者或消费者造成负外部性的活动（例如碳税或拥堵费，伦敦曾于 2003 年对愿意进入市中心的车主征收拥堵费）。这就是所谓的庇古税，其有效性取决于污染者减排的边际成本与排放的社会成本是否相等（见延伸阅读 8.7）。在庇古税之下，所有污染者都将减少排放，直接减排的边际成本等于税收，同时也等于额外减少的社会收益。超过了这一均衡点之后，排放者将更愿意支付税收，而不是承担进一步减排的成本。这种行为在经济上有效，在社会上也最优。因为相较于面对更高边际成本的企业，面对最低边际成本的企业需要减少更多的排放，这与对所有企业施加统一排放量限制的情况不同。

然而，庇古税只是通过边际成本的改变来间接地影响排放。它们的成功依赖于充分地评估污染的社会成本和微观主体行为对价格变动的反应。如果这些参数是已知的，那么就可能使用税收来精确地达到理想的数量目标（例如达到一定的污染减排量）。然而，如果这些参数是不确定的，税收带来的数量变动同样是不确定的。

---

[1] 1992 年联合国环境与发展会议通过的《里约宣言》中，规定了谁污染谁付费的原则。污染者付费原则事实上非常古老。从中世纪到法兰西革命时期，法国多菲内和普罗旺斯地区就存在一种称作 pulverage charge 的费用，由村庄对跨地区的牲畜征税，来补偿它们穿过村庄引起的尘土污染。

简而言之，为污染定价可以有效地将外部性内部化，但仅以污染数量来作为征税依据，其结果可能具有不确定性。

延伸阅读 8.7 　　　　　　　　　　　　　**庇古税的原理**

庇古税隐含的想法是让污染者将污染成本内部化。例如，假设家庭消费数量为 q 的某种商品，生产这些商品产生了 e 单位的污染，这个污染恶化了家庭的福利。用 $U(q, e)$ 表示效用函数，我们有：

$$\frac{dU(q,e)}{dq} = \frac{\partial U}{\partial q} + \frac{\partial U}{\partial e}\frac{de}{dq} < \frac{\partial U(q,e)}{\partial q} \tag{B8.7.1}$$

消费商品的边际效用由于相关的污染（de/dq）而降低了。反过来，生产成本 $C(q, e)$ 是产量的增函数、是污染排放量的减函数。因此，由于相关的污染排放，边际生产成本降低了：

$$\frac{dC(q,e)}{dq} = \frac{\partial C(q,e)}{\partial q} + \frac{\partial C(q,e)}{\partial e}\frac{de}{dq} < \frac{\partial C(q,e)}{\partial q} \tag{B8.7.2}$$

在分散的完全竞争均衡中，这个边际成本决定了商品的价格。然而，就社会福利而言，这个价格太低了：中央计划者宁愿选择一个价格，使生产的边际成本［式（B8.7.2）］与消费的总边际效用相等［包括相关的污染负效用，见式（B8.7.1）］。达到社会最优的一种方法是对每个生产单位征税 t，其中：

$$t = -\frac{\partial C(q,e)}{\partial e}\frac{de}{dq} > 0 \tag{B8.7.3}$$

征税使得生产的边际成本上升，这使得企业内部化了污染的负外部性：

$$\frac{\partial C(q,e)}{\partial q} + \frac{\partial C(q,e)}{\partial e}\frac{de}{dq} + t = \frac{\partial C(q,e)}{\partial q} + \left[\frac{\partial C(q,e)}{\partial e} - \frac{\partial U(q,e)}{\partial e}\right]\frac{de}{dq} \tag{B8.7.4}$$

注意到，这里的税收是针对生产而不是排放本身征税的。虽然更可取的是直接针对污染本身征税，但由于信息问题，往往无法这样做。

矫正外部性的另外一个方法是实施管制。例如对伦敦的例子，也可以规定在偶数日只有偶数牌照的车辆才能进入伦敦市中心，奇数日只有奇数牌照的车辆才能进入。[①] 这样进入市中心的车辆数量就确定会减少（在这个例子中，预期会减少 50%），但管制的社会成本更高。在偶数日，一些奇数牌照的车主将承受成本，而一些偶数牌照的车主将获得对他们来说无用的利益。正如上面提到的，这种做法并不是经济和有效的方法。

将经济效率与控制污染总量两者进行结合的更好做法是：考虑市场缺失所带来的外部性（例如，清洁空气的市场，或者交通顺畅的市场）。于是，公共干预的方

8

---

① 当然，其他方案也是可行的，例如特定时段只能允许急救车辆、公共汽车和运输车辆通过。

式就包括建立这些新的市场：发行可交易的排放许可证（tradable emission permits）。通过发行可交易的排放许可证，可以将污染总量限制在许可证的数量范围内，并通过让减排成本更低的个体去更多地减排（他们受影响更小），从而将减排成本最小化。发行可交易的交通许可证（tradable traffic permits），其发挥作用的机制也是一样。例如，一个大城市的交通管理局可以将给定数量的进城交通许可证分配给居民，例如，比过去减少 25％的交通数量，有效期为半年。那些使用公共交通的居民就可以在市场上出售其许可证，那些许可证不够用（或者不住在这个区域）的居民就可以按市场价买到这些许可证。这种安排的优点是：其一，交通管理局不需要预先了解价格和交通的具体关系；其二，那些使用公共交通出行的人可以从出售许可证上得到好处，这将减少税收的私人福利成本。

这种存在初始禀赋的、可交易的许可证计划，被称作限额交易（cap-and-trade）制度。一个著名的例子是美国 1990 年为对抗酸雨出台的《净化空气法案》，该法案建立了二氧化硫交易体系。2005 年，欧盟为限制二氧化碳排放也出台了气体排放交易体系（Gas Emission Trading System，ETS）。限额交易制度设置了一个总污染数量，并使价格由分散化的各个市场主体来决定；而庇古税则是设定了价格来影响污染水平的变化。如果没有不确定性，这两种方案是等价的。但是，不确定性可能导致数量（庇古税）或价格（通过市场）方面的不稳定。自 2005 年以来，排放交易体系价格的高度不稳定性阻碍了对节能生产领域的长期投资。

从理论上讲，外部性的任何问题都可以通过协商来解决。例如，吸烟者可以被禁止吸烟，或者他们可以与不吸烟者来协商吸烟的权利，从而得到一些补偿。英国经济学家、1991 年诺贝尔经济学奖得主罗纳德·科斯（Ronald Coase）在其 1937年的文章《企业的性质》中提出了科斯定理（Coase theorem）：只要所有的参与者都自由谈判，那么无论财产权赋予谁，协商都会实现一个有效率的产出状态。如果法律限制吸烟，吸烟者可以购买不吸烟者的许可。如果吸烟是许可的，受害者同样可以从吸烟者那里购买清洁的空气。然而，科斯定理只有在没有（或者有限的）交易成本时成立，例如，它能够解决邻里的争端，但无法解决全球变暖问题。而且，协商的结果一般取决于财产权的初始分配。在工业污染的例子中，困难恰好是确定产权本身：企业有权在它们生产时进行污染吗？如果可以，就需要用补贴来促使企业减排。或者我们的星球有权保持现有气候吗？如果是，企业就要为它们的污染付出代价。庇古税采取了后一种立场，但是可交易排放许可证市场的方案，其在确定产权方面更加灵活——这取决于许可权的初始分配。

如何使用由庇古税得到的税收收入？有三种可能：第一种是通过总额转移支付来补偿污染者，以免对他们进行过度惩罚，或者从政治经济学的角度，这使他们更容易接受庇古税。例如，瑞典政府根据发电站的二氧化氮排放量来征税，但是这些发电站也将获得与其发电量成比例的转移支付。这种税收加上再分配的方案将引导发电厂减少排放，并且没有改变整个行业的净税负。第二种是用税收收入来提供公共产品，特别是用于环保支出。伦敦采取的是这种方案，伦敦征收的拥堵费被用来投资于城市运输的基础建设。第三种，税收收入可以用来削减其他带有扭曲性质的税种，特别是对劳动征收的税收，这可以获得双重收益（double dividend），因为社会福利获得了提升，这不仅是通过庇古税本身获得了改善（它纠正了外部性），而且还通过减少其他税收扭曲实现了改善。德国和荷兰使用了生态税来取代社会保障税。然而，能否获取这种双重收益也存在一些争议，因为：（1）在完全竞争的商品市场上，绿色税收的负担可能会最终落在劳动者身上；（2）庇古税的成功意味着其税基将会缩小，这使得社会保障税减少且不可持续；（3）庇古税通常是累退的。

8.2.4　开放经济中的税收

开放经济中的税收提出了两个不同的问题：（1）使用税收来保护国内生产者免受国际竞争或实施"财政性"的贬值，以及（2）对流动税基征税和相关的税收竞争问题。

（a）对外国生产者征税

自 1947 年《关税与贸易总协定》签署以及 1994 年世界贸易组织成立以来，降低进出口关税一直是国际社会长期追求的目标。在国际协议之上，区域和双边协议激增，这进一步减少了贸易壁垒。在一些非常具体的情况下（可证实的倾销、非法的政府补贴，以及如果某个主要的国内目标——比如环境目标——受到威胁），国际规则允许一国对进口商品加征额外的关税。然而，对于组织良好的本国生产企业来说，关税的政治经济学模型对其是有利的，尤其是当消费者缺乏协调，且需求价格弹性较低的时候（Grossman and Helpman，1994）。

对进口统一进行征税（同时对出口统一进行补贴），等同于本国货币的实际汇率贬值。理论上，从长远来看，它会被实际汇率的调整所吸收（Lerner，1936；Lindé and Pescatori，2017）。例如，如果因进口壁垒导致贸易余额是顺差，实际汇率将升值。然而，在实践中，不同商品和劳务适用的税率差别很大。一般来说，农产品的税率要高于制成品的税率，制成品的税率可能非常低，当然也会有例外（例如关税高峰*）。这会导致宏观经济逻辑并不真正适用。

在微观经济层面，关税保护政策受到两种相反力量的影响。一方面，产业内贸易的发展意味着，国内和国外商品的可替代性上升，这强化了关税保护需求。另一方面，全球供应链的紧密分工降低了对关税保护的需求，因为对中间产品征收关税会抬高国内生产的最终产品的成本。

更一般地来看，当国内公司将国内税收（或环境标准）视为其参与全球竞争的劣势时，就会出现关税保护问题。那么，解决它们担忧的一种做法是将国内税收从基于来源地的税收转向基于目的地的税收（见延伸阅读 8.8）。例如，提高增值税

8

＊　关税高峰是指在总体关税水平较低的情况下，仍有少数产品维持着高关税。——译者注

税率，同时削减社会保险缴费，这将相对降低国内供应商的单位成本，因为进口商品和本地商品均需缴纳增值税，而只有国内供应商才能享受社会保险缴费的削减。然而与货币贬值一样，这种财政贬值也只有暂时性影响。从长远来看，如果当地工资与消费者价格指数挂钩，单位劳动力成本将随着增值税上调而增加。[1]

延伸阅读 8.8　　　　　　　　　　**来源地、居住地和目的地**

考虑一家法律居住地位于 R 国的公司。为简化起见，假设该公司由 R 国的居民所有。该公司在 S 国设有一家子公司，该子公司将其所有产品出口到其消费者所在的 D 国。[a] 子公司产生的收入可能在来源国 S、居住国 R 或目的地国 D 征税。它实际上在这三个国家同时缴税：(1) 来源国 S 对子公司征收社会保险缴费，以及与房地产、公共服务相关的地方税，在此基础上，S 国还会根据子公司的利润征收企业所得税。(2) 居住国 R 可以对汇回的利润征税（在将子公司已支付的 CIT 计入母公司之后再征税）。[b] 更重要的是，R 国还将对公司股东的股息征收所得税。(3) 目的地国 D 对在其市场上销售的商品征收增值税或一般销售税。过去几十年的趋势是：税收逐渐从基于来源地的税收转向了基于目的地的税收。

a. 本延伸阅读借鉴了 2011 年《米尔利评论》(*the Mirrlees Review*) 第 18 章。

b. 不过，在许多国家，居住地对于汇回的利润是免税的，而在来源国缴纳的企业所得税并不计入母公司账目。

同样，在关于美国税收政策的辩论中，有人提议用基于目的地的现金流税（destination-based cash flow tax，DBCFT；参见 Auerbach，2010）取代标准的企业所得税（根据来源国公司的利润征收）[2]。现金流税（cash flow tax）允许公司在投资当年立即扣除其投资的全部价值，而不是通过折旧免税额度来逐步扣除。此外，新的借款需要纳税，但债务偿还可以纳入扣除。基于目的地的现金流税将免除对外国客户销售的商品征税，而从外国供应商购买的商品则不能作为扣除。与同样基于目的地的增值税不同，DBCFT 的问题在于：其涉及对国内外投入之间的区别对待，根据 DBCFT，国外投入的总价值（不仅仅是与国外供应商利润对应的份额）要征税，而国内投入则可以免税（参见 Cline，2017）。因此，基于目的地的现金流税可以被视为一种保护主义措施。

(b) 对流动税基征税

第 8.2.1 节指出，税收最终由最缺乏流动性的税基承担。在开放经济中，相对于商品和劳动力，资本通常更具流动性。因此，税收负担倾向于落到劳动力和消费上面，因为后两者相对来说流动性较差。

税收竞争的开创性模型（Zodrow and Mieszkowski，1986；Bucovetsky and

---

[1]　参见国际货币基金组织（2011）及 Farhi, Gopinath, and Itskhoki（2011）。

[2]　2016 年，美国国会两名共和党议员保罗·瑞安（Paul Ryan）和凯文·布雷迪（Kevin Brady）支持并提出了该提案。

Wilson，1991）的分析基于国际套利条件：如果资本在国际范围内流动，则资本的税后收益是相等的。如果一个国家提高资本税率，一部分资本就会流出；由于资本的边际生产率在下降，其税前收益会上升。这时生产率最低的投资会趋于非本地化，因此平均而言，税前的边际收益更高了，从而使得税后收益与国际水平恢复到持平状态（见延伸阅读 8.9）。由于政府可以对固定税基（土地、消费或低技能劳动力）征税，税负将落在它们身上，而不会对流动税基征税。[①]

税收竞争的经典文献都指出，公司税率存在"逐底竞争"的特点。但到了 20 世纪 90 年代后期，这一结果被"新经济地理"的文献所质疑 ［参见 Baldwin et al. (2003) 和本书第 9 章］。根据这个新的研究方法，由于具有集聚租金（agglomeration rents）[②]，即使是地理上毗邻的大国也可以维持高税率，不会因为生产活动的重新配置而遭受税收损失。这些集聚效应与规模经济相关，如果生产和销售所需的运输成本不是太高，这会使企业将它们的生产集中在少数几个地方（Andersson and Forslid，2003）。政府服务本身可以强化这种效应。企业在某个地区的集聚会产生更多的税收等资源，而政府使用这些资源就可以提供更多当地的便利设施，如基础设施或教育，这反过来又会吸引新的企业进入，从而产生"明亮的灯光，巨大的城市"（bright lights，big city）效应。

延伸阅读 8.9　　　　佐德罗和米斯考斯基对税收竞争的分析

考虑一个代表性家庭，其消费私人产品 x 和公共产品 g。家庭的效用函数是 $U(x，g)$，两种产品对家庭都有正效用，但是边际效用递减（交叉效用为 0）。私人产品由代表性厂商生产，其生产函数是 $y=f(k)$，k 表示生产性资本数量，$f'(k)>0$，$f''(k)<0$。另外，公共产品由政府提供，为此政府对私人资本按比例征税来筹集资金，税率 t 满足 $g=tk$。公共预算是平衡的。（好心的）政府将选择税率 t，从而使私人效用最大化。

家庭具有财富禀赋 K，将其投资作为企业生产性资本的股份。在封闭经济中，代表性家庭持有国内资本存量：$K=k$。其预算约束是 $x=f(k)-tk$。利润最大化的一阶条件满足公共产品和私人产品的边际效用相等：

$$\frac{U_g}{U_x}=1 \qquad\qquad\qquad\qquad (B8.9.1)$$

式中，U_g，U_x 分别表示公共产品和私人产品的边际效用。

在小型开放经济体内部，代表性家庭在本国和外国资本中进行选择。无套利条件是国内税后收益 ［$f'(k)-t$］ 和外生的世界实际利率水平（r^*）相等：$f'(k)-t=r^*$。对应的一

[①] 这一结果与"快乐"税收竞争理论（Tiebout，1956）形成了鲜明对比，根据该理论，每个人都会搬到最接近其偏好的政府税收和公共服务组合的管辖区：个人"用脚投票"。因此，税收竞争只会消除无效的司法管辖区。

[②] 租金是有限竞争或规模经济带来的超额利润。与对"正常"利润征税不同，从理论上讲，对租金征税不涉及任何效率损失。

阶条件是：

$$\frac{U_g}{U_x} = \frac{1}{1-\epsilon_k} > 1 \tag{B8.9.2}$$

式中，ϵ_k 是资本对税率的弹性。因为 U_g 是 g 的减函数，条件（B8.9.2）意味着更少的公共产品提供，因而与封闭经济情况［见式（B8.9.1）］相比，开放经济条件下的均衡税收更低。

如果允许公共产品具有生产性质，或者考虑两个大型经济体（能够共同决定世界利率），此时资本流动对最优税率的影响会被削弱，但不能完全消除。最后还可以证明，更小的经济体更倾向于降低它们的税率，因为与大型经济体相比，世界资本回报率对它们来说更加外生。

第 8.1 节中的图 8.10 证实了欧盟流动税基边际税率的下降趋势（企业所得税是这样，个人所得税在较小的程度上也是这样）和固定税基边际税率的上升趋势（增值税）。

资料来源：Krogsrup（2002）.

实证研究[1]发现，企业的区位选择主要是由各地的需求规模所驱动。成本因素（包括税收）也具有一定的影响，但它们是次要因素，在发达经济体中尤其如此。这意味着由于存在地理差异或规模差异，一国仍有可能维持一定的税收差异。

我们应当区分以下两种税收竞争：一种是通过降低税收来吸引生产性投资的跨司法辖区之间的竞争，另一种是避税行为，其将利润分配给避税天堂或低税收司法辖区的实体。对于降低税收可以在多大程度上补偿区位劣势，这方面的文献进行了有效的讨论，但仍然没有关于支持避税的经济学论据（除了政府税收是掠夺性的假设之外）。托斯洛夫、威尔和祖克曼（Tørsløv, Wier, and Zucman, 2018）估计，近 40% 的跨国公司利润被转移到了全球避税天堂。

8.3 政策

第 8.1 节已经提到，税收政策的目标在于：（i）获得财政收入，同时尽量不导致太多市场扭曲；（ii）收入再分配，同时尽量不抑制劳动供给和储蓄；（iii）纠正特定的市场失灵。由于可使用的税收政策工具很多，因此要完成这些目标并不像乍看起来那样矛盾。税收政策之所以引起了广泛争论，其主要原因在于：税收对于各个主体的可支配收入会产生直接影响，税收归宿没有被很好地理解，各主体的视角有差别，理解税收效应的模型有很多种（完全或不完全竞争，开放或封闭市场等等），以及对效率和再分配目标的权衡存在认知上的差异。下面我们将讨论，如何使用第 8.2 节的理论来分析具体的税收政策问题。

---

[1] 参见 Hines（1999b, 2007），de Mooij and Ederveen（2001），Devereux and Griffith（2002）及 Devereux（2006）.

8.3.1 有效地分配税负

政府到底应该提供多少数量的公共产品？经济学理论认为，这个问题的回答需要比较提供公共产品的边际收益和提高税收的边际有效成本。然而，除了这个原则之外，经济学理论无法提供可信的工具来分析最优税负水平。正如前文提到的，拉弗曲线并不能指导政策制定者去识别最优税负水平：如果没有税收问题，一个经济体通常位于曲线的左侧，此时更高的税率将提高税收收入。经济学理论中，高税收被机械地理解为会对经济造成巨大的价格扭曲。但是图 8.15 显示，总税收压力与长期增长之间几乎没有相关性。韩国似乎是一个特例，在 1980—2015 年期间，韩国的税收低、人均 GDP 增速快。然而，丹麦和瑞典的增长率与瑞士或日本相似，但其税收压力要大得多。税收压力的水平主要取决于社会偏好，尤其是民众对政府所期望的慷慨程度和福利条件。此外，税收和增长之间的联系并不明确，因为更多的公共教育、卫生服务或基础设施实际上可能会提高一个国家的增长潜力（见第 9 章），而减少不平等也会促进增长（参见 Ostry，Berg，and Tsangarides，2014）。

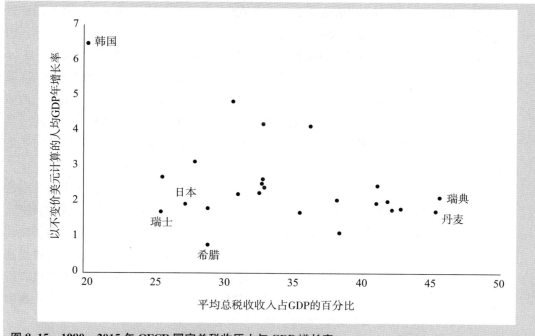

图 8.15　1980—2015 年 OECD 国家总税收压力与 GDP 增长率
资料来源：OECD.

关于如何有效分配税负的理论更为冗长（这里的有效分配是指提高税收而不至于导致太多的市场扭曲）：应该通过对大规模、相对无弹性的税基征收低税率来获取税收。现实世界中有多种税基可供选择：消费、工资、个人收入、公司收入等等。首要的问题是：应该更优先选择哪种税基？

（a）不同税种之间的长期等价

从社会保险缴费、个人所得税和一般消费税长期等价的角度开始分析会比较合适。[1] W 表示雇主的名义单位劳动成本，Ω 表示雇员相应报酬的购买力，我们有：

$$\Omega = \frac{(1-t_{sc2})(1-t_{PIT})}{(1+t_{sc1})(1+t_{VAT})}\frac{W}{P} \tag{8.2}$$

式中，t_{sc1}、t_{sc2}、t_{PIT}、t_{VAT} 分别表示雇主的社会保险缴费、雇员的社会保险缴费、个人所得税和增值税（或任何一般消费税），P 表示税前消费者价格指数。式（8.2）说明这四种税收或缴款对工人的购买力有近似相同的影响。[2] 这一税收负担在雇主（支付实际工资 W/P）和雇员（实际收入 Ω）之间的分配仅仅取决于劳动供给和劳动需求的相对斜率，如第 8.2.1 节所述。如果劳动供给比劳动需求更加陡峭（更缺乏弹性），那么无论税收如何，W/P 都将保持不变，税收增加将导致雇员购买力 Ω 的下降。

对于这种税收之间的等价性，最低工资水平是一个重要的例外，因为最低工资的定义包含了社会保险缴费，并且没有扣除增值税。[3] 在这种情况下，一方面，社会保险缴费的增加会机械性地抬高劳动力成本 W，因为员工收到的净工资不能出现下降；但是另一方面，增值税的上升将会导致员工的购买力下降（除非最低工资进行调整）。因此，可以利用降低社会保险缴费来鼓励对低技术工人的用工需求，因为社会保险缴费下降会导致更低的劳动成本，但同时还保持了购买力水平。自 20 世纪 90 年代以来，欧洲国家广泛使用有针对性的削减社会保险缴费的方法，以减少低技能工人的用工成本，同时保持他们相对于中等技能工人的购买力水平。例如在法国，2011 年工人获得的净最低工资是工资中位数的 67%，但最低工资的劳动力成本仅为工资中位数的 50%。在比利时，相应的数字为 66% 和 46%（参见 Groupe d'experts du SMIC，2014）。

税收等价的另一种例外发生在短期，即在工资协商之前：因为名义工资是刚性的，如果提高雇主的社会保险缴费就会增加劳动力成本。而雇员的社会保险缴费、个人所得税或增值税的增加，则会降低雇员的购买力（由于工资短期内不是指数化的）。因此，这些不同的税收会有不同的结果。2007 年，德国将其标准增值税提高了 3 个百分点，同时将雇主的社会保险缴费减少了 1 个百分点。这项一揽子税收行动在短期内对消费有负面作用，因为这降低了劳动者的购买力。2007 年末，德国工会要求提高工资来补偿增值税的上升。

最后，上述分析没有考虑资本所得或养老金，它们是通过增值税和个人所得税（或者预扣税）来征收的，但是和社会保险缴费无关。社会保险缴费一般基于工资

---

[1] 参见 Malinvaud（1998），Sterdyniak et al.（1991）。

[2] 对于相对较高的税率，$1/(1+t) > 1-t$，这时 t_{vat} 或 t_{sc1} 对购买力有稍大的影响。

[3] 对于个人所得税来说，领取最低工资的家庭一般享受免税。

来征收。① 此外，将工资的税收削减一个百分点，可以通过对个人所得税提高不到一个百分点来对税收收入进行平衡（因为个人所得税的税基更加广泛）。②

（b）增值税

自 1954 年法国引入增值税以来，世界上大多数国家都采用了这个税种。2016 年 12 月，有超过 140 个国家征收增值税，标准税率从 8% 到 25% 不等。增值税是加入欧盟的先决条件。大约有 20 个国家，如美国、加拿大、澳大利亚、新西兰、新加坡或日本，它们并不使用增值税，而是使用零售税（RST）。后者只对最终消费征收，而增值税对价值增加链条的每个环节都征收（对中间环节有合适的税收抵免）。延伸阅读 8.10 详细介绍了增值税和零售税从经济视角来看是等价的，但是增值税通常更能避免逃税。

大多数发展中国家也采用增值税体系。然而，一些部门（服务、批发和零售部门）通常有意无意地处于增值税体系之外，这就显著减少了增值税收入。发展中国家的大部分经济活动都处于非正规状态，所以在发展中国家征收增值税会面临严重问题，特别是这些国家还加入了 WTO，对应的进口关税逐渐减少也给增值税征管带来了更大的压力。

延伸阅读 8.10　　　　　　　增值税与销售税

我们假设一个中间品生产商出售 100 欧元的商品给最终品生产商，最终品生产商出售 150 欧元给最终消费者。

- 在 20% 的增值税税率下，中间品生产商对他的顾客收取 20 欧元（＝20%×100）的增值税，并将这 20 欧元税收交给税务当局；最终品生产商对他的顾客收取 30 欧元（＝20%×150）的增值税，并将 10 欧元（＝30－20，他已经支付了中间产品的税收）交给税务当局。这样总税收是 30 欧元。

- 在 20% 的零售税税率下，中间品的生产商不收税，也不向税务当局支付增值税。最终品生产商对他的顾客收取 30 欧元（＝20%×150），并将这笔零售税交给税务当局。

因此，同样的增值税税率和零售税税率产生了同样的税收收入。然而，增值税通常被认为更可取，因为它将不合规的风险分散到更多的市场主体身上：如果在供应链中有一个企业没有缴纳增值税，相应的税收将由供应链的下一个环节承担；而且，供应商有动力申报增值税，因为他们付给上一个环节的增值税可以用来作为税收抵扣。最后，在增值税制度下，企业没有动机在销售性质上作假，不会把最终销售申报为企业对企业的中间交易类型。

资料来源：Keen and Smith（2006）.

---

① 但是，这是应该被允许的。根据税收归宿理论，资本所得可以事实上逃避任何税收形式，因为它与其他税基相比有更高的弹性。

② 相反，增值税的税基仅限于消费，通常不够广泛，不足以在低于 1∶1 的税率变化基础上为社会费用的削减提供资金。

如果要利用好增值税的优点，并在增加税收的同时尽可能减少市场扭曲，那么很重要的一点是：要抵御住诱惑，避免将其作为特定政策目标的工具，例如推动某些部门的就业。在此背景下形成的多重税率往往会造成更多漏洞并扭曲相对价格。此外，以调节消费税来刺激就业，这是一种非常间接的方式。例如，假设降低餐馆的增值税税率以刺激就业，这并不能保证减税会转嫁给消费者，也不能保证消费者会通过提高需求来作出反应。即使这两个条件都满足了，土地所有者也可能会通过提高租金来获得收益。因此，为了鼓励用工需求，最好是通过削减社会保险缴费来直接降低劳动力成本。

8.3.2 公平地分配税负

通常认为，增值税是提高财政收入的有效方式，但其实它是一种累退税：尽管必需品的税率较低，但低收入家庭支出/收入比例往往比高收入家庭更高，因为他们的消费/收入占比更大。至少需要通过累进所得税（纵向公平）来抵消这种累退的特征。但是，税收公平还包括以相同方式对所有收入来源征税（横向公平）。在研究纵向公平之前，我们先从横向公平的维度入手。

（a）横向公平

对所有收入来源平等征税，这是避免产生税收漏洞的必要条件。例如，如果企业所得税的征税存在漏洞，这可能会导致一些家庭变成"公司"以将其收入申报为企业收入。此外，避免造成价格扭曲（如劳动力和资本之间的价格扭曲）也是必要的。最后，这是公平的要求。例如，出租房屋者、个体经营者和工薪阶层应该以同样的方式征税。

然而，对所有类型的收入平等征税是一项非常复杂的任务，因为不同税收会相互影响。例如，股息分红和劳动者收入是否应该适用相同的个人所得税税率？对股息征税的问题在于，股份持有者所得的分红已经通过企业所得税被征过税了。因此，分红的税率通常会低于劳动者收入。然而，如果部分企业所得税的归宿落在了劳动力身上，则没有理由对股息和劳动收入实施不同的税率。

但是，将问题限制在企业所得税并没有使公平问题的处理变得更容易：利息支付是否应该从应税利润中扣除？因为通常至少有一部分是这样处理的。但是这样做会在公司的债务和股权融资之间造成扭曲，还会激励跨国公司通过公司内部贷款将利润转移到低税收的国家（见延伸阅读 8.11）。

延伸阅读 8.11　　　　　寻找非扭曲的企业税

企业所得税的合理性可能会受到质疑，因为资本具有国际流动性，所以企业所得税负担会转嫁到缺乏流动性的税基身上。缺乏流动性的股票持有者，其相应的收入可能被征税，例如以个人所得税的形式。然而，由于以下几个原因，企业所得税仍然是合理的：（i）公司层面的收入更容易被追踪，个人层面的收入则比较难追踪；（ii）公司层面的税基也更容易度量，特别是当政府是对经济租征税，而不是对总利润征税的情况下[a]；（iii）企业使用了政府服务应当支付费用，却可能漏缴了一些费用，可以将企业所得税看作是对此的一种（不完全）补偿；（iv）企业所得税是对外国股东征税的唯一方式；（v）企业所得税是征收个人所得税的制度保障；（vi）从政治角度来看，直接向企业征税可能比向实际选民（工人或资本所有者）征税更容易。

然而，征收企业所得税引发了两个问题：

• 税收应该在相关涉税活动发生的国家征收（税收发生来源地原则），还是应该在资本所有者（个人、公司总部或者机构投资者）所在的国家征收（居住地原则），抑或是在商品和服务最终消费的国家征收（目的地原则）？

• 税基应该是全部股权回报（包括正常回报以及经济租这样的超额回报）、全部资本回报（包括通过债务融资的资本），还是只是限于经济租这样的超额回报（通过免除利息支付和"正常"的股息来排除"正常"的回报）？

在大多数国家，企业所得税是根据税收发生来源地原则征收的，并且从海外子公司汇回的利润是免税的。然而，在一些国家（英国、爱尔兰），如果在这个国家的母公司已经为其外国子公司在其他国家支付了税款，那么该国允许为这些已支付的税款提供抵免。这实际上意味着，总部在该国的跨国公司适用于居住地原则（除非在国外缴纳的税款超过了国内税则，因为这种情况下不能退税）。由于这种税收抵免制度，（比如英国的）跨国公司的海外子公司就得不到与国外当地企业相同的税收待遇，也无法获得总部设在免税国的子公司那样的待遇。

在大多数国家，税基是股权的全部收益。特别是，利息支付至少可以部分地从应税利润中扣除。这一税基的界定与来源原则相结合，特别容易受到跨国公司税收优化行为的破坏。事实上，跨国公司可以通过转移定价（例如，对低税国家子公司的中间产品或服务调高价格），或者通过企业内部融资（例如，低税国家子公司向高税国家子公司贷款），从而将利润从一国转移到另一国。这使得政府和国际机构（特别是经合组织）试图规范跨国公司的行为准则。

为了消除其中的一些扭曲现象，有几种税收改革已经提出并时常被采纳。其中一种旨在通过对股权融资成本进行抵扣，从而仅对经济租这样的超额回报征税，而不对"正常回报"征税。这种制度于 2006 年在比利时开始实施[b]，这减少了企业所得税的扭曲，因为债权和股权融资应当平等对待，只有超额利润（"经济租"）被征税，并且这还减少了跨国公司内部贷款的税收优化行为。这个制度的主要缺陷是：如果税收收入需要保持稳定，那么这会导致税基缩小，进一步导致法定税率上升。这又带来了更多的扭曲和利润转移的风险。

相反，另一种提议涉及取消利息支付的抵扣。同样地，这也是基于债权和股权融资需要被同等对待，因而两者都应当被征税，这意味着扩大了税基，还可以降低法定税率。这种综合企业所得税（CBIT）于 1992 年由美国财政部提出。德国、法国等国已经朝着这个方向迈出了重大步伐，它们限制了从应税利润中扣除利息。这也是欧盟 2016 年通过的《反避税指

8

令》所采取的政策方向（见延伸阅读 8.15）。

a. 经济租的征税理论上是非扭曲的，因为由边际投资产生的正常回报是免税的。

b. 在 2006 年，比利时实施对于风险资本的利息扣减（亦称名义利息扣除）时，这一做法取代了"协调中心"的特殊税收制度，后者被欧洲行为准则视为具有歧视性。利息扣减等于名义利率（10 年期政府债券利率的移动平均）乘以公司权益资本。

资料来源：Devereux and Sørensen（2006）和 Auerbach et al.（2007）.

基于公司所有权的具体情况，同样的企业收入可能面临不同的企业所得税。在一些国家，例如德国或法国，无论所有权如何，都以同样的方式征税，但来自外国的子公司的收入是免税的。在其他国家，例如在英国，外国司法管辖区的子公司支付的税款会记入母公司的税单，这意味着，除非国外支付的税款超过了国内税单，否则外国子公司实际上仍然支付了英国的企业所得税税额（见延伸阅读 8.11）。

除了不同税种和税收制度之间的相互作用外，各国政府提供的免税政策也有漏洞，这损害了对于所有收入来源按相同税率征税的制度。例如，公司可以从企业所得税基数中扣除部分研发支出，或者家庭可以从个人所得税基数中扣除部分儿童保育支出或慈善捐款。税收支出（tax expenditure）是指一些具体规定导致的税收收入损失，它实际上相当于对各种目的或利益集团的补贴。根据布鲁金斯学会税收政策中心（Tax Policy Center of the Brookings Institution）的数据，2016 年美国前13 大税收支出的总额为 9 729 亿美元，约占美国 GDP 的 5%。很多新当选的政府都主张对税收体系进行简化并扩大税基（通过减少免税），但是却通常无法抵御来自游说团体的压力和选举连任的压力。

最后，政府对所有收入来源平等征税的能力也会因为税基流动性的差异而被削弱。根据税收竞争的理论模型，与劳动力（尤其是消费）相比，资本的流动性更高，这也导致征税行为从资本转向劳动力（或消费）。当消费是流动的时，例如数字贸易的情形，对其征税就变得更加困难（见延伸阅读 8.12）。从某种意义上说，与税基流动性相关的逐底竞争与拉姆齐法则是一致的，该法则认为应减少对高弹性税基的征税。然而，这种税率差异导致了不同活动之间的扭曲，即传统零售和新商业模式间的扭曲。

8

延伸阅读 8.12　　　　　　　　　　　对数字经济征税

数字经济与传统经济的区别在于三个关键特征，这些特征影响了政府以同样方式对两个部门进行征税的能力。第一，数字经济活动的非物理位置（以及数字平台的中介）使数字企业很容易在税收和数据使用规则最有利于它的国家注册总部。第二，数字经济高度依赖数据。数据在事实上已经成为一种免税的生产要素，替代了有时被课以重税的劳动力。消费者还经常用他们的数据换取免费服务（这是一种易货经济，可以逃避增值税或销售税），因而从扭曲中受益。第三，传统监管规则中，对于同一集团子公司之间的转让定价原则很难适用于数字经济。"公平定价"的一般原则规定，同一集团子公司之间的交易应该以相同价格收费，即按照它们彼此独立的情况来定价（即按市场价格）。这里的问题是：数字经济交易的服务非常具体（例如，为使用品牌或算法而支付的特许权使用费），因此缺乏市场基准。

这些特殊性涉及同一行业的公司之间［例如 GAFAs（Google，Amazon，Facebook，and Apple）[a] 和较小公司之间］和政府之间（通过跨国公司的利润转移）的扭曲竞争。因此，对数字经济征税要求改革现有的税收框架，同时保持对创新的激励。

OECD 的"税基侵蚀和利润转移"（Base Erosion and Profit Shifting，BEPS）工作组确定了对数字经济征税的四个关键领域：(i) 需要恢复数字公司的属地性（例如，这意味着重新定义常设机构的要求，发展重要数字存在的概念，或使用来源地税）；(ii) 出于税收目的，对数据以及对用户"免费"提供的服务进行估值；(iii) 定义国际数字交易（如销售、租赁、特许权使用费），以此为基础征收差异税；以及 (iv) 征收增值税或基于目的地的消费税。

其他建议包括，例如，在来源地对特许权使用费征税，并在收到特许权使用费的公司所在国记入相应的税收。例如，如果支付给其他欧盟成员国的特许权使用费和支付给第三国的特许权使用费都从来源国进行征税，那么广泛使用的基于知识产权在避税天堂的税收筹划策略将会无效。然而，引入这种来源地税收需要修订《利息和特许权使用费指导》，或至少与第三国协调双重征税协议，以确保支付给欧盟以外的避税天堂的特许权使用费或利息不会免税。[b]

另一种可能性是，由一些国家组成的俱乐部对广告收入或个人数据收集的收入征收从价税。对这些收入征税将是有效的，因为这两种收入都很容易归到一个国家的领土。为了保持对创新的激励，税率需要较低，并引入一次性的总额补贴来豁免较小的公司。[c]

a. 谷歌、亚马逊、脸书和苹果，更广泛地说，是数字经济的巨头。

b. 参见 Finke et al.（2014）。

c. 参见 Charrié, J. and L. Janin（2015），"Taxation of the Digital Economy," France Stratégie, Policy Brief n°26，March。

最后，横向公平提出了纳税人识别的问题：纳税人是个人还是家庭？收入相同的个人也会有不同的生活水平，这取决于个人是否与其他家人（可能也有收入）生活在一起并分担一些固定成本，或者在有几个孩子的家庭中，他/她是否是整个家庭唯一的收入来源。在许多国家，个人所得税是根据家庭总收入而不是个人的收入来征收的。[①] 然而，如果个人所得税是累进的，基于家庭的税收可能会降低第二收入者（通常是女性）的工作动机，因为从构成上来看，第二收入者的边际税率将高于其个人在单独情形下会面临的税率。这是效率与公平权衡的一个典型案例。从效率目的出发，针对个人的征税是首选，但针对家庭的征税则更公平。实证研究证

---

① 参见 OECD（2016）。例如，法国的个人所得税是基于家庭商数（a family quotient），而德国则采用联合征税和随收入递减的子女津贴。其他联合征税或有联合征税选项的国家有美国（可选，已婚夫妇）、爱沙尼亚（已婚夫妇）、卢森堡（配偶和伴侣）、瑞士（已婚夫妇）、爱尔兰（可选，已婚夫妇）、挪威（可选）、波兰（可选，已婚夫妇）、葡萄牙（家庭）和西班牙（可选，家庭）。丹麦和荷兰的个人税收制度还包括"联合"要素，如合作伙伴之间的可转移税收减免和津贴。

8

实，对第二收入者（相对于单身人士）更中性的税收待遇对女性劳动力参与率有积极影响（Jaumotte，2003），而相反，基于家庭的税收对女性劳动力供给有负面影响（Dingeldey，2001）。

（b）纵向公平

个人所得税和财产税是通过税收体系进行再分配调节的传统工具。然而，从美国个人所得税的最高边际率的显著下降（见图 8.16）可以看出，个人所得税的累进性有降低的趋势。[①] 在一些国家（如法国），税收制度的累进性在很大程度上源于相对慷慨的基于经济调查的转移支付。因此，在衡量任何特定国家的税收累进性时，都需要考虑整个税收体系的背景。

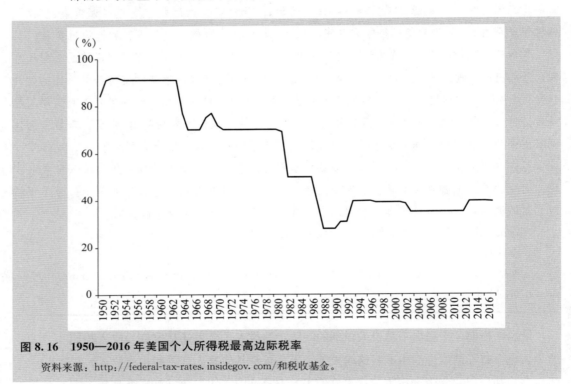

图 8.16　1950—2016 年美国个人所得税最高边际税率

资料来源：http://federal-tax-rates.insidegov.com/和税收基金。

政府再分配的动机意味着需要在效率和公平之间进行权衡。最优税收理论强调，收入的累进税所引发的扭曲带来了经济成本。在一些情况下，通过重新设计一项税收有可能同时改善效率和公平。例如，当对较窄的税基征收高法定税率时（由于豁免的多样性），通过扩税基、减税率，就可能会促进效率和公平。这正是 1986 年美国税收改革的情形，改革使得个人所得税税率降低的同时税基也扩大了。在改革之后，能够逃税的人更少了，而原来的纳税人也享受了更低的税率。然而，20 世纪 90 年代和 21 世纪头十年的大多数税改革导致了边际税率曲线的平缓，高收入阶层的边际税率下降得甚至更加明显。最极端的例子是那些执行单一税（flat

---

① Piketty and Saez (2007).

tax）的国家，例如，不变边际税率的税收体系。在最纯粹的形式中，单一税制对个人收入、企业收入和消费适用相同的单一税率。然而在 2016 年，在所有欧盟国家中，只有爱沙尼亚对三个税基实行相同的税率（见表 8.1）。

表 8.1　2016 年单一税制的欧盟国家

	个人所得税税率（%）	企业所得税税率（%）	增值税标准税率（%）
保加利亚	10	10	20
捷克共和国	15	19	21
爱沙尼亚	20	20	20
塞浦路斯	35	12.5	19
匈牙利	15	20.6	27
拉脱维亚	23	15	21
立陶宛	15	15	21
罗马尼亚	16	16	20

资料来源：欧盟委员会，《欧盟的税收趋势》，2017 年。

从理论上来说，单一税制与大幅度的基本免税额（免税的固定收入水平，纳税人的起点收入被免予征税）相结合，可能可以同时实现效率和再分配的目标。然而，在实践中，单一税制通常会导致更加平坦的平均税率，因为对于高收入水平的人来说，基本免税额可以忽略不计。第 8.1 节中的图 8.8 说明了这一现象，统一税率为 20%，基本免税额为 1 000 欧元。对于相对较低的收入（在 1 000 欧元到 3 000 欧元之间），个人所得税似乎是高度累进的，但对于平均税率趋近于固定边际税率的高收入者，个人所得税的累进率就低得多了。

单一税制的另一个问题是：在基本免税额的阈值（在我们的例子中是最低工资）以下缺乏累进性。在图 8.8 中，收入低于基本免税额的家庭（或个人）不缴纳任何税款，但他们没有收到任何转移支付。因此，他们的平均税率（为零）与领取最低工资的个人相同。

将税收累进性扩大到极低收入人群的一种方法是：将单一税制与基于经济调查的转移支付（即给予低于某些初次收入门槛的家庭的转移支付）相结合。基于经济调查的转移支付是一种负税收形式，在发达经济体广泛使用。然而它们也带来了一些困难：首先，基于经济调查的转移支付涉及社会行政部门的官僚成本，这也是家庭部门所担忧的问题。其次，根据观察，由于信息获取问题和对污名效应的担忧，很大一部分潜在受益人未能申请这种转移支付。[1] 最后，基于经济调查的转移支付涉及较高的边际税率，因为超过收入门槛会导致低收入人群失去转移支付收入（见第 8.1 节中的图 8.9）。反过来，高边际税率降低了工作的动机，因此它们可能会将个人锁定在贫困陷阱中。

---

[1]　例如，参见 Riphahn（2001）或 Currie（2004）。

作为基于经济调查的转移支付的替代方案，有人提议采用一般转移支付（universal transfer）或基本收入（basic income）计划，即无论个人或家庭的收入如何，都向其提供转移支付，并通过对所有收入单位征收所得税（没有免税额）来获得税收收入（见延伸阅读 8.13）。这种制度将同时解决基于经济调查的转移支付的三点缺陷，因为它将（i）显著降低行政成本，（ii）消除潜在收益人不申请的问题，以及（iii）消除处于低收入一端观察到的较高的边际税率。

延伸阅读 8.13　　　　　一般转移支付制度的不同目标

一般转移支付的想法可以追溯到 16 世纪，那时有人向布鲁日的市长提出了这个建议（但并没有成功）。这个想法是要对所有人都给予一般的转移支付，无论其收入高低。19 世纪初，斯宾汉姆兰制度（Speenhamland system）是第一次中性、不愉快地进行一般转移支付的经历：在英格兰南部的斯宾汉姆兰地区，地方官员决定根据面包的价格和孩子的数量来对当地农民的收入进行补贴，使其达到一个特定的生计水平。这个制度在英格兰南部很快传播开来。但是托马斯·马尔萨斯批评了这种鼓励生孩子，但却不能满足他们生存需要的行为。但是无论如何，19 世纪末的乌托邦主义者采纳了这个想法，并在 20 世纪 30 年代和 40 年代再次影响了英国经济学家詹姆斯·米德（James Meede），最后在 20 世纪被朱丽叶·里斯-威廉姆斯夫人（Lady Juliet Rhys-Williams）再次采纳，而且她认为，这个制度可以作为《贝弗里奇报告》的替代方案。与马尔萨斯的观点相反，她认为，一般转移支付将激励人们积极寻找工作。

然而，二战后建立的福利体系依赖于无条件的实物转移（如英国国民医疗服务体系）和基于经济调查的转移支付（如家庭津贴或社会援助），并结合了累进所得税计划。这些制度的局限性在 21 世纪初逐步显现出来，其与以下方面有关：（i）在资本和熟练劳动力流动性上升的背景下，有些国家开始实行单一税收制度；（ii）基于经济调查的转移支付面临着潜在受益人不申请的问题，同时还面临沉重的行政负担；以及（iii）劳动和家庭类型的碎片化。于是，再次出现了一般转移支付的想法，这可能是同时可以解决上述三个问题的一种方式。一般转移支付的做法是，无论人们初次收入的高低，通过向所有个人提供"基本收入"，并对所有初次收入征收所得税（不含免税额）来进行征税。此外，无条件转移支付将更好地保护个人免受其职业生涯和家庭模式的不稳定的影响。它甚至会为个人提供"真正的自由"（Van Parijs，1995），因为他们将不再为了生存而被迫接受任何工作。与无条件的转移支付不同，阿特金森（Atkinson，2015）设想了一种"参与"社会的条件（只有满足这些条件才能获得转移支付）：工作、教育、培训、积极求职、照顾幼儿或老人，或者在认可的协会（对疾病和残疾范围有特殊规定）中参与志愿工作。在实践操作中，很少有人会被排除在该计划之外，但他认为某种形式的互惠是必要的。

基本收入计划的支持者进一步认为，该计划使得个人可以区分"有吸引力（或有前途）"的工作和"糟糕"的工作，这将为个人提供"真正的自由"（Van Parijs，

1995）。获得基本收入也可能会使得个人愿意承担更多的风险（例如，创新和开办新企业）。

在图 8.17 中，我们进行了一个模拟：初始状态下有 20% 的单一税率，其税收用于支持政府的运转成本，在此基础上再征收一个 20% 的单一税率，以实行基本收入计划，从而使基本收入金额达到最低工资的一半。此时，收入水平在最低工资 1.25 倍以下的个人（或家庭）就可以获得净转移支付。在初次收入为最低工资一半的情况下，转移支付金额将达到初次收入的 60%，而且在收入更低的情况下，转移支付比例会更高（图中没有显示）。相比之下，在更传统的基本免税额制度下，平均税率从不为负（见第 8.1 节中的图 8.8）。不过在这两种情况下，在收入水平的另一端（高收入一端），平均税率相当平坦，因为它会向边际税率收敛。当然，一般转移支付系统可以与累进边际税率表相结合。然而，问题是：高收入者的边际税率可能会达到非常高的水平，这就引出了税收的可接受性和避税问题。

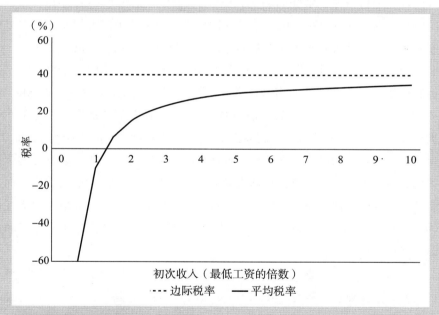

图 8.17　一般转移支付下的平均税率

注：一般转移支付相当于最低工资的一半再加上 40% 的固定边际税率。为了便于阅读，图被截断为最低工资的 0.5 倍。

资料来源：作者整理。

但是基本收入的建议也面临两个关键制约因素。第一个是可负担性，图 8.17 说明了这一点。事实上，如果将一般转移支付扩大到所有纳税人，成本将占 GDP 的 x%，那么就需要在提供公共产品所需资金的基础上，再征收相当于 GDP x% 的税收（Atkinson，2015）。即使纳税人缴纳的净税收没有任何变化，一般转移的收入计划也会增加税收压力和政府支出。在一些国家，考虑到最初的税收负担也比较高，所以这种观点很难实施。第二个关键制约因素涉及处在收入较低一端的、作为转移支付的净受益者的人群。在大多数自由市场国家关于基本收入计划的提案和建议中，这种转移支付将取代多种形式的社会福利，包括任何形式的医疗保健或公共教育。这样做的目的是让每个人都能照顾好自己。然而，大多数这个方案的建议者也认为，基本收入并不意味着满足受益人的全部基本需求，也不应该是单一福利（即取代所有其他现金福利）。例如，仍然需要提供残疾人津贴。随之而来的问题是：基本收入是否真的简化了社会转移制度？一个折中的解决方案是提供一个普遍性的儿童福利，并由个人所得税收入来进行支付。这种普遍的福利将补充医疗保健和教育方面的公共投资，并将有助于解决许多国家普遍存在的儿童贫困问题。该福利将取代基于经济调查的转移支付的家庭福利（Atkinson，2015）。

纵向公平问题对于动态的代际公平也有一定作用。事实上，累进所得税限制了财富积累。与遗产税相结合，它们减少了个人之间的遗产不平等，同时也限制了个人向社会上层奋斗、攀登的动机。以法国为例，皮凯蒂（Piketty，2001a，2001b）的研究表明，这个机制在限制不平等性加剧方面发挥了强大的作用。但是如果富裕家庭可以通过转移其收入或财富的方式逃避税收，问题就将仍然存在。

图 8.18 显示，19 世纪末欧洲的个人财富分配非常不平等。在英国，1％的人口拥有多达 70％的个人净财富（这意味着其他 99％的人只能分享总财富的 30％）。在 20 世纪的大部分时间里，收入最高的 1％的人所持有的财富比例一直在下降，在 20 世纪 80 年代，英国的这一比例降至 15％。然而，在 20 世纪 90 年代和 21 世纪初，财富不平等再次加剧——这一特征可能与大多数发达经济体的扁平化的个人所得税计划、遗产税减少以及取消财富税有关。财富不仅集中在少数人手中，而且由于寿命延长，这些人往往属于人口中年龄较大的一部分。个人越来越倾向于在接近退休（如果尚未退休的话）时继承财产。在此情况下，继承的财产并不能用来帮助购买第一套房子或创业。

安东尼·阿特金森（Anthony Atkinson，2015）提出了遗产税的改革，其遵循了约翰·斯图亚特·穆勒（John Stuart Mill）的旧思路。这一思路将对继承人一生中收到的累积捐赠和继承的财富征收累进税：税率将取决于过去所收到的全部捐赠和遗产。因此，捐赠者会有动机将其捐赠更平均地分配给不同的受益人。

安东尼·阿特金森（Anthony Atkinson，2015）还在遗产税领域提出了进一步的改革建议，即引入最低继承或一般性继承的做法，这相当于负的财富税（Atkinson，2015）。这个想法来自哲学家和革命家托马斯·潘恩（Thomas Paine，1797/1999），他提出，每个人在 21 岁时都可以从一个基金中获得一次定额数量的资本，同时失去其"自然"的继承权。在 20 世纪，还有几位建议者提出了"以资产为基础的平均主义"。从 2003 年到 2010 年，英国政府实施了一项儿童信托计划：政府为每个新生儿一次性捐赠 250 英镑，并为贫困家庭提供进一步的资助，同时允许家庭将这笔投资补足到信托计划的上限。这些款项将在 18 岁时发放，使用不受限制。

安东尼·阿特金森（Anthony Atkinson，2015）对这一计划略作修改，提出了名为"全民继承"（inheritance for all）的计划：用前文提到的终身资本税为全民提供资本捐赠的资金来源。在每个人出生时，用"资本捐赠账户"来支付一般性的遗产，作为对每个人的最低捐赠，从而减少代际和同代人内部的财富不平等。

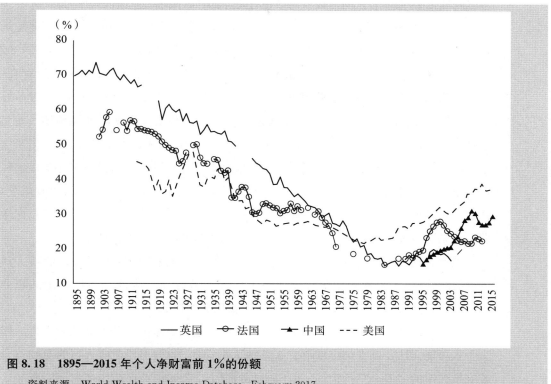

图 8.18　1895—2015 年个人净财富前 1% 的份额

资料来源：World Wealth and Income Database，February 2017.

8.3.3　纠正市场失灵

如前所述，现实中很难设计这样一种税收体系，能够使其在满足中性的同时还要实现再分配。然而在某些时候政策目标并不是中性的，恰恰相反，税收的设计是用来纠正市场的缺陷，这时非中性税收可能有助于提高市场效率。

（a）家长式税收

社保缴费与个人缴纳养老金或者健康保险计划有什么区别？两者的目的都是为了保护个人变老后失去收入来源或无法承担昂贵的医疗费用。唯一的区别是：社保缴费具有强制性，而私人保险缴纳计划（以及对于不同保险计划的选择）则是个人的自由选择。那么，为什么要建立由税收提供资金的公共社保体系呢？这可能有两个原因：公平和个人短视（或缺乏理性）。

• 公平：强制制度有助于实现在个人之间进行再分配和更好的风险共担。例如，无论病人是穷是富，治疗某种疾病的费用基本上是一样的。因此，让每个人通过商业体系为自己保险，这种做法缺少了再分配的性质，因为穷人将基于其收入，拿出更高的收入比例来作为医疗支出。一些家庭甚至可能无力支付保险计划。而单一的、强制性的社保体系可以让富人向穷人提供交叉补贴。它还可以帮助穷人能够使用得上昂贵的预防措施，如接种疫苗和在患病时可以咨询医生，这对其他人也会产生正的外部效应（降低传染风险），同时对公共财政也有正外部性（减轻公立医院的压力）。

• 个人短视或者缺乏理性：如果个人是短视的，那么他们可能不会正确地运用保险以应对各种潜在风险。例如，他们可能对自己晚年的工作能力过于乐观，或者对自己的预期寿命不太了解。此外，金融文盲（financial illiteracy）广泛存在：大多数家庭不能理解风险、收益和资产组合选择的基础知识（Lusardi and Mitchell，2007）。此外，从行为经济学中我们知道，人们并没有表现出理性预期，而是表现出动态不一致性（参见 Kahneman and Tversky，2000，本书第 2 章）。出于这个原因，政府可能希望强迫或至少激励个人来对冲这些风险。同样的想法可以解释那些鼓励家庭储蓄的政策是合理的——例如为家庭的一些储蓄行为提供税收豁免，比如：通过养老基金进行储蓄，或通过流行的储蓄工具（如人寿保险）进行自愿缴费，或是通过拥有自有房屋来储蓄（这时可以免除抵押贷款的利息）。

然而，这些有针对性的税收减免会造成扭曲，因为它们改变了各种储蓄工具（例如住房、债券或者股票等储蓄工具）的相对收益率。因此，一种特定的扭曲（对当期的过度偏好）被另一种扭曲（跨储蓄工具的扭曲）取代了。

在发达经济体，烟草和酒精都被课以重税，这主要是出于公共健康的考虑，因为个人可能无法正确评估过度消费这类物品的风险。税收可以使个人行为更加符合政府所设定的"安全"行为。[1] 出于同样的原因，英国政府于 2016 年开始对碳酸饮料征税，以防止儿童肥胖。但是"肥胖税"的反对者认为，这不利于再分配，因为碳酸饮料和高脂肪食品比健康的水果和蔬菜更便宜，所以低收入家庭消费这类产品的数量更多。另一种鼓励低收入家庭消费更多健康食品的方法是，降低农产品进口关税，因为这可以降低农产品消费价格。更为激进的是，一些经济学家认为家长式的税收与自由选择的理念相违背，而自由选择是自由市场的核心。米尔顿·弗里德曼是这种思想的先驱，他在社会保障问题上作出了如下判断：

> 我认为，不应该由政府来告诉人们他们应该把收入的多大比重用于为自己或为他人养老。这并不是政府的责任。
>
> ——米尔顿·弗里德曼：《社会保障：总体和个人》
> (Social Security：The General and the Personal)，
> 《华尔街日报》，1988 - 03 - 15

---

① 相应的税收收入当然是政府所欢迎的。然而，应该注意使用这种税收来抑制私人消费（取决于高消费弹性）和提高公共收入（需要低消费弹性）之间存在一些矛盾。

不过，只要不涉及强制性，其实家长式税收并不违背个人自由（Thaler and Sunstein，2003）。税收政策非常适合这种目的，只要税收水平不具有没收性质。塞勒（Thaler）和桑斯坦（Sunstein）提到了"助推"的说法（即为帮助个人作出"正确"决定而提供小的激励，但不是强迫他们）。

（b）环境税

家长式税收的目的是对家庭缺乏信息或者目光短浅作出反应，而环境税的原则是执行"污染者付费"原则，目的是使污染者内部化他们产生的外部性（见延伸阅读8.7）。能源税主要是为了从弹性相对较低的需求中增加公共收入，其有别于旨在抑制纳税人行为的环境税（environmental taxes）或绿色税（green taxes）。一直以来，能源税比后两种税高很多，不过在 OECD 国家之间也存在很大差异（见图8.19）。但是应当指出，如第8.2.3节所述，征税并不是使得市场主体对污染排放成本实现内部化的唯一办法。在欧盟，排放交易系统在这方面发挥了约束作用，这意味着企业无须为其碳排放缴税，而是需要在排放交易系统市场上购买碳排放数量。一些行业（如建筑或车辆）受到了环境标准的约束。这种税收、市场和技术标准的共存产生了各种各样的显性和隐性碳价格，这使得减少碳排放变得特别低效（OECD，2013）。

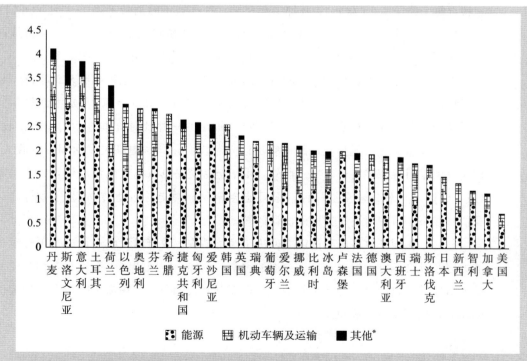

图例：⊡ 能源 ⊞ 机动车辆及运输 ■ 其他*

图 8.19　2014 年环境相关的税收收入占 GDP 的百分比

注：＊指臭氧消耗，水和废水、废物管理，采矿和采石，其他未划分的行业。

资料来源：OECD.

环境税的收益应该如何使用？在某种程度上，环境税的税负主要由生产者承担（而不仅仅是消费者），这将增加污染企业的成本。那些与外国公司竞争的企业需要得到补偿（因为外国公司不承担类似的环境税），以提高其竞争力，从而建立起一个公平竞争的环境。更一般地，绿色税收的政治经济学表明，这些税收收入应该重新分配给污染者本身，否则他们会反对征税或提议自愿缴费，以排除监管或征税（参见 Wilson，1980）。例如，可以根据客运公司的碳排放比例对其征收碳排放税，并根据客运量对其进行税收返还。这样，单个企业将会受到激励尽量减少碳排放，而整个行业将不会面临更高的税负。另一种补偿污染行业的方法是削减劳动者的税负，以获得双重红利（见第 8.2.3 节）。芬兰（1990 年）、瑞典（1990 年）、挪威（1991 年）、丹麦（1992 年）、荷兰（1996 年）、斯洛文尼亚（1997 年）、德国（1998 年）和英国（2000 年）在实施绿色税的同时都降低了个人所得税。这些一揽子政策平均而言是收入中性的。在德国、丹麦和瑞典，税收转移占 GDP 的比例高达 1.1%（Andersen，2010）。然而，双重红利的说法还是缺乏实证证据，特别是因为绿色税导致的相关福利损失（例如，加剧了不平等[1]）有时候没有被考虑在内（Mirrlees，2011）。

如果税率足够高，环境税可以非常有效。例如在 2002 年，爱尔兰对塑料袋征收重税（每个袋子 0.15 欧元）。在那一年年末，这些袋子的消费下降了 90%（OECD，2007）。[2] 1991 年，瑞典引入了对二氧化碳和二氧化硫排放的重税，相应地排放减少超过了 50%。在挪威，1991 年出台的碳排放税使当年的排放减少了 21%。

然而，通过这种税收设计，庇古税的成功恰恰意味着相应税收收入的下降。环境领域之外的一个类似的标志性例子是托宾税（Tobin taxes）*，它是由诺贝尔经济学奖得主詹姆斯·托宾（Tobin，1978）[3] 提出的一种针对资本流动的小额税收。一些非政府组织支持托宾税，因为它可以限制投机，同时提高欠发达国家的收入。但是这两个目标似乎有些矛盾。此外，由于金融交易具有高度的流动性，一个国家（或一组国家）对金融交易征税，很可能会导致金融交易活动转移到另一个国家。我们将在下一节中讨论这方面的协调问题。

总之，各国征收环境税的能力取决于经济结构、政府对税收进行适当再分配的能力以及社会偏好，但也有地理方面的因素。例如，美国的国土面积和它相对较低的人口密度可以解释，为什么美国公民在面对巨大的交通运输需求时，会依赖廉价的能源，从而反对能源税。

---

① 较贫穷的家庭将较大比例的收入用于取暖和交通。

② 爱尔兰的情况是：零售商可以完全要求他们的客户支付这一税收。

* 托宾税的出发点是把过度投机的金融交易视为一种"污染"，因为这种投机行为对金融市场具有负外部性。从这个意义上来看，托宾税和环境税当中的庇古税就更具有相似性了。——译者注

③ 在凯恩斯（Keynes，1936）的建议后："对所有交易引入大量政府转移税可能被证明是最有效的改革，以减轻投机对美国企业的主导地位"（Keynes，1936，chap. 12，Ⅵ）。

8.3.4 税收合作

（a）从竞争到合作

在关于税收竞争的辩论中，有人赞扬税收竞争对财政纪律的积极作用，也有人指责税收竞争扭曲了公共选择，还导致了不平等。第一种观点认为政府是利维坦式政府（Leviathan government），即政府是由选举目标驱动的党派政府，或者是被行政机构所主导的政府，而行政机构受到自身逻辑的局限和约束。然而，反对者认为，政府是个好心政府（benevolent government），其目标与社会目标一致，政府并不会被行政机构所绑架。

在欧盟，商品、服务、资本和劳动力在不同成员国之间可以充分流动，所以欧盟提供了一个具有启发性的案例。一方面，欧盟各国在有关适宜的税收竞争程度方面存在强烈分歧；另一方面，欧盟在管理税收问题方面需要遵循一致同意规则，所以欧盟内的税收协调受到了很大的制约。有些矛盾的是，欧盟范围内唯一能够进行有效协调的税种是增值税，虽然增值税主要影响缺乏流动性的税基（见延伸阅读 8.14）。增值税协调机制被看作是对商品和服务单一市场的有效补充，而资本税的协调则被认为没有这种作用。

延伸阅读 8.14　　　　　　　　　欧盟的增值税

增值税是欧盟内部唯一具有协调机制的税收，其可以作为对单一市场的补充。根据 1977 年的决议，欧盟范围内适用三种不同的增值税率：标准税率（最低 15%）和两个低档税率（最低 5%）。一些"特别优惠"税率（2%～4%）可以看作是过去政策的延续，其正在被逐步取消，另外，像金融服务等活动是免征增值税的。低档税率仅适用于有限的产品类别，诸如食物和药品等生活用品。1999 年，欧盟理事会将低档税率的适用范围扩大到了一系列严格的劳动密集型服务业（小型修理、房屋翻新、房屋清理、家政、美发等），这是一项为期 3 年的试验，以促进这些部门扩大就业。这项试验后来被多次延期，在 2009 年 5 月，欧盟理事会批准了这项例外政策的永久实施。即使没有这项政策，事实上成员国也很容易辩解说，因为这些服务在欧盟国家之间都是非流动性的，对其削减增值税并不会影响其他成员国，所以这些行业应该适用补贴原则（见第 3 章）。

在欧盟内，除了少数例外，增值税根据目的地原则来征收。也就是说，其在最终消费发生的国家，按照该国的现行税率来征收。为了降低跨国公司的合规成本并限制跨境欺诈，欧盟委员会提出了一项改革，即每家欧洲公司只在一个成员国交税——货物将在来源国征税，但是按照目的国的税率征税（因此，每个国家的税务机关将为所有欧盟成员国征收增值税，然后将税收转移给各国）。

事实证明，欧盟在资本税方面的协调是一个漫长而痛苦的过程。2003 年 1 月欧盟采纳了"一揽子税收计划"，其中包括一项关于公司税的破坏性做法的"行为准则"（例如，对外资公司的退税），以及在过渡期之后各成员国之间就资本所得方面充分交换信息。然而，后来用了十多年时间并经历了一场金融危机之后，这种自动信息交换才真正开始生效。同时，欧盟还在公司税领域也采取了一些主动的行动，但讨论过程本身也面临很多困难（见延伸阅读 8.15）。

延伸阅读 8.15　　　　　　　　欧盟内部企业所得税的协调

在 1990 年，欧盟的《"母公司-子公司"指令》解决了子公司向母公司汇回利润时面临的双重征税问题。在该政策框架下，成员国要么对汇回的利润免税，要么从母公司的税收中扣除子公司已经支付的税收（部分抵免制度）。其目的是避免对外国子公司（两次征税）和当地公司（只征税一次）区别对待。

2001 年，欧盟委员会提出了两步走战略，以消除欧盟内部仍存在的公司税扭曲：一方面，抑制特定的扭曲（例如，扩大《"母公司-子公司"指令》的适用范围）；另一方面，通过共同合并公司税基（Common Consolidated Corporate Tax Base，CCCTB）系统（即通过合并和分配税基）来协调和统一各成员国的公司税税基。

加拿大和美国已经使用了这种公司税的分配系统。欧盟委员会提议将其引入欧盟。根据 CCCTB，每个成员国将基于实物资本、工资、就业和销售额的分配公式，从每个跨国公司的单一综合税基中分配一个比例。然后，它就可以按照自己的法定税率对这个税基征税。

2016 年，欧盟委员会提出了一项新的 CCCTB 提案，目前正在分两步来进行：第一步，协调和统一各成员国的税基；第二步，合并和分配税基。然而，第一步将使税收竞争政策更加透明化，这也提出了新问题：不仅要协调税基，还要协调税率。在 CCCTB 的第二步，应当以适当定义"常设机构"和集团公司的结构为条件，消除公司集团内部的避税行为。因为有的公司集团在一个国家开展密集的生产经营活动，但由于其法律结构而避免了在当地缴纳企业所得，上述措施就是要避免这种情况。

2016 年通过的《反避税指令》（The Anti-Tax Avoidance Directive）引入了一系列反避税措施。例如，允许成员国对存放在低税国家的利润、资产转让和利息支付的份额（基于其收入的固定比例）进行征税；也可以对一些利用国家之间的政策套利来避税的混合计划实施征税。除了上述领域的反避税之外，《一般性反滥用规则》（A General Anti-abuse Rule）还许可各成员国抵制激进的税收筹划行为。

在国际层面，OECD 和 G20 发起了《税基侵蚀和利润转移倡议》（《BEPS 倡议》），并汇集了 100 多个国家和地区参与。《BEPS 倡议》旨在建立一个国际税收框架，从价值创造的源头对利润征税。该倡议在数字经济、受控外国公司（controlled foreign company，CFC）规则、利息扣除和常设机构界定等 15 个关键领域制定了针对性措施。

（b）全球税收

如果确定了共同的公共产品（见第 3 章），这时征收共同的税收似乎是合理的。

然而，在国际层面征税，需要对于公民有足够的代表性。这里有三个例子：

• 欧洲税？欧盟财政预算的目的是为共同政策提供资金，其资金来源包括成员国的缴款、增值税收入转移和进口关税。尽管是由欧盟财政预算来为共同政策直接提供资金，但每个成员国都倾向于关心自己的净贡献（即它从欧盟预算中获得的资金与其投入资金之间的差额）。这使得关于分配和再分配性质的任何预算讨论都变得很困难（Tabellini，2003）。如果像萨皮尔（Sapir）2004 年的报告所建议的那样，欧洲预算必须朝着更多的再分配（在富裕地区和贫穷地区之间、在繁荣扩张性的地区和转型地区之间）和更多的政府服务供给（基础设施和研发）的方向发展，那么明智的做法是用真正的欧洲税来支持预算，这个欧洲税应该由公民或公司来缴纳，而不是成员国来支付。从逻辑上讲，这个税种应该取代一些现有的税种（因为成员国将减少它们对欧盟预算的直接贡献，或者在各国的国家税收中，它们对于缴纳的欧洲税需要进行抵免）。并且，欧洲税的税基应该是欧盟内部具有流动性的税基，比如企业所得税（因为它将允许税收的外部性内部化）。在此基础上，"蒙蒂小组"（Monti Group）于 2017 年 1 月提出了 9 项改革建议，旨在在不增加成员国缴费的情况下全面改革欧盟的融资来源。特别地，他们建议用以下税收资源来取代目前成员国基于国民收入的缴款：欧洲碳税、共同环境税（如燃料或其他能源税）、共同企业所得税、共同改革后的增值税，或是对金融部门的征税。然而，该报告也指出，构成欧盟财政预算的收入是成员国之间一致同意的，因此成员国缴款本身不能被称为"欧盟税"。

• 全球财富税？2013 年，托马斯·皮凯蒂提议引入累进的全球财富税，以限制财富在世界范围内的集聚。起步的分档税率可以很低，但对于数十亿美元的净资产来说，年税率会达到 10%。这项税收将激励净财富持有者对其资产进行有价值的使用。实施这种税收政策需要国际合作。例如，占全球产出份额最大的国家可以建立全球金融资产登记处，或者对拒绝合作的避税天堂实施制裁。然而，这种合作可能难以达成。

• 诺德豪斯税？现在，全球应对气候变化方案可谓是雄心勃勃，但是"搭便车"问题破坏了这一行动，因为所有国家都会从一部分国家的努力中受益。气候俱乐部（Nordhaus，2015）可以为这个问题提供有效的解决方案，并有助于实现全球气候目标。这个想法是：在少数国家（主要污染国）达成协议的情况下建立一个俱乐部，以目标碳价格为中心实施协调一致的减排行动。其中，目标碳价格可以通过碳税、限额交易或是混合机制（cap-and-trade）来实现。俱乐部方案的新颖之处在于，非参与国对俱乐部地区进行出口时，其将面临统一的从价关税，这样非参与国实际上就面临惩罚性关税。诺德豪斯认为，只要国际碳目标价格不太高，相对较低的关税（例如 2%）就足以吸引各国参与。

参考文献

Andersen, S. M. (2010), "Europe's Experience with Carbon-Energy Taxation," *Sapiens*, 3 (2), pp. 1 – 11.

Arulampalam, W., M. P. Devereux, and G. Maffini (2012), "The Direct Incidence of Corporate Income Tax on Wages," *European Economic Review*, 56 (6), pp. 1038 – 1054.

Andersson, F., and R. Forslid (2003), "Tax Competition and Economic Geography," *Journal of Public Economic Theory*, 5, pp. 279 – 304.

Atkinson, A. (1977), "Optimal Taxation and the Direct Versus Indirect Tax Controversy," *Canadian Journal of Economics*, 10, pp. 590 – 606.

Atkinson, A. (2015), *Inequality, What Can Be Done?* Harvard University Press.

Auerbach, A. (2005), "Who Bears the Corporate Tax? A Review of What We Know," *NBER Working Paper*, no. 11686, October.

Auerbach, A. (2010), "A Modern Corporate Tax," Center for American Progress and The Hamilton Project, December.

Auerbach, A., M. P. Devereux, and H. Simpson (2007), "Taxing Corporate Income," *CESifo Working Paper*, no. 2139, November.

Auerbach, A., and J. Hines (2002), "Taxation and Economic Efficiency," in Auerbach, A., and M. Feldstein, eds., *Handbook of Public Economics*, vol. 3, North Holland, pp. 1347 – 1421.

Baldwin, R., R. Forslid, P. Martin, G. Ottaviano, and F. Robert-Nicoud (2003), *Economic Geography and Public Policy*, Princeton University Press.

Besley, T., and T. Persson (2014), "Why Do Developing Countries Tax So Little?" *Journal of Economic Perspectives*, 8 (4), pp. 99 – 120.

Bucovetsky S., and J. D. Wilson (1991), "Tax Competition with Two Tax Instruments," *Regional Science and Urban Economics*, 21 (3), pp. 333 – 50.

Charrié, J., and L. Janin (2015), "Taxation of the Digital Economy," *France Stratégie, Policy Brief*, no. 26, March.

Clausing, K. A. (2007) "Corporate Tax Revenues in OECD Countries," *International Tax and Public Finance*, 4, pp. 115 – 33.

Cline, W. (2017), "The Ryan-Brady Cash-flow Tax: Disguised Protection, Exaggerated Revenue, and Increased Inequality," Peterson Institute of International

Economics, Policy Brief 17-4, January.

Coase, R. H. (1937), "The Nature of the Firm," *Economica*, 4, pp. 386 – 405.

Currie, J. (2004), "The Take Up of Social Benefits," *NBER Working Paper*, no. 104888.

De Mooij, R. A., and S. Ederveen (2001), "Taxation and Foreign Direct Investment: A Synthesis of Empirical Research," *International Tax and Public Finance*, 10, pp. 673 – 93.

Devereux, M. P. (2006), "The Impact of Taxation on the Location of Capital, Firms and Profit: Survey of Empirical Evidence," *Oxford University Centre for Business Taxation Working Paper* 07/02.

Devereux, M. P., and R. Griffith (2002), "The Impact of Corporate Taxation on the Location of Capital: A Review," *Swedish Economic Policy Review*, 9, pp. 79 – 102.

Devereux, M. P., and P. B. Sørensen (2006), "The Corporate Income Tax: International Trends and Options for Fundamental Reform," *European Economy, Economic Papers*, 264, December.

Dingeldey, I. (2001), "European Tax Systems and their Impact on Family Employment Patterns," *Journal of Social Policy*, 30 (4), pp. 653 – 72, October.

European Commission (2017a), *VAT Gap Report*, September.

European Commission (2017b), *Taxation Trends in the European Union* (annual report).

Farhi, E., G. Gopinath, and O. Itskhoki (2011), "Fiscal Devaluations," *NBER Working Paper*, No. 17662, December.

Finke, K., C. Fuest, H. Nusser, and C. Spengel (2014), "Extending Taxation of Interest and Royalty Income at Source: An Option to Limit Base Erosion and Profit Shifting?" *ZEW Discussion Paper*, 14 – 073.

Fjeldstad, O. -H., and L. Rakner (2003), "Taxation and Tax Reforms in Developing Countries: Illustrations from sub-Saharan Africa," *CMI Report*, R 2003: 6, Chr. Michelsen Institute.

Fuest, C., C. Spengel, K. Finke, J. H. Heckemeyer, and H. Nusser (2013), "Profit Shifting and 'Aggressive' Tax Planning by Multinational Firms: Issues and Options for Reform," *World Tax Journal*, 5 (3), pp. 307 – 24.

Gordon, R., and W. Li (2009), "Tax Structures in Developing Countries: Many Puzzles and a Possible Explanation," *Journal of Public Economics*, 93 (7), pp. 855 – 66.

8

Grossman G. , and H. Helpman (1994), "Protection for Sale," *American Economic Review*, 84, pp. 833 – 50.

Groupe d'experts du SMIC (2014), "Salaire minimum interprofessionnel de croissance," *Rapport annuel*, 2 décembre.

Harberger, A. (1962), "The Incidence of the Corporate Income Tax," *Journal of Political Economy*, 70, pp. 215 – 40.

Hines, J. R. (1999a), "Three Sides of Harberger Triangle," *Journal of Economic Perspectives*, 13, pp. 167 – 88.

Hines, J. R. (1999b). "Lessons from Behavioral Responses to International Taxation," *National Tax Journal*, 2, pp. 305 – 23.

Hines, J. R. (2007), "Corporate Taxation and International Competition," in Auerbach, A. J. , J. Hines, and J. Slemrod, eds. , *Taxing Corporate Income in the 21st Century*, Cambridge University Press, pp. 268 – 95.

Hufbauer, G. , and K. Elliott (1994), *Measuring the Cost of Protection in the United States*, Institute for International Economics.

International Monetary Fund (2011), "Fiscal Devaluation: What Is It—and Does It Work?" *Fiscal Monitor: Addressing Fiscal Challenges to Reduce Economic Risks*, Annex 1, pp. 37 – 42, September.

Ivanova, A. , M. Keen, and A. Klemm (2005), "The Russian Flat Tax Reform," *IMF Working Paper*, no. 05/16.

Jaumotte, F. (2003), "Female Labour Force Participation: Past Trends and Main Determinants in OECD Countries," *OECD Working Paper*, No. 376.

Kahneman, D. , and A. Tversky (2000), *Choices, Values and Frames*, Cambridge University Press.

Keen, M. , and S. Smith (2006), "VAT Fraud and Evasion: What Do We Know, and What Can Be Done?" *National Tax Journal*, 59, pp. 861 – 87.

Keynes, J. M. (1936), *The General Theory of Employment, Interest and Money*, Macmillan and Co. , London, p. 160.

Krogstrup, S. (2002), "What Do Theories of Tax Competition Predict of Capital Taxes in EU Countries? A Review of the Literature," *HEI Working Paper*, no. 05/2002.

Laffer, A. (2004), "The Laffer Curve: Past, Present, and Future," Backgrounder no. 1765, The Heritage Foundation, www. heritage. org.

Lerner, A. P. (1936), "The Symmetry Between Import and Export Taxes," *Economica*, 3 (11), pp. 306 – 313.

Lindé, J., and A. Pescatori (2017). "The Macroeconomic Effects of Trade Tariffs: Revisiting the Lerner Symmetry Result," *IMF Working Paper*, 17 (151).

Lusardi, A., and O. Mitchell (2007), "Baby Boomer Retirement Security: The Roles of Planning, Financial Literacy, and Housing Wealth," *Journal of Monetary Economics*, 54, pp. 205 – 24.

Malinvaud, E. (1998), "Les cotisations sociales à la charge des employeurs: analyse économique," Report du Conseil d'Analyse Economique no. 33, La Documentation Française.

Mirrlees, J. (1971), "An Exploration of the Theory of Optimal Income Taxation," *Review of Economic Studies*, 38, pp. 175 – 208.

Mirrlees, J. (2011), *Reforming the Tax System for the 21st Century: The Mirrlees Review*, Oxford University Press.

Nordhaus, W. (2015), "Climate Clubs: Overcoming Free-Riding in International Climate Policy," *American Economic Review*, 105 (4), pp. 1339 – 70.

OECD (2007), "The Political Economy of Environmentally Related Taxes," February.

OECD (2013), *Effective Carbon Prices*, November 4.

OECD (2016), "Neutrality of Tax-Benefit Systems," Social Policy Division-Directorate of Employment, Labour and Social Affairs.

Ostry, J. D., A. Berg, and C. G. Tsangarides (2014), "Redistribution, Inequality, and Growth," *IMF Staff Discussion Note*, SDN/14/02, February.

Paine, T. (1797/1999), *Agrarian Justice*, Digital edition, www. grundskyld. dk.

Pigou, A. C. (1920), *The Economics of Welfare*, Macmillan.

Piketty, T. (2001a/2016), *Les Hauts Revenus en France au 20ème siècle: inégalités et redistribution* (1901 – 1998), Le Seuil, 928 p.

Piketty, T. (2001b), "Les inégalités dans le long terme," in *Inégalités économiques*, Rapport du Conseil d'Analyse économique, no. 33, La Documentation Française, pp. 137 – 204, available on www. cae. gouv. fr.

Piketty, T. (2013), *Capital in the Twenty-First Century*, Harvard University Press.

Piketty, T., and E. Saez (2007), "How Progressive is the US Federal Tax System? A Historical and International Perspective," *Journal of Economic Perspectives*, 21, pp. 3 – 24.

Ramsey, F. P. (1927), "A Contribution to the Theory of Taxation," *Economic Journal*, 37, pp. 47 – 61.

8

Riphahn, R. T. (2001), "Rational Poverty or Poor Rationality? The Take-Up of Social Assistance Benefits," *Review of Income and Wealth*, 47 (3), pp. 379 – 98.

Salanié, B. (1998), "Un exemple de taxation optimale," in Bourguignon, F., ed., *Fiscalité et reduistribution*, Rapport du Conseil d'Analyse Economique, no. 11, pp. 87 – 90, la Documentation Française.

Salanié, B. (2003), *The Economics of Taxation*, MIT Press.

Slemrod, J. (1990), "Optimal Taxation and Optimal Tax Systems," *Newspaper of Economic Perspectives*, 4, pp. 157 – 78.

Sterdyniak, H., M. H. Blonde, G. Cornilleau, J. Le Cacheux, and J. Le Dem (1991), *Vers une Fiscalité Européenne*, Economica.

Tabellini, G. (2003), "Principle of Policymaking in the European Union," *CESifo Economic Studies*, 49, pp. 75 – 102.

Thaler, R., and C. Sunstein (2003), "Libertarian Paternalism," *American Economic Review*, 93, pp. 175 – 79.

Tiebout, C. (1956), "A Pure Theory of Local Expenditures," *Journal of Political Economy*, 64, pp. 416 – 24.

Tobin, J. (1978), "A Proposal for International Monetary Reform," *Eastern Economic Journal*, 3, pp. 153 – 59.

Tørsløv, T., Wier, L., and G. Zucman (2018), "The Missing Profits of Nations," mimeo, July.

Van Parijs, P. (1995), *Real Freedom for All. What (if Anything) Can Justify Capitalism?* Oxford University Press.

Wanniski, J. (2005), "Sketching the Laffer Curve," *Yorktown Patriot*, 14 June.

Wilson, J. (1980), *The Politics of Regulation*, Basic Books.

Zodrow, G., and P. Mieszkowski (1986), "Pigou, Tiebout, Property Taxation, and the Underprovision of Local Public Goods," *Journal of Urban Economics*, 19, pp. 356 – 70.

Zucman, G. (2014), "Taxing Across Borders: Tracking Personal Wealth and Corporate Profits," *Journal of Economic Perspectives*, 28 (4), pp. 121 – 48.

第9章　增长政策

2007—2008 年全球金融危机引发了"大衰退"（Great Recession），随后发达国家出现了长期低速增长，这些都再次将长期增长置于经济政策辩论的前沿。尽管需求政策可以在短期内有效平抑经济波动，并可能通过滞后效应产生更长期的影响，但却不能靠它们在长期中维持经济增长。商品和服务的长期产出基本上是由潜在供给水平决定的，潜在供给的增速决定了财富和福利增长。

但是经济增长绝不是必然的。1913 年，阿根廷的人均 GDP 比西班牙高出了 70%。[1] 第二次世界大战结束后，加纳的人均 GDP 比韩国高出近 50%。1970 年，意大利的人均 GDP 比爱尔兰高 60%。然而在 2016 年，西班牙的人均 GDP 已比阿根廷高出近 80%，韩国更是比加纳高出接近 9 倍，爱尔兰几乎是意大利的两倍。[2] 持续几十年的增速差异就会使得各国在繁荣与落后之间出现分野。例如，以 50 年的长度来观察，每年一个百分点的增长差距（与 2% 的趋势相比）会导致 63% 的收入差距；每年两个百分点的差距，50 年后的差距将达到 164%；而三个百分点对应的是 326%。[3]

人们从长期增长中直接受益并获得更高的收入，或者间接受益于更广泛的公共产品，如卫生、教育、安全和基础设施。他们获得这些好处的能力取决于收入分配，所以人们对不平等的日益担忧使得包容性增长（inclusive growth）成为一项优先目标。人们还受到增长的一些负面影响，如对环境的破坏，这也反过来使增长不可持续。因此，重要的是通过定义比 GDP 更好的统计指标并采用这种指标来应对增长的度量问题，我们不仅要考虑物质层面，还要考虑伦理、社会、环境甚至哲学的角度。

然而，增长是唯一能够提高一些人的生活水平而不降低另一些人生活水平的机制，这就是本章关注增长和增长政策的原因。当然，我们也认识到"零增长"和

---

[1]　本章第 9.1 节将探讨 GDP 作为衡量一国生活水平指标的适用性。

[2]　该比较出自安格斯·麦迪逊（Angus Maddison，2001）关于长期经济增长的著作，并基于国际货币基金组织 2017 年 3 月的数据进行了更新。

[3]　精确的数据取决于所选取的经济基准增速。

"去增长"（degrowth）支持者提出的问题具有重要性。[①] 他们发起讨论的重点在于突出非经济和非货币问题。他们还认为，合理的环境目标与当前的增长模式不相容，或者挑战了"多多益善"的观点。然而，认为经济增长和其他目标之间存在矛盾的假设是具有误导性的。对可持续性和公平的关切要求我们改善经济增长和制定更好的增长政策，而不是无视增长和增长政策。

寻找经济增长的决定因素，这就像打开了"俄罗斯套娃"：需要一层层打开，而且难度越来越大。第一步是记录各国在长期当中的增长轨迹，从中可以得到许多典型事实。第二步是通过引入生产要素（production factors，即劳动力、资本）来揭示经济增长的决定因素，并通过"增长核算"（growth accounting）来确定这些要素对经济增长的贡献。

然而，上述方法仍然是描述性的，要更进一步地深入分析，就必须引入增长模型。其中，新古典增长模型解释了人力资本、物质资本积累对人均收入的影响，并认为经济增长取决于储蓄行为或对教育的投资。这种模型很好地反映了现实（例如，其有助于理解：在 20 世纪 90 年代末，为什么当欧洲和日本的人均收入水平接近美国时，其经济增速就明显放缓了），这也有助于解决经济政策的选择问题。但是，此类模型仍不完善，因为长期增长的决定因素中有很大一部分是无法解释的残差。为了探究残差背后的含义，此后的模型基于明确的微观基础，将重点聚焦于内生增长机制（endogenous growth），以解释增长的长期可持续性，并有助于理解为何某些国家能更好地利用生产要素并实现了更好的增长表现。此外，这类模型还从更深层面探寻了经济增长的决定因素，例如经济制度对于特定发展水平是否完全匹配适用。因此，作为增长分析的最后一步，我们需要了解哪些条件（包括教育和研究体制、知识产权保护、竞争、企业融资、税收等方面）最有利于创新和内生增长。[②] 还有一点需要注意：增长本身可能也会影响到这些条件。

逐层深入的研究并不意味着上层的研究就不重要了，上述不同方法在很大程度上是互补的。基本模型在解释增长差异方面大有帮助。例如在 20 世纪最后 25 年，东亚经济增长的奇迹很大程度上归功于较高的储蓄率和投资率，但是由于资本回报率不断下降，这些高储蓄率和投资率就无法产生可持续的增长。后来经济学家不再追求度量增长及其组成部分的方法，而是转向分析其深层次的决定因素，这使得经济学家对增长的理解和政策建议不再那么武断。由于过去的错误，

9

---

① 有关演讲和讨论，请参见 D'Alisa，Demaria 和 Kallis（2014）。德鲁斯和安塔尔（Drews and Antal，2016）对"去增长"这个词（源自法语单词 décroissance）提出了疑问，并认为需要使用更积极的词以反映福利改善，从而实现有效沟通。

② 在影响经济增长的各类解释因素中，有一些因素超出了经济学家研究的范畴，因为它们确实是外生的。例如，内陆国家面临重大挑战——这并不是说它们不能发展，而是它们的发展依赖于自然资源禀赋，以及邻国的发展状况（可以对比瑞士和卢旺达）。

他们认识到增长理论作为科学的局限性。[①] 同时，经济决策面临的挑战进一步凸显了这些深层次研究的必要性。例如，要想重振欧洲经济增长，关键问题并不是观察到欧洲已经落后于美国，甚至也不是观察到投资放缓或创新滞后，这还远远不够。重要的是，要确定欧洲国家是否应该优先投入额外的教育和研究资源，是否应该在产品市场上加强竞争，或者是否应该着手推动税制改革，以及其他可能的政策措施。

因此，增长理论是力学和炼金术的合体。前者对于分解和量化增长的决定因素是必要的，后者则有助于理解经济起飞和向更高增长轨迹跃迁的动力。除了那些显而易见的增长方式——消除劳动力市场壁垒、普及教育、资本积累、创新和改进生产效率——从来就没有什么经济增长的秘方，所以寻找成功的增长战略实际上很难。在此，借用一位著名发展经济学学者伊斯特利（Easterly，2001）的著作题目——寻求增长的道路依然迷雾重重。

9.1　概念和问题

9.1.1　衡量经济增长和经济发展

约翰·F. 肯尼迪（John F. Kennedy）说过一句名言"水涨船高"[②]，然而，并不是所有的船都能上升到同样高度。发展水平的综合衡量指标需要加总许多个人的生活水平，而这种加总过程总会涉及伦理选择：功利主义者或"边沁主义"者（参见第 1 章）更注重社会整体福利的改善，这会演变为关注平均收入。"罗尔斯主义"者则更关注最贫穷的个体，因此注重绝对贫困人口的减少。[③]

宏观经济学家通常采用功利主义的方法，因为他们主要关注人均收入的增长，直到最近他们才开始关注收入分配的不平等和绝对贫困的减少问题。发展经济学家则往往把两种方法混合在一起，他们既看平均收入，也看绝对贫困的度量指标（如每天生活支出低于规定阈值人口的比例）。[④]

人均 GDP（GDP per person 或 GDP per capita）反映了某个区域内人均创造的

---

① 20 世纪 50 年代，民众对亚洲发展前景普遍持悲观态度。20 世纪 60 年代，苏联正赶超美国的观点被普遍接受。在 20 世纪 70 年代，欧洲国家似乎确定走上了高速增长的道路。20 世纪 80 年代，美国经济似乎正在受后工业化和生产力下降的困扰，而日本则成为经济发展的典范。2007—2008 年全球金融危机爆发或许会使得经济政策制定者重新审视 20 世纪 90 年代到 21 世纪头十年初的经济政策，以及美国经济高速增长期间的亚健康状态。

② 出自 1963 年 10 月 3 日，在阿肯色州赫伯斯普林斯（Greers Ferry）大坝竣工时的致辞。

③ 关注福利分配问题的人介于两类人之间，相关问题可以参见阿马蒂亚·森（Amartya Sen）的诺贝尔经济学奖获奖演说（Sen，1999）。

④ 世界银行使用的国际贫困线为 1.90 美元（2011 年不变价，PPP 口径），该指标于 2015 年 10 月更新，此前的贫困线更新发生在 2005 年和 1990 年，分别为 1.25 美元（2005 年不变价，PPP）和 1 美元（1990 年不变价，PPP）。

增加值，它衡量了平均生活水平，但不能反映收入分配。[①] 当然，平均意义上的人是抽象的，所以人均 GDP 并不能令人满意地代表任何个人的收入，更不用说代表生活水平了。

要对不同时点上各国的收入进行比较，就需要对数据进行复杂的技术调整。不同时期的 GDP 需要用不变价格（constant prices）来衡量，也就是说，要根据价格变动对 GDP 进行调整。不同国家的 GDP 也需要根据汇率进行调整，以考虑汇率变化。通常的做法是基于价格差异来调整汇率，也就是采用购买力平价（purchasing-power parity，PPP）的汇率，它是指能够使得各国商品价格相等的名义汇率（见第 7 章）。[②] 使用 PPP 的调整是可以计算的，但 PPP 本身就充满不确定性，而且很容易影响到比较结果。一个主要的困难是如何选择一篮子商品和服务。从福利比较的角度来看，这些商品和服务在各国之间应当足够相似，以比较实际收入，而且在一段时间内足够稳定，从而评估每个国家实际 GDP 的变化。

人们越来越认识到，GDP 指标存在一些缺点[③]：

第一，它不包括影响福利的非市场和非货币活动，因此不能很好地衡量福利（见第 1 章）。个人福利还取决于预期寿命、获得公共服务的机会、闲暇时间的长短和质量等等。将人类发展的各个方面简化成单一的衡量指标，这既是误解也是误导（Sen，2000）。上述考虑以及森的贡献使得联合国开发计划署（UNDP）在 20 世纪 70 年代引入了多维度的"人类发展指数"（HDI），以提供更全面的福利衡量标准（见第 1 章）。

更一般地，技术进步和经济增长带来的改善，在收入和生活水平的长期演变中起到了决定性作用。2015 年获得诺贝尔经济学奖的安格斯·迪顿（Angus Deaton）揭示了科技革命和启蒙运动如何促进了健康和福利的改善，而基于收入数据的分析在很大程度上低估了这一点（Deaton，2013）。同时他也揭示了在此进程中，实际上还产生了不平等，因为不是每个人都从中受益。

第二，GDP 是个人支出的加总，并未考虑可能存在的正、负外部性。例如，污染行业产生的增加值被计入 GDP，但其对环境造成的破坏却被忽视了——相反，

---

① 在此，我们并未探讨人均 GDP（衡量给定区域内生产活动带来的人均产出）与人均 GNP（衡量居民的平均收入）的区别。当居民拥有海外资产（或海外负债），或者当居民获得境外支付（特别是那些在国外工作的移民），或者当居民从国际发展援助中受益时，上述两种衡量经济的指标会有明显差别。我们的目的不是研究两者的差别，因此下文不对二者加以区分。

② 购买力平价水平由世界银行公布，属于国际比较项目（International Comparison Program，ICP），其依据是每六年进行一次的价格和支出调查以及根据一些估计测算得出。一个重大更新是，2005 年中国全面参与 ICP，中国提供了价格调查结果，从而使得基于 PPP 的 GDP 估测更加准确。中国物价高于此前的估计，中国的实际 GDP 比预测的减少了大约 40%，进而导致 2005—2008 年全球经济增长下降了 0.5 个百分点。这一情形有力地证明了国际比较项目的脆弱性。截至 2016 年 5 月，最新的 ICP 调查为 2011 年，涉及 199 个国家。

③ 参见 Stiglitz, Sen, and Fitoussi（2009）（Commission on the Measurement of Economic Performance and Social Progress，chap. 1）。参见迪顿（Deaton，2013）和戈登（Gordon，2016）的讨论和例子，以及关于过去人均 GDP 的演变低估了实际福利收益的论点。

整治污染这种负外部性所产生的支出还会导致 GDP 进一步上升。传统的 GDP 也没有考虑自然资源的消耗。可持续发展（sustainable growth）概念的提出正是为了弥补这个缺陷。它强调以跨期视角思考问题，充分考虑当前的生产和消费模式可能对未来产生的影响。尽管人们在"环境经济学"或"绿色"国民核算等领域进行了诸多努力①，但是目前还没有单一的主要指标能够充分反映这个国民核算中的跨期因素。作为替代方案，联合国大会在 2015 年 9 月一致通过了一套包括 17 个可持续发展目标（Sustainable Development Goals）的框架，其包含 169 个具体目标和 244 个指标，并强调通过这一体系来进行监测，这部分地解决了前面提到的 GDP 的两个缺点——如果没有合理的单一指标，就把其他各种目标纳入进来。

　　第三，人均 GDP 与研究生产效率无关，因为相当一部分居民并未参与工作。劳动生产率（labor productivity）可以更好地反映生产效率（见延伸阅读 9.1）。在比较欧洲和美国的经济表现时，这种差异的影响尤其明显。表 B9.1.1 显示，2013 年，尽管欧元区人口（有数据的 11 个国家）比美国人口少 2%，但欧元区的总体工作时间却低了 13%。这 11 个百分点的差距主要来自较低水平的工作时间和较低的劳动参与率。因此，究竟是选择人均 GDP 还是劳动生产率，这将直接影响到比较结果。欧元区的人均 GDP 比美国低 26%［见图 9.5（a）］，但劳动生产率只比美国低 4%。对此，奥利弗·布兰查德（Blanchard，2004）认为，人均 GDP 的差异不能归因于经济表现的差异，而应该用欧洲人的"闲暇偏好"来解释。然而，这种说法也受到了质疑。其中一个重要理由是，相当一部分低技能工人被排除在劳动力统计之外，而他们的潜在生产力低于平均水平，所以欧元区的生产率可能被高估了。②

延伸阅读 9.1　　　　　　　从人均 GDP 到劳动生产率

　　人均 GDP 等于一个国家在给定年份创造的增加值 Y（国内生产总值）除以该国总人口数 Pop。它既取决于生产率，又和劳动参与状况、就业状况和工作时长有密切关系。

- 总人口中有（$1-w$）比例的人因为太年老或太年轻而不能进入劳动力市场，w 是工作年龄人口（通常定义为 15～64 岁）占总人口的比例。

- 工作年龄人口 $wPop$ 中有（$1-x$）比例的人（包括提前退休人员，以及被排除在劳动力市场之外的成年人，如残疾人、家庭主妇等）也没有进入劳动力市场参与劳动，x 被称为劳动参与率（participation rate）。

- 因此，劳动力（labor force）数量为 $L=xwPop$。但其中有一定比例（u）的劳动力处于失业状态［u 是失业率（unemployment rate）］，此时就业人数（employment）$N=(1-u)xwPop$。

---

　　① 例如，联合国统计委员会（Statistical Commission）在 2005 年建立了环境经济核算专家委员会，旨在推广环境经济核算以及建立一个完整的环境与经济核算体系并使之成为国际标准。也可参见汉密尔顿（Hamilton，2006）对生产资本、自然资本和无形资本以及考虑了环境恶化因素的"真实的"储蓄率的估计。

　　② 参见 Cette（2004，p. 24，table 4）。

- 每一个雇佣劳动力平均工作 d 小时，总工作时长为 $H=d(1-u)xwPop$。

最后，劳动生产率为：

$$\frac{Y}{H}=\frac{1}{1-u}\frac{1}{d}\frac{1}{x}\frac{1}{w}\left(\frac{Y}{Pop}\right) \tag{B9.1.1}$$

有时还会根据劳动力质量对劳动生产率进行调整，以解释劳动力技能的差异。

表 B9.1.1 对 2013 年欧元区 11 个国家（数据直接可得）和美国的工作小时数之间的差异进行了分解。尽管欧元区的总人口数少了 2.5%，但总工作小时数却低了 12.9%，这一差距在前几年甚至更大。这主要归因于平均工作时长 d（美国为每年 1 788 小时，欧元区为每年 1 540 小时），劳动参与率 x 的差异和失业率 u 的差异等等。因此，在欧元区和美国之间的比较中，人均 GDP 的差距与每小时 GDP 的差距之间存在一个因子 (1 788/1 540)×(0.94/0.89)×(0.74/0.73)×(0.67/0.65)=1.26。

表 B9.1.1　美国和欧元区之间工作时间的比较

2013 年	变量	美国	欧元区国家（11）	欧元区国家与美国相比
总人口数（百万）	Pop	316.50	308.69	−2.5%
工作年龄人口占总人口的比率	w	0.67	0.65	−2pp
15～64 岁人口的劳动参与率	x	0.74	0.73	−1pp
就业率	$1-u$	0.94	0.89	−5pp
平均工作小时数	d	1 788	1 540	−13.9%
总工作小时数（十亿小时）	H	260.34	226.70	−12.9%

注：%表示相对值差异，pp 表示绝对值差异。
资料来源：作者基于 OECD 数据测算。

9.1.2　增长核算

安格斯·麦迪逊（Angus Maddison, 1977）是对增长历史进行量化研究的著名学者，他对长期人均 GDP 增长率的决定因素进行分解，得到了以下 4 种决定因素：(a) 技术进步；(b) 生产性资本积累（即用于生产商品和劳务的基础设施和机器设备），它能综合反映技术进步程度；(c) 实际经验、教育水平和劳动组织的改进；(d) 通过贸易、投资、经济和知识交流，各国的一体化程度日益提升。[1] 增长理论（growth theory）的微观理论基础是理性个体的福利最大化行为，在此基础上，增长理论旨在理解前述决定因素的作用、相互关系和各自特性（见第 9.2 节）。增长核算（growth accounting）则旨在对这些不同的决定因素的作用进行定量分解。

增长核算的起点是生产函数（production function），它将时期 t 的实际 GDP Y_t——

---

[1]　这个分解分析假设了不变的劳动力市场参与率和不变的工作时间。

这是一个季度或一年的流量（flow variable）——与生产要素连接起来，生产要素包括资本存量 K（可用于生产的设备和建筑物）、劳动力 N（工作小时）和技术 A：

$$Y_t = f(K_t, N_t, A_t) \tag{9.1}$$

资本 K 是一个存量（stock variable），资本可以跨期使用，所以上一期投资的机器设备和厂房就决定了当期 t 时刻的生产能力。因此，每一期的生产都在上一期的基础上进行，这在很大程度上解释了各国在任何时点上的收入差异：除了那些自然资源丰富的国家，大部分富裕国家都是拥有大量资本积累的国家。资本存量的变化通常用公式来表示，如 $\dot{K}_t = -\delta K_t + I_t$，其中 δ 代表资本折旧率，I 代表资本支出（或总固定资本形成）。所以每一期都有部分资本损耗（被丢弃或报废），同时有部分资本更新。在实际操作中，K 通常由所谓的永续盘存法计算得到，也就是说，通过加总新增投资的流量（以重置成本进行折算，并在给定的使用寿命之后对设备和建筑物进行报废处理）。但这种做法可能产生误导，例如当很大一部分资本存量被报废了（由于产能过剩）或者是加速折旧的情况（由于技术进步）。不过大多数国家没有更好的方法来测量资本存量。

N 是劳动力投入，通常最好用工作小时数来度量，工作小时数是劳动年龄人口、劳动参与率、就业率以及人均劳动时间的乘积（见延伸阅读 9.1）。

A 是技术存量，在生产过程中未过时的、仍在使用的发明决定了技术存量。技术可能以各种方式影响生产。索洛中性（Solow-neutrality）假设：技术进步等价于扩大了劳动力投入（从而增加资本的边际产出）；哈罗德中性（Harrod-neutrality）则假设：技术进步等价于扩大资本投入。运用索洛中性假设，生产函数可改写为 $Y_t = F(K_t, A_t N_t)$，而运用哈罗德中性假设，生产函数可改写为 $Y_t = F(A_t K_t, N_t)$。最后，运用希克斯中性（Hicks neutrality）假设（这是标准假设），技术进步同时通过资本和劳动力两个渠道产生影响，此时生产函数可以写成 $Y_t = A_t F(K_t, N_t)$。

技术的贡献比其他要素投入的贡献更加难以度量。它不仅取决于技术本身，同时也受到市场运行和生产组织的影响。它通常对应于增长中无法用资本积累或工作时间来解释的部分（见延伸阅读 9.2）。因此它对应于残差，以罗伯特·索洛（Robert Solow，1987 年诺贝尔经济学奖获得者）的名字命名为索洛残差（Solow residual），他提出了这种分解方式（Solow，1956）。它代表了劳动力和资本这两种生产要素结合起来的效率提升，所以也被称为全要素生产率（total factor productivity，TFP）。

延伸阅读 9.2　　　　　　　　　　　　　**增长核算**

在规模报酬不变、希克斯中性的假设下，生产函数为：

$$Y_t = A_t F(K_t, N_t) \tag{B9.2.1}$$

式中，A_t 代表技术进步（在广义上，包括制度因素）对资本和劳动生产率的影响程度，它被称作全要素生产率（TFP）。

产出增长率可用各要素增长率来表示：

$$\frac{\dot{Y}}{Y}=\frac{\dot{A}}{A}+\frac{AK}{Y}\frac{\partial F}{\partial K}\frac{\dot{K}}{K}+\frac{AN}{Y}\frac{\partial F}{\partial L}\frac{\dot{N}}{N} \tag{B9.2.2}$$

式中，$\dot{X}$ 代表变量 X 的变化，在离散时间下它等于连续两期值之差（X_t-X_{t-1}），或者在连续时间下等于 X 对时间求导 $\mathrm{d}X/\mathrm{d}t$。

我们可定义：

$$\omega_K=\frac{AK}{Y}\frac{\partial F}{\partial K},\quad \omega_N=\frac{AN}{Y}\frac{\partial F}{\partial N}\quad \text{以及} \quad g=\frac{\dot{A}}{A}$$

产出增长率的分解式变为：

$$\frac{\dot{Y}}{Y}=\omega_K\frac{\dot{K}}{K}+\omega_N\frac{\dot{N}}{N}+g \tag{B9.2.3}$$

我们并不能直接观察到 TFP 的增长率，但如果 Y、K 和 N 的值已知，就可由上面的等式计算出 TFP 的增长率。这就是所谓的索洛残差。有几种方法可以计算索洛残差。

方法 1 我们将资本的使用者成本（user cost of capital）用 c^K 表示，它代表生产过程中使用 1 单位资本所耗费的实际成本；w 表示实际工资（用物价水平对名义工资做平减得到）。在完全竞争条件下，要素成本等于边际产出（即每增加一单位该要素投入获得的产出），所以 $c^K=A\partial F/\partial K$ 且 $w=A\partial F/\partial N$。因此，ω_K、ω_N 分别是资本、劳动所得的份额，$c^K K$ 和 wN 分别对应于企业收入和劳动者收入。它们可由国民核算方法计算得到（在国家层面，这个数据大体上是 $\omega_N\sim0.6$，$\omega_K\sim0.4$）。在完全竞争和规模报酬不变的条件下，

$$c^K K + wN = Y \tag{B9.2.4}$$

以及 $\quad \omega_K+ \omega_N=1 \tag{B9.2.5}$

这时"索洛残差"g 就可由（B9.2.3）的等式推导出来了。

方法 2 使用计量经济学方法，将 $\frac{\dot{Y}}{Y}$ 作为被解释变量，$\frac{\dot{K}}{K}$ 和 $\frac{\dot{N}}{N}$ 作为解释变量，使用这一回归可以分离出索洛残差 g。和方法 1 不同，该过程没有使用国民核算方法，因此系数 ω_N 和 ω_K 是估计得来而非基于核算数据计算得到。使用这种方法需要技巧，因为 K 和 N 本身就存在测量误差，且这两个变量在短期中与因变量 Y 也存在相关性，这就需使用工具变量进行估计。

方法 3 在规模报酬不变和要素收入等于边际产出的假定下，对式（B9.2.4）求微分，可得：

$$g=\omega_K\frac{\dot{c}^K}{c^K}+\omega_N\frac{\dot{w}}{w} \tag{B9.2.6}$$

因此，TFP 的边际增长可以通过劳动和资本的相应数值计算出来。

上述方法可以拓展到超过两种投入要素的情形，例如考虑能源消耗，或将资本和劳动进

行细分。这种细分有助于减少计算 g 时的误差。事实上，发展最快的那些资本和劳动力的类别，其要素报酬增长也是最快的：高新技术的股票收益率快速上升，熟练专业人员的工资也增长很快，这些现象都证明了这一点。在测算这些领域的 K 或 N 的增长时，如果使用了经济体系的平均报酬或平均工资，那么它们对 g 的贡献将会被低估。

方法 1 和方法 3 只有在要素收入等于其边际产出时才有效，所以在此不考虑存在扭曲和存在外部性的情况，否则就会出现微观个体的边际产出不等于社会的边际产出，这时方法 1 和方法 3 就不成立了。

注意不要把 TFP 与劳动生产率 Y/N 混淆：TFP 衡量的是劳动和资本的综合效率，而劳动生产率衡量的是劳动的单一效率。资本积累提高了劳动生产率（每个工人装备更好，因此生产率更高）。人均资本为 $k=K/N$，在规模报酬不变条件下（见延伸阅读 9.2），劳动生产率的增速可分解为式（B9.2.3）中的两部分：

$$\frac{\dot{Y}}{Y}-\frac{\dot{N}}{N}=g+\omega_K\dot{k} \tag{9.2}$$

上式右边第一项 g 代表 TFP 增长率。第二项涉及人均资本存量的增长率，即生产过程中资本密集程度的增长率。这种分解有助于解释：劳动生产率的增长既可以来源于 TFP 的加速，也可以来源于资本密集程度的提高 [也可称为资本深化（capital deepening）]。

例如，让我们看看欧洲和美国增长差距的来源（见表 9.1）。在 20 世纪 90 年代至 21 世纪头十年，两者增长的表现出现了反转。20 世纪 90 年代初（和 20 世纪 80 年代一样），美国是一个劳动生产率增速低、就业增速高的经济体，而欧元区的增长模式则相反。到 2000 年，美国已成为一个劳动生产率增长迅速、就业增长缓慢的经济体，而欧元区则表现出与 20 世纪 80 年代美国相似的增长模式。2007—2008 年的全球金融危机对这两个地区的增长和生产率产生了巨大而持久的影响。美国的劳动生产率增长几乎减半，而欧元区的 TFP 增速掉到了 -0.5%。美国的 TFP 也有所放缓（平均每年增长 0.6%），但比欧元区要好。自 21 世纪头十年以来 TFP 普遍呈现下降，这是下一节要讨论的基本事实之一。除了 TFP 之外，危机对欧洲的负面影响也更大，这主要是劳动力方面的原因。

对于劳动生产率组成部分的测度，当然要靠统计方法的设计；同时，对于技术进步和资本密集度各自的影响进行量化分析也仍然有难度。20 世纪 90 年代，一场关于亚洲增长"奇迹"（当时东亚小型经济体快速增长）来源的辩论就此展开。根据阿尔文·扬（Young，1992）的说法，20 世纪 60 年代以来东亚国家惊人的经济增长并不是什么奇迹，只是因为"科尔伯特主义"（Colbertism）的政策[①]（极低的

---

① 让-巴蒂普斯特·柯尔贝尔是 17 世纪法国国王路易十四的大臣，同时是其经济政策的制定者。后来形成的有名的科尔伯特主义包括对于增加供给和增加出口进行系统的国家干预。

利率、积极的产业政策等）带来了大规模的资本积累，而不是 TFP 支撑的资本积累（见延伸阅读 9.3）。简言之，正如保罗·克鲁格曼后来写到的（Paul Krugman，1994b），亚洲奇迹的果实"来自血汗，而非灵感"。考虑到资本和劳动力回报的下降，经济增长不可避免地会出现放缓。1997—1998 年全球金融危机部分证实了扬和克鲁格曼的批评，并且至少证实了他们的担忧，因为这场危机也是过度投资的结果。关于 21 世纪头十年中国经济增长的来源，也出现了类似的争论。

表 9.1　美国和欧洲的增长核算（年均增速，%）

	美国				欧洲（15）			
	1990—1995 年	1995—2000 年	2000—2008 年	2008—2014 年	1990—1995 年	1995—2000 年	2000—2008 年	2008—2014 年
GDP(1)	2.6	4.3	2.1	1.2	1.5	2.9	1.9	−0.2
总工作小时数：(2)＝(3)＋(4)	1.1	2.0	0.1	0.1	−1.0	1.1	0.8	−1.1
就业(3)	0.7	1.7	0.7	0.1	−0.6	1.5	1.1	−0.5
工作小时数(4)	0.3	0.3	−0.6	0.0	−0.5	−0.4	−0.2	−0.6
劳动生产率：(5)＝(1)−(2)	1.6	2.3	2.0	1.1	2.5	1.8	1.0	0.9
资本劳动比率贡献率(6)	0.8	0.7	1.2	0.5	1.8	1.0	1.0	1.4
TFP：(7)＝(5)−(6)	0.8	1.6	0.8	0.6	0.7	0.8	0.0	−0.5

资料来源：Penn World Tables 9.0 (Feenstra, Inklaar, and Timmer, 2015)，www.ggdc.net/pwt.

延伸阅读 9.3　　双城记：阿尔文·扬眼中的亚洲经济增长

1992 年，麻省理工学院经济学家阿尔文·扬比较了中国香港和新加坡的经济模式。两座城市有着相似的历史：其在历史上都曾经是英国在华人世界的"飞地"，拥有大型商业港口，在二战后发展了制造业，然后又发展了金融业。在 20 世纪 60 年代，两者人均 GDP 水平相当，1960—1990 年间，经济增长率水平也不相上下。然而，其相似之处也仅限于此。经过仔细的增长核算研究，扬得出结论认为：新加坡的经济增长主要来自生产资本的积累，实际上 TFP 在放缓。新加坡是"其自身产业政策的牺牲品，在这些政策驱动下，其还没有准备好就进入了某些领域，这导致其生产率越来越低"（Young，1992，p.16）。1994 年，保罗·克鲁格曼（Krugman，1994b）坚持认为："根本没有任何效率提高的迹象。从这一点来看，李光耀（Lee Kuan Yew）治理下新加坡的经济增长是斯大林统治下苏联经济增长模式的孪生兄弟，纯粹是通过调动资源来实现的。"相比之下，香港却能保持 TFP 的快速增长。扬用截然不同的增长模式解释了这种反差：香港实行的是自由市场制度，而新加坡实行的是中央计划经济。在另一篇文章中，扬（Young，1995）将其分析扩展到了其他"亚洲四小龙"经济体，并认为：它们的经济增长也是由于资本积累、劳动力和教育因素带来的，而不是技术进步。

这些数据和分析结果遭到了其他经济学家的尖锐批评，他们基于不同要素在增加值中所占份额的测算方法，得出了新加坡的 TFP 增长率比扬计算得出的要高，参见岩田等（Iwata et al.，2003）对这一争论的综述。

9.1.3　典型事实

从对历史和近期趋势的观察可以得到四个典型事实：

- 以长期标准来看，人均收入的快速增长是近代以来才出现的现象。
- 自 21 世纪初以来，生产率一直呈下降趋势。
- 各国之间的"大分化"已经让位于（部分和不完全的）趋同和收敛。
- 虽然全球收入不平等程度仍然很高（主要是由于国家差异），但在某种程度上有所缓解，而国家内部的不平等程度却加深了。

（a）增长：一个最近的现象

图 9.1 显示了麦迪逊（Maddison）测算的世界人均 GDP 规模（基于 1990 年购买力平价），从公元 1 年开始，并一直预测到 2030 年（Maddison，2007）。全部时间可以清晰地划分为四个阶段。

从史前时期到中世纪，人均年收入保持在 450 美元左右（实际上在头一个千

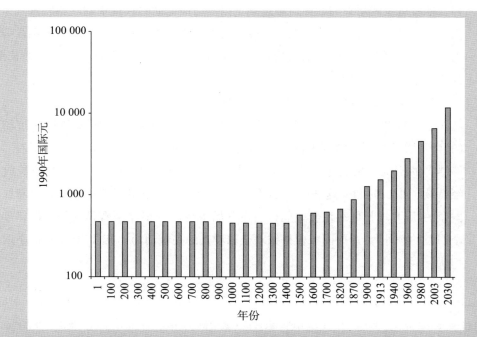

图 9.1　世界人均 GDP 的长期演变，计价货币：1990 年国际元

注：国际元又称 Geary-Khamis 美元，或国际美元，其等价于购买力平价的现价美元（当年值）。

资料来源：Maddison（2007），http://www.ggdc.net/maddison/.

年，人均年收入呈下降趋势）。在 1400—1800 年间，人均 GDP 增加至 600 美元。真正的"起飞"发生在 19 世纪的工业革命，此后人均 GDP 在第一次世界大战前夕超过了 1 500 美元。2003 年，人均 GDP 已达到 6 500 美元，比 20 世纪初增长了 5 倍多。麦迪逊预计，2030 年人均 GDP 将达到 11 700 美元。虽然在工业革命之前就有创新，但它们的影响是一次性的，并没有出现自工业革命之后那种知识积累和创新的持久动力。因此，全球人均收入的持续增长是新近才有的现象。过去一个世纪超乎寻常的增长表现（在美国可能是 1870—1970 年，参见 Gordon，2016）让未来的增长蒙上了阴影：这种超乎寻常的表现是新常态，还是可能会重回过去的相对平缓状态？政策如何支持继续强劲的增长？是否应该支持这种增长？

这种新近才出现的历史性增长现象[①]可能与全球经济体系的变革密切相关，尤其是那些有利于提高生产率和促进国际贸易的重大突破：农业生产力的提高；15—16 世纪美洲的"地理大发现"；所谓"欧洲世界经济"的兴起和扩张[②]；19 世纪的重大技术创新和突破，例如蒸汽机和铁路；20 世纪电的大规模使用和大规模的城市化。然而，仅仅依靠技术和贸易本身很难解释近期全球 GDP 的大幅增长。它们不能解释为什么生活水平直到中世纪之前一直没有显著提高，而那时也有一系列技术创新（火、车轮、金属和后来的航海）。理解全球经济增长的转折点不仅需要研究经济学，也需要研究一些历史。[③]莫基尔（Mokyr，2017）从文化视角进行了解释，他将爆发式增长与欧洲启蒙运动，以及与该运动的双重基础互相联系起来：人们理解了自然（技术变革的意义）应该用来促进人类的福祉，以及权力和政府应该为整个社会服务。他得出的结论是：这两种想法之间的强大合力释放了增长潜力，并带来了持续的高增长。

（b）生产率下降

至少自 2007—2008 年全球金融危机以来，大多数发达国家和新兴市场国家的 TFP 增长显著放缓（见图 9.2）（参见 Adler et al.，2017），这加剧了对"长期停滞"的担忧（见延伸阅读 9.4）。尽管 OECD 国家作为一个整体的增长放缓已经持续了很长时间，这些国家自 2009 年以来 TFP 还出现了负增长，但新兴市场国家的 TFP 增长似乎在金融危机后也开始下降了（整体来看是这样，但印度是一个明显的例外）。这些国家曾是推动全球增长的关键动力，其 TFP 增长的下降令人担忧。

[①] 一个重要的转折点是欧洲崛起。美国生理学家贾得·戴蒙德（Jared Diamond，1997）提出了开拓性的解释，并且由此引发了热烈的讨论。他将欧洲的成功归因于农业和畜牧业的发展，源于当地数量丰富的种子及家养动物提高了生产力并且使人群集聚。欧洲东西走向的相似气候环境促进了移民，从而促进了创新和技术传播。而且，与家养动物接触能够增强人对细菌的免疫力。在几次大探险过程中，欧洲人和其他大陆土著居民接触，后者染上疫病，而前者则对此免疫。

[②] 有关世界经济的概念，参见 Braudel（1981-1984，vol. 3，ch. 1）和 Wallerstein（1979）。

[③] 有关其综合描述，参见 Braudel（1985）。

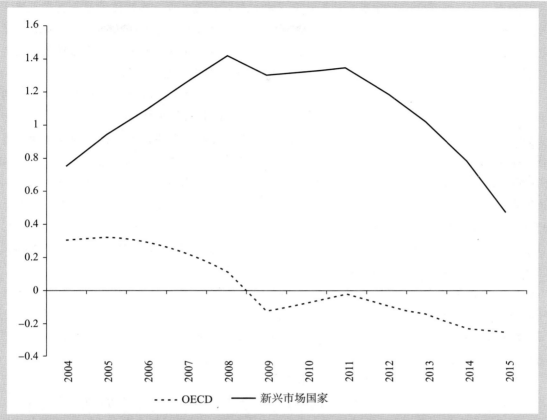

图 9.2 全要素生产率年增长率（十年移动平均值，以年度百分比表示）

注：TFP 的数据根据 IT 行业价格的快速下跌进行了调整。

资料来源：The Conference Board，2016．The Conference Board Total Economy Database，Regional Aggregates，adjusted version，November 2016，http://www.conferenceboard.org/data.economydatabase/．

延伸阅读 9.4　　　　　　　　　　　**长期停滞和索洛悖论**

　　阿尔文·汉森在 1939 年提出了长期停滞（secular stagnation）的概念，拉里·萨默斯（Larry Summers，2014）在 2007—2008 年全球金融危机后重提这一概念。萨默斯认为，长期停滞主要源于供需失衡：在正常情况下，商品和服务的供给超过总需求，这可以通过实际利率下降来解决，从而将总需求提高到充分就业水平。2007—2008 年全球金融危机的余波导致总需求持续低迷，而零利率下限（见第 5 章）阻止了实际利率下降到恢复充分就业所必需的水平。[a] 因此，产出受到了总需求不足的限制。

　　长期停滞假说的另一个版本从供给端出发，基于相同的事实，但将责任归咎于技术进步的放缓。鉴于数字技术的普及，这似乎有些自相矛盾。

　　事实上，20 世纪 90 年代 TFP 的回升在很大程度上归功于信息通信技术（ICT）：通过用资本代替劳动力、更好地管理库存和利用投入，ICT 促进了 TFP 的加速增长。然而，由于两个主要原因，它对 TFP 增长的贡献很难衡量。

　　首先，国民核算账户无法很好地统计 ICT 的规模，因为其设备和软件价格一直在迅速下降。经济学家和国民经济核算人员制定了享乐价格指数（hedonic price indices），其考虑到了新一代产品带来的质量改进。享乐价格不是关注产品本身的价格，而是关注产品提供的服务（以计算机为例，享乐价格考虑了内存容量、处理速度、屏幕分辨率等）。

　　其次，TFP 更多是关于创新的扩散，而不是技术进步本身。然而，技术的扩散很难追踪。著名的生产率和增长专家罗伯特·戈登（Robert Gordon，2000）在修正其分析之前曾经认为，美国 TFP 的加速仅限于计算机部门，并且除了该部门之外，其他行业的增长主要是周期性的（因为其增长对应于需求扩张时期）。[b]乔根森、何、斯德尔（Jorgenson，Ho，and Stiroh，2008）发现，在 1995—2000 年间，ICT 投资对美国劳动生产率增长的贡献为 37%，ICT 产业对 TFP 增长的贡献为 58%。但是，新技术的影响可能会被推迟，特别是因为对生产率的全面影响需要对其他形式的资本进行补充投资（例如，企业需要重新组织生产方式，以便尽可能高效地使用新的 ICT 设备）。杨和布林约尔松（Yang and Brynjolfsson，2001）、阿什肯纳齐（Askenazy，2001）对这种影响进行了重要的研究。

　　这一结果与所谓的索洛悖论（Solow paradox）相呼应：很长一段时间以来，计算机无处不在——除了不在生产率数据里（这是罗伯特·索洛 1987 年的名言）。[c]经济史学家保罗·大卫（Paul David，1990）在他关于创新扩散的著作中特别强调，电力发明用了很长时间才影响到生产力，他还从历史角度质疑现代生产率悖论的存在。

　　然而，对生产率持悲观态度的人质疑 ICT 创新与过去的通用技术创新（如电力）之间是否可以类比，从 ICT 的获益可能已经到头了。例如戈登（Gordon，2016）认为，ICT 释放的创新是对生产率和生活水平作出了贡献，但这种贡献不太可能与早期创新浪潮（如电力）带来的贡献相匹配。当然也有不同的观点，他们认为，连续性创新有助于扭转悲观预期，并指出了人工智能、生物技术和纳米技术领域的创新前景。然而，当戈登强调 1870—1970 年这一时期的特殊性，以及从这一时期汲取经验会存在误导性和危险时，他是有道理的。

　　TFP 是一种会计口径的剩余项，显然不能独立于资本和人力投资（这是从创新中受益所必需的要素），需要一种更细致的方法来分析和理解增长。乔根森和武（Jorgenson and Vu，2016）进一步挑战了对创新的重视程度。他们认为，创新实际上发挥的作用相对温和，不足以证明它在现代增长理论中的重要性。尽管如此，近年来 TFP 增速的疲软仍然引发了关于增长模式的一系列关键质疑。

　　a. 相应的"储蓄过剩"与本·伯南克（Ben Bernanke，2005）提出的全球储蓄过剩假说相呼应。参见 Teulings and Baldwin（2014）。贾伯蒂和什米（Jaubertie and Shimi，2016）对这场辩论进行了回顾。

　　b. 参见 Gordon（2000，2003），Oliner and Sichel（2002），法国的例子参见 Cette, Mairesse, and Kocoglu（2004）。

　　c. 他的原话是："除了生产率的统计数据，你可以在任何地方看到计算机时代"（You can see the computer age everywhere but in the productivity statistics），*New York Review of Books*，12 July 1987.

　　正如表 9.1 已经展示的，图 9.3 再次说明了美国和欧元区生产率变化的差异性。尽管自 20 世纪 60 年代以来，美国的 TFP 增长一直在波动，但其波动范围狭

窄，每年在 0 至 1.5％之间。而欧洲则几乎是持续下降，从 1960 年的 2％以上下降
到 2014 年的接近零。欧洲在 20 世纪 60 年代和 70 年代较高的生产率增长与前面讨
论的后发的追赶动力有关。另一边，20 世纪 80 年代和 90 年代美国全要素（和劳
动）生产率的加速一直持续到 21 世纪头十年中期，这与其在 20 世纪 80 年代要素
市场的自由化和 21 世纪头十年"新经济"的出现相呼应。图 9.3 还表明，最近再
次减速的转折点发生在 2005 年，远在全球金融危机出现之前。

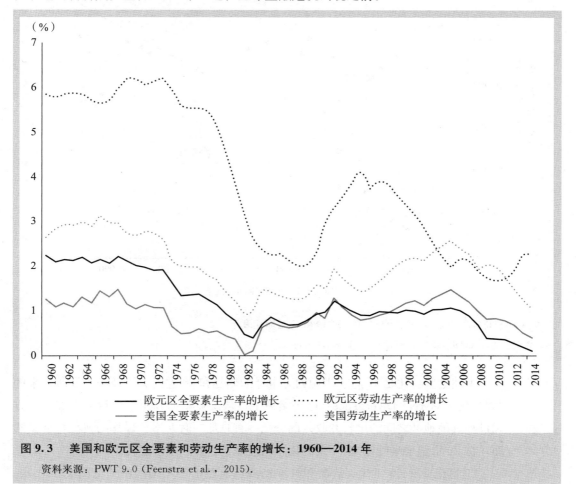

图 9.3　　美国和欧元区全要素和劳动生产率的增长：1960—2014 年

资料来源：PWT 9.0 (Feenstra et al.，2015).

（c）"大分化"的结束

在一个全球化的世界里，由于相同技术的可得性上升，各国的收入水平可能
会趋于一致。总体而言，可以观察到初始期和最终期的人均 GDP 之间存在正相
关关系（见图 9.4），Y 轴截距为正，这表明较贫穷的国家在 1870—2010 年期间
平均增长更快。然而，以购买力平价（现价美元）表示的人均 GDP 的离散程度，
其在 2010 年仍和 1870 年一样高，两个时期的变异系数都是约为 65％。[①] 这两个

---

①　2015 年，这一水平从最低的中非共和国（人均 597 美元）到最高的卡塔尔（143 788 美元），一共有 241 个国
家和地区。

观察结果并不矛盾：一些国家在 1870 年很穷，但在 2010 年却很富，反之亦然。例如，乌拉圭在 1870 年的富裕程度是日本的 3 倍，但在 2010 年则不到日本的一半。

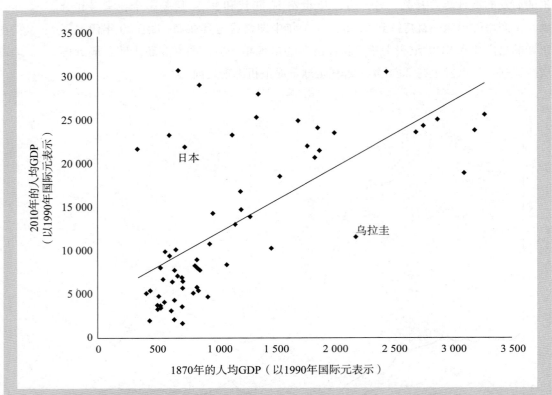

图 9.4　1870 年和 2010 年的人均 GDP：以 1990 年国际元表示

资料来源：Maddison，http://www.ggdc.net/maddison.

上述这些变化是由于 19 世纪西方世界的崛起和 20 世纪美国经济主导所带来的"大分化"（Great Divergence）已经结束了。从工业革命到第二次世界大战，西方和世界其他地区之间的增长和收入的分化一直是那一时期增长爆炸的典型特征。然而，自 20 世纪下半叶以来，"大分化"已经停止，并产生了逆转。

20 世纪 50—60 年代，欧洲和日本经济迅速赶上了美国经济［见图 9.5（a）］。20 世纪 70—80 年代，受到石油危机的影响，三大经济体的增速放缓。但美国经济在 20 世纪 90 年代又开始加速，而欧洲和日本的追赶进程就此结束，甚至开始逆转。这直接导致欧洲和日本的人均收入在向美国趋同的过程中，在美国的 80% 以下出现了停滞。20 世纪的最后 25 年，亚洲新兴市场国家和地区（中国香港、新加坡、韩国和中国台湾）的增长也令人印象深刻［见图 9.5（b）］。同时，中国以及在较小程度上还有印度，也从 20 世纪末开始经历了惊人的增长。在欧洲，中欧和东欧也一直在向西欧趋同。

非洲的情况还是有所不同。从绝对意义上来看，许多非洲国家在增长方面取得了进展，但在相对增长方面几乎没有进展［见图 9.5（c）］。撒哈拉以南非洲自

1995 年以来有恢复增长的希望,这可能标志着这一区域也开始了缓慢的追赶进程。

经济学家主要通过两种互补的方式来研究增长收敛。第一种方式是各国收入水平差距的缩小。这被称为 σ 收敛(σ-convergence),因为它涉及跨国收入的标准差(σ)随时间的变化。第二种方式关注贫穷国家是否比富裕国家增长得更快。这被称为 β 收敛(β-convergence),它可以通过以下估计中的 β 系数来测量:

$$\frac{1}{T-1}\ln\frac{Y_{iT}}{Y_{i1}}=\alpha-\beta\ln Y_{i1}+\varepsilon_{iT} \tag{9.3}$$

式中,Y_{i1} 是第 i 国人均 GDP 的初始水平,Y_{iT} 是第 T 期的最终水平,α 和 β 是需要估计的系数,ε_{iT} 代表误差项。β 为正意味着初始的人均 GDP 水平越低,增长率越高。β 收敛是 σ 收敛的必要条件。然而,反过来并不成立。[1] β 收敛并不意味着所有国家人均 GDP 终将收敛。

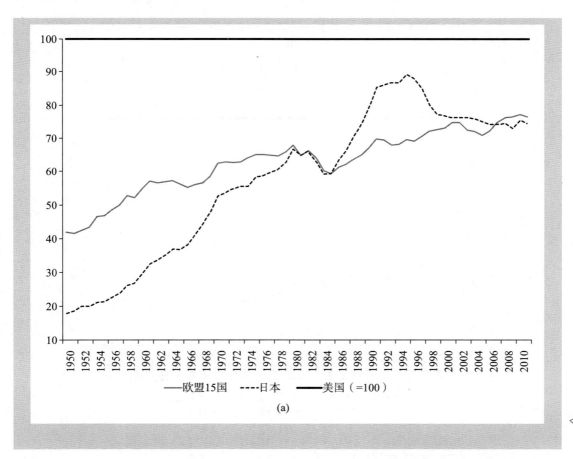

(a)

---

[1] 讨论内容详见 Quah (1993) 和 Sala-i-Martin (1996)。

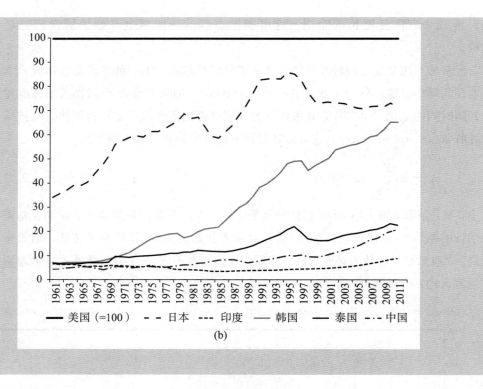

(b)

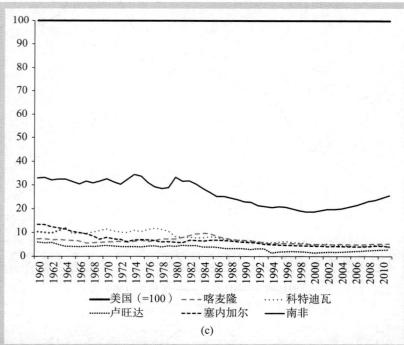

(c)

图 9.5 各国人均 GDP 占美国的百分比

注：以（2005 年美元不变价）购买力平价来度量 GDP。

资料来源：Penn World Tables PWT 8.1（Feenstra et al.，2015），www. ggdc. net/pwt.

9

图 9.6 展示了 1950—2010 年间各国人均 GDP 的平均增长率与 1950 年水平之间的关系。在世界范围内并没有显示出显著的 β 收敛（这意味着，并不是越贫穷的国家经济增长越快），但是 OECD 国家内部却有明显的收敛趋势。

贫穷国家未能出现收敛，这可能是由于和初始收入水平无关的结构性因素——如果这种假设成立的话，那么这种条件收敛（conditional convergence）[①] 可以通过对方程（9.3）添加结构变量 Z_{i1} 约束来体现：

$$\frac{1}{T-1}\ln\frac{Y_{iT}}{Y_{i1}}=\alpha-\beta\ln Y_{i1}+\gamma Z_{i1}+\varepsilon_{iT} \tag{9.4}$$

变量 Z_{i1} 反映的约束可能包含多个维度：地理、制度、法律、政治或文化。条件收敛是指，具有相同条件因素的国家，其在长期内将会趋于收敛。例如，塞尔维亚的人均 GDP 可能不会朝着德国或法国的水平收敛，但是斯洛文尼亚却有可能。因为斯洛文尼亚受益于欧盟的法律和制度框架，而塞尔维亚目前还没有。

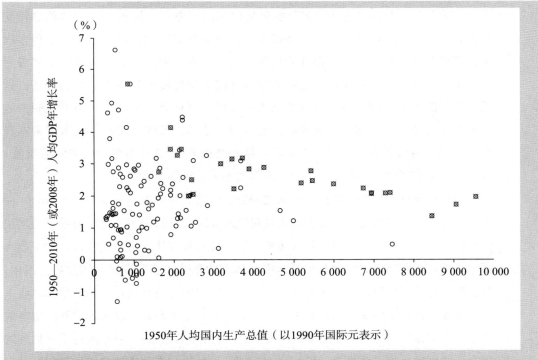

图 9.6　世界收敛和 OECD 内部的收敛：β 收敛的情形

资料来源：Penn World Tables PWT 9.0（Feenstra et al.，2015），www.ggdc.net/pwt.

在一组具有可比性的国家，如果 β 收敛发挥作用（这里是指 OECD 国家），我们就将其称为"收敛俱乐部"（convergence club）。发展援助政策的关键问题在于，

[①]　条件收敛与绝对收敛（absolute convergence）或者无条件收敛（unconditional convergence）相反。

如何使得某个国家能够"加入俱乐部"？这方面的研究发现，对人均GDP有重大长期影响的条件变量（Z）通常包括［参见巴罗和萨拉-伊-马丁（Barro and Sala-i-Martin，1995，chap. 12）的综述］：

- 人力资本的质量（教育水平、平均寿命）；
- 市场运行（竞争程度、政府干预对市场的扭曲程度、腐败）；
- 宏观经济稳定性（特别是物价稳定）；
- 政治稳定性（没有战争、政变，也没有两个政治阵营频繁的权力更迭）。

但是，上述方法本身存在一个问题，它所隐含的假设认为：改革制度的能力与财富水平无关。最近关于经济增长的研究仔细分析了反向因果关系问题（也就是说，高水平的制度体系本身可能是经济增长的结果）。

经验研究显示，同一国家内部各地区之间的收敛往往是无条件收敛——无论是美国各大洲（Barro and Sala-i-Martin，1991）、加拿大各省（Coulombe，2007；Coulombe and Lee，1995）还是日本各县。在这种情况下，收敛看上去是无条件的，因为各地区之间的很多"Z"要素是相同的，而且一国内部，收敛趋势还受到各国内部文化同质性、要素流动以及财政再分配机制的推动。然而，在很多国家内部的各地区间，也仍然存在着长期的人均收入差距。意大利南部的发展滞后是一个很好的例子，民主德国地区的收敛速度非常缓慢也是一个很好的例子。这两个例子的部分原因可能是熟练劳动力的外迁。更重要的是，不同国家之间的收敛通常是有条件的。然而，亚洲的追赶表明，全球化可能导致条件收敛因素本身走向一致（通过技术的获取、制度的对接和改进等），这将有利于国家间的收敛。

（d）国家间的不平等更少，国家内部的不平等更多

增长和全球化的好处如何在个人之间分配？定义和度量不平等（inequality）的方法有很多。人们可能想研究市场力量对收入分配产生的作用，此时应重点关注税前和转移支付前的收入。另一种方法则是观察税后和转移支付后的收入。除了收入视角之外，人们还可以观察与生活水平更加密切相关的消费支出。在世界范围内，通过税收和转移支付的再分配对收入不平等的影响则比较有限，在世界层面，收入不平等主要由以下因素驱动：资本和劳动力回报的显著差异，以及政治和经济对收入集中和财富不平等的持续影响——皮凯蒂（Piketty，2014）对此进行了开创性的研究。特别地，米兰诺维奇（Milanovic，2016）认为，推动资本的"分散化"及在税前和转移支付前进行干预，这些手段比再分配更有希望减少不平等，特别是考虑到在全球化条件下提高资本所得税存在困难的情况之下。

直到20世纪末，大部分的注意力都集中在国家内部的不平等上，而国家之间的差异是从收敛（或缺乏收敛）的角度来进行观察的。为了评估全球化的分配结

果，最近的研究开始关注全球不平等。[1] 在布吉尼翁和莫里森（Bourguignon and Morrison，2002）的开创性工作之后，家庭调查的普遍化使得研究人员能够建立更丰富、更准确的数据库［见世界银行布兰科·米兰诺维奇（Branco Milanovic）的重要研究］。全球不平等的计算需要采用类似住户调查的方法，且收入在不同货币之间可比，这就需要使用购买力平价的汇率。[2]

全球不平等（global inequality，即世界家庭之间的不平等，不论其所在的国家是哪里）在 19—20 世纪期间大大增加，原因是各国在参与工业革命过程中的不平等。如图 9.7 所示，描述全球收入分布的洛伦兹曲线（参见第 1 章）已经越来越偏离 45°的绝对平均线，这表明收入日趋集中在少数富人手中。

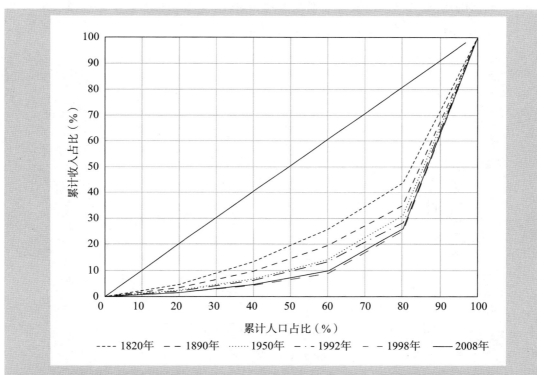

图 9.7　世界收入的洛伦兹曲线

资料来源：Bourguignon and Morrison（2002），Lakner and Milanovic（2015）.

布吉尼翁和莫里森（Bourguignon and Morrisson，2002）的研究表明，全球收入分配的基尼系数（Gini Index）[3] 从 1820 年的 0.5 上升至 1950 年的 0.64，1992 年时达

---

[1]　关于最近的工作和数据，参见 Piketty（2014），Atkinson（2015），Milanovic（2008，2012，2016），Deaton（2013），Bourguignon（2015），Alvaredo et al.（2017），以及 the World Wealth & Income Database（www. wid. world）。

[2]　即便如此，这个计算还是充满了问题。例如，富人在家庭调查中往往少报，而最贫穷的国家不太可能开展家庭调查。这可能会导致对全球不平等的低估。

[3]　基尼系数等于洛伦兹曲线和 45°线之间区域面积的两倍（参见第 1 章）。当收入实现平均分配时，基尼系数为 0，反之，如果所有收入都集中在一个人手中，基尼系数为 1。

到 0.66，布吉尼翁（Bourguignon，2015）和米兰诺维奇（Milanovic，2005，2012，2016）的进一步工作表明，它最终在 21 世纪头十年稳定下来，随后开始下降。[①] 一个主要原因是，在人口众多的东南亚和中国，有几亿人口的生活水平快速提高了。

洛伦茨曲线图形的变化和基尼系数的演变都告诉我们，增长收益的分配是不平等的，但它并没有告诉我们是谁获得了这些收益。图 9.8 介绍了所谓的大象曲线（elephant curve）（或"增长发生曲线"，Lakner and Milanovic，2015）的简化版本。它显示了 1988—2008 年间全球收入分配中不同分位数的收入水平（从最贫穷的 10% 到最富有的 1%）是如何增长的。[②] 该曲线证实了全球中产阶级的出现，这通常对应于新兴市场国家的富裕家庭。很大一部分中国和印度的人口已经达到中产阶级的地位。发达国家的中上阶层表现相对较差，这可能推动了这些国家在 21 世纪 10 年代后半期在选举中表现出的日益增长的不满情绪。

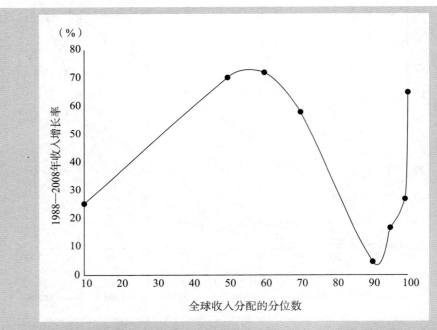

图 9.8　大象曲线：世界按收入分配的增长发生曲线（1988—2008 年）

注：该曲线显示了 1988—2008 年间 8 个百分位数（最低 10%、40%～50%、50%～60%、60%～70%、80%～90%、90%～95%、95%～99% 和最高 1%）（人为连接在一起形成）人群的平均收入增速。

资料来源：Lakner and Milanovic（2016），table 3，p. 10.

[①] 对全球不平等指标的解释当然应该谨慎，因为它们的计算充满了各种类型的误差，特别是抽样误差。

[②] 因为以下原因，需要谨慎看待这个结果：（1）该图没有描述给定分位数内固定的个人和家庭在一段时间内的表现：他们可能已经改变了收入位置，从而属于别的分位数水平。（2）这些分位数可能包括不同时期、不同国家的家庭，但是 1988 年的数据所覆盖的国家范围较小。（3）人口增长率的差异也会改变各国的分位数构成，等等。因此，对于全球化和增长发生率曲线之间任何诱人的因果关系，我们都应该非常谨慎地对待（例如，评论见 Freund，2016）。但这条曲线还是揭示了世界收入分配是如何随着时间的推移而变化的，例如，收入最高的 1% 是由相对更富裕的人组成的。

虽然收入最低十分之一人群的表现不及全球中产阶级，但在过去 20 年里，他们的平均收入仍然增长了 25％。这反映出，全球消除极端贫困的斗争还是取得了一定的成功。全球贫困人口比率从 1981 年的 41％ 下降到 2013 年的 11％。[1][2]

全球收入不平等由两个部分构成：国家内部的不平等和国家之间的不平等。因此，全球收入不平等明显高于这两个组成部分中的任何一个。自 20 世纪初以来，全球收入不平等背后的主要力量是国家之间的不平等（见图 9.9），这导致米兰诺维奇（Milanovic，2016）声称：存在与出生国相关的租金，他称之为"公民身份溢价"。这一溢价似乎在 21 世纪头十年末有所下降（全球金融危机的影响加强了这一趋势）。

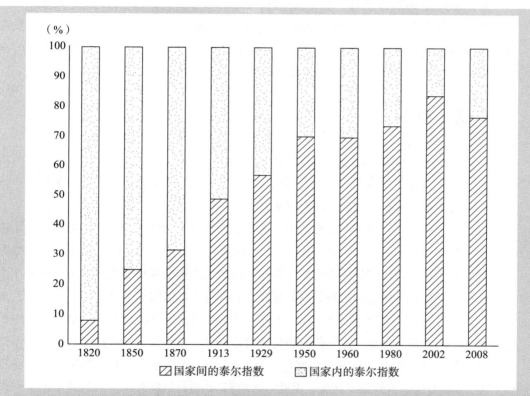

图 9.9　将全球收入不平等在国家之间和国家内部进行分解：1820—2008 年泰尔指数的百分比

注：泰尔指数（Theil index）是一种可分解的广义熵的度量（这里是指分解为国家内部的不平等和国家之间的不平等）。这里使用的不平等指数是 Theil（L），即样本的平均对数偏差。更多细节见 http://siteresources. worldbank. org/ PGLP/Resources/PMch6. pdf，Milanovic（2012）and Lakner and Milanovic（2016）。

我们之前关于收敛的讨论表明，尽管一些国家之间的不平等程度仍在加深，但国家之间的总体不平等程度一直在下降。然而，这种收敛是在不考虑人口规模的情

---

① 资料来源：World Bank Poverty and Income Database，April 2017。然而，撒哈拉以南非洲地区的研究结果却更加发人深省。贫困人口的比例已经从 1999 年的 54％ 下降到 2013 年的 41％，不过鉴于人口增长的速度更快，同期极端贫穷的人口数量实际上从 2.58 亿增加到了 3.78 亿。

② 每天人均收入不足 1.9 美元（2011 年购买力平价）的个人占世界人口的百分比。

况下比较国家之间的人均收入，因此需要关注弗朗索瓦·布吉尼翁（François Bourguignon，2015）提到的"国际收入规模"（international income scale）问题。所以另一种不同的衡量标准是根据人口对国家进行加权。自 1950 年以来，基于人口加权的国家间基尼系数也一直在不断下降，直到 20 世纪 90 年代初下降的势头才开始放缓，此后下降又出现加速（Milanovic，2012，figure 2），这主要是由于中国和其他人口大国（如巴西、印度、印度尼西亚、越南和南非）的经济增长加速了（Milanovic，2016，chap. 4）。

相对于国际不平等格局的这种变化，最近另一个主要变化是，在许多国家和大多数 OECD 国家内部的不平等现象有所加剧。一个明显的例外是拉丁美洲，在那里，社会政策（特别是附条件的现金转移支付计划）和教育投资在缩小工资差距方面发挥了重要作用（Lopez Calva and Lustig，2010）。经济增长和不平等之间的双向关系将在第 9.2.3 节进一步讨论。

9.2 理论

"增长核算"旨在描述经济增长，而非解释经济增长。为了解释经济增长的机制，并评估经济政策在经济增长中的作用，我们需要转向理论，以研究劳动力增长、资本积累和技术创新的决定因素。

在前工业化社会的增长理论中，生育水平被认为是经济增长的决定因素，比较典型的如托马斯·马尔萨斯（Malthus，1798）的理论。马尔萨斯认为，生育率会调整到与技术冲击相适应的水平，以使标准的生活水平保持不变。除了有时要考虑移民这样的例外情况，之后的增长理论一般都将人口因素作为重要的但是外生变量的现象（Barro and Sala-i-Martin，1995，chap. 9）。研究者们主要还是关注资本积累。然而，在 20 世纪 80 年代，研究者们却得出了有些让人沮丧的结论：在资本边际报酬递减的情况下，资本积累的动机将随着时间的推移而不断弱化，从而使资本/劳动力比率达到稳定状态。因此，人均 GDP 增长只能源于不断的技术创新。在 20 世纪 60—70 年代，很少有经济学家对经济增长理论感兴趣，哈恩和马修斯（Hahn and Matthews，1964，p. 890）在一篇综述性论文中甚至指出，经济增长可能已经达到了边际报酬递减的临界点。

随着内生增长理论的出现，20 世纪 80 年代末增长理论开始了一场复兴，该理论关注 TFP 的决定因素。在此背景下，经济学家重新审视约瑟夫·熊彼特关于创新驱动因素的开创性思想，并将研究视野进一步拓展至增长与地理之间的相互作用，或者增长与制度质量之间的相互作用等领域。同时，经济学家对标准模型也作了修正，以揭示经济发展的机制。当前，增长理论的更新换代使得该理论成为经济理论中最为活跃的分支之一。

本节内容安排如下：首先，我们给出了外生技术进步条件下，资本积累驱动经济增长的标准模型；然后，我们转向讨论有内生技术进步的增长模型；最后，我们从深层次讨论了其他增长决定因素的作用，如地理、收入分配和制度。

9.2.1　资本积累驱动的增长

第 9.1 节介绍的生产函数是经济增长分析的基本工具，可将其表示为：

$$Y_t = A_t F(K_t, N_t) \tag{9.5}$$

式中，Y 表示产出，A 表示技术进步（全要素生产率），K 表示资本存量，N 表示劳动（或者总工作小时数），变量均处于时刻 t。由于增长分析主要讨论中长期问题，我们一般认为经济处于充分就业水平。因而就业水平 N 就等于劳动人口数量 L，从而：

$$Y_t = A_t F(K_t, L_t) \tag{9.6}$$

充分就业的假设看起来可能与现实经验相悖。然而，对该假设进行修正后同样也可以引入持续失业的情况。假设存在结构性失业率 u，并且无论总需求水平如何变化，都无法永久地降低结构性失业，所以在上式中，可以用 $L(1-u)$ 来代替 L。[①]

（a）第一步：经济增长和不均衡

作为分析的起点，封闭经济中生产性资本的积累是基于资本供给（即储蓄流量）和资本需求（即利润最大化企业所期望的投资流量）两者形成的均衡值。

罗伊·哈罗德（Roy Harrod）、埃弗塞·多马（Evsey Domar）分别于 1939 年和 1946 年独立提出了这一角度的想法：两人都强调在增长过程中经济不稳定的风险。他们指出，由投资水平决定（进而也是由储蓄率决定）的资本存量增长率并不自然地与维持充分就业所必需的增长率保持一致。因此他们认为，经济要么面临劳动力短缺（导致通货膨胀）的风险，要么面临资本短缺（导致失业）的风险；只有在纯粹偶然的条件下，经济才完全巧合地保持在储蓄-投资均衡与充分就业均衡相对应的水平，即"刀锋上的均衡"（razor's edge）状态下，经济才能实现平衡增长（见延伸阅读 9.5）。

延伸阅读 9.5　　　　　　　　　　　　**哈罗德-多马模型**

哈罗德（Harrod，1939）和多马（Domar，1946）的模型假定：技术是给定的，有效的生产需要资本和劳动力投入比率保持常数，因此生产函数具有互补投入（complementary inputs）的性质：

$$Y_t = \min(AK_t, BL_t) \tag{B9.5.1}$$

[①]　然而，该式忽视了短期波动和长期增长之间的相互依赖性，如失业的迟滞效应。我们将在第 9.3 节的开始部分讨论这一问题。

式中，Y_t 表示产出，K_t 表示资本存量，A 和 B 表示常系数，劳动力 L_t 的增长率不变且为 n。

由于投入要素是互补的，充分就业需要经济有足够的资本存量以雇用全部劳动力。反之，如果资本存量高于这一水平，则会由于劳动力的相对短缺导致生产能力过剩。然而，劳动力增长率和资本存量增长率是相互独立决定的。因此，实现充分就业均衡完全取决于运气。

资本存量的动态变化可以表示为：

$$\dot{K}_t = -\delta K_t + I_t \tag{B9.5.2}$$

式中，δ 表示资本折旧率，I_t 表示固定资本形成总额（投资）。储蓄为投资提供了资金：$I_t = \sigma Y_t$，其中 σ 为常数，表示储蓄率。只要资本存量处于较低水平（成为生产的一个约束条件或决定因素），那么 $Y = AK$，并且 K 的变化可以表示为：

$$\dot{K}_t = (\sigma A - \delta) K_t \tag{B9.5.3}$$

此时，经济增长路径取决于储蓄水平：如果 $\sigma > \delta / A$，则资本存量增长率和产出增长率均为常数（$\sigma A - \delta$），一直到 $AK_t = BL_t$，此后产出增长将受到劳动力水平的限制。在低于这一资本/劳动力比率时，鼓励储蓄的经济政策将会提高经济增长率。

哈罗德-多马模型（Harrod-Domar model）并没有对长期增长给出现实的描述。多马本人也认为，该模型是在 1929 年世界经济危机和之后以资本短缺为特征的战争经济背景下，对暂时的需求不足和投资之间相互作用的研究。该模型预测资本短缺将限制经济增长，也为二战后的欧洲经济状况提供了准确的描述，并为美国对欧洲的重建援助政策[1]提供了理论依据。这一方法在 1947 年 6 月的马歇尔计划（Marshall plan）[2] 中得到了明确体现，并在法国计划委员会委员让·莫内（Jean Monnet）* 的"国家评估"中得到了更为显著的体现。

（b）储蓄、投资和平衡增长

企业投资不是为了利用现有的储蓄，而是为了赚取利润——资本回报才是企业投资的主要动力。1956 年，罗伯特·索洛和特雷弗·斯旺（Trevor Swan）认识到了这种微观激励机制并分别开发了理论模型来进行研究。该模型有重要影响，直到现在也仍然为分析经济增长提供了参考框架。

[1] 该重建援助政策的目的是为了弥补欧洲国家储蓄不足和填补其"融资缺口"。

[2] 欧洲复兴计划，即"马歇尔计划"（以美国国务卿乔治·C. 马歇尔的名字命名）是第二次世界大战后美国对被战争破坏的西欧各国进行经济援助、协助重建的计划。该计划为期四年，共花费 130 亿美元，占 1947 年美国 GDP 的 5.3%。美国曾邀请苏联加入该计划，但遭到拒绝。马歇尔计划的实施机构是欧洲经济合作组织（Organization for European Economic Cooperation，OEEC），1960 年该组织改名为经济合作与发展组织（OECD）。

* 让·莫内是法国著名政治家，在第二次世界大战后的欧洲统一运动中发挥了重要作用，煤钢共同体的设想最早由他提出，他享有"欧洲之父"的美誉。——译者注

与哈罗德和多马不同：（1）索洛和斯旺描述的经济增长路径当中，市场处于均衡状态。（2）生产要素之间是可替代的（substitutable），从而不存在"刀锋上的均衡"这种情况。（3）资本的边际报酬递减，所以积累的资本存量越多，资本的边际报酬越低。因此，当资本的边际收益等于资本的使用成本时[①]，投资的动机就消失了。此时，人均资本存量和人均 GDP（在规模报酬不变的情况下）将保持不变（见延伸阅读 9.6）。此时，相应的增长路径被称为稳态（steady state）。

在基准的索洛-斯旺模型（Solow-Swan model）中，储蓄率是外生的，生产的规模报酬不变，劳动力和资本完全可替代，并且两种投入要素都呈现边际报酬递减。在该模型中，人均资本存量的均衡值 k 只取决于储蓄率和资本折旧率。在索洛-斯旺模型的更完整版本中，人口和 TFP 均以外生不变的速度增长，两者的增长速度分别为 n 和 g。从长期来看，经过 TFP 调整后的人均 GDP 是稳定的，其取值也取决于 g。此时资本存量和 GDP 都以一个恒定增速（$n+g$）增长。在这些设定下，索洛-斯旺模型与前文提到的增长核算视角完全一致。

在这类增长模型中，当资本存量达到均衡值时，GDP 增长率只取决于人口和外生的技术进步率（而不取决于储蓄率，储蓄率只决定人均 GDP 水平，但不能决定 GDP 在稳态路径上的增速）。如果经济在初始状态面临资本短缺，经济增长速度会暂时比较快（这解释了为什么发展中经济体的赶超速度很快），但是该经济体迟早会调整到（较低的）稳态。因此，该模型得到了关于经济政策的第一个令人失望的政策结论：在资本边际报酬递减的情况下，旨在鼓励储蓄或投资的政策无法影响长期增长率，其只能影响长期的人均 GDP 水平。

延伸阅读 9.6　　　　　　　　　　**索洛-斯旺模型**

该模型的生产函数是柯布-道格拉斯形式的：$Y_t = AK_t^{\alpha}L_t^{1-\alpha}$，其中，$0 < \alpha < 1$，这意味着单一投入要素的边际报酬递减，整体规模报酬不变（如果资本和劳动力翻倍，则产出翻倍）。资本和劳动力是完全可替代的。

首先假设全要素生产率 A 是常数。劳动力供给增速为常数 n。资本存量的年度增量等于投资 I 减去当年的资本折旧，折旧率为 δ。在封闭经济体中，产出 Y 等于所有经济参与者的总收入。在该经济体的收入中，每年有一定份额 σ 被用作储蓄并转化为国内投资。因此有：

$$\dot{L}_t = nL_t \qquad \dot{K}_t = -\delta K_t + I_t \qquad I_t = S_t = \sigma Y_t \qquad\qquad (B9.6.1)$$

用小写字母表示变量的人均水平：

$$k_t = K_t/L_t \qquad y_t = Y_t/L_t \qquad s_t = \sigma Y_t/L_t$$

k_t 的动态方程可以表示为：

[①]　当增加 1 单位资本存量的成本正好等于它带来的额外产出价值时。

$$\frac{\dot{k}_t}{k_t}=\frac{\dot{K}_t}{K_t}-\frac{\dot{L}_t}{L_t}=-\delta+\sigma\frac{y_t}{k_t}-n \tag{B9.6.2}$$

在稳态路径上，人均产出 y^*、人均资本 k^* 和人均储蓄 s^* 均是常数，资本积累由下式决定：

$$\sigma y^*=(n+\delta)k^*, \quad 其中\ y^*=k^{*\alpha} \tag{B9.6.3}$$

上式表明，在稳态路径上，每一期的储蓄刚好能够弥补资本折旧，并为新的工人配备额外的资本。此时，人均资本存量保持不变。稳态水平的人均产出、人均资本存量和人均储蓄由下列式子给出：

$$y^*=\sigma^{\alpha/(1-\alpha)}(n+\delta)^{-\alpha/(1-\alpha)} \qquad k^*=\sigma^{1/(1-\alpha)}(n+\delta)^{-1/(1-\alpha)}$$
$$s^*=\sigma^{\alpha/(1-\alpha)}(n+\delta)^{-\alpha/(1-\alpha)} \tag{B9.6.4}$$

在图 B9.6.1 中，X 轴表示人均资本存量，Y 轴表示人均储蓄和人均投资，曲线 $s_t=\sigma k_t^\alpha$（代表储蓄水平）与直线 $(n+\delta)k_t$（代表维持 k_t 不变的人均投资水平）的交点即为稳态均衡点。

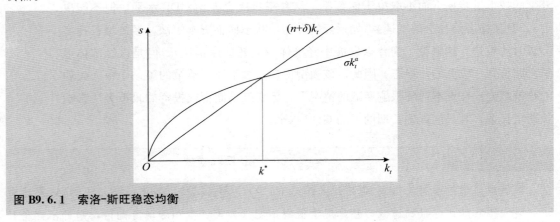

图 B9.6.1　索洛-斯旺稳态均衡

稳态均衡是稳定的：无论 k_0 的初始值是多少，当时间 t 趋于无穷时，人均资本存量趋于 k^*。因此，我们能从模型中得出两个结论：

• 长期来看，人均资本存量和人均收入水平保持稳定。总体收入增长是一个常数，而且只取决于人口因素。

• 长期来看，人均收入水平与储蓄率正相关，而且资本在生产函数中发挥重要作用〔在完全竞争条件下，α 表示产出中资本收入所占的份额，$(1-\alpha)$ 表示产出中劳动收入所占的份额〕。

第一个结论令人失望：该模型不能解释人均收入会随着时间增长的事实。如果有解释的话，唯一可行的解释就是全要素生产率的外生性增长。我们假设全要素生产率 A 的增长率为常数 g：

$$\dot{A}_t=gA_t \tag{B9.6.5}$$

现在我们重新求解该模型的稳态路径。得到的结论比较类似，但这个结论使得人均变量获得了一个趋势性的增长率：

$$y^* = \sigma^{\alpha/(1-\alpha)}(n+g+\delta)^{-\alpha/(1-\alpha)} \qquad k^* = \sigma^{1/(1-\alpha)}(n+g+\delta)^{-1/(1-\alpha)}$$

$$s^* = \sigma^{\alpha/(1-\alpha)}(n+g+\delta)^{-\alpha/(1-\alpha)} \tag{B9.6.6}$$

其中，小写字母表示每个"单位有效劳动"对应的变量均值：$y = Y/AL$，$k = K/AL$，$s = S/AL$。

该模型的理论含义是：在其他条件不变时，储蓄率每增长 1%，稳态下的人均 GDP 将相应增长 $\alpha/(1-\alpha)$%。人均收入 y 和人均资本 k 的增长率均为 g，收入增长率为 $n+g$。参数 g 是技术进步的速度。但是，g 被假定是外生的：该模型并没有解释技术进步的动力源泉。

迄今为止，我们没有引入任何规范经济学的假设，只是简单地从资本边际报酬递减这一假设中得出逻辑结果。现在我们可以将这一模型用于规范目的的分析，因为社会目标不可能是达到尽可能高的人均 GDP。实际上，如延伸阅读 9.6 分析的那样，如果要达到较高的人均 GDP，就需要保持较高的人均资本存量，这意味着，必须将产出中较大的一部分用于资本积累，而不是消费。这就不利于提高消费者当前的福利水平。因此，从规范分析的视角来看，人均 GDP 应当达到足够高的水平，以确保能为经济增长提供充分的资源，但又不能太高，否则重置资本投资将占据 GDP 的过高份额。[①]

这表明，可能存在一个人均资本存量的"最佳"水平。早在 1928 年，弗兰克·拉姆齐就解决了这一问题。他假定社会目标是在可持续的基础上追求人均消费水平的最大化。我们假设有一位仁慈的决策者（见第 1 章），由他来选择家庭部门的储蓄率。拉姆齐模型（Ramsey model）（见延伸阅读 9.7）显示，在稳态状态下，存在一个使得人均消费最大化的储蓄率。在柯布-道格拉斯生产函数的情形下，这个最优储蓄率正好等于资本在生产函数中所占的权重。如果把国家看成股份公司，这个结论就好比是把全部资本收入（即企业的股息分红）都用于投资和资本积累，而劳动者的收入则全部用于消费。在最优状态下，拉姆齐模型显示：边际资本回报率（即实际利率）恰好与 GDP 增长率相等，而且都等于 $n+g$：这一关系被称为资本积累的黄金法则。当经济达到这一水平时，资本存量边际增加所产生的额外收入正好能够维持这一新增资本单位的支出，从而使人均消费保持不变。

| 延伸阅读 9.7 | 拉姆齐模型和黄金法则 | 9 |

从延伸阅读 9.6 的模型开始入手，不考虑技术进步（$g = 0$）。假设由政府决定储蓄率（例如通过税收途径）以最大化长期人均消费水平 $c^* = (1-\sigma)k^\alpha$。最优储蓄率由下式给出：

---

① 这也恰好说明了为什么不能将最大化 GDP 作为评价政策的标准。

$$\hat{\sigma}=\text{Argmax } c^*(\sigma)=\text{Argmax}\left[(1-\sigma)\sigma^{\alpha/(1-\alpha)}(n+\delta)^{-\alpha/(1-\alpha)}\right] \tag{B9.7.1}$$

加了"~"的人均变量表示这个变量处于最优增长路径上。通过简单计算可知 $\hat{\sigma}=\alpha$（注意仅当生产函数为柯布-道格拉斯形式时，$\hat{\sigma}=\alpha$ 才成立）。最优增长路径有一个有趣的性质。根据延伸阅读 9.6 中的结果可知，在最优增长路径上，资本的边际生产率是：

$$\frac{\partial y}{\partial k}=\alpha\,\hat{k}^{\alpha-1}=\frac{\alpha\hat{y}}{\hat{k}}=n+\delta \tag{B9.7.2}$$

然而，完全竞争条件下的利润最大化意味着，资本的边际生产率恰好等于资本的边际成本 c^K，因此有：

$$\frac{\partial y}{\partial k}=c^K=r+\delta \tag{B9.7.3}$$

式中，r 表示实际利率。由以上两个等式可知，在人均消费最大化的稳态路径上，实际利率 r 等于经济增长率 n。这就是所谓的黄金法则。这一结果在 $g\neq0$ 时同样适用，此时 $r=n+g$。

这一结果也可用图 B9.7.1 表示。与延伸阅读 9.6 一样，图中人均收入和人均储蓄（等于人均投资）均为人均资本存量的函数。在稳态状态下，对于任何储蓄率水平 σ，投资 σk^α 都等于恰好能使人均资本存量维持在稳态水平的数值，即 $(n+\delta)k$，这个值能够使稳态时的人均资本存量等于常数 k^*。人均消费水平以曲线 k^α 和 σk^α 之间的垂直距离表示。该图表明，当 $k=\hat{k}$ 时，两条曲线间的垂直距离最大，这时 $y=k^\alpha$ 的切线与直线 $(n+\delta)k$ 平行。由于资本边际产出 $\frac{\partial y}{\partial k}$ 等于资本成本 $r+\delta$，因此，该点满足黄金法则 $r=n$。图中 $\sigma>\alpha$，从而有 $k^*>\hat{k}$，这时储蓄和资本均出现了"过剩"，实际利率（以 k^* 处 $y=k^\alpha$ 的斜率表示）低于经济增长率（$\hat{k}$ 处的斜率 $n+\delta$）。

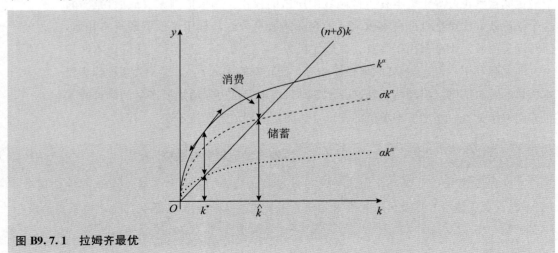

图 B9.7.1 拉姆齐最优

黄金法则提供了一种识别最优增长路径的简明方法：如果利率长期高于经济增长率，这意味着资本稀缺，较高的储蓄率将有助于提高消费水平（消费首先要减少，才能增加储蓄，但消费将最终得益于人均 GDP 的持续上升）；如果利率长期低于经济增长率，则意味着资本过剩，此时家庭将把收入用于消费而非投资，这将提高家庭的福利水平。前一种情形在发展中国家较为常见，在这些经济体中，过多的收入被用作消费；后一种情形常被称作动态无效率（dynamic inefficiency），在这种情形下，经济激励往往被扭曲了，从而支持投资，比如在今天的中国，或是在 20 世纪后期的"亚洲四小龙"（见延伸阅读 9.3）。这些考虑因素很重要，在决定是否应该为养老金计划提供资金并且将其投资于经济方面发挥着重要作用，详细讨论见第 9.3 节。

（c）增长与赶超

索洛-斯旺模型为增长核算提供了一个理论框架，增长核算的重要性在前一节已作了强调。但是索洛-斯旺模型的假设现实吗？基于柯布-道格拉斯生产函数，索洛-斯旺模型预言，在其他条件不变时，储蓄率每增加 1%，人均 GDP 相应增加 $\alpha/(1-\alpha)$%，其中 α 为资本在生产函数中的权重（见延伸阅读 9.6）。1992 年，曼昆（N. G. Mankiw）、罗默（D. Romer）和韦尔（D. N. Weil）基于国家的面板数据检验了上述两者之间的关系，他们发现：人均 GDP 对储蓄率的弹性约为 1.5，与之对应的 $\hat{\alpha}$ 为 0.6：这意味着，在规模报酬不变的封闭经济中，资本收益吸收了 60% 的产出增加值！而在现实中，一般被认为 α 在 30%～40%。

曼昆等人提出了一种解释：TFP 不是外生的，而是依赖于另一种形式的资本，即人力资本（human capital）的积累。事实上，国民储蓄的一部分投资到了教育和培训，并用于人力资本的积累。教育支出应该属于投资而不是消费，因为教育可以持久地提高个人的生产能力。在这个考虑了人力资本的扩展索洛模型中，人均 GDP 对储蓄率的弹性不再是 $\alpha/(1-\alpha)$，而是 $\alpha/(1-\alpha-\gamma)$，其中 γ 表示人力资本在生产函数中的份额。当 γ 接近 0.5 时，该模型就比较接近现实了。[①] 在此基础上，这个扩展后的模型预言，人均 GDP 的收敛取决于物质资本投资和人力资本投资的比重。如果一个国家不对人力资本进行投资，无论其物资资本的投资水平多高，都无法实现向发达国家人均 GDP 的收敛。此外，曼昆等人的研究还发现，当样本仅局限于 OECD 国家时，标准的索洛模型的预测是可信的（它可以得出 $\hat{\alpha}=0.36$）。这表明，在 OECD 的这些工业化国家之间存在无条件收敛，但对全球所有国家而言不存在无条件收敛。三位作者对此的解释是，发达国家积累的人力资本水平具有可比性。

曼昆等学者的模型表明，对标准索洛-斯旺模型的简单扩展就能够解释经济赶超过程中的复杂性，并解释国家之间增长分化的重要部分。它表明，图 9.6 中世界

---

① 这是由于 $0.3/(1-0.3-0.5)=1.5$。

各国之间没有出现无条件收敛的原因，可能主要是人力资本积累速度存在差异。但是，该模型并没有对经济增长提供完全令人满意的解释，该模型只是索洛-斯旺模型的扩展，而且和标准的索洛-斯旺模型一样，其在稳态路径上的经济增长仍然只取决于外生因素（人口和技术进步）。

9.2.2 外部性、创新和经济增长

曼昆等人的研究方法表明，为了更好地理解增长动力，必须打开 TFP 这个"黑箱"。在 20 世纪 80—90 年代，内生增长理论（endogenous growth theories）应运而生。

至少有两个很好的理由可以说明 TFP 变动并非外生现象：

（1）生产效率不仅取决于企业各自单独的努力，同时还取决于企业之间的互动——"专业技能"的积累，集聚带来的收益等等。具体来说，比如吸引专业人才、培育专业供货商等。这些外部效应解释了地区产业集群的出现和发展，比如硅谷和（得益于政府干预的）珠三角地区。增长理论应该纳入外部效应的角度，这将有助于理解市场组织是如何影响增长的，以及什么时候需要政府干预。

（2）技术进步源于重大发明和创新，而这些发明和创新自然取决于整体的科学环境[1]——当然有时候也靠运气，但是，发明及其在工业中的应用也会受到经济约束和激励机制的影响并作出反应。比如，企业投资于研发（R&D）是为了创造具有竞争优势的新产品。因此，不应把创新看作是外生给定的，而应将其纳入效用最大化的经济模型当中。

内生增长模型的共同特征是：在总体层面放松了资本边际报酬递减的假设。因此，即使不存在外生的技术进步，也可以实现持续的增长。

（a）外部效应

外部效应是第一类内生增长模型的基础，该模型首先由保罗·罗默（Romer，1986）提出。延伸阅读 9.8 以简化形式介绍了罗默最初的模型。其核心思路是：在存在外部效应的情况下，投资具有正的外部影响，资本的社会收益高于私人收益。因此，资本边际报酬在企业层面可能会出现递减，但在整个经济范围内可能保持不变。

电信网络就是这方面很好的一个例子。对于每个电信用户来说，接入网络（例如，语音通话或音乐交流）能够和其他所有用户交流信息与进行交易。对每个用户来说，这种接入本身就是私人收益的提升。而且，每增加一个额外的用户，同时还增加了网络对于每一位旧用户的有用性。[2] 因此，每一个新入网的用户都会产生外部效应，这意味着，增加一个新用户的社会收益大于这个新用户的私人收益。这就

---

① 参见 Kuhn（1962）。
② 忽略拥堵成本。

是所谓的网络外部性（network externality）。

更一般地，特定企业的投资往往会对其他企业产生正向的溢出效应。例如，新投资的企业需要对员工进行培训以适应新技术。这种"专业技能"将通过人员流动、供应链等途径外溢到其他企业。早在 1962 年，肯尼斯·阿罗就对这种"干中学"（learning-by-doing）的过程进行了提炼，并成为保罗·罗默模型的基础。罗默的"专业技能"类似于曼昆等研究的"人力资本"。然而，两者的主要差别在于外部性。外部性的存在使得经济摆脱了资本边际报酬递减的诅咒。[①] 这时，即便没有外生的 TFP 增长，GDP 增长仍然是可持续的。

在罗默的模型中，由于每个企业按边际产出向资本支付回报，因此资本收入在总收入中所占的份额为 α，这与索洛模型一样。网络外部性和专业技能则没有报酬，它们是所有人都可以免费获得的公共产品。其结果是，私人部门缺少提供它们的激励，公共政策需要在这方面发挥重要作用。第 9.3 节将讨论这一问题。

延伸阅读 9.8   "干中学"和罗默模型中的增长

在保罗·罗默（Romer，1986）提出的"干中学"模型中，经济系统处于完全竞争状态，并由 N 个同质的厂商组成。每个厂商均以柯布-道格拉斯生产函数进行生产，从而厂商 i 在时期 t 的产出可以表示为：

$$Y_{it} = A_t K_{it}^{\alpha} L_{it}^{1-\alpha} \tag{B9.8.1}$$

全要素生产率 A 不再是外生的，而是取决于经济的资本存量。罗默认为，生产部门的规模能够通过专业技能的交流——即他所谓的"干中学"——创造外部性，从而提高了生产率。因此，他对 TFP 给出了如下设定：

$$A_t = A K_t^{\beta} \tag{B9.8.2}$$

其中 $A > 0$，$K_t = \sum_{i=1}^{N} K_{it}$，而且，由于厂商是同质的，对所有 i 都有 $K_{it} = K_t / N$。

在 $\alpha + \beta = 1$，且所有厂商均同质的假设情形下，该模型转变了 AK 模型，其资本的边际报酬是常数，因而 $Y_{it} = A N^{\beta} K_{it} L_{it}^{1-\alpha}$。该模型不同于索洛-斯旺模型，即使在缺乏外生技术进步的情况下，仍然可以实现持续的经济增长。

在曼昆等的扩展版索洛-斯旺模型和内生增长模型中，两者对待人力资本的差异有助于推动经验视角。人力资本对经济增长的贡献到底是暂时性的（前一个模型所示）抑或是持续性的（后一个模型所示）？根据阿诺德等的研究成果（Arnold et al.，2007），OECD 国家的增长数据似乎支持后者，而不是前者。这对政策具有重要意义，因为它表明，研究和教育支出可以对经济增长（而不仅仅是对人均收入水

---

① 事实上，当实物资本所占份额 α 和人力资本所占份额 γ 之和等于 1 时，曼昆等的模型即转变为内生增长模型。

平）产生持久的影响。

延伸阅读 9.9 所示的内生增长模型还有一种变形，这个版本的模型认为，公共基础设施（或更一般地，公共教育和公共服务支出）是能够避免私人资本边际收益下降的生产外部性（production externality）的来源。这时候，公共基础设施起到了延伸阅读 9.8 当中专业技能的作用。作为影响长期增长的一个因素，公共基础设施通过影响供给方而非需求方起作用——这一点不同于第 4 章提到的凯恩斯模型。正如我们将在第 9.3 节看到的那样，这些模型为基础设施政策、公共研究投资和针对贫困国家的官方发展援助提供了理论依据。

然而，公共投资支持长期增长的能力也是有限的。任何公共支出都是通过对私人创造财富进行征税来获取资金的。这种税收会降低投资收益，减缓私人资本的积累。因此，一方面要提供能够改进生产力的公共基础设施，另一方面又必然引入可能降低产出的扭曲，这两者之间存在权衡。延伸阅读 9.9 说明了这种权衡。在最优化的情况下，公共支出上升带来的产出数量增加应恰好等于这一额外的公共支出。

延伸阅读 9.9　　　　　　　　公共干预与长期经济增长

基于巴罗和萨拉-伊-马丁（Barro and Sala-i-Martin，1995）的分析框架，该模型强调了公共支出具有的正外部性与征税引起的扭曲之间的权衡。模型假定，公共研究和教育支出 G 能够提高全要素生产率，所需资金均来自政府征收的增值税 τ：

$$G=\tau Y \tag{B9.9.1}$$
$$Y=(AG^{1-\alpha})K^{\alpha} \tag{B9.9.2}$$

式中，K 表示物质资本存量，A 是外生的。为了简化考虑，假设劳动力数量为常数 1。根据以上两个等式，K 和 Y 之间的总量关系可以表示为：

$$Y=\tau^{(1-\alpha)/\alpha}A^{1/\alpha}K \tag{B9.9.3}$$

生产函数表现出资本规模报酬不变的性质，该生产函数为延伸阅读 9.8 中提及的 AK 模型，即使不存在技术进步，经济也可以实现长期增长。

式（B9.9.3）表明，给定资本存量 K，提高税率 τ 能够提高产出水平 Y。然而，当 τ 增加时，K 就不再被假定为常数，因为 τ 的增加减少了资本的边际报酬。事实上，在利润最大化条件下，资本存量水平 K 将刚好使得资本的边际报酬等于边际成本，即资本边际报酬等于利率 r 和折旧率 δ 之和：

$$r+\delta=(1-\tau)\frac{\partial Y}{\partial K}=(1-\tau)\tau^{(1-\alpha)/\alpha}A^{1/\alpha} \tag{B9.9.4}$$

在封闭经济中，利率由式（B9.9.4）给出。r 是 τ 的函数，其函数图形呈驼峰状：当 $\tau<1-\alpha$ 时，利率随着 τ 的提高而上升；当 $\tau>1-\alpha$ 时，r 随着 τ 的提高而下降。假设储蓄率 σ 是 r 的单调增函数，资本积累的公式可表示为：

$$\dot{K} = \sigma(\tau)Y - \delta K \qquad\qquad (B9.9.5)$$

式中，函数 $\sigma(\tau)$ 和函数 $r(\tau)$ 一样均呈驼峰形。设 A 和 τ 均为常数，则 K 和 Y 的增长率相等〔见式（B9.9.3）〕：

$$g = \frac{\dot{K}}{K} = \sigma(\tau)\tau^{(1-\alpha)/\alpha}A^{1/\alpha} - \delta \qquad\qquad (B9.9.6)$$

即便没有外生技术增长，在政府干预的情况下，经济在长期中仍能实现正增长。然而，税率 τ 和经济增长率 g 之间的关系是非线性的。当 $\tau^* = 1-\alpha$ 时，经济增长率实现了最大化（见图 B9.9.1）。

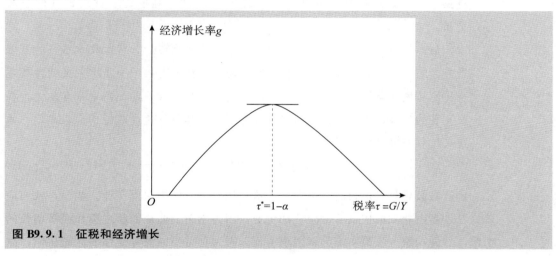

图 B9.9.1　征税和经济增长

一些经验研究估计了公共资本积累对人均 GDP 的影响，其结果是显著的。以美国为例，公共资本存量每增加 10%，在长期将使人均 GDP 增加 4%（Munnell，1992）。然而，从区域层面来看，该弹性则相对较低，约为 0.2。

总的来说，第一类内生增长模型从以下两个方面证实了公共干预的合理性：一方面，协调好私人决策，利用好经济主体之间的外部性；另一方面，通过提供公共产品——如基础设施、教育、公共研究等——从而提高私人部门的生产率。然而，延伸阅读 9.9 讨论的模型表明，国家干预对经济增长有利还是有弊，取决于税收水平。

（b）创造性破坏

出生于奥地利的经济学家约瑟夫·熊彼特对创新经济学产生了巨大影响。他将创新划分为五类：（i）产品创新；（ii）方法创新；（iii）需求创新；（iv）原材料创新；（v）企业组织创新。他在 1942 年出版的《资本主义、社会主义与民主》（*Capitalism, Socialism, and Democracy*）一书中，分析了创造性破坏（creative destruction）的过程，即一项重大创新会导致上一代产品的消失。企业家投入资本和人力资源来寻找和开发新技术，这将使他们比竞争对手更具优势——经济学家称之为创新租金。但他们自己也不断受到其他创新者的挑战，这些创新者会摧毁他们的租金，并形成新的创新租金。对利润的期望产生了创新的动力。鉴于企业的利润源于对上一代创新的毁灭，熊彼特将这个过程称为"创造性破坏"。[①]

> 这些革命通过周期性地引入新的生产方法、新的商品、新的组织形式、新的供应来源、新的贸易渠道和销售市场等来改变现有产业结构。新的生产方法包括机械化和电气化工厂、化学合成法等；新的商品包括铁路服务、汽车、电气用具；新的组织形式指企业合并；新的供应来源如拉普拉塔的羊毛、美国的棉花、加丹加的铜；新的贸易渠道和销售市场等……因此出现了价格、利率、就业等指标长期性的上升和下降，这些现象和机制导致了生产工具的不断更新。

> 创新每一次都表现为消费品数量的永久性急剧增加与实际收入水平的显著上升，虽然在开始阶段，创新将招致骚动、亏损和失业……资本主义的发展逐步提高了民众生活水准并不是巧合，而是在于其机制，其做到这一点是通过盛衰交替的过程，而这个过程的严重程度刚好与其前进速度成比例。但是，资本主义过程有效地促进了创新。[*]

> ——约瑟夫·熊彼特（Schumpeter，1942/1976，p. 68）

创造性破坏具有重要的政策含义。这意味着不应保护夕阳产业。相反，政府应该鼓励创新企业来取代现有的企业和行业，因为创新企业是创新之源和经济增长的引擎。然而，这一政策实施起来困难重重，因为它需要一种补偿性的调整机制，以确保从衰败产业中转移出来的失业工人能够在新兴产业中找到工作。在欧洲大陆，劳动力的流动性（在地区间和部门间）受到限制，劳动力的重新配置往往伴随着工资的大幅下降。此外，就业机会的破坏立竿见影，但就业岗位的创造过程则比较缓慢。这使得调整过程非常痛苦，而且常常面临政治上的争议。

对微观层面创造性破坏的认知也揭示了各国之间生产率差异的根源。例如，OECD组织的一项研究（Bartelsman，Scarpetta，and Schivardi，2003）强调了三个突出的事实：

- 在发达经济体中，大约三分之一的劳动生产率提高来自企业的创造性破坏；剩下三分之二是在现有企业内部实现的。因此，现存企业存活时间的结构是经济增长的重要决定因素。菲利普·阿吉翁（Philippe Aghion）与几位合著者为这些结果提供了理论背景，并特别强调了自由准入和产品市场竞争这两者对创新的促进作用

[①] 熊彼特将企业家置于企业创新过程的核心地位，这一观点遭到法国历史学家费尔南·布罗代尔（Fernand Braudel）的批评，他提出了一个更为系统的方法，并预言在20世纪90年代和21世纪头十年，企业家在创新中的地位将让位于制度。参见 Braudel（1985）和本书第9.3节的讨论。

[*] 本段译文参见约瑟夫·熊彼特：《资本主义、社会主义与民主》，吴良健译，北京，商务印书馆，1999。——译者注

（例如，Aghion，2011）：竞争加剧和潜在进入者的威胁迫使企业投入更多资金来应对竞争威胁。

· 新老企业对生产率提高的贡献度不同。老企业通过投资和用资本替代劳动力来提高劳动生产率，而新企业通常会提高 TFP。因此，企业的更新本身就有助于 TFP 的提升。

· 欧洲和美国之间有很大的不同。两地企业的注册率和破产率大体相似，但在美国，存活下来的企业发展速度要快得多——成立之初它们的规模很小，但那些存活下来的企业在头两年的雇佣人数增加了一倍以上。在欧洲，企业规模在初始两年仅扩大了 10%～20%。换言之，美国经济能对新企业进行"甄别筛选"，从而使得那些有能力提供创新产品和高新技术的企业快速成长。

在创新机制中，产品市场竞争和知识产权保护起到了决定性的作用。首先，创新能够通过所谓的产品水平分工（horizontal differentiation）来扩大市场上可供消费的商品种类。这一机制与贸易自由化紧密相关。我们将在下一节进一步介绍。其次，创新发挥作用的第二个途径与熊彼特的经典表述非常接近，即创新能通过垂直分工（vertical differentiation）来提高产品质量。每一种新产品都将移动和扩展技术边界，并最终取代现有的产品，同时挤压现有企业的利润，从而为创新者开辟新的利润空间。一个例子是数码摄影技术的发展最终取代了传统胶片摄影。沿着这一思路，菲利普·阿吉翁和彼得·霍伊特（Peter Howitt）在 1992 年构建的模型显示：企业创新的预期收益如何决定了厂商的研发行为，从而在加总层面最终决定了经济的增长速度（见延伸阅读 9.10）。阿吉翁-霍伊特模型（Aghion-Howitt model）预言，当创新更容易被复制，或者商品市场竞争较为激烈时，此时创新的"租"就会下降，厂商创新的激励也会减少。我们将在第 9.3 节进一步介绍这两个结论，并探讨其政策含义。

延伸阅读 9.10　　阿吉翁-霍伊特模型（Aghion and Howitt，1992）中的创新经济学

该模型侧重于研究厂商研发行为的决定因素及其对增长的影响。该延伸阅读提供了阿吉翁-霍伊特模型的一个简化版本（感谢菲利普·阿吉翁分享这个简化版本）。

我们设定，劳动力是唯一的生产要素，可用于生产消费品或者从事研发，后者通过创新来提高生产率。

劳动的总供给为 L，其中，X 的数量在消费品的生产环节就业，N 的数量在研发环节工作。从而有：

$$X+N=L \tag{B9.10.1}$$

厂商在完全竞争条件下组织生产消费品，且生产函数为：

$$Y=AX^{\alpha}，其中 A>0，0<\alpha<1 \tag{B9.10.2}$$

9

式中，Y 表示产出。

生产率由变量 A 表示，且为内生变量：A 可以通过企业研发推动创新来获得提高。然而，研发结果是随机的：在研发环节使用的每 1 单位劳动力来研究创新，将以 $\lambda < 1$ 的概率获得创新成果，接着每 1 单位的创新再通过 $\gamma > 1$ 这个因子来提高生产率。因此，参数 γ 测量了创新的程度，λ 则衡量了创新的概率。

劳动力市场出清要求，研发的预期收益等于劳动者每小时的实际工资 w。如果用 $\pi(\gamma)$ 表示研发的预期利润（λ 表示实现该收益的概率），则有：

$$w = \lambda \pi(\gamma) \tag{B9.10.3}$$

如果研发活动能成功获得创新技术，则创新者就是唯一掌握该先进技术的人。他将通过消灭现有企业而获得利润 π：

$$\pi(\gamma) = \gamma A X^\alpha - wX \tag{B9.10.4}$$

然而，该收益是暂时的。在下一期，创新在行业内完全扩散，这时候创新的租值消散了。

如果在第一期厂商研发失败了，则投入研发环节的劳动力就没有收益。

根据利润最大化，有：

$$\frac{\mathrm{d}\pi}{\mathrm{d}X} = \alpha \gamma A X^{\alpha-1} - w = 0 \tag{B9.10.5}$$

如果每个厂商将 w 视为给定值，那么式（B9.10.5）就给出了 A 的最优水平。此时企业利润为：

$$\pi = \frac{1-\alpha}{\alpha} wX \tag{B9.10.6}$$

再结合式（B9.10.3），可以得出劳动的最优配置：

$$X = \frac{1}{\lambda} \frac{\alpha}{1-\alpha}, \quad N = L - \frac{1}{\lambda} \frac{\alpha}{1-\alpha} \tag{B9.10.7}$$

配置到研发环节的劳动力数量与企业研发成功的概率 λ 正相关，然而与创新的规模系数 γ 无关。因为在均衡状态下，厂商的生产收益全部由劳动者获得，创新者的利润仅来源于取代现有生产者并占有它们的利润。

在这个没有考虑人口和资本因素的简单经济体中，产出的增长率就是创新过程带来的生产率的增长率。由于使用了 N 个单位劳动力来进行研发，所以将会带来的生产率的增长率为 $N\lambda(\gamma-1)$，我们有：

$$g = \lambda N(\gamma-1) = \left(\lambda L - \frac{\alpha}{1-\alpha}\right)(\gamma-1) \tag{B9.10.8}$$

产出增长率最终取决于企业创新的成功率和创新的规模系数，也取决于经济体的规模

（经济体规模越大，创新的收益越高），以及利润在增加值中所占的比例（更高的比例鼓励了创新，因为相应的租金越大）。这个模型还可以容易地扩展到创新者获取部分租金而不是完全取代现有厂商的情形。

在专利保护（以激励创新）和创新扩散（在整个经济体范围内推广）这两者之间存在着权衡取舍问题。有一支关于知识产权的重要理论文献就强调了这个权衡确实很难。在创新的事前，政策制定者倾向于向创新者承诺其创新可以获得租金；但是在创新的事后，政策制定者则试图剥夺厂商的创新租金。这个问题再次说明了第 2 章讨论的时间不一致性困境。[①]

最后，创新和增长模型描述了创新的动机，却忽略了创新被接受和传播的方式。毕竟，一项创新的传播需要相当数量的使用者，并且要达到一定的"临界规模"（critical mass）。从事创新研究的历史学家保罗·大卫（Paul David）解释了 QWERTY 键盘如何成为美国市场上打字机的标准键盘（David，1985）。19 世纪 70 年代，第一批打字机制造商之一的雷明顿（Remington）采用了这种键盘，因为该键盘设计有效降低了使用者快速打字时按键重复和操作冲突的可能性。最终，所有竞争者都采用了 QWERTY 键盘。然而研究却发现，1932 年申请专利的德沃夏克简化键盘（Dvorak Simplified Keyboard，DSK）可以让打字速度快得多。尽管其具有优势，但是 DSK 键盘还是没能取得胜利。后来，QWERTY 键盘进一步推广成为计算机键盘，当然最初的按键重复问题早已变得无关紧要。保罗·大卫用这个例子来强调历史在经济选择中的重要性，以及经济发展的方向往往取决于过去的发展路径，即所谓的路径依赖（path dependency），但经济学家却往往着眼于对均衡情况的分析，却不考虑初始情况和发展路径。具有网络外部性的创新一般都具有路径依赖这种特点。

9.2.3　生产函数之外的因素

（a）国际贸易

长期以来，增长理论和贸易理论作为经济学的两个分支是分别独立发展起来的。增长模型最初是在一个封闭经济框架下得到的，除了贾格迪什·巴格瓦蒂（Jagdish Bhagwati）在 1958 年讨论贸易问题时提出的"贫困化增长"（immiserizing growth），贸易模型几乎不涉及增长问题。[②] 直到最近才发展出一些模型来探讨增长和贸易之间的关系。

经典贸易理论强调了贸易带来的分工专业化将会提高效率，除此之外，还可以从以下四个主要维度来分析贸易和增长之间的关系：首先，贸易自由化推动了竞争

---

① 具体例子可见 Guellec（1999）或 Tirole（2003）。

② 贾格迪什·巴格瓦蒂是一名贸易经济学家，他在 1958 年指出：出口供给的增长会导致出口品相对价格的恶化，通过贸易条件效应使该国收入水平恶化。

并提高了生产率。提高竞争水平不但增加了企业创新的压力，以使其保持领先于新的国外竞争对手，而且还维持了一个优胜劣汰的机制，在此条件下只有适者（即生产率最高的企业）才能生存和扩张。其次，国际贸易有利于知识外溢，从而可以提高欠发达国家和行业的生产率。再次，国际贸易扩大了市场规模，这使得国内企业可以利用规模经济（特别是通过"干中学"）并成为创新者的潜在收益（见延伸阅读 9.10 中的模型）。最后，国际贸易（受到通信成本大幅下降的推动）使得参与企业可以将生产过程进行拆分或重组，使供应链成为可以在全球和地理上分散的零部件，从而推动全球化竞争（而不是将竞争视为发生在国家之间的事情）并促进专业技能的共享（Baldwin，2016）。

在产业内贸易的模型框架下，我们比较容易理解国际贸易对产品创新的影响。在20 世纪 80 年代，保罗·克鲁德曼等提出了这种理论。在这类模型中，消费者不仅会根据个人偏好和相对价格、在不同的商品间进行选择（如汽车或餐饮的饭菜），而且他们也会在相似的产品之间进行选择（如丰田或大众，寿司或生鱼片）。可供选择的商品种类越多，消费者效用就越大，因为消费者具有多样化偏好（taste for variety）。

多样性偏好有可能源于消费者对多样化消费品篮子的外生偏好，例如食品或精神文化产品之间的多样化；也可能源于消费者对最合意的商品种类的反复尝试，例如在不同轿车之间进行选择。

正式地，通常假定消费者效用为迪克西特-斯蒂格利茨（Dixit-Stiglitz）效用函数。[①] 该效用函数同时取决于总体的消费数量和可供消费者选择的商品种类。假设消费品是在 [0，1] 区间上的连续统，用 C_i 表示对商品 i 的消费量，消费者的效用可以表示为：

$$U(C) = \left[\int_{i=0}^{1} \alpha_i C_i^{(\sigma-1)/\sigma} \mathrm{d}i \right]^{\sigma(\sigma-1)}, \text{其中} \int_{i=0}^{1} \alpha_i \mathrm{d}i = 1 \tag{9.7}$$

$\sigma > 1$ 表示不同商品间的替代弹性，α_i 表示商品 i 在消费者效用函数中的权重。

可以把创新理解为可供消费者消费的商品种类的增加。食品行业的例子颇为贴切，在该部门中，很大一部分创新体现在扩大消费者可获得的商品种类（例如新的酸奶口味）。

在封闭经济体中，消费品多样性的扩张程度取决于生产效率和产品种类增加之间的权衡。表示这一关系的最简单方式是：假定每个品种的生产都包括固定成本和可变成本。因此，生产更多种类的商品会降低生产率。

然而，在自由贸易条件下，每个国家可以选择生产更少的商品种类，但消费者可以获得的商品种类更多了。在国际贸易的条件下，消费者的多样性偏好不必受到

① 鉴于阿维纳什·迪克西特（Avinash Dixit）和约瑟夫·斯蒂格利茨 1977 年的开创性贡献，故以两位的名字命名。1933 年，张伯伦（Chamberlin）开创性地提出了垄断竞争分析框架。在 1977 年的文章中，迪克西特和斯蒂格利茨对该框架进行了扩展。对这一思想发展的综述见 Krugman（1995）和 Combes et al.（2006）。

限制，这也可以使企业从生产过程中获得规模经济。

现在，让我们假设每个种类产品的生产者都具有一定的垄断势力，因为它的产品在市场上并非完全可以替代。这为企业创新提供了激励，因为厂商可以从一定程度的垄断中获取租金。同时与固定成本相结合，该模型提供了一种内生增长机制，因为资本的规模报酬是递增的，所以该模型描述了一个由劳动力专业化驱动的自我持续增长过程，企业在不断增加的产品种类范围内得到了递增的规模报酬。这一增长机制的思想可以追溯到 1928 年阿文·扬发表的一篇文章。后来罗默（Romer，1990）与格罗斯曼和赫尔普曼（Grossman and Helpman，1989）分别提出了类似的模型。[①]

这种方法强调了需求外部性（demand externality）的重要性（与前文中探讨的生产外部性相对应）：更加广阔的市场为每种商品都提供了更多的有效需求，从而刺激了产出和分配。这种"良性循环"的存在在一定程度上解释了为什么一些国家可能仍处于不发达的陷阱当中，因为其国内市场规模太小，以至无法拉动必要的投资。

（b）地理因素和历史因素

增长理论研究了财富随时间变化的过程。然而，财富在空间上的分布这个视角长期以来被古典经济学家所忽视，直到霍特林（Hotelling，1929）关于空间竞争的开创性工作出现之后，20 世纪 50 年代以来它引起了经济学家越来越多的兴趣。20世纪 90 年代，研究者开始探索经济增长和地理因素之间的相互作用。[②]

内生增长模型强调的供给和需求外部性解释了为什么不同国家和地区间的增长率不同——企业在进行选址时会考虑以下因素：地理（交通基础设施、自然资源、饮用水等）、文化（语言、政治体制）和产业（接近供应商、接近最终消费者、专业技能的外部性）。自保罗·克鲁格曼（Krugman，1991a，1991c）在 20 世纪 90年代为该理论视角明确了研究框架之后，理解上述机制一直是新经济地理学（new economic geography）的核心任务。

新经济地理学研究的工具箱与内生增长理论类似：垄断竞争假设、固定成本假设和外部性假设，这三个假设带来了规模报酬递增，而且得到了生产活动和产品差异的"临界规模"（critical mass）这样的概念，这个概念的引入使得市场规模变得非常重要。新经济地理学的特殊之处在于引入了运输成本和拥堵成本，这些成本可能会抵消集聚的激励。将生产活动集中在某个地方可以实现规模经济，而分散活动则可以降低运输成本和更接近消费者，企业不得不在两者之间做出权衡。总体而言，集中和分散两者之间的权衡将决定企业经济活动的空间分布。[③]

9

---

① 详细的评论见 Gancia and Zilibotti（2004）。

② 见库姆斯等（Combes et al.，2006）的研究综述，其介绍了经济和地理因素之间的关系。

③ 鲍德温等（Baldwin et al.，2003）编制手册展示了有关模型。克鲁格曼（Krugman，1995）对涉及这种机制的发展理论的历史进行了回顾。

因此，与索洛-斯旺模型不同，经济系统并不存在单一的增长路径，而是存在多重均衡和路径依赖，而且历史因素也很重要。克鲁格曼（Krugman，1991b）重新审视了中心/外围模型（core/periphery model），为这种思想提供了一个例证。该模型对企业面临的分散力量和集聚力量之间的均衡关系进行了形式化的描述：一方面由于运输成本和拥堵成本（诸如大城市的交通堵塞或水污染）带来了分散力量（dispersion forces），另一方面由于经济活动之间的正向空间溢出效应（比如供应商、熟练工人和研发实验室的可得性）带来了集聚力量（agglomeration forces/polarization forces）。当运输成本足够高时，前者将占据主导地位，生产将分散进行。当运输成本较低时，后者将占据主导地位，生产将集中在一个地方。这个均衡是不连续的，甚至会出现数学术语表述的突变[①]——这时，运输成本的微小变化就可能显著改变企业的空间布局。尽管是高度抽象化的理论，但中心/外围模型还是抓住了新经济地理学的一个关键点：企业的地理分布由确定性因素和随机性因素共同决定。好莱坞之所以成为美国电影业的基地，是因为在20世纪10年代，托马斯·爱迪生（Thomas Edison）和其他几家公司联合起来，利用其技术垄断地位建立了一个集中的专利体系。独立的公司不甘受制于这个电影业托拉斯组织制定的行业规则，于是开始向西迁移，它们很快就在好莱坞落脚，1910年格里菲斯（D. W. Griffith）在那里拍摄了一部电影。洛杉矶的宜人气候当然是电影公司选址于好莱坞的一个原因，但是许多其他地方也可以选择。然而，一旦集聚效应开始形成，这个行业就迅速向好莱坞集中，即便是1918年专利寡头垄断的瓦解也没有扭转这一趋势。同样地，每座城市在建城选址时都会考虑地理因素，比如要临近河流水源，或者要处于制高的观察点，随着时间的推移，这些因素变得越来越无关紧要，但这本身并没有改变城市的布局。

上述机制揭示了过去的经济史。为什么香港和新加坡可以成为主要的金融中心？因为两座城市都是在港口和仓库周围发展起来的，并且在整个20世纪积累的资本和熟练劳动力已经超出了"临界规模"，这使得它们能够在20世纪70年代和80年代成功实现转型。为什么像芬兰和新西兰这样的外围国家能够在20世纪后期发展起来？答案是运输成本和通信成本大幅降低。为什么撒哈拉以南非洲地区如此贫困？这在很大程度上是因为殖民主义的残余影响，但也是因为许多非洲国家为内陆国家，它们远离世界主要市场，所以尽管其拥有丰富的资源和廉价的劳动力，但仍然缺乏竞争力。展望未来，如果大宗商品的价格随资源枯竭而走高，则运输成本的相应上升可能会削弱世界经济中的产业集聚力量。

经济地理学也有政策含义，政府可以影响企业的选址决策。这就是为什么欧洲各国政府争相吸引公司的总部入驻，并经常为欧盟层面监管机构选址而争执不下，

---

① 突变（catastrophe）或分叉（bifurcation）是指在具有多条可能路径的非线性动态模型中，从一条路径跳跃到另一条路径的情形。

因为每个国家都希望这样做能够提升本国的吸引力。

（c）收入分配

收入分配和发展之间的双向关系一直是激烈争辩的主题。[①] 1955 年，西蒙·库兹涅茨提出，发展水平和国内收入不平等之间存在倒 U 形关系：贫穷国家（如非洲国家）和富裕国家（如欧洲）的不平等程度较低，而介于两者之间的国家（如拉丁美洲国家）的不平等程度较高。因此，发展伴随着不平等而暂时加剧。发展与收入分配之间存在着一定的权衡关系——库兹涅茨曲线（Kuznets curve）在推动这种认识方面具有影响力，但它在经验上仍然存在争议（Deininger and Squire，1996）。库兹涅茨曲线的理论基础不明确，它最多只是提供了一个微弱的经验规律（Barro，2000）。对于这个倒 U 形曲线，库兹涅茨用工业转型阶段的劳动力资源再配置进行了解释。在农业经济中，收入不平等并不明显；在转型的第一阶段，农业部门和制造业/城市部门之间的两极分化加剧了不平等；然而，在制造业和城市工人开始适应、组织起来并为自己的收入分配而斗争之后，不平等现象就减少了。中国在其第一阶段所经历的转型过程中，经历了不平等的急剧上升，而在一段明显的滞后期之后，中国的工资开始逐渐上升，这似乎证实了前面的解释。

现代思维强调部门内技术创新的收入效应，而不是部门间的维度，因为创新创造了暂时的但分配不均的租金（Galor and Tsiddon，1997）。最初的不平等的加剧是前面解释的创造性破坏过程的必然结果。OECD 的研究（Causa，de Serres，and Ruiz，2014；OECD，2015）发现，技术变革推动了企业更多雇用熟练劳动力，并迫使衰退部门进行裁员，这在发达经济体的收入差距扩大过程中发挥了重要作用。米兰诺维奇（Milanovic，2016）认为，这种有技能偏向（skill-biased）的技术变革是一个新的、可能持续的、不断加剧的国内不平等周期的决定因素。不过，有技能偏向的技术变革其实并不普遍：比如在二战后的时期，强劲的增长和生产率的提高也使得非熟练劳动力受益。然而也有一些引发社会矛盾的例子：工业革命带来的技术革新就引发了绝望的反弹，如 1811—1812 年英国勒德分子对新羊毛和棉纺厂的反抗，1831 年法国里昂丝绸工人的起义。另外，21 世纪初的技术进步，特别是信息和通信技术以及人工智能的出现，确实给熟练劳动力带来了很高的溢价。

不平等对增长的影响也是复杂而模糊的。经典的论点是：不平等可能源于市场经济的正常运行，在此过程中，个人努力、创新和冒险行为的回报都驱动了私人投资。此外，不平等导致储蓄率上升，因为富人比穷人储蓄更多。这时，即使缺乏再分配性质的税收调节，但是富人将积累的财富投资到推动生产率提高的领域，这时收入不平等仍将有利于经济增长（Kuznets，1955；Kaldor，1957），而且收入会"滴灌"到收入较低的人群。这个故事与库兹涅茨曲线是一致的，但是鲜有经验证据支持这种自发的"滴灌"机制。迪顿（Deaton，2013）还认为，如果工资不平等

---

① 见坎伯（Kanbur，2000）的综述。

是源于教育回报的不平等，那么这种工资不平等会促进高技能的供给，尽管这种工资不平等本身也是不可取的，但毕竟还是可以提高所有人的生活水平。

然而，不平等也可能对经济增长产生负面影响，具体是通过以下几个机制，这些机制也是经济理论试图研究和澄清的问题：

以下原因可以解释为什么收入不平等不利于经济增长：

• 收入不平等往往会转化为机会不均等。特别是欠发达国家的金融市场不发达。不完善的信贷市场限制了最贫穷的人进行投资，无论是对实物资本还是对人力资本（教育）的投资，这反过来又把他们锁定在了贫困陷阱之中——因此，穆罕默德·尤努斯（Muhammad Yunus）对小额信贷市场进行了先驱性的尝试，这是缓解贫困人口信贷约束的一种方式。[①]

• 政府决策可能倾向于通过放松穷困家庭的信贷条件，以此来应对不平等的恶化（见 Rajan，2010）。但是西纳蒙和法扎里（Cynamon and Fazzari，2016）的研究表明，20 世纪 80 年代以来，美国收入分配底部 95% 的人（对应于收入最高 5% 的人群）收入增长缓慢，与此同时，其消费-收入比仍然保持了稳定，这导致其债务-收入比持续上升。结果是负债率急剧上升，这推动了不可持续的增长势头。而后在金融危机带来的萧条时期，家庭去杠杆的行为又严重拖累了国内需求，并且影响了危机后的经济反弹。

• 收入不平等可能导致政局动荡或政治陷入僵局。底层社会的骚乱甚至是革命的风险造成了一种不确定性，并且阻碍了投资。

• 在一个民主国家，不平等会使得政治的天平向再分配倾斜，而不是向激励财富创造倾斜。例如，伯纳布（Benabou，1996）提出了一个理论模型，其中收入差距增加了社会群体之间关于利益分配的冲突风险，从而陷入"囚徒困境"，结果任何社会群体都将失去财富创造的激励。阿莱西纳和罗德里克（Alesina and Rodrik，1994）则谈到了另一个基于税收激励的传导机制：初次分配越不均匀，中间投票人对于再分配性质的税制方案投赞成票的可能性就越高。然而，对高收入阶层征收过高的边际税率将阻碍资本积累，从而阻碍经济增长。

• 不平等还可能削弱对于促进增长的体制机制的支持，如经济开放、开放的国际贸易，甚至市场经济的基础。在 21 世纪 10 年代发达国家民粹主义兴起的背景下，罗德里克（Rodrik，2017）对这种相互作用的机制做了进一步的探讨。

在许多国家，上述这些问题在缺乏理论指导的情况下引发了激烈的政策辩论。早期经验研究表明，不平等可能阻碍欠发达经济体的增长，但有利于发达国家的经济增长。通过搜集大量数据，德宁格和斯奎尔（Deininger and Squire，1996）的研究认为，不平等程度（以收入分配的基尼系数度量）与增长率之间的关系取决于发展阶段；根据库兹涅茨模型，他们发现，对于人均 GDP 较高或较低的经济体而言，

---

① 拉詹和津盖尔斯（Rajan and Zingales，2003）认为，缺少融资渠道是陷入持续贫困的一个决定性因素。

不平等将阻碍经济增长；而对于中等人均 GDP 水平的经济体来说，分配不均则有利于经济增长。[1] 然而，他们发现，阻碍增长的不平等并非收入不平等，而是要素禀赋不平等，尤其是在土地分配方面。最近，IMF 的工作得出了一个更一般化的结论，即不平等对增长的长期水平和持续时间长度有害。奥斯特里等（Ostry et al.，2014）发现，税收和转移支付之前的基尼系数每增加 5 个百分点（即 21 世纪 10 年代瑞典和法国间的差异），会使年增长率降低 0.5 个百分点（假设再分配和初始收入不变）。他们还通过经验证明，对于给定的再分配，不平等的基尼系数每增加 1 个百分点，增长周期的平均预期持续时间就会减少 7%。此外，他们的研究没有发现任何证据可以表明，常规的（非极端的）财政再分配政策对增长有任何负面的直接影响，因此，再分配的总体效应，包括减少不平等的增长促进效应，平均而言是有利于增长的。

一个新的研究前沿可能是，将不平等与经济增长的决定因素（如创新）更好地联系起来。阿吉翁等（Aghion et al.，2016）的研究表明，创新与收入最高者内部的不平等和向上的社会流动性正相关，但与基尼系数整体的不平等无关。因此，创新可能会刺激社会流动性（因为它为创新者提供了机会）并加剧收入最高者内部的不平等（因为创新者变得富有），而不会对更广泛的收入分配产生重大影响。

因此，增长和不平等之间的关系最终取决于增长的来源和性质，以及其所关注的不平等类型。

（d）制度

到目前为止，我们主要把 TFP 的增长和技术进步联系在一起。然而，更一般地来看，TFP 取决于所有有助于提高劳动效率、资本效率和两者之间组合效率的因素。这个重要的角度就是制度（institutions），比如包括生产的法律和监管环境、劳资关系的性质，以及法律和合同的可执行度。1993 年，与罗伯特·福格尔（Robert Fogel）共同获得诺贝尔经济学奖的道格拉斯·诺思将制度定义为"为决定人们的相互关系而人为设定的一些约束"。制度包括"正式的约束（规章、法律、宪法）和非正式的约束（行为准则、传统、自律行为准则），以及它们的执行特征"（North，1990）。与罗纳德·科斯一脉相承，诺思这里强调的是低质量制度环境所隐含的交易成本，以及合同履约保障的重要性。[2] 因此，法律、税收和社会环境越是不确定，任何投资所需要的预防措施就越多。

拉波尔塔等（La Porta et al.，1999）强调了法律渊源（legal origins）的重要性，这篇论文颇有影响。在作者们看来，法国和前法属殖民地都遵循大陆法系的传统，其政府过度扩张，法规阻碍了私人部门的积极性；而英国及其殖民地则采用普通法，其制度更为灵活，对私有产权的保护也更好。根据作者的观点，这种差异可

---

[1] 参见班纳吉和杜夫洛（Banerjee and Duflo，2003）对他们研究所使用方法的讨论。

[2] 见诺思（North，1990）和伯纳等（Borner et al.，2003）所做的文献综述。

以追溯到法国和英国在 12—13 世纪的不同社会背景，前者叛乱四起，后者则更为冷静和勤奋。拉波尔塔等（La Porta et al.，1998）也认为，大陆法更有助于支持间接金融，而普通法则更好地支持了直接融资，因为后者能更好地保护小股东的利益。

有人可能会反对上面的观点，像印度这样的国家，其法律很难被简单地归结为大陆法系或普通法，并且在正式的法律原则和司法实践之间总是存在差异。正如丹尼·罗德里克（Rodrik，2004）在中国和俄罗斯的比较研究中所证实的那样：尽管中国提供的法律保护不是太多，而俄罗斯有全面、正式的私人产权保护制度，但是投资者还是感觉在中国受到了更好的保护。

达隆·阿西莫格鲁、菲利普·阿吉翁和法布里奇奥·兹立波蒂（Acemoglu，Aghio，and Zilibotti，2002）通过引入"前沿距离"（distance to frontier）的概念，提出了一个有趣的分析框架：对于远离科技前沿水平的国家而言，技术进步主要是通过采用现有技术来实现的，而有利于增长的制度就是那些鼓励这种模仿过程的制度。但一个国家越接近技术前沿，这时候鼓励创新、保护知识产权、促进项目融资、激励承担风险的制度安排就越重要。

这个分析框架很容易推广到其他领域。因此，1997—1998 年新兴市场国家的金融危机提醒我们：不应该建议所有国家都开放金融账户，但是在这次危机之前 OECD 和 IMF 都倾向于认为应该这样，实际上开放金融账户的建议仅适用于那些金融体系稳健的国家（Kose et al.，2006）。阿西莫格鲁等（Acemoglu et al.，2002）的主要贡献还在于展示了制度灵活性的重要性。制度在发展的各个阶段都很重要，但它们必须适应每个发展阶段。这是一种呼吁，提醒了国际机构应该改进其对发展中国家提供的建议。[①] D. 诺思、J. 沃利斯（J. Wallis）和加里·温加斯特提出了一种发展理论，这种理论认为，发展是在一些制度之间过渡的过程（见延伸阅读 9.11）。

延伸阅读 9.11　　　　　　　社会发展过程：诺思的研究范式

诺思等（North et al.，2006）强调了"社会秩序"当中经济与政治之间的必要联系。他们认为，人类历史上只存在过三种一般意义上的社会秩序：

- 原始社会秩序（primitive social order），其主导了史前人类的历史。

- 有限准入的社会秩序（limited access social order），这种秩序通过政治操纵来限制暴力，实现秩序和稳定。这种政治操纵是基于限制准入来产生租金，同时也基于租金进行分配。"自然国家"是这一秩序的逻辑基础。为应对局部的暴力，特权阶层同意就控制和分享产权、租金达成一致，这为其缓和关系创造了共同的利益基础。在此秩序下，所有部门都是

9

[①] 参见阿西莫格鲁、约翰逊和罗宾逊（Acemoglu，Johnson，and Robinson，2004）关于制度在增长中的作用的一般综合。

有限准入，而对于那些获得准入且分享到稳定好处的群体来说，这种准入就构成了特权。裙带关系、人格化和腐败构成了有限准入社会秩序的基础。然而"自然国家"既不脆弱也不失败，它只是简单对应于第一种社会秩序，而第一种秩序更容易倾向于发生自然暴力。从这个意义上来说，有限准入的社会秩序是稳定的。

• 开放准入的社会秩序（open access social order），这在过去 300 年才出现，并为少数几个成功发展起来的国家所采用。这一社会秩序基于政治和经济领域的竞争，以及租金的可竞争性。租金虽然还是存在，但此时的租金源于发展和创新，而且从根本上讲租金是非个人的（不是依附于某个人），可以通过竞争获得。此时，租金不可能永远属于特定的部分人群，租金的可竞争性（通过选举或竞争）使得其分配在任何时间对所有人都是可接受的，包括那些没有从中受益的人。组织建立在成员资格和契约的基础上。开放准入的社会秩序也是稳定的。

对于诺思等来说，发展实际上意味着从有限准入向开放准入社会秩序的过渡。这种转移的前提条件是：出现了一个保护精英财产权的法律框架，并且随着时间的推移，这个法律框架可以扩展到精英阶层之外；非人格化组织的出现，这些组织能够超越个体；以及对军队的政治控制力。为保证社会秩序的成功过渡，变化必须是小的、相互强化的和渐进累积的。它还必须得到统治精英的支持，因此需要与精英感知到的利益兼容，即使最终结果可能不受他们的支持。

这种分类方法或许过于简化（实际上发达国家也保留了许多有限准入社会秩序的特征，如社会精英的自我繁殖和对消灭租金的抵制），但它对于发展中国家的政策改革仍具有重要意义。例如，如果忽视经济和政治之间必要的一致性，将开放准入社会秩序的特点引入有限准入社会的尝试终将失败。此外，有限准入的政治体制与经济上放松管制和自由化并不相容，试图仅仅用经济手段进行改革是行不通的。这一分析强化了诺思早期的观点（North，1994，pp. 4 - 5），即"政策的指导思路应该是，政策在适应能力方面的效率而不是配置资源方面的效率。配置效率是在一套给定制度下的静态概念。保持经济良好表现的关键是，要有一个灵活的制度体系，它可以根据不断变化的技术和人口结构以及制度面临的冲击进行调整……能够提高配置效率的政策是否一定是治疗经济问题的良药，仍值得怀疑。"

经验研究一直在努力建立制度质量的指标体系，并将其与人均 GDP 联系起来。世界银行发布的一个全球治理指标数据库包含五个变量：话语权和问责制、政治稳定和非暴力、政府效率、监管质量、法治和腐败控制（Kaufman, Kray, and Mastruzzi, 2008）。这些变量是根据一系列排名和调查得到的，因而其可靠性存在争议。

基于上述指标，IMF（2003）的研究发现，制度质量和人均 GDP 存在强烈的正相关关系——这反过来表明，制度改善可以促进经济增长。科尔（Cœuré，2017，p. 6）还发现，在欧元区内部，2015 年人均 GDP 和 2008 年世界治理指标排名之间存在非常强的相关性。图 9.10 说明了各国人均 GDP 和对法治的尊重［见图 9.10（a）］之间的相关性，以及人均 GDP 和监管质量［见图 9.10（b）］之间的相关性。

9

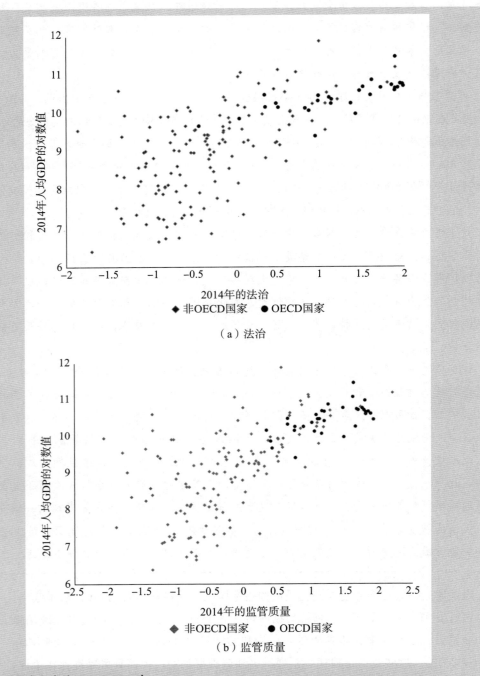

图 9.10　制度和人均 GDP：2014 年

注：按 1991 年购买力平价计算的人均国内生产总值。

资料来源：World Bank Worldwide Governance Indicators 和 Penn World Table 9.0。

9

　　相关性并不必然意味着因果关系。到底是制度促进了发展，还是相反？诚然，当人们可以依靠税收支持的社会保障体系时，说服他们放弃非正式的保护和网络并且相信法治相对更容易。这意味着，很难判断到底是好的制度有利于经济发展，还是相反。计量经济学可以通过精心选择的工具变量来解决这个问题，但也只是在一定程度上而言。

关于制度起源的潘多拉魔盒不会很快关闭。这场争论还有另一个层面，就是因变量本身的性质。制度质量是否与收入水平相关，还是与经济增长的过程相关？梅塞和欧利德·欧迪亚（Meisel and Ould Aoudia，2008）认为，制度质量（以世界银行发布的全球治理指标衡量）与收入水平强相关，但与中长期经济增速无关。他们还讨论了促进经济起飞的特定制度变量，以及有助于维持经济长期增长并使经济实现赶超成为可能的特定制度变量。

对增长理论而言，强调制度的作用既是机遇也是危险。机遇在于，我们可以更深刻地理解经济表现的决定因素，并认识到不可能存在一个适用于所有国家、所有时代的单一制度模板。这为更丰富的政策结论提供了空间。然而，如果机制过度依赖于具体情况，则有可能产生"软"理论的危险，也就是既不能提出一般可检验的理论命题，又不能提出明确政策建议的这种理论。因此，对于制度、组织和经济增长之间关系的理论分析必须采用最小的结构。诺思的研究表明，三者之间的关系是复杂、非线性的。决策者越来越多地了解到这一信息，如世界银行发布的《斯宾塞增长与发展报告》（Commission on Growth and Development，2008）。第 9.3 节将探讨由此产生的政策建议。

9.3 政策

大多数国家只依赖于单一工具（货币政策）来实现价格稳定，与此不同的是，实现经济增长则需要同时敲几把键盘。其风险是，任何政策建议最终读起来都像是一份清单，上面列着大量应该实施的措施，但其中的政策优先次序很难确定。即使避免了这种情况，任何政策的一揽子计划也不得不涉及多个领域、针对多个目标，最终可能成为一份一厢情愿的目标清单，听起来可能像是空洞的承诺。作为一个技术官僚组织而非政治机构，OECD 可能无法做出宏大的承诺。然而近年来，其年度报告《力争增长》（Going for Growth）完全涵盖了教育、劳动力市场、养老金、产品市场监管、竞争政策和国际贸易。事实上，鉴于上一节中所述的增长决定因素，这份报告的内容广泛并不令人惊讶。欧盟于 2010 年 3 月制定的十年增长战略《欧洲 2020 战略》（见延伸阅读 9.12）进一步说明：经济表现远远超出了 GDP 增长的范畴，其具有多管齐下的性质。

9

延伸阅读 9.12　　　　　　　　　　**欧洲 2020 战略**

2010 年 3 月，欧洲国家元首和政府首脑通过了《欧洲 2020 战略》，该战略旨在帮助欧洲从经济和金融危机中获得重生、变得更加强大，并推动欧洲经济转向"智能、可持续、包容性的经济，进而实现高水平的就业、生产率和社会凝聚力"。《欧洲 2020 战略》是一个共同的参考框架，也是一个软协调的手段：成员国制定了相应的国家目标，并在其年度改革方案中报告这些目标。该战略追求五个相互关联的目标，以及相应的可衡量指标：

- 就业机会：20～64 岁人口就业率达到 75%；
- 研究与创新：研发投入应占 GDP 的 3%；
- 气候变化和能源：满足所谓的 20/20/20 的气候和能源目标（其明确规定，温室气体排放量应在 1990 年的基础上减少 20%，可再生能源应占能源使用量的 20%，能源效率应提高 20%）；
- 教育程度：肄业生的比例应该低于 10%，年轻一代至少有 40% 应具有高等教育学位；
- 消除贫困：将面临贫困风险的人数减少 2 000 万。

2016 年发布的进展报告显示，到 2020 年，气候变化、能源和教育的目标很可能达到或超过这些目标，但在就业、研发和减贫等领域仍然存在困难。

对任何一个希望促进增长的政府来说，最重要的并不是找到需要解决的问题，而是要决定政策的优先次序。经济学家的作用就是最好地运用理论，从而在这方面起到作用。

9.3.1 路线图

为了保证讨论的条理性，我们在第 9.2 节介绍的理论基础上整理出对应的政策（见图 9.11）：

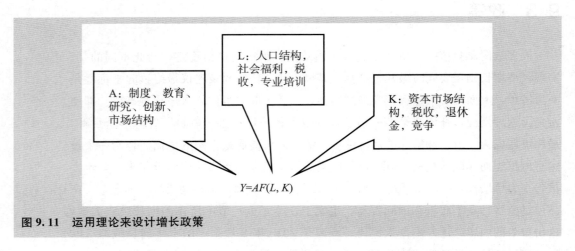

L：人口结构，社会福利，税收，专业培训

A：制度、教育、研究、创新、市场结构

K：资本市场结构，税收，退休金，竞争

$Y=AF(L, K)$

图 9.11 运用理论来设计增长政策

- 有效的时间范围从几个季度到几年不等。在短期内，政府可以通过提高劳动参与率刺激劳动力供给。相应的措施可以是规定（如关于退休年龄），也可以是改变税收和福利措施（如实施在职工作者的福利）。
- 在中期，政府可以通过税收激励（如加速折旧或削减企业所得税）、竞争和金融市场改革来刺激资本积累。政府也可以投资于公共资本。这些是数年的改革视野。
- 从长期来看（几十年），资本存量是内生变量，这时只有 TFP 和劳动力供给会影响经济增长。公共政策可以通过教育和培训影响劳动力质量；还可以通过资助研究、投资基建设施和改善制度，进而对 TFP 产生影响。

公共政策的讨论往往不甚明确，因为讨论中经常会混淆经济增长的长、短期决定因素。比如，政治家和选民经常将长期经济表现归因于货币政策和财政政策；技术官僚则倾向于持有相反的观点，认为宏观经济政策对长期增长没有影响。实际上两种观点都失之偏颇。在我们逐一分析经济增长政策工具之前，首先需要弄清短期政策和长期政策之间的互动关系。

经济学家通常认为，稳定政策和资源配置政策之间有明显的区别。前者侧重短期波动，其任务是使产出保持在接近潜在产出水平，后者侧重长期趋势，旨在提高潜在产出的水平。这些政策与其他政策一起，构成了第 2 章欧洲经济政策框架的基础。这种明确的划分也并非完全正确，一些论点也指出，长期趋势和短期波动间存在互动关系。这些关系包括：

- 预防行为（precautionary behavior）。宏观经济不稳定导致企业和家庭采取预防行为。[①] 第 2 章也提到，投资项目收益的不确定性提高了投资项目的盈亏平衡点，这延缓了投资项目的实施。同样地，家庭收入的不确定性上升会导致个人减少消费，并更多地投资于无风险（非生产性）证券，如国债。然而，可能只有在高度不确定性的情况下——如两位数的通胀——宏观经济不稳定才会带来负增长的后果。

- 失业迟滞（unemployment hysteresis）。[②] 当劳动力在经济衰退中失去了工作并长期处于失业状态时，他们的技能会退化，变得（并且被认为）不太适合就业（Blanchard and Summers，1986）。随着时间的推移，找到工作变得更加困难，甚至不可能再找到工作。鲍尔指出：在宏观经济层面，持续的失业即使是周期性的，其实也不容易恢复（Ball，1999）。负向的需求冲击提高了非加速通胀的失业率（NAIRU），并且就业率不会恢复到长期水平。OECD 指出：尽管关于失业迟滞的经验证据仍然比较弱，但是 2007—2009 年危机引发了人们的担忧，研究发现：一部分失业者实际上会被劳动力市场排除在外，这将导致潜在产出水平的永久性下降（OECD，2010）。

- 创造性破坏。经济衰退对企业的存续期结构及其创新行为的影响是有争议的。熊彼特学派认为，经济衰退是有益的，因为它们加速了效率最低企业的淘汰速度，从而促成了创造性破坏。破产企业会释放出劳动力和资本，并且流向生产率更高的企业，这就提高了总体生产效率。因此，政府不应该试图稳定经济来阻碍衰退的"洗牌"作用（Caballero and Hammour，1994）。相比之下，另一种思路则强调经济衰退造成了不可逆转的损失，如阿吉翁等认为，那些倒闭的企业不一定是效率

---

① 第 2 章解释了风险厌恶和预防行为。
② 这一宏观经济流行词汇源于布兰查德和萨默斯（Blanchard and Summers，1986）。迟滞一词，来自物理学，是指在温度或压力的影响下，物质的转变是不可逆的，但对最后的转变有记忆。

最低的企业，可能只是脆弱性更大或者承担的风险更大（Aghion et al.，2008b）。这些企业的倒闭会导致资本品和特定技能知识的贬值，并带来社会损失。因此，这样的衰退不但没有激活生产活动，反而阻碍了经济增长。

这些论点在理论上都是有意义的，对长期增长而言，产出波动是好是坏尚无定论。雷米和雷米（Ramey and Ramey，1995）研究了 92 个国家的样本，其发现 GDP 波动对长期 GDP 增长有负面影响。例如，英国 20 世纪 80—90 年代实行了"走走停停"的经济政策（the "stop-and-go" policies），这通常被认为减缓了英国生产率的提升（Barrell and Weale，2003）。然而，除了这些简单证据之外，还有很好的理由让人们相信，产出波动对增长的影响符号很大程度上取决于市场结构。如果劳动力市场是刚性的、退出失业的可能性很低，或者很难获得借贷（因此企业难以通过借贷来避免破产），那么经济衰退的代价会更大。阿吉翁和班纳吉（Aghion and Banerjee，2005）的研究表明，当金融市场处于不发达状态时，GDP 波动对增长的影响更为负面。

因此，宏观稳定和资源配置的两分法只是一个粗略的划分。当经济波动的影响范围较大，而且市场机制不完善使得经济主体难以承受衰退考验时，宏观经济政策可能产生更加长期的影响。① 从对称的角度看，人们也日益认识到，有利于长期增长的政策也可能会增强对周期性波动的抵御能力。②

然而，经济增长规划往往忽视了短期政策和长期政策的相互作用。在此，我们沿用图 9.11 中的生产函数。我们从劳动力供给（L）和资本（K）积累开始讨论，然后关注作为增长政策核心的全要素生产率（A）。我们还增加了空间维度的讨论，最后介绍了政策优先次序的选择。

9.3.2 增加劳动力供给

2015 年，OECD 成员国的劳动参与率（劳动力人口与劳动年龄人口之比）数值各异，从土耳其和南非的不到 60%，到瑞典、瑞士和冰岛的 80% 以上。换句话说，如果土耳其和南非的劳动参与率（和就业）达到冰岛的水平，则土耳其和南非的人均收入可能会高很多。这是一个非常极端的例子，但是劳动参与率的国家间差异仍然令人惊讶，特别是女性、年轻人、老年人的劳动参与率差异非常明显。

关于工作时间（见延伸阅读 9.1）的国别差异，真正的偏好也许只能解释一部分差异，实际上其中很大一部分差异还可以归因于公共政策导致的非自愿影响。由于税收政策，或者是缺乏儿童保育的基础设施，女性可能无法外出从事全职工作。

---

① 具有讽刺意味的是，美国的劳动力市场比欧洲更具有灵活性，而且金融市场也更发达，但美国却比欧洲更积极地实行宏观稳定政策（见第 4 章和第 5 章），欧洲的劳动力市场更加僵化，金融市场为宏观经济风险提供的保险更少。

② OECD 在这个问题上投入了大量精力。德鲁等（Drew et al.，2004）的研究揭示了，一国劳动力和商品市场僵化如何影响了该国对暂时性经济冲击的抵御能力。

学生可能会发现，很难把学习和工作结合起来安排，因为法规不提倡兼职工作。老年人会倾向于放弃兼职工作，因为按照退休规定，老年人可能无法以领取养老金的身份来进行兼职工作。所以，尽管劳动参与率的国别差异可能是真实存在的，但在大多数国家，公共政策仍有改进的空间。

基于不同的原因，对发展中国家和发达国家来说，提高劳动参与率都是一个重要目标。对于发展中国家，优先事项是有效地处理好非正规经济部门，因为那里的工作没有保护，生产率也低，同时还应放开正规经济部门的准入和提高参与度（这也要求进行体制改革）。在发达国家，劳动适龄人口经常出现停滞甚至减少，而领取养老金的人数却在增加。至少从中期来看，提高劳动参与率有助于抵消老龄化的影响，促进经济增长。为了达到这个目的，近些年来许多国家使用了两种主要政策工具：在职福利和养老金改革。

这些政策可以使得劳动力保持几年的正增长。然而在短期和中期过后，这些政策的影响必然有限。从长期来看，唯一有助于维持劳动力增速的政策是旨在提高生育率和鼓励移民的措施。通常认为生育率是外生变量，但政策可以通过为年轻的工薪家庭提供托儿设施来提高生育率，减少劳动力参与就业与抚养孩子的矛盾和冲突。法国和北欧国家就提供了这样的政策范例。关于移民的重要性，美国、爱尔兰、瑞典和英国等国已经认识到了这一点。在这些国家，外来移民在促进劳动力显著增长进而在推动经济增长方面作出了贡献。但 21 世纪 10 年代中期的政治环境以及随之而来的反移民浪潮使这些国家的移民政策受到了挑战。

9.3.3 金融市场的发展和监管

许多增长战略往往忽略了金融市场的作用，但是金融市场对增长至关重要，因为其将家庭储蓄转化为生产性资本积累。因此，金融市场实现了第 1 章提到的资源配置功能。[①] 可以看到，金融系统通过三个渠道来影响长期增长（Pagano，1993）：

• 降低资本成本（lower cost of capital）。吸收家庭储蓄会有交易成本，这个交易成本反映了提供金融服务的成本，也反映了税收和法规的作用，以及寡头垄断的租金。金融行业的竞争提高了金融中介的效率，并降低了资本成本。

• 提高储蓄（higher savings）。一个稳健的金融体系可以增强储蓄者的信心，从而提高储蓄率，继而提高人均 GDP 水平（见第 6.2 节中的索洛-斯旺模型）。

• 优化资本配置（better allocation of capital）。金融体系使得收集、共享投资项目信息成为可能，而且还可以分散风险，为创新提供融资。简言之，金融市场将引导储蓄流向最具生产力的项目。

9

---

① 如格林伍德和约万诺维奇（Greenwood and Jovanovic，1990）、列文（Levine，2005）的研究，以及熊彼特（Schumpeter，1911）、格利和肖（Gurley and Shaw，1955）的开创性工作。

（a）降低资本成本

企业的投资决策取决于资本的边际生产率与其成本之间的差额，其中边际成本等于利率加上资本折旧率。从理论上讲，公共政策可以通过货币、监管和税收政策来影响资本成本。其中，货币政策直接影响短期利率，并间接影响（见第 5 章）中长期利率（与企业固定投资相关）。至于监管政策，在发达国家，当政府将家庭储蓄引导到了优先投资部门或特定部门时，政府部门就不再影响和干预具体的资本成本，但是银行和资本市场的监管措施确实会对资本成本有影响（第 6 章）。最后，税收政策通过企业所得税（以及各种退税）和资本资产税（尤其是房产税）来发挥作用，这些税收通常在当地征收。税收也会改变各种储蓄工具的相对回报（从公共或私人、无风险或有风险、短期或长期的维度）。

新兴经济体的情况有所不同。直到 20 世纪 90 年代初，东亚经济体还一直维持着金融抑制（financial repression），即政府让利率保持在低水平以鼓励投资。[①] 这种政策可能会在中短期内刺激增长，但它们可能引发不利于长期经济表现的资本错配。许多政府仍然在扩大发放补贴贷款，以扶持农业等行业。欧盟将这种政策干预看作是国家资助（state aids），认为其阻碍了自由竞争，除非是为了普遍的利益，否则应该禁止。

说到税收，临时免税的政策除了在项目时间安排上会有些影响，其对资本支出的影响有限。但是摊销计划、税基界定和划分、总体税率，这些永久性的税收制度确实会对投资起到激励或抑制作用（见第 8 章）。

（b）提高储蓄

在延伸阅读 9.6 的索洛-斯旺模型中，稳态的人均 GDP 正向依赖于储蓄率。如果资本在国家间自由流动，那么资本支出不会受到国内储蓄的限制，此时鼓励家庭储蓄没有意义。但是由于第 7 章讨论的各种原因，储蓄和投资仍然相互关联，政府仍然有动机鼓励储蓄。养老金改革就是一个例子。养老金是强制储蓄的一种形式，有助于提升人均 GDP，前提是养老金被投资于公司债或股票市场（但是如果储蓄率已经很高，则会造成过度投资）。

以鼓励储蓄为目标的政策存在一些缺陷。其一是决策者身处政治周期当中，他们较为短视，缺乏耐心的决策者会以牺牲储蓄为代价，优先考虑消费。无知的决策者还会把两者都放在首位。其二是难以判断充足的资本水平：在加总层面上，这和拉姆齐模型提到的动态效率低下有关（如资本过剩或不足）；在行业层面上，这与企业是否受到融资约束有关，或者是受到市场需求前景暗淡或劳动力市场运行僵化的限制。

9

---

① 这个政策的确为促进国内投资做出了贡献，但是也许同样导致了过度投资，而不是全要素生产率的提升（Young，1992）。麦金农（McKinnon，1973）和肖（Shaw，1973）认为金融抑制是经济成功发展的障碍。随后，特别是经历了严重的金融危机后，理论和实证文献已经证实了麦金农和肖的假说。

金融发展和储蓄水平之间的关系比看起来的更加模糊。在发达国家，家庭通过金融市场购买保险，投资组合多样化降低了他们的预防性储蓄。金融市场还使得家庭能够获得住房抵押贷款等融资工具，从而也释放了融资约束。美国和英国的家庭储蓄率处于低水平，这就是一个很好的例子。但也有人认为，21 世纪头十年的金融创新浪潮得到了支持住宅投资的政治家的鼓动，他们特别支持低收入家庭的住宅投资，但是这些家庭的收入流缺乏相应的支撑，所以这些金融创新最终才以金融危机的方式收场（Rajan，2010）。

同样，在社会保障网络有限的低收入和新兴市场国家，家庭需要高水平的储蓄作为自我保险，但这并不一定需要发达的金融体系，因为储蓄可以通过土地、现金或黄金等简单方式进行投资。然而，一个运转良好的金融体系提供了额外的、更多样化的价值储藏手段。公共政策的主要目标是通过鼓励或迫使金融机构扩大其廉价金融服务渠道（开户、支付和储蓄工具等）的可得性，从而促进普惠性金融（financial inclusion）。[①] 近些年来，手机支付等数字创新支持了直接金融的解决方案，在这其中政府只是发挥了催化作用（例如，通过分发特殊用途的电子货币，如购买必需品的预付卡，或通过使监管环境对数字支付更加友好）。[②] 新兴市场经济体的公共政策和多边金融机构支持的一个重点是发展本币的资本市场，例如，通过促进发行本币债券，使储蓄与本地的投资匹配，而无须再通过以美元计价的资本市场进行外循环。

（c）优化资本配置

最后，政府还可以影响储蓄在各种金融工具（包括抵押贷款、公共债券、股票等）之间的配置，从而将储蓄引导至生产性部门。直到 20 世纪 80 年代，许多发达经济体还在实行信贷配给政策，这相当于由中央计划来决定对单个公司的资本配置。到现在，财政激励仍然可以引导储蓄——例如，通过研发支出的税收抵免为创新企业提供资金（见前面的讨论）或通过类似政策来支持中小企业。税收政策和监管政策也会影响到股票、债券或房地产的投资决策。

在历史上，金融体系一直对技术创新发挥着重要作用，熊彼特（Schumpeter，1911）认识到了这一点。在 18 世纪的英国，政府债务的增加和债券市场的发展使得储户有了新的投资选择，可以从低回报行业转移出来，这就增加了纺织和钢铁等新兴行业的利润（Ventura and Voth，2015）。与欧洲和日本相比，美国金融市场的创新能力和将资金引向最具生产力用途的能力，一直被视为美国经济的一个主要竞争优势。美国企业融资的兴起，加上劳动力市场的自由流动，促成了一种增长模式的出现，这种模式依赖于新参与者的进入和快速崛起，这些新参与者为市场带来了新产品和提高

---

① 小额信贷的发展使得家庭和小型企业即使在没有抵押品的情况下也可以借款。

② 关于数字零售支付的发展及其对金融普惠性的影响，见 Payments and Market Infrastructures 和 World Bank Group（2016）。

生产率的新技术，并对在位者提出了挑战（Philippon and Véron，2008）。

在欧洲，1999 年欧元的引入加速了金融市场的跨境一体化。它创造了一个统一的货币市场，并至少在 2010—2012 年危机之前，为政府、公司债券、批发性金融服务提供了更好的一体化市场。然而，在欧元区的成员国层面，资产管理、零售银行、风险资本和中小企业融资仍然是分散的。这种分散阻碍了竞争和创新，阻碍了风险的分散，阻碍了金融业的规模经济，还损害了无法进入全球资本市场的中小企业。在此条件下，金融机构以牺牲欧洲家庭和企业的利益为代价进行寻租。自从欧盟委员会和欧盟成员国起草了一份"金融服务行动计划"（European Commission，2005）以来，金融服务一体化在欧盟议程当中占据了重要位置。该计划旨在协调金融产品监管、消费者保护监管和市场运作的监管。金融危机后，欧盟的监管框架进一步精简，在欧元区内部实现了统一的银行监管和处置方案，欧盟还提出了一项"资本市场联盟"计划作为补充。

金融创新是从证券化和杠杆化开始的，而金融危机让我们重新思考 20 世纪 90 年代到 21 世纪头十年金融创新的有用性和危险性。美联储前主席艾伦·格林斯潘认为，"显然，金融投资的高回报说明，我们的实物资本已经被配置到消费者特别重视的产品和服务上了"（Greenspan，1998），他的观点显然过于温和。正如第 6 章讨论的那样，这恰恰说明需要强有力的监管框架和对金融活动的严格监督，但是单纯强调监管、避免风险的视角，并没有考虑金融体系对长期增长的重要性。

9.3.4　鼓励 TFP 增长

从长期来看，人均 GDP 的增长取决于 TFP 的增长，因此 TFP 处于增长政策的核心地位，这体现在以下三个互补的方面：（i）制度改进环境；（ii）教育、创新和基础设施的投资；（iii）完善劳动力和产品市场。

（a）制度改进环境

尽管看起来不完美，但是对制度的研究已经提出了有用的政策建议：首先，政府应确保经济运行的法律框架要有利于调动个人的积极性（建立独立的司法机构执行市场合同、打击腐败、限制繁文缛节、确保信息透明等）；其次，实施有效的市场监管（建立反垄断机构、制定适当的银行监管、保护消费者权益等）；最后，稳定宏观经济（独立的中央银行、合适的财政规则和制度，见第 3、4 章的描述）。

这些建议构成了国际机构制定议程的主要依据。因此这些机构，如负责经济政策的 OECD、负责国际货币管理的 IMF、负责发展的世界银行或负责贸易的 WTO，已经成为世界政策秩序的守护者。对于新兴市场国家来说，能够成为 OECD 或 WTO 的成员，其意义甚至超出了官方正式宣布实施完善的制度规则。加入国际组织成为国内改革进程的一部分，其结果是束缚了当前和未来决策者的手脚，所以这也向外国投资者发出了强烈信号，有助于提高一个国家的可信度和声誉。在柏林墙倒塌后，加入欧盟（或加入欧盟的前景），对转型经济体起到了类似的作用。低收入国家也认识到"良治"对经济发展的重要性，比如，非洲联盟 2001 年建立的非洲发展新伙伴计划（New Partnership for the Development of Africa，NEPAD）就说明了这一点，该计划包括国家承诺和国家间的相互评估。同样，在 IMF 和世界银行向低收入国家提供贷款时，它们也会考虑这些国家的治理情况。

然而，除了这些首要原则，很难有一整套的建议表供政府和国际组织来按图索骥。不同的国家依赖于不同的制度设置——例如，关于国家在经济中的角色——这对各国经济表现并没有明显的影响。简言之，没有一个政策药方能在所有时间适用于所有的国家。

威廉姆森（Williamson，1990）以"华盛顿共识"总结了 20 世纪 80 年代末公认的增长政策，具体包括 10 个优先事项：（i）财政纪律；（ii）重新调整公共支出；（iii）税制改革；（iv）金融自由化；（v）单一、有竞争力的汇率；（vi）贸易自由化；（vii）对 FDI 开放；（viii）私有化；（ix）放松管制；和（x）保障财产权。丹尼·罗德里克（Rodrik，2006）认为，在 21 世纪头十年初，扩展的华盛顿共识增加了 10 项内容，分别是：（xi）公司治理；（xii）反腐败；（xiii）灵活的劳动力市场；（xiv）WTO 协议；（xv）金融法规和标准；（xvi）"审慎"的资本账户开放；（xvii）非中间汇率制度；（xviii）独立的中央银行/通货膨胀目标；（xix）社会保障网络；（xx）有针对性的减贫。此后，金融危机戏剧性地说明了健全监管体系的重要性。然而，尽管各方已经做出了巨大努力，以更好地理解改革的先后顺序，但决策者还是会经常面临选择困难。

（b）教育、创新和基础设施的投资

各国政府在人力资本积累、研究和基础设施建设方面都发挥着至关重要的作用，因为这三者都涉及显著的外部性。在这些领域，政府的具体干预方式因国家而异，有些国家直接干预融资，有些通过激励市场主体投资来进行间接干预。

教育

教育的回报率很难度量，因为教育不直接参与生产过程。[①] 更准确地说，我们可以估算出多接受了一年教育所带来的工资收入的增量，但是很难区分这部分收益的来源，它不仅来自学习的边际报酬，也来自个人才能的禀赋，甚至是某个特殊社会阶层、种族或性别带来的收益。此外，不应该仅仅从金钱的角度来评估教育的回报。

然而在宏观层面，自尼尔森和菲尔普斯（Nelson and Phelps，1966）的开创性研究以来，教育和人均 GDP 之间的联系就已经得到了很好的研究。在控制了其他因素后，巴罗（Barro，2001）发现，劳动者每多受一年教育，就会使中期经济增长率提高 0.44 个百分点。其他研究，尤其是世界银行主持开展的研究表明：（1）小学教育在发展中国家具有最高的社会收益，而高等教育在 OECD 国家更有意义；（2）教育的私人收益大于社会收益，这是因为公共支出存在机会成本；（3）女性教育的收益

9

---

① 我们不打算在这里讨论教育经济学，这超出了本书的范围，可以参见加里·贝克尔（Gary Becker）、雅各布·明瑟（Jacob Mincer）、詹姆斯·赫克曼（James Heckman）和其他人的论述，我们在这里关注教育和人均 GDP 水平之间的联系。

高于男性教育（Sianesi and Van Reenen，2002）。

教育是应用"前沿距离"增长分析方法（上一节提到）的最理想的领域。当一个经济体远离技术前沿时，中小学教育的投资就足以使劳动力能够模仿、学习其他地方的创新，但是接近技术前沿的国家必须投资于高等教育，以提高自身的创新能力。阿吉翁等（Aghion et al.，2008a）发现，对那些接近技术前沿的国家，高等教育对其增长有很强的影响（而对那些远离技术前沿的国家则没有影响）：大学毕业生在劳动力中的占比每上升一个百分点，就会使中期 TFP 提升约 0.1 个百分点。这说明，在发达国家，高等教育的投资回报很高。[1]

在这种背景下，各国在人力资本积累方面的投资表现出了惊人的差异。一些发展中国家大力投入中小学教育（正如第 1 章人类发展指数所反映的），而另一些发展中国家的文盲比例仍然很高。根据世界银行的数据，2012 年，摩洛哥和突尼斯的成人识字率分别为 69% 和 80%。发达国家之间也存在差异，不过其差异体现在高等教育程度和对高等教育的资源投入方面。根据 2016 年 OECD 的统计数据：2015 年，意大利 25～64 岁的人口中只有 18% 接受过高等教育，而处于类似发展水平的西班牙，这一比例为 35%。2013 年，德国高等教育总支出占 GDP 的 1.2%（其中 0.2% 来自私人部门），而美国占 GDP 的 2.6%（其中 1.7% 来自私人部门）；日本占 GDP 的 1.6%（其中 1.0% 来自私人部门）。欧洲国家和美国在高等教育投入上存在巨大的差异，是造成欧洲 TFP 较低的重要原因（如表 9.1 所示）。

然而，要提高欧洲高等教育的表现，仅靠资金投入是不够的。研究表明，预算规模和治理的质量都有助于决定大学的研究产出（Aghion et al.，2008），欧洲需要加强对高质量教学和科学研究的激励，并推动大学之间的竞争。然而，这些激励措施并不意味着在大学融资和学校管理方面要采用单一的模式。

研发和创新

通常有两组指标用来衡量研发和创新。第一组指标涵盖了每个国家在研发支出和人力方面的投入。尽管欧洲各国间的差异很大，依据这组指标还是可以看到，欧洲在总体上落后于日本和美国（因此欧洲的 2020 战略设定了目标，要使研发支出达到 GDP 的 3%）。具体来说，2014 年日本的研发总支出（公共和私人）约占 GDP 的 3.5%，美国为 2.75%，欧盟则略高于 GDP 的 2%。欧洲内部各地区的差异也很大（根据欧盟统计局 2016 年的数据，在 2014 年，该比例从最低的罗马尼亚 0.38%，到最高的芬兰和瑞典 3.17%）。尽管设定了 3% 的目标，但欧盟国内研发总支出占 GDP 的比例仅从 2002 年的 1.81% 小幅上升到了 2014 年的 2.03%。

欧洲与美、日的一个显著差异是私人资金对研发投入的贡献：在欧盟，私人资助的研发占 GDP 的 1.3%，而美国和日本约为 2%。因此，大西洋两岸的差异不是来自政府资助，而是来自私人部门的差异。欧洲企业投资少于美国和日本同行的原因主要

---

[1] 阿吉翁等（Aghion et al.，2005a）在分析了美国数据后得出了相似的结论。

与其产业结构有关（美国更专注于研发和技术密集型行业），但也与市场不完善有关，如风险资本相对不发达（Philippon and Véron，2008），或缺乏统一的数字市场。

除了市场不完善之外，政府对研发领域进行干预还有一个更广义的原因，就是研发支出的社会收益一般来说会大于私人收益。许多国家对公司或个人的研发支出提供了税收优惠政策。在美国，联邦和州两个层面都有研发税收抵免政策（Wilson，2005）。欧洲也有类似的政策，尽管这方面的一些税收优惠政策受到了欧盟委员会的质疑，因为有观点认为，这种政策会带来市场扭曲（用欧盟的话来说就是"国家资助"）。[①]

度量研发的第二组指标与研发成果相关，即发表的文章和注册的专利。图 9.12 显示，与研发投入力度相比，欧盟在研发成果方面做得更好：其在全球发表的科学论文（scientific articles）占比略高于美国，尽管三方专利（triadic patents）[②] 的占比仍低于美国。而日本在发表论文方面表现不佳，但在专利方面表现优异。最后，中国作为一个令人印象深刻的后起之秀，在上述领域也有大量的投入和可观的成果。

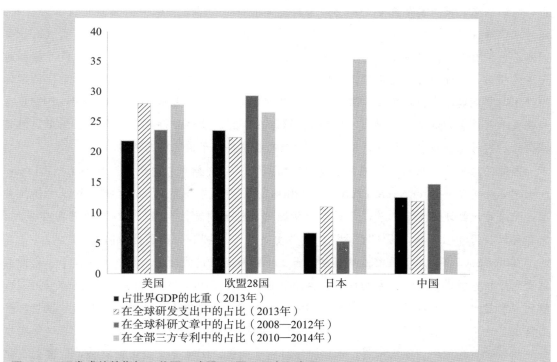

图 9.12　研发成就的指标：美国、欧盟 28 国、日本和中国

注：在全球科研文章的份额中，欧盟的数据仅包括比利时、法国、德国、意大利、荷兰、波兰、西班牙、瑞典和英国。因此，这一指标低估了欧盟 28 国口径的真实数字。

资料来源：OECD and Scimago Research Group（CSIS），Compendium of Bibliometric Science Indicators 2014；Eurostat；IMF Economic Outlook，以及作者的计算。

---

① 要了解更多欧盟委员会对创新相关税收计划的态度，见欧盟网站"促进研发的税收优惠政策"中的常见问题解答。

② 三方专利是指同时在美国、欧洲和日本专利局存档的专利。

企业可以通过投资于研发新产品来获得竞争优势或新的工艺，这将降低其成本、提高其产品质量。然而，每一项创新很快就会被竞争对手模仿、复制。这凸显了知识产权保护在鼓励创新方面的重要性。一种极端情况是，如果对企业的专利（新产品和新工艺）进行永久性的保护，那么企业就会有强烈的动机大量投资于研发。然而，这时候只有企业及其股东获得了创新的回报，而不是消费者和整个社会。但是因为专利的传播受到限制，所以其他企业或行业生产率的改善过程也会放慢。另一种极端情况是，如果其他企业包括竞争对手可以免费使用创新成果，这时候发明企业就无法占有创新的收益，所以企业就没有动力进行创新。在此条件下，创新将成为一种公共产品，并由纳税人来为其提供资金。软件专利的案例说明了这种困境（见延伸阅读 9.13）。

延伸阅读 9.13   **软件专利**

没有专利就没有了创新动力，因为任何新软件都很容易被复制。但是，过度的专利保护也会阻碍创新，因为其他开发人员必须为新软件的每一个字节、每一个模块包括算法付费。此外，很难证明一个软件是"新"的，也很难区分真正的技术进步和新的商业模式（比如美国亚马逊拥有专利的"单击"购买模式）。最后，小的软件开发者还担心，大公司可能会对程序的任何一行代码都设置许可，以抵御其他企业的竞争。因为软件专利纠纷产生的巨额诉讼费用，其规模之大值得关注。诺贝尔经济学奖得主加里·贝克尔（Gary Becker，2013）在一篇关于软件专利的文章中提出，"将软件排除在专利制度之外确实会阻碍一些创新，但是减少专利纠纷也会节省大量的诉讼成本，后者的收益将大于前者带来的成本。"

国际法反映了这种两难困境，世界贸易组织在《与贸易有关的知识产权协定》（Trade-related Aspects of Intellectual Property Rights，TRIPS）中规定，"所有技术领域的任何发明，无论是产品还是生产工艺，只要它是新颖的、包含创造性步骤，并能够在产业中应用，就都可以获得专利"。软件是"技术"还是"发明"，这还是一个开放性的问题。

2002—2005 年，欧盟围绕这个问题展开了一场极具争议的讨论。在欧洲法律下，软件虽然受到版权保护，但是不受专利保护，这不同于美国和日本，在这两国软件受到专利保护。欧洲专利局（European Patent Office，EPO）的案例法把软件看作是可申请专利的项目，从而解决了这个"技术问题"（与商业模式的创新相对）。2002 年，欧盟委员会试图将这种实践做法纳入欧盟法律中。不出所料，这项提案得到了微软、IBM 等大公司的支持，而遭到了免费软件和开源程序员的反对。后来提案得到了欧盟部长理事会的通过，但它在 2005 年 7 月的欧洲议会上以 648 票对 14 票被否决，因此被放弃了。

要想知道哪种制度最好，只能基于每个领域进行单独的评估。有些发明本质上是非竞争性的，比如数学公式或者某种思想。[1] 阻止数学公式或思想的传播是荒谬

---

[1] 经济学中关于知识和思想的"非竞争性"，参见 Jones（2005）。

的。其他发明则是竞争性的，比如制造工艺。还有一些发明甚至可以低成本复制，比如软件（见延伸阅读栏 9.13），然而有些发明却不可以，比如核技术。我们还需要考虑创新的社会价值，在这方面药物是一个很好的例子（见延伸阅读 9.14）。

延伸阅读 9.14　　　　贫穷国家对艾滋病的防治：公共卫生和知识产权

　　贫穷国家饱受艾滋病、结核病和疟疾等流行病传播的负面影响，所以公共卫生是贫穷国家关注的一个重要问题。同时，制药企业以高昂的成本开发了药物来对抗这些传染病，所以理所应当地受到专利保护。这类专利为制药企业提供了很长一段时间（一般来说是 20 年）的专有权，以确保只有这家制药企业才可以生产和销售这种药物。因此，高昂的费用导致许多人无法获得治疗。根据联合国艾滋病规划署的数据，2008 年中等收入和低收入国家在 HIV 项目上花费了 137 亿美元。

　　因此，低收入国家希望可以授予强制许可（compulsory licences），也就是说低收入国家可以不需要专利持有人同意（但会给予持有人足够补偿），就可以在当地生产仿制的抗艾滋病毒药物。WTO 的 TRIPS[a] 最初限制仿制药的销售范围，使其主要面向国内市场生产。在 2003 年，WTO 对这一限制措施进行了修正，当一些低收入国家无法自行生产清单当中所列的药品时，允许另外一个低收入国家对其出口这类仿制药。例如，根据这一规定，印度制药公司可以向非洲国家出口仿制的抗艾滋病毒药物。在某些情况下，仅仅是给予强制许可本身，其作为一种威胁就会导致制药公司在当地市场进行大幅降价。

　　新的 TRIPS 在激励创新和更广泛地传播现有发明之间取得了平衡。它在非洲防治艾滋病方面发挥了重要作用，从而有助于降低死亡率和支持长期发展。然而，人们也普遍承认，应该继续充分保护知识产权，以鼓励私人投资于医学研究领域。

　　a. 想要了解更多 TRIPS 的信息，登录 WTO 网站（www.wto.org）。

　　总体上，推动能够提升 TFP 的创新，这取决于以下平衡：（1）政府支持和市场主体的积极性，（2）专利保护和发明的传播。创造一个有利于创新并且促进增长的环境，这是一个精妙的化学反应过程。

基础设施

　　如果没有办法将产品推向市场，那么生产就失去了意义。经济发展需要合适的基础设施，如学校、医院、公路、铁路、机场、水坝、电网、电信和宽带网络，以及供水和卫生设施等。这些基础设施通常由政府提供资金——或者一些欠发达国家依靠外国援助提供资金——而当国家变得富裕并发展出成熟的金融市场时，也可以由私人部门来提供融资。

　　不过，所有的基础设施建设都少不了政府的干预：

　　第一，许多基础设施属于自然垄断（见第 1 章）。如果私人部门拥有基础设施，这时候就涉及垄断产生的租金分配问题。政府必须（直接地，或间接地通过专门机构）检查私人所有者是否占用了过多的租金，甚至有时候可能还会决定免费提供基础设施的服务。设计恰当的监管框架，使其同时有利于竞争和促进基础设施投资，这是一项微妙的任务，特别是在电信、电力和铁路等具有网络性的行业。

第二，基础设施存在外部性，既可能让广大民众受益从而提供正外部性，但也会破坏环境从而产生负外部性。因此，需要适当的补偿（对私人成本和社会利益之间的差额进行补贴），或者是征税（以补偿产生的损失）。水坝是很典型的例子，它可以在全国层面产生社会效益，但也会破坏局部地区的生态环境。

第三，在某些情况下，靠市场自身力量难以向基础设施提供融资，特别是因为缺乏金融工具来管理与之相关的风险类型或者是风险的时间长度。为长期基础设施融资，需要有非常长期的贷款市场和债券市场，以及相应的对冲通胀风险的市场。

这些市场不完美的情况或许是政府干预的一个理由，但不应以此为借口，推动那些纯粹出于政治动机但是社会净收益为负的项目（所谓的白象工程）。因此需要强调认真评估公共投资的关键作用，这包括决策过程中的评估，以及对投资结果和影响进行的评估。大多数时候，我们都忽视了评估工作，而且在进行评估的时候，其往往只是被视为需要满足的约束条件，但实际上评估投资的更大作用应该是指导决策、保护决策不受各种利益集团影响、管理公共债务、监测资源分配的质量和重新确定项目的大方向。21世纪头十年和21世纪10年代，评估领域相关技术获得了长足发展，这极大促进了公共决策与评估方法之间的互动，并使这种互动的范式逐渐成为主流。

从21世纪头十年中期开始，重点已经转移到了公私合营（public-private part-nerships，PPP)[①]领域，以吸引更多的私人投资进入基础设施建设。政府一直试图扮演催化剂的角色，而不是公共基础设施投资的主要出资人。政府资助的、基于PPP的基础设施计划有很多例子，其中一个例子是跨欧洲网络计划，该计划由欧盟在1994年发起，涵盖的领域包括交通、能源和电信。它由欧洲各国政府、欧盟和欧洲投资银行（区域性开发银行）提供资金。同样，2015年推出的容克计划（Juncker Plan）承诺在三年内释放3 150亿欧元的公共和私人投资。这一计划也是对大衰退之后几年低水平增长的政策反应。事实上，基础设施投资往往会表现为具有政治吸引力的政策措施，这种政策既能稳定经济（凯恩斯主义动机），又能提高长期潜在增长率。宽带互联网或卫星网络等通信基础设施日益受到重视。人们认为，这些领域的基建投资有利于生产率较高的部门，从而产生更高的社会收益，但这种观点缺乏令人信服的证据。

（c）完善劳动力和产品市场

最后，市场的正常运行可以通过提高资源配置的质量来促进TFP的增长。经济学家早就发现了市场对资源配置的作用，但公平地说，直到近二三十年，跨行业

---

① 公私合营是指项目的集资和运作是政府和一个或多个私人公司建立合作关系，并共同完成的。

的要素重新配置需求在上升，同一行业不同企业之间的要素重新配置需求也在上升，这才使得市场正常运行的重要性得到了越来越多的认可（Comin and Philippon，2005）。我们在前面讨论了资本市场的重要性（参见第 6 章）；下面我们来讨论劳动力市场和产品市场。

劳动力市场

在一个经济体中，劳动力总是在企业间和行业间流动、配置，因此，工人和工作的匹配质量是生产率和经济增长的重要决定因素。首先，劳动力在被解雇或辞职后失业的时间越短，劳动力的总投入和总产出就越高。其次，劳动力供给和需求的匹配度越高，生产率水平就越高。相反，如果大学生毕业都去送比萨，那么这个经济体就无法达到现有人力资本水平所应达到的生产率水平。

但上述两个目标可能相互矛盾：劳动力和工作的快速匹配不一定是好的匹配。因此，劳动力市场制度非常重要。在美国，政府对劳动力市场的干预很少，失业保险持续的时间较短，这激励了失业者重新寻找新工作。但是这也有可能导致匹配的质量下降。而劳动力重新配置的规模（用总流量度量）保证了在每个时点上存在许多就业机会。

在欧洲，传统的政策模式是一种就业保障（对于那些有定期合同的就业者），但是它的效力已经被公司结构和动态变化所破坏。在北欧国家，劳动力市场制度经历了最深刻的改革，并出现了弹性保障（flexsecurity）的新模式。在这种模式下，工人不再有就业保障，但是如果失业，就会得到慷慨的失业救济金、个性化的培训和就业服务。然而这也是有条件的，需要失业者有积极找工作的行为，如果有必要，失业者可以延长很长一段失业时间。这个模式成本较高（在丹麦，劳动力市场政策的支出占 GDP 的 4% 以上，瑞典为 2.5%，而在美国为 0.5%），但在促进匹配质量方面是有效的。这种模式已经被欧盟采纳作为参考做法。然而在实践中，欧洲大陆国家对定期合同雇员的在职保护仍然普遍存在。

产品市场

在评估经济表现时，产品和服务市场的运转越来越重要，OECD 等国际机构日益看重这些领域。[1] 经验研究表明，抑制管制和进入壁垒带来的租金，对生产率增长有积极影响。OECD 的尼克莱蒂和斯卡佩塔（Nicoletti and Scarpetta，2005）建立了综合指标体系来衡量管制的强度，得分差异有助于理解国家间劳动生产率表现的差异。然而，OECD 国家的经济改革导致 1998—2013 年间管制压力大幅减少，这使得产品市场管制的总体指标趋向于较低水平（见图 9.13）。

---

[1]　可参考 OECD 对欧元区的年度研究报告。作为"里斯本议程"的一部分，欧洲国家也构造了"结构"指标来度量产品和服务市场一体化程度、竞争开放程度、企业的优胜劣汰等。欧盟统计局网站提供了这些指标数据。

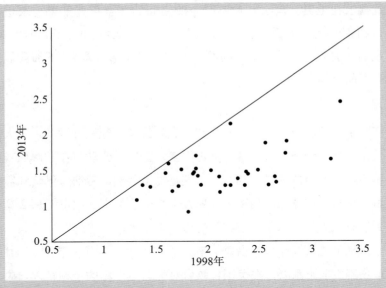

图 9.13　产品市场管制指标的变化情况（1998—2013 年）

注：除了以下国家之外，都是 1998 年和 2013 年的数据：爱沙尼亚、以色列和斯洛文尼亚（2008 年和 2013
年），卢森堡和斯洛伐克（2003 年和 2013 年）。

资料来源：OECD.

　　然而，自由竞争的程度也需要权衡取舍。投资研发的动力取决于产品市场竞争
的程度和性质。竞争到底是创新的驱动力还是绊脚石，这一问题一直备受争议。经
济学家将竞争视为资源有效配置的驱动力，然而实业家则经常指责竞争削弱了行业
龙头。

　　在熊彼特创新的早期模型中，比如阿吉翁和霍伊特（Aghion and Howitt，
1992）（见第 9.2 节）的标准模型研究认为：产品市场上的过度竞争会阻碍创新，
因为它降低了奖励创新的垄断租金（同理，在这个模型中，专利保护对创新无疑是
有益的）。然而，也可以这样说，市场应该有足够的竞争，以使得现有企业能够受
到新进入者的挑战。综合这两个方面，表明竞争和创新之间存在倒 U 形关系。阿
吉翁等（Aghion et al.，2005b）为这种权衡提供了理论基础，并且使用英国企业
数据分析了公司提交的专利数量与竞争程度（用营业利润率衡量）之间的关系，从
而揭示了行业层面存在这种倒 U 形模式。

　　更一般地说，格里菲斯和哈里森（Griffith and Harrison，2004）的研究表明，
在欧洲，促进市场准入和降低行政成本的改革导致了利润率的下降，并支持了投资
和就业。古提瑞兹和菲利彭（Gutierrez and Philippon，2016）也证实了竞争在持续
投资中的作用。政府必须确保市场是否传递了合适的价格和质量信号，以确保不会
因为现有公司间的共谋行为而扼杀竞争，这就是市场监管的意义所在。根据法律制
度的不同，监管部门包括独立的反垄断机构和/或法院，以及专门的技术机构，如
美国联邦通信委员会及食品药品监督管理局。在具有网络性的行业中，这方面的争

论非常激烈。比如，在电信行业，自由化导致了新企业的进入，它们挑战了以前的垄断者。然而，随着竞争的发展，仍有必要提供足够的激励，以进行投资和创新，这就需要有盈利能力和盈利预期。[1]

另一个例子是 21 世纪头十年微软的案例。当时竞争对手起诉微软，投诉其试图利用市场势力阻碍其他企业的发展[2]，并认为这会损害创新。一些经济学家认为，微软扼杀了竞争对手，而另一些人则反驳说，一家公司的主导地位并不意味着市场没有竞争，而且微软正在将利润投入研发，如果限制其创造利润将有损公司的创新能力。最终，欧盟委员会对微软处以罚款，并在 2007 年驳回了微软的上诉。

9.3.5　摆脱地理距离和历史局限

至此，我们已经在国家层面上对增长政策进行了分析。然而，像欧盟这样的超国家实体也在实施区域发展政策（regional development policies），其目的是促进增长。原则上，这与单纯的再分配政策有显著区别。地区（和城市）根据自己在资本、劳动要素方面的比较优势进行专业化分工。在此背景下，历史、地理和市场力量的结合，通常会导致收入和财富分配的严重不均。[3] 不平等可以通过以税收为基础的再分配政策进行一定程度的校正，但真正的问题是：政策能否促进欠发达地区的增长？这是区域政策的目标。比如在欧洲，结构基金为国别层面的再分配计划提供补充资金，并将重点放在促进增长的投资领域，其目的是使欧洲各地区的人均GDP 保持平衡。在 2017 年欧盟联邦预算中，按地区投放的结构基金（或经济、社会和领土凝聚力基金）达到了 536 亿欧元，占总额的 34%。

这些政策在经济上是否有效？新古典增长理论设想，以人力资本水平或者制度质量为条件，地区人均收入会出现条件收敛。欧洲数据没有显示出持续的收敛状态，金融危机之前，欧盟国家之间还存在收敛，但是在欧盟地区之间却并不存在这种现象（OECD，2004，part 2），而且快速收敛的地区是人均收入较低国家的富庶地区，比如加泰罗尼亚。

经济地理学为讨论区域政策提供了新的思路。[4] 第 9.2 节（中心/外围模型）表明，集聚力和分散力的作用方向相反，集聚力的力量已经被证明是强大的。欧盟最富裕的地区大多位于一条中轴线上，从意大利北部到德国，再到荷兰。美国最富裕的州大多位于海岸线和边境地区。勒加洛和多勒巴（Le Gallo and Dall'erba，2006）研究了欧洲地区财富的动态变化，发现一个地区人均 GDP 的收敛过程强烈依赖于其周边邻

---

[1]　格里菲斯和哈里森也发现，利润不足会不利于研发，但他们对这一结果持保留态度。综述见 Schiantarelli（2005）。

[2]　例如，通过在 Windows 操作系统上捆绑媒体播放器等其他软件进行销售。完整记录见 www.usdoj.gov。

[3]　例如，在 2005 年罗马尼亚东北部地区人均年收入为 2 519 欧元，而伦敦市中心为 76 053 欧元，两者比例达到了 1∶30。

[4]　更多讨论见 Martin（1999）和 Baldwin et al.（2003）。

近地区的财富状况，这导致外围地区形成了"非收敛俱乐部"。

集聚力量造成了政策困境。经济集聚是一个效率提升的结果，这一过程通过利用经济活动聚集时产生的正面溢出效应，在总体层面导致了更高的 GDP 增长，并且这种更高的收入可以通过（最好是一次性的）税收转移在各地区之间分享。从这个意义上来说，政府应该接受集聚而不是反对它，特别是在新兴产业和研发密集型产业，在这些产业中，现有资本发挥的作用相对不太重要，同时这类产业的网络外部性很强。然而这样做的风险在于，这将造成另一些地区的工业沙漠化，并加剧当地居民的怨恨。

如何在不扼杀集聚过程的前提下促进贫困地区的发展？第一种选择可能是降低交通成本（通过补贴或改善运输基础设施）。然而，至少在初期阶段，降低交通成本可以减轻劳动力迁徙的不便，从而进一步推动产业集中。在法国，高铁让人们更容易在偏远地区生活而在首都工作，从而鼓励了经济活动向巴黎地区集中。这样的结果在经济上是有效率的（因为它提高了 GDP），但是却加剧了地理上的不平等。

另一种选择则是让集聚发生，并顺势增加对外围地区的财政转移。这在很大程度上是从国家内部层面发展起来的做法，有时是以一种间接的方式，比如落后地区欢迎来自富裕地区的富裕退休人员。基于这样一个出发点，萨皮尔等提交给欧盟委员会主席的报告（Sapir et al.，2004）主张，在欧盟层面设立"增长基金"和专门针对欠发达地区的"收敛基金"，从而区分欧盟预算中的资源配置和再分配功能。

马丁（Martin，1999）提出了一个解决区域差距的方法，这个方法将经济效率与区域公平结合起来，而且更加雄心勃勃和具有前瞻性，具体来说包括：鼓励思想和知识的传播，帮助外围地区"跳跃"到人力资本密集度更高、实物资本密集度更低的发展机制。比如，这意味着需要在手机和宽带互联网领域进行更多投资。在这个逻辑下，我们可以这样理解印度的信息和通信技术（ICT）产业的崛起：电子通信基础设施的快速发展弥补了运输基础设施的不足。随着网络覆盖面的扩大，互联网接入的价格也下降，社会和银行服务就可以通过移动网络来实现，从而提高了 TFP。

第 9.2 节提到，内生增长模型还强调了多重均衡的可能性以及历史在塑造增长轨迹中的作用。因此，许多国家和地区需要制定政策以摆脱低水平发展陷阱的挑战。这方面有两种补充疗法：

- 向国际市场开放国内经济，在不约束消费者选择的情况下，从专业化分工当中获得生产率的收益。19 世纪 30 年代，英国废除了具有保护主义色彩的《谷物法》（Corn Laws）、拥抱自由贸易，并开创了这样的战略。事实证明，这极大地促进了英国的发展。然而，关于贸易开放和经济增长的实证文献并没有对两者的关系给出肯定的结论（Rodriguez and Rodrik，2001）。简而言之，没有一个国家能在不开放贸易的情况下实现可持续的高增长；但贸易开放本身还不足以带来增长。原因在于，贸易开放可能会推动经济向具有比较优势的传统行业（如农业）专业化发展，这可能反而会阻碍长期生产率的增长。而在 19 世纪英国实行自由贸易时，它也受益于工业革命。

　　• 说服市场主体，让他们相信今天的投资会推动未来的发展。克鲁格曼（Krugman，1991a）和墨菲等（Murphy et al.，1989）建立了一个工业发展模型，在该模型中工业发展具有不确定性，它受到需求面的预期影响。所以经济起飞还是停滞两个结果都有可能，最终取决于初始预期。二战后的主流模型将欠发达状态看作是一种政府与公众的协调失败[①]，它与"大推动"发展理论相互呼应。"大推动"发展理论在 20 世纪 50—60 年代非常流行。在这种多重均衡的背景下，政府和国际机构是否有能力影响预期，从而帮助经济体从一个特定均衡跳跃到另一个均衡，就变得特别关键。在这个协调角色中，政府需要具有可信度，就像它们在管理短期需求时一样也需要具有可信度，这在第 4～5 章已经有讨论。政府可以通过以下方式来提升可信度，比如：使用财政资金推动提高生产率的投资，通过对监管和税收体系进行全面改革，或寻求 OECD 和 IMF 等国际机构对其改革战略提供公开支持。

　　然而无论这些措施多么有力，"大推动"发展战略都严重依赖于预期，所以其在本质上是脆弱的。20 世纪 60 年代，许多发展中国家的强制工业化战略以失败告终，这也显示了"大推动"发展理论的脆弱性。新创建的产业必须实实在在地、持续地产生 TFP 的增长，这就把我们带回到了前面的一套增长政策的建议。回顾历史，确保中国经济起飞的不是 20 世纪 50 年代的"大跃进"，而是 20 世纪 90 年代向市场经济的转型和对外贸易的开放。

9.3.6　选择优先事项

　　尽管我们已尽力提炼理论中蕴涵的政策建议，但我们仍然没有找到长期增长的良方。斯宾塞委员会关于发展中国家长期增长的报告（Commission on Growth and Development，2008）得出结论认为，除了历史记录的高增长和持续增长的经验及其共同特点之外，各国增长轨迹在很大程度上具有特殊性。20 世纪 90 年代，增长理论进行了重建，经济学家们丰富了理论内容，提升了理论对经验数据的解释力。然而与前几章相比，这一章政策及其效果之间的关联变弱了，我们考虑的时间范围更广、目标更多样、机制更加复杂。政府不应该将这种不确定性作为只关注经济短期增长的借口。政治家出于政治生命的考虑，已经过度关注短期增长了。无论是对发展中国家，还是对欧洲，对增长的投资都是至关重要的。

　　成功的经济增长战略需要确定政策的优先次序。但是政治资本总是稀缺的，所以在影响长期增长的诸多因素中，政府需要选择几个重点关注的因素。有没有可靠的方法来做到这一点？在《追求增长》（Going for Growth）系列报告中，OECD 试

9

[①]　参见 Ray（2001）和 Krugman（1994a）。这方面的初始工作可以追溯到扬（Young，1928）以及罗森斯坦-罗登（Rosenstein-Rodan，1943）的工作。

图帮助决策者制定改革议程，以实现"强劲、可持续、平衡和包容性的增长"。2017 年的报告指出，OECD 成员国内部的结构性改革步伐已经放缓，特别是在教育和创新领域，各国政府往往专注于特定的政策领域，而忽视了协同效应和改革互补性带来的好处。该报告提出了以下优先事项：促进创新企业的进入和增长，促进获得高质量教育的平等机会，将妇女和移民纳入劳动力市场，增强对基础设施的投资，以及改善工人培训和激活劳动力市场的政策。

里卡多·豪斯曼、丹尼·罗德里克和安德烈斯·贝拉斯科（Ricardo Hausmann, Dani Rodrik, and Andres Velasco，2008）提出了一种针对特定国家来确定优先事项的方法。他们将增长障碍区分为一系列扭曲，这些扭曲在一系列经济活动（如投资、劳动力供给、人力资本积累等）的私人和社会价值之间引入了一个楔子。通过体制改革去消除这些扭曲会对私人活动产生直接影响，并且通过一般均衡效应产生更加广泛的影响。他们建议，根据改革的直接效果对改革政策进行排序，并从直接效果最强的改革开始。比如，教育有比较高的私人回报，那么缺乏教育可能会严重制约增长。

最好的策略显然是立即清除所有的扭曲，但是这在政治上和现实中都不现实。在实践中，政府还会考虑政治约束，比如改革赢家和输家的分布以及他们未来的投票行为。实际上，尽管一些促进增长的改革措施可以改进社会福利，但是这些改革往往没有得到实施，政治经济学是理解这一问题的关键。所以，政策设计和决策过程的质量起着至关重要的作用。

参考文献

Acemoglu, D. , P. Aghion, and F. Zilibotti（2002），"Distance to Frontier, Selection, and Economic Growth," *Journal of the European Economic Association*, 4, pp. 37 – 74.

Acemoglu, D. , S. Johnson, and J. Robinson（2004），"Institutions as the Fundamental Causes of Long-Run Growth," in Aghion, P. , and S. Durlauf, eds. , *Handbook of Economic Growth*, Elsevier, pp. 385 – 472.

Adler, G. , R. Duval, D. Furceri, S. Kiliç Celik, K. Koloskova, and M. Poplawski-Ribeiro（2017），"Gone with the Headwinds: Global Productivity," *IMF Staff Discussion Notes* No. 17/04.

Aghion, P.（2011），"Industrial Policy, Entrepreneurship and Growth," in Audretsch, D. B. , O. Falck, S. Heblich, and A. Lederer, eds. , *Handbook of Research on Innovation and Entrepreneurship*, Edward Elgar.

Aghion, P. , U. Afcigit, A. Bergeaud, R. Blundell, and D. Hémous（2016），"Innovation and Top Income Inequality," mimeo, Harvard University.

9

Aghion, P., P. Askenazy, N. Berman, G. Cette, and L. Eymard (2008b), "Credit Constraints and the Cyclicality of R&D Investment: Evidence from France," *Banque de France Working Paper*, no. 198.

Aghion, P., P. Askenazy, R. Bourlès, G. Cette, and N. Dromel (2008a), "Éducation supérieure, rigidités de marché et croissance," in Aghion, P., G. Cette, E. Cohen, and J. Pisani-Ferry, eds., *Les leviers de la croissance française*, Report to the French Council of Economic Analysis no. 72.

Aghion, P., and A. Banerjee (2005), *Volatility and Growth*, Clarendon Lectures in Economics, Oxford University Press.

Aghion, P., B. Bloom, R. Blundell, R. Griffith, and P. Howitt (2005), "Competition and Innovation: An Inverted-U Relationship," *The Quarterly Journal of Economics*, 120, pp. 701 – 28.

Aghion, P., L. Boustan, C. Hoxby, and J. Vandenbussche (2005), "Exploiting States' Mistakes to Identify the Causal Impact of Higher Education on Growth," mimeo, Harvard University.

Aghion, P., L. Boustan, C. Hoxby, and J. Vandenbussche (2009), "The Causal Impact of Education on Economic Growth: Evidence from US," mimeo, Harvard University.

Aghion, P., M. Dewatripont, C. Hoxby, A. Mas-Colell, and A. Sapir (2008), *An Agenda for Reforming European Universities*, Bruegel.

Aghion, P., and P. Howitt (1992), "A Model of Growth Through Creative Destruction," *Econometrica*, 60, pp. 323 – 51.

Alesina, A., and D. Rodrik (1994), "Distributive Politics and Economic Growth," *The Quarterly Journal of Economics*, 109, pp. 465 – 90.

Alvaredo, F., L. Chancel, T. Piketty, E. Saez, and G. Zucman (2018), *World Inequality Report*, World Inequality Lab.

Arnold, J. M., A. Bassanini, and S. Scarpetta (2007), "Solow or Lucas? Testing Growth Models Using Panel Data from OECD Countries," *OECD Working Paper*, no. 592.

Arrow, K. (1962), "The Economic Implications of Learning by Doing," *Review of Economic Studies*, 29, pp. 155 – 73.

Askenazy, P. (2001), *Des 35 heures à la nouvelle economie. Changements organisationnels et diffusion de l'innovation.* Notes de l'Ifri 27, La Documentation Française for the French Institute of International Relations (Ifri).

Atkinson, A. (2015), *Inequality: What Can Be Done?* Harvard University Press.

9

Baldwin, R. (2016), *The Great Convergence*, Belknap Press.

Baldwin, R., R. Forslid, P. Martin, G. Ottaviano, and F. Robert-Nicoud (2003), *Economic Geography and Public Policy*, Princeton University Press.

Ball, L. (1999), "Aggregate Demand and Long-Run Unemployment," *Brookings Papers on Economic Activity*, 2, pp. 189 – 251.

Banerjee, A., and E. Duflo (2003), "Inequality and Growth: What Can the Data Say?" *Journal of Economic Growth*, 8, pp. 267 – 99.

Barrell, R., and M. Weale (2003), "Designing and Choosing Macroeconomic Frameworks: The Position of the UK after Four Years of the Euro," *Oxford Review of Economic Policy*, 19, pp. 132 – 48.

Barro, R. (2001), "Human Capital and Growth," *The American Economic Review*, 91, pp. 12 – 17.

Barro, R. (2000), "Inequality and Growth in a Panel of Countries," *Journal of Economic Growth*, 5, pp. 5 – 32.

Barro, R., and X. Sala-ì-Martin (1995), *Economic Growth*, McGraw-Hill.

Barro, R., and X. Sala-ì-Martin (1991), "Convergence Across States and Regions," *Brookings Papers on Economic Activity*, 1, pp. 107 – 82.

Bartelsman, E., S. Scarpetta, and F. Schivardi (2003), "Comparative Analysis of Firm Demographics and Survival: Micro-Level Evidence for the OECD Countries," *OECD Economics Department Working Papers*, no. 348.

Becker, G. (2013), "On Reforming the Patent System," The Becker-Posner Blog, 21 July, http://www.becker-posner-blog.com.

Bernanke, B. (2005), "The Global Saving Glut and the US Current Account Deficit," speech at the Sandridge Lecture, Virginia Association of Economics, March 10, 2005 and the Homer Jones Lecture, St. Louis, Missouri, April 14, 2005.

Benabou, R. (1996), "Inequality and Growth," in Bernanke, B., and J. Rotemberg, eds., *NBER Macroeconomics Annual 1996*, 11, MIT Press, pp. 11 – 74.

Bhagwati, J. (1958), "Immiserizing Growth: A Geometrical Note," *Review of Economic Studies* 25 (June), pp. 201 – 205.

Blanchard, O. (2004), "The Economic Future of Europe," *Journal of Economic Perspectives*, 18, pp. 3 – 26.

Blanchard, O., and L. Summers (1986), "Hysteresis and the European Unemployment Problem," in Fischer, S., ed., *NBER Macroeconomic Annual 1986*, 1, pp. 15 – 90.

Borner, S., Bodmer, F., and M. Kobler (2003), *Institutional Efficiency and its Determinants: The Role of Political Factors in Economic Growth*, OECD De-

9

velopment Centre Studies.

Bourguignon, F. (2015), *The Globalization of Inequality*, Princeton University Press.

Bourguignon, F., and C. Morrisson (2002), "Inequality Among World Citizens: 1820 – 1992," *American Economic Review*, 92, pp. 727 – 44.

Braudel, F. (1981 – 84), *Civilization and Capitalism*, *15th – 18th Centuries*, 3 vols. (The Structures of Everyday Life; The Wheels of Commerce; The Perspective of the World), Harper & Row, original editions in French (1979).

Braudel, F. (1985), *La dynamique du capitalisme*, Arthaud.

Caballero, R., and M. Hammour (1994), "The Cleansing Effect of Recessions," *American Economic Review*, 84, pp. 1350 – 68.

Causa, O., A. de Serres, and N. Ruiz (2014), "Can Growth-Enhancing Policies Lift All Boats? An Analysis Based on Household Disposable Incomes," OECD *Economics Department Working Papers*, No. 1180.

Cette, G. (2004), "Productivité et croissance: diagnostic macroéconomique et lecture historique," in Cette, G., and P. Artus, eds., *Productivité et croissance*, Rapport au Conseil d'Analyse Economique 48, La Documentation Française.

Cette, G., J. Mairesse, and Y. Kocoglu (2004), "Diffusion des TIC et croissancepotentielle," *Revue d'Économie Politique*, 114, janvier – février, pp. 77 – 97.

Chamberlin, E. (1933), *Theory of Monopolistic Competition*, Harvard University Press.

Cœuré, B. (2017), "Convergence Matters for Monetary Policy," speech at the Competitiveness Research Network (CompNet) conference on "Innovation, Firm Size, Productivity and Imbalances in the Age of De-globalization" in Brussels, 30 June 2017.

Combes, P. P., T. Mayer, and J. F. Thisse (2006), *Economie géographique—L'intégration des régions et des nations*, Economica.

Comin, D., and T. Philippon (2005), "The Rise in Firm-level Volatility: Causes and Consequences," *NBER Macroeconomics Annual*, 20, MIT Press, pp. 167 – 228.

Commission on Growth and Development (2008), *The Growth Report. Strategies for Sustained Growth and Development*, The World Bank.

Committee on Payments and Market Infrastructures and World Bank Group (2016), *Payment Aspects of Financial Inclusion*, April.

Coulombe, S. (2007), "Globalization and Regional Disparity: A Canadian Case Study," *Regional Studies*, 41, pp. 1 – 17.

Coulombe, S., and F. C. Lee (1995), "Convergence Across Canadian Prov-

9

inces, 1961 to 1991," *Canadian Journal of Economics*, 28, pp. 155 – 78.

Cynamon, B. Z., and S. M. Fazzari (2016), "Inequality, the Great Recession, and Slow Recovery," *Cambridge Journal of Economics*, 40 (2), pp. 373 – 99.

D'Alisa, G., F. Demaria, and G. Kallis (eds.) (2014), *Degrowth: A Vocabulary for a New Era*, Routledge.

David, P. (1985), "Clio and the Economics of QWERTY: The Constraints of History," *American Economic Association Papers and Proceedings*, 75, pp. 333 – 37.

David, P. (1990), "The Dynamo and the Computer: An Historical Perspective on the Modern Productivity Paradox," *American Economic Review*, 80, pp. 355 – 61.

Deaton, A. (2013), *The Great Escape: Health, Wealth, and the Origins of Inequality*, Princeton University Press.

Deininger, K., and L. Squire (1996), "A New Data Set Measuring Income Inequality," *World Bank Economic Review*, 10, pp. 565 – 91.

Diamond, J. (1997), *Guns, Germs and Steel: The Fate of Human Societies*, W. W. Norton and Company.

Dixit, A., and J. Stiglitz (1977), "Monopolistic Competition and Optimum Product Diversity," *American Economic Review*, 67, pp. 297 – 308.

Domar, H. (1946), "Capital Expansion, Rate of Growth and Employment," *Econometrica*, 14, pp. 137 – 47.

Drew, A., M. Kennedy, and T. Sløk (2004), "Differences in Resilience between the Euro-area and US Economies," *OECD Working Paper*, no. 382.

Drews, S., and M. Antal (2016), "Degrowth: A 'Missile Word' that Backfires?" *Ecological Economics*, 126 (July), pp. 182 – 87.

Easterly, W. (2001), *The Elusive Quest for Growth*, MIT Press.

Edquist, H., and M. Henreskon (2016), "Do R&D and ICT Affect Total Factor Productivity Growth Differently?" *Telecommunications Policy*, http://dx.doi.org/10.1016/j.telpol2016.11.010.

European Commission (2005), "Financial Services Policy, 2005 – 2010," White Paper, European Commission.

Eurostat (2016), *Smarter, Greener, More Inclusive? Indicators to Support the Europe 2020 Strategy*, 2016 edition, The European Union.

Feenstra, R., R, Inklaar, and M. Timmer (2015), "The Next Generation of the Penn World Table," *American Economic Review*, 105 (10), pp. 3150 – 82.

Freund, C. (2016), "Deconstructing Branko Milanovic's 'Elephant Chart': Does It Show What Everyone Thinks?" Real Economic Issues Watch, Peterson Institute for International Economics (https:/piie.com/blogs/realtime-economics-is-

9

sues- watch/deconstructing-branko-milanovics-elephant-chart-does-it-show.

Galor, O. , and D. Tsiddon (1997), "Technological Progress, Mobility and Economic Growth," *American Economic Review*, 87, pp. 363 – 82.

Gancia, G. , and F. Zilibotti (2004), "Horizontal Innovation in the Theory of Growth and Development," in Aghion, P. , and S. Durlauf, eds. , *Handbook of Economic Growth*, Elsevier, pp. 111 – 70.

Gordon, R. (2000), "Does the 'New Economy' Measure up to the Great Inventions of the Past?" *Journal of Economic Perspectives*, 14, pp. 49 – 74.

Gordon, R. (2003), "Exploding Productivity Growth: Context, Clauses, and Implications," *Brookings Papers on Economic Activity*, 34, pp. 207 – 98.

Gordon, R. (2016), *The Rise and Fall of American Growth: The US Standard of Living Since the Civil War*, Princeton University Press.

Greenspan, A. (1998), "Is There a New Economy?" remarks at the Haas Annual Business Faculty Research Dialogue, University of California, Berkeley, 4 September.

Greenwood, J. , and B. Jovanovic (1990), "Financial Development, Growth, and the Distribution of Income," *Journal of Political Economy*, 98, pp. 1076 – 106.

Griffith, R. , and R. Harrison (2004), "The Link Between Product Market Reform and Macro-Economic Performance," *European Commission Economic Papers*, no. 209.

Grossman, G. , and E. Helpman (1989), "Product Development and International Trade," *Journal of Political Economy*, 97, pp. 1261 – 83.

Guellec, D. (1999), *Economie de l'innovation*, La Découverte.

Gurley, J. , and E. Shaw (1955), "Financial Aspects of Economic Development," *American Economic Review*, 45, pp. 515 – 38.

Gutierrez, G. , and T. Philippon (2016), "Investment-Less Growth: An Empirical Investigation," *NBER Working Paper*, no. 22987.

Hahn, F. , and R. Matthews (1964), "The Theory of Economic Growth: A Survey," *Economic Journal*, 74, pp. 779 – 902.

Hamilton, K. (2006), *Where Is the Wealth of Nations? Measuring Capital for the 21st Century*, World Bank.

Hansen, A. (1939), "Economic Progress and Declining Population Growth," *The American Economic Review*, 29 (1), pp. 1 – 15.

Harrod, R. (1939), "An Essay in Dynamic Theory," *Economic Journal*, 49, pp. 14 – 33.

Hausmann, R. , D. Rodrik, and A. Velasco (2008), "Growth Diagnostics," in

Serra, N. , and J. Stiglitz (eds.), *The Washington Consensus Reconsidered: Towards a New Global Governance*, Oxford University Press, pp. 324 – 56.

Hotelling, H. (1929), "Stability in Competition," *Economic Journal*, 39, pp. 41 – 57.

International Monetary Fund (2003), *World Economic Outlook*.

Iwata, S. , Khan, M. , and H. Murao (2003), "Sources of Economic Growth in East Asia: A Nonparametric Assessment," *IMF Staff Papers*, 50, pp. 157 – 76.

Jaubertie, A. , and L. Shimi (2016), "The Debate on Secular Stagnation: A Status Report," *Trésor-Economics*, No. 182, October 2016, Ministère de l'Economie et des Finances.

Jones, C. (2005), "Growth and Ideas," in Aghion, P. , and S. Durlauf (eds.), *Handbook of Economic Growth*, Elsevier, pp. 1063 – 111.

Jorgenson, D. W. , M. S. Ho, and K. J. Stiroh (2008), "A Retrospective Look at the US Productivity Growth Resurgence," *The Journal of Economic Perspectives*, 22 (1), pp. 3 – 24.

Jorgenson, D. W. , and K. M. Vu (2016), "The ICT Revolution, World Economic Growth and Policy Issues," *Telecommunications Policy*, http://dx. doi. org/10. 1016/j. telpol2016. 01. 002.

Kanbur, R. (2000), "Income Distribution and Development," in Atkinson, A. , and F. Bourguignon, eds. , *Handbook of Income Distribution*, Elsevier, pp. 791 – 841.

Kaldor, N. (1957), "A Model of Economic Growth," *The Economic Journal*, 67 (268), pp. 591 – 624.

Kaufman, D. , A. Kraay, and M. Mastruzzi (2008), "Governance Matters Ⅷ: Aggregate and Individual Governance Indicators, 1996 – 2007," *World Bank Policy Research Working Paper*, no. 4654.

Kose, M. A. , E. Prasad, K. Rogoff, and S. -J. Wei (2006), "Financial Globalization: A Reappraisal," *IMF Working Paper*, no. 06/189, August.

Krugman, P. (1995), *Development, Geography, and Economic Theory*, MIT Press.

Krugman, P. (1994b), "The Myth of Asia's Miracle," *Foreign Affairs*, November-December, pp. 62 – 78.

Krugman, P. (1994a), "The Fall and Rise of Development Economics," in Rodwin, L. , and D. A. Schön, eds. , *Rethinking the Development Experience: Essays Provoked by the World of Albert Hirschman*, The Brookings Institution Press, pp. 39 – 58.

Krugman, P. (1991c), *Geography and Trade*, MIT Press.

Krugman, P. (1991b), "History Versus Expectations," *Quarterly Journal of Economics*, 106, pp. 651 – 67.

Krugman, P. (1991a), "Increasing Returns and Economic Geography," *Journal of Political Economy*, 99, pp. 483 – 99.

Kuhn, T. (1962), *The Structure of Scientific Revolutions*, University of Chicago Press.

Kuznets, S. (1955), "Economic Growth and Income Inequality," *American Economic Review*, 65, pp. 1 – 29.

Lakner, C., and B. Milanovic (2015), "Global Income Distribution: From the Fall of the Berlin Wall to the Great Recession," *World Bank Economic Review*, 30 (2), pp. 203 – 32.

La Porta, R., F. Lopez-de-Silanes, A. Schleifer, and R. Vishny (1998), "Law and Finance," *Journal of Political Economy*, 106, pp. 1113 – 55.

La Porta, R., F. Lopez-de-Silanes, A. Schleifer, and R. Vishny (1999), "The Quality of Government," *Journal of Law, Economics and Organization*, 15, pp. 222 – 79.

Le Gallo, S., and S. Dall'erba (2006), "Evaluating the Temporal and Spatial Heterogeneity of the European Convergence Process, 1980 – 1999," *Journal of Regional Science*, 46, pp. 269 – 88.

Levine, R. (2005), "Finance and Growth: Theory and Evidence," in Aghion, P., and S. Durlauf, eds., *Handbook of Economic Growth*, Elsevier, pp. 865 – 934.

Lopez Calva, L. F., and N. Lustig (2010), *Declining Inequality in Latin America: A Decade of Progress?* Brookings Institution Press and UNDP.

Lucas, R. (2004), "Industrial Revolution, Past and Future," *Annual Report 2003*, Federal Reserve Bank of Minneapolis, http://minneapolisfed.org/pubs/region/ 04-05/essay.cfm.

Maddison, A. (1997), "Causal Influences on Productivity Performance 1820 – 1992," *Journal of Productivity Analysis*, November, pp. 325 – 60.

Maddison, A. (2001), *The World Economy: A Millennial Perspective*, OECD Development Centre, Organization for Economic Cooperation and Development.

Maddison, A. (2007), *Contours of the World Economy 1 – 2030 AD*, Oxford University Press.

Malthus, T. (1798), "An Essay on the Principle of Population, as It Affects the Future Improvement of Society with Remarks on the Speculations of Mr. Godwin, M. Condorcet, and Other Writers," J. Johnson.

9

Mankiw, N. G., D. Romer, and D. N. Weil (1992), "A Contribution to the Empirics of Economic Growth," *The Quarterly Journal of Economics*, 107, pp. 407 – 37.

Martin, P. (1999), "Public Policies, Regional Inequalities and Growth," *Journal of Public Economics*, 73, pp. 85 – 105.

McKinnon, R. (1973), *Money and Capital in Economic Development*, The Brookings Institution.

Meisel, N., and J. Ould Aoudia (2008), "Is 'Good Governance' a Good Development Strategy?" *Working Paper*, no. 58, Agence française de développement.

Milanovic, B. (2005), *Worlds Apart: Measuring International and Global Inequality*, Princeton University Press.

Milanovic, B. (2012), "Global Income Inequality by the Numbers: In History and Now-An Overview," *Policy Research Working Paper*, WPS 6259, The World Bank.

Milanovic, B. (2016), *Global Inequality. A New Approach for the Age of Globalization*, Belknap Press.

Mokyr, J. (2017), *A Culture of Growth. The Origins of the Modern Economy*, The Graz Schumpeter Lectures, Princeton University Press.

Munnell, A. (1992), "Infrastructure, Investment and Economic Growth," *Journal of Economic Perspectives*, 6, pp. 189 – 98.

Murphy, K., A. Schleifer, and R. Vishny (1989), "Industrialization and the Big Push," *Journal of Political Economy*, 97, pp. 1003 – 26.

Nelson, R., and E. Phelps (1966), "Investment in Humans, Technological Diffusion, and Economic Growth," *American Economic Review: Papers and Proceedings* 51, pp. 69 – 75.

Nicoletti, G., and S. Scarpetta (2005), "Regulation and Economic Performance. Product Market Reforms and Productivity in the OECD," *OECD Economics Department Working Paper*, no. 460.

North, D. (1990), *Institutions, Institutional Change and Economic Performance*, Cambridge University Press.

North, D. (1994), "Institutions Matter," revision of 28/03/94, http://129.3. 20. 41/econ- wp/eh/papers/9411/9411004. pdf.

North, D., J. Wallis, and B. Weingast (2009), *Violence and Social Orders. A Conceptual Framework for Interpreting Recorded Human History*, Cambridge University Press.

OECD (2015), "Growth and Income Inequality: Trends and Policy Implications," *OECD Economics Department Policy Note*, No. 26, April.

OECD (2010), "The Impact of the Economic Crisis on Potential Output," *OECD Working Paper*, forthcoming.

OECD (2004), *Economic Survey of the Euro Area*, Organisation for Economic Cooperation and Development.

Oliner, S., and D. Sichel (2002), "Information Technology and Productivity: Where Are We Now and Where Are We Going?" *Federal Reserve Bank of Atlanta Economic Review*, third quarter.

Ostry, J. D., A. Berg, and C. G. Tsangarides (2014), "Redistribution, Inequality, and Growth," *IMF Staff Discussion Note*, SDN/14/02.

Pagano, M. (1993), "Financial Markets and Growth: An Overview," *European Economic Review*, 37, pp. 613 – 22.

Philippon, T., and N. Véron (2008), "Financing Europe's Fast Movers," *Bruegel Policy Brief*, no. 2008/01.

Piketty, T. (2014), *Capital in the Twenty-First Century*, Harvard University Press.

Quah, D. (1993), "Galton's Fallacy and Tests of the Convergence Hypothesis," *The Scandinavian Journal of Economics*, 95 (4), pp. 427 – 43.

Rajan, R. (2010), *Fault Lines: How Hidden Fractures Still Threaten the World Economy*, Princeton University Press.

Rajan, R., and L. Zingales (2003), *Saving Capitalism from the Capitalists*, Random House.

Ramey, G., and A. Ramey (1995), "Cross-Country Evidence on the Link between Volatility and Growth," *American Economic Review*, 85 (5), pp. 1138 – 51.

Ramsey, F. (1928), "A Mathematical Theory of Saving," *Economic Journal*, 28, pp. 543 – 59.

Ray, D. (2001), "What's New in Development Economics," *American Economist*, 44, pp. 3 – 16.

Rodriguez, F., and D. Rodrik (2001), "Trade Policy and Economic Growth: A Skeptic's Guide to the Cross-National Evidence," in Bernanke, B., and K. Rogoff, eds., *Macroeconomics Annual 2000*, MIT Press, pp. 261 – 338.

Rodrik, D. (2004), "Getting Institutions Right," *CESifo DICE Report*, No. 2.

Rodrik, D. (2006), "Goodbye Washington Consensus, Hello Washington Confusion? A Review of the World Bank's Economic Growth in the 1990s: Learning from a Decade of Reform," *Journal of Economic Literature*, 64, pp. 973 – 87.

Rodrik, D. (2017), "Populism and the Economics of Globalization," mimeo, Harvard University.

Romer, P. (1986), "Increasing Returns and Long-run Growth," *Journal of Political Economy*, 94, pp. 1002 – 36.

Romer, P. (1990), "Endogenous Technological Change," *Journal of Political Economy*, 98, pp. 71 – 102.

Rosenstein-Rodan, P. (1943), "Problems of Industrialization of Eastern and Southeastern Europe," *Economic Journal*, 53, pp. 202 – 11.

Sala-i-Martin, X. (1996), "The Classical Approach to Convergence Analysis," *Economic Journal*, 106: 437, pp. 1019 – 36.

Sapir, A., P. Aghion, G. Bertola, M. Hellwig, J. Pisani-Ferry, D. Rosati, J. Viñals, H. Wallace, M. Buti, M. Nava, and P. M. Smith (2004), *An Agenda for a Growing Europe*, report to the President of the European Commission, Oxford University Press.

Schiantarelli, F. (2005), "Product Market Regulation and Macroeconomic Performance: A Review of Cross Country Evidence," *IZA Discussion Paper*, no. 1791.

Schumpeter, J. (1942/1976), *Capitalism, Socialism and Democracy*, Harper & Row (reprinted 1976 George Allen & Unwin).

Schumpeter, J. (1911), *The Theory of Economic Development*, Harvard University Press.

Sen, A. (2000), "A Decade of Human Development," *Journal of Human Development*, 1, pp. 17 – 23.

Sen, A. (1999), "The Possibility of Social Choice" (Nobel Lecture), *American Economic Review*, 89 (3), July, pp. 349 – 78.

Shackleton, R. (2013), "Total Factor Productivity Growth in Historical Perspective," working paper 2013-01, Working Papers Series, Congressional Budget Office.

Shaw, E. (1973), *Financial Deepening in Economic Development*, Oxford University Press.

Sianesi, B., and J. Van Reenen (2002), "The Returns to Education: A Review of the Empirical Macro-EconomicLiterature," Institute for Fiscal Studies, WP 02/05.

Solow, R. (1956), "A Contribution to the Theory of Economic Growth," *Quarterly Newspaper of Economics*, 70, pp. 65 – 94.

Stiglitz, J., A. Sen, and J. P. Fitoussi (2009), *Report by the Commission on the Measurement of Economic Performance and Social Progress*.

Summers, L. (2014), "US Economic Prospects: Secular Stagnation, Hysteresis, and the Zero Lower Bound," keynote address at the NABE Policy Conference,

24 February 2014，*Business Economics*，49（2），pp. 65 – 73.

Swan，T.（1956），"Economic Growth and Capital Accumulation," *Economic Record*，32，pp. 334 – 61.

Teulings，C.，and R. Baldwin（2014）（eds.），*Secular Stagnation: Facts, Causes and Cures*，A VoxEU. org book，CEPR Press.

Tirole，J.（2003），"Protection de la propriété intellectuelle: une introduction et quelques pistes de réflexion," in *Propriété intellectuelle*，rapport du Conseil d'Analyse Economique 41，La Documentation Française，pp. 9 – 48.

Ventura，J.，and H. J. Voth（2015），"Debt into Growth: How Sovereign Debt Accelerated the First Industrial Revolution," *Barcelona GSE Working Paper*，no. 830，May.

Wallerstein，I.（1979），*The Capitalist World-Economy*，Cambridge University Press.

Wilson，D.（2005），"The Rise and Spread of State R&D Tax Credits," *Federal Reserve Bank of San Francisco Economic Letter*，no. 2005 – 26.

Williamson，J.（1990），"What Washington Means by Policy Reform," in Williamson，J.（ed.），*Latin American Readjustment: How Much Has Happened*，Peterson Institute for International Economics，pp. 7 – 20.

Yang，S.，and E. Brynjolfsson（2001）. "Intangible Assets and Growth Accounting: Evidence from Computer Investments," working paper，Massachusetts Institute of Technology，May，available as Paper 136 at the Center for eBusiness@ MIT（http://ebusiness. mit. edu）.

Young，A.（1928），"Increasing Returns and Economic Progress," *Economic Newspaper*，38，pp. 527 – 42.

Young，A.（1992），"A Tale of Two Cities: Factor Accumulation and Technical Change in Hong Kong and Singapore," in Blanchard，O.，and Fischer，S.，eds.，*NBER Annual Macroeconomics*，MIT Press，pp. 13 – 54.

Young，A.（1995），"The Tyranny of Numbers: Confronting the Statistical Realities of the East Asian Growth Experiment," *The Quarterly Journal of Economics*，110，pp. 641 – 80.

9

关键词

B

bad bank，坏账银行

Bagehot principle，白芝浩原则

bail，纾困

  -in，内部纾困

  -out，外部纾困

balance，余额

  cyclically-adjusted fiscal，经过周期性调整的财政余额

  cyclically-adjusted primary，经过周期性调整的基本余额

  financial，财政余额

  fiscal, or budget，财政或预算余额

  of payments，国际收支平衡表

  primary，基本余额

  structural，结构性余额

Balassa-Samuelson effect，巴拉萨–萨缪尔森效应

bank，银行

  bad，坏账银行

  based finance，以银行为基础的间接金融

  commercial，商业银行

  global systemically important，全球系统重要性银行

  investment，投资银行

  reserves，银行准备金

  resolution，银行处置

  run，银行挤兑

  shadow，影子银行

Bank for International Settlements（BIS），国际清算银行

banking supervision，银行监管

banking union，银行业联盟

Bank Recovery and Resolution Directive（BRRD），《银行恢复与处置指令》

bank-sovereign nexus，银行-主权关系

base erosion and profit shifting（BEPS），税基侵蚀和利润转移

Basel，巴塞尔

  gap，巴塞尔信贷缺口

  Ⅰ，《巴塞尔协议Ⅰ》

  Ⅱ，《巴塞尔协议Ⅱ》

  Ⅲ，《巴塞尔协议Ⅲ》

Basel Committee for Banking Supervision（BCBS），巴塞尔银行监管委员会

base money，基础货币

basic allowance，基本免税额

basic income，基本收入

See Basel Committee on Banking Supervision, BCBS. 见巴塞尔银行监管委员会

See behavioral equilibrium exchange rate（BEER），见行为均衡汇率

benevolent government，好心政府

See base erosion and profit shifting, BEPS. 见税基侵蚀和利润转移

See Bank for International Settlements, BIS. 见国际清算银行

black swan，"黑天鹅"

border effect，边界效应

Boskin effect，伯斯金效应

See Bank Recovery and Resolution Directive, BRRD. 见《银行恢复与处置指令》

bubble，泡沫

  rational，理性泡沫

budget，预算

  balance，预算余额

  deficit，预算赤字

  government，政府预算

  surplus，预算盈余

budgetary policy，预算政策

C

See collective action clause, CAC. 见集体行动条款

calibrated (model)，校准的（模型）

call option，看涨期权

cap-and-trade，限额交易

See cyclically-adjusted primary balance, CAPB. 见经过周期性调整的基本余额

capital，资本

account，资本账户

adequacy ratio，资本充足率

deepening (of production)，资本深化（生产的）

inflow，资本流入

intensity (of production)，资本密集度（生产的）

outflow，资本流出

stock，资本存量

structure (of a firm)，资本结构（公司的）

capital asset pricing model (CAPM)，资本资产定价模型

See capital asset pricing model (CAPM)，见资本资产定价模型

See cost at risk，见在险成本（CaR）

cash basis，收付实现制

cash flow tax，现金流税

catastrophe (in mathematical sense)，灾难（数学意义上）

See comprehensive business income tax, CBIT. 见综合企业所得税

See common consolidated corporate income tax, CCCTB. 见共同合并公司税基

See central-clearing counterpart, CCP. 见中央清算机构

See credit：-default swap，CDS. 见信用：违约互换

central bank，中央银行

independence，独立性

mandate，责任

central-clearing counterpart (CCP)，中央清算机构

See Core-Equity Tier1, CET1. 见核心一级资本

See computable general equilibrium model, CGE. 见可计算一般均衡

See corporate income tax, CIT. 见公司所得税

clearing house，清算所

club good，俱乐部产品

Coase theorem，科斯定理

Colbertism，科尔伯特主义

collateral，抵押物

collective action clause (CAC)，集体行动条款

commercial bank，商业银行

common consolidated corporate tax base (CCCTB)，共同合并公司税基

competence (of the EU)，（欧盟的）权能

composition effect (of fiscal adjustment)，（财政调整的）组合效应

comprehensive business income tax (CBIT)，综合企业所得税

compulsory license，强制许可

computable general equilibrium (CGE) model，可计算一般均衡模型

Condorcet paradox，孔多塞悖论

conduct，authority，行为监管当局

confederation，邦联制

confidence interval，置信区间

constant price，不变价格

onstrained discretion，有约束的相机抉择

consumption unit，消费单位

emergency liquidity assistance（ELA），紧急流动性援助

employment，就业

See European Monetary System，EMS. 见欧洲货币体系

See Economic and Monetary Union，EMU. 见经济与货币联盟

encaje，最低准备金

endogenous growth，内生增长机制

endogenous policy，内生政策

energy tax，能源税

See euro overnight interest average，EONIA. 见欧元隔夜平均利率

equilibrium，均衡
    cooperative，合作均衡
    general，一般均衡
    Nash，纳什均衡
    non-cooperative，非合作均衡
    partial，局部均衡
    rate of unemployment，均衡失业率
    rational-expectation，理性预期均衡

equity，公平
    horizontal，横向公平
    vertical，纵向公平

errors and omissions，误差与遗漏

See European Stability Mechanism，ESM. 见欧洲稳定机制

estimation（of parameters），参数估计

See European Union，EU. 见欧盟

Eurogroup，欧元集团

euroization，欧元化

euro overnight interest average（EONIA），欧元隔夜平均利率

European Central Bank（ECB），欧洲央行

European Coal and Steel Community，欧洲煤钢共同体

European Community，欧洲共同体

European Monetary System（EMS），欧洲货币体系

European Stability Mechanism（ESM），欧洲稳定机制

European Union（EU），欧盟

excessive deficit procedure，超额赤字程序

exchange rate，汇率
    bilateral，双边汇率
    effective，有效汇率
    forward，远期汇率
    internal real，内部实际汇率
    nominal，名义汇率
    purchasing-power parity，汇率的购买力平价
    real，实际汇率
    real effective，实际有效汇率
    spot，即期汇率

exchange-rate regime，汇率制度
    flexible，浮动汇率制
    free floating，自由浮动汇率制
    intermediate，中间汇率制度
    managed floating，有管理的浮动汇率制

exchange-rate system，汇率体系
    dual，双重汇率体系
    multiple，多重汇率体系

excise tax，消费税

excludability，排他性

Executive Board of the ECB，欧洲央行执行委员会

exogenous policy，外生政策

expectations，预期
    adaptive，适应性预期
    rational，理性预期
    static, or naïve，静态（幼稚）预期

expected utility，期望效用

货币基金组织

international monetary trilemma，国际货币的三元悖论

International Organization of Securities Commissions（IOSCO），国际证券委员会组织

intertemporal approach of the balance of payments，国际收支的跨期方法

intertemporal budget constraint，跨期预算约束

investment bank，投资银行

See International Organization of Securities Commissions，IOSCO. 见国际证券委员会组织

IOU，个人欠条

irreversibility，不可逆性

IS-LM model，IS-LM 模型

J

J-curve，J 曲线

junior debt，次级债务

K

Keynesian multiplier，凯恩斯乘数

Knightian uncertainty，奈特不确定性

kurtosis，峰度

Kuznets curve，库兹涅茨曲线

L

labor force，劳动力

Laffer curve，拉弗曲线

law of one price，一价定律

See liquidity-coverage ratio，LCR. 见流动性覆盖比率

lean against the wind，逆周期政策

learning by doing，"干中学"

legal origins，法律渊源

legitimacy，合法性

    output，结果的合法性

    process，程序的合法性

lender of last resort，最后贷款人

leptokurtic distribution，尖峰态分布

leverage ratio，杠杆率

Leviathan government，利维坦式政府

liability，债务；责任

    contingent，或有债务

    limited，有限责任制

    off-balance sheet，表外债务

liquidity，流动性

    crisis，流动性危机

    inside，内部流动性

    outside，外部流动性

    premium，流动性溢价

    regulation，流动性管制

    trap，流动性陷阱

Liquidity Coverage Ratio（LCR），流动性覆盖率

lobbying interest group，游说的利益集团

Lorenz curve，洛伦兹曲线

loss function，损失函数

    macroeconomic，宏观经济损失函数

Lucas，卢卡斯

    critique，卢卡斯批判

    paradox，卢卡斯悖论

lump-sum transfer，一次性转移支付

M

macroprudential，宏观审慎

main refinancing rate，主要再融资利率

marginal product，边际产出

marginal rate of substitution，边际替代率

margin call，追加保证金

money，货币
  base，基础货币
  broad，广义货币
  high-powered，高能货币
  illusion，货币幻觉
  inside，内部货币
  purchasing power of，货币购买力
  quantity theory of，货币数量理论
  targeting，货币数量目标
  velocity，货币流动速度
money market，货币市场
  fund，货币市场基金
monopsony，买方垄断
moral hazard，道德风险
mortgage-backed security（MBS），抵押支持证券
multiplier（Keynesian, or fiscal），乘数（凯恩斯，或财政的）
Mundell-Fleming model，蒙代尔-弗莱明模型

N

See non-accelerating inflation rate of unemployment，NAIRU. 见非加速通胀的失业率
narrative approach（of fiscal policy），叙述性方法（财政政策的）
narrow banking，狭义银行
Nash equilibrium，纳什均衡
See natural real exchange rate，NATREX. 见自然实际均衡汇率
natural monopoly，自然垄断
natural rate of interest，自然利率
natural real exchange rate（NATREX），自然实际均衡汇率
negative taxation，负税收
neoclassical growth model，新古典增长模型

See New Partnership for the Development of Africa，NEPAD. 见非洲发展新伙伴计划
net foreign asset（NFA）position，净海外资产头寸
net government lending，政府净借贷
net stable funding ratio（NSFR），净稳定资金比率
neutrality of money（long-term），货币中性（长期）
new economic geography，新经济地理
new-Keynesian，新凯恩斯主义
new-Keynesian model，新凯恩斯主义模型
New Partnership for the Development of Africa（NEPAD），非洲发展新伙伴计划
See net foreign asset（NFA）position，见净海外资产头寸
no bail-out clause，不纾困条款
no-creditor-worse-off principle，"没有债权人会利益受损"原则
noise-to-signal ratio，信噪比
nominal rigidity，名义刚性
nominal wage rigidity，名义工资刚性
non-accelerating inflation rate of unemployment（NAIRU），非加速通胀的失业率
non-cooperative equilibrium，非合作均衡
non-performing loan，不良贷款
normal distribution，正态分布
normative economics，规范经济学
notional interest deduction，名义利息扣除
See net stable funding ratio，NSFR. 见净稳定资金比率
nudge，劝说

O

objectives（of economic policy），目标（经济政策的）

图书在版编目（CIP）数据

经济政策：理论与实践：第四版/（法）阿格尼丝·
贝纳西-奎里等著；徐奇渊，杨盼盼，徐建炜译.
北京：中国人民大学出版社，2025.1. --（经济科学
译丛）. -- ISBN 978-7-300-33009-9

Ⅰ.F110

中国国家版本馆 CIP 数据核字第 2024C7J214 号

"十三五"国家重点出版物出版规划项目
经济科学译丛

经济政策：理论与实践（第四版）
阿格尼丝·贝纳西-奎里
贝努瓦·科尔
皮埃尔·雅克　　　　著
让·皮萨尼-费里
徐奇渊　杨盼盼　徐建炜　译
Jingji Zhengce：Lilun yu Shijian

出版发行	中国人民大学出版社			
社　址	北京中关村大街 31 号	**邮政编码**	100080	
电　话	010 - 62511242（总编室）	010 - 62511770（质管部）		
	010 - 82501766（邮购部）	010 - 62514148（门市部）		
	010 - 62515195（发行公司）	010 - 62515275（盗版举报）		
网　址	http://www.crup.com.cn			
经　销	新华书店			
印　刷	涿州市星河印刷有限公司			
开　本	787 mm×1092 mm　1/16	**版　次**	2025 年 1 月第 1 版	
印　张	37.75 插页 1	**印　次**	2025 年 1 月第 1 次印刷	
字　数	778 000	**定　价**	118.00 元	

中国人民大学出版社经济类引进版教材推荐

经济科学译丛

20世纪90年代中期，中国人民大学出版社推出了"经济科学译丛"系列丛书，引领了国内经济学汉译名著的第二次浪潮。"经济科学译丛"出版了上百种经济学教材，克鲁格曼《国际经济学》、曼昆《宏观经济学》、平狄克《微观经济学》、博迪《金融学》、米什金《货币金融学》等顶尖经济学教材的出版深受国内经济学专家和读者好评，已经成为中国经济学专业学生的必读教材。想要了解更多图书信息，可扫描下方二维码。

 经济科学译丛书目

金融学译丛

21世纪初，中国人民大学出版社推出了"金融学译丛"系列丛书，引进金融体系相对完善的国家最权威、最具代表性的金融学著作，将实践证明最有效的金融理论和实用操作方法介绍给中国的广大读者，帮助中国金融界相关人士更好、更快地了解西方金融学的最新动态，寻求建立并完善中国金融体系的新思路，促进具有中国特色的现代金融体系的建立和完善。想要了解更多图书信息，可扫描下方二维码。

 金融学译丛书目

双语教学用书

为适应培养国际化复合型人才的需求，中国人民大学出版社联合众多国际知名出版公司，打造了"高等学校经济类双语教学用书"系列丛书，该系列丛书聘请国内著名经济学家、学者及一线授课教师进行审核，努力做到把国外真正高水平的适合国内实际教学需求的优秀原版图书引进来，供国内读者参考、研究和学习。想要了解更多图书信息，可扫描下方二维码。

 高等学校经济类双语教学用书书目